पाकिस्तान
या
भारत – विभाजन

अम्बेडकर सीरीज 03 का कोष

पाकिस्तान
या
भारत – विभाजन

डॉ. बी. आर. अम्बेडकर

KALPAZ

भारत में सन् 2025 में प्रकाशित

कल्पाज पब्लिकेशन
सी-30, सत्यवती नगर,
दिल्ली-110052
वेब साइट: www.kalpazpublications.com
ई-मेल: kalpaz@hotmail.com

Distribution Network
gyanbooks.com
India, USA, Canada, UK, Australia, France

पाकिस्तान या भारत - विभाजन

अनुवादक: सैयद इखलाक हुसैन

ISBN: 978-93-5722-571-7 (HB)

मुद्रित: ज्ञान प्रेस, दिल्ली

अनुक्रम

भाग–5

दूसरे संस्करण की प्रस्तावना

पाकिस्तान की समस्या ने हर किसी को सिरदर्द दिया है किसी और से अधिक मुझे मैं खेद के साथ यह याद करने से स्वयं को रोक नहीं पा रहा हूँ कि इसमें मेरा कितना समय नष्ट हुआ है, इसलिए कि मेरे लिए इससे भी अधिक महत्त्वपूर्ण मेरे अन्य साहित्यिक कार्यों को इसके अभाव में रोक दिया गया है। इसलिए मुझे उम्मीद है कि यह दूसरा संस्करण भी आखिरी होगा। मुझे विश्वास है कि खत्म होने से पहले या तो प्रश्न का निपटारा कर दिया जायेगा या वापस ले लिया जायेगा।

ऐसे चार मामले हैं जिनमें यह दूसरा संस्करण पहले से भिन्न है।

पहले संस्करण में कई गलत छापें थीं[1] जो कई पाठकों और समीक्षकों की शिकायतों का विषय बनीं। इस संस्करण की तैयारी में मैंने यथासंभव सावधानी बरती है कि इस संबंध में शिकायत की कोई गुंजाइश न रहे। पहले संस्करण में केवल तीन भाग थे। भाग V एक वृद्धि है इसमें पाकिस्तान की समस्या से जुड़े विभिन्न मुद्दों पर मेरे अपने विचार शामिल हैं। प्रथम संस्करण के विरुद्ध की गई आलोचना के कारण यह जोड़ा गया है कि जब मैंने पाकिस्तान के बारे में लिखा था

1. पहले संस्करण में दुर्भाग्य से सबूत सुधार में चूक के कारण बंगाल के विभिन्न जिलों में जनसंख्या के आंकड़ों और बंगाल पर लागू पाकिस्तान के खाके को दर्शाने वाले मानचित्र के बीच विसंगति उत्पन्न हो गई, जिसके परिणामस्वरूप दो जिले बन गए, जिन्हें इसमें शामिल किया जाना चाहिए था। पाकिस्तान क्षेत्र को इससे बाहर रखा गया है। इस संस्करण में इस त्रुटि को सुधार लिया गया है और मानचित्र और आंकड़ों के अनुरूप लाया गया है।

तो मैंने यह नहीं बताया था कि इस विषय पर मेरे क्या विचार हैं। वर्तमान संस्करण एक अन्य मामले में पहले संस्करण से भिन्न है। पहले संस्करण में शामिल मानचित्रों को बरकरार रखा गया है लेकिन परिशिष्ट की संख्या बढ़ा दी गई है। प्रथम संस्करण में केवल ग्यारह परिशिष्ट थे। वर्तमान संस्करण में पच्चीस हैं। इस संस्करण में मैंने एक सूचकांक भी जोड़ा है जिसे पहले संस्करण में जगह नहीं मिली थी।

ऐसा प्रतीत होता है कि पुस्तक ने एक वास्तविक इच्छा की पूर्ति की है। मैंने देखा है कि कैसे इसमें मौजूद विचारों और तर्कों को लेखकों, राजनेताओं और अखबारों के संपादकों ने अपने पक्ष में समर्थन देने के लिए लूट–मार की है। मुझे खेद है कि उन्होंने स्रोत को स्वीकार करने की शालीनता का पालन नहीं किया, भले ही उन्होंने इसे न केवल उठाया हो।

तर्क के साथ–साथ पुस्तक की भाषा भी। लेकिन यह एक ऐसा मामला है जिससे मुझे कोई अंतर नहीं पड़ता। मुझे खुशी है कि यह पुस्तक उन भारतीयों के लिए उपयोगी रही है जो पाकिस्तान की इस जटिल समस्या का सामना कर रहे हैं। तथ्य यह है कि श्री गांधी और श्री जिन्ना ने अपनी हाल की बातचीत में इस पुस्तक को इस विषय पर एक अधिकार के रूप में उद्धृत किया है, जिससे लाभ के साथ परामर्श किया जा सकता है, यह पुस्तक के महत्त्व को बताता है।

अपने नाम से यह पुस्तक केवल पाकिस्तान के X.Y.Z. से संबंधित प्रतीत हो सकती है। यह उससे भी अधिक करता है। यह भारतीय इतिहास और भारतीय राजनीति की उनके सांप्रदायिक पहलुओं में एक तार्किक प्रस्तुति है। इस प्रकार इसका उद्देश्य पाकिस्तान की क ख ग को भी समझाना है। यह पुस्तक पाकिस्तान पर एक मात्र ग्रंथ से कहीं अधिक है। इस पुस्तक में निहित भारतीय इतिहास और भारतीय राजनीति से संबंधित सामग्री इतनी बड़ी और इतनी विविध है कि इसे भारतीय राजनीति क्या है कहा जा सकता है।

इस किताब ने हिंदुओं के साथ–साथ मुसलमानों को भी अप्रसन्न किया है। हालांकि हिंदुओं की अप्रियता मुसलमानों की अप्रियता के

कारणों से अलग है। मुझे अपनी किताब को मिले इस भेंट का कोई दुःख नहीं है। यह कि इसे हिंदुओं ने अस्वीकार कर दिया है और मुसलमानों ने इसका स्वामित्व नहीं रखा है यह मेरे लिए सबसे अच्छा प्रमाण है कि इसमें दोनों में से किसी की भी बुराई नहीं है और विचार की स्वतंत्रता और तथ्यों की निर्भीक प्रस्तुति के दृष्टिकोण से यह पुस्तक किसी पार्टी द्वारा निर्मित नहीं है।

कुछ लोग इस बात से पीड़ित हैं कि मैंने जो कहा है उससे उन्हें ठेस पहुँची है। मैं स्वीकार करता हूँ कि मैंने खुद को किसी व्यक्ति या वर्ग को नुकसान पहुँचाने के डर से या चौंकाने वाली राय से प्रभावित होने की अनुमति नहीं दी है, चाहे वे कितनी भी सम्मानजनक क्यों न हों। इस कोर्स को करने में मुझे अक्सर पछतावा महसूस हुआ है लेकिन पछतावा कभी नहीं। जिन लोगों को मैंने ठेस पहुँचाई होगी, उन्हें मेरे उद्देश्य की ईमानदारी और निःस्वार्थता को ध्यान में रखते हुए मुझे माफ कर देना चाहिए।

मैं यह दावा नहीं करता कि मैंने निष्पक्षता से लिखा है, हालांकि मुझे विश्वास है कि मैंने बिना किसी पूर्वाग्रह के लिखा है। यह शायद ही संभव होगा– मैं एक भारतीय के लिए सभ्य कहना चाहता था कि जब वह अपने देश के बारे में बात करता है और समय के बारे में सोचता है तो वह शांत रहता है। पाकिस्तान के प्रश्न से निपटने में मेरा उद्देश्य पूरी तरह से सटीक, और साथ ही, स्थिति की एक विचारोत्तेजक तस्वीर, जैसा कि मैं देखता हूँ, खींचना रहा है। मैंने दोनों पक्षों में ताकत और कमजोरी के जो भी बिंदु पाए हैं, उन्हें साहसपूर्वक सामने लाया हूँ। मैंने उन शरारती प्रभावों पर प्रकाश डालने का कष्ट किया है जो एक अड़ियल और अव्यावहारिक कार्रवाई से उत्पन्न होने की संभावना है।

राज्य की सत्ता की ताकतों और उसके भीतर राज्य–विरोधी राष्ट्रवाद के बीच संघर्ष के संबंध में इतिहास का साक्ष्य यदि अस्पष्ट नहीं है तो अनिश्चित रहा है। जैसा कि प्रो फ्राइडमैन कहते हैं[1]:–

1. राष्ट्रीय राज्य का संकट (1943), पृ. 4.

"एक भी आधुनिक राज्य ऐसा नहीं है जिसने किसी न किसी समय किसी अड़ियल राष्ट्रीय समूह को अपने अधिकार में रहने के लिए मजबूर न किया हो। स्कॉट्स, ब्रेटन, कैटलन, जर्मन, पोल्स, चेक, फिनिस, सभी ने किसी न किसी समय पर ऐसा किया है। दूसरे, उन्हें अधिक शक्तिशाली राज्य के अधिकार को स्वीकार करने के लिए मजबूर किया गया, चाहे उन्हें यह पसंद हो या नहीं। अक्सर, ग्रेट ब्रिटेन या फ्रांस की तरह, बल ने अंततः राज्य प्राधिकरण और राष्ट्रीय एकजुटता के सहयोग और समन्वय को जन्म दिया। लेकिन कई मामलों में, जैसे कि जर्मनी, पोलैंड, इटली और कई मध्य यूरोपीय और बाल्कन देशों में, राष्ट्रवाद की ताकतों ने तब तक आराम नहीं किया जब तक कि उन्होंने राज्य सत्ता की बेड़ियों को तोड़ नहीं दिया और अपना खुद का एक राज्य नहीं बना लिया।"

पिछले संस्करण में मैंने उन देशों के अनुभवों का वर्णन किया था जहाँ राज्य राष्ट्रवाद के संवेदनहीन दमन में लगे थे और इस प्रयास में नष्ट हो गए थे। इस संस्करण में मैंने अन्य देशों के अनुभव को यह दिखाने के लिए जोड़ा है कि एक साथ रहने की इच्छा होने पर विभिन्न समुदायों और यहाँ तक कि विभिन्न राष्ट्रों के लिए एक राज्य की सीमा में रहना असंभव नहीं है। यह कहा जा सकता है कि दोनों पक्षों को सलाह देते समय मैंने आवश्यकता से अधिक भावुक शब्दों का प्रयोग किया है। यदि मैंने ऐसा किया है तो ऐसा इसलिए है क्योंकि मुझे लगा कि चिकित्सक का तरीका जो प्रत्येक लकवाग्रस्त अंग में महत्त्वपूर्ण सिद्धांत को आश्चर्यचकित करने की कोशिश करता है ताकि उसे कार्रवाई के लिए प्रेरित किया जा सके, वह औसत भारतीय को उत्तेजित करने के लिए सबसे उपयुक्त था जो निद्रालु नहीं तो भी आत्मसंतुष्ट है, जो गलत जानकारी न होने पर भी संदेहरहित है, उसे यह एहसास होता है कि क्या हो रहा है। मुझे आशा है कि मेरे प्रयास का वांछित प्रभाव होगा।

मैं इस प्रस्तावना को खालसा कॉलेज, बम्बई के प्रो. मनोहर बी. चिटनीस और श्री के. वी. ऐसे सभी दोषों से मुक्त चित्रे को सूचकांक तैयार करने के लिए प्रोफेसर चिटनिस का भी बहुत आभारी हूँ, जिन्होंने निस्संदेह पुस्तक की उपयोगिता को बढ़ा दिया है।

1 जनवरी, 1945, **डॉ. बी. आर. अम्बेडकर**

22, पृथ्वीराज रोड

नई दिल्ली।

प्रस्तावना

यह ठीक ही कहा जा सकता है कि जिस लंबे परिचय के साथ यह ग्रंथ आरंभ होता है उसमें प्रस्तावना के लिए कोई बहाना नहीं बचता। लेकिन यह एक उपसंहार है जो ग्रंथ के साथ जुड़ा हुआ है। ऐसा करने के बाद, मैंने एक प्रस्तावना उपसर्ग करने के बारे में सोचा, सबसे पहले, क्योंकि एक उपसंहार को एक प्रस्तावना द्वारा संतुलित करने की आवश्यकता होती है, और दूसरी बात, क्योंकि प्रस्तावना मुझे उन लोगों के लिए इस ग्रंथ की उत्पत्ति को कुछ शब्दों में बताने के लिए जगह देती है जो उत्सुक हो सकते हैं इसे जानना और पाठकों को इसमें उठाए गए मुद्दों के महत्त्व से अवगत कराना। जिज्ञासुओं की संतुष्टि के लिए यह कहा जा सकता है कि बॉम्बे प्रेसीडेंसी में पिछले तीन वर्षों से इंडिपेंडेंट लेबर पार्टी (संक्षिप्त रूप में आई एल पी) नामक एक राजनीतिक संगठन मौजूद है। यह कोई प्राचीन, खोखला संगठन नहीं है जो राजनीति में धूमिल हो जाने का दावा कर सके। आई एल पी अपनी उम्र में नहीं है और बुढ़ापा उस पर हावी नहीं है, जिसके लिए दूसरे बचपन को अधिक स्वीकार्य नाम दिया गया है। अन्य राजनीतिक संगठनों की तुलना में, आई एल पी एक युवा और काफी सक्रिय संस्था है, जो किसी गुट या हित के अधीन नहीं है। मुस्लिम लीग द्वारा पाकिस्तान पर लाहौर प्रस्ताव पारित होने के तुरंत बाद, आई एल पी की कार्यकारी परिषद् ने पाकिस्तान के इस परियोजना के प्रति उसे क्या रवैया अपनाना चाहिए, इस पर विचार करने के लिए मुलाकात की कार्यकारी परिषद् देख सकती थी कि पाकिस्तान के पीछे एक ऐसा विचार था जिस पर कोई आपत्ति नहीं की जा सकती थी। दरअसल,

परिषद् पाकिस्तान की योजना की ओर आकर्षित थी क्योंकि इसका मतलब सांप्रदायिक समस्या के समाधान के रूप में जातीय राज्यों का निर्माण करना था। हालांकि, परिषद् उस स्तर पर पाकिस्तान के मुद्दे पर कोई निश्चित राय देने में सक्षम महसूस नहीं कर रही थी। इसलिए, परिषद् ने प्रश्न का अध्ययन करने और इस पर एक रिपोर्ट बनाने के लिए एक समिति नियुक्त करने का निर्णय लिया। समिति में अध्यक्ष के रूप में मैं और प्राचार्य एम वी डोंडे (बी ए) श्री एस सी जोशी (एम ए, एलएलबी) वकील, (ओ एस), एम एल सी, श्री आर आर भोले, (बी एससी, एलएल बी) शामिल थे। एम एल ए श्री डी जी जाधव (बी ए, एल एल बी) एम एल ए और श्री ए वी चित्रे, (बी ए एम एल ए) सभी आई एल पी से संबंधित हैं, समिति के सदस्य के रूप में। श्री डी वी प्रधान, सदस्य, बम्बई नगर निगम, ने समिति के सचिव के रूप में कार्य किया। समिति ने पूछा मुझे पाकिस्तान पर एक रिपोर्ट तैयार करनी थी, जो मैंने की। वैसा ही आई एल पी की कार्यकारी परिषद् को प्रस्तुत किया गया जिसने निर्णय लिया कि रिपोर्ट प्रकाशित की जानी चाहिए। अब प्रकाशित ग्रंथ वह रिपोर्ट है।

इस पुस्तक का उद्देश्य पाकिस्तान के छात्रों को अपने निष्कर्ष पर पहुँचने में सहायता करना है। उस उद्देश्य को ध्यान में रखते हुए, मैंने इस खंड में न केवल सभी आवश्यक और प्रासंगिक आंकड़े एकत्र किये है, बल्कि 14 परिशिष्ट और 3 मानचित्र भी जोड़े हैं, जो मेरे विचार से, पुस्तक के लिए एक महत्त्वपूर्ण संगत हैं।

पाठक के लिए निम्नलिखित पृष्ठों में एकत्रित सामग्री पर ध्यान देना पर्याप्त नहीं है। उन्हें इस पर भी विचार करना चाहिए। कार्लाइल ने अपनी पीढ़ी के अंग्रेजों को जो चेतावनी दी थी, उसे वे हृदय से लगा लें। उसने कहाः–

"इंग्लैंड की प्रतिभा अब सूर्य की ओर नहीं उड़ती, विश्वविरोधी, गरूड़ की तरह तूफानों के बीच, अपनी शक्तिशाली जवानी को 'म्याऊं करते हुए,...' इंग्लैंड की प्रतिभा एक लालची शुतुरमुर्ग की तरह है जो प्रोवेंडर और पूरी त्वचा पर इरादा रखती है.... अपने

शुतुरमुर्ग–सिर के साथ... जो भी भ्रांति का आश्रय हो, उसमें फंस गया है, और इसलिए मुद्दे का इंतजार कर रहा है। मुद्दा धीमा हो गया है, लेकिन अब यह अनिवार्य हो गया है। कोई शुतुरमुर्ग नहीं, सकल भूभाग प्रदाता पर इरादा रखता है और भ्रांतियों में अपना सिर फंसा रहा है, लेकिन एक दिन जागृत हो जाएगा– यदि अन्य नहीं तो भयानक तरीके से! उस स्थिति तक पहुँचने से पहले जाग जाओ। देवता और मनुष्य हमें जगाने का आह्वान करते हैं! हमारे पिताओं की आवाजें, एक को हजार गुना कड़ी चेतावनी के साथ सब, हमें जगाओ।"

मुझे विश्वास है कि यह चेतावनी, वर्तमान परिस्थितियों में भारतीयों पर उसी तरह लागू होती है, जिस तरह एक बार यह अंग्रेजों पर लागू होती थी, और भारतीय, यदि वे इस पर ध्यान नहीं देते हैं, तो वे अपने जोखिम पर ऐसा करेंगे। अब, उन लोगों के लिए एक शब्द जिन्होंने तैयारी में मेरी मदद की है–

इस विवरण का सार बनाने में श्री एम जी टिपनिस, डी सी डी सी ई, (कलाभुवन, बड़ौदा, और श्री छगनलाल एस मोदी ने मुझे बहुत सहायता प्रदान की है, पहले ने नक्शे तैयार करने में और दूसरे ने पांडुलिपि टाइप करने में। मैं दोनों को उनके काम के लिए आभार व्यक्त करना चाहता हूँ जो उन्होंने पूरी तरह से प्यार के श्रम के रूप में किया है। मेरे मित्र श्री बी आर काद्रेकर और श्री के वी चित्रे को भी विशेष रूप से धन्यवाद दिया जाता है, जिन्होंने सबूतों को सही करने और मुद्रण की निगरानी करने के सबसे अरुचिकर और नीरस कार्य को करने में अपना योगदान दिया।

डॉ. बी. आर. अम्बेडकर

28 दिसंबर, 1940,
राजगढ़
दादर, मुम्बई, 14

परिचय

पाकिस्तान पर मुस्लिम लीग के प्रस्ताव पर अलग–अलग प्रतिक्रियाएं सामने आई हैं। कुछ ऐसे लोग हैं जो इसे राजनीतिक शीतला रोग के मामले के रूप में देखते हैं जिसके लिए अपनी जागरूक एकता और शक्ति की शैशवावस्था में रहने वाले लोग बहुत उत्तरदायी हैं। दूसरों ने इसे मुस्लिम दिमाग का एक स्थायी ढाँचा माना है, न कि केवल एक गुजरता हुआ चरण और इसके परिणामस्वरूप वे बहुत परेशान हुए हैं।

प्रश्न निस्संदेह विवादास्पद है। मुद्दा महत्त्वपूर्ण है और ऐसा कोई तर्क नहीं है जिसका उपयोग विवाद में एक पक्ष द्वारा दूसरे को चुप कराने के लिए न किया गया हो। कुछ लोगों का तर्क है कि भारत को अलग–अलग राष्ट्रीय राज्यों के तहत दो राजनीतिक इकाइयों में विभाजित करने की यह माँग उनकी कल्पना को चकित कर देती है, अन्य लोग किसी देश की एकता, जिसके बारे में दावा किया जाता है कि यह सदियों से एकता के रूप में खड़ी है, को तोड़ने के इस घृणित प्रयास पर धार्मिक आक्रोश की भावना से इतने अभिभूत हैं कि उनका क्रोध उन्हें अपने विचारों को अभिव्यक्ति देने से रोकता है। अन्य लोग सोचते हैं कि इसे गंभीरता से लेने की आवश्यकता नहीं है। वे इसे एक तुच्छ चीज मानते हैं और इसमें उपमाओं और रूपकों की बौछार करके इसे नष्ट करने का प्रयास करते हैं। "आप अपने सिरदर्द को ठीक करने के लिए अपना सिर नहीं काटते हैं," "आप एक बच्चे को दो टुकड़ों में नहीं काटते हैं क्योंकि दो महिलाएं इस दावे के लिए लड़ रही हैं कि इसकी माँ कौन है," कुछ ऐसी उपमाएं हैं जिनका उपयोग किया जाता

है पाकिस्तान की बेहूदगी साबित करने के लिए, शुद्ध भावना के धरातल पर किए गए विवाद में अगर एक उदासीन छात्र अधिक मूर्खता और कम समझ, अधिक गर्मी और कम रोशनी, अधिक उपहास और कम गंभीरता पाता है तो इसमें कोई आश्चर्य की बात नहीं है।

इस संबंध में मेरी स्थिति विलक्षण नहीं तो स्पष्ट है। मुझे नहीं लगता कि पाकिस्तान की माँग महज राजनीतिक नाराजगी का नतीजा है, जो समय के साथ खत्म हो जाएगी। जैसा कि मैंने स्थिति को पढ़ा, मुझे ऐसा लगता है कि यह शब्द के जैविक अर्थ में एक विशेषता है, जो मुस्लिम राजनीतिक निकाय के पास है, उसी प्रकार विकसित होता है जैसे कोई जीव विकसित होता है विशेषता की प्रक्रिया में यह बचेगा या नहीं प्राकृतिक चयन, उन शक्तियों पर निर्भर होना चाहिए जो बन सकती हैं हिंदुओं के बीच अस्तित्त्व के संघर्ष में सक्रिय मुसलमान मैं पाकिस्तान से घबराया हुआ नहीं हूँ, मैं स्वदेशी नहीं हूँ–इसके बारे में नहीं; न ही मैं यह मानता हूँ कि इसे गोली मारकर तोड़ा जा सकता है।

इसमें उपमाएं और रूपक हैं। जो लोग इसे उपमाओं द्वारा शूट करने में विश्वास करते हैं, उन्हें यह याद रखना चाहिए कि बकवास इसलिए बकवास नहीं रह जाती क्योंकि इसे तुकबंदी में डाल दिया जाता है, और यह कि एक रूपक कोई तर्क नहीं है, हालांकि यह कभी–कभी एक घर को चलाने और स्मृति में बसाने के लिए बारूद हो सकता है। मेरा मानना है कि किसी योजना को सरसरी तौर पर अस्वीकार करना न तो बुद्धिमानी होगी और न ही संभव होगा यदि इसके पीछे 90 प्रतिशत की भावना हो, भले ही भावुक समर्थन न हो भारत के मुसलमान से मुझे इसमें कोई संदेह नहीं है कि पाकिस्तान के प्रति एकमात्र उचित रवैया इसके सभी पहलुओं का अध्ययन करना, इसके निहितार्थों को समझना और इसके बारे में एक बुद्धिमान निर्णय बनाना है।

इस सबके साथ, एक पाठक निश्चित रूप से यह पूछेगा, क्या पाकिस्तान पर यह पुस्तक इस अर्थ में मौसमी है कि किसी को इसे अवश्य पढ़ना चाहिए, क्योंकि स्वयं को स्वस्थ रखने के लिए इस मौसम

के फल खाने चाहिए, यदि यह मौसमी है, तो क्या यह पढ़ने योग्य है। ये स्वाभाविक प्रश्न हैं और एक लेखक, जिसका उद्देश्य पाठकों को आकर्षित करना है, उनसे मिलने के लिए परिचय का उपयोग कर सकता है। पुस्तक की सामयिकता के संबंध में कोई संदेह नहीं हो सकता। स्वयं भारतीयों के भारत को देखने के नजरिए में आमूल–चूल परिवर्तन आया है, पिछले 20 साल से। भारत का जिक्र करते हुए प्रोफेसर अर्नाल्ड टॉयनबी ने लिखा है 1915 में:–

"उन्नीसवीं शताब्दी में ब्रिटिश राजनेता भारत को स्लीपिंग ब्यूटी मानते थे, जिसे ब्रिटेन के पास जागने पर लुभाने का निर्देशात्मक अधिकार था, इसलिए उसने उस बगीचे को कांटों से ढक दिया जहाँ वह लेटी थी, ताकि उसे बाहर रेगिस्तान में घूमने वाले लुटेरों से बचाया जा सके। अब राजकुमारी जाग रही है और अपने हाथों से निपटान के अधिकार का दावा कर रही है, जबकि लुटेरों ने खुद को सम्मानजनक सज्जनों में बदल लिया है। जो रेगिस्तान को भी बगीचे में बदलने में लगन से लगे हुए हैं, लेकिन ब्रिटिश कांटेदार बाड़ से गंभीर रूप से बाधित हैं। जब उनको विनम्रता से अनुरोध है। इसे हटाने के लिए हमें सहमति देनी होगी, क्योंकि वे तब तक माँग नहीं करेंगे जब तक वे खुद को इसे लागू करने के लिए पर्याप्त मजबूत महसूस नहीं करते हैं, और अगर हम इनकार करते हैं तो जो झगड़ा होगा, उसमें भारतीय राजकुमारी की सहानुभूति नहीं होगी। हमारे पक्ष में रहो। अब जब वह जाग गई है, तो वह विदेश में अपने पड़ोसियों के बीच घूमना चाहती है वह खुद को हमारे विरोध के बिना किसी भी अपमान या धमकियों का मुकाबला करने में सक्षम महसूस करती है जो वे उसे दे सकते हैं, और वह उनकी तरह थकी हुई हो रही है कांटों की बाड़ जो उसे उसके बगीचे तक सीमित रखती है।

"अगर हम उसके साथ चतुराई से पेश आएं तो भारत कभी भी अलग नहीं होना चाहेगा लेकिन यह ब्रिटिश साम्राज्य के आध्यात्मिक भाईचारे से है। अपरिहार्य है कि उसे अपना अधिक से अधिक

स्वतंत्र जीवन जीना चाहिए और अपने पड़ोसियों के साथ सीधे संबंध स्थापित करके एंग्लो–सेक्सन कॉमनवेल्थ के उदाहरण का पालन करना चाहिए।

हालांकि लेखक एक अंग्रेज हैं, लेकिन 1915 में उनके द्वारा व्यक्त विचार जाति या पंथ के बावजूद सभी भारतीयों द्वारा व्यक्त किया गया विचार था। अब जब प्रोफेसर टॉयनबी की स्लीपिंग ब्यूटी भारत जाग गया है, तो भारतीयों का उसके बारे में क्या विचार है। इस प्रश्न पर, इसमें कोई संदेह नहीं हो सकता है कि जिन लोगों ने हाल के वर्षों में इस स्लीपिंग ब्यूटी के व्यवहार को देखा है, उन्हें लगता है कि वह एक अजीब प्राणी है जो उस देवदूत राजकुमारी से काफी अलग है जैसा कि उसे होना चाहिए था। वह एक पागल युवती है जिसका दोहरा व्यक्तित्त्व है, आधा इंसान, आधा जानवर, अपने दो स्वभावों के निरंतर संघर्ष के कारण हमेशा परेशान रहती है। यदि उनके दोहरे व्यक्तित्त्व के बारे में कोई संदेह है, तो वह अब मुस्लिम लीग के उस प्रस्ताव से दूर हो गया है, जिसमें उन्होंने भारत को दो भागों– 'पाकिस्तान और हिंदुस्तान,' में विभाजित करने की माँग की थी, ताकि दोहरे व्यक्तित्त्व के कारण होने वाले ये झगड़े और आक्षेप एक–दूसरे से बंधे रहें। कोई हमेशा के लिए समाप्त हो सकता है, और इस प्रकार एक–दूसरे से मुक्त होकर, अपनी–अपनी संस्कृतियों, हिंदू और मुस्लिम, के अनुकूल अलग–अलग घरों में रह सकता है।

इसमें कोई संदेह नहीं है कि पाकिस्तान एक ऐसी योजना है जिस पर विचार करना होगा। मुसलमान इस योजना पर विचार करने पर जोर देंगे। राजनीतिक सत्ता के किसी भी हस्तांतरण पर सहमति देने से पहले अंग्रेज इस बात पर जोर देंगे कि हिंदुओं और मुसलमानों के बीच किसी तरह का समझौता हो जाए। सत्ता हस्तांतरण की पूर्व शर्त के रूप में इस तरह के समझौते पर जोर देने के लिए अंग्रेजों को दोष देने का कोई मतलब नहीं है। अंग्रेज आक्रामक हिंदू बहुसंख्यकों पर सत्ता स्थापित करने और उन्हें अपना उत्तराधिकारी बनाने के लिए सहमत नहीं हो सकते, और उन्हें अपनी मर्जी से अल्पसंख्यकों से निपटने के

लिए छोड़ सकते हैं। इससे साम्राज्यवाद खत्म नहीं होगा, यह एक और साम्राज्यवाद का निर्माण होगा। इसलिए, हिंदू, चाहे जितना चाहें, पाकिस्तान से उलझने से नहीं बच सकते।

अगर पाकिस्तान की योजना पर विचार करना है और उससे बचना संभव नहीं है तो कुछ बातें हैं जिन्हें ध्यान में रखना जरूरी है।

ध्यान देने योग्य पहली बात यह है कि इस प्रश्न का निर्णय हिंदुओं और मुसलमानों को स्वयं करना होगा। वे सहायता का आह्वान नहीं कर सकते। निश्चित रूप से, वे यह उम्मीद नहीं कर सकते कि अंग्रेज उनके लिए यह निर्णय लेंगे। साम्राज्य के दृष्टिकोण से, अंग्रेजों के लिए यह बहुत कम मायने रखता है कि भारत अविभाजित रहे, या इसे दो भागों, पाकिस्तान और हिंदुस्तान में विभाजित किया जाए, या कांग्रेस की योजना के अनुसार बीस भाषाई टुकड़ों में विभाजित किया जाए, जब तक वे सभी साम्राज्य के भीतर रहने से संतुष्ट हैं। अंग्रेजों को केवल इस कारण से हस्तक्षेप करने की आवश्यकता नहीं है कि वे ऐसे क्षेत्रीय विभाजनों से प्रभावित नहीं होते हैं।

इसके अलावा, यदि हिंदू यह आशा कर रहे हैं कि अंग्रेज पाकिस्तान को गिराने के लिए बल प्रयोग करेंगे, तो यह असंभव है। पहली बात तो यह कि जबरदस्ती कोई इलाज नहीं है। बल और प्रतिरोध की निरर्थकता को बर्क ने बहुत पहले ही अमेरिकी उपनिवेशों पर जोर–जबरदस्ती से संबंधित अपने भाषणों से इंगित किया था। उनके स्मरणीय शब्दों को न केवल हिंदू महासभा के लाभ के लिए बल्कि सभी के लाभ के लिए उद्धृत किया जा सकता है। उन्होंने यही कहा:–

> "अकेले बल का प्रयोग अस्थायी है। यह एक क्षण तक टिक सकता है लेकिन यह दोबारा अधीन करने की आवश्यकता को दूर नहीं करता है।" एक राष्ट्र शासित नहीं होता है जिसे हमेशा के लिए जीता जाना है। बल पर अगली आपत्ति इसकी अनिश्चितता है। आतंक हमेशा नहीं होता है बल का प्रभाव, और हथियार कोई जीत नहीं है। यदि आप सफल नहीं होते हैं तो आप सुलह के लिए संसाधन के बिना हैं। असफल होने पर, बल बना रहता है, लेकिन

बल विफल होने पर, सुलह की कोई और उम्मीद नहीं बचती है। शक्ति और अधिकार कभी–कभी होते हैं दयालुता से खरीदे गए, लेकिन वे कभी भी एक गरीब और पराजित हिंसा द्वारा भिक्षा के रूप में नहीं माँगे जा सकते। बल पर एक और आपत्ति यह है कि आप वस्तु को संरक्षित करने के अपने प्रयासों से उसे नष्ट कर देते हैं। जिस चीज के लिए आपने लड़ाई लड़ी (वफादारी के लिए लोगों की वह चीज नहीं है जिसे आप पुनर्प्राप्त करते हैं, बल्कि प्रतियोगिता में मूल्यह्रास, डूब, बर्बाद और उपभोग किया जाता है।

इसलिए, पाकिस्तान के विकल्प के रूप में जबरदस्ती अकल्पनीय है।

फिर, मुसलमानों को आत्मनिर्णय के सिद्धांत के लाभ से वंचित नहीं किया जा सकता। हिंदू राष्ट्रवादी, जो आत्मनिर्णय पर भरोसा करते हैं और पूछते हैं कि ब्रिटेन भारत को उस चीज से कैसे वंचित कर सकता है जिसे दुनिया के सबसे छोटे यूरोपीय देशों ने स्वीकार कर लिया है, वे उसी सांस में ब्रिटिशों से अन्य अल्पसंख्यकों को इसे अस्वीकार करने के लिए नहीं कह सकते हैं। हिंदू राष्ट्रवादी जो आशा करते हैं कि ब्रिटेन मुसलमानों को त्यागने के लिए बाध्य करेगा पाकिस्तान, भूल जाता है कि राष्ट्रवाद से आजादी का अधिकार एक आक्रामक विदेशी साम्राज्यवाद और अल्पसंख्यक का अधिकार आक्रामक बहुमत के राष्ट्रवाद से मुक्ति दो नहीं हैं।

अलग–अलग बातें न ही पहला, बाद वाले की तुलना में अधिक पवित्र स्तर पर खड़ा है। वे आजादी के संघर्ष के महज दो पहलू हैं और इस तरह उनके नैतिक महत्त्व में समानता है। आक्रामक साम्राज्यवाद से मुक्ति के लिए लड़ रहे राष्ट्रवादी, आक्रामक बहुमत के राष्ट्रवाद से अल्पसंख्यकों की स्वतंत्रता के अधिकार को विफल करने के लिए ब्रिटिश साम्राज्यवादियों से मदद नहीं माँग सकते। इसलिए, इस मामले पर केवल मुसलमानों और हिंदुओं को ही निर्णय लेना चाहिए। अंग्रेज उनके लिए इस मुद्दे का निर्णय नहीं कर सकते। यह ध्यान देने योग्य पहला महत्त्वपूर्ण बिंदु है।

पाकिस्तान का सार संपूर्ण भारत पर प्रभुत्व रखने वाली एक केंद्रीय सरकार की स्थापना का विरोध है। पाकिस्तान दो केंद्रीय सरकारों पर विचार करता है– एक पाकिस्तान के लिए और दूसरी हिंदुस्तान के लिए। इससे दूसरा महत्त्वपूर्ण बिंदु सामने आता है जिस पर भारतीयों को अवश्य ध्यान देना चाहिए। मुद्दा यह है कि नए संविधान की योजना तैयार करने और उसकी नींव रखने से पहले पाकिस्तान के मुद्दे पर निर्णय लेना होगा। यदि भारत के लिए एक केंद्रीय सरकार होनी है, तो संवैधानिक संरचना की डिजाइन उस स्थिति से भिन्न होगी, जब हिंदुस्तान के लिए एक केंद्रीय सरकार होगी और पाकिस्तान के लिए दूसरी होगी। ऐसा होने पर, निर्णय को स्थगित करना सबसे बड़ी नासमझी होगी। या तो इस योजना को छोड़ दिया जाना चाहिए और आपसी सहमति से किसी अन्य योजना को प्रतिस्थापित किया जाना चाहिए या इस पर निर्णय लिया जाना चाहिए। यह मान लेना सबसे बड़ी मूर्खता होगी कि अगर पाकिस्तान को फिलहाल दफना दिया जाएगा तो वह फिर कभी सिर नहीं उठाएगा। मुझे यकीन है कि पाकिस्तान को दफनाना पाकिस्तान के भूत को दफनाने के समान नहीं है। जब तक भारत के प्रति एक केंद्रीय सरकार, जो कि पाकिस्तान की मूल विचारधारा है, के प्रति शत्रुता बनी रहेगी, तब तक पाकिस्तान का भूत बना रहेगा, जो भारत के राजनीतिक भविष्य पर अपनी अशुभ छाया डालता रहेगा। फिलहाल किसी प्रकार की अस्थायी व्यवस्था करना, स्थायी समाधान को किसी भविष्य के दिन पर छोड़ना समझदारी होगी। ऐसा करना बीमारी को दूर किए बिना लक्षणों को ठीक करने जैसा होगा। लेकिन, जैसा कि अक्सर ऐसे मामलों में होता है, बीमारी को प्रेरित किया जाता है, जिससे इसकी पुनरावृत्ति निश्चित हो जाती है, शायद अधिक उग्र रूप में।

मुझे यकीन है कि भारत में एक केंद्रीय सरकार होनी चाहिए या नहीं, यह ऐसा मामला नहीं है जिसे तय माना जा सके।

यह एक विचाराधीन मुद्दा है और यद्यपि यह अभी कोई जीवंत मुद्दा नहीं है, किसी दिन यह होगा।

मुसलमानों ने खुले तौर पर घोषणा की है कि वे भारत में कोई केंद्रीय सरकार नहीं चाहते हैं और उन्होंने सबसे स्पष्ट शब्दों में अपने कारण बताए हैं। वे पाँच प्रांतों को अस्तित्त्व में लाने में सफल रहे हैं, जहाँ मुख्य रूप से मुस्लिम आबादी है। इन प्रांतों में उन्हें मुसलमानों की सरकार बनने की संभावना दिखती है और वे यह देखने के लिए उत्सुक हैं कि इन प्रांतों में मुस्लिम सरकारों की स्वतंत्रता बरकरार रहे। इन विचारों से प्रेरित होकर, केंद्र सरकार भारत के मुसलमानों के लिए आँख की किरकिरी है। जैसे ही वे दृश्य की कल्पना करते हैं, वे देखते हैं कि उनके मुस्लिम प्रांतों को एक केंद्रीय सरकार के अधीन कर दिया गया है जो मुख्य रूप से हिंदू हैं और इन मुस्लिम प्रांतों के प्रशासन पर पर्यवेक्षण और यहाँ तक कि हस्तक्षेप की शक्तियों से संपन्न है। मुसलमानों का मानना है कि पूरे भारत के लिए एक केंद्रीय सरकार को स्वीकार करना मुस्लिम प्रांतीय सरकारों को एक हिंदू केंद्रीय सरकार के अधीन रखने के लिए सहमति देना है और यह देखना है कि मुस्लिम प्रांतों के निर्माण से प्राप्त लाभ उन्हें एक हिंदू सरकार के अधीन करके खो दिया जाएगा। हिंदू केंद्र के इस अत्याचार से बचने का मुस्लिम तरीका है भारत में कोई केन्द्रीय सरकार नहीं होगी।

क्या केवल मुसलमान ही केन्द्रीय सरकार के अस्तित्त्व के विरोधी हैं, हिंदुओं के बारे में क्या, ऐसा प्रतीत होता है कि हिंदुओं के बीच चल रही सभी राजनीतिक चर्चाओं के पीछे एक मौन आधार है कि भारत में उसके राजनीतिक संविधान के स्थायी भाग के रूप में हमेशा एक केंद्रीय सरकार रहेगी। इस तरह के आधार को किस हद तक हल्के में लिया जा सकता है, यह मैं जितना कह सकता हूँ उससे कहीं अधिक है। हालांकि, मैं यह बता सकता हूँ कि दो कारक हैं जो फिलहाल निष्क्रिय हैं लेकिन जो किसी दिन प्रभावी हो सकते हैं और हिंदुओं को केंद्र सरकार के विचार से दूर कर सकते हैं।

पहला, हिंदू प्रांतों के बीच सांस्कृतिक विरोध है। हिंदू प्रांत किसी भी तरह से एक खुशहाल परिवार नहीं है। यह दिखावा नहीं किया जा

सकता कि सिक्खों के मन में बंगालियों, राजपूतों या मद्रासियों के प्रति कोई कोमलता है।[1]

केवल अपने आप से प्यार करता है, मद्रासी अपनी दुनिया से बंधा हुआ है। जहाँ तक मराठा का सवाल है, किसे याद नहीं आता कि मराठा, जो भारत में मुस्लिम साम्राज्य को नष्ट करने के लिए निकले थे, बाकी हिंदुओं के लिए खतरा बन गए, जिन्हें उन्होंने लगभग एक शताब्दी तक परेशान किया और अपने अधीन रखा। हिंदू प्रांतों की कोई सामान्य परंपरा नहीं है और न ही उन्हें बांधने के लिए कोई हित है। दूसरी ओर भाषा, नस्ल के अंतर और अतीत के संघर्ष उन्हें विभाजित करने वाली सबसे शक्तिशाली ताकतें रही हैं। यह सच है कि हिंदू एकजुट हो रहे हैं और उन्हें एक एकजुट राष्ट्र बनाने के लिए प्रेरित करने वाली भावना काम कर रही है। लेकिन यह नहीं भूलना चाहिए कि वे अभी तक एक राष्ट्र नहीं बन पाए हैं। वे एक राष्ट्र बनने की प्रक्रिया में हैं और प्रक्रिया पूरी होने से पहले, एक झटका लग सकता है जो पूरी सदी के काम को नष्ट कर सकता है।

दूसरे स्थान पर वित्तीय कारक है। यह पर्याप्त रूप से ज्ञात नहीं है कि केंद्र सरकार को बनाए रखने के लिए भारत के लोगों को कितना खर्च करना पड़ता है और प्रत्येक प्रांत को कितना आनुपातिक बोझ उठाना पड़ता है।

ब्रिटिश भारत का कुल राजस्व ₹1,94,64,17,926 प्रतिवर्ष था। इस राशि में से प्रांतीय सरकारों द्वारा प्रांतीय स्रोतों से जुटाई गई राशि सालाना ₹73,57,50,125 और केंद्र सरकार द्वारा राजस्व के केंद्रीय स्रोतों से जुटाया गया ₹1,21,06,67,801. इससे पता चलेगा कि केंद्र सरकार भारत के लोगों पर कितना खर्च करती है। जब कोई मानता है कि केंद्र सरकार केवल शांति बनाए रखने के लिए चिंतित है और लोगों की प्रगति से संबंधित कोई भी कार्य नहीं करती है, तो इसमें कोई आश्चर्य नहीं होना चाहिए अगर लोग पूछना शुरू कर दें कि क्या यह आवश्यक

---

1. यह दृष्टिकोण तीसरे गोलमेज सम्मेलन में सर मुहम्मद इकबाल द्वारा रखा गया था।

है कि उन्हें सालाना भुगतान करना चाहिए शांति खरीदने की इतनी बड़ी कीमत। इस संबंध में, यह ध्यान में रखना होगा कि प्रांतों में लोग सचमुच भूख से मर रहे हैं और प्रांतों के पास अपना राजस्व बढ़ाने के लिए कोई स्रोत नहीं बचा है।

इसे बनाए रखने का भार केंद्र सरकार पर है, जो भारत के लोगों को इसका सामना करना पड़ता है। यह सबसे अधिक असमान रूप से वितरित है जो निम्नलिखित हैं– (1) सीमा शुल्क, (2) उत्पाद शुल्क (3) नमक के स्रोत, (4) मुद्रा, (5) डाक और टेलीग्राफ, (6) आयकर और (7) रेलवे। यह स्थिति नहीं है भारत सरकार द्वारा प्रकाशित खातों से केंद्रीय राजस्व के तीन स्रोतों, अर्थात् मुद्रा, डाक और तार तथा रेलवे के वितरण पर काम करें। केवल अन्य स्रोतों से जुटाए गए राजस्व की गणना प्रांत दर प्रांत की जा सकती है। परिणाम निम्नलिखित तालिका में दिखाया गया है:–

प्रांत	प्रांतीय सरकार द्वारा प्रांतीय स्त्रोतों से जुटाया गया राजस्व	केन्द्र सरकार द्वारा केन्द्रीय स्त्रोतों से जुटाया गया राजस्व
	₹	₹
1. मद्रास	16,13,44,520	9,53,26,745
2. बंबई	12,44,59,553	22,53,44,247
3. बंगाल	12,76,60,992	23,79,01,583
4. उत्तर प्रदेश	12,79,99,851	4,05,53,030
5. बिहार	5,23,83,030	1,54,37,742
6. सी0पी0 एवं बरार	4,27,41,280	31,42,682
7. असम	2,58,48,474	1,87,55,967
8. उड़ीसा	1,81,99,823	5,67,346
9. पंजाब	11,35,86,355	1,18,01,385
10. एन0डब्ल्यू0एफ0पी0	1,80,83,548	9,28,294
11. सिंध	3,70,29,534	5,66,46,915

इस तालिका से यह देखा जा सकता है कि केन्द्रीय सरकार को बनाए रखने का भार न केवल भारी है, बल्कि विभिन्न प्रांतों पर असमान रूप से पड़ता है। बम्बई प्रांतीय सरकार रुपये जुटाती है। 12,44,59,553; इसके विपरीत, केंद्र सरकार रुपये जुटाती है; बम्बई से 22,53,44,247। बंगाल सरकार रुपये जुटाती है 12,76,60,892; इसके विपरीत, केंद्र

सरकार रुपये जुटाती है; बंगाल से 23,79,01,583। सिंध सरकार रुपये जुटाती है 3,70,29,354; इसके विपरीत, केंद्र सरकार रुपये जुटाती है सिंध से 5,66,46,915। असम सरकार ने लगभग 2½ करोड़; रुपये जुटाये लेकिन केंद्र सरकार ने असम से 2 करोड़ रुपये जुटाये जबकि इन प्रांतों पर केंद्र सरकार का इतना बोझ है, बाकी प्रांत केंद्र सरकार को नगण्य योगदान देते हैं। पंजाब ने अपने लिए 11 करोड़ रुपये जुटाये लेकिन योगदान केंद्र सरकार को केवल 1 करोड़ रुपये एन डब्ल्यू में एफ पी प्रांतीय राजस्व 1,80,83,548; रुपये है, हालांकि, केंद्र सरकार को इसका कुल योगदान केवल रुपये 9,28,294 के लगभग है।

उत्तर प्रदेश रुपये जुटाता है 13 करोड़ लेकिन योगदान केंद्र को केवल 4 करोड़ रुपये बिहार सरकार ने एकत्र किये अपने लिए 5 करोड़ रुपये वह केंद्र को सिर्फ 1 करोड़ रुपये देती है सी पी और बरार ने कुल 4 करोड़ रुपये वसूले और केंद्र को 31 लाख रुपये का भुगतान किया।

यह वित्तीय कारक अब तक बिना किसी सूचना के पारित हो चुका है। लेकिन समय आ सकता है जब हिंदुओं के लिए भी, जो भारत में केंद्र सरकार के सबसे मजबूत समर्थक हैं, वित्तीय विचार अब विशुद्ध रूप से देशभक्तिपूर्ण विचारों की तुलना में अधिक आकर्षक हो सकते हैं। इसलिए, यह संभव है कि किसी दिन सांप्रदायिक कारणों से मुसलमान और वित्तीय कारणों से हिंदू, केंद्र सरकार को खत्म करने के लिए हाथ मिला लें।

यदि ऐसा होना ही था तो नये संविधान की नींव पड़ने से पहले हो जाये तो बेहतर होगा। यदि एक केंद्र सरकार की परिकल्पना वाले नए संविधान की नींव पड़ने के बाद ऐसा होता है, तो यह सबसे बड़ी आपदा होगी। सामान्य विनाश से, न केवल भारत एक इकाई के रूप में लुप्त हो जाएगा, बल्कि हिंदू एकता को भी बचाना संभव नहीं होगा। जैसा कि मैंने बताया है, हिंदू प्रांतों में भी बहुत अधिक सीमेंट नहीं है, और एक बार जो थोड़ा–सा सीमेंट मौजूद है वह नष्ट हो गया, तो हिंदू प्रांतों की एकता बनाने के लिए कुछ भी नहीं बचेगा। यही कारण है कि

भारतीयों को योजनाएं तैयार करने और नींव रखने से पहले यह तय करना होगा कि संवैधानिक ढांचा किसके लिए खड़ा किया जाना है और यह अस्थायी है या स्थायी। संरचना के एक पूरे के रूप में निर्मित होने के बाद, एक ही नींव पर, एक छोर से दूसरे छोर तक चलने वाले गर्डरों के साथ यदि, उसके बाद, किसी हिस्से को बाकी हिस्सों से अलग करना है, तो रिवेट्स के खिसकने से पूरी इमारत हिल जाएगी और संरचना के अन्य हिस्सों में दरारें पैदा हो जाएंगी, जिनका उद्देश्य एक पूरे रूप में बने रहना है। दरारों का खतरा तब अधिक होता है, यदि उन्हें जोड़ने वाला सीमेंट, जैसा कि भारत के मामले में, खराब गुणवत्ता का है। यदि नया संविधान पूरे भारत के लिए बनाया गया है और उस आधार पर एक संरचना खड़ी की गई है, और उसके बाद पाकिस्तान को हिंदुस्तान से अलग करने का सवाल उठाया गया है और हिंदुओं को झुकना होगा, तो प्रभाव डालने के लिए परिवर्तन आवश्यक हो सकते हैं इस विच्छेद से संपूर्ण संरचना ढह सकती है। मुस्लिम प्रांतों की इच्छा आसानी से हिंदू प्रांतों को संक्रमित कर सकती है और मुस्लिम प्रांतों द्वारा उत्पन्न विघटन की भावना सर्वांगीण विघटन का कारण बन सकती है। विघटन के खतरे वाले संविधानों के मामले में इतिहास पीछे नहीं हट रहा है। अमेरिकी संघ के दक्षिणी राज्यों का उदाहरण है। नेटाल हमेशा दक्षिण अफ्रीका संघ से बाहर निकलने के लिए उत्सुक रहा है और पश्चिमी ऑस्ट्रेलिया ने हाल ही में ऑस्ट्रेलियाई राष्ट्रमंडल से अलग होने के लिए आवेदन किया है, हालांकि असफल रहा।

इन मामलों में वास्तविक व्यवधान नहीं हुआ है और जहाँ हुआ है, वहां जल्द ही ठीक हो गया है। हालांकि, भारतीय इतने भाग्यशाली होने की उम्मीद नहीं कर सकते। चेकोस्लोवाकिया का भाग्य उनका हो सकता है। सबसे पहले, यह आशा करना व्यर्थ होगा कि यदि हिंदू प्रांतों से अलग होने वाले मुस्लिम प्रांतों द्वारा भारतीय संविधान में व्यवधान होता है, तो अलग हुए प्रांतों को वापस जीतना संभव होगा जैसा कि हिंदू प्रांतों में किया गया था। गृहयुद्ध के बाद यू एस ए दूसरे, यदि नया भारतीय संविधान एक अधिराज्य संविधान है, तो ब्रिटिश भी संविधान

को ऐसे विघटन से बचाने में खुद को शक्तिहीन पा सकता हैं, यदि यह इसकी नींव रखे जाने के बाद होता है। इसलिए, यह जरूरी लगता है कि नया संविधान तैयार होने से पहले पाकिस्तान के मुद्दे पर फैसला किया जाना चाहिए।

यदि इसमें कोई संदेह नहीं हो सकता है कि पाकिस्तान एक ऐसी योजना है जिसे भारतीयों को संविधान के अगले संशोधन में हल करना होगा और यदि इस पर निर्णय लेने से कोई बचता है, तो यह लोगों के लिए एक घातक गलती होगी यह प्रश्न की उचित समझ के बिना है। मुझे याद है, संवैधानिक कानून के बारे में गोलमेज सम्मेलन में कुछ भारतीय प्रतिनिधियों की अज्ञानता के कारण पर्यवेक्षक के श्री गार्विन ने टिप्पणी की थी कि अगर रिपोर्ट लिखने के बजाय साइमन कमीशन काम करता तो यह ज्यादा बेहतर होता। भारत पर, भारत की संवैधानिक समस्याओं और दुनिया के विभिन्न देशों के संविधानों द्वारा उनका समाधान कैसे किया जाता है, इस पर एक रिपोर्ट बनाई थी। मुझे पता है कि ऐसी रिपोर्ट दक्षिण अफ्रीका का संविधान बनाने वाले प्रतिनिधियों के उपयोग के लिए तैयार की गई थी। यह उस कमी को पूरा करने का एक प्रयास है और मेरा मानना है कि इसका एक मौसमी कृति के रूप में स्वागत किया जाएगा।

इस प्रश्न के लिए इतना ही कि क्या पुस्तक सीजन योग्य है। जहाँ तक दूसरा सवाल है कि किताब पठनीय है या नहीं यह कोई लेखक नहीं भूल सकता। ऑगस्टीन बिरेल के शब्द जब उन्होंने कहा–

"रसोइयों, योद्धाओं और लेखकों का मूल्यांकन उनके द्वारा उत्पादित प्रभावों के आधार पर किया जाना चाहिए स्वादिष्ट व्यंजन, शानदार जीत, सुखद किताबें, ये हमारी माँगें हैं। सामग्री, रणनीति या तरीकों से हमारा कोई लेना–देना नहीं है। हमें स्वीकार किए जाने की कोई इच्छा नहीं है। रसोई, परिषद् या अध्ययन कक्ष में ले जाया जाता है। रसोइया अपने सॉसपैन का उपयोग अपनी इच्छानुसार कर सकता है, योद्धा अपनी पसंद के अनुसार अपने लोगों को रखता है, लेखक अपनी सामग्री को संभालता है या अपनी साजिश को

यथासंभव सर्वोत्तम तरीके से बुनता है जब पकवान तैयार हो जाता है सेवा करते समय हम केवल यही पूछते हैं, क्या यह अच्छा है, जब लड़ाई लड़ी गई, तो कौन जीता, जब किताब आती है बाहर, क्या यह पढ़ता है?

लेखकों को यह याद दिलाने से ऊपर नहीं होना चाहिए कि सहमतिपूर्वक लिखना उनका पहला कर्तव्य है। कुछ बहुत ही असहमत लोग ऐसा करने में सफल हुए हैं, और इसलिए, किसी को भी निराश होने की कोई आवश्यकता नहीं है। प्रत्येक लेखक चाहे वह गंभीर हो को अपनी पुस्तक को यथासंभव आनंददायक बनाने का प्रयास करना चाहिए। पढ़ना कोई कर्तव्य नहीं है, और परिणामस्वरूप इसे अप्रिय बनाने का कोई व्यवसाय नहीं है। किसी भी अन्य व्यक्ति की पुस्तक को पढ़ने के लिए कोई भी बाध्य नहीं है।"

मुझे इस बात की पूरी जानकारी है लेकिन मुझे इसकी चिंता नहीं है यह बात अन्य किताबों पर तो लागू हो सकती है लेकिन पाकिस्तान पर लिखी किताब पर नहीं। प्रत्येक भारतीय को पाकिस्तान पर एक किताब अवश्य पढ़नी चाहिए, यदि यह नहीं तो कोई और, यदि वह अपने देश को एक स्पष्ट मार्ग पर चलने में मदद करना चाहता है।

अगर कोई किताब अच्छी नहीं पढ़ी जाती, यानी उसका स्वाद अच्छा नहीं है, तो पाठक को उसमें दो चीजें मिलेंगी, जो मुझे यकीन है, अच्छी हैं।

पहली चीज जो वह खोजेगा वह यह है कि सामग्रियां अच्छी हैं। पुस्तक में ऐसी सामग्री है जो सहायक होगी और जिस तक पहुँचने के लिए उसे बहुत अधिक परिश्रम करना पड़ेगा। दरअसल, पाठक पाएंगे कि इस पुस्तक में पिछले बीस वर्षों के दौरान भारत के राजनीतिक और सामाजिक इतिहास का सारांश है, जिसे जानना हर भारतीय के लिए आवश्यक है।

दूसरी बात वह यह पाएंगे कि इसमें कोई पक्षपात नहीं है। इसका उद्देश्य पाकिस्तान की योजना को उसके सभी पहलुओं को उजागर करना है न कि उसकी वकालत करना। उद्देश्य समझाना है न कि धर्म

परिवर्तन कराना। हालांकि, यह कहना एक दिखावा होगा कि पाकिस्तान के बारे में मेरे कोई विचार नहीं हैं। मेरे पास जो विचार हैं, उनमें से कुछ व्यक्त हैं दूसरों को इकट्ठा करना पड़ सकता है, हालांकि, दो बातें हो सकती हैं मेरे विचारों के बारे में अच्छा कहा जाए। सबसे पहले, जहाँ कहीं भी उन्हें व्यक्त किया गया है, उनका तर्क किया गया है। दूसरे, विचार जो भी हों, उनमें निश्चित रूप से लोकप्रिय पूर्वाग्रह की स्थिरता नहीं है। वे वास्तव में विचार हैं, दूसरे शब्दों में, मेरा दिमाग खुला है, हालांकि खाली दिमाग नहीं है। खुले दिमाग वाला व्यक्ति सदैव बधाई का पात्र होता है। हालांकि ऐसा हो सकता है, साथ ही, यह भी वास्तविक रूप से महसूस किया जाना चाहिए कि एक खुला दिमाग एक खाली दिमाग भी हो सकता है और ऐसा खुला दिमाग, अगर यह एक खुशहाल स्थिति है, तो यह एक बहुत ही खतरनाक स्थिति भी है। खाली दिमाग वाले व्यक्ति पर आपदा आसानी से हावी हो सकती है। ऐसा व्यक्ति बिना गिट्टी और बिना पतवार के जहाज के समान होता है। इसकी कोई दिशा नहीं हो सकती, यह तैर सकता है लेकिन दिशा के अभाव में जहाज चट्टान से टकराकर दुर्घटनाग्रस्त भी हो सकता है। पाठक के सामने सभी प्रासंगिक और महत्त्वपूर्ण सामग्री रखकर उसकी मदद करने का लक्ष्य रखते हुए, पाठक को लगेगा कि मैंने उस पर अपने विचार थोपने की कोशिश नहीं की है। मैंने प्रश्न के दोनों पक्ष उनके सामने रख दिए हैं और उन पर अपनी राय बनाने का अधिकार छोड़ दिया है।

पाठक शिकायत कर सकते हैं कि मैं प्रासंगिक तथ्य बताने में उकसाने वाला रहा हूँ। मुझे इस बात का एहसास है कि मेरे खिलाफ ऐसा आरोप लगाया जा सकता है, मैं इसके लिए खुले दिल से और खुशी से माफी माँगता हूँ। मेरा बहाना यह है कि चोट पहुँचाने का मेरा कोई इरादा नहीं है। मेरा केवल एक ही उद्देश्य था, वह यह कि पुस्तक में जिस मुद्दे पर विचार किया गया है, उस पर उदासीन और आकस्मिक पाठक का ध्यान आकर्षित करना। मैं पाठक से अनुरोध करता हूँ कि वे मुझसे होने वाली किसी भी जलन को दूर रखें और अपने विचारों को इस जबरदस्त मुद्दे पर केंद्रित करें कौन–सा होना चाहिए, पाकिस्तान या कोई पाकिस्तान नहीं।

भाग–1

पाकिस्तान के लिए मुस्लिम मामला

पाकिस्तान के लिए मुस्लिम मामले को निम्नलिखित आधारों पर उचित ठहराने की माँग की गई है–

(i) मुसलमान जो माँग कर रहे हैं वह ऐसे प्रशासन–प्रबंध संबंधी क्षेत्रों का निर्माण है जो जातीय रूप से अधिक सदृश हों।

(ii) मुसलमान चाहते हैं कि इन सदृश प्रशासन–प्रबंध संबंधी क्षेत्रों को, जो मुख्य रूप से मुस्लिम हैं, अलग–अलग राज्यों में गठित किया जाए।

(अ) क्योंकि मुसलमान स्वयं एक अलग राष्ट्र का गठन करते हैं और एक राष्ट्रीय घर रखने की इच्छा रखते हैं, और

(ब) क्योंकि अनुभव से पता चलता है कि हिंदू अपने बहुमत का उपयोग करके मुसलमानों के साथ ऐसा व्यवहार करना चाहते हैं जैसे कि वे किसी विदेशी राज्य में द्वितीय श्रेणी के नागरिक हों।

यह भाग इन आधारों की व्याख्या के लिए समर्पित है।

अध्याय–1

लीग क्या माँग करती है?

I

26 मार्च, 1940 को, हिंदू भारत को इतनी हैरत में डाल दिया गया जितना पहले कभी नहीं हुआ था। उस दिन मुस्लिम लीग ने अपनी लाहौर सभा में निम्नलिखित प्रस्ताव पारित किये–

1. "अखिल भारतीय मुस्लिम लीग की परिषद् और कार्यकारी समिति द्वारा 27 अगस्त, 17 और 18 सितंबर और 22 अक्टूबर, 1939 और 3 फरवरी, 1940 के संकल्पों में बताए गए अनुसार की गई कार्रवाई का प्रतिबंध और समर्थन करते हुए संवैधानिक मुद्दे पर, अखिल भारतीय मुस्लिम लीग का यह सत्र जोरदार ढंग से दोहराता है कि भारत सरकार अधिनियम, 1935 में महासंघ फेडरेशन की योजना इस देश की विशिष्ट परिस्थितियों में पूरी तरह से अनुपयुक्त और अव्यवहार्य है और मुस्लिम भारत को पूरी तरह से अस्वीकार्य है।"

2. "यह आगे अपने सशक्त दृष्टिकोण को दर्ज करता है जबकि 18 अक्टूबर, 1939 को महामहिम सरकार की ओर से वायसराय द्वारा की गई घोषणा आश्वस्त करने वाली है, यह घोषणा करती है कि जिस नीति और योजना पर भारत सरकार अधिनियम बनाती है, 1935 के आधार पर भारत में विभिन्न

दलों, हितों और समुदायों के परामर्श से पुनर्विचार किया जाएगा, मुस्लिम भारत तब तक संतुष्ट नहीं होगा जब तक कि पूरी संवैधानिक योजना पर नए सिरे से विचार नहीं किया जाता और कोई भी संशोधित योजना मुसलमानों को स्वीकार्य नहीं होगी, जब तक इसे उनकी मंजूरी और सहमति से तैयार किया गया है।"

3. "निर्णय लिया गया कि अखिल भारतीय मुस्लिम लीग के इस सत्र का यह सुविचारित दृष्टिकोण है कि कोई भी संवैधानिक योजना इस देश में तब तक व्यावहारिक नहीं होगी या मुसलमानों को स्वीकार्य नहीं होगी जब तक कि इसे निम्नलिखित आरंभिक सिद्धांत पर निर्दिष्ट नहीं किया जाता है, अर्थात् भौगोलिक रूप से समाविष्ट इकाइयों को क्षेत्रों में विभाजित किया गया है, जिन्हें आवश्यक क्षेत्रीय समायोजन के साथ इस प्रकार गठित किया जाना चाहिए, कि जिन क्षेत्रों में मुस्लिम संख्यात्मक रूप से बहुमत में हैं, जैसे कि भारत के उत्तर--पश्चिमी और पूर्वी क्षेत्रों को समूहीकृत किया जाना चाहिए। स्वतंत्र राज्य" जिनमें घटक इकाइयां स्वशासी और संप्रभु होंगी।"

4. "इन इकाइयों और क्षेत्रों में अल्पसंख्यकों के लिए उनके परामर्श से उनके धार्मिक, सांस्कृतिक, आर्थिक, राजनीतिक, प्रशासनिक और अन्य अधिकारों और हितों की सुरक्षा के लिए संविधान में विशेष रूप से समुचित, प्रभावी और अनिवार्य सुरक्षा के उपाय प्रदान किए जाने चाहिए। भारत के अन्य हिस्सों में जहाँ मुसलमान अल्पसंख्यक हैं, उनके लिए और अन्य अल्पसंख्यकों के लिए, उनकी धार्मिक, सांस्कृतिक, आर्थिक, राजनीतिक, प्रशासनिक सुरक्षा के लिए संविधान में समुचित, प्रभावी और अनिवार्य सुरक्षा उपाय विशेष रूप से प्रदान किए जाएंगे। उनके परामर्श से निस्तारात्मक और अन्य अधिकार और हित।"

5. "यह सत्र कार्य समिति को इन बुनियादी सिद्धांतों के अनुसार संविधान की एक योजना तैयार करने के लिए अधिकृत करता है, जिसमें रक्षा, विदेशी मामले, संचार, सीमा शुल्क और इस तरह की सभी शक्तियों के संबंधित क्षेत्रों द्वारा अन्य मामले जो आवश्यक हो सकते हैं। अंततः धारणा प्रदान की जाती है।

यह प्रस्ताव किस पर चिंतन करता है? संकल्प के अनुच्छेद–3 के संदर्भ से पता चलेगा कि प्रस्ताव इस बात पर विचार करता है कि जिन क्षेत्रों में मुसलमानों की संख्या सर्वाधिक है, उन्हें स्वतंत्र राज्यों में शामिल किया जाएगा। ठोस शब्दों में, इसका मतलब यह है कि पंजाब, उत्तर–पश्चिमी सीमांत प्रांत, उत्तर–पश्चिम में बलूचिस्तान और सिंध और पूर्व में बंगाल को ब्रिटिश भारत के प्रांतों के रूप में रहने के बजाय ब्रिटिश भारत के बाहर स्वतंत्र राज्यों के रूप में शामिल किया जाएगा। मुस्लिम लीग के प्रस्ताव का सारांश और सार यही है।

क्या प्रस्ताव इस बात पर विचार करता है कि ये मुस्लिम प्रांत, राज्यों में शामिल होने के बाद, एक स्वतंत्र संप्रभु राज्य बने रहेंगे या क्या वे एक ही राज्य, संघीय या एकात्मक के सदस्यों के रूप में एक संविधान में शामिल हो जाएंगे? इस बिंदु पर, संकल्प स्व–विरोधाभासी नहीं तो, बल्कि अस्पष्ट है। यह क्षेत्रों को "स्वतंत्र राज्यों में समूहित करने की बात करता है जिसमें घटक इकाइयां स्वायत्त और संप्रभु होंगी।" 'घटक इकाइयाँ' शब्द का प्रयोग यह दर्शाता है कि जिस पर विचार किया जा रहा है वह एक संघ है। यदि ऐसा है, तो, इकाइयों की विशेषता के रूप में 'संप्रभु' शब्द का उपयोग अनुचित है। इकाइयों का संघ और इकाइयों की संप्रभुता विरोधाभास हैं। हो सकता है वही हो जो चिंतन किया गया हो एक महासंघ है। हालांकि, फिलहाल यह बहुत महत्त्वपूर्ण नहीं है कि इन स्वतंत्र राज्यों को एक महासंघ बनाया जाए या नहीं। महत्त्वपूर्ण बात यह है कि बुनियादी माँग यह है कि इन क्षेत्रों को भारत से अलग किया जाए और स्वतंत्र राज्य बनाया जाए।

प्रस्ताव इस प्रकार लिखा गया है कि इससे यह आभास होता है कि

इसमें बताई गई योजना नई है। लेकिन, इसमें कोई संदेह नहीं हो सकता है कि प्रस्ताव केवल उस योजना को पुनर्जीवित करता है जिसे दिसंबर 1930 में लखनऊ में आयोजित मुस्लिम लीग के वार्षिक सत्र में सर मोहम्मद इकबाल ने अपने अध्यक्षीय भाषण में सामने रखा था। इस योजना को तब लीग द्वारा नहीं अपनाया गया था। हालांकि, इसे श्री रहमत अली ने उठाया था, जिन्होंने इसे पाकिस्तान नाम दिया था, जिसके नाम से इसे जाना जाता है। श्री रहमत अली, (एम.ए., एल.एल. बी.) ने 1933 में पाकिस्तान आंदोलन की स्थापना की। उन्होंने भारत को दो भागों में विभाजित किया, अर्थात्, पाकिस्तान और हिंदुस्तान। उनके पाकिस्तान में पंजाब, N.–W.F शामिल थे। प्रांत, कश्मीर, सिंध और बलूचिस्तान। उनके लिए बाकी सब हिंदुस्तान था। उनका विचार एक स्वतंत्र राज्य के रूप में उत्तर में पाँच मुस्लिम प्रांतों से बना एक "स्वतंत्र और अलग पाकिस्तान" बनाना था। यह प्रस्ताव गोलमेज सम्मेलन के सदस्यों को बाँटा गया था लेकिन इसे कभी आधिकारिक तौर पर सामने नहीं रखा गया। ऐसा लगता है कि ब्रिटिश सरकार की सहमति प्राप्त करने के लिए निजी तौर पर एक प्रयास किया गया था, हालांकि, इस पर विचार करने से इनकार कर दिया गया क्योंकि उन्हें लगा कि यह 'पुराने मुस्लिम साम्राज्य का पुनरुद्धार था।'[1]

लीग ने केवल पाकिस्तान की मूल योजना का विस्तार किया है। इसने बंगाल और असम के मुसलमानों को शामिल करने के लिए पूर्व में एक और मुस्लिम राज्य बनाने की माँग की है। इसे छोड़कर, यह अपने सार और सामान्य रूपरेखा में सर मोहम्मद इकबाल द्वारा प्रस्तुत और श्री रहमत अली द्वारा प्रचारित योजना को व्यक्त करता है। पूर्व में इस नये मुस्लिम राज्य को कोई नाम नहीं दिया गया है। इससे श्री रहमत अली के सिद्धांत और विचारधारा में शामिल मुद्दों पर कोई फर्क नहीं पड़ा है। एकमात्र कठिनाई जो किसी को महसूस होती है वह यह है कि लीग ने, पहलुओं का विस्तार करते हुए, दो मुस्लिम राज्यों को छोटे और मीठे नाम नहीं दिए हैं, जैसा कि उससे अपेक्षा की जा

1. हैलाइड एडिब – *इनसाइड इंडिया,* पी. 355.

सकती थी। ऐसा नहीं हुआ और हमें लंबे समय की चर्चा के लिए दो जबड़े तोड़ने वाले नाम को आगे बढ़ाने के लिए छोड़ दिया गया है। पश्चिम में मुस्लिम राज्य और पूर्व में मुस्लिम राज्य के नाम। मैं द्वि–राष्ट्र सिद्धांत की अंतर्निहित विचारधारा और इसके फलस्वरूप, प्रभाव, अर्थात् विभाजन, को व्यक्त करने के लिए पाकिस्तान का नाम आरक्षित करके और उत्तर–पश्चिम और उत्तर–पूर्व में दो मुस्लिम राज्यों को पश्चिमी के रूप में लक्षित करके इस कठिनाई को हल करने का प्रस्ताव देता हूँ। उत्तर–पश्चिम पाकिस्तान और पूर्वी पाकिस्तान।

इस योजना ने न केवल हिंदू भारतीयों का ध्यान आकर्षित किया बल्कि इसने हिंदू भारतीयों को चौंका दिया। अब यह सवाल उठना स्वाभाविक है कि इस योजना में ऐसा क्या है जो नया या चौंकाने वाला है?

II

क्या उत्तर–पश्चिम के प्रांतों को जोड़ने का विचार एक चौंकाने वाला विचार है? यदि ऐसा है, तो यह याद रखें कि इन प्रांतों को जोड़ना सदियों पुरानी एक परियोजना है जो लगातार वायसराय, प्रशासकों और जनरलों द्वारा प्रस्तुत की गई थी। उत्तर–पश्चिम में पाकिस्तान प्रांतों में से, पंजाब और एन.डब्ल्यू.एफ.पी. 1849 में अंग्रेजों द्वारा पंजाब पर विजय प्राप्त करने के बाद से दोनों एक ही प्रांत बने रहे। 1901 तक दोनों एक ही प्रांत बने रहे। 1901 में लॉर्ड कर्जन ने उनकी एकता को तोड़ दिया और वर्तमान दो प्रांतों का निर्माण किया। जहाँ तक पंजाब को सिंध से जोड़ने का सवाल है, इसमें कोई संदेह नहीं है कि यदि सिंध की विजय पंजाब की विजय से पहले नहीं हुई होती, तो सिंध को पंजाब में शामिल कर लिया गया होता, क्योंकि दोनों न केवल जुड़े हुए हैं बल्कि एक ही नदी से जुड़े हुए हैं जो उनके बीच सबसे प्राकृतिक बंधन है। हालांकि सिंध को बम्बई में मिला दिया गया था, जो पंजाब की अनुपस्थिति में एकमात्र आधार था जहाँ से उस पर शासन किया जा सकता था, सिंध को बम्बई से काटकर पंजाब में मिलाने का विचार नहीं छोड़ा गया और इस संबंध में परियोजनाएं शुरू

की गईं जो इसे पहली बार लॉर्ड डलहौजी के गवर्नर–जनरल के कार्यकाल के दौरान सामने रखा गया था। लेकिन वित्तीय कारणों से, निदेशक न्यायालय द्वारा स्वीकृत नहीं किया गया था। विद्रोह के बाद, प्रश्न पर पुनर्विचार किया गया लेकिन इयूडस के साथ संचार की पिछड़ी स्थिति के कारण, लॉर्ड कैनिंग ने अपनी सहमति देने से इनकार कर दिया। 1876 में लॉर्ड नॉर्थब्रुक की राय थी कि सिंध को पंजाब में मिला दिया जाना चाहिए। 1877 में, नॉर्थब्रुक के उत्तराधिकारी लॉर्ड लिटन ने एक ट्रांस–सिंधु प्रांत बनाने की माँग की, जिसमें पंजाब के छह सीमांत जिले और ट्रांस–सिंधु जिले शामिल हों। इसमें पंजाब के छह सीमांत जिले शामिल होंगे, अर्थात्, हजारा, पेशावर, कोल्हाट, बौनू (सिस–सिंधु इलाकों को छोड़कर), डेरा इस्माइल खान (उसी अपवाद के साथ), डेरा गाजी खान और ट्रांस–सिंधु सिंध (कराची को छोड़कर)। लिटन ने यह भी प्रस्तावित किया कि ट्रांस–सिंधु के नुकसान की भरपाई के लिए बम्बई को मध्य प्रांत का पूरा या कुछ हिस्सा मिलना चाहिए। ये प्रस्ताव राज्य सचिव को स्वीकार्य नहीं थे। लॉर्ड लैंसडाउन (1888–94) के वायसराय काल के दौरान, उसी परियोजना को उसके मूल रूप में पुनर्जीवित किया गया, अर्थात् सिंध को पंजाब में स्थानांतरित करना, लेकिन बलूचिस्तान एजेंसी के गठन के कारण, सिंध एक सीमांत जिला नहीं रह गया था और जो विचार अपने उद्देश्य में सैन्य था, उसने अपना बल खो दिया और सिंध पंजाब में शामिल हुए बिना ही रह गया। यदि अंग्रेजों ने बलूचिस्तान का अधिग्रहण नहीं किया होता और लॉर्ड कर्जन ने एन.डब्ल्यू.एफ.पी. को अलग करने के बारे में नहीं सोचा होता। पंजाब से बाहर, हमने एक प्रशासनिक इकाई के रूप में पाकिस्तान का निर्माण बहुत पहले ही देख लिया होता।

बंगाल में मुस्लिम राज्य, फिर, इसमें कुछ भी नया नहीं है। कई लोगों को यह याद होगा कि 1905 में, बंगाल और असम प्रांत को तत्कालीन वायसराय, लॉर्ड कर्जन ने दो प्रांतों में विभाजित किया था:– (1) पूर्वी बंगाल और असम, जिसकी राजधानी ढाका थी और (2) पश्चिमी बंगाल, जिसकी राजधानी कोलकात्ता थी। इसकी राजधानी

के रूप में. पूर्वी बंगाल और असम के नवनिर्मित प्रांत में असम और बंगाल और असम के पुराने प्रांत के निम्नलिखित जिले शामिल थेः– (1) ढाका, (2) मैमनसिंह, (3) फरीदपुर, (4) बैकरगंज, (5) टिपपेरा, (6) नोआखाली, (7) चटगांव, (8) चटगांव हिल ट्रैक्ट्स, (9) राजशाही, (10) दिनाजपुर, (11) जलपाईगुड़ी। (12) रंगपुर, (13) बोगरा, (14) पबना और (15) मालदा। पश्चिमी बंगाल में संबलपुर जिले को शामिल करने के साथ पुराने बंगाल प्रांत और असम के शेष जिलों को भी शामिल किया गया था, जिसे सी.पी. से स्थानांतरित किया गया था।

पश्चिमी बंगाल के लिए एक प्रांत का दो भागों में विभाजन, जिसे भारतीय इतिहास में बंगाल विभाजन के रूप में जाना जाता है, पूर्वी बंगाल में एक मुस्लिम राज्य बनाने का एक प्रयास था, क्योंकि असम के कुछ हिस्सों को छोड़कर, पूर्वी बंगाल और असम को एक नया प्रांत बनाया गया था। मुख्य रूप से मुस्लिम क्षेत्र में लेकिन, 1911 में अंग्रेजों ने हिंदुओं के आगे झुकते हुए विभाजन को निरस्त कर दिया।[1]

III

क्या पाकिस्तान को हिंदुस्तान से अलग करने का विचार चौंकाने वाला है? यदि हाँ, तो मुझे कुछ तथ्य याद करने दीजिए जो इस मुद्दे से संबंधित हैं और जो कांग्रेस की नीति के आरंभिक सिद्धांत बनाते हैं। यह याद रखा जाएगा कि जैसे ही श्री गांधी ने कांग्रेस पर अधिभोग किया, उन्होंने इसे लोकप्रिय बनाने के लिए दो काम किए। सबसे पहला काम जो उन्होंने किया वह सविनय अवज्ञा की शुरुआत करना था।

भारत की राजनीति में श्री गांधी के प्रवेश से पहले, सत्ता के लिए दावेदार पार्टियां कांग्रेस, उदारवादी और बंगाल में आतंकवादी त्रुटियां थीं। कांग्रेस और उदारवादी वास्तव में एक ही पार्टी थे और उनके बीच कोई भेदभाव नहीं था जैसा कि आज उन्हें विभाजित करता है। इसलिए, हम सुरक्षित रूप से कह सकते हैं कि भारत में केवल दो

1. भारत सरकार की राजपत्र अधिसूचना संख्या 2832, दिनांक 1 सितंबर 1905। 16 अक्टूबर 1905 से दोनों प्रांत अलग–अलग प्रशासनिक इकाइयाँ बन गए।

पार्टियां थीं, उदारवादी और आतंकवादी। दोनों में प्रवेश की शर्तें बेहद कठिन थीं। लिबरल पार्टी में, प्रवेश की शर्त केवल शिक्षा नहीं बल्कि उच्च स्तर की शिक्षा थीं। अध्ययन के लिए ख्याति स्थापित किए बिना, कोई भी लिबरल पार्टी में प्रवेश पाने की उम्मीद नहीं कर सकता था। इसने प्रभावी रूप से अशिक्षितों को राजनीतिक सत्ता तक पहुँचने से रोक दिया। आतंकवादियों ने अब तक की सबसे कठिन परीक्षा निर्धारित की थी। केवल वे ही लोग जो इस उद्देश्य के लिए अपना जीवन देने के लिए तैयार थे, समर्पित करने के अर्थ में नहीं बल्कि इसके लिए मरने के अर्थ में, उनके संगठन के सदस्य बन सकते थे। इसलिए कोई भी गुंडा आतंकवादी संगठन में प्रवेश नहीं पा सका। सविनय अवज्ञा के लिए सीखने की आवश्यकता नहीं है। यह जीवन के त्याग का आह्वान नहीं करता। यह उस विशाल बहुमत के लिए एक आसान मध्य मार्ग है जिनके पास कोई शिक्षा नहीं है और जो अत्यधिक दंड भुगतना नहीं चाहते हैं और साथ ही बदनामी भी प्राप्त करना चाहते हैं।

देशभक्त होने में यह मध्य मार्ग ही था जिसने कांग्रेस को लिबरल पार्टी या आतंकवादी पार्टी से अधिक लोकप्रिय बना दिया।

श्री गांधी ने दूसरा काम भाषाई प्रांतों के सिद्धांत को लागू करना था। श्री गांधी की प्रेरणा और मार्गदर्शन में कांग्रेस द्वारा बनाए गए संविधान में, भारत को भाषा और मुख्यालय के साथ निम्नलिखित प्रांतों में विभाजित किया जाना था–

प्रांत	भाषा	मुख्यालय
अजमेर–मेवाड़	हिंदुस्तानी	अजमेर
आंध्र	तेलुगु	चेन्नई
असम	असमिया	गुवाहाटी
बिहार	हिंदुस्तानी	पटना
बंगाल	बंगाली	कोलकात्ता
मुंबई (शहर)	मराठी–गुजराती	मुंबई
दिल्ली	हिंदुस्तानी	दिल्ली
गुजरात	गुजराती	अहमदाबाद
कर्नाटक	कन्नड़	धारवाड़
केरल	मलयालम	कालीकट
महाकोसल	हिंदुस्तानी	जुब्बलपुर

महाराष्ट्र	मराठी	पूना
नागपुर	मराठी	नागपुर
एन.डब्ल्यू.एफ.पी	पश्तो	पेशावर
पंजाब	पंजाबी	लाहौर
सिंध	सिंधी	कराची
तमिलनाडु	तमिल	चेन्नई
संयुक्त प्रांत	हिंदुस्तानी	लखनऊ
उत्कल	उड़िया	कटक
विदर्भ (बेरार)	मराठी	अकोला

इस विभाजन में क्षेत्रफल, जनसंख्या या राजस्व पर कोई ध्यान नहीं दिया गया। यह विचार कि प्रत्येक प्रशासनिक इकाई को सभ्य जीवन के न्यूनतम मानक का समर्थन और आपूर्ति करने में सक्षम होना चाहिए, जिसके लिए उसके पास पर्याप्त क्षेत्र, पर्याप्त जनसंख्या और पर्याप्त राजस्व होना चाहिए, प्रांतीय उद्देश्यों के लिए क्षेत्रों के विभाजन की इस योजना में कोई जगह नहीं थी। निर्धारण कारक भाषा थी। इस संभावना पर कोई विचार नहीं किया गया कि यह भारतीय सामाजिक जीवन की पहले से ही ढीली संरचना में एक विघटनकारी शक्ति का परिचय दे सकता है। इसमें कोई संदेह नहीं कि यह योजना स्थानीय देशभक्ति की अपील करके लोगों को कांग्रेस के पक्ष में लाने के एकमात्र उद्देश्य से पेश की गई थी। भाषाई प्रांतों का विचार स्थिर हो गया है और इसे प्रभावी बनाने की माँग इतनी आग्रहपूर्ण और अप्रतिरोध्य हो गई है कि जब कांग्रेस सत्ता में आई तो उसे इसे लागू करने के लिए मजबूर होना पड़ा। ओड़िशा पहले ही बिहार से अलग हो चुका है।[1] आंध्र प्रदेश चेन्नई से अलग होने की माँग कर रहा है। कर्नाटक महाराष्ट्र से अलग होने की माँग कर रहा है। गुजरात एकमात्र भाषाई प्रांत है जो महाराष्ट्र से अलग होने की माँग नहीं कर रहा है।[2] या यूँ कहें कि गुजरात ने फिलहाल अलग होने का विचार छोड़ दिया है। ऐसा शायद इसलिए है क्योंकि गुजरात को एहसास हो गया है कि महाराष्ट्र के साथ जुड़ना राजनीतिक और व्यावसायिक तौर पर एक बेहतर पूंजी निवेश है।

1. यह भारत सरकार अधिनियम, 1935 के तहत किया गया था।
2. कर्नाटक मद्रास प्रेसीडेंसी से कुछ जिले भी चाहता है।

जो भी हो, सच तो यह है कि भाषाई आधार पर अलगाव अब कांग्रेस का एक स्वीकृत सिद्धांत है। यह कहने का कोई मतलब नहीं है कि कर्नाटक और आंध्र प्रदेश का अलगाव भाषाई अंतर पर आधारित है और पाकिस्तान के अलग होने का दावा सांस्कृतिक अंतर पर आधारित है। यह बिना किसी भेद के भेद है। भाषाई अंतर सांस्कृतिक अंतर का ही दूसरा नाम है।

अगर कर्नाटक और आंध्र प्रदेश के अलग होने में कोई चौंकाने वाली बात नहीं है, तो पाकिस्तान के अलग होने की माँग में चौंकाने वाली क्या बात है? यदि यह अपने प्रभाव में विघटनकारी है, तो यह कर्नाटक जैसे हिंदू प्रांतों को महाराष्ट्र से या आंध्र प्रदेश को चेन्नई से अलग करने से अधिक विघटनकारी नहीं है। पाकिस्तान अपनी विशिष्ट संस्कृति के विकास के लिए स्वतंत्रता की माँग करने वाली सांस्कृतिक इकाई की एक और अभिव्यक्ति मात्र है।

अध्याय–2

एक राष्ट्र घर की माँग कर रहा है

यह कि प्रशासनिक, भाषाई या सांस्कृतिक कारक हैं, जो अलगाव की इन माँगों के पीछे पूर्वनियोजित कारण हैं, यह एक तथ्य है जिसे सभी ने स्वीकार किया है और समझा है। इन माँगों पर किसी को कोई आपत्ति नहीं है और कई लोग इन्हें मानने को तैयार हैं। लेकिन, हिंदुओं का कहना है कि मुसलमान पृथक्करण के विचार और प्रश्नों से परे जा रहे हैं, जैसे कि किस वजह से उन्हें यह रास्ता अपनाना पड़ा, वे विभाजन की माँग क्यों कर रहे हैं, पाकिस्तान और पाकिस्तान के बीच कानूनी तलाक द्वारा सामान्य संबंध को रद्द किया जाए। हिंदुस्तान, ऊंचा उठ रहा है।

इसका उत्तर मुस्लिम लीग द्वारा अपने प्रस्ताव में की गई घोषणा में पाया जा सकता है कि भारत के मुसलमान एक अलग संगठन हैं। मुस्लिम लीग की यह घोषणा हिंदुओं को असह्य लगती है और उसका उपहास भी उड़ाती है।

हिंदू आक्रोश बिल्कुल स्वाभाविक है। भारत एक राष्ट्र है या नहीं, यह भारतीय राष्ट्रीय कांग्रेस की स्थापना के बाद से ही एंग्लो–इंडियन और हिंदू राजनेताओं के बीच विवाद का विषय रहा है। एंग्लो–इंडियन यह घोषणा करते नहीं थकते थे कि भारत एक राष्ट्र नहीं है, कि 'इंडियन्स' भारत के लोगों का ही दूसरा नाम है। एक एंग्लो–इंडियन के शब्दों में, "भारत को जानने का अर्थ यह भूलना था कि भारत जैसी कोई चीज है।" दूसरी ओर, हिंदू राजनेता और देशभक्त अपने इस दावे पर

समान रूप से कायम रहे हैं कि भारत एक राष्ट्र है। यह कहा नहीं जा सकता कि एंग्लो–इंडियन अपने अस्वीकार में सही थे। यहाँ तक कि बंगाल के राष्ट्रकवि डॉ. टैगोर भी उनसे सहमत हैं। लेकिन, हिंदू कभी भी डॉ. टैगोर के सामने भी इस मुद्दे पर नहीं झुके।

ऐसा दो कारणों से था सबसे पहले, हिंदू को यह स्वीकार करने में शर्म महसूस हुई कि भारत एक राष्ट्र नहीं था। ऐसी दुनिया में जहाँ राष्ट्रीयता और राष्ट्रवाद को विशेष माना जाता है, लोगों में सद्‌गुण, श्री एच. जी. वेल्स की भाषा में कहें तो, हिंदुओं के लिए यह अनुभव करना करना बिल्कुल स्वाभाविक था कि भारत के लिए राष्ट्रीयता के बिना रहना उतना ही अनुचित होगा जितना कि भरी सभा में एक आदमी के लिए अपने कपड़ों के बिना रहना। दूसरे, उन्हें यह एहसास हो गया था कि राष्ट्रीयता का स्वशासन के दावे से सबसे गहरा संबंध है। वह जानते थे कि 19वीं शताब्दी के अंत तक, यह एक स्वीकृत सिद्धांत बन गया था कि जो लोग एक राष्ट्र का गठन करते हैं, वे स्वशासन के हकदार हैं और कोई भी देशभक्त, जो अपने लोगों के लिए स्वशासन की माँग करता है, साबित करना था कि वे एक राष्ट्र थे। इन कारणों से हिंदू ने कभी यह जांचना बंद नहीं किया कि भारत वास्तव में एक राष्ट्र था या नहीं। उन्होंने कभी इस बात की परवाह नहीं की कि क्या राष्ट्रीयता केवल लोगों को एक राष्ट्र कहने का सवाल है या लोगों के एक राष्ट्र होने का सवाल है। वह एक बात जानते थे, वह यह कि यदि उन्हें भारत के लिए स्वशासन की अपनी माँग में सफल होना है, तो उन्हें यह बनाए रखना होगा, भले ही वह यह साबित न कर सकें, कि भारत एक राष्ट्र है।

उनके इस कथन का किसी भी भारतीय ने कभी खंडन नहीं किया।

अभिधारणा इतनी स्वीकार्य थी कि इतिहास के गंभीर भारतीय छात्र भी इसके समर्थन में प्रचार साहित्य लिखने के लिए आगे आए, निस्संदेह देशभक्ति के उद्देश्यों से। हिंदू समाज सुधारक, जो जानते थे कि यह एक खतरनाक भ्रम था, इस अभिधारणा का खुलकर खंडन नहीं कर सके। क्योंकि, जिसने भी इस पर प्रश्न उठाया, उसे तुरंत ब्रिटिश

नौकरशाही का उपकरण और देश का दुश्मन कहा गया। हिंदू राजनेता लंबे समय तक अपने विचार का प्रचार करने में सक्षम थे। उनके प्रतिद्वंद्वी एंग्लो–इंडियन ने उन्हें जवाब देना बंद कर दिया था। उनका प्रचार लगभग सफल हो गया था। जब यह सफल होने ही वाला था तो मुस्लिम लीग की यह घोषणा सामने आई– वीणा में यह दरार। सिर्फ इसलिए कि यह एंग्लो–इंडियन से नहीं आता है, यह एक घातक झटका है। यह उस काम को नष्ट कर देता है जो हिंदू राजनेताओं ने वर्षों से किया है। यदि भारत में मुसलमान एक अलग राष्ट्र हैं, तो निस्संदेह, भारत एक राष्ट्र नहीं है। यह दावा हिंदू राजनेताओं के पैरों तले से जमीन खिसका देता है। यह स्वाभाविक है कि वे इस पर नाराज हों और इसे पीठ में छुरा घोंपना कहें।

लेकिन, छुरा घोंपें या न मारें, मुद्दा यह है कि क्या मुसलमानों को एक राष्ट्र माना जा सकता है? बाकी सब मुद्दे से परे हैं। इससे प्रश्न उठता है– राष्ट्र क्या है? टॉम्स ने इस विषय पर लिखा है। जो लोग जिज्ञासु हैं वे इन्हें पढ़ सकते हैं और विभिन्न बुनियादी विचारों के साथ–साथ इसके विभिन्न पहलुओं का अध्ययन कर सकते हैं। हालांकि, विषय के मूल को जानना पर्याप्त है और इसे कुछ शब्दों में बताया जा सकता है। राष्ट्रीयता एक सामाजिक भावना है। यह एकता की कॉरपोरेट भावना की भावना है जो उन लोगों को महसूस कराती है जिन पर इसका आरोप है कि वे सगे–संबंधी हैं। यह राष्ट्रीय भावना दोधारी तलवार भावना है। यह एक ही समय में किसी के अपने रिश्तेदारों के लिए संगति की भावना है और उन लोगों के लिए एक गैर–संगति की भावना है जो उसके अपने रिश्तेदार और रिश्तेदार नहीं हैं। यह एक "प्रकार की चेतना" की भावना है जो एक ओर उन लोगों को एक साथ बांधती है। जिनके पास यह है, इतनी मजबूती से कि यह आर्थिक संघर्षों या सामाजिक उन्नयन से उत्पन्न होने वाले सभी मतभेदों को खत्म कर देती है और दूसरी ओर, उन्हें अलग कर देती है। जो उनकी तरह के नहीं हैं। यह किसी अन्य समूह से संबंधित न होने की लालसा है। जिसे राष्ट्रीयता और राष्ट्रीय भावना कहा जाता है उसका यही सार है।

अब इस परीक्षण को मुस्लिम दावे पर लागू करें। क्या यह सच है या नहीं कि भारत के मुसलमान एक असाधारण समूह हैं? क्या यह सच है या नहीं कि उनमें एक तरह की चेतना है? क्या यह सच है या नहीं कि हर मुसलमान को किसी गैर–मुस्लिम समूह से नहीं बल्कि अपने ही समूह से जुड़ने की लालसा रहती है?

यदि इन प्रश्नों का उत्तर सकारात्मक है, तो विवाद समाप्त हो जाना चाहिए और मुसलमानों का यह दावा कि वे एक राष्ट्र हैं, बिना किसी शंका के स्वीकार किया जाना चाहिए।

हिंदुओं को जो दिखाना चाहिए वह यह है कि कुछ मतभेदों के बावजूद, हिंदुओं और मुसलमानों के बीच उन्हें एक राष्ट्र बनाने के लिए पर्याप्त समानताएं हैं, या, स्पष्ट भाषा में कहें तो, जो मुसलमानों और हिंदुओं को एक साथ रहने के लिए प्रेरित करती हैं।

हिंदू, जो मुसलमानों के इस विचार से असहमत हैं कि मुसलमान अपने आप में एक अलग राष्ट्र हैं, भारतीय सामाजिक जीवन की कुछ विशेषताओं पर भरोसा करते हैं जो मुस्लिम समाज और हिंदू समाज के बीच एकीकरण के बंधन बनाते प्रतीत होते हैं।

सबसे पहले तो यही कहा जाता है कि हिंदू और मुसलमानों के बीच 'नस्ल का कोई भेद नहीं है।' वह पंजाबी मुसलमान आदमी और पंजाबी हिंदू, उत्तर प्रदेश के मुसलमान और उत्तर प्रदेश के हिंदू, बिहार का मुसलमान और बिहार का हिंदू, बंगाल–मुसलमान और बंगाल–हिंदू, चेन्नई–मुसलमान और चेन्नई–हिंदू, और मुंबई–मुसलमान और मुंबई–हिंदू नस्लीय रूप से एक ही समूह के हैं। वास्तव में मद्रास मुसलमान और मद्रास ब्राह्मण के बीच मद्रास–ब्राह्मण और पंजाब–ब्राह्मण की तुलना में अधिक जातीय समानता है। दूसरे स्थान पर, हिंदुओं और मुसलमानों के बीच भाषाई एकता पर निर्भरता रखी गई है। ऐसा कहा जाता है कि मुसलमानों के पास अपनी कोई आम भाषा नहीं है जो उन्हें हिंदुओं से अलग एक भाषाई समूह के रूप में चिह्नित कर सके। इसके विपरीत, दोनों के बीच पूर्ण भाषाई एकता है। पंजाब में हिंदू और मुसलमान दोनों पंजाबी बोलते हैं। सिंध में दोनों सिंधी बोलते हैं। बंगाल

में दोनों बांग्ला बोलते हैं। गुजरात में दोनों गुजराती बोलते हैं। महाराष्ट्र में दोनों मराठी बोलते हैं। तो हर प्रांत में केवल कस्बों में ही मुसलमान उर्दू बोलते हैं और हिंदू प्रांत की भाषा बोलते हैं। लेकिन बाहर, मुफस्सिल में, हियुडस और मुसलमानों के बीच पूर्ण भाषाई एकता है। तीसरे, यह बताया गया है कि भारत वह भूमि है जहाँ हिंदू और मुसलमान सदियों से एक साथ रहते हैं। यह न तो केवल हिंदुओं की भूमि है, न ही यह केवल मुसलमानों की भूमि है।

आसरा न केवल नस्लीय एकता पर बल्कि दोनों समुदायों के सामाजिक और सांस्कृतिक जीवन में कुछ सामान्य विशेषताओं पर भी रखी गई है। यह बताया गया है कि कई मुस्लिम समूहों का सामाजिक जीवन हिंदू रीति–रिवाजों से जुड़ा हुआ है। उदाहरण के लिए, पंजाब के अवांस, हालांकि वे लगभग सभी मुस्लिम हैं, हिंदू नाम रखते हैं और अपनी वंशावली ब्राह्मणवादी शैली में रखते हैं। मुसलमानों में हिंदू उपनाम पाए जाते हैं। उदाहरण के लिए, चौधरी उपनाम एक हिंदू उपनाम है, लेकिन उत्तर प्रदेश और उत्तरी भारत के मुसलमानों के बीच आम है। विवाह के मामले में मुसलमानों के कुछ समूह केवल नाम के लिए मुसलमान हैं। वे या तो समारोह के केवल हिंदू रूप का पालन करते हैं, या पहले हिंदू रीति–रिवाज से समारोह करते हैं और फिर काजी को बुलाकर इसे मुस्लिम तरीके से संपन्न कराते हैं। मुसलमानों के कुछ वर्गों में विवाह, संरक्षकता और विवाह के मामले में हिंदू कानून ही लागू होता है।

विरासत, शरीयत अधिनियम पारित होने से पहले भी यह सच था पंजाब और उत्तर–पश्चिम में। एफ. पी. सामाजिक क्षेत्र में, जाति पर यह आरोप लगाया जाता है कि यह व्यवस्था हिंदू समाज की तरह ही मुस्लिम समाज का भी हिस्सा है। धार्मिक क्षेत्र में, यह बताया गया है कि कई मुस्लिम पीर के हिंदू शिष्य थे; और इसी तरह कुछ हिंदू योगियों के पास मुस्लिम चेले थे। प्रतिद्वंद्वी पंथों के संतों के बीच मित्रता के उदाहरणों पर भरोसा किया जाता है। पंजाब में गिरोट में, दो तपस्वियों, जमाली सुल्तान और दीयाल भवन की कब्रें, जो उन्नीसवीं

शताब्दी के शुरुआती भाग में घनिष्ठ मित्रता के साथ रहते थे, एक–दूसरे के करीब हैं, और हिंदू और मुसलमानों द्वारा समान रूप से पूजनीय हैं। बाबा फत्तू, एक मुस्लिम संत, जो लगभग 1700 ई. में रहते थे और जिनकी कब्र कांगड़ा जिले के रानीताल में है, को एक हिंदू संत, सोढ़ी गुरु गुलाब सिंह के आशीर्वाद से पैगंबर की उपाधि मिली थी। दूसरी ओर, बाबा शहाना, एक हिंदू संत, जिनका पंथ जंग जिले में मनाया जाता है, के बारे में कहा जाता है कि वह एक मुस्लिम पीर के चेले थे, जिन्होंने अपने हिंदू अनुयायी का मूल नाम (मिहरा) बदलकर मीर शाह कर दिया था।

निःसंदेह यह सब सत्य है। यह बात संदेह से परे है कि मुसलमानों का एक बड़ा हिस्सा हिंदुओं के समान ही जाति का है। इस बात से इनकार नहीं किया जा सकता कि सभी मुसलमान एक ही भाषा नहीं बोलते हैं, बहुत से लोग हिंदुओं की तरह एक ही भाषा बोलते हैं। यह कहा नहीं जा सकता कि कुछ सामाजिक रीति–रिवाज हैं जो दोनों के लिए समान हैं। यह भी तथ्य की बात है कि कुछ धार्मिक संस्कार और प्रथाएं दोनों के लिए समान हैं। लेकिन सवाल यह है कि क्या यह सब इस निष्कर्ष का समर्थन कर सकता है कि हिंदू और मुसलमान एक राष्ट्र का गठन करते हैं या इन चीजों ने उनमें यह भावना पैदा की है कि वे एक–दूसरे के होने की इच्छा रखते हैं?

हिंदू तर्क में कई त्रुटियां हैं। सबसे पहले, जिन्हें सामान्य विशेषताओं के रूप में इंगित किया गया है, वे सामाजिक संलयन लाने के लिए एक–दूसरे के तरीकों और तौर–तरीकों को अपनाने और अपनाने के सचेत प्रयास का परिणाम नहीं हैं। दूसरी ओर, यह एकरूपता कुछ विशुद्ध यांत्रिक कारणों का परिणाम है। वे आंशिक रूप से अपूर्ण रूपांतरणों के कारण हैं। भारत जैसे देश में, जहाँ मुस्लिम आबादी बहुसंख्यक है मुस्लिमों को जाति और बहिष्कृत हिंदुओं से भर्ती किया गया है। धर्मपरिवर्तन का निर्धारण न तो पूर्ण था और न ही प्रभावी। विद्रोह के भय से अथवा अनुनय–विनय की विधि के कारण अथवा पुजारियों की अपर्याप्तता के कारण उपदेश की अपर्याप्तता है। इसलिए,

इसमें कोई आश्चर्य नहीं है अगर मुस्लिम समुदाय के बड़े वर्ग यहां–वहाँ अपने धार्मिक और सामाजिक जीवन में अपने हिंदू मूल को प्रकट करते हैं। अल्प रूप से इसे सामान्य वातावरण के प्रभाव के रूप में समझाया जाना चाहिए, जिसका सदियों से हिंदू और मुस्लिम दोनों ही शिकार रहे हैं। एक सामान्य वातावरण सामान्य प्रतिक्रिया उत्पन्न करने के लिए बाध्य है, और एक ही वातावरण में लगातार एक ही तरह से प्रतिक्रिया करने से एक सामान्य प्रकार उत्पन्न होने के लिए बाध्य है। आंशिक रूप से इन सामान्य विशेषताओं को सम्राट अकबर द्वारा शुरू किए गए हिंदुओं और मुसलमानों के बीच धार्मिक सम्मेलन की अवधि के अवशेषों के रूप में समझाया जा सकता है, जो एक मृत अतीत का परिणाम है जिसका कोई वर्तमान और कोई भविष्य नहीं है।

जहाँ तक नस्ल की एकता, भाषा की एकता और एक साझा देश में रहने पर आधारित तर्क का सवाल है, तो मामला अलग–अलग स्तर पर खड़ा है। यदि ये विचार किसी राष्ट्र को बनाने या बिगाड़ने में निर्णायक होते, तो हिंदू यह कहने में सही होते कि नस्ल, भाषा, समुदाय और निवास–स्थान के कारण हिंदू और मुसलमान एक राष्ट्र बनते हैं। ऐतिहासिक अनुभव के मामले में, न तो नस्ल, न ही भाषा, न ही देश किसी व्यक्ति को एक राष्ट्र में ढालने के लिए पर्याप्त हैं। रेनन ने तर्क इतनी अच्छी तरह से प्रस्तुत किया है कि उसकी भाषा में सुधार करना असंभव है। बहुत पहले राष्ट्रीयता पर अपने प्रसिद्ध निबंध में, रेनन ने कहा था–

"उस नस्ल को राष्ट्र के साथ नहीं जोड़ा जाना चाहिए। सच्चाई यह है कि कोई शुद्ध नस्ल नहीं है; और राजनीति को नृवंशविज्ञान विश्लेषण पर निर्भर बनाना, इसे कल्पना नस्लीय तथ्यों पर आधारित होने की अनुमति दे रहा है, जो कि शुरुआत में महत्त्वपूर्ण हैं– निंग, अपना महत्त्व खोने की निरंतर प्रवृत्ति रखते हैं। मानव इतिहास अनिवार्य रूप से प्राणीशास्त्र से अलग है। नस्ल ही सब कुछ नहीं है, जैसा कि मूषक और बिल्लियों के अर्थ में है।"

भाषा के बारे में बोलते हुए रेनन बताते हैं कि–

"भाषा पुनर्मिलन को आमंत्रित करती है; यह इसे मजबूर नहीं करती है। संयुक्त राज्य अमेरिका और इंग्लैंड, स्पेनिश, अमेरिका और स्पेन, एक ही भाषा बोलते हैं और एकल राष्ट्र नहीं बनाते हैं। इसके विपरीत, स्विट्जरलैंड जो अपनी स्थिरता का श्रेय देता है तथ्य यह है कि उसकी स्थापना उसके कई भागों की सहमति से हुई थीं, जिसमें तीन या चार भाषाएं शामिल हैं। मनुष्य में भाषा से श्रेष्ठ कुछ है,– इच्छा। स्विट्जरलैंड की एकजुट होने की इच्छा, उसकी भाषाओं की विविधता के बावजूद, बहुत कुछ है भाषा की समानता से अधिक महत्त्वपूर्ण तथ्य, अक्सर उत्पीड़न द्वारा प्राप्त किया जाता है।"

सामान्य देश के संबंध में, रेनन ने तर्क दिया कि–

"यहाँ जाति से अधिक भूमि है जो एक राष्ट्र का निर्माण करती है। भूमि एक आधार प्रदान करती है, युद्ध और कार्य का क्षेत्र; मनुष्य आत्मा प्रदान करता है; मनुष्य उस पवित्र चीज के निर्माण में सब कुछ है जिसे लोग कहा जाता है। कुछ भी भौतिक नहीं अपितु प्रकृति ही इसके लिए पर्याप्त है।"

यह दिखाने के बाद कि जाति, भाषा और देश एक राष्ट्र बनाने के लिए पर्याप्त नहीं हैं, रेनन ने तीखे ढंग से सवाल उठाया, कि एक राष्ट्र बनाने के लिए और क्या आवश्यक है? उनका उत्तर उन्हीं के शब्दों में दिया जा सकता है–

"एक राष्ट्र एक जीवित आत्मा है, एक आत्मिक सिद्धांत है। दो चीजें, जो वास्तव में एक ही हैं, इस आत्मा, इस आत्मिक सिद्धांत का गठन करती हैं। एक अतीत में है, दूसरा वर्तमान में है। एक सामान्य है– यादों की एक समृद्ध विरासत का कब्जा दूसरा है वास्तविक सहमति, एक साथ रहने की इच्छा, जो अविभाजित विरासत सौंपी गई है उसे योग्य रूप से संरक्षित करने की इच्छा। मनुष्य सुधार नहीं करता है। राष्ट्र, व्यक्ति की तरह, परिणाम है प्रयासों, बलिदानों और समर्पण के एक लंबे अतीत का। इसलिए,

पूर्वजों की पूजा और भी अधिक वैध है क्योंकि हमारे पूर्वजों ने हमें वह बनाया है जो हम हैं। एक वीर अतीत, महान पुरुष, महिमा, मेरा मतलब वास्तविक प्रकार की महिमा है, ये सामाजिक पूंजी का निर्माण करते हैं, जिस पर एक राष्ट्रीय विचार स्थापित किया जा सकता है। अतीत में समान गौरव, वर्तमान में एक समान इच्छा; एक साथ महान कार्य करना, फिर से वैसा ही करने की इच्छाशक्ति, ये आवश्यक हैं लोगों के निर्माण के लिए स्थितियाँ। हम उन बलिदानों के अनुपात में प्यार करते हैं जिन्हें करने के लिए हम सहमत हुए हैं, जिन कष्टों को हमने सहन किया है। हमने जो घर बनाया है, उससे हमें प्यार है और हम इसे अपने वंशजों को सौंपेंगे। स्पार्टन भजन, हम वही हैं जो आप थे; हम वही होंगे जो आप हैं, अपनी सादगी में हर देश का राष्ट्रगान है।

"अतीत में साझा करने के लिए गौरव और पछतावे की विरासत थी।" भविष्य में एक आदर्श जैसा साकार होना होगा; कष्ट सहना और आनन्दित होना, और एक साथ आशा की ये सभी चीजें कस्टम से अधिक मूल्यवान हैं।

साझे में घर, और सामरिक दृष्टि से सीमाएं विचार; इन सभी को नस्ल की विविधताओं के बावजूद समझा जा सकता है। मैंने अभी–अभी कहा था, वास्तव में एक साथ कष्ट सहने के लिए, आम तौर पर पीड़ा खुशी से भी बड़ा मिलन का बंधन है। जैसा राष्ट्रीय स्मृतियों के संबंध में, शोक का मूल्य उससे कहीं अधिक है विजय; क्योंकि वे कर्तव्य थोपते हैं, वे सामान्य प्रयास की माँग करते हैं।"

क्या कोई सामान्य ऐतिहासिक पूर्वपद है जो कहा जा सकता है कि हिंदू और मुसलमानों को एक साथ मिलकर काम करना चाहिए अभिमान या दुःख की बात? यही सवाल की जड़ है। यही वह प्रश्न है जिसका उत्तर यदि हिंदू चाहें तो अवश्य दें। यह सुनिश्चित करने के लिए कि हिंदू और मुसलमान मिलकर एक राष्ट्र बनाते हैं। जहाँ तक उनके रिश्ते के इस पहलू का सवाल है, वे सिर्फ दो सशस्त्र बटालियन हैं जो एक–दूसरे के खिलाफ युद्ध कर रही हैं। किसी सामान्य उपलब्धि के

लिए भागीदारी का कोई सामान्य चक्र नहीं था। उनका अतीत आपसी विनाश का अतीत है—राजनीतिक और धार्मिक दोनों क्षेत्रों में आपसी दुश्मनी का अतीत है। जैसा कि भाई परमानंद ने "द हिंदू नेशनल मूवमेंट" नामक अपने पुस्तिका में बताया है, "इतिहास में हिंदू पृथ्वी राज, प्रताप, शिवाजी और बे–रागी बीर की स्मृति का सम्मान करते हैं जिन्होंने इस भूमि के सम्मान और स्वतंत्रता के लिए (मुसलमानों के खिलाफ लड़ाई लड़ी थी), जबकि मुसलमान भारत के आक्रमणकारियों, जैसे मुहम्मद बिन कासिम और औरंगजेब जैसे शासकों को अपने राष्ट्रीय नायकों के रूप में देखते हैं।" धार्मिक क्षेत्र में, हिंदू रामायण, महाभारत और गीता से प्रेरणा लेते हैं। दूसरी ओर, मुसलमान कुरान और हदीस से प्रेरणा लेते हैं। इस प्रकार, जो चीजें विभाजित करती हैं वे जोड़ने वाली चीजों की तुलना में कहीं अधिक महत्त्वपूर्ण हैं। हिंदू और मुसलमानों के सामाजिक जीवन की कुछ सामान्य विशेषताओं पर निर्भर होकर, समान भाषा, समान जाति और समान देश पर निर्भर होकर, हिंदू जो सामयिक और सतही है उसे आवश्यक और मौलिक समझने की भूल कर रहा है। राजनीतिक और धार्मिक शत्रुताएं हिंदुओं और मुसलमानों को उससे कहीं अधिक गहराई से विभाजित करती हैं, जितना तथाकथित सामान्य चीजें उन्हें एक साथ बांधने में सक्षम नहीं हैं। यदि दोनों समुदायों के अतीत को दोनों द्वारा भुला दिया जाए तो संभावनाएं शायद भिन्न हो सकती हैं। रेनन एक राष्ट्र के निर्माण में एक कारक के रूप में भूलने की बीमारी के महत्त्व को बताते हैं—

> "विस्मृति, और मैं यहाँ तक कहूँगा कि ऐतिहासिक त्रुटि, एक राष्ट्र के निर्माण में एक आवश्यक कारक बनती है; और इस प्रकार ऐतिहासिक अध्ययन की प्रगति अक्सर राष्ट्रीयता के लिए खतरनाक हो सकती है। ऐतिहासिक शोध, वास्तव में, वापस लाता है सभी राजनीतिक संरचनाओं की शुरुआत में हुई हिंसा के कार्यों पर प्रकाश डालने के लिए, यहाँ तक कि उन हिंसाओं के बारे में भी जिनके परिणाम सामने आए हैं सबसे फायदेमंद एकता सदैव क्रूरता से प्राप्त होती है। उत्तरी और दक्षिणी फ्रांस विनाश का परिणाम था,

और आतंक का शासन जो लगभग सौ वर्षों तक चला। फ्रांस का राजा, जो, अगर मैं ऐसा कहूँ, एक आदर्श प्रकार का धर्मनिरपेक्ष व्यक्ति था क्रिस्टलाइजर, फ्रांस का राजा जिसने सबसे उत्तम राष्ट्र बनाया अस्तित्त्व में एकता, बहुत करीब से देखने पर अपनी प्रतिष्ठा खो बैठी। जिस जाति को उसने बनाया था, उसने उसे शाप दिया और आज वह किस लायक था और उसने क्या किया, इसका ज्ञान केवल सुसंस्कृत लोगों को ही है।

"यह इसके विपरीत है कि पश्चिमी यूरोप के इतिहास के ये महान कानून स्पष्ट हो जाते हैं। जिस उपक्रम में फ्रांस के राजा ने, आंशिक रूप से अपने न्याय द्वारा, इतनी सराहनीय उपलब्धि हासिल की, कई देशों को आपदा का सामना करना पड़ा। सेंट स्टीफन के ताज के तहत, मग्यार और स्लाव उतने ही अलग बने हुए हैं जितने आठ सौ साल पहले थे। अपने प्रभुत्व में विभिन्न तत्त्वों के संयोजन से बहुत दूर। हैप्सबर्ग के घर ने उन्हें अलग रखा है और अक्सर एक दूसरे के विरोधी रहे हैं। बोहेमिया में, चेक तत्त्व और जर्मन तत्त्व एक गिलास में तेल और पानी की तरह आरोपित हैं। धर्म के आधार पर राष्ट्रीयताओं को अलग करने की तुर्की नीति के बहुत गंभीर परिणाम हुए हैं। इसने पूर्व को बर्बाद कर दिया है। स्मिर्ना या सैलोनिका जैसे शहर लें; आपको वहां मिलेंगे पाँच या छह समुदायों में से प्रत्येक की अपनी यादें हैं, और उनमें शायद ही कुछ भी समान है। लेकिन राष्ट्र का सार यह है, कि इसके सभी व्यक्तिगत सदस्यों में चीजें समान होनी चाहिए, और यह भी, कि उन सभी को कई चीजें अनामिकता में रखनी चाहिए। कोई भी फ्रांसीसी नागरिक नहीं जानता कि वह बर्गंडियन है, एलन है, या विसिगोथ है; प्रत्येक फ्रांसीसी नागरिक को भूल जाना चाहिए था– दस सेंट बार्थोलोम्यू, और तेरहवीं शताब्दी में दक्षिण का नरसंहार। फ्रांस में ऐसे दस परिवार भी नहीं हैं जो फ्रांसीसी मूल का प्रमाण प्रस्तुत करने में सक्षम हों और फिर भी, यदि ऐसा कोई प्रमाण दिया भी गया तो यह अनिवार्य रूप से दोषपूर्ण होगा, हजारों अज्ञात क्रॉस

के परिणामस्वरूप, सभी वंशावली प्रणालियों को विकृत करने में सक्षम होगा।"

अफसोस की बात यह है कि दोनों समुदाय अपने अतीत को कभी भूल नहीं सकते या मिटा नहीं सकते। उनका अतीत उनके धर्म में समाहित है, और प्रत्येक के लिए अपने अतीत को छोड़ना अपने धर्म को छोड़ना है। इसकी आशा करना व्यर्थ में आशा करना है।

सामान्य ऐतिहासिक पूर्ववृत्त के अभाव में, हिंदू का यह विचार कि हिंदू और मुसलमान एक राष्ट्र हैं, धराशायी हो जाता है। इसे बनाये रखना मतिभ्रम बनाये रखना है। हिंदुओं और मुसलमानों के बीच एक साथ रहने की वैसी लालसा नहीं है जैसी भारत के मुसलमानों में है।

यह कहने का कोई मतलब नहीं है कि यह दावा मुसलमानों का है एक राष्ट्र उनके नेताओं का एक विचार है। आरोप के रूप में यह सच है। मुसलमान अब तक उन्हें यह कहकर काफी संतुष्ट थे– स्वयं एक समुदाय है। हाल ही में उन्होंने ऐसा करना शुरू किया है अपने आपको एक राष्ट्र के रूप में पहचानें। लेकिन एक आरोप पर हमला किसी व्यक्ति की भावनाएं, उसकी अभिधारणा का खंडन नहीं करतीं।

यह कहना कि चूंकि मुसलमान कभी खुद को एक समुदाय कहते थे, इसलिए अब वे खुद को एक राष्ट्र कहने से वंचित हैं, राष्ट्रीय भावना के मनोविज्ञान की रहस्यमय कार्यविधि को गलत समझना है। ऐसा तर्क यह मानता है कि जहाँ भी लोग मौजूद हैं, जिनके पास राष्ट्र के निर्माण के लिए आवश्यक तत्त्व हैं, वहां राष्ट्रीयता की भावना प्रकट होनी चाहिए जो उनका स्वाभाविक परिणाम है और यदि वे कुछ समय के लिए इसे प्रकट करने में विफल रहते हैं, तब उस विफलता को एक राष्ट्र होने के दावे की अवास्तविकता दिखाने वाले साक्ष्य के रूप में उपयोग किया जाना चाहिए, यदि बाद में किया जाता है। इस तरह के विवाद का कोई ऐतिहासिक समर्थन नहीं है। जैसा कि प्रो. टॉयनबी बताते हैं–

"इनमें से एक या कई कारकों की उपस्थिति से लेकर राष्ट्रीयता के अस्तित्त्व तक की प्राथमिकता पर बहस करना असंभव है; हो सकता है कि वे सदियों से मौजूद रहे हों और कोई प्रतिक्रिया न दी

हो और एक मामले से दूसरे मामले पर बहस करना असंभव है सटीक रूप से कारकों का एक ही समूह यहाँ राष्ट्रीयता उत्पन्न कर सकता है, और इसका कोई प्रभाव नहीं पड़ेगा।"

यह शायद इस तथ्य के कारण है, जैसा कि प्रो. बार्कर ने बताया है, कि राष्ट्रों का अस्तित्त्व और यहाँ तक कि सदियों तक, अप्रतिबिंबित मौन में रहना संभव है, हालांकि राष्ट्रीय जीवन का वह आध्यात्मिक सार मौजूद है, जिसमें से कई इसके सदस्यों को जानकारी नहीं है। मुसलमानों के मामले में निःसंदेह ऐसा ही कुछ हुआ है। वे इस तथ्य से अवगत नहीं थे कि उनके लिए राष्ट्रीय जीवन का आध्यात्मिक सार मौजूद है। इससे स्पष्ट होता है कि अलग राष्ट्रीयता का दावा उनके द्वारा इतनी देर से क्यों किया गया। परन्तु, इसका अर्थ यह नहीं कि राष्ट्रीय जीवन के आध्यात्मिक सार का कोई अस्तित्त्व ही नहीं था।

यह तर्क देने का कोई फायदा नहीं है कि ऐसे मामले भी हैं जहाँ राष्ट्रीयता की भावना तो मौजूद है लेकिन अलग राष्ट्रीय अस्तित्त्व की कोई इच्छा नहीं है। कनाडा में फ्रांसीसी और दक्षिण अफ्रीका में अंग्रेजों के मामलों को बिंदुवार मामलों के रूप में उद्धृत किया जा सकता है। यह स्वीकार करना होगा कि ऐसे मामले मौजूद हैं, जहाँ लोग अपनी राष्ट्रीयता के बारे में जागरूक हैं, लेकिन यह जागरूकता उनमें वह जुनून पैदा नहीं करती है जिसे राष्ट्रवाद कहा जाता है। दूसरे शब्दों में, ऐसे राष्ट्र हो सकते हैं जो राष्ट्रवाद के आरोप के बिना स्वयं के प्रति सचेत हों। इस तर्क के आधार पर, यह तर्क दिया जा सकता है कि मुसलमानों का मानना हो सकता है कि वे एक राष्ट्र हैं, लेकिन उस कारण से एक अलग राष्ट्रीय अस्तित्त्व की माँग करने की आवश्यकता नहीं है; वे फ्रांसीसियों जैसी स्थिति से संतुष्ट क्यों नहीं हो सकते? कनाडा में अधिभोग और दक्षिण अफ्रीका में अंग्रेजों का अधिभोग? ऐसी स्थिति काफी अच्छी स्थिति है। हालांकि, यह याद रखना चाहिए कि ऐसी स्थिति केवल मुसलमानों से विभाजन पर जोर न देने की अपील के माध्यम से ही ली जा सकती है। यदि वे इस पर जोर देते हैं तो यह विभाजन के उनके दावे के खिलाफ कोई तर्क नहीं है।

कहीं निवेदन को खंडन न समझ लिया जाए, इसलिए दो बातों की ओर ध्यान आकर्षित करना आवश्यक है। सबसे पहले, राष्ट्रीयता और राष्ट्रवाद में अंतर है। वे मानव मन की दो अलग–अलग मनोवैज्ञानिक अवस्थाएं हैं। राष्ट्रीयता का अर्थ है "एक प्रकार की चेतना, रिश्तेदारी के उस बंधन के अस्तित्त्व के बारे में जागरूकता।" राष्ट्रवाद का अर्थ है "उन लोगों के लिए एक अलग राष्ट्रीय अस्तित्त्व की इच्छा जो रिश्तेदारी के इस बंधन से बंधे हैं।" दूसरे, यह सत्य है कि राष्ट्रीयता की भावना विद्यमान रहे बिना राष्ट्रीयता नहीं हो सकती। लेकिन, यह ध्यान रखना जरूरी है कि इसका विपरीत हमेशा सत्य नहीं होता है। राष्ट्रीयता की भावना मौजूद हो सकती है और फिर भी राष्ट्रवाद की भावना काफी हद तक अनुपस्थित हो सकती है। कहने का तात्पर्य यह है कि राष्ट्रीयता सभी मामलों में राष्ट्रवाद उत्पन्न नहीं करती है। राष्ट्रीयता को राष्ट्रवाद में बदलने के लिए दो स्थितियां मौजूद होनी चाहिए। सबसे पहले, 'एक राष्ट्र के रूप में जीने की इच्छा' पैदा होनी चाहिए। राष्ट्रवाद उस इच्छा की गतिशील अभिव्यक्ति है। दूसरे, एक ऐसा क्षेत्र होना चाहिए जिस पर राष्ट्रवाद अधिभोग कर सके और इसे एक राज्य बना सके, साथ ही राष्ट्र का सांस्कृतिक घर भी बन सके। ऐसे क्षेत्र के बिना, राष्ट्रवाद, लॉर्ड एक्टन के वाक्यांश का उपयोग करते हुए, ''एक आत्मा होगी जो एक ऐसे शरीर की तलाश में भटक रही होगी जिसमें वह फिर से जीवन शुरू कर सके और कुछ न मिलने पर मर जाए।" मुसलमानों ने "एक राष्ट्र के रूप में जीने की इच्छा विकसित की है। उनके लिए प्रकृति ने एक ऐसा क्षेत्र ढूंढ लिया है जिस पर वे अधिभोग कर सकते हैं और इसे एक राज्य के साथ–साथ नवजात मुस्लिम राष्ट्र के लिए एक सांस्कृतिक घर भी बना सकते हैं। इन अनुकूल परिस्थितियों को देखते हुए, इसमें कोई आश्चर्य नहीं होना चाहिए, अगर मुसलमान कहते हैं कि वे उस स्थिति पर अधिभोग करने से संतुष्ट नहीं हैं जिस पर फ्रांसीसियों ने कनाडा में अधिभोग करना चुना या अंग्रेजों ने दक्षिण अफ्रीका में अधिभोग करना चुना और उनके पास एक राष्ट्रीय घर होगा जो वे इसे अपना कहें।

अध्याय–3

पतन से बचो

"भारत के मुसलमानों के पास भारत के विभाजन और अलग मुस्लिम राज्यों की स्थापना की माँग करने की क्या योग्यता है? यह विद्रोह क्यों? उन्हें क्या उलाहना हैं?" हिंदुओं से धार्मिक आक्रोश की भावना से पूछो।

इतिहास को जानने वाला कोई भी व्यक्ति यह महसूस करने में असफल नहीं होगा कि अब यह एक सुस्थापित सिद्धांत हो गया है कि राष्ट्रीय राज्य के निर्माण के लिए राष्ट्रवाद पर्याप्त औचित्य है। जैसा कि महान इतिहासकार लॉर्ड एक्टन बताते हैं–

> "पुरानी यूरोपीय प्रणाली में, राष्ट्रीयताओं के अधिकारों को न तो सरकारों द्वारा मान्यता दी गई थी और न ही लोगों द्वारा उन पर जोर दिया गया था। राष्ट्रों के नहीं, बल्कि शासक परिवारों के हित, सीमाओं को प्रतिबंध करते थे, और प्रशासन आम तौर पर बिना किसी संदर्भ के संचालित किया जाता था। लोकप्रिय इच्छाओं के लिए जहाँ सभी स्वतंत्रताओं को दबा दिया गया था, राष्ट्रीय स्वतंत्रता दावों की अनिवार्य रूप से अवहेलना कर दी गई थी, और एक राजकुमारी, फेनेलन के शब्दों में, अपने विवाह के हिस्से में एक साम्राज्य लेकर आई थी।"

राष्ट्रीयताएं पहले विरक्त थीं। जब उन्हें होश आया–

"वे सबसे पहले अपने वैध शासकों की रक्षा के लिए अपने विजेताओं

के खिलाफ उठे। उन्होंने हड़पने वालों द्वारा शासित होने से इनकार कर दिया। इसके बाद एक समय आया जब उन्होंने अपने शासकों द्वारा उन पर किए गए अन्याय के कारण विद्रोह किया। विद्रोह निश्चित रूप से उचित ठहराए गए। वे विशेष शिकायतों द्वारा उकसाए गए थे। फिर फ्रांसीसी क्रांति आई जिसने एक पूर्ण परिवर्तन को प्रभावित किया। इसने लोगों को अपनी इच्छाओं और चाहतों को अपने साथ जो करना पसंद था उसे करने के अपने अधिकार का सर्वोच्च मानदंड मानना सिखाया। इसने संप्रभुता के विचार की घोषणा की, लोग अनियंत्रित थे। अतीत से और मौजूदा राज्य से अनियंत्रित। फ्रांसीसी क्रांति द्वारा पढ़ाया गया यह पाठ सभी उदारवादी विचारकों की एक स्वीकृत हठधर्मिता बन गया। 'मिल' ने इसे अपना समर्थन दिया। 'शायद ही कोई जानता हो,' मिल कहते हैं, इसका कोई विभाजन क्या मानव जाति को यह निर्धारित करने के लिए स्वतंत्र होना चाहिए कि मानव जाति के विभिन्न सामूहिक निकायों में से वे स्वयं को किसके साथ जोड़ना चाहते हैं।''

वह यहाँ तक कह गया कि–

"आम तौर पर स्वतंत्र संस्थानों के लिए यह एक आवश्यक दाँव है कि सरकारों की सीमाएं मुख्य रूप से राष्ट्रीयताओं के साथ मेल खानी चाहिए।"

इस प्रकार इतिहास से पता चलता है कि राष्ट्रीयता का सिद्धांत लोगों की इच्छा की संप्रभुता के लोकतांत्रिक सिद्धांत में अंतर्निहित है। इसका मतलब यह है कि किसी राष्ट्रीयता द्वारा राष्ट्रीय राज्य की माँग को शिकायतों की किसी सूची द्वारा समर्थित होने की आवश्यकता नहीं है। लोगों की इच्छा ही इसे उचित ठहराने के लिए काफी है।

लेकिन, अगर अपने दावे के समर्थन में शिकायतों का हवाला दिया जाना चाहिए, तो मुसलमानों का कहना है कि उनके पास ये प्रचुर मात्रा में हैं। इन्हें एक वाक्य में संक्षेपित किया जा सकता है, कि संवैधानिक सुरक्षा उपाय उन्हें हिंदू बहुमत के अत्याचार से बचाने में विफल रहे हैं।

गोलमेज सम्मेलन में मुसलमानों ने सुरक्षा उपायों की अपनी सूची प्रस्तुत की, जो प्रसिद्ध चौदह बिंदुओं में तैयार की गई थी। गोलमेज सम्मेलन में हिंदू प्रतिनिधि उनसे सहमत नहीं होंगे। एक कठिन स्थिति थी– ब्रिटिश सरकार ने हस्तक्षेप किया और जो दिया उसे 'सांप्रदायिक निर्णय' के रूप में जाना जाता है। उस निर्णय से मुसलमानों को उनके सभी चौदह अंक मिल गये। साम्प्रदायिक पुरस्कार के विरुद्ध हिंदुओं में बहुत कटुता थी। लेकिन, कांग्रेस ने उस शत्रुता में भाग नहीं लिया जो आम तौर पर उसके प्रति हिंदुओं द्वारा प्रदर्शित की जाती थी, हालांकि उसने इसे राष्ट्र–विरोधी के रूप में वर्णित करने और मुसलमानों की सहमति से इसे बदलने का अधिकार बरकरार रखा था। मुसलमानों की भावनाओं को ठेस न पहुँचाने के लिए कांग्रेस इतनी सावधान थी कि जब केंद्रीय विधानसभा में सांप्रदायिक पुरस्कार की निंदा करते हुए प्रस्ताव पेश किया गया, तो कांग्रेस, हालांकि उसने इसे आशीर्वाद नहीं दिया, निष्पक्ष रही, न तो इसका विरोध किया और न ही इसका समर्थन किया। कांग्रेस के इस रवैये को एक मैत्रीपूर्ण भाव के रूप में देखना मुसलमानों के लिए उचित था।

जिन प्रांतों में हिंदू बहुसंख्यक हैं, वहां चुनाव में कांग्रेस की जीत से मुसलमानों की शांति में कोई बाधा नहीं आई। उन्हें लगा कि उन्हें कांग्रेस से डरने की कोई जरूरत नहीं है और संभावना यह थी कि कांग्रेस और मुस्लिम लीग साझेदारी में संविधान पर काम करेंगे। लेकिन, कांग्रेस सरकार के दो साल तीन महीने हिंदू प्रांतों में उनका पूरी तरह से मोहभंग हो गया था और उन्हें कांग्रेस का कट्टर दुश्मन बना दिया था। 22 दिसंबर, 1939 को आयोजित मुक्ति दिवस समारोह उनके आक्रोश की गहराई को दर्शाता है। इससे भी बुरी बात यह है कि उनकी कड़वाहट कांग्रेस तक ही सीमित नहीं थी। मुसलमान, जो गोलमेज सम्मेलन में स्वराज की माँग में शामिल हुए थे, आज स्वराज के सबसे क्रूर विरोधी हैं।

कांग्रेस ने मुसलमानों को इतना परेशान करने के लिए ऐसा क्या किया? मुस्लिम लीग ने दावा किया है कि कांग्रेस शासन के तहत

मुसलमानों पर वास्तव में अत्याचार और दमन किया गया था। कहा जाता है कि लीग द्वारा नियुक्त दो समितियों ने मामले की जांच की और रिपोर्ट दी। लेकिन इन मामलों के अलावा जिनकी निष्पक्ष न्यायाधिकरण द्वारा जांच की जानी चाहिए, निस्संदेह दो चीजें हैं जिन्होंने टकराव पैदा किया हैः (1) कांग्रेस द्वारा मुस्लिम लीग को मुसलमानों की एकमात्र प्रतिनिधि संस्था के रूप में मान्यता देने से इनकार, (2)) कांग्रेस द्वारा कांग्रेस प्रांतों में गठबंधन मंत्रालय बनाने से इनकार।

पहले सवाल पर कांग्रेस और लीग दोनों अड़े हुए हैं कांग्रेस मुस्लिम लीग को अहरार, राष्ट्रीय मुस्लिम और जमीयत–उल–उलेमा जैसे कई मुस्लिम राजनीतिक संगठनों में से एक के रूप में स्वीकार करने के लिए तैयार है। लेकिन वह मुस्लिम लीग को मुसलमानों की एकमात्र प्रतिनिधि संस्था के रूप में स्वीकार नहीं करेगी। दूसरी ओर, मुस्लिम लीग तब तक किसी भी बातचीत में शामिल होने के लिए तैयार नहीं है जब तक कि कांग्रेस उसे भारत के मुसलमानों की एकमात्र प्रतिनिधि संस्था के रूप में स्वीकार न कर ले। हिंदू लीग के दावे को फिजूलखर्ची कहकर कलंकित करते हैं और उसका उपहास करने का प्रयास करते हैं। मुसलमान कह सकते हैं कि यदि हिंदू केवल यह जानना बंद कर देंगे कि राष्ट्रों के बीच संधियां कैसे होती हैं, तो उन्हें अपने दृष्टिकोण की मूर्खता का एहसास होगा। यह तर्क दिया जा सकता है कि जब कोई राष्ट्र किसी अन्य राष्ट्र के साथ संधि करने के लिए आगे बढ़ता है, तो वह दूसरे राष्ट्र की सरकार को पूरी तरह से उसका वर्णन करने के रूप में मान्यता देता है। किसी भी देश में तत्कालीन सरकार संपूर्ण जनता का प्रतिनिधित्व नहीं करती। हर जगह यह केवल बहुमत का वर्णन करता है। लेकिन राष्ट्र अपने विवादों को निपटाने से इनकार नहीं करते क्योंकि सरकारें, जो उनका प्रतिनिधित्व करती हैं, पूरे लोगों का वर्णन नहीं करती हैं। यदि प्रत्येक सरकार अपने नागरिकों के बहुमत का वर्णन करती है तो यह पर्याप्त है। यह सादृश्य, मुसलमानों का तर्क हो सकता है, पर लागू होने के लिए कांग्रेस–लीग इस मुद्दे पर

तकरार करती रहती है। लीग भले ही मुसलमानों के पूरे समूह का वर्णन नहीं करती हो, लेकिन यदि वह उनमें से अधिकांश का वर्णन करती है, तो कांग्रेस को हिंदू–मुस्लिम प्रश्न के समाधान के लिए इससे निपटने में कोई परेशानी नहीं होनी चाहिए। निस्संदेह, किसी देश की सरकार के लिए यह बात खुली है कि वह दूसरे देश की सरकार को मान्यता न दे, जहाँ सरकार होने का दावा करने वाली एक से अधिक संस्थाएं हैं। इसी तरह, कांग्रेस लीग को मान्यता नहीं दे सकती। हालांकि, इसे या तो राष्ट्रीय मुसलमानों या अहरार या जमीयत–उल–उलेमा को मान्यता देनी चाहिए और दोनों समुदायों के बीच समझौते की शर्तें तय करनी चाहिए। निःसंदेह, उसे इस बात की पूरी जानकारी के साथ कार्य करना चाहिए कि मुस्लिमों द्वारा किसे अस्वीकार किए जाने की अधिक संभावना है–लीग के साथ समझौता या अन्य मुस्लिम पार्टियों के साथ समझौता। कांग्रेस को किसी न किसी से निपटना ही होगा। किसी के साथ भी समझौता न करना न केवल मूर्खतापूर्ण है बल्कि दुष्टता भी है। कांग्रेस की यह चाल–चलन केवल मुसलमानों को परेशान करने और चिढ़ाने का काम करती है। मुसलमानों ने कांग्रेस के इस रवैये को उचित रूप से उनके बीच विभाजन पैदा करने और उनके मोर्चे को कमजोर करने के उद्देश्य से विभाजन पैदा करने के प्रयास के रूप में व्याख्यायित किया।

दूसरे मुद्दे पर, मुस्लिमों की माँग यह रही है कि मंत्रिमंडलों में ऐसे मुस्लिम मंत्री शामिल किए जाएं जिन पर विधानमंडल के मुस्लिम सदस्यों का विश्वास हो। उन्हें उम्मीद थी कि सत्ता में आने पर कांग्रेस उनकी यह माँग पूरी करेगी। लेकिन, वे बेहद निराश हुए। इस माँग को लेकर कांग्रेस ने कानूनी रवैया अपनाया। कांग्रेस मुसलमानों को अपने मंत्रिमंडल में शामिल करने पर सहमत हुई, बशर्ते कि वे अपनी पार्टियों से इस्तीफा दें, कांग्रेस में शामिल हों और कांग्रेस की प्रतिज्ञा पर हस्ताक्षर करें। मुसलमानों ने तीन आधारों पर इसका विरोध किया।

सबसे पहले, उन्होंने इसे विश्वास का उल्लंघन माना। मुसलमानों का कहना है कि उनकी यह माँग संविधान की भावना के अनुरूप है।

गोलमेज सम्मेलन में इस बात पर सहमति हुई कि मंत्रिमंडल में अल्पसंख्यक समुदायों के प्रतिनिधि शामिल होंगे। अल्पसंख्यकों ने इस बात पर जोर दिया कि इस आशय का प्रावधान कानून का हिस्सा बनाया जाना चाहिए।

दूसरी ओर, हिंदू चाहते थे कि इस मामले को छोड़ दिया जाना चाहिए। सम्मेलन द्वारा विनियमित किया जाना है। एक माध्यम से मीडिया मिला। जिस पर इस बात पर सहमति हुई थी कि इस प्रावधान को प्रांतों के राज्यपालों को दिए जाने वाले निर्देशों के प्रलेख में जगह मिलनी चाहिए और उन पर यह देखने का दायित्व डाला जाना चाहिए कि मंत्रिमंडलों के गठन में सम्मेलन को क्या प्रभाव दिया गया है। मुसलमानों ने इस नियम को कानून का हिस्सा बनाने पर जोर नहीं दिया क्योंकि वे हिंदुओं की सद्भावना पर निर्भर थे। यह समझौता उस पार्टी ने तोड़ा जिसने मुसलमानों को यह एहसास दिलाया था कि उनके प्रति उसका ढंग न केवल सही होगा बल्कि विचारशील भी होगा।

दूसरे, मुसलमानों को लगा कि कांग्रेस का दृष्टिकोण सम्मेलन के वास्तविक दायरे का अप्राकृतिक रूप था। वे निर्देशों के दस्तावेज में खंड के पाठ पर भरोसा करते हैं और तर्क[1] देते हैं कि इसमें 'अल्पसंख्यक समुदाय के सदस्य' शब्द का केवल एक ही अर्थ हो सकता है, अर्थात् समुदाय का विश्वास रखने वाला व्यक्ति। कांग्रेस द्वारा अपनाया गया रुख इस खंड के अर्थ के साथ सीधे विरोधाभास में है और वास्तव में देश में अन्य सभी दलों को तोड़ने और कांग्रेस को देश में एकमात्र राजनीतिक दल बनाने का एक गुप्त प्रयास है। कांग्रेस की प्रतिज्ञा पर हस्ताक्षर करने की माँग का कोई अन्य उद्देश्य नहीं हो सकता।

---

1. "अपनी मंत्रिपरिषद् में नियुक्तियां करने में, हमारे राज्यपाल अपने मंत्रियों को निम्नलिखित तरीके से चुनने के लिए अपने सर्वोत्तम प्रयासों का उपयोग करेंगे, अर्थात्, उस व्यक्ति के परामर्श से नियुक्ति करेंगे जिसकी उनके निर्णय में सबसे अधिक संभावना है। विधानमंडल में स्थिर बहुमत, वे व्यक्ति (जहाँ तक संभव हो, सहित) महत्त्वपूर्ण अल्पसंख्यक समुदायों के सदस्य) जो एकत्र करने की स्थिति में सर्वोत्तम होंगे–

अधिनायकवादी राज्य स्थापित करने का यह प्रयास हिंदुओं के लिए स्वागत योग्य हो सकता है, लेकिन इसका मतलब स्वतंत्र लोगों के रूप में मुसलमानों की राजनीतिक मृत्यु थी।

मुसलमानों का यह आक्रोश तब काफी बढ़ गया जब उन्होंने राज्यपालों को, जिन पर यह देखने का दायित्व सौंपा गया था कि सम्मेलन को प्रभावी बनाया गया था, कार्रवाई करने से इनकार कर दिया। कुछ राज्यपालों ने मना कर दिया, क्योंकि वे इस तथ्य के कारण असहाय थे कि कांग्रेस एकमात्र बहुमत वाली पार्टी थी जो स्थिर सरकार बना सकती थी, कांग्रेस सरकार ही एकमात्र संभव सरकार थी और संविधान को निलंबित करने के अलावा इसके पास कोई विकल्प नहीं था। अन्य गवर्नरों ने मना कर दिया, क्योंकि वे सक्रिय समर्थक बन गये।

विधायिका का विश्वास हासिल करने के लिए सक्रिय रूप से ऐसा अभिनय करने पर, वह सहन करेगा। अपने बीच संयुक्त जिम्मेदारी की भावना को बढ़ावा देने की आवश्यकता को लगातार ध्यान में रखें मंत्रीगण।" उन्होंने कांग्रेस सरकार की प्रशंसा करके या खादी पहनकर, जो कांग्रेस की आधिकारिक पार्टी पोशाक है, अपना पक्षपात दिखाया। कारण जो भी हो, मुसलमानों को पता चला कि एक महत्त्वपूर्ण सुरक्षा उपाय उन्हें बचाने में विफल रहा है।

मुसलमानों के इन आरोपों पर कांग्रेस का जवाब दोहरा है। सबसे पहले, वे कहते हैं कि गठबंधन मंत्रिमंडल मंत्रिमंडलों की सामूहिक जिम्मेदारी के साथ असंगत हैं। इसे मुसलमान एक ईमानदार दलील मानने से इनकार करते हैं। अंग्रेज लोग पहले और एकमात्र लोग थे, जिन्होंने इसे अपनी शासन–प्रणाली का सिद्धांत बनाया। लेकिन, वहां भी इसे तब से छोड़ दिया गया है। अंग्रेजी संसद ने इस मुद्दे[1] पर बहस की और इस निष्कर्ष पर पहुँची कि यह उतना पवित्र नहीं है जितना इसे एक बार माना जाता था और इससे हटने से सरकारी तंत्र की

1. टैरिफ प्रश्न पर मतभेद पर सहमत होने के कैबिनेट के फैसले पर ब्रिटिश प्रधानमंत्री द्वारा 22 जनवरी, 1932 की घोषणा और संसद में इस पर बहस देखें।

दक्षता या सुचारु कामकाज पर असर पड़ना जरूरी नहीं है। दूसरे, वस्तुतः कांग्रेस सरकार में कोई सामूहिक उत्तरदायित्व नहीं था। यह विभागीय सरकार थी। प्रत्येक मंत्री दूसरे से स्वतंत्र था और प्रधानमंत्री केवल एक मंत्री था। कांग्रेस के लिए सामूहिक जिम्मेदारी के बारे में बात करना वास्तव में ढिठाई थी। यह दलील और भी बेईमानी थी, क्योंकि यह सच है कि जिन प्रांतों में कांग्रेस अल्पमत में थी, उन्होंने अन्य दलों के मंत्रियों से कांग्रेस की प्रतिज्ञा पर हस्ताक्षर किए बिना गठबंधन मंत्रालय बनाए। मुसलमानों को यह पूछने का हक है कि "अगर गठबंधन खराब है तो यह एक जगह अच्छा और दूसरी जगह खराब कैसे हो सकता है?"

कांग्रेस का दूसरा उत्तर यह है कि भले ही वे अपने मंत्रिमंडल में ऐसे मुस्लिम मंत्रियों को लेते हैं जिन पर मुसलमानों के बहुमत का विश्वास नहीं है, फिर भी वे उनके हितों की रक्षा करने में असफल नहीं हुए हैं। दरअसल, उन्होंने मुसलमानों के हितों को आगे बढ़ाने के लिए सब कुछ किया है। इसमें कोई संदेह नहीं है कि पोप ने सरकार के बारे में जो दृष्टिकोण रखा था, उस पर आधारित है जब उन्होंने कहा था–

"सरकार के प्रारूपों के लिए मूर्खों को चुनाव लड़ने दीजिए;
जो सबसे अच्छा प्रशासित है वह सबसे अच्छा है।"

यह जवाब देने में कांग्रेस आलाकमान लग रहा है मुसलमानों और अल्पसंख्यकों का मुख्य विवाद क्या रहा है। उनका झगड़ा इस बात पर नहीं है कि कांग्रेस ने मुसलमानों और अल्पसंख्यकों का कोई भला किया है या नहीं किया है। उनका झगड़ा एक ऐसे मुद्दे पर है जो बिल्कुल अलग है। क्या हिंदुओं को एक शासक जाति होना चाहिए और मुसलमानों तथा अन्य अल्पसंख्यकों को स्वराज के अधीन जाति होना चाहिए? गठबंधन मंत्रालयों की माँग में यही मुद्दा शामिल है। उस पर मुसलमानों और अन्य अल्पसंख्यकों ने एक निश्चित रुख अपनाया है। वे विषय जातियों की स्थिति को स्वीकार करने के लिए तैयार नहीं हैं।

यह बात बिल्कुल परे है कि शासक समुदाय ने शासितों के साथ अच्छा किया है और यह अल्पसंख्यक समुदायों के इस तर्क का कोई

जवाब नहीं है कि वे अपने आप को एक अधीन व्यक्ति के रूप में मानने से इनकार करते हैं। अंग्रेजों ने भारत में भारतीयों के लिए कई अच्छे काम किये हैं। उन्होंने अपनी सड़कों में सुधार किये है, अधिक वैज्ञानिक सिद्धांतों पर नहरों का निर्माण किया है, रेल द्वारा अपने परिवहन को प्रभावित किया है, अपने पत्रों को पैनी पोस्ट द्वारा ले गये हैं अपने संदेशों को बिजली से चमकाया है, अपनी मुद्रा में सुधार किया है, अपने वजन और माप को विनियमित किया है, अपनी धारणाओं को सही किया है भूगोल, खगोल विज्ञान और चिकित्सा, तथा उनके आंतरिक झगड़ों को रोका और उनकी भौतिक स्थितियों में कुछ उन्नति की। सुशासन के इन कृत्यों के कारण क्या किसी ने भारतीय लोगों से अंग्रेजों के प्रति कृतज्ञ रहने और स्वशासन के लिए अपना आंदोलन छोड़ने के लिए कहा? या क्या सामाजिक उत्थान के इन कार्यों के कारण भारतीयों ने अंग्रेजों द्वारा पराधीन जाति के रूप में व्यवहार किये जाने के खिलाफ अपना विरोध छोड़ दिया? भारतीयों ने ऐसा कुछ नहीं किया। उन्होंने इन अच्छे कार्यों से संतुष्ट होने से इनकार कर दिया और खुद पर शासन करने के अधिकार के लिए आंदोलन करना जारी रखा। यह वैसा ही है जैसा इसे होना चाहिए। क्योंकि, जैसा कि आयरिश देशभक्त कुरेन ने कहा था, कोई भी पुरुष अपने आत्म–सम्मान की कीमत पर कृतज्ञ नहीं हो सकता, कोई भी महिला अपनी पवित्रता की कीमत पर कृतज्ञ नहीं हो सकती और कोई भी राष्ट्र अपने सम्मान की कीमत पर कृतज्ञ नहीं हो सकता। अन्यथा करने का मतलब यह दिखाना है कि किसी का जीवन–दर्शन बिल्कुल वही है जिसे कार्लाइल ने 'सुअर दर्शन' कहा था। कांग्रेस आलाकमान को इस बात का एहसास नहीं है कि मुसलमानों और अन्य अल्पसंख्यकों को कांग्रेस के केवल अच्छे कार्यों की तुलना में कांग्रेस के हाथों अपने आत्मसम्मान की मान्यता की अधिक परवाह है। पुरुष, जो अपने अस्तित्त्व के प्रति सचेत हैं, वे सूअर नहीं हैं जो केवल परवाह करते हैं मेद भोजन की। उनका अहंकार है जिसे वे सोने के बदले भी नहीं देंगे। संक्षेप में "जीवन मांस से बढ़कर है।"

यह कहने का कोई मतलब नहीं है कि कांग्रेस एक हिंदू सभा नहीं है। एक संस्था जो अपनी संरचना में हिंदू है, वह हिंदू मन को प्रतिबिंबित करने और हिंदू आकांक्षाओं का समर्थन करने के लिए बाध्य है। कांग्रेस और हिंदू महासभा के बीच एकमात्र अंतर यह है कि हिंदू महासभा अपनी बातों में अपरिष्कृत और अपने कार्यों में क्रूर है, जबकि कांग्रेस राजनीतिक और विनम्र है। तथ्य के इस अंतर के अलावा, कांग्रेस और हिंदू महासभा के बीच कोई अन्य अंतर नहीं है।

इसी तरह, यह कहने का कोई मतलब नहीं है कि कांग्रेस शासक और शासित के बीच अंतर को नहीं पहचानती। यदि ऐसा है, तो कांग्रेस को अन्य समुदायों को स्वतंत्र और समान भागीदार के रूप में मान्यता देने की तत्परता दिखाकर अपनी विश्वसनीयता साबित करनी चाहिए। ऐसी मान्यता की कसौटी क्या है? मुझे ऐसा लगता है कि अल्पसंख्यक समुदायों के प्रभावी प्रतिनिधियों के साथ सत्ता साझा करने पर सहमति केवल एक ही हो सकती है। क्या कांग्रेस इसके लिए तैयार है? इसका जवाब हर कोई जानता है। कांग्रेस ऐसे किसी समुदाय के सदस्य के साथ सत्ता साझा करने के लिए तैयार नहीं है जो कांग्रेस के प्रति निष्ठा नहीं रखता। कांग्रेस के प्रति निष्ठा सत्ता साझा करने की पूर्व शर्त है। ऐसा लगता है कि कांग्रेस का यह नियम है कि यदि किसी समुदाय में कांग्रेस के प्रति निष्ठा नहीं है तो उस समुदाय को राजनीतिक सत्ता से बाहर कर देना चाहिए।

राजनीतिक सत्ता से बहिष्कार एक शासक जाति और एक अधीन जाति के बीच अंतर का सार है; और चूंकि कांग्रेस ने इस सिद्धांत को बनाए रखा, इसलिए यह कहा जाना चाहिए कि यह अंतर कांग्रेस द्वारा लागू किया गया था जब वह सत्ता में थी। मुसलमान अच्छी तरह से शिकायत कर सकते हैं कि वे पहले ही काफी नुकसान उठा चुके हैं और एक पराधीन जाति की स्थिति में यह कमी लौकिक आखिरी तिनके की तरह है। भारत में उनका पतन देश पर ब्रिटिश कब्जे के बाद से ही शुरू हो गया। अंग्रेजों द्वारा किए गए प्रत्येक परिवर्तन, चाहे कार्यकारी, प्रशासनिक या कानूनी ने मुस्लिम समुदाय पर कई प्रहार किए हैं। भारत

के मुस्लिम शासकों ने हिंदुओं को नागरिक मामलों में अपना कानून बनाए रखने की अनुमति दी थी। लेकिन वे हिंदू आपराधिक कानून को निरस्त कर दिया और मुस्लिम बना दिया। आपराधिक कानून राज्य का कानून है, जो सभी हिंदुओं और मुसलमानों पर लागू होता है। अंग्रेजों ने पहला काम यह किया कि मुस्लिम आपराधिक कानून को धीरे–धीरे अपने द्वारा बनाए गए दूसरे कानून से विस्थापित कर दिया, जब तक कि प्रक्रिया अंततः मैकाले के दंड संहिता के अधिनियम द्वारा पूरी नहीं हो गई। यह भारत में मुस्लिम समुदाय की प्रतिष्ठा और स्थिति पर पहला झटका था। इसके बाद शरीयत या मुस्लिम नागरिक कानून के आवेदन के क्षेत्र को संक्षिप्त कर दिया गया। इसका प्रयोग व्यक्तिगत संबंधों, जैसे विवाह और विरासत से संबंधित मामलों तक ही सीमित था, और उसके बाद केवल ब्रिटिश द्वारा अनुमत सीमा तक ही सीमित था। इसके साथ–साथ, 1837 में, न्यायालय और सामान्य प्रशासन की आधिकारिक भाषा के रूप में फारसी को समाप्त कर दिया गया और फारसी के स्थान पर अंग्रेजी और स्थानीय भाषाओं को स्थान दे दिया गया। फिर काजियों का उन्मूलन हुआ, जो मुस्लिम शासन के दौरान शरीयत का संचालन करते थे। उनके स्थान पर कानून अधिकारी और न्यायाधीश नियुक्त किए गए, जो किसी भी धर्म के हो सकते थे लेकिन जिन्हें मुस्लिम कानून की व्याख्या करने का अधिकार मिला और जिनके निर्णय मुसलमानों के लिए बाध्यकारी हो गए। ये मुसलमानों के लिए गंभीर आघात थे। परिणामस्वरूप, मुसलमानों को लगा कि उनकी प्रतिष्ठा खत्म हो गई है, उनके कानून बदल दिए गए हैं, उनकी भाषा खत्म हो गई है और उनकी शिक्षा का मौद्रिक मूल्य खत्म हो गया है। इनके साथ–साथ सिंध और अवध पर कब्जे और विद्रोह के रूप में और भी स्पष्ट प्रहार हुए। उत्तरार्द्ध ने, विशेष रूप से, मुसलमानों के उच्च वर्गों को प्रभावित किया, जिन्हें विद्रोह में उनकी संदिग्ध संलिप्तता की सजा के रूप में, अंग्रेजों द्वारा उनकी संपत्ति की व्यापक जब्ती से भारी नुकसान उठाना पड़ा। विद्रोह के अंत तक, घटनाओं की इन श्रृंखलाओं के कारण उच्च और निम्न मुसलमानों को टूटे हुए अभिमान, निराशा

और सामान्य दरिद्रता की सबसे निचली गहराइयों तक ले जाया गया। बिना प्रतिष्ठा, बिना शिक्षा और बिना संसाधनों के मुसलमानों को हिंदुओं का सामना करने के लिए छोड़ दिया गया। तटस्थता की प्रतिज्ञा करने वाले अंग्रेज दोनों समुदायों के बीच संघर्ष के परिणाम के प्रति उदासीन थे। परिणाम यह हुआ कि संघर्ष में मुसलमानों की पूरी हालत खराब हो गई। भारत पर ब्रिटिश विजय ने दोनों समुदायों की सापेक्ष स्थिति में पूर्ण राजनीतिक क्रांति ला दी। छह सौ वर्षों तक मुसलमान इसके स्वामी रहे। हिंदू, ब्रिटिश आधिपत्य ने उन्हें नीचे ला दिया हिंदुओं का स्तर परास्नातक से लेकर साथी विषय तक थे। गुरु से साथी तक के विषयों में काफी गिरावट थी, लेकिन साथी प्रजा की स्थिति से हिंदुओं की प्रजा की स्थिति में परिवर्तन वास्तव में अपमान से भरा है। क्या यह अस्वाभाविक है, मुसलमानों से पूछें, क्या वे अलग–अलग राष्ट्रीय राज्यों के निर्माण के द्वारा ऐसी असहनीय स्थिति से मुक्ति चाहते हैं, जिसमें मुसलमानों को एक शांतिपूर्ण घर मिल सके और जिसमें एक शासक जाति और एक अधीन जाति के बीच संघर्ष हो सके। उनके जीवन को संकट में डालने के लिए कोई जगह नहीं मिल रही?

भाग–2

पाकिस्तान के खिलाफ हिंदू मामला

पाकिस्तान की इस योजना का विरोध करने वाले हिंदुओं के मन में तीन कारण मौजूद प्रतीत होते हैं। जिन्हे योजना पर आपत्ति है:–

1. क्योंकि इसमें भारत की एकता को तोड़ना शामिल है।

2. क्योंकि इससे भारत की रक्षा कमजोर होती है।

3. क्योंकि यह सामूहिक समस्या को हल करने में विफल रहता है।

क्या इन आपत्तियों में कोई दम है? यह भाग इन आपत्तियों की वैधता की जांच से संबंधित है।

अध्याय–4

एकता का टूटना

I

इससे पहले कि हिंदू भारत की एकता के नष्ट होने की शिकायत करें, उन्हें यह सुनिश्चित कर लेना चाहिए कि जिस एकता का वे राग अलाप रहे हैं वह अस्तित्व में है। पाकिस्तान और हिंदुस्तान में क्या एकता है?

वे हिंदू, जो सकारात्मक रुख रखते हैं, मुख्य रूप से इस तथ्य पर भरोसा करते हैं कि जिन क्षेत्रों को मुसलमान भारत से अलग करना चाहते हैं, वे हमेशा भारत का हिस्सा रहे हैं। ऐतिहासिक रूप से यह निस्संदेह सत्य है। जब चन्द्रगुप्त शासक थे तब यह क्षेत्र भारत का भाग था। यह तब भी भारत का हिस्सा बना रहा, जब चीनी तीर्थयात्री ह्वेन त्सांग ने 7वीं शताब्दी में भारत का दौरा किया था। अपनी डायरी में, ह्वेन त्सांग ने दर्ज किया है कि भारत पाँच डिवीजनों में विभाजित था या उनकी भाषा में कहें तो, 'पाँच इंडीज' थे:[1] (1) उत्तरी भारत, (2) पश्चिमी भारत, (3) मध्य भारत, (4) पूर्वी भारत और (5) दक्षिणी भारत और इन पाँच प्रभागों में 80 राज्य शामिल थे। ह्वेन त्सांग के अनुसार, उत्तरी भारत में पंजाब शामिल था, जिसमें कश्मीर और आसपास के पहाड़ी राज्य, सिंधु से परे पूरा पूर्वी अफगानिस्तान और सरस्वती नदी के पश्चिम में वर्तमान सिस–सतलज राज्य शामिल थे।

---

1. कनिंघम की भारत का प्राचीन भूगोल (सं. मजूमदार)। पृ. 13–14. पुराणकारों ने भारत को नौ भागों में विभाजित किया है।

इस प्रकार, उत्तरी भारत में काबुल, जलालाबाद, पेशावर, गजनी और बानू जिले शामिल थे, जो कपिसा के शासक के अधीन थे, जो एक हिंदू क्षत्रिय था और जिसकी राजधानी संभवतः चरिकर में थी, जो 27 मील दूर थी। काबुल, पंजाब में, तक्षशिला, सिंहपुरा, उरसा पुंच और राजौरी के पहाड़ी जिले कश्मीर के राजा के अधीन थे; जबकि मुल्तान और शोरकोट सहित पूरा मैदानी भाग निर्भर था लाहौर के निकट तकी या सांगला के शासक पर। उस समय भारत की उत्तरी सीमा का आयाम ऐसा था जब ह्वेन त्सांग अपनी तीर्थयात्रा पर आये थे। लेकिन जैसा कि प्रो. टॉयनबी बताते हैं–

> "हमें 'ऐतिहासिक' भावना के प्रति सचेत रहना चाहिए। अर्थात्, उन स्थितियों से लिये गए तर्कों के विरुद्ध जो कभी अस्तित्त्व में थीं या वास्तविकता में थीं, लेकिन जो अब वर्तमान समय में वास्तविक नहीं हैं। उन्हें पराकाष्ठा के उदाहरणों द्वारा सबसे आसानी से चित्रित किया जा सकता है। इतालवी अखबारों ने त्रिपोली के विलय को पितृभूमि की मिट्टी को पुनः प्राप्त करने के रूप में वर्णित किया है क्योंकि यह एक बार रोमन साम्राज्य का एक प्रांत था; और मैसेडोनिया के पूरे क्षेत्र पर एक तरफ ग्रीक अंधराष्ट्रवादियों द्वारा दावा किया जाता है, क्योंकि इसमें यह स्थल शामिल है। चौथी शताब्दी ईसा पूर्व में सिकंदर महान का उद्गम स्थल पेल्ला और दूसरी ओर बल्गेरियाई लोगों द्वारा, क्योंकि विपरीत कोने में ओक्रिडा, दसवीं शताब्दी ईस्वी में बल्गेरियाई जारडोम की राजधानी थी, हालांकि समय के बहाव ने इसे दफन कर दिया है उत्तरार्द्ध की परंपरा लगभग एमथियाउ विजेता की उपलब्धियों जितनी ही गहरी है, जिस पर आधुनिक यूनानी राष्ट्रवादी इतनी दृढ़ता से जोर देते हैं।"

यही तर्क यहाँ भी लागू होता है। यहाँ भी उन स्थितियों से तर्क लिया जाता है जो एक बार अस्तित्त्व में थीं लेकिन जो अब वास्तविक नहीं हैं और जो बाद के तथ्यों पर विचार करने से चूक जाती हैं जिन्हें इतिहास को व्यावहारिक रूप से एक हजार वर्षों के दौरान दर्ज करना पड़ता है–ह्वेन त्सांग की वापसी के बाद।

यह सच है कि जब ह्वेन त्सांग आए थे, तब न केवल पंजाब बल्कि जो अब अफगानिस्तान है वह भारत का हिस्सा था और इसके अलावा, पंजाब और अफगानिस्तान के लोग या तो वैदिक थे या बौद्ध धर्म के थे। लेकिन ह्वेन त्सांग के भारत छोड़ने के बाद क्या हुआ है?

सबसे महत्त्वपूर्ण बात जो घटित हुई वह उत्तर–पश्चिम से मुस्लिम भीड़ द्वारा भारत पर आक्रमण है। भारत पर पहला मुस्लिम आक्रमण अरबों द्वारा किया गया था जिनका नेतृत्व मुहम्मद बिन कासिम ने किया था। यह 711 ई. में हुआ और इसके परिणामस्वरूप सिंध पर विजय प्राप्त हुई। इस पहले मुस्लिम आक्रमण के परिणामस्वरूप देश पर स्थायी कब्जा नहीं हो सका क्योंकि कैली–बगदाद का भाग्य, जिसके आदेश और आज्ञा से आक्रमण हुआ था, 9वीं शताब्दी के मध्य तक बाध्य हुआ[1] इसके इस सुदूर प्रांत से अपना सीधा नियंत्रण वापस लेना सिंध इस वापसी के तुरंत बाद, 1001 ई. में गजनी के मुहम्मद द्वारा भयानक आक्रमणों की एक श्रृंखला शुरू हुई। 1030 ई. में मुहम्मद की मृत्यु हो गई, लेकिन 30 वर्षों की छोटी अवधि के भीतर, उसने भारत पर 17 बार आक्रमण किया। उसके बाद मुहम्मद गौरी आया जिसने 1173 में एक आक्रमणकारी के रूप में अपनी आजीविका शुरू की। वह 1206 में मारा गया। गजनी के मुहम्मद ने तीस वर्षों तक भारत का विनाश किया और तीस वर्षों तक मुहम्मद गौरी ने उसी तरह उसी देश को परेशान किया। इसके बाद चंगेज खान की मुगल सेना का आक्रमण हुआ। मुगल पहली बार 1221 में आए थे। तब उन्होंने केवल भारत की सीमा पर सर्दियों का समय बिताया लेकिन इसमें प्रवेश नहीं किया। बीस साल बाद, उन्होंने लाहौर पर आक्रमण किया और उसे लूट लिया। उनके आक्रमणों में से, सबसे भयानक आक्रमण 1398 में तैमूर के अधीन था। इसके बाद बाबर के रूप में एक नया आक्रमणकारी सामने आता है जिसने 1526 में भारत पर आक्रमण किया। भारत पर आक्रमण बाबर के आक्रमण के साथ नहीं रुके। दो और आक्रमण हुए। 1738 में नादिरशाह की हमलावर सेना 'समुद्र की तरह उग्र' बाढ़ वाली नदी की तरह पंजाब में

---

1. मुहम्मद गौरी ने सिंध पर फिर से कब्जा कर लिया।

बह गई। उसके बाद अहमदशाह अब्दाली ने 1761 में भारत पर आक्रमण किया, पानीपत में मराठों की सेना को परास्त किया और हिंदुओं की उस जमीन को हासिल करने के प्रयास को हमेशा के लिए कुचल दिया, जो उन्होंने अपने मुस्लिम आक्रमणकारियों से खो दी थी।

ये मुस्लिम आक्रमण केवल लूट या विजय की लालसा से नहीं किये गये थे। उनके पीछे एक और वस्तु थी– मुहम्मद बिन कासिम द्वारा सिंध के खिलाफ अभियान दंडात्मक प्रकृति का था और सिंध के राजा दाहिर को दंडित करने के लिए किया गया था, जिन्होंने सिउड के समुद्री बंदरगाह शहरों में से एक देबुल में एक अरब जहाज की जब्ती के लिए मुआवजा देने से इनकार कर दिया था। लेकिन, इसमें कोई संदेह नहीं है कि हिंदुओं की मूर्तिपूजा और बहुदेववाद पर प्रहार करना और भारत में इस्लाम धर्म की स्थापना करना भी इस अभियान का एक उद्देश्य था। हज्जाज को लिखे अपने एक संदेश में, मुहम्मद बिन कासिम ने कहा है–

> "राजा दाहिर के भतीजे, उनके योद्धा और प्रमुख अधिकारी को भेज दिया गया है, और काफिरों को इस्लाम में परिवर्तित कर दिया गया या नष्ट किया गया हैं। मूर्तियों–मंदिरों, मस्जिदों और अन्य स्थानों के बजाय कुतब पढ़ा जाता है, आह्वान किया जाता है, प्रार्थनाएं की जाती हैं, ताकि निर्धारित समय पर भक्ति की जा सके। तकबीर और सर्वशक्तिमान ईश्वर की स्तुति प्रत्येक सुबह और शाम पेशकश की जाती है।[1]

उपर्युक्त संदेश प्राप्त करने के बाद, जिसे राजा के प्रमुख ने अग्रेषित किया था, हज्जाज ने अपने सेनापति को निम्नलिखित उत्तर भेजा–

> "सिवा इसके कि आप सभी को, बड़े और छोटे, समान रूप से सुरक्षा दें, दुश्मन और दोस्त के बीच कोई अंतर न करें। भगवान कहते हैं, 'काफिरों को कोई जगह न दो, बल्कि उनका गला काट

1. डॉ. टाइटस द्वारा भारतीय इस्लाम, पृ. 10.

दो।' तब जान लो कि यह महान ईश्वर की आज्ञा है। तुम सुरक्षा देने के लिए बहुत तैयार नहीं होगे, क्योंकि इससे तुम्हारा काम लम्बा हो जाएगा। इसके बाद जो लोग उच्च श्रेणी के हों, उन्हें छोड़कर किसी भी शत्रु को रहने की जगह मत दो।"[1]

गजनी के मुहम्मद ने भी भारत पर अपने अनेक आक्रमणों को एक पवित्र युद्ध छेड़ने के रूप में देखा। मुहम्मद के इतिहासकार अल उतबी उनके छापों का वर्णन करते हुए लिखते हैं:–

"उसने मूर्ति मंदिरों को ध्वस्त कर दिया और इस्लाम की स्थापना की। उसने शहरों पर कब्जा कर लिया, प्रदूषित मनहूसों को मार डाला, मूर्तिपूजकों को नष्ट कर दिया और मुसलमानों को संतुष्ट किया। फिर वह घर लौट आया और इस्लाम के लिए प्राप्त जीतों का विवरण दिया और कसम खाई कि हर साल वह एक हिंद के विरुद्ध पवित्र युद्ध का कार्य करेगा।"[2]

मुहम्मद गौरी भारत पर अपने आक्रमणों में उसी पवित्र उत्साह से प्रेरित था। इतिहासकार हसन निजामी अपने काम का वर्णन निम्नलिखित शब्दों में करते हैं–

"उन्होंने अपनी तलवार से हिंद की भूमि को अनुचित व्यवहार और बुराई की गंदगी से शुद्ध किया, और उस पूरे देश को ईश्वर–बहुलता के कांटों और मूर्ति–पूजा की अशुद्धता से मुक्त किया, और अपनी शाही शक्ति और निडरता से एक भी नहीं छोड़ा मंदिर खड़ा है।"[3]

तैमूर ने अपने संस्मरण में बताया है कि किस कारण से उसने भारत पर आक्रमण किया। वह कहता है:–

"हिंदुस्तान पर आक्रमणों में मेरा उद्देश्य काफिरों के विरुद्ध अभियान चलाना, उन्हें मुहम्मद (जिन पर और उनके परिवार पर ईश्वर का आशीर्वाद और शांति हो) के आदेश के अनुसार सच्चे विश्वास में

1. डॉ. टाइटस–इबिड द्वारा उद्धृत, पृ. 10.
2. वही, पृ. 11.
3. वही, पृ. 11.

परिवर्तित करना है, और भूमि को शुद्ध करना है।[1]

अविश्वास और बहुदेववाद को अपवित्र करना, और मंदिरों को उखाड़ फेंकना और मूर्तियाँ, जिससे हम गाजी और मुजाहिद, साथी होंगे और परमेश्वर के समक्ष विश्वास के सैनिक। मुसलमानों द्वारा भारत पर किये गये ये आक्रमण उतने ही भारत के आक्रमण थे क्योंकि स्वयं मुसलमानों के बीच युद्ध था। यह यथार्थता छुपी हुई है क्योंकि सभी आक्रमणकारी बिना किसी भेदभाव के मुसलमानों के रूप में एक साथ हैं। लेकिन वास्तव में, वे टार्टर, अफगान और मंगोल थे। गजनी मुहम्मद टार्टर था, मुहम्मद गौरी अफगान था, तैमूर मंगोल था, बाबर टार्टर था, जबकि नादिरशाह और अहमदशाह अब्दाली अफगानी थे। भारत पर आक्रमण करते समय, अफगान टार्टर को नष्ट करने के लिए निकला था और मंगोल, टार्टर के साथ–साथ अफगान को भी नष्ट करने के लिए निकला था। वे इस्लामी भाईचारे की भावना से प्रेरित एक प्रेमपूर्ण परिवार नहीं थे। वे एक–दूसरे के घातक प्रतिद्वंद्वी थे और उनके युद्ध अक्सर आपसी विनाश के युद्ध होते थे। हालांकि, यह ध्यान में रखना महत्त्वपूर्ण है कि अपने सभी आंतरिक संघर्षों के साथ वे सभी एक ही उद्देश्य से एकजुट थे और वह था हिंदू आस्था को नष्ट करना।

भारत के मुस्लिम आक्रमणकारियों द्वारा अपनाए गए तरीके भारत के बाद के इतिहास के लिए उनके आक्रमण के उद्देश्य से कम महत्त्वपूर्ण नहीं हैं।

मुहम्मद बिन कासिम के धार्मिक उत्साह का पहला कार्य देबुल के कब्जे वाले शहर के ब्राह्मणों का जबरन खतना करना था लेकिन जब उन्हें पता चला कि उन्होंने इस तरह के रूप–विकार पर आपत्ति जताई है, तो उन्होंने 17 वर्ष से अधिक उम्र के सभी लोगों को मौत की सजा देने और महिलाओं और बच्चों सहित अन्य सभी को गुलामी में डालने का आदेश दिया। हिंदुओं के मंदिर लूट लिये गये, और लूट का सारा धन सैनिकों के बीच समान रूप से बाँट दिया गया, सरकार के लिए कानूनी हिस्से का पाँचवा हिस्सा अलग रख दिया गया।

---

1. मध्यकालीन भारत में लेन पूले द्वारा उद्धृत, पृ. 155.

गजनी के मुहम्मद ने सबसे पहले उन योजनाओं को अपनाया जो हिंदुओं के दिलों में दहशत पैदा कर दें। 1001 ई. में राजा जयपाल की हार के बाद, मुहम्मद ने आदेश दिया कि जयपाल को "सड़कों पर घुमाया जाए ताकि उसके बेटे और सरदार उसे शर्म, बंधन और अपमान की स्थिति में देख सकें और इस्लाम का डर पूरे देश में फैल जाए।" काफिरों का देश।

"'काफिरों' का कत्लेआम मुहम्मद को विशेष प्रसन्नता वाली बात लगती थी। चांद राय पर एक हमले में, 1019 ई. में, कई काफिरों को मार दिया गया या बंदी बना लिया गया, और मुसलमानों ने लूट की ओर तब तक कोई ध्यान नहीं दिया जब तक कि वे उन्हें तृप्त न कर लें– काफिरों और उपासकों के वध के साथ सूर्य और अग्नि आराधक भी। इतिहासकार कहते हैं कि हिंदू सेनाएं अपनी इच्छा से, मूर्तियों को छोड़कर, इस्लाम धर्म[1] की सेवा को प्राथमिकता देते हुए, मुहम्मद के पास आईं।"

हिंदुओं के नरसंहार ने हिंदुओं की स्वदेशी संस्कृति को एक बड़ा झटका दिया, जैसे कि मुहम्मद बख्तियार खिलजी द्वारा बिहार की विजय। जब वह नुडिया (बिहार) ले गया तो तबाकत–ए–नासिरी हमें इसकी सूचना देता है।

"बड़ी लूट विजेताओं के हाथ लग गई। अधिकांश निवासी मुंडा सिर वाले ब्राह्मण थे। उन्हें मौत के घाट उतार दिया गया। बड़ी संख्या में किताबें मिलीं...... लेकिन कोई भी उनकी सामग्री की व्याख्या नहीं कर सका क्योंकि सभी लोग मारे गए थे, पूरा किला और शहर अध्ययन का स्थान था।"[2]

इस मुद्दे पर सबूतों को सारांशित करते हुए, डॉ. टाइटस ने साक्ष्य निकाला:–

"मंदिरों के विनाश और मूर्तियों के अपमान के हमारे पास प्रचुर मात्रा में साक्ष्य हैं। मुहम्मद बिन कासिम ने सिंध में व्यवस्थित रूप से

1. डॉ. टाइटस–1 बिड., पृ. 22.
2. वही, पृ. 22.

विनाश की अपनी योजना को अंजाम दिया, जैसा कि हमने देखा है, लेकिन उसने राजस्व के प्रयोजनों के लिए मुल्तान के प्रसिद्ध मंदिर को अपवाद बना दिया। चूंकि यह मंदिर तीर्थयात्रियों के लिए एक आश्रय स्थल था, जो मूर्ति को बड़े पैमाने पर उपहार देते थे। फिर भी, जबकि उन्होंने मंदिर को खड़ा रहने देकर अपनी लालच को संतुष्ट किया, उन्होंने गाय के मांस का एक टुकड़ा मूर्ति की गर्दन के चारों ओर बंधवाकर अपनी दुर्भावना को हवा दी।

"मिन्हाज–अस–सिराज आगे बताता है कि कैसे मुहम्मद एक हजार से अधिक मंदिरों को नष्ट करने के लिए व्यापक रूप से जाना जाता था, और सोमनाथ के मंदिर को नष्ट करने और उसकी मूर्ति को ले जाने में उसकी बड़ी उपलब्धि थी। जिसके बारे में उनका दावा है कि वह मूर्ति चार भागों में टूट गई थी। एक हिस्सा उसने गजनी की जामा मस्जिद में जमा कर दिया, एक हिस्सा उसने शाही महल के प्रवेश द्वार पर रख दिया, तीसरा हिस्सा उसने मक्का भेज दिया, और चौथा हिस्सा मदीना भेज दिया।"[1]

लेन पूले द्वारा कहा गया है कि मुहम्मद गजनी ने "जिसने कसम खाई थी कि वह हर साल हिंदुस्तान के काफिरों के खिलाफ एक युद्ध लड़ेगा" अपने मूर्ति–भंजन अभियान से तब तक आराम नहीं कर सका जब तक सोमनाथ का मंदिर बना रहा। यह इस विशिष्ट उद्देश्य के लिए था कि उन्होंने अपने कार्य काल के बिल्कुल अंत में, मुल्तान से अन्हालवाड़ा तट तक रेगिस्तान में अपनी कठिन यात्रा की, जब तक वे आगे बढ़े, तब तक लड़ते रहे, जब तक कि उन्होंने प्रसिद्ध मंदिर को नहीं देखा।

"वहाँ एक लाख तीर्थसेवी एकत्र होते थे, एक हजार ब्राह्मण मंदिर की सेवा करते थे और उसके खजाने की रक्षा करते थे, और सैकड़ों नर्तक और गायक उसके द्वार के सामने नाचते–बजाते थे। भीतर प्रसिद्ध, शिवलिंग था, एक स्तंभ पत्थर जो रत्नों से सुसज्जित और

1. डॉ. टाइटस–1 बिड., पृ. 22–23.

रत्नों से प्रकाशित भी था। कैंडेलब्रा जो समृद्ध लटकन में प्रतिबिंबित होते थे, सितारों जैसे कीमती पत्थरों से कढ़ाई करते थे, जो मंदिर को सजाते थे...... इसकी प्राचीर अविश्वसनीय ब्राह्मणों से भरी हुई थी, जो विदेशी काफिरों के व्यर्थ अहंकार का मजाक उड़ा रही थी जिन्हें सोमनाथ के भगवान निश्चित रूप से भस्म कर देंगे। विदेशी कुछ भी नहीं डरे, दीवारों को लांघ गए भगवान अपने सेवकों की तत्काल अपीलों के प्रति मूक बने रहे। पचास हजार हिंदुओं को अपनी आस्था के लिए कष्ट सहना पड़ा और सच्चे विश्वासियों की खुशी के लिए पवित्र मंदिर को बर्खास्त कर दिया गया। महान पत्थर को गिरा दिया गया और इसके टुकड़ों को विजेता के महल की शोभा बढ़ाने के लिए ले जाया गया। गजनी में मंदिर के द्वार स्थापित किए गए और दस लाख पाउंड मूल्य के खजाने को मूर्तिभंजक के रूप में पुरस्कृत किया गया।"[1]

मुहम्मद गजनी द्वारा किया गया कार्य एक पवित्र परंपरा बन गया और उनके बाद आने वाले लोगों द्वारा इसका ईमानदारी से पालन किया गया। डॉ. टाइटस[2] के शब्दों में–

"मुहम्मद गजनी के उत्साही उत्तराधिकारियों में से एक, मुहम्मद गौरी ने अजमेर की अपनी विजय में मूर्ति–मंदिरों के स्तंभों और नींव को नष्ट कर दिया, और उनके स्थान पर मस्जिदों और कॉलेजों का निर्माण किया, और हिंदुओं के उपदेशों और कानून के रीति–रिवाजों को नष्ट कर दिया। इनको मस्जिदों में विभाजित और स्थापित किया गया। दिल्ली में, शहर और इसके आस–पास के क्षेत्र को मूर्तियों और मूर्तिपूजा से मुक्त कर दिया गया, और देवताओं की छवियों के अभयारण्यों में एक ईश्वर के उपासकों द्वारा मस्जिदें बनाई गईं।

"कहा जाता है कि कुतुब–उद–दीन ऐबक ने लगभग एक हजार मंदिरों को नष्ट कर दिया था, और फिर उनकी नींव पर मस्जिदें

1. मध्यकालीन भारत, पृ. 26.
2. वही, पृ. 23–24.

खड़ी कीं। उसी लेखक का कहना है कि उसने जामा मस्जिद, दिल्ली का निर्माण किया और इसे प्राप्त पत्थरों और सोने से सजाया उन मंदिरों से जिन्हें हाथियों द्वारा ध्वस्त कर दिया गया था, और इसे दैवीय आदेशों वाले शिलालेखों (कुरान से) से ढक दिया गया था। हमारे पास इस कष्टप्रद प्रक्रिया के और भी सबूत हैं मौजूदा शिलालेख को व्यवस्थित रूप से नियोजित किया गया है। दिल्ली में इसी मस्जिद के पूर्वी प्रवेश द्वार पर, बताते हैं कि इसमें 27 मूर्ति मंदिरों की सामग्री का उपयोग इसके निर्माण में किया गया था "अला–उद–दीन, जामा मस्जिद के लिए दूसरी मीनार बनाने के अपने उत्साह में अमीर ने कहा है कि मस्जिद, कुतुब–उद–दीन द्वारा निर्मित मस्जिद की प्रतिद्वंद्वी है।

खुसरू ने न केवल पहाड़ों से पत्थर खोदे, बल्कि निकाले भी खानापूर्ति के लिए काफिरों के मंदिरों को ध्वस्त कर दिया। दक्षिण भारत की विजय में मंदिरों का विनाश अला–उद–दीन द्वारा किया गया था जैसा कि उत्तर में उसके पूर्ववर्तियों द्वारा किया गया था।

"सुल्तान फिरोज शाह, अपने फुतुहात में, स्पष्टता और विस्तार के साथ संबंधित करते हैं कि उन्होंने उन हिंदुओं के साथ कैसा व्यवहार किया जिन्होंने नए मंदिर बनाने का साहस किया था। जब उन्होंने पैगंबर के कानून के विरोध में शहर (दिल्ली) और आसपास में ऐसा किया, जो घोषित करता है कि इन्हें सहिष्णुता नहीं किया जाना चाहिए, ईश्वरीय मार्गदर्शन के तहत मैंने इन इमारतों को नष्ट कर दिया, मैंने इन कृतघ्नता के नेताओं को मार डाला और दूसरों को कोड़े से दंडित किया, जब तक कि यह दुर्व्यवहार पूरी तरह से समाप्त नहीं हो गया और जहाँ काफिर और मूर्तिपूजक मूर्तियों की पूजा करते थे, मुसलमान अब भगवान की दया से अपनी भक्ति करते हैं सच्चा भगवान।"

शाहजहाँ के शासनकाल में भी, हमने उन मंदिरों के विनाश के बारे में पढ़ा, जिन्हें हिंदुओं ने पुननिर्माण करना शुरू कर दिया था, और हिंदुओं की धर्मपरायणता पर इस सीधे हमले का विवरण बादशाह–नमः में गंभीरता से दर्ज किया गया है:–

इतिहासकार का कहना है, "यह महामहिम के ध्यान में लाया गया था कि (अकबर के) शासनकाल के दौरान, कृतघ्नता के महान गढ़, बनारस में कई मूर्ति–मंदिरों का निर्माण शुरू किया गया था, लेकिन वह अधूरे रह गए थे। काफिर अब इसके इच्छुक थे उन्हें पूरा करना। आस्था के रक्षक, महामहिम ने आदेश दिया कि बनारस और उनके सभी प्रभुत्वों में सभी स्थानों पर जिन मंदिरों का निर्माण शुरू हुआ था, उन्हें गिरा दिया जाए। इलाहाबाद प्रांत से यह सूचना मिली कि बनारस जिले में 76 मंदिर नष्ट कर दिए गए हैं।[1]

मूर्तिपूजा को खत्म करने का अंतिम प्रयास करने का काम औरंगजेब पर छोड़ दिया गया था। 'मा' अथिर ए–आलमगिरी' के लेखक ने हिंदू शिक्षण को खत्म करने के अपने प्रयासों और मंदिरों के विनाश को निम्नलिखित शब्दों में विस्तार से बताया हैः–

"अप्रैल, 1669 ई. में, औरंगजेब को पता चला कि थट्टा, मुल्तान और बनारस के प्रांतों में, लेकिन विशेष रूप रो बाद में, ब्राह्मणों की मूर्खतापूर्ण आदत उनके स्कूल, और वहां शिक्षार्थियों से बेकार किताबों की व्याख्या करने की थी। मुस्लिम और हिंदू भी वहां लंबी दूरी से जाते थे......... आस्था के निदेशक, फलस्वरूप सभी प्रान्तों के गवर्नरों को क्रमवार नष्ट करने के आदेश जारी किये विलिस हाथ से काफिरों के स्कूल और मंदिर और शिक्षण पर पूर्ण रोक लगाने के लिए एकजुट हुए थे। मूर्तिपूजा का प्रचलन......बाद में इसकी सूचना मिली कि उनके धार्मिक वैभव को सरकारी अधिकारियों ने नष्ट कर दिया था। बनारस में बिशनाथ का मंदिर![2]

जैसा कि डॉ. टाइटस कहते हैं[3]–

"मुहम्मद और तैमूर जैसे आक्रमणकारियों को मूर्तिभंजन, लूट का संग्रह, बंदियों को गुलाम बनाना और 'धर्मांतरण तलवार' के साथ

---

1. डॉ. टाइटस–वही, पृ. 24.
2. वही, पृ. 22.
3. डॉ टाइटस–वही, पृ. 31–32.

काफिरों को नरक में भेजने की तुलना में अधिक चिंता थी, यहाँ तक कि वे उनके धर्मांतरण बलपूर्वक भी इनके धर्म–परिवर्तन के पक्ष में थे। लेकिन जब शासकों को स्थायी रूप से स्थापित कर दिया गया तो धर्मांतरित लोगों को जीतना सर्वोच्च अत्यावश्यकता का विषय बन गया। इस्लाम को पूरे देश के धर्म के रूप में स्थापित करना राज्य की नीति का एक हिस्सा था।

"बारहवीं शताब्दी के उत्तरार्ध और तेरहवीं के शुरुआती वर्षों में कुतुब–उद–दीन, जिसकी मंदिरों को नष्ट करने की प्रतिष्ठा लगभग मुहम्मद जितनी ही थी, ने अक्सर धर्मांतरण के लिए प्रोत्साहन के रूप में बल का सहारा लिया होगा। एक उदाहरण ध्यान दिया जा सकता है: जब वह 1194 ई. में कोइल (अलीगढ़) पहुँचे, तो गैरीसन के जो लोग बुद्धिमान और चतुर थे, उन्हें इस्लाम में परिवर्तित कर दिया गया, लेकिन अन्य को तलवार से मार दिया गया।"

"विश्वास परिवर्तन के लिए अपनाए गए चरम उपायों के और भी उदाहरण असंख्य हैं। एक दयनीय मामला फिरोज शाह (1351–1388 ई.) के शासनकाल के समय का बताया गया है। दिल्ली के एक बूढ़े ब्राह्मण पर पूजा करने और उसके घर में मूर्तियां स्थापित करना, और यहाँ तक कि मुस्लिम महिलाओं को काफिर बनाने के लिए प्रेरित करने का आरोप लगाया गया था। उसे बुलाया गया और उसका मामला न्यायाधीशों, चिकित्सको, बुजुर्गों और वकीलों के सामने रखा गया। उनका जवाब था कि कानून के प्रावधान स्पष्ट थे। ब्राह्मण अवश्य ही या तो मुसलमान बन जाये या जला दिया जाए। उसे सच्चे विश्वास की घोषणा की गई और सही रास्ता बताया गया, लेकिन उसने इसे स्वीकार करने से इनकार कर दिया। परिणामस्वरूप उसे सुल्तान के आदेश से जला दिया गया, और टिप्पणीकार कहते हैं, सुल्तान के सख्त आदेश पालन को देखें कानून और सत्यता के लिए, वह कैसे इसके आदेशों से जरा भी विचलित नहीं होगा।"

मुहम्मद ने न केवल मंदिरों को नष्ट किया बल्कि जिन हिंदुओं पर उसने विजय प्राप्त की उन्हें गुलाम बनाने की नीति बना ली। डॉ. टाइटस के शब्दों में–

"न केवल काफिरों का वध और विनाश था इस्लाम के संपर्क के आरंभिक काल में इनके मंदिरों का सहारा लिया गया। भारत के साथ, लेकिन जैसा कि हमने देखा है, परास्त में से कई गुलामी की ओर लिये गए हिस्से का बँटवारा इनमें से एक विशेष था। नेताओं के साथ–साथ आम सैनिकों के लिए भी आकर्षण ये अभियान लगता है मुहम्मद ने कत्लेआम काफिरों का कराया है, उनके मंदिरों का विनाश, कब्जा, दास को पकड़ना और विशेष रूप से लोगों के धन की लूट मंदिरों और पुजारियों की छापेमारी का मुख्य उद्देश्य था। पर कहा जाता है कि अपने पहले छापे के अवसर पर उसने बहुत सारा माल लूट लिया था; और पाँच लाख हिंदू, 'खूबसूरत पुरुष और महिलाएं', गुलामी में डाल दिए गए और वापस गजनी ले जाया गया।"[1]

जब मुहम्मद ने बाद में 1017 ई. में कनौज पर कब्जा किया, तो उन्होंने इतनी अधिक लूट की और इतने सारे कैदी लिये कि 'उन्हें गिनने वालों की उंगलियां थक गई होंगी।' 1019 ई. के अभियान के बाद गजनी और मध्य एशिया में भारतीय दास कितने आम हो गए थे, इसका वर्णन करते हुए, उस समय के इतिहासकार कहते हैं[2]:–

"कैदियों की संख्या का अनुमान इस तथ्य से लगाया जा सकता है कि प्रत्येक को दो से दस दिरहम तक बेचा गया था। बाद में इन्हें गजनी ले जाया गया, और व्यापारी इन्हें खरीदने के लिए दूर–दूर के शहरों से आए; ...... और मेला और अंधेरे, अमीर और गरीब एक ही गुलामी में मिल गए थे।

"वर्ष 1202 ई. में, जब कुतुब–उद–दीन ने मंदिरों को मस्जिदों में

1. वही, पृ. 24.
2. डॉ. टाइटस–इबिड द्वारा उद्धृत, पृ. 26.

> परिवर्तित करने के बाद कालिंजर पर कब्जा कर लिया, तो मूर्तिपूजा का नामोनिशान मिट गया, पचास हजार आदमी गुलामी के घेरे में आ गए और हिंदुओं के साथ मैदान पिच के रूप में काला हो गया।

गुलामी उन हिंदुओं का भाग्य थी जो पवित्र युद्ध में पकड़े गए थे। लेकिन, जब कोई युद्ध नहीं था तो मुस्लिम आक्रमणकारियों द्वारा अपनाए गए तरीकों में हिंदुओं के व्यवस्थित अपमान ने कोई महत्त्वहीन भूमिका नहीं निभाई। अला–उद–दीन के दिनों में, चौदहवीं शताब्दी की शुरुआत में, कुछ हिस्सों में हिंदुओं ने सुल्तान को बहुत परेशान किया था। इसलिए, उसने उन पर ऐसे कर लगाने का निश्चय किया ताकि उन्हें विद्रोह करने से रोका जा सके।

> "हिंदू को सवारी के लिए घोड़ा रखने, हथियार रखने, अच्छे कपड़े पहनने या जीवन की किसी भी विलासिता का आनंद लेने में असमर्थ छोड़ दिया जाना था।"[1]

जजिया कर के बारे में बोलते हुए डॉ. टाइटस कहते हैं:[2]

> "हिंदुओं द्वारा जजिया का भुगतान जारी रहा सुल्तानों, सम्राटों और राजाओं के प्रभुत्व में भारत के विभिन्न भागों में कमोबेश नियमितता के साथ, यद्यपि अक्सर, कानून केवल सिद्धांत रूप में लागू था; चूंकि यह पूरी तरह से अपनी माँगों को लागू करने की संप्रभु की क्षमता पर निर्भर था। लेकिन, अंततः, इसे पूरे मुगल साम्राज्य में समाप्त कर दिया गया। प्रबुद्ध अकबर के शासनकाल का नौवां वर्ष (ए.डी. 1665), उसके बाद इसे आठ शताब्दियों से अधिक की अवधि के लिए भारत में मुस्लिम सरकार की नीति के मूलभूत भाग के रूप में स्वीकार किया गया था।

लेन पूले ऐसा कहते हैं–

> "हिंदू पर उसकी भूमि की आधी पैदावार की सीमा तक कर लगाया जाता था, और उसे अपनी सभी भैंसों, बकरियों और अन्य दुधारू

1. वही, पृ. 29.
2. वही, पृ. 30.

मवेशियों पर कर का भुगतान करना पड़ता था। कर अमीर और गरीब पर समान रूप से लगाया जाता था, प्रति इतनी दर पर एकड़, प्रति जानवर इतना। रिश्वत लेने वाले किसी भी कलेक्टर या अधिकारी को सरसरी तौर पर विसर्जन कर दिया गया और लाठी, चिमटा, रैक, कारावास और जंजीरों से भारी दंडित किया गया। नए नियमों को सख्ती से लागू किया गया, ताकि एक राजस्व अधिकारी 20 हिंदू प्रतिष्ठित लोगों को एक साथ बांध सके। और मारपीट करके भुगतान के लिए मजबूर किया जाता था। हिंदू घर में कोई सोना या चांदी, यहाँ तक कि सुपारी भी नहीं देखी जाती थी, जो इतनी उत्साहजनक और खुशी के लिए उत्तेजक थी, और गरीब देशी अधिकारियों की पत्नियों को सेवा लेने के लिए कर कम दिया गया था। मुस्लिम परिवार। राजस्व अधिकारियों को प्लेग से भी अधिक घातक माना जाने लगा; और सरकारी क्लर्क होना मौत से भी बदतर अपमान था, इतना कि कोई भी हिंदू अपनी बेटी की शादी ऐसे व्यक्ति से नहीं करेगा।"[1]

ये शिलालेख, उस काल के इतिहासकार का कहना है,

"इतनी सख्ती बरती गई कि चौकीदार और खुत और मुकद्दिम घोड़े पर चढ़ने, हथियार ढूंढने, अच्छे कपड़े पहनने या पान खाने में सक्षम नहीं थे...... कोई भी हिंदू अपना सिर नहीं उठा सकता था...... भुगतान को लागू करने के लिए मार–पीट, स्टॉक में कैद करना, कारावास और जंजीरों का प्रयोग किया गया।"

यह सब केवल मनमर्जी या नैतिक विकृति का परिणाम नहीं थी। दूसरी ओर, जो किया गया वह व्यापक पहलुओं में इस्लाम के नेताओं के सत्तारूढ़ विचारों के अनुसार था। ये विचार काजी ने मुस्लिम कानून के तहत हिंदुओं की कानूनी स्थिति जानने के इच्छुक सुल्तान अला–उद–दीन द्वारा पूछे गए एक प्रश्न के उत्तर में व्यक्त किए थे। काजी ने कहा–

1. मध्यकालीन भारत, पृ. 104.

"उन्हें श्रद्धांजलि देने वाले कहा जाता है, और जब राजस्व अधिकारी उनसे बिना कोई सवाल किए चांदी माँगते हैं,और पूरी विनम्रता और सम्मान के साथ, सोने का प्रस्ताव दे। यदि अधिकारी उनके मुंह में गंदगी फेंकता है, उन्हें बिना किसी हिचकिचाहट इसे प्राप्त करने के लिए के मुंह चौड़े खोलने चाहिए .. की उचित अधीनता धिम्मी को इस विनम्र भुगतान में प्रदर्शित किया गया है, और इस फेंक द्वारा– उनके मुँह में गंदगी का जाना। इस्लाम का महिमामंडन एक है कर्तव्य और धर्म का तिरस्कार व्यर्थ है। परमेश्वर उन्हें तुच्छ समझता है, क्योंकि वह कहता है, 'उन्हें अधीन रखो।' हिंदुओं को अपमानित रखना विशेष रूप से एक धार्मिक कर्तव्य है, क्योंकि वे पैगंबर के सबसे कट्टर दुश्मन हैं, और क्योंकि पैगंबर ने हमें उन्हें मारने, लूटने और बंदी बनाने का आदेश दिया है, 'उन्हें इस्लाम में परिवर्तित करो या' उन्हें मार डालो, और उन्हें गुलाम बना लो, और उनकी धन–संपत्ति लूट लो।' किसी डॉक्टर ने नहीं बल्कि महान डॉक्टर (हुइफा) ने, जिनके स्कूल से हम जुड़े हैं, हिंदुओं पर जजिया लगाने की सहमति दी है; अन्य स्कूलों के डॉक्टर 'मौत या इस्लाम' के अलावा कोई अन्य विकल्प नहीं देते।"[1]

ऐसी ही 762 वर्षों की इस अवधि की कहानी है जो मुहम्मद गजनी के आगमन और अहमदशाह अब्दाली की वापसी के बीच बीत गई।

हिंदुओं के लिए यह कहना कि उत्तरी भारत आर्यावर्त का हिस्सा है? यह कहना हिंदुओं के लिए कहां तक खुला है क्योंकि एक बार यह उनका था, इसलिए इसे हमेशा के लिए भारत का अभिन्न अंग बना रहना चाहिए? जो लोग अलगाव का विरोध करते हैं और इस प्राचीन तथ्य से उत्पन्न ऐतिहासिक भावना को मानते हैं कि अफगानिस्तान सहित उत्तरी भारत कभी भारत का हिस्सा था और उस क्षेत्र के लोग या तो बौद्ध थे या हिंदू, उनसे पूछा जाना चाहिए कि क्या इन 762 वर्षों की घटनाएं लगातार हो रहे मुस्लिम आक्रमणों के बारे में, वे जिस उद्देश्य से किये गये थे और इन

1. डॉ. टाइटस–द्वारा वही. पृ. 29.

आक्रमणकारियों ने अपने उद्देश्य को प्रभावी बनाने के लिए जो तरीके अपनाये थे, क्या उन्हें ऐसे माना जाएगा जैसे कि वे कोई हिसाब–किताब के मामले नहीं थे?

उनसे उत्पन्न अन्य परिणामों के अलावा, मेरी राय में, इन आक्रमणों ने उत्तरी क्षेत्रों की संस्कृति और चरित्र को इतना गहराई से बदल दिया है, जिसे अब पाकिस्तान में शामिल करने का प्रस्ताव है, कि न केवल उनके बीच कोई एकता है। क्षेत्र और शेष भारत लेकिन वास्तव में दोनों के बीच वास्तविक प्रतिद्वंद्विता है।

इन आक्रमणों का पहला परिणाम था टूटना। उत्तरी भारत को शेष भारत के साथ एकताबद्ध करना। बाद में उत्तरी भारत पर उसकी विजय के बाद मोहम्मद गजनी भारत से अलग हो गया और गजनी से शासन करता था। जब मुहम्मद गौरी एक विजेता के रूप में मैदान में आया, उसने इसे फिर से अपने कब्जे में ले लिया भारत पर पहले लाहौर और फिर दिल्ली से शासन किया। हकीम, अकबर के भाई ने काबुल और कंधार को उत्तरी भारत से अलग कर दिया। अकबर ने इसे पुनः उत्तरी भारत से जोड़ दिया। 1738 में नादिरशाह द्वारा उन्हें फिर से अलग कर दिया गया और यदि सिक्खों के उदय के कारण नियंत्रण नहीं मिला होता तो पूरा उत्तरी भारत भारत से अलग हो गया होता। इसलिए, उत्तरी भारत रेलगाड़ी के एक वैगन की तरह रहा है, जिसे परिस्थिति के अनुसार जोड़ा या हटाया जा सकता है। यदि सादृश्य की आवश्यकता है, तो अलसैस–लोरेन के मामले का हवाला दिया जा सकता है। अलसैस–लोरेन मूल रूप से स्विट्जरलैंड और निचले देशों की तरह जर्मनी का हिस्सा था। यह 1680 तक ऐसा ही रहा, जब इसे फ्रांस ने ले लिया और फ्रांसीसी क्षेत्र में शामिल कर लिया। यह 1871 तक फ्रांस का था, जब जर्मनी ने इसे अलग कर दिया और अपने क्षेत्र का हिस्सा बना लिया। 1918 में इसे फिर से जर्मनी से अलग कर फ्रांस का हिस्सा बना दिया गया। 1940 में इसे फ्रांस से अलग कर जर्मनी का हिस्सा बना दिया गया।

आक्रमणकारियों द्वारा अपनाए गए तरीकों ने अपने पीछे अपना परिणाम छोड़ दिया है। इसका एक परिणाम हिंदुओं और मुसलमानों के बीच कड़वाहट है जो उन्होंने पैदा की है। दोनों के बीच यह कड़वाहट इतनी गहरी है कि राजनीतिक जीवन की एक सदी न तो इसे शांत करने में सफल रही है और न ही लोगों को इसे भुलाने में। चूंकि आक्रमणों के साथ मंदिरों का विनाश और जबरन धर्म परिवर्तन, संपत्ति की लूट, पुरुषों, महिलाओं और बच्चों की हत्या, दासता और अपमान शामिल था, तो क्या आश्चर्य कि इन आक्रमणों की यादें गर्व के स्रोत के रूप में हमेशा हरी बनी रहीं? मुसलमानों के लिए और हिंदुओं के लिए शर्म का कारण? लेकिन इन बातों के अलावा, भारत का यह उत्तर–पश्चिमी कोना एक नाटकशाला रहा है जिसमें एक कठोर नाटक खेला जाता रहा है। लहर दर लहर मुस्लिम भीड़ इस क्षेत्र में बढ़ती गई और वहां से शेष भारत में फैल गई। ये पतली धाराओं में शेष भारत तक पहुँचे। समय के साथ, वे भी अपनी सबसे दूर की सीमा से पीछे हट गए; जब तक वे टिके रहे, उन्होंने भारत के इस उत्तर–पश्चिमी कोने में मूल आर्य संस्कृति के ऊपर इस्लामी संस्कृति का गहरा भंडार छोड़ दिया, जिसने इसे धार्मिक और राजनीतिक दृष्टिकोण दोनों में पूरी तरह से अलग रंग दिया है। मुसलमान आक्रमणकारी निःसंदेह हिंदू के खिलाफ नफरत का राग अलापते हुए भारत आये। लेकिन, उन्होंने केवल नफरत का राग नहीं अलापा, रास्ते में कुछ और मंदिरों को जलाकर वापस चले। वह एक आशीर्वाद होता। वे इतने नकारात्मक परिणाम से संतुष्ट नहीं थे। उन्होंने इस्लाम का बीज बोने का सकारात्मक कार्य किया। इस पौधे की वृद्धि उल्लेखनीय है। यह ग्रीष्मकालीन पौधा नहीं है। यह बलूत के समान महान और मजबूत है। उत्तरी भारत में इसकी वृद्धि सबसे सघन है। क्रमिक आक्रमणों ने अपनी 'रेग' कहीं और से कहीं अधिक जमा कर दी है, और समर्पित बागबानों के लिए पानी देने के अभ्यास के रूप में काम किया है। उत्तरी भारत में इसकी वृद्धि इतनी घनी है कि हिंदू और बौद्ध संस्कृति के अवशेष केवल झाड़ियां मात्र हैं। इस बांज को सिक्ख कुल्हाड़ी भी नहीं गिरा सकी। इसमें कोई संदेह नहीं है कि सिख उत्तरी

भारत के राजनीतिक स्वामी बन गए, लेकिन वे उत्तरी भारत को उस आध्यात्मिक और सांस्कृतिक एकता में वापस नहीं ला सके जिसके द्वारा यह ह्वेन त्सांग से पहले शेष भारत से बंधा हुआ था। सिक्खों ने इसे वापस भारत में मिला लिया। फिर भी, जहाँ तक शेष भारत का सवाल है, यह अलसैस–लोरेन की तरह राजनीतिक रूप से अलग और आध्यात्मिक रूप से अलग बना हुआ है। यह केवल एक अकल्पनीय व्यक्ति ही है जो इन तथ्यों पर ध्यान देने में विफल हो सकता है या उनके सामने इस बात पर जोर दे सकता है कि पाकिस्तान का मतलब एक पूरे को दो टुकड़ों में तोड़ना है।

हिंदू पाकिस्तान और हिंदुस्तान के बीच क्या एकता देखता है? यदि यह भौगोलिक एकता है तो वह कोई एकता नहीं है। भौगोलिक एकता प्रकृति द्वारा इच्छित एकता है। भौगोलिक एकता पर राष्ट्रीयता का निर्माण करते समय, यह याद रखना चाहिए कि यह एक ऐसा मामला है जहाँ प्रकृति प्रस्ताव करती है और मनुष्य निपटान करता है। यदि यह बाहरी चीजों, जैसे जीवन के तरीकों और आदतों में एकता है, तो वह कोई एकता नहीं है। ऐसी एकता एक सामान्य वातावरण के संपर्क का परिणाम है। यदि यह प्रशासनिक एकता है, तो वह भी कोई एकता नहीं है। बर्मा का उदाहरण सामने है। 1826 में येंदाबू की संधि द्वारा अराकान और तेनासेरिम पर अधिभोग कर लिया गया। 1852 में पेगु और मार्तबान पर अधिभोग कर लिया गया। 1886 में ऊपरी बर्मा पर अधिभोग कर लिया गया। 1826 में भारत और बर्मा के बीच प्रशासनिक एकता बनी। 110 वर्षों से अधिक समय तक प्रशासनिक एकता कायम रही। 1937 में, दोनों को एक साथ बांधने वाली गांठ टूट गई। और किसी ने इस पर आंसू नहीं बहाया। भारत और बर्मा के बीच एकता भी कम मौलिक नहीं थी। अगर एकता एक स्थायी चरित्र का होना है, इसे एक भावना पर स्थापित किया जाना चाहिए रिश्तेदारी का, रिश्तेदार होने की भावना में। संक्षेप में, यह अवश्य होना चाहिए। आध्यात्मिक बनो। इन विचारों के आलोक में निर्णय लिया गया। पाकिस्तान और हिंदुस्तान के बीच एकता एक मिथक है। दरअसल, पाकिस्तान और

हिंदुस्तान की तुलना में हिंदुस्तान और बर्मा के बीच अधिक आध्यात्मिक एकता है और यदि हिंदुओं ने बर्मा को भारत से अलग करने पर आपत्ति नहीं जताई, तो यह समझना मुश्किल है कि हिंदू पाकिस्तान जैसे क्षेत्र को अलग करने पर कैसे आपत्ति कर सकते हैं, जो दोहराने के लिए, राजनीतिक रूप से अलग, सामाजिक रूप से शत्रुतापूर्ण और आध्यात्मिक रूप से अलग है।

अध्याय–5

सुरक्षा का कमजोर होना

पाकिस्तान के सृजन से हिंदुस्तान की रक्षा के प्रश्न पर क्या प्रभाव पड़ेगा? यह सवाल बहुत जरूरी नहीं है। क्योंकि, यह मानने में कोई तर्क नहीं है कि पाकिस्तान अस्तित्त्व में आते ही हिंदुस्तान के साथ युद्ध करेगा। फिर भी, चूंकि प्रश्न उठना निश्चित है, इसलिए उससे निपटना ही बेहतर है।

प्रश्न पर तीन शीर्षकों के अंतर्गत विचार किया जा सकता है: (1) सीमाओं का प्रश्न, (2) संसाधनों का प्रश्न और (3) सशस्त्र बलों का प्रश्न।

I

सरहदों का सवाल

हिंदुओं का यह आग्रह अवश्य है कि पाकिस्तान वैज्ञानिक सीमा के बिना हिंदुस्तान छोड़ दे। निस्संदेह, स्पष्ट उत्तर यह है कि मुसलमानों को पाकिस्तान पर अपना अधिकार छोड़ने के लिए नहीं कहा जा सकता, क्योंकि इससे उनकी सीमाओं के मामले में हिंदुओं पर प्रतिकूल प्रभाव पड़ता है। लेकिन मजाक के अलावा, वास्तव में दो विचार हैं, जिन पर यदि ध्यान दिया जाए, तो पता चलेगा कि इस मामले में हिंदुओं की आशंकाएं बिल्कुल अनावश्यक हैं।

सबसे पहले, क्या कोई देश अपनी सीमा की आशा कर सकता है?

जिसे वैज्ञानिक कहा जा सके? श्री डेविस के रूप में; नॉर्थ–वेस्ट फ्रंटियर के लेखक का मानना है:–

> "हमारे भारतीय साम्राज्य के उत्तर–पश्चिम में एक सीमा निर्धारित करना असंभव होगा जो मानव–जाति विज्ञान, राजनीतिक और सैन्य आवश्यकताओं को पूरा करेगी। एक ऐसे क्षेत्र का अनुसंधान करना जो आसानी से परिभाषित भौगोलिक विशेषताओं को पार करता हो जो जातीय विचार का उल्लंघन नहीं करता है उनके प्रदेशों को काटकर निकट संबंधी जनजातियां बना दी जाये; और जो एक ही समय में एक राजनीतिक सीमा के रूप में कार्य करता है, यूटोपियन है।"

इतिहास की बात करें तो भारत के लिए कोई एक वैज्ञानिक सीमा नहीं रही है और अलग–अलग व्यक्तियों ने भारत के लिए अलग–अलग सीमाओं का पक्षपोषण किया है। सीमाओं के प्रश्न ने दो नीतियों को जन्म दिया है, "फॉरवर्ड" नीति और "सिंधु की ओर वापसी" नीति। सर जॉर्ज मैकमुन की भाषा का उपयोग करने के लिए "फॉरवर्ड" नीति का उद्देश्य बड़ा और कम था। अपने बड़े इरादे में, इसका मतलब भारत के लिए एटैट टैम्पियन के रूप में अफगानिस्तान के मामलों में सक्रिय नियंत्रण और ऑक्सस तक भारतीय प्रभाव का विस्तार था। अपने छोटे इरादे में, यह डुरंड रेखा द्वारा परिभाषित प्रशासित क्षेत्र (यानी एन.डब्ल्यू. एफ. प्रांत) और अफगानिस्तान के बीच जनजातीय पहाड़ियों के अवशोषण और उस रेखा तक ब्रिटिश नियंत्रण के अभ्यास तक ही सीमित था। भारत के लिए सुरक्षित सीमा के आधार के रूप में फॉरवर्ड पॉलिसी का बड़ा इरादा लंबे समय से त्याग दिया गया है। नतीजतन, चुनने के लिए तीन संभावित सीमा रेखाएं बची हैं:– (1) सिंधु नदी, (2) एन.–डब्ल्यू की वर्तमान प्रशासनिक सीमा। एफ.पी. और (3) डुरंड रेखा।

इसमें कोई संदेह नहीं कि पाकिस्तान हिंदुस्तान की सीमा को सिंधु तक, वास्तव में सिंधु के पीछे, सतलुज तक ले आएगा। लेकिन यह "बैक टू द इंडस" नीति इसके समर्थकों के बिना नहीं थी। सिंधु सीमा के सबसे बड़े प्रतिपादक लॉर्ड लॉरेंस थे, जो सिंधु–पार की पहाड़ियों से

आगे किसी भी कदम के सख्त विरोधी थे। उन्होंने सिंधु घाटी में किसी भी आक्रमणकारी से मिलने की पक्षपोषण की। उनकी राय में, सिंधु बेस से किसी भी बड़ी दूरी पर युद्ध करना मूर्खता और कमजोरी का कार्य होगा और हमलावर सेना को अफगानिस्तान और जनजातीय देश से होकर जितनी लंबी दूरी तय करनी होगी, उसे उतना ही अधिक परेशान किया जाएगा। इसमें कोई संदेह नहीं है कि अन्य लोगों ने बताया है कि नदी रक्षा की एक कमजोर रेखा है। लेकिन सिंधु सीमा से न हटने का मुख्य कारण कहीं और ही प्रतीत होता है। श्री डेविस वास्तविक कारण बताते हैं जब वे कहते हैं कि–

> "'बैक टू इंडस' का रोना परीक्षण करने पर विवेकहीन हो जाता है आधुनिक उत्तर के निवासियों के दृष्टिकोण से–पश्चिम सीमांत प्रांत। वापसी का मतलब न केवल प्रतिष्ठा का नुकसान होगा, साथ ही उन लोगों के साथ घोर विश्वासघात भी होगा जिस पर हमने अपना लाभकारी शासन बढ़ाया है।"

वास्तव में, इस बात पर जोर देने में कोई अनुकूलता नहीं है कि कोई विशेष सीमा सबसे सुरक्षित है, सीधा–सा कारण यह है कि आज दुनिया में भौगोलिक परिस्थितियां विनिश्याचक नहीं हैं और आधुनिक तकनीक ने प्राकृतिक सीमाओं को उनके पूर्व महत्त्व से वंचित कर दिया है, यहाँ तक कि वे जब शक्तिशाली पर्वत, सबसे चौड़ी नदियाँ, सबसे चौड़े समुद्र या दूर तक फैले रेगिस्तान हैं ।

दूसरे, बिना प्राकृतिक सीमाओं वाले राष्ट्रों के लिए इस दोष को दूर करना हमेशा संभव होता है। ऐसे देश नहीं चाहिए जिनकी कोई प्राकृतिक सीमा न हो। फिर भी, सभी ने बाधाओं के रूप में कृत्रिम किलेबंदी बनाकर, प्रकृति की कमियों को पूरा किया है, जो प्राकृतिक बाधाओं से कहीं अधिक अभेद्य हो सकती हैं। यह मानने का कोई कारण नहीं है कि हिंदू वह कार्य नहीं कर पाएंगे जो उनके समान स्थिति वाले अन्य देशों ने किया है। संसाधनों को देखते हुए, स्वाभाविक रूप से सुरक्षित सीमा के अभाव में हिंदुओं को कोई डर नहीं होना चाहिए।

II

संसाधनों का प्रश्न

वैज्ञानिक सीमा के प्रश्न से अधिक महत्त्वपूर्ण, संसाधनों का प्रश्न है। यदि आवश्यक उपकरणों के लिए संसाधन पर्याप्त हैं, तो अवैज्ञानिक या कमजोर सीमा से उत्पन्न कठिनाइयों पर काबू पाना हमेशा संभव है। इसलिए, हमें पाकिस्तान और हिंदुस्तान के तुलनात्मक संसाधनों पर विचार करना चाहिए। निम्नलिखित आंकड़ों का उद्देश्य उनके तुलनात्मक संसाधनों का एक विचार व्यक्त करना है:–

पाकिस्तान के संसाधन

प्रांत	क्षेत्र	जनसंख्या	राजस्व
एन.–डब्ल्यू.एफ.पी.	13,518	2,425,003	1,90,11,842
पंजाब	91,919	23,551,210	12,53,87,730
सिंधु	46,378	3,887,070	9,56,76,269
बलूचिस्तान	54,228	420,648	....
बंगाल	82,955	50,000,000	36,55,62,485
कुल योग	288,998	80,283,931	60,586,38,326

हिंदुस्तान के संसाधन

प्रांत	क्षेत्र	जनसंख्या	राजस्व
अजमेर–मेरवाड़ा.	2,711	560,292	21,00,000
असम	55,014	8,,622,251	4,46,04,441
बिहार	69,348	32,371,434	6,78,21,588
बंबई	77,271	18,000,000	34,98,03,800
सी. पी. एवं बरार	99,957	15,507,723	4,58,83,962
कूर्ग	1,593	163,327	11,00,000
दिल्ली	573	636,246	70,00,000
मद्रास	142,277	46,000,000	25,66,71,265
ओडिशा	32,695	8,043,681	87,67,269
उत्तर प्रदेश	206,248	48,408,763	16,85,52,881
कुल योग	607,657	178,513,919	96,24,05,206

ये सकल आंकड़े हैं। वे कुछ योग और कटौतियों के अधीन हैं। केंद्र सरकार द्वारा रेलवे, मुद्रा और डाक और तार से प्राप्त राजस्व इन आंकड़ों में शामिल नहीं हैं, क्योंकि यह सुनिश्चित करना संभव नहीं है

कि प्रत्येक प्रांत से कितना राजस्व उठाया गया है। जब यह हो जाएगा, तो राजस्व के तहत आंकड़ों में कुछ जोड़ जोड़ने होंगे। इसमें कोई संदेह नहीं है कि राजस्व के इन मदों से जो हिस्सा हिंदुस्तान को मिलेगा, वह पाकिस्तान को मिलने वाले हिस्से से कहीं अधिक बड़ा होगा। जिस तरह इन आंकड़ों में कुछ जोड़ना होगा, उसी तरह इनमें से कुछ कटौती भी करनी होगी। निःसंदेह, इनमें से अधिकांश कटौतियां पाकिस्तान को मिलेंगी। जैसा कि बाद में दिखाया जाएगा, पंजाब के कुछ हिस्से को पश्चिमी पाकिस्तान की योजना से बाहर करना होगा। इसी तरह, प्रस्तावित पूर्वी पाकिस्तान से बंगाल के कुछ हिस्से को बाहर करना होगा, हालांकि असम का एक जिला इसमें जोड़ना होगा।[1] मेरे अनुसार पन्द्रह जिलों को बंगाल से और तेरह जिलों को पंजाब से बाहर करना होगा। पर्याप्त ऐसे आँकड़े उपलब्ध नहीं हैं जो किसी को यह बताने में सक्षम हों कि इन जिलों को बाहर करने से क्षेत्रफल, जनसंख्या और राजस्व में कितनी कमी आएगी। हालांकि, कोई यह अनुमान लगा सकता है कि जहाँ तक पंजाब और बंगाल का सवाल है, उनका राजस्व आधा हो जाएगा। इस बहिष्कार से पाकिस्तान ने जो खोया है, वह निस्संदेह हिंदुस्तान को मिलेगा। ठोस शब्दों में कहें तो जहाँ पश्चिमी और पूर्वी पाकिस्तान का राजस्व 60 करोड़ (–) 24 करोड़ यानी 36 करोड़ होगा, वहीं हिंदुस्तान का राजस्व लगभग 96 करोड़ प्लस 24 करोड़ यानी 120 करोड़ होगा।

मेरे द्वारा की गई टिप्पणियों के आलोक में इन आंकड़ों के अध्ययन से पता चलेगा कि हिंदुस्तान के संसाधन पाकिस्तान के संसाधनों से कहीं अधिक हैं, चाहे कोई क्षेत्रफल, जनसंख्या या राजस्व के संदर्भ में प्रश्न पर विचार करे। इसलिए, संसाधनों के मामले में कोई आशंका नहीं होनी चाहिए। क्योंकि, पाकिस्तान के निर्माण से हिंदुस्तान कमजोर स्थिति में नहीं रहेगा।

---

1. राजस्व में प्रांतीय स्रोतों से प्रांतीय सरकारों द्वारा और केंद्र सरकार द्वारा केंद्रीय राजस्व से जुटाया गया राजस्व शामिल है।

III

सशस्त्र बलों का प्रश्न

किसी देश की रक्षा वैज्ञानिक सीमा पर इतनी निर्भर नहीं करती जितना कि अपने संसाधनों पर करती है। लेकिन इससे भी ज्यादा क्या यह संसाधनों के लिए उपलब्ध लड़ाकू बलों पर निर्भर करता है? पाकिस्तान और हिंदुस्तान के पास कौन सी लड़ाकू शक्तियां उपलब्ध हैं?

साइमन कमीशन ने भारतीय रक्षा समस्या की एक विशेष विशेषता के रूप में बताया कि ऐसे विशेष क्षेत्र थे जो अकेले ही भारतीय सेना में भर्ती की पेशकश करते थे और अन्य क्षेत्र भी थे जो कोई भी भर्ती नहीं करते थे या बहुत कम करते थे। आयोग की रिपोर्ट से ली गई निम्नलिखित तालिका में सामने आए तथ्य निस्संदेह कई भारतीयों के लिए सबसे अप्रिय आश्चर्य होंगे, जो भारत की रक्षा के बारे में सोचते हैं और परवाह करते हैं।

भर्ती के क्षेत्र.	निकाली गई भर्तियों की संख्या
1. एन.–डब्ल्यू. सीमांत प्रांत	5,600
2. कश्मीर	6,500
3. पंजाब	86,000
4. ब्लूचिस्तान	300
5. नेपाल	19,000
6. संयुक्त प्रांत	16,500
7. राजपूताना	7,000
8. मध्य भारत	200
9. बम्बई	7,000
10. मध्य प्रांत	100
11. बिहार और उड़ीसा	300
12. बंगाल	0
13. असम	0
14. बर्मा	3,000
15. हैदराबाद	700
16. मैसूर	100
17. मद्रास	4,000
18. विविध	1,900
कुल योग	158,200

साइमन कमीशन ने पाया कि यह स्थिति भारत के लिए स्वाभाविक थी, और इसके समर्थन में, विशेष रूप से महान युद्ध के दौरान भारत के विभिन्न प्रांतों से भर्ती के निम्नलिखित आंकड़ों का हवाला दिया क्योंकि "यह सुझाव नहीं दिया जा सकता है कि भर्ती के लिए किसी भी तरह की हतोत्साहन की पेशकश की गई थी" किसी भी क्षेत्र में–

प्रांत	लड़ाकू रंगरूटों का सूचीबद्ध	गैर–लड़ाकू रंगरूटों को सूचीबद्ध	कुल
मद्रास	51,223	41,117	92,340
बंबई	41,272	30,211	71,483
बंगाल	7,117	51,935	59,052
संयुक्त प्रांत	163,578	117,565	281,143
पंजाब	349,688	97,288	446,976
उत्तर–पश्चिम सीमा	32,181	13,050	45,231
ब्लूचिस्तान	1,761	327	2,088
बर्मा	14,094	4,579	18,673
बिहार और उड़ीसा	8,576	32,976	41,552
मध्य प्रांत	5,376	9,631	15,007
असम	942	14,182	15,124
अजमेर–मेरवारा	7,341	1,632	8,973
नेपाल	58904	......	58,904
कुल योग	**742,053**	**414,493**	**1,156,546**

इन आंकड़ों से आश्चर्यजनक ढंग से पता चलता है कि भारत की रक्षा के लिए उपलब्ध लड़ाकू बल ज्यादातर उन क्षेत्रों से आते हैं जिन्हें पाकिस्तान में शामिल किया जाना है। इससे यह तर्क दिया जा सकता है कि पाकिस्तान के बिना हिंदुस्तान अपनी रक्षा नहीं कर सकता।

निःसंदेह, साइमन कमीशन द्वारा सामने लाए गए तथ्य संदेह से परे हैं। लेकिन उन्हें किसी अनुमान का आधार नहीं बनाया जा सकता, जैसा कि साइमन कमीशन ने सुझाया है, कि केवल पाकिस्तान ही योद्धा पैदा कर सकता है और हिंदुस्तान नहीं। ऐसा निष्कर्ष काफी अस्थिर है, यह निम्नलिखित विचारों से देखा जाएगा।

सबसे पहले, साइमन कमीशन ने जिसे भारत के लिए कुछ विशिष्ट माना है, वह उतना अनूठा नहीं है। जो कुछ अनूठा प्रतीत होता है वह

लोगों के किसी अंतर्निहित दोष के कारण नहीं है। यह विशिष्टता ब्रिटिश सरकार द्वारा पिछले वर्षों से अपनाई जा रही भर्ती नीति के कारण उत्पन्न हुई है। भारतीय सेना में उत्तर–पश्चिम के लोगों की इस प्रधानता की आधिकारिक व्याख्या यह है कि वे मार्शल क्लास से संबंधित हैं। लेकिन श्री चौधरी[1] ने, निर्विवाद आंकड़ों द्वारा, प्रदर्शित किया है कि यह स्पष्टीकरण सच होने से बहुत दूर है। उन्होंने दिखाया है कि उत्तर–पश्चिम के लोगों की सेना में प्रबलता 1857 के विद्रोह से ही हो गई थी, मार्शल और गैर–मार्शल वर्गों के सिद्धांत को पहली बार अस्पष्ट रूप में पेश किए जाने से लगभग 20 साल पहले। 1879 में उस वर्ष नियुक्त विशेष सेना समिति[2] द्वारा, और उनकी प्रबलता का उनके कथित लड़ने के गुणों से कोई लेना–देना नहीं था, बल्कि इस तथ्य के कारण था, कि उन्होंने अंग्रेजों के विद्रोह को दबाने में मदद की थी जिसमें बंगाल सेना इतनी पूर्णता शामिल थी। श्री चौधरी को उद्धृत करने के लिए था–

> "बंगाल के विद्रोह–पूर्व सेना मूलतः गंगा बेसिन की ब्राह्मण और क्षत्रिय सेना थी। उन दिनों की तीनों प्रेसीडेंसी सेनाएं, जैसा कि हमने इस लेख के पहले भाग में कहा है, एक तरह से काफी प्रतिनिधि फौज थी। जिन क्षेत्रों से वे संबंधित थे, उनकी शक्यता, हालांकि उनमें से किसी को भी, कड़ाई से बोलते हुए, संबंधित प्रांतों की राष्ट्रीय सेनाओं के रूप में सही ढंग से वर्णित नहीं किया जा सकता था, क्योंकि आबादी के पारंपरिक मार्शल तत्त्वों के अलावा किसी को भी आकर्षित करने का कोई प्रयास नहीं किया गया था। लेकिन उन सभी को मुख्य रूप से भर्ती के अपने प्राकृतिक क्षेत्रों से

---

1. "भारत की मार्शल रेस" पर प्रकाशित उनके लेखों की शृंखला देखें जुलाई 1930, सितम्बर 1930, जनवरी 1931 और फरवरी 1931 के लिए आधुनिक समीक्षा।
2. समिति द्वारा प्रसारित प्रश्नावली में निम्नलिखित प्रश्न शामिल थेः "यदि भारतीय सेना के लिए एक कुशल और उपलब्ध रिजर्व को आवश्यक माना जाए। साम्राज्य की सुरक्षा, क्या इसे उन हिस्सों से भर्ती और रखरखाव नहीं किया जाना चाहिए। उस देश का जो हमें सबसे कमजोर और सबसे कम भारत की युद्धप्रिय जातियाँ सैनिकों के बजाय सर्वश्रेष्ठ सैनिक देता है?

भर्ती किया गया, जैसे, तमिल और तेलुगु देशों से मद्रास सेना, पश्चिमी भारत से बॉम्बे सेना, और बिहार और उत्तर प्रदेश से बंगाल सेना और बहुत सीमित सीमा तक बंगाल से। किसी विशेष जनजाति या जाति या क्षेत्र के पुरुषों के नामांकन पर कोई आधिकारिक प्रतिबंध नहीं था, बशर्ते वे अन्यथा पात्र हों। फिलहाल बम्बई और मद्रास सेनाओं की प्रथा को छोड़ दें, तो बंगाल सेना में इस सामान्य नियम का एकमात्र अपवाद वह था जो पंजाबियों और सिखों पर लागू होता था, जिन्हें उनकी शानदार सैन्य परंपराओं के बावजूद नहीं दिया गया था। उत्तरी भारत की सेना में उचित प्रतिनिधित्व। इसके विपरीत, उनकी भर्ती को सरकार के एक आदेश द्वारा गंभीर प्रतिबंधों के तहत रखा गया था, जिसमें कहा गया था कि एक रेजिमेंट में पंजाबियों की संख्या कभी भी 200 से अधिक नहीं होनी चाहिए, न ही उनमें से 100 से अधिक सिक्ख होने चाहिए। यह केवल बंगाल सेना की हिंदुस्तानी रेजीमेंटों का विद्रोह था जिसने पंजाबियों को ब्रिटिश अधिकारियों की नजर में खुद को पुनःस्थापित करने का अवसर दिया। तब तक, वे संदिग्ध और प्रतिबंध के अधीन थे, और विद्रोह की पूर्व संध्या पर बंगाल सेना को मुख्य रूप से अवध, उत्तर और दक्षिण बिहार, विशेष रूप से बाद वाले, मुख्य रूप से शाहाबाद और भोजपुर, गंगा और यमुना के दोआब और रोहिल से भर्ती किया गया था। इन क्षेत्रों से भर्ती किए गए सैनिक ज्यादातर उच्च जाति के पुरुष, सभी संप्रदायों के ब्राह्मण, क्षत्रिय, राजपूत और अहीर थे। इन वर्गों को एक रेजिमेंट में भर्ती करने का औसत अनुपात थाः (1) ब्राह्मण 7/2 4 (2) राजपूत 1/4, (3) निम्न हिंदू 1/6, (4) मुसलमान 1/6, (5) पंजाबी 1/8।

"इस सेना के लिए, वह क्षेत्र जो आजकल सबसे बड़ी संख्या में सैनिकों को सुसज्जित करता है-- पंजाब, नेपाल, उत्तर–पश्चिमी प्रांत, कुमाऊं और गढ़वाल के पहाड़ी इलाके, राजपूताना– बहुत कम भर्ती करता है या बिल्कुल भी नहीं करता। इसमें भारत की सभी प्रसिद्ध लड़ाकू जातियों, सिक्ख, गोरखा, पंजाबी, मुसलमान,

डोगरा, जाट, पठान, गढ़वाली, राजपूताना राजपूत, कुमाऊंनी, गुजरा, वास्तव में सभी जनजातियों और संप्रदायों का व्यावहारिक बहिष्कार था, जो आज उन्हें भारतीय सेना की ताकत की मीनार के रूप में देखा जाता है। हालांकि, एक साल और एक ही विद्रोह ने यह सब बदल दिया। 1857 में भड़के विद्रोह ने पुरानी बंगाल सेना को उड़ा दिया और अस्तित्त्व में आया पंजाबीकृत और बर्बर सेना, जो आज की भारतीय सेना से मिलती जुलती है। इसकी संरचना की व्यापक रेखाएं और सामान्य अनुपात।

"हिंदुस्तानी रेजीमेंटों के विद्रोह से पैदा हुई दूरियां (बंगाल सेना में) तुरंत सिक्खों और अन्य लोगों से भर गई। पंजाबी और पहाड़ी लोग हिंदुस्तान के शहरों से बदला लेने और लूटने के लिए उत्सुक थे। उन सभी को हिंदुस्तानी सैनिकों की मदद से अंग्रेजों ने जीत लिया था और अपने अधीन कर लिया था, और अपनी अज्ञानता में, वे हिंदुस्तानियों को बल्कि अल्पसंख्या भर अंग्रेजों को, अपना असली दुश्मन मानते थे। विद्रोह को दबाने में ब्रिटिश अधिकारियों द्वारा इस शत्रुता का भरपूर फायदा उठाया गया। जब गोरखाओं की भर्ती की खबर इंग्लैंड में लॉर्ड डलहौजी तक पहुँची तो उन्होंने बहुत संतुष्टि व्यक्त की और एक मित्र को लिखा– 'उड सिपाहियों के खिलाफ उनसे शैतानों की तरह लड़ने की उम्मीद की जा सकती है' और विद्रोह के बाद, भारतीय सेना के चीफ ऑफ स्टाफ जनरल मैन्सफील्ड ने सिक्खों के बारे में लिखा–'ऐसा इसलिए नहीं था क्योंकि वे हमसे प्यार करते थे, बल्कि इसलिए कि वे हिंदुस्तान से नफरत करते थे और बंगाल सेना से नफरत करते थे, इसलिए सिक्ख हमारे मानक पर आ गए थे अपनी आजादी के लिए फिर से हड़ताल करने का अवसर अन्वेषण के बजाय वे अपना बदला लेना चाहते थे और हिंदुस्तानी शहरों को लूटकर धन कमाना चाहते थे। वे केवल दैनिक वेतन से आकर्षित नहीं थे, बल्कि यह थोक लूट और अपने दुश्मनों के सिर पर डाका डालने की संभावना थी। संक्षेप में, हमने रणजीत सिंह की पुरानी खालसा सेना की एस्प्रिट डे कोर को लाभ

पहुँचाने की दिशा में काम किया, जिससे कुछ समय के लिए सिक्खों को सबसे प्रभावी ढंग से हमारे साथ बांध दिया जाएगा, जब तक कि उनके पुराने दुश्मनों के खिलाफ सक्रिय सेवा जारी रहेगी।"

"इस प्रकार स्थापित संबंध वास्तव में लंबे समय तक टिके रहे। विद्रोह के दौरान सिक्खों और गोरखाओं द्वारा प्रदान की गई सेवाओं को भुलाया नहीं गया और इसके बाद पंजाब और नेपाल को भारतीय सेना में सम्मान का स्थान प्राप्त हुआ।"

श्री चौधरी सही हैं जब वे कहते हैं कि यह 1857 का विद्रोह था जो भारतीय सेना में उत्तर–पश्चिम के लोगों की प्रधानता का वास्तविक कारण था, इसमें संदेह की संभावना से परे है। श्री चौधरी का विचार भी उतना ही निर्विवाद है कि उत्तर–पश्चिम के लोगों की यह प्रधानता लड़ने के गुणों में उनकी मूल श्रेष्ठता के कारण नहीं है, जैसा कि उनके द्वारा एकत्र किए गए आंकड़ों से स्पष्ट होता है, जो दर्शाता है भारतीयों की संरचना में परिवर्तन विद्रोह से पहले और बाद में पैदल सेना।

भारतीय पैदल सेना की संरचना में परिवर्तन

विभिन्न भागों से पुरुषों का प्रतिशत

वर्ष	उत्तर–पश्चिम भारत		उत्तर–पूर्व भारत उ.प्र., बिहार	दक्षिण भारत	बर्मा
	पंजाब, एन. डब्ल्यू.एफ, कश्मीर	नेपाल, गढ़वाल कुमाऊं			
1856	10 से कम	नगण्य	90 से कम नहीं	....	0
1858	47	6	47	....	"
1883	48	17	35	....	"
1893	53	24	23	....	"
1905	47	15	22	16	"
1919	46	14.8	25.5	11	1.7
1930	58.5	22	11.0	5.5	3

ये आंकड़े बताते हैं कि 1856 में, विद्रोह से एक साल पहले, उत्तर–पश्चिम के लोग भारतीय सेना में नगण्य थे। लेकिन 1858 में, विद्रोह के एक साल बाद, उन्होंने एक प्रमुख स्थान हासिल कर लिया, जिसे कभी कोई झटका नहीं लगा।

इस प्रकार यह देखा जाएगा कि मार्शल और गैर–मार्शल वर्गों के बीच का अंतर, जिसे पहली बार 1879 में एक सिद्धांत के रूप में सामने रखा गया था, जिसे बाद में लॉर्ड रॉबर्ट्स[1] द्वारा गंभीरता से विचार करने के विषय के रूप में जोर दिया गया था। जिसे बाद में लॉर्ड किचनर ने भारतीय सेना में भर्ती को नियंत्रित करने वाले एक सिद्धांत के रूप में मान्यता दी, इसका कोई लेना–देना नहीं था।

भारतीय सेना में उत्तर–पश्चिम के लोगों की इस प्रमुखता की उत्पत्ति के साथ। निस्संदेह, यह संयोग ही है कि उत्तर–पश्चिम भारत के लोगों को सरकार द्वारा मार्शल वर्ग से संबंधित घोषित किए जाने का सौभाग्य प्राप्त हुआ, जबकि शेष भारत से आने वाले अधिकांश वर्गों को गैर घोषित किए जाने का दुर्भाग्य प्राप्त हुआ। मार्शल कक्षाओं के महत्त्वपूर्ण परिणाम हुए। सेना में नियमित रूप से कार्यरत होने के कारण, उत्तर–पश्चिम भारत के लोग सेना में सेवा को सुरक्षा और कैरियर के साथ एक व्यवसाय के रूप में देखने लगे, जो शेष भारत के पुरुषों को नहीं दिया गया था। इसलिए, उत्तर–पश्चिम भारत से बड़ी संख्या में भर्ती होने वाले लोग इससे अधिक कुछ नहीं दर्शाते हैं– अर्थात्, ब्रिटिश सरकार की नीति के कारण, सेना में सेवा करना उनका व्यवसाय बन गया है और यदि भारत के अन्य हिस्सों में लोग ऐसा करते हैं वे सेना में भर्ती होने के लिए आसानी से आगे नहीं आते, इसका कारण यह है कि सरकार उन्हें सेना में नियुक्त नहीं करती। लोग अपने पैतृक व्यवसाय का पालन क़रते हैं, चाहे उन्हें यह पसंद हो या नहीं।

---

1. अपने इकतालीस कानों में उन्होंने लिखाः "हर ठंड के मौसम में, मैं मद्रास सेना के लोगों की जरूरतों और क्षमताओं से परिचित होने के लिए लंबे दौरे करता था। मैंने उनमें उन लड़ने के गुणों को खोजने की बहुत कोशिश की जो विशिष्ट थे– पिछली और वर्तमान सदी की शुरुआत के युद्धों के दौरान अपने पूर्वजों को सम्मानित किया... और मुझे इस निष्कर्ष पर पहुँचने के लिए मजबूर होना पड़ा कि उनमें प्राचीन सैन्य भावना मर गई थी, जैसे कि बंगाल के साधारण हिंदुस्तानी और बंबई–मराठाओं में मर गई थी। और वे अब सुरक्षा के साथ युद्ध जैसी जातियों के खिलाफ नहीं खड़े हो सकते, या दक्षिणी भारत की सीमा के बाहर नियोजित नहीं हो सकते।"

जब कोई लोग कोई नया व्यवसाय नहीं अपनाते हैं तो इसका मतलब यह नहीं है कि वे इसके लिए उपयुक्त नहीं हैं। इसका मतलब सिर्फ इतना है कि यह उनका पुश्तैनी पेशा नहीं है।

मार्शल और गैरमार्शल वर्गों के बीच यह विभाजन, निश्चित रूप से, एक विशुद्ध रूप से मनमाना और कृत्रिम अंतर है। यह जाति के हिंदू सिद्धांत की तरह ही मूर्खतापूर्ण है, जिसमें मान्यता के लिए मूल्य के बजाय जन्म को आधार बनाना शामिल है। एक समय में, सरकार ने इस बात पर जोर दिया था कि उन्होंने जो भेद अपनाया है वह एक वास्तविक भेद है और लड़ने के गुणों के संदर्भ में, इसका मतलब बहुत अधिक लड़ने का मूल्य है। वास्तव में, भारत के उत्तर–पश्चिम से अधिक पुरुषों की भर्ती के लिए यही उनका औचित्य था। अब यह स्वीकार कर लिया गया है कि इस भेद का लड़ने के गुणों में किसी भी अंतर से कोई लेना–देना नहीं है। भारत के दिवंगत कमांडर–इन–चीफ सर फिलिप चेतवोड[1] ने भारतीय सेना के संविधान पर लंदन से प्रसारण करते हुए यह समझाने का कष्ट किया कि पंजाब से इसके एक बड़े हिस्से की भर्ती का मतलब यह नहीं है कि प्रायद्वीप के लोग मार्शल गुणों से रहित थे। सर फिलिप चेतवोड ने बताया कि इसका कारण पुरुषों का है। भारतीय सेना के लिए मुख्य रूप से उत्तर की भर्ती की गई थी क्योंकि दक्षिण के लोग चरम स्थितियों को बर्दाश्त नहीं कर सकते। उत्तर भारत की गर्मी और ठंड का कोई भी जाति स्थायी नहीं हो सकती। कोई भी बल स्थायी रूप से नहीं रह सकता मार्शल भावना के बिना नहीं रह सकता।

मार्शल स्पिरिट मूल प्रवृत्ति का विषय नहीं है। यह प्रशिक्षण का विषय है और किसी को भी इसमें प्रशिक्षित किया जा सकता है।

लेकिन इसके अलावा, विशेष प्रशिक्षण से जो कुछ तैयार किया जा सकता है, उसके अलावा भी हिंदुस्तान में युद्ध सामग्री पर्याप्त मात्रा में मौजूद है। ऐसे सिख हैं, जिनके लड़ने के गुणों के बारे में कुछ भी कहने

---

1. भारतीय समाज सुधारक, 27 जनवरी, 1940।

की जरूरत नहीं है। ऐसे राजपूत हैं जो अब भी मार्शल क्लास की श्रेणी में शामिल हैं। इनके अलावा, मद्रास भी हैं जिन्होंने पिछले यूरोपीय युद्ध के दौरान एक लड़ाकू जाति के रूप में अपनी क्षमता साबित की थी। यहाँ तक कि मद्रास प्रेसीडेंसी के लोगों पर भी सैन्य उद्देश्यों के लिए निर्भर किया जा सकता है। सैनिकों के रूप में मद्रासियों के बारे में बोलते हुए, जनरल सर फ्रेडरिक पी. हेन्स, जो एक समय भारत में कमांडर–इन–चीफ थे, ने कहा–

> "यह घोषित करने की प्रथा रही है कि मद्रास सेना शारीरिक रूप से बंगाल सेना से कमतर लोगों से बनी है, और यदि अकेले कद को ध्यान में रखा जाए, तो यह सच है। यह भी कहा जाता है कि परिस्थितियों के बल से मार्शल भावना और वास्तविक सैनिक के लिए आवश्यक विशेषताएं अब इसके रैंकों में नहीं पाई जाती हैं। मैं उपर्युक्त दावों और अन्य को अस्वीकार करने के लिए बाध्य हूँ जो मद्रास सैनिकों को तुलनात्मक अक्षम बताते हैं। यह सच है कि हाल के वर्षों में उन्होंने बहुत कम सेवा देखी है; क्योंकि, सैपर्स के अपवाद के साथ, उन्हें विशेष रूप से क्षेत्र में काम में सभी भागीदारी से बाहर रखा गया है। मैं एक पल के लिए भी यह स्वीकार नहीं कर सकता कि इस तथ्य का खुलासा करने के लिए कुछ भी हुआ है कि मद्रास सिपाही एक लड़ाकू व्यक्ति के रूप में हीन हैं। तथ्य इतिहास हमें इसके विपरीत मानने की गारंटी देता है। ड्रिल प्रशिक्षण और अनुशासन में, मद्रास सिपाही किसी से कम नहीं है; जबकि स्वास्थ्य के मामले में, जैसा कि रिटर्न से पता चलता है, वह अपने पड़ोसियों के साथ अनुकूल तुलना करता है। यह खैबर में सैपरों और उनके अनुयायियों द्वारा प्रकट किया गया है; और सैपर सिपाहियों की ही जाति के हैं।"

इसलिए, हिंदुस्तान को अपने लोगों के बीच से पर्याप्त लड़ाकू बल की आपूर्ति के संबंध में कोई आशंका नहीं है। पाकिस्तान का अलग होना उसे उस लिहाज से कमजोर नहीं कर सकता। साइमन कमीशन ने तीन विशेषताओं की ओर ध्यान आकर्षित किया। भारतीय सेना, जो

उन्हें विशेष और अनोखी लगती थी। इसमें बताया गया कि भारत में सेना का कर्तव्य क्या दोतरफा था। सबसे पहले, स्वतंत्र जनजातियों को रोकने के लिए अफगान सीमा पर भारतीय पक्ष नीचे के मैदानी इलाकों के निवासियों को शांतिपूर्ण छापा मारने से रोका गया। दूसरे, असंगठित प्रदेशों की इस पट्टी के पीछे और बाहर के देशों के आक्रमण से भारत की रक्षा करना। आयोग ने इस तथ्य पर ध्यान दिया कि 1850 से 1922 तक, स्वतंत्र जनजातियों के खिलाफ 72 अभियान हुए, औसतन एक वर्ष, और इस तथ्य पर भी कि असंगठित क्षेत्र के इस बेल्ट के पीछे और परे के देशों में, जिस दिशा से युगों–युगों से भारत की क्षेत्रीय अखंडता को खतरा उत्पन्न होता आया है। इस तिमाही पर "उन राज्यों का कब्जा है जो आयोग के अनुसार राष्ट्र संघ के सदस्य नहीं हैं" और इसलिए, यह अब भारत के लिए पहले की तुलना में अधिक बड़ा खतरा है। आयोग ने इस बात पर जोर दिया कि ये दो तथ्य भारत में सैन्य सुरक्षा की समस्या की एक विशिष्ट विशेषता का गठन करते हैं और जहाँ तक समस्या की तात्कालिकता और सीमा का सवाल है, वे "साम्राज्य में कहीं और समानांतर नहीं हैं, और एक का गठन किया स्व–शासन विकसित करने में कठिनाई जो स्व–शासित डोमिनियन के मामले में किसी भी तुलनीय डिग्री में कभी उत्पन्न नहीं हुई।"

भारतीय सेना की दूसरी अनूठी विशेषता के रूप में, आयोग ने कहा–

> "भारत में सेना न केवल पूरी तरह से असाधारण प्रकृति के बाहरी खतरों के खिलाफ सुनिश्चित करने के लिए प्रदान की और संगठित की जाती है, बल्कि इसे आंतरिक शांति बनाए रखने या बहाल करने के उद्देश्य से पूरे भारत में वितरित और आदतन उपयोग भी किया जाता है। सभी देशों में.... सेना को आम तौर पर इस तरह से नियोजित नहीं किया जाता है, और निश्चित रूप से इस उद्देश्य के लिए संगठित नहीं किया जाता है। लेकिन भारत का मामला पूरी तरह से अलग है। आंतरिक अव्यवस्था को रोकने और, यदि आवश्यक हो, तो इसे दबाने के लिए सैनिकों को वर्ष में कई बार

नियोजित किया जाता है। पुलिस बल जो लोग सराहनीय रूप से संगठित हैं, उनसे सभी मामलों में धार्मिक आवेश से प्रेरित भीड़ के अचानक और हिंसक विस्फोट से निपटने की उम्मीद नहीं की जा सकती है। इसलिए, भारत में पुलिस और सेना दोनों ही इसे अच्छी तरह से समझते हैं– और, बड़े पैमाने पर जनता द्वारा, इससे भी अधिक महत्त्वपूर्ण बात यह है कि सैनिकों को भेजना पड़ सकता है... आंतरिक व्यवस्था को बनाए रखने या बहाल करने के उद्देश्य से सेना का यह उपयोग कम होने के बजाय बढ़ रहा था, और वह इन अवसरों पर व्यावहारिक रूप से सार्वभौमिक अनुरोध ब्रिटिश सैनिकों के लिए था। अनुपात वास्तव में ब्रिटिशों ने भारतीय सैनिकों को यह कर्तव्य सौंपा है जो एक सदी की अंतिम तिमाही में उभरा। निःसंदेह इसका कारण यह है ब्रिटिश सैनिक तटस्थ है मुसलमानों के खिलाफ हिंदुओं का पक्ष लेना या हिंदू के खिलाफ मुसलमानों का पक्ष लेना...ज्यादातर उपद्रव जो सेना के हस्तक्षेप का आह्वान करते हैं वे सांप्रदायिक हैं या धार्मिक पहलू, यह स्वाभाविक और अत्याज्य है कि व्यवधान जिसके आधिकारिक होने की सबसे अधिक संभावना है वह ऐसा होना चाहिए जिसमें किसी भी पक्ष के प्रति कोई पूर्वाग्रह, वास्तविक या संदिग्ध न हो। इस संबंध में यह एक चौंकाने वाला तथ्य है कि जबकि पूरे भारत में सेना की नियमित इकाइयों में ब्रिटिश सैनिक लगभग 1 से 2 की अल्पसंख्या में हैं, आंतरिक सुरक्षा के लिए आबंटित सैनिकों में प्रधानता उलट जाती है, और इसके लिए उद्देश्य आंतरिक सुरक्षा के लिए निर्धारित सैनिकों में अधिकांश ब्रिटिश सैनिक कार्यरत हैं, अनुपात लगभग आठ ब्रिटिश बनाम सात भारतीय सैनिकों का है।"

भारतीय सेना की इस विशेषता पर टिप्पणी करते हुए आयोग ने कहा:–

"इसलिए, जब कोई भारत के भविष्य के बारे में सोचता है, जिसमें मौजूदा सेना संगठन के स्थान पर, देश की रक्षा और शांति केवल भारतीय इकाइयों द्वारा की जाती है, जैसे कनाडा कनाडाई सैनिकों

पर और आयरलैंड आयरिश सैनिकों पर निर्भर करता है, तो यह अनिवार्य है–आंतरिक व्यवस्था की भारतीय समस्या के आयामों और चरित्र तथा शांतिपूर्ण सरकार का समर्थन करने में वर्तमान में ब्रिटिश सैनिक जो भूमिका (ग्रामीण पक्ष की सामान्य संतुष्टि के लिए) निभाते हैं, उसे समझने और ध्यान में रखने की आवश्यकता है।"

भारतीय सेना की तीसरी अनूठी विशेषता, जिसे साइमन कमीशन ने बताया था, वह थी इसमें उत्तर–पश्चिम के लोगों की प्रधानता। इस प्रबलता की उत्पत्ति और इसके लिए दिए गए आधिकारिक स्पष्टीकरण के अंतर्निहित कारणों की पहले ही जांच की जा चुकी है।

लेकिन, भारतीय सेना की एक और खास बात है जिसका आयोग ने कोई जिक्र ही नहीं किया। आयोग ने या तो इसे नजरअंदाज कर दिया या उसे इसकी जानकारी नहीं थी। यह इतनी महत्त्वपूर्ण विशेषता है कि यह अपने महत्त्व और अपने सामाजिक और राजनीतिक परिणामों में उन सभी तीन विशेषताओं पर हावी हो जाती है जिनका आयोग उल्लेख करता है।

यह एक ऐसी विशेषता है, जो अगर व्यापक रूप से जानी जाए, तो कई लोगों को सोचने पर मजबूर कर देगी। इससे ऐसे प्रश्न उठना निश्चित है जो अघुलनशील साबित हो सकते हैं और जो भारत की राजनीतिक प्रगति के मार्ग को आसानी से अवरुद्ध कर सकते हैं– कहीं अधिक महत्त्व और जटिलता वाले प्रश्न सेना के भारतीयकरण से संबंधित लोगों की तुलना में यह उपेक्षित विशेषता सामुदायिक संरचना से संबंधित है।

भारतीय सेना का श्री चौधरी ने प्रासंगिक संग्रह कर लिया है। उनके लेखों में आंकड़ों का उल्लेख पहले ही किया जा चुका है, जो बाढ़ ला देता है भारतीय सेना के इस पहलू पर प्रकाश डालिए। देखिए निम्न तालिका भारतीय पैदल सेना में सेवारत सैनिकों का अनुपात उस क्षेत्र और समुदाय के अनुसार दर्शाया गया है जहाँ से वे आते हैं:–

भारतीय सेना की सांप्रदायिक संरचना में परिवर्तन

क्षेत्र और समुदाय	1914 में प्रतिशत	1918 में प्रतिशत	1919 में प्रतिशत	1930 में प्रतिशत
I. दि पंजाब, एन.डब्ल्यू. एफ.पी. और कश्मीर	47	46.5	46	58.5
1. सिख	19.2	17.4	15.4	13.58
2. पंजाबी मुसलमान	11.1	11.3	12.4	22.6
3. पठान	6.2	4.54	4.54	6.35
II. नेपाल, गढ़वाल कुमाऊं	15	18.9	14.9	22.0
1. गोरखा	13.1	16.6	12.2	16.4
III. ऊपरी भारत	22	22.7	25.5	11.0
1. उ.प्र. राजपूतों	6.4	6.8	7.7	2.55
2. हिंदुस्तानी मुसलमान	4.1	3.42	4.45	0
3. ब्राह्मण	1.8	1.86	2.5	0
IV. दक्षिण भारत	16	11.9	12	5.5
1. मराठा	4.9	3.85	3.7	5.33
2. मद्रासी मुसलमान	3.5	2.71	2.13	0
3. तमिल	2.5	2.0	1.67	0
V. बर्मा				
1. बर्मन्स	0	नगण्य	1.7	3.0

यह तालिका स्पष्ट रूप से उन परिवर्तनों को सामने लाती है जो विशेष रूप से 1919 के बाद भारतीय सेना की सांप्रदायिक संरचना में हो रहे हैं। वे हैंः (1) पंजाबी मुसलमानों और पठानों की ताकत में अभूतपूर्व वृद्धि, (2) सिखों की स्थिति में पहले से तीसरे स्थान पर पर्याप्त कमी, (3) राजपूतों का चौथे स्थान पर पतन, और (4) उ.प्र. में ब्राह्मणों, मद्रासी मुसलमानों और तमिलों का बहिष्कार, ब्राह्मण और गैर–ब्राह्मण दोनों।

1930 के आंकड़ों का एक और विश्लेषण, जो भारतीय पैदल सेना और भारतीय घुड़सवार सेना की सांप्रदायिक संरचना का खुलासा करता है, श्री चौधरी द्वारा निम्नलिखित तालिका में किया गया है।[1]

---

1. यह तालिका भारतीय इन्फैंट्री (82 सक्रिय और 18 प्रशिक्षण बटालियन), भारतीय घुड़सवार सेना (21 रेजिमेंट), और गोरखा इन्फैंट्री की 20 बटालियन में प्रत्येक पात्र वर्ग के पुरुषों का प्रतिशत दर्शाती है। इस तालिका में (ए) इंडियन माउंटेन

सांप्रदायिक, 1930 में भारतीय सेना की संरचना पैदल सेना में प्रतिशत

कक्षा	क्षेत्र	गोरखाओं को छोड़कर	जिसमें गोरखा भी शामिल हैं	घुड़सवार सेना में प्रतिशत
1. पंजाबी मुसलमान	पंजाब	27	22.6	14.28
2. गोरखा	नेपाल	....	16.4	....
3. सिख	पंजाब	16.24	13.58	23.81
4. डोगरा	उत्तर पंजाब और कश्मीर	11.4	9.54	9.53
5. जाट	राजपूताना उ.प्र., पंजाब	9.5	7.94	19.06
6. पठान	एन.डब्ल्यू.एफ प्रांत	7.57	6.35	4.76
7. मराठा	कोंकण	6.34	5.33	....
8. गढ़वाली	गढ़वाल	4.53	3.63	....
9. उ.प्र. राजपूत	उ.प्र.	3.04	2.54	....
10. राजपुताना राजपूत	राजपूताना	2.8	2.35	....
11. कुमोनीस	कुमायूँ	2.44	2.05	....
12. गूजर	एन.के. राजपूताना	1.52	1.28	....
13. पंजाबी हिंदू	पंजाब	1.52	1.28	....
14. अहीर	समान	1.22	1.024	.....
15. मुसलमान, राजपूत रंगहार	दिल्ली का पड़ोस	1.22	1.024	7.14
16. कायमखानी	राजपूताना	....	....	4.76
17. काचिन्स	बर्मा	1.22	1.024	....
18. चिन्स	समान	1.22	1.024	....
19. करेन	समान	1.22	1.024	....
20. डक्कन मुसलमान	डक्कन	....	....	4.76
21. हिंदुस्तानी मुसलमान	उ.प्र.	....	....	2.38

आर्टिलरी की 19 बैटरियों, और (बी) 3 के भारतीय कर्मी शामिल नहीं हैं। सैपर्स और माइनर्स की रेजिमेंट, (सी) इंडियन सिग्नल कोर, और (डी) कोर भारतीय अग्रदूतों में से, जिनमें से सभी पंजाबियों के विभिन्न अनुपातों से बने हैं मुसलमान, सिख, पठान, हिंदुस्तानी हिंदू और मुसलमान, मद्रासी सब वर्ग और हाजरा अफगान, या तो वर्ग इकाइयों या वर्ग कंपनियों में। सिवा इसके कि सेवा की इन शाखाओं में कुछ इकाइयाँ मद्रासी और हाजरा से बनी हैं, अब भारतीय सेना की अन्य इकाइयों में नामांकित, इन इकाइयों की वर्ग संरचना तालिका में दिए गए वर्गों के अनुपात में कोई महत्त्वपूर्ण परिवर्तन नहीं होता है। इस तालिका में ब्रिटिश इन्फेंट्री और तोपखाना इकाइयाँ से जुड़े भारतीय कर्मियों को भी शामिल नहीं किया गया है।

समुदायों के संदर्भ में इन आंकड़ों को कम करने पर, हमें निम्नलिखित प्रतिशत प्राप्त होता है जैसा कि 1930 में था–

समुदाय	पैदल सेना में प्रतिशत		घुड़सवार सेना में प्रतिशत
	जिनमें गोरखा भी शामिल हो	गोरखाओं को छोड़ कर	
1. हिंदू और सिख	60.55	50.554	61.92
2. गोरखा	....	16.4	....
3. मुहम्मदन	35.79	29.974	30.08
4. बर्मन	3.66	3.072	....

ये आंकड़े भारतीय सेना की सांप्रदायिक संरचना को दर्शाते हैं। श्री चौधरी के अनुसार मुसलमान भारतीय पैदल सेना का 36 प्रतिशत और भारतीय घुड़सवार सेना का 30 प्रतिशत थे।

ये आंकड़े वर्ष 1930 से संबंधित हैं। अब हमें यह पता लगाना होगा कि तब से लेकर अब तक इस अनुपात में क्या बदलाव हुए हैं।

यह भारत के सैन्य इतिहास की सबसे दिलचस्प बातों में से एक है कि 1930 के बाद इस बिंदु पर कोई जानकारी उपलब्ध नहीं है। यह जानना असंभव है कि वर्तमान में भारतीय सेना में मुसलमानों का अनुपात कितना है। ऐसा कोई सरकारी प्रकाशन नहीं है जिससे ऐसी जानकारी एकत्र की जा सके। पहले यह जानकारी देने वाले प्रकाशनों की कोई कमी नहीं थी। यह बहुत आश्चर्य की बात है कि उन्हें अब गायब हो जाना चाहिए था, या यदि वे प्रकट होते हैं, तो उनमें यह जानकारी शामिल होना बंद हो जाना चाहिए। न केवल इस बिंदु पर कोई सरकारी प्रकाशन उपलब्ध नहीं है, बल्कि केंद्रीय विधान सभा के सदस्यों द्वारा पूछे जाने पर सरकार ने इस बिंदु पर कोई भी जानकारी देने से इनकार कर दिया है। केंद्रीय विधान सभा की कार्यवाही से लिये गए निम्नलिखित प्रश्न और उत्तर दर्शाते हैं कि सरकार किस प्रकार इस मुद्दे पर जानकारी प्राप्त करने के हर प्रयास का कड़ा मुकाबला कर रही है:–

15 सितंबर, 1938 को एक अंतर्विरोध हुआ था, जब निम्नलिखित प्रश्न पूछे गए थे और नीचे बताए अनुसार उत्तर दिए गए थे–

भारत की रक्षा की व्यवस्था.[1]

प्र. 1360: *श्री बद्री दत्त पांडे* (श्री अमरेंद्र नाथ चट्टोपाध्याय की ओर से)।

(क) x x x x

(ख) x x x x

(ग) x x x x

(घ) 1937 और 1938 के दौरान क्रमशः कितने भारतीयों को पैदल सेना और घुड़सवार सेना के लिए सैनिकों और अधिकारियों के रूप में भर्ती किया गया है? भर्ती किए गए सैनिकों और अधिकारियों में से कितने पंजाबी सिख, पठान, गढ़वाली, मराठा, मद्रासी, बिहारी, बंगाली और संयुक्त प्रांत के हिंदुस्तानी और गोरखा हैं?

(ड.) यदि पंजाबी सिखों, पठानों और गढ़वालियों के अलावा किसी को भी भर्ती नहीं किया गया है, तो क्या माननीय सदस्य का विचार भारत की रक्षा के लिए सभी प्रांतों से भर्ती करना और उन्हें उचित सैन्य प्रशिक्षण देना है?

(च) क्या रक्षा सचिव यह बताने में प्रसन्न होंगे कि क्या प्रांतीय सरकारों को भारत की रक्षा के लिए प्रशिक्षित और पूरी तरह से मशीनीकृत प्रांतीय रेजिमेंट बनाने के लिए कहा जाएगा? यदि नहीं, तो भारत की रक्षा के लिए एक कुशल सेना खड़ी करने की उनकी क्या योजना है?

श्री सी. एम. जी. ओगिल्वी–

(क) माननीय सदस्य इस बात की सराहना करेंगे कि ऐसी व्यवस्थाओं के विवरण का खुलासा करना सार्वजनिक हित में नहीं है।

---

1. विधान सभा वाद–विवाद, 1938 खंड 6, पृ. 2462.

(ख) 1937–38 के दौरान भारतीय वायु सेना के लिए 5 कैडेट और 33 भारतीय प्रशिक्षुओं की भर्ती की गई थी।

(ग) 1937–38 के दौरान, 5 भारतीयों को पहले ही रॉयल इंडियन नेवी में कमीशन रैंक पर भर्ती किया जा चुका है, 4 को अक्टूबर 1938 में प्रतिस्पर्धी परीक्षा द्वारा लिया जाएगा, और 3 को केवल 'डफरिन' कैडेटों की विशेष परीक्षा द्वारा लिया जाएगा। इसी अवधि के दौरान, 314 भारतीयों को रॉयल इंडियन नेवी में विभिन्न गैर–कमीशन श्रेणियों में भर्ती किया गया था।

(घ) 31 मार्च 1938 को समाप्त वर्ष के दौरान, 54 भारतीयों को भारतीय कमीशन अधिकारी के रूप में नियुक्त किया गया था। वे अब प्रशिक्षण के लिए ब्रिटिश इकाइयों से जुड़े हुए हैं, और यह कहना अभी संभव नहीं है कि क्रमशः पैदल सेना और घुड़सवार सेना में किस अनुपात में तैनात किया जाएगा। इसी अवधि के दौरान, 961 भारतीय सैनिकों को घुड़सवार सेना के लिए और 7,970 को पैदल सेना के लिए भर्ती किया गया था। वर्गों के अनुसार उनका विवरण सेना मुख्यालय में उपलब्ध नहीं है और पूरे भारत में भर्ती अधिकारियों से उन्हें मंगाना समय और श्रम के व्यय को उचित नहीं ठहराएगा।

(ड.) नहीं।

(च) पहले भाग का उत्तर नकारात्मक है। दूसरे भाग का उत्तर यह है कि भारत के पास पहले से ही एक कुशल सेना है और जहाँ तक वित्त अनुमति देता है, इसे सभी मामलों में अद्यतन रखने के लिए हर संभव प्रयास किया जाता है।

श्री एस. सत्यमूर्तिः प्रश्न के खंड (डी) और (सी) के उत्तरों के संदर्भ में, क्या मैं जान सकता हूँ कि क्या सरकार का ध्यान कई सार्वजनिक लोगों द्वारा दिए गए बयानों की ओर आकर्षित किया गया है कि सेना का बड़ा हिस्सा पंजाब से है और एक समुदाय से है? क्या सरकार ने उन

तथ्यों पर विचार किया है और क्या सरकार सभी प्रांतों और समुदायों में भर्ती बढ़ाकर सेना को वास्तव में राष्ट्रीय बनाने की वांछनीयता पर भी विचार करेगी, ताकि राजनीतिक सत्ता पर कब्जा करने वाली सैन्य तानाशाही के सभी देशों में मौजूद खतरे से बचा जा सके?

श्री सी.एम.जी. ओगिल्वी: मुझे यकीन नहीं है कि यह प्रश्न कैसे उठता है, लेकिन मैं यह कहने के लिए तैयार हूँ कि प्रांतीय सीमाएं सरकार की गणना में बिल्कुल भी शामिल नहीं हैं। सर्वोत्तम सैनिकों को भारत के लिए सर्वोत्तम सेना प्रदान करने के लिए चुना जाता है, न कि किसी प्रांत के लिए, और इस मामले में राष्ट्रीय विचारों को प्रांतीय विचारों से ऊपर आना चाहिए। जहाँ सर्वोत्तम सैन्य सामग्री प्रचुर मात्रा में मिलेगी, वहीं हम उसे प्राप्त करने जायेंगे, अन्यत्र नहीं।

श्री एस. सत्यमूर्ति: क्या मैं जान सकता हूँ कि क्या सेना का बड़ा हिस्सा पंजाब से है और क्या सरकार पंजाब के लोगों के वीरतापूर्ण कारनामों के अनुभव को भूल गई है? मेरा प्रांत अभी कुछ समय पहले ही भारतीय सेना में शामिल हुआ था, और क्या मैं जान सकता हूँ कि क्या मद्रासियों को व्यावहारिक रूप से बाहर रखा जाता है और कई अन्य प्रांतों को पूरी तरह से सेना से बाहर रखा जाता है?

श्री सी. एम. जी. ओगिल्वी: मद्रास को व्यावहारिक रूप से सेना से बाहर नहीं रखा गया है। सरकार सेना में मद्रासियों की वीरतापूर्ण सेवाओं को सहर्ष स्वीकार करती है और अब उन्हें उन इकाइयों में भर्ती किया जाता है जहाँ अनुभव ने उन्हें सर्वश्रेष्ठ साबित किया है। लगभग 4,500 लोग मुख्य रूप से सैपर्स और माइनर्स और आर्टिलरी में सेवारत हैं।

श्री एस. सत्यमूर्ति: कुल 1,20,000 में से?

श्री सी.एम.जी. ओगिल्वी: उसके बारे में।

श्री एस. सत्यमूर्ति क्या मैं यह मान सकता हूँ कि, मद्रास की जनसंख्या, "मद्रास द्वारा केंद्रीय राजकोष को भुगतान किया जाने वाला राजस्व, और सभी राज्यों से एक राष्ट्रीय सेना की भर्ती की आवश्यकता को ध्यान में रखते हुए, यह एक उचित अनुपात है।"

श्री सी. एम. जी. ओगिल्वी: एकमात्र आवश्यकता जिसे हम समझते हैं वह सर्वोत्तम संभव सेना प्राप्त करना है।

श्री एस. सत्यमूर्ति: क्या मैं जान सकता हूँ कि किन परीक्षणों के आधार पर सरकार इस निष्कर्ष पर पहुँची है कि पंजाब के अलावा अन्य प्रांत भारत सेना में सर्वोत्तम तत्त्वों की आपूर्ति नहीं कर सकते हैं?

श्री ओगिल्वी: अनुभव से।

डॉ. सर जियाउद्दीन अहमद: क्या मैं पूछ सकता हूँ कि क्या यह सच नहीं है कि लेखा विभाग की सभी शाखाओं पर मद्रासियों का एकाधिकार है और क्या सरकार तुरंत भारत में उनकी संख्या के अनुपात में संख्या कम कर देगी?

श्री ओगिल्वी: मुझे नहीं पता कि यह प्रश्न कैसे उठता है, लेकिन सरकार फिर से किसी भी प्रांतीय कारण के लिए दक्षता का त्याग करने के लिए तैयार नहीं है।

भारतीय रेजिमेंट में विभिन्न जातियों के भारतीय शामिल हैं।[1]

प्र. 1078: *श्री. एम. अनंतशयनम अयंगर* (श्री मनु सूबेदार की ओर से):

(क) क्या रक्षा सचिव बताएंगे कि क्या ब्रिटिश शासन के तहत कभी भी भारतीय रेजिमेंट बनाने का कोई प्रयोग किया गया है जिसमें विभिन्न प्रांतों से भर्ती किए गए भारतीय और विभिन्न जातियों और वर्गों जैसे सिख, मराठा, राजपूत, ब्राह्मण और मुस्लिम शामिल हों?

(ख) यदि भाग (क) का उत्तर नकारात्मक है, तो क्या इस संबंध में सरकार की नीति का विवरण यह बताते हुए दिया जा सकता है कि कार्रवाई करना क्यों उचित नहीं समझा गया?

(ग) क्या महामहिम कमांडर–इन–चीफ इस मामले को महामहिम सरकार के साथ उठाने के लिए तैयार हैं?

1. विधान सभा वाद–विवाद, 1938, खंड 6, पृ. 2478.

(घ) क्या सरकार को पता है कि विश्वविद्यालय कोर में और बॉम्बे स्काउट आंदोलन में, और देश के पुलिस बलों में, जाति या पंथ के आधार पर कोई अलगाव नहीं है?

श्री सी.एम.जी. ओगिल्वीः

(क) नहीं।

(ख) सरकार इसे संगठन का एक बुनियादी सिद्धांत मानती है कि सैन्य उप–इकाइयां, जैसे कंपनियां और स्क्वाड्रन, सजातीय होनी चाहिए।

(ग) नहीं, अभी बताए गए कारण के लिए।

(घ) हाँ।

श्री एस. सत्यमूर्तिः क्या मैं जान सकता हूँ कि सरकार "सजातीय" शब्द का क्या अर्थ लगाती है? क्या इसका मतलब एक ही प्रांत या एक ही समुदाय रो है?

श्री सी.एम.जी. ओगिल्वीः इसका मतलब है कि वे व्यक्तियों के एक ही वर्ग से संबंधित होने चाहिए।

श्री एस. सत्यमूर्तिः क्या मैं इस मुद्दे पर कुछ स्पष्टीकरण माँग सकता हूँ? क्या वे एक वर्ग से दूसरे वर्ग के बीच भेद करते हैं?

श्री सी.एम.जी. ओगिल्वीः निश्चित रूप से।

श्री एस. सत्यमूर्तिः किस आधार पर? क्या यह धार्मिक वर्ग या जातीय वर्ग या प्रांतीय वर्ग है?

श्री सी.एम.जी. ओगिल्वीः नहीं तो। यह मुख्यतः जातीय वर्ग है।

श्री एस. सत्यमूर्तिः कौन सी नस्लें पसंद की जाती हैं और कौन सी नहीं?

श्री सी.एम.जी. ओगिल्वीः मैं माननीय सदस्य को सेना सूची में संदर्भित करता हूँ।

भारतीय सेना में भर्ती ।[1]

प्रश्न 1162: *श्री ब्रोजेन्द्र नारायण चौधरी:* क्या रक्षा सचिव कृपया बताएंगे:–

(क) क्या सरकार का ध्यान पंजाब के प्रधानमंत्री माननीय सर सिकंदर हयात खान द्वारा अपने भाई सैनिकों को दिए गए संबोधन की ओर आकर्षित किया गया है, इन शब्दों में: "कोई भी देशभक्त पंजाबी पंजाब की सर्वोच्चता की स्थिति को खराब नहीं करना चाहेगा सेना," जैसा कि 5 सितंबर, 1938 के हिंदुस्तान टाइम्स में एसोसिएटेड प्रेस ऑफ इंडिया द्वारा रिपोर्ट किया गया था; और

(ख) क्या सरकार की नीति सेना में पंजाब से बड़े हिस्से की भर्ती जारी रखकर पंजाबियों का वर्चस्व बनाए रखना है; या नस्लीय या प्रांतीय विचारों के बिना सभी प्रांतों से सेना में भर्ती का प्रयास करना?

श्री सी.एम.जी. ओगिल्वी:

(क) हाँ।

(ख) मैं माननीय सदस्य को 15 सितंबर, 1938 को श्री अमरेंद्र नाथ चट्टोपाध्याय द्वारा पूछे गए प्रश्न संख्या 1060 से उत्पन्न पूरक प्रश्नों के उत्तर का हवाला देता हूँ।

श्री एस. सत्यमूर्ति: प्रश्न के भाग ए के उत्तर के संदर्भ में, मेरे माननीय मित्र ने पिछले उत्तरों का हवाला दिया। जहाँ तक मुझे याद है, इस वक्तव्य को इस सदन के समक्ष लाने के बाद उन्हें नहीं दिया गया। क्या मैं जान सकता हूँ कि क्या भारत सरकार ने पंजाब के महामात्य के इस कथन की जांच की है, "कोई भी देशभक्त पंजाबी सेना में पंजाब की सर्वोच्चता की स्थिति को खराब नहीं करना चाहेगा"? क्या मैं जान सकता हूँ कि क्या सरकार ने इस बयान के खतरनाक निहितार्थों पर विचार किया है और क्या वे एक जिम्मेदार मंत्री को

1. विधान सभा वाद–विवाद, 1938, खंड 6, पृ. 2754.

भारतीय सेना में प्रांतीय या सांप्रदायिक वर्चस्व का दावा करने से रोकने के लिए कदम उठाएंगे, जिसे पहले भारतीय और अंतिम में भी भारतीय रहना चाहिए?

श्री सी.एम.जी. ओगिल्वीः मैं बिल्कुल उन्हीं शब्दों में उत्तर दे सकता हूँ, जैसा कि मैंने पिछले 15 सितंबर को माननीय सदस्य के बिल्कुल इसी तरह के प्रश्न का उत्तर दिया था। भर्ती के संबंध में सरकार की नीति बार–बार बताई गई है और बिल्कुल स्पष्ट है।

श्री एस. सत्यमूर्तिः वह नीति सर्वोत्तम सामग्री प्राप्त करने की है और मैं विशेष रूप से अपने माननीय मित्र से पूछ रहा हूँ, मुझे आशा है कि उन्हें पंजाब प्रीमियर के उस बयान के निहितार्थ की अनुभूति होगी। मैं जानना चाहता हूँ कि क्या सरकार ने भारतीय सेना में प्रांतीय वर्चस्व का दावा करने वाले किसी प्रांतीय महामात्य के खतरनाक निहितार्थों की जांच की है और क्या वे हमारी इस खतरे भरी गलतफहमी को ठीक करने के लिए कदम उठाने का क्या कोई प्रस्ताव रखते हैं ?

श्री सी.एम.जी. ओगिल्वीः सरकार का मानना है कि इसका कोई खतरनाक प्रभाव नहीं है, बल्कि इसका उल्टा है।

श्री सत्यमूर्तिः क्या सरकार किसी प्रांत या किसी समुदाय की सर्वोच्चता को अनुकांक्षित विचार के रूप में स्वीकार करती है, भले ही यह एक तथ्य हो, जिसे जिम्मेदार सार्वजनिक व्यक्तियों द्वारा कहा जाता है और क्या सरकार यह नहीं मानती है कि इससे सांप्रदायिक और प्रांतीय झगड़ों को बढ़ावा मिलेगा और सेना के अंदर ईर्ष्या और संभवतः इस देश में सैन्य तानाशाही?

श्री सी. एम. जी. ओगिल्वीः सरकार का मानना है कि इनमें से किसी भी पूर्वाभास की कोई उपयुक्तता नहीं है।

श्री एम.एस. अणेः क्या सरकार सर सिकंदर हयात खान के बयान में निहित नीति से सहमत है?

श्री सी. एम. जी. ओगिल्वीः सरकार की नीति ने यह बात बार–बार कही और स्पष्ट की है।

श्री एम. एस. अणेः क्या यह नीति है कि सैनिक की भर्ती में पंजाब का प्रभुत्व हो?

श्री सी. एम. जी. ओगिल्वीरू नीति यह है कि सेना के लिए सर्वोत्तम सामग्री की भर्ती की जानी चाहिए।

श्री एम. एस. अणे मैं फिर से प्रश्न दोहराता हूँ। क्या सरकार की यही नीति है कि पंजाब का वर्चस्व सेना हो ?

श्री सी.एम.जी. ओगिल्वीः मैंने उस प्रश्न का बार–बार उत्तर दिया है। नीति यह है कि सेना को सभी प्रांतों से सर्वोत्तम सामग्री मिलनी चाहिए और सरकार इस बात से काफी संतुष्ट है कि उसके पास वर्तमान में सर्वोत्तम सामग्री है।

श्री एम.एस. अणेः क्या इसलिए यह आवश्यक नहीं है कि सरकार सर सिकंदर हयात खान द्वारा सुझाई गई नीति को संशोधित करते हुए एक बयान दे?

श्री सी.एम.जी. ओगिल्वीः सरकार का विशेष रूप से अपनी नीति को बदलने का कोई इरादा नहीं है।

23 नवंबर, 1938 को एक और अंतर्विरोध हुआ जब नीचे दिया गया प्रश्न पूछा गया–

मध्य प्रांत बरार से भारतीय सेना में भर्ती।[1]

प्रश्न 1402: श्री गोविंद वी. देशमुखः क्या रक्षा सचिव कृपया बताएंगे–

(क) भारतीय सेना के लिए पुरुषों की भर्ती के लिए मध्य प्रांत और बरार में केंद्रीय प्रांत हैं?

(ख) वे वर्ग जिनसे ऐसे पुरुषों की भर्ती की जाती है;

(ग) सेना में सी.पी. और बरार के लोगों का सेना की कुल ताकत के साथ–साथ इन प्रांतों की आबादी का अनुपात; और

(घ) भर्ती की वर्तमान नीति, और क्या इसे संशोधित किया जाएगा; यदि नहीं, तो क्यों नहीं?

---

1. विधान सभा वाद–विवाद, 1938. खंड–7, पृ. 3313.

श्री सी.एम.जी. ओगिल्वीः

(क) सी.पी. या बरार में कोई भर्ती केंद्र नहीं हैं। सी.पी. में रहने वाले पुरुष भर्ती अधिकारी, दिल्ली के क्षेत्र में हैं, और बरार के लोग भर्ती अधिकारी, पूना के क्षेत्र में हैं।

(ख) बरार के मराठों को एक अलग वर्ग के रूप में भर्ती किया गया है। अन्य हिंदू और मुसलमान जो सी.पी. और बरार से भर्ती किए गए हैं, उन्हें 'हिंदू' या 'मुसलमान' के रूप में वर्गीकृत किया गया है, और उन्हें किसी भी वर्ग, संप्रदाय के अंतर्गत दर्ज नहीं किया गया है।

(ग) सेना की कुल ताकत का अनुपात .03 प्रतिशत है और इन प्रांतों की कुल पुरुष जनसंख्या का अनुपात .0004 प्रतिशत है।

(घ) वर्तमान नीति को संशोधित करने का फिलहाल कोई इरादा नहीं है, जिसके कारण 15 सितंबर, 1938 को श्री सत्यमूर्ति के प्रश्न संख्या 1060 से उत्पन्न पूरक प्रश्न के मेरे उत्तर में बताए गए थे। उसी तिथि को मियां गुलाम कादिर मुहम्मद शाहबान द्वारा पूछे गए प्रश्न संख्या 1086 के भाग (क) का उत्तर, और माननीय पर राज्य परिषद् में बहस के लिए महामहिम कमांडर–इन–चीफ के उत्तर में 21 फरवरी 1938 को भारतीयों के लिए सैन्य प्रशिक्षण के संबंध में श्री सुशील कुमार रॉय चौधरी का संकल्प और अप्रैल 1935 में भारतीय सेना में सभी वर्गों की भर्ती पर माननीय श्री पी.एन. सप्रू का संकल्प।

इसके बाद 6 फरवरी, 1939 को एक प्रक्षेप किया गया, जब नीचे उल्लिखित प्रश्न पूछा गया–

भारतीय सेना में भर्ती।[1]

प्रश्न 129: श्री एस. सत्यमूर्तिः क्या रक्षा सचिव यह बताने की कृपा करेंगे किः

---

1. विधान सभा वाद–विवाद। 1939. खंड–1, पृ. 253.

(क) क्या सरकार ने इस प्रश्न पर पिछले उत्तर के बाद से सभी प्रांतों और सभी जातियों और समुदायों से भारतीय सेना में भर्ती के प्रश्न पर पुनर्विचार किया है;

(ख) क्या वे किसी नतीजे पर पहुँचे हैं;

(ग) क्या सरकार स्पष्ट रूप से कारण बताएगी कि अन्य प्रांतों और समुदायों को सेना में सेवा करने की अनुमति क्यों नहीं है; और

(घ) वे कौन–से परीक्षण हैं जिनके द्वारा वे इस निष्कर्ष पर पहुँचे हैं कि जिन प्रांतों और समुदायों से आज भारतीय सेना में भर्ती की जाती है, उनके अलावा अन्य प्रांत और अन्य समुदाय भारतीय सेना के लिए आवश्यक दक्षता के मानक पर खरे नहीं उतर सकते हैं?

श्री सी.एम.जी. ओगिल्वीः

(क) नहीं

(ख) नहीं उठता।

(ग) और (घ) 15 सितंबर, 1938 के प्रश्न संख्या–1060 और 1086, 20 सितंबर, 1938 के संख्या 1162 और 23 नवंबर, 1938 के संख्या 1402 के मेरे उत्तरों में कारण स्पष्ट रूप से बताए गए हैं। भारतीय सेना में सभी वर्गों की भर्ती के संबंध में माननीय श्री पी.एन. सप्रू के संकल्प और भारतीयों के लिए सैन्य प्रशिक्षण के संबंध में माननीय श्री सुशील कुमार रॉय चौधरी के संकल्प पर बहस के लिए राज्य परिषद् में महामहिम कमांडर–इन–चीफ, क्रमशः 13 मार्च 1935 और 21 फरवरी 1938 को।

भारत सरकार की ओर से चुप्पी की इस साजिश को हाल ही में भारत के राज्य सचिव ने तोड़ा है, जो इस सबसे महत्त्वपूर्ण और सबसे रोमांचक विषय पर पूरी जानकारी देने के लिए आगे आए, हाउस ऑफ कॉमन्स में एक प्रश्न के उत्तर में, 8 जुलाई, 1943 को दिए गए उनके

जवाब से हम जानते हैं कि भारतीय सेना की मौजूदा सांप्रदायिक और प्रांतीय संरचना इस प्रकार है–

तालिका

प्रांतीय भारतीय सेना की संरचना

प्रांत	प्रतिशत	प्रांत	प्रतिशत
1.पंजाब	50	7. बंगाल प्रेसीडेंसी	2
2.यू. पी	15	8. सी.पी.डी. बरार	
3 मद्रास प्रेसीडेंस	10	9. असम	5
4.बॉम्बे प्रेसीडेंसी	10	10. बिहार	8
5.एन .डब्ल्यू एफ प्रांत	5	11. उड़ीसा	
6.अजमेर और मेदवाड		12. नेपाल	
मेरवाड	3		

II. प्रांतीय, भारतीय सेना की संरचना

1. मुसलमान – 34 प्रतिशत
2. हिंदू और गोरखा – 50 प्रतिशत
3. सिख – 10 प्रतिशत
4. ईसाई और बाकी – 6 प्रतिशत

राज्य सचिव द्वारा दी गई जानकारी वास्तव में बहुत स्वागत योग्य है। लेकिन, यह भारतीय सेना की युद्धकालीन संरचना है। शांति–काल की रचना बहुत भिन्न होनी चाहिए। यह मार्शल और गैर–लड़ाकू नस्लों के बीच प्रसिद्ध अंतर पर आधारित था। युद्ध के दौरान उस भेद को समाप्त कर दिया गया। हालांकि, इस बात की कोई निश्चितता नहीं है कि अब शांति वापस आ गई है तो इसे पुनर्जीवित नहीं किया जाएगा। हम जो जानना चाहते हैं वह भारतीय सेना की शांति–काल की सांप्रदायिक संरचना है। वह अभी भी एक अज्ञात तथ्य और अटकलों का विषय बना हुआ है।

कुछ लोग कहते हैं कि युद्ध–पूर्व मुसलमानों का सामान्य अनुपात 60 से 70 प्रतिशत के बीच था। दूसरों का कहना है कि यह कहीं न

कहीं 50 प्रतिशत के आसपास है। सटीक जानकारी के अभाव में, कोई भी बाद वाले आंकड़े को सही स्थिति का खुलासा करने के रूप में अपना सकता है, खासकर, जब पूछताछ करने पर, इसकी पुष्टि उन लोगों द्वारा की जाती है जो मामले पर कुछ विचार बनाने की स्थिति में हैं। यदि अनुपात 50 प्रतिशत भी हो तो यह हिंदुओं के लिए चिंता का कारण बनने के लिए पर्याप्त है। यदि यह सत्य है तो यह अनुदान का उल्लंघन है।

भारत में ब्रिटिश सेना नीति के सुस्थापित सिद्धांत, जिन्हें विद्रोह के बाद अपनाया गया।

विद्रोह के बाद, ब्रिटिश सरकार ने भारतीय सेना के संगठन की जाँच के दो आदेश दिये। पहली जांच पील कमीशन द्वारा की गई थी जिसे 1859 में नियुक्त किया गया था। दूसरी जांच 1879 में नियुक्त विशेष सेना समिति नामक एक निकाय द्वारा की गई थी जिसका संदर्भ पहले ही दिया जा चुका है।

पील आयोग द्वारा विचार किया जाने वाला मुख्य प्रश्न बंगाल सेना की कमजोरियों का पता लगाना था, जिसके कारण 1857 का विद्रोह हुआ। पील आयोग को एक के बाद एक गवाहों द्वारा बताया गया कि बंगाल सेना की मुख्य कमजोरी, जिसने विद्रोह किया था।

"नियमित सेना के रैंकों में मौका पड़ने पर लोग मिश्रण हो जाते थे। वर्ग और कबीले के आधार पर संगठन में कोई विभाजन नहीं होता था...पंक्तियों में, हिंदू और मुसलमान, सिख और पूरब मिश्रित होते थे, इसलिए कि प्रत्येक और सभी ने कुछ हद तक अपने नस्लीय पूर्वाग्रह को खो दिया और एक आम भावना से प्रेरित हो गए।"[1]

इसलिए, सर जॉन लॉरेंस द्वारा यह प्रस्तावित किया गया था कि भारतीय सेना को संगठित करने में "उस असाधारण को बनाए रखने का ध्यान रखा जाना चाहिए जो बहुत मूल्यवान है, और जब तक यह कायम

1. मैकमुन्न और लवेट द आर्मीज ऑफ इंडिया, पृष्ठ 84–85, द्वारा उद्धृत चौधरी के माध्यम से किया गया।

रहती है, तब तक एक देश के मुसलमान दूसरे देश के मुसलमानों से घृणा, भय या नापसंद करते हैं।" कोर को भविष्य में प्रांतीय होना चाहिए, और उन भौगोलिक सीमाओं का पालन करना चाहिए जिनके भीतर मतभेद और प्रतिद्वंद्विता दृढ़ता से चिह्नित हैं। आइए एक प्रांत की सभी जातियों, हिंदू या मुसलमानों को एक रेजिमेंट में भर्ती किया जाए और अन्य को नहीं, और विशिष्ट रेजिमेंट बनाकर, आइए हम जरूरत के समय उन्हें ऐसे ही बनाए रखें... इस प्रकार संकेतित प्रणाली से दो बड़ी बुराईयों से बचा जा सकता है: पहला, संपूर्ण देशी सेना में भावनाओं का समुदाय और वह शरारती राजनीतिक गतिविधि और साजिश जो किसी के साथ जुड़ने से उत्पन्न होती है।

"अन्य जातियां और अन्य भारतीय प्रांतों में यात्रा।"[1]

इस प्रस्ताव को पील कमीशन के समक्ष कई सैन्य पुरुषों द्वारा समर्थन दिया गया था और भारतीय सेना नीति के सिद्धांत के रूप में इसकी पक्षसमर्थन की गई थी। इस सिद्धांत को वर्ग संरचना के सिद्धांत के रूप में जाना जाता था।

1879 की विशेष सेना समिति बिल्कुल अलग समस्या से चिंतित थी। समस्या क्या थी, यह समिति द्वारा जारी प्रश्नावली से स्पष्ट हो जाता है। प्रश्नावली में निम्नलिखित प्रश्न शामिल थे–

"यदि भारतीय सेना के कुशल और उपलब्ध रिजर्व को साम्राज्य की सुरक्षा के लिए आवश्यक माना जाता है, तो क्या इसे देश के उन हिस्सों से भर्ती और रखरखाव नहीं किया जाना चाहिए जो हमें सबसे कमजोर और सबसे कम युद्ध पसंद करने वाली जातियों के बजाय सबसे अच्छे सैनिक देते हैं। भारत को, निश्चित रूप से, किसी विशेष जाति या धार्मिक समूह को बहुत अधिक ताकत या प्रमुखता न देने और साम्राज्य की सुरक्षा का उचित सम्मान करने की आवश्यकता का सम्मान करना पड़ा?

प्रश्न का मुख्य भाग स्पष्टतः आवश्यकता है या अन्यथा "बहुत अधिक ताकत या प्रमुखता न देना।" "कोई विशेष जाति या धार्मिक

1. जैसा कि चौधरी द्वारा उद्धृत किया गया है।

समूह" को। इस प्रश्न पर अधिकारी समिति के समक्ष व्यक्त राय सर्वसम्मत थी।

बॉम्बे आर्मी के कमांडर–इन–चीफ लेफ्टिनेंट–जनरल एच.जे. वॉरेस ने कहा:

"मेरा मानना है कि भारत के उन हिस्सों से भारतीय सेना में पूरी तरह से भर्ती करना संभव नहीं है, जिनके बारे में कहा जाता है कि वे सर्वश्रेष्ठ सैनिक पैदा करते हैं, इन देशों की नस्लों और धर्मों को अनुचित ताकत और प्रमुखता दिए बिना।"

कमांडर–इन–चीफ, सर फ्रेडरिक पी. हेन्स ने कहा–

"बंगाल की अधिक साहसी सेना से नस्ल, भाषा और हितों में भिन्न, मेरी राय में, इन सेनाओं (माडिया और बॉम्बे सेनाओं) को इसके पारस्परिकता के रूप में बनाए रखना बेहद राजनीतिक और बुद्धिमानी है, और मैं किसी भी तरह से कम नहीं होऊंगा उनकी ताकत ताकि 'सबसे कुशल लड़ाकू पुरुषों जिन्हें हासिल करना संभव हो' कहा जाता है, से बना एक रिजर्व स्थापित किया जा सके। इसका अभिप्राय मद्रास और बम्बई के सिपाहियों के स्थान पर बंगाल सेना के रैंकों से होकर गुजरने वाले और उन्हीं वर्गों के सिपाहियों को शामिल करने से है। जिससे यह बना है, मैं कहूँगा कि इससे भी अधिक मूर्खतापूर्ण या कुछ भी इससे अधिक असभ्यता की कल्पना शायद ही की जा सकती है।"

पंजाब के उपराज्यपाल ने भी यह विचार साझा किया। उन्होंने भी घोषणा की कि वह भारत में "पूरी सेनाओं के लिए एक भर्ती क्षेत्र रखने के विरोध में थे।" उन्होंने कहा, "राजनीतिक कारणों से, एक राष्ट्रीयता की प्राबल्य को रोकने के लिए यह आवश्यक होगा।"

विशेष समिति ने इस दृष्टिकोण को स्वीकार किया और पक्षसमर्थन किया कि भारतीय सेना की संरचना इस प्रकार विनियमित होनी चाहिए कि सेना में किसी एक समुदाय या राष्ट्रीयता की प्रधानता न हो।

ये दो सिद्धांत भारतीय सेना नीति के गतिव्यवस्थापक सिद्धांत रहे हैं। 1879 के विशेष सेना समिति द्वारा निर्धारित सिद्धांत को ध्यान में

रखते हुए, भारतीय सेना की सांप्रदायिक संरचना में जो परिवर्तन हुए हैं, वे संपूर्ण क्रांति के समान हैं। यह क्रांति कैसे होने दी गई, यह समझ से परे है। यह एक क्रांति है जो एक सुस्थापित सिद्धांत के अनुरूप घटित हुई है। यह सिद्धांत वास्तव में भारतीय सेना में उत्तर–पश्चिम के लोगों की बढ़ती प्रबलता के डर से सुझाया गया था और उस प्रवृत्ति पर अंकुश लगाने के विशेष उद्देश्य से लागू किया गया था। इस सिद्धांत को न केवल मार्गदर्शन के नियम के रूप में प्रतिपादित किया गया बल्कि इसे कठोरता से लागू करने के लिए भी कहा गया। लॉर्ड रॉबट्र्स, जो इस सिद्धांत के विरोधी थे क्योंकि यह उत्तर–पश्चिम के उनके पसंदीदा लोगों की भर्ती पर एक सीमा निर्धारित करता था, उन्हें भारत के कमांडर–इन–चीफ के रूप में अपने शासनकाल के दौरान इस सिद्धांत का पालन करना पड़ा। सिद्धांत का इतना सम्मान किया गया कि जब 1903 में लॉर्ड किचनर ने मद्रासियों की पंद्रह रेजीमेंटों को पंजाब रेजीमेंटों में परिवर्तित करने की परियोजना शुरू की, तो उन्होंने तुरंत गोरखाओं और पठान के प्रतितुलन सिक्खों और पंजाबी भाषा के लिए एक प्रतिवाद स्थापित किया। जैसा कि उनके जीवनी लेखक सर जॉर्ज आर्थर कहते हैं–

"विद्रोह द्वारा सिखाए गए सबक को ध्यान में रखते हुए, सरकार भारतीय सेना में किसी एक तत्त्व को अनुचित रूप से प्रबल होने की अनुमति देने के खतरे के प्रति सचेत थी। पंजाबी पैदल सेना में वृद्धि के लिए आवश्यक अगली कड़ी के रूप में एक और फ्रंटियर मिलिटिया में अधिक सीमा–पार पठानों की भर्ती की।"

यह एक सिद्धांत है, जिसे इतनी सर्वसम्मति से और इतनी कठोरता से कायम रखा गया जिसे महान युद्ध की अवधि तक लागू किया जाना चाहिए था महान युद्ध के बाद, बिना किसी समारोह, बिना किसी शर्मिंदगी पछतावे के और गुप्त तरीके से फेंक दिया गया, वास्तव में समझ से परे है। वह कौन सा कारण है जिसके कारण ब्रिटिशों ने भारतीय सेना में मुसलमानों की इतनी अधिक संख्या होने दी? दो स्पष्टीकरण संभव हैं– एक तो यह कि महान युद्ध में मुसलमानों ने

वास्तव में साबित कर दिया कि वे हिंदुओं से बेहतर सैनिक थे। दूसरी व्याख्या यह है कि अंग्रेजों ने नियम तोड़ा है और मुसलमानों को सेना में इतना प्रभावशाली स्थान दिया है क्योंकि वे अंग्रेजों के हाथों से राजनीतिक सत्ता छीनने के लिए हिंदू आंदोलन की ताकतों का प्रतिकार करना चाहते थे।

व्याख्या जो भी हो, उपर्युक्त सर्वेक्षण से चौंकाने वाले दो तथ्य सामने आते हैं। एक तो यह कि आज भारतीय सेना की संरचना मुख्यतः मुस्लिम है। दूसरी बात यह है कि जो मुसलमान प्रबल हैं वे पंजाब और उत्तर–पश्चिम के मुसलमान हैं। एन .डब्ल्यू. एफ. पी. भारतीय सेना की ऐसी संरचना का मतलब है कि पंजाब और उत्तर–पश्चिम के मुसलमान को विदेशी आक्रमण से भारत का एकमात्र रक्षक बनाया गया है। तो यह तथ्य एकस्व हो गया है कि पंजाब और उत्तर–पश्चिम के मुसलमान एन .डब्ल्यू. एफ. पी. इस गौरवपूर्ण पद के प्रति काफी सचेत हैं जो उन्हें ब्रिटिशों द्वारा सौंपा गया है, जिसका कारण वे ही जानते हैं। क्योंकि, कोई अक्सर उन्हें यह कहते हुए सुनता है कि वे भारत के 'द्वारपाल' हैं। हिंदुओं को इस महत्त्वपूर्ण तथ्य के प्रकाश में भारत की रक्षा की समस्या पर विचार करना चाहिए।

भारत की स्वतंत्रता और स्वाधीनता की रक्षा के लिए हिंदू इन 'द्वारपालों' पर किस हद तक निर्भर रह सकते हैं? इस प्रश्न का उत्तर इस बात पर निर्भर होना चाहिए कि गेट (दरवाजा) खोलने के लिए कौन आता है। यह स्पष्ट है कि भारत के उत्तर–पश्चिम की ओर से इस द्वार पर प्रवेश करने की संभावना केवल दो ही विदेशी देशों में है, रूस या अफगानिस्तान, दोनों की सीमाएं भारत की सीमा को छूती हैं। उनमें से कौन भारत पर कब आक्रमण करेगा, कोई निश्चित रूप से नहीं कह सकता। यदि आक्रमण रूस से हुआ, तो यह आशा की जा सकती है कि भारत के ये द्वारपाल इतने कट्टर और वफादार होंगे कि द्वार पकड़कर आक्रमणकारी को रोक सकें। लेकिन मान लीजिए अफगान अकेले या संयुक्त रूप से अन्य मुस्लिम राज्यों के साथ भारत पर

आक्रमण करें तो क्या ये द्वारपाल होंगे या आक्रमणकारियों को वे द्वार खोलकर उन्हें अंदर आने देंगे?

यह एक ऐसा प्रश्न है जिसका कोई भी हिंदू अवहेलना नहीं कर सकता। यह यह एक ऐसा प्रश्न है जिस पर प्रत्येक हिंदू को आश्वासित होना चाहिए, क्योंकि यह सबसे महत्त्वपूर्ण प्रश्न है।

यह कहा जा सकता है कि अफगानिस्तान कभी भी भारत पर आक्रमण करने के बारे में नहीं सोचेगा। लेकिन किसी सिद्धांत का सबसे अच्छा परीक्षण सबसे खराब स्थिति से निपटने की उसकी क्षमता की जांच करके किया जाता है। पंजाबी और एन.–डब्ल्यू.एफ.पी. की इस सेना की वफादारी और निर्भरता अफगानों के आक्रमण की स्थिति में वह कैसा व्यवहार करेगा, इस पर विचार करके ही मुसलमानों की परीक्षा की जा सकती है। क्या वे अपनी जन्मभूमि की पुकार का जवाब देंगे या वे अपने धर्म की पुकार से प्रभावित होंगे, यह सवाल है जिसका सामना करना होगा यदि अंतिम सुरक्षा प्राप्त करनी है। यह विश्वास करके इन कष्टप्रद और असुविधाजनक सवालों से बचना सुरक्षित नहीं है कि जब तक भारत ब्रिटिशों के संरक्षण में है, हमें विदेशी आक्रमण के बारे में चिंता करने की जरूरत नहीं है। कम से कम इतना तो कहा ही जा सकता है कि ऐसा आत्मसंतुष्ट रवैया अक्षम्य है। सबसे पहले, पिछले युद्ध ने दिखाया है कि ऐसी स्थिति उत्पन्न हो सकती है जब ग्रेट ब्रिटेन भारत की रक्षा करने में सक्षम नहीं हो सकता है, हालांकि, यही वह समय है जब भारत को अपनी सुरक्षा की सबसे अधिक आवश्यकता है। दूसरे, किसी संस्थान की दक्षता का परीक्षण प्राकृतिक परिस्थितियों में किया जाना चाहिए न कि कृत्रिम परिस्थितियों में। ब्रिटिश नियंत्रण में भारतीय सैनिकों का व्यवहार कृत्रिम है। जब वह भारतीयों के नियंत्रण में होता है तो उसका व्यवहार उसका स्वाभाविक व्यवहार होता है। ब्रिटिश नियंत्रण सेना में पुरुषों की प्राकृतिक प्रवृत्ति और प्राकृतिक सहानुभूति के साथ ज्यादा खिलवाड़ करने की अनुमति नहीं देता है। इसीलिए सेना में लोग इतना अच्छा व्यवहार करते हैं। लेकिन वह एक कृत्रिम स्थिति है न कि प्राकृतिक। यह कि भारतीय सेना ब्रिटिश

नियंत्रण में अच्छा व्यवहार करती है, भारतीय नियंत्रण में उसके अच्छे व्यवहार की कोई गारंटी नहीं है। एक हिंदू को इस बात से संतुष्ट होना चाहिए कि ब्रिटिश नियंत्रण हटने पर वह भी वैसा ही व्यवहार करेगा।

सवाल यह है यदि अफगानिस्तान भारत पर आक्रमण करता है तो पंजाबियों और एन.डब्ल्यू.एफ.पी. मुसलमान की यह सेना कैसे व्यवहार करेंगी? यह एक बहुत ही प्रासंगिक और महत्त्वपूर्ण प्रश्न है और इसका सामना किया जाना चाहिए, भले ही यह कितना भी अप्रिय क्यों न हो।

कुछ लोग कह सकते हैं कि यह क्यों मान लिया जाए कि सेना में मुसलमानों का बड़ा हिस्सा एक स्थापित तथ्य है और इसे सुलझाया नहीं जा सकता? जो लोग इसे अस्थिर कर सकते हैं, उनका कुछ भी बनाने के लिए स्वागत है वे जो चाहे प्रयास कर सकते हैं। लेकिन, जहाँ तक कोई देख सकता है, ऐसा होने वाला नहीं है। इसके विपरीत, अगर ऐसा होता तो मुझे आश्चर्य नहीं होना चाहिए। इसके संशोधित होने पर, इसे मुस्लिम अल्पसंख्यकों के लिए सुरक्षा के रूप में संविधान में शामिल किया गया। मुसलमान निश्चित रूप से यह माँग करेंगे और हिंदुओं के मुकाबले मुसलमान हमेशा किसी न किसी तरह सफल होंगे। इसलिए, हमें यह मानकर आगे बढ़ना चाहिए कि भारतीय सेना की संरचना वही रहेगी जो वर्तमान में है। आधार वही रहने पर, प्रश्न वही बना रहता है जो वह था: क्या अफगानिस्तान पर आक्रमण के खिलाफ देश की रक्षा के लिए हिंदू ऐसी सेना पर निर्भर रह सकते हैं? केवल तथाकथित भारतीय राष्ट्रवादी ही इसके लिए 'हाँ' कहेंगे। यथार्थवादी लोगों में से सबसे साहसी व्यक्ति को प्रश्न का उत्तर देने से पहले सोचना बंद कर देना चाहिए। यथार्थवादी को इस तथ्य पर ध्यान देना चाहिए कि मुसलमान हिंदुओं को काफिरों के रूप में देखते हैं, जो संरक्षित होने के बजाय नष्ट होने के अधिक योग्य हैं। यथार्थवादी को इस तथ्य पर ध्यान देना चाहिए कि जहाँ मुसलमान यूरोपीयों को अपना श्रेष्ठ मानता है, वहीं वह हिंदू आशीषों को हीन दृष्टि से देखता है। यह संदिग्ध है कि मुसलमानों की कोई रेजीमेंट अपने हिंदू अधिकारियों के अधिकार को कहाँ तक स्वीकार करेगी यदि उन्हें उनके अधीन रखा जाए।

यथार्थवादी को यह ध्यान रखना चाहिए कि सभी मुसलमानों में से, उत्तर–पश्चिम का मुसलमान हिंदुओं के साथ अपने संबंध में सबसे अधिक अप्रभावित मुसलमान है। यथार्थवादी को यह ध्यान रखना चाहिए कि पंजाबी मुसलमान पैन–इस्लामवाद के पक्ष में प्रचार के प्रति पूरी तरह से संवेदनशील है। इन सभी विचारों को ध्यान में रखते हुए, इसमें बहुत कम संदेह हो सकता है कि वह एक साहसी हिंदू होगा जो कहेगा कि मुस्लिम देशों के किसी भी आक्रमण में, भारतीय सेना में मुसलमान वफादार रहेंगे और उनके चले जाने का कोई खतरा नहीं है। आक्रमणकारी को यहाँ तक कि 1899 में लिखते हुए थिओडोर मॉरिसन,[1] की भी राय थी कि–

"मुसलमानों (निश्चित रूप से भारत के सबसे आक्रामक और उग्र लोगों) के विचार अकेले ही एक स्वतंत्र भारतीय सरकार की स्थापना को रोकने के लिए पर्याप्त हैं। यदि स्वायत्त भारत में अफगान उत्तर से आते, तो मुसलमान उसे पीछे हटाने के लिए सिक्खों और हिंदुओं के साथ एकजुट होने के बजाय, रिश्तेदारी और धर्म के सभी बंधन उसके झंडे में शामिल हो जाएंगे।"

और जब यह याद आता है कि 1919 में खिलाफत आंदोलन चलाने वाले भारतीय मुसलमान वास्तव में अफगानिस्तान के अमीर को भारत पर आक्रमण करने के लिए आमंत्रित करने की हद तक चले गए थे, सर थियोडोर मॉरिसन द्वारा व्यक्त किए गए विचार को अतिरिक्त ताकत मिलती है और यह महज कयास का विषय नहीं रह जाता है।

पंजाब और उत्तर–पश्चिम के मुसलमानों से बनी यह सेना कैसे बनी? अफगानिस्तान के आक्रमण की स्थिति में एफ.पी. क्या व्यवहार करेगा–यह एकमात्र प्रश्न नहीं है जिस पर हिंदुओं को विचार करने के लिए कहा जाता है। एक और उतना ही महत्त्वपूर्ण प्रश्न है जिस पर हिंदुओं को अवश्य विचार करना चाहिए। वह प्रश्न यह है: क्या भारत सरकार हमलावर अफगानों के विरुद्ध इस सेना का उपयोग करने के

1. भारत में शाही शासन, पृ. 5।

लिए स्वतंत्र होगी, चाहे उसकी वफादारी कुछ भी हो? इस संबंध में मुस्लिम लीग के रुख की ओर ध्यान आकर्षित किया जाना चाहिए। इसका आशय यह है कि भारतीय सेना का उपयोग मुस्लिम शक्तियों के विरुद्ध नहीं किया जाएगा। इसमें कुछ भी नया नहीं है। यह सिद्धांत लीग से बहुत पहले खिलाफत समिति द्वारा पूर्वकथित किया गया था। इसके अलावा सवाल यह भी है कि भविष्य में भारतीय मुसलमान इसे किस हद तक अपनी आस्था का प्रतीक बनाएंगे। ब्रिटिश सरकार के विरुद्ध लीग इस दिशा में सफल नहीं हुई है, इसका मतलब यह नहीं है कि वह भारतीय सरकार के विरुद्ध सफल नहीं होगी। संभावना यह है कि ऐसा होगा, क्योंकि, हिंदुओं के दृष्टिकोण से यह सिद्धांत कितना भी देशभक्तिपूर्ण क्यों न हो, यह मुस्लिम भावनाओं के लिए सबसे अनुकूल है और लीग को भारत में मुस्लिम समुदाय के सामान्य समर्थन में इसके लिए मंजूरी मिल सकती है। यदि मुस्लिम लीग भारत में अपनी लड़ाकू सेनाओं के उपयोग के अधिकार पर इस प्रतिबंध को लागू करने में सफल हो जाती है, तो हिंदुओं की स्थिति क्या होगी? यह एक और प्रश्न है जिस पर हिंदुओं को विचार करना होगा।

यदि भारत राजनीतिक रूप से एक रहा और पाकिस्तान द्वारा बनाई गई दो–राष्ट्र की मानसिकता को बढ़ावा मिलता रहा, तो जहाँ तक भारत की रक्षा का सवाल है, हिंदू खुद को शैतान और गहरे समुद्र के बीच पाएंगे। सेना होने के कारण वे इसका उपयोग करने के लिए स्वतंत्र नहीं होंगे क्योंकि लीग आपत्ति जताती है। इसके प्रयोग से इस पर निर्भर रहना संभव नहीं होगा क्योंकि इसकी निष्ठा संदिग्ध है। यह एक ऐसी स्थिति है जो जितनी दयनीय है उतनी ही अनिश्चित भी। यदि सेना पर मुसलमानों का वर्चस्व बना रहा, पंजाब और एन.डब्ल्यू. एफ.पी का तब हिंदुओं को इसका भुगतान करना होगा लेकिन इसका उपयोग नहीं कर पाएंगे और भले ही वे इसका उपयोग करने के लिए स्वतंत्र हों तब भी किसी मुस्लिम आक्रमणकारी पर निर्भर रहना उन्हें खतरनाक लगेगा। यदि लीग का दृष्टिकोण कायम रहता है और भारत स्वतंत्र नहीं रहता है ताकि मुस्लिम देशों के खिलाफ अपनी सेना का

उपयोग कर सके, फिर, भले ही मुस्लिम सेना में अपना प्रभुत्व खो दें, इन सैन्य सीमाओं के कारण भारत को अपनी सीमा पर मुस्लिम देशों के साथ अधीनस्थ सहयोग की शर्तों पर रहना होगा, क्योंकि भारतीय राज्यों को ब्रिटिश सर्वोच्चता के अधीन करो।

हिंदुओं के पास एक कठिन विकल्प है: एक सुरक्षित सेना या एक सुरक्षित सीमा। इस कठिनाई में, हिंदुओं के लिए कौन–सा मार्ग अपनाना सबसे बुद्धिमानी भरा है? क्या यह उनके हित में है कि वे इस बात पर जोर दें कि मुस्लिम भारत को भारत का हिस्सा बने रहना चाहिए ताकि उनके पास एक सुरक्षित सीमा हो, या क्या यह उनके हित में है कि वे इसके अलग होने का स्वागत करें ताकि उनके पास एक सुरक्षित सेना हो सके? इस क्षेत्र के मुसलमान हिंदुओं के विरोधी हैं। इसमें कोई संदेह नहीं हो सकता हिंदुओं के लिए कौन बेहतर है। इन मुसलमानों को बाहर और विरुद्ध होना चाहिए या उन्हें भीतर और विरुद्ध होना चाहिए। यदि किसी भी विवेकशील व्यक्ति से यह प्रश्न पूछा जाए, तो एक ही उत्तर होगा, वह यह कि यदि मुसलमानों को हिंदुओं के विरुद्ध, यह बेहतर है कि वे भीतर और विरुद्ध होने के बजाय बिना किसी विरोध के रहें। वास्तव में, यह श्रद्धापूर्वक कामना की जाने वाली एक परिणति है कि मुसलमानों को इससे वंचित रहना चाहिए। भारतीय सेना में मुस्लिम बाहुल्य से छुटकारा पाने का यही एकमात्र तरीका है।

इसे कैसे लाया जा सकता है? यहाँ भी इसे पूरा करने का एक ही रास्ता है और वह है पाकिस्तान की योजना का समर्थन करना। एक बार पाकिस्तान बन जाने के बाद, मानव और धन के प्रचुर संसाधनों के साथ, हिंदुस्तान के पास एक सेना हो सकती है जिसे वह अपना कह सकता है और इसका उपयोग कैसे किया जाना चाहिए और इसका उपयोग किसके खिलाफ किया जाना चाहिए, यह निर्देशित करने वाला कोई नहीं होगा। पाकिस्तान के निर्माण से हिंदुस्तान की रक्षा कमजोर होने की बजाय, इससे असीम रूप से बेहतर हो जाएगी।

ऐसा प्रतीत होता है कि हिंदुओं को इस बात का एहसास नहीं है कि सेना से उनके निष्कासन से उनकी रक्षा की दृष्टि से उन्हें कितना नुकसान हो रहा है। वे यह बात तो बहुत कम जानते हैं, अजीब बात यह है ऐसा प्रतीत हो सकता है, वे वास्तव में यह नुकसान बहुत भारी कीमत पर मोल ले रहे हैं।

पाकिस्तान क्षेत्र जो वर्तमान भारतीय सेना का मुख्य भर्ती स्थल है, केंद्रीय खजाने में बहुत कम योगदान देता है जैसा कि निम्नलिखित आंकड़ों से देखा जा सकता है–

केंद्रीय राजकोष में योगदान

	₹
पंजाब	1,18,01,385
उत्तर–पश्चिम सीमा	9,28,294
सिंधु	5,86,46,915
बलूचिस्तान	शून्य
कुल योग	**7,13,76,594**

इसके विपरीत हिंदुस्तान के प्रांत इस प्रकार योगदान करते हैंः–

	₹
मद्रास	9,53,26,745
बंबई	22,53,44,247
बंगाल[1]	12,00,00,000
यू.पी.	4,05,53,000
बिहार	1,54,37,742
सी. पी. एवं बरार	31,42,682
असम	1,87,55,967
ओडिशा	5,67,346
कुल योग	**51,91,27,729**

ऐसा देखा जाएगा कि पाकिस्तान के प्रांत बहुत कम योगदान करते हैं। मुख्य योगदान हिंदुस्तान के प्रांतों से आता है। वास्तव में, यह

1. केवल राजस्व दिखाया गया है क्योंकि लगभग जनसंख्या हिंदू है।

हिंदुस्तान के प्रांतों द्वारा दिया गया धन है जो भारत सरकार को पाकिस्तान के प्रांतों में अपनी गतिविधियां चलाने में सक्षम बनाता है। पाकिस्तान प्रांत हिंदुस्तान के प्रांतों पर एक नाला है। वे न केवल केंद्र सरकार को बहुत कम योगदान देते हैं बल्कि उन्हें केंद्र सरकार से बहुत बड़ा सौदा प्राप्त होता है। केंद्र का राजस्व सरकारी राशि ₹ 121 करोड़ है। इसमें से लगभग 52 करोड़ रुपये सेना पर सालाना खर्च होते हैं। यह राशि किस क्षेत्र में खर्च की जाती है? इस रकम का बड़ा हिस्सा कौन चुकाता है। इस राशि का बड़ा हिस्सा सेना पर खर्च होने वाले 52 करोड़ रुपये पाकिस्तान क्षेत्र से खींची गई मुस्लिम सेना पर खर्च होते हैं। अब इस रकम का बड़ा हिस्सा ₹ 52 करोड़ का योगदान हिंदू प्रांतों द्वारा किया जाता है और सेना पर खर्च किया जाता है जिसमें अधिकांश भाग नव–हिंदू होते हैं !! कितने हिंदू इस त्रासदी से परिचित हैं? कितने लोग जानते हैं कि यह त्रासदी किसकी कीमत पर रची जा रही है? आज इसके लिए हिंदू जिम्मेदार नहीं हैं क्योंकि वे इसे रोक नहीं सकते। सवाल यह है कि क्या वे इस त्रासदी को जारी रहने देंगे? यदि वे इसे रोकना चाहते हैं, तो इसे समाप्त करने का सबसे सुरक्षित तरीका पाकिस्तान की योजना को प्रभावी होने देना है। इसका विरोध करना अपने विनाश का सुनिश्चित हथियार खरीदना है। एक सुरक्षित सेना, एक सुरक्षित सीमा से बेहतर होती है।

अध्याय – 6

पाकिस्तान और सांप्रदायिक शांति

क्या पाकिस्तान साम्प्रदायिक प्रश्न का समाधान करता है, यह एक स्वाभाविक प्रश्न है जिसे प्रत्येक हिंदू अवश्य पूछता है। इस प्रश्न का सही उत्तर इसके लिए गहन विश्लेषण की माँग करता है कि इसमें क्या शामिल है। किसी को यह स्पष्ट विचार होना चाहिए कि जब हिंदू और मुसलमान सांप्रदायिक प्रश्न के बारे में बात करते हैं तो इसका वास्तव में क्या मतलब है। इसके बिना यह कहना संभव नहीं होगा कि पाकिस्तान सांप्रदायिक प्रश्न का समाधान करता है या नहीं।

आमतौर पर यह ज्ञात नहीं है कि फ्रंटियर के लिए 'फॉरवर्ड पॉलिसी' जैसे सांप्रदायिक प्रश्न का एक 'बड़ा' और एक 'कम इरादा' होता है, और अपने छोटे इरादे में इसका एक मतलब होता है, और अपने बड़े इरादे में इसका काफी मतलब होता है जो कि बिल्कुल भिन्न बातें है।

I

शुरुआत करने के लिए सांप्रदायिक प्रश्न को उसके 'कम इरादे' से शुरू करें। अपने छोटे आशय में, सांप्रदायिक प्रश्न विधानमंडलों में हिंदुओं और मुसलमानों की पुनः प्रस्तुति से संबंधित है। इस अर्थ में प्रयुक्त, प्रश्न में दो अलग–अलग समस्याओं का समाधान शामिल है–

(1) विभिन्न विधानमंडलों में हिंदुओं और मुसलमानों को आबंटित की जाने वाली सीटों की संख्या, और

(2) उन मतदाता मंडलों की प्रकृति जिनके माध्यम से ये सीटें भरी जानी हैं।

गोलमेज सम्मेलन में मुसलमानों ने दावा किया–

(1) सभी प्रांतीय और केंद्रीय विधानमंडलों में उनके प्रतिनिधि अलग–अलग मतदाता क्षेत्रों द्वारा चुने जाने चाहिए;

(2) उन्हें उन प्रांतों में मुस्लिम अल्पसंख्यकों को दिए गए प्रतिनिधित्व में महत्त्व बनाए रखने की अनुमति दी जानी चाहिए जहाँ वे आबादी में अल्पसंख्यक थे, और इसके अलावा, उन्हें उन प्रांतों में दिया जाना चाहिए जहाँ वे बहुसंख्यक थे जैसे कि पंजाब, सिंध, उत्तर–पश्चिम सीमा प्रांत और बंगाल, सीटों की वैधानिक बहुमत की गारंटी।

मुसलमानों की इन दोनों माँगों पर हिंदुओं ने शुरू से ही आपत्ति जताई। उन्होंने सभी विधानमंडलों, केंद्रीय और प्रांतीय चुनावों में हिंदुओं और मुसलमानों के लिए संयुक्त निर्वाचन क्षेत्रों और अल्पसंख्यकों, हिंदू और मुसलमानों, चाहे वे कहीं भी हों, दोनों के लिए प्रतिनिधित्व के जनसंख्या अनुपात पर जोर दिया और बहुमत पर कड़ी आपत्ति जताई। किसी भी समुदाय को कानून द्वारा सीटों की गारंटी दी जाती है।

महामहिम सरकार के सांप्रदायिक फैसले ने हिंदू विरोध की परवाह किए बिना, मुसलमानों को वह सब देने की सरल, कठोर और तैयार पद्धति से इस विवाद का निपटारा किया जो वे चाहते थे। इस पुरस्कार ने मुसलमानों को महत्त्व और अलग व्याख्या का क्षेत्र बनाए रखने की अनुमति दी, और इसके अलावा, उन्हें उन प्रांतों में सीटों का वैधानिक बहुमत दिया जहाँ वे आबादी में बहुमत में थे।

पुरस्कार में ऐसा क्या है जिसके बारे में कहा जा सकता है कि यह एक समस्या है? क्या महामहिम सरकार के सांप्रदायिक पुरस्कार पर हिंदुओं की आपत्तियों में कोई दम है? इस प्रश्न पर सावधानीपूर्वक विचार किया जाना चाहिए ताकि यह पता लगाया जा सके कि पुरस्कार पर हिंदुओं की आपत्तियों में कोई दम है या नहीं।

सबसे पहले, प्रतिनिधित्व के मामले में मुस्लिम अल्पसंख्यकों को महत्त्व देने पर उनकी आपत्ति है। अल्पसंख्यकों को प्रतिनिधित्व आबंटित करने का जो भी सही माप हो, हिंदू–मुस्लिम अल्पसंख्यकों को दिए गए महत्त्व पर बहुत अधिक आपत्ति नहीं कर सकते, क्योंकि उन प्रांतों में हिंदुओं को समान महत्त्व दिया गया है जहाँ वे अल्पसंख्यक हैं और जहाँ पर्याप्त अंतर है। वेटेज की अनुमति दी जाए। सिंध और उत्तर–पश्चिम सीमांत प्रांत में हिंदू अल्पसंख्यकों के साथ व्यवहार इसका उदाहरण है।

दूसरे, वैधानिक बहुमत पर उनकी आपत्ति के संबंध में। यह फिर से अच्छी तरह से स्थापित प्रतीत नहीं होता है। एक प्रणाली प्रतिनिधि गारंटीकृत शायद गलत और शातिर हो सकती है और सैद्धांतिक और दार्शनिक आधार पर काफी अन्यायपूर्ण हो सकती है। लेकिन परिस्थितियों के आलोक में विचार करने पर, जैसे कि भारत में प्राप्त होने वाली, वैधानिक बहुमत की प्रणाली अपरिहार्य प्रतीत होती है। एक बार जब यह मान लिया जाता है कि अल्पसंख्यक को दिया जाने वाला प्रतिनिधित्व बहुसंख्यक को अल्पसंख्यक में कम नहीं करना चाहिए, तो वही प्रावधान, मात्र समकक्ष के रूप में, बहुसंख्यक समुदाय के लिए वैधानिक बहुमत की एक प्रणाली बनाता है। क्योंकि, अल्पसंख्यक की सीटें तय करने में बहुमत की सीटें तय करना शामिल है। इसलिए, वैधानिक बहुमत की प्रणाली से कोई बच नहीं सकता है, एक बार यह मान लिया जाए कि अल्पसंख्यक प्रतिनिधित्व का हकदार नहीं है जो बहुमत को अल्पसंख्यक में बदल देगा। इसलिए, पंजाब, एन.डब्ल्यू.एफ. में मुसलमानों के वैधानिक बहुमत के प्रति हिंदुओं की आपत्तियों में कोई बड़ी ताकत नहीं है। प्रांत, सिंध और बंगाल। क्योंकि, जिन प्रांतों में हिंदू बहुसंख्यक हैं और मुसलमान अल्पसंख्यक हैं, वहां भी हिंदुओं को मुसलमानों पर वैधानिक बहुमत प्राप्त है। किसी भी दर पर, स्थिति में समानता है और उस हद तक कहा जा सकता है कि शिकायत का कोई आधार नहीं है।

इसका मतलब यह नहीं है कि चूंकि हिंदुओं द्वारा रखी गई आपत्तियों में कोई दम नहीं है, इसलिए सांप्रदायिक पुरस्कार का विरोध करने का कोई वास्तविक आधार नहीं है। सांप्रदायिक पुरस्कार पर

आपत्ति का पर्याप्त आधार मौजूद है हालांकि, ऐसा नहीं लगता कि इसे हिंदुओं द्वारा हमले का आधार बनाया गया हो।

अपनी बात को सामने लाने के लिए इस आपत्ति को निम्नलिखित तरीके से तैयार किया जा सकता है। हिंदू प्रांतों में मुस्लिम अल्पसंख्यकों ने अलग निर्वाचन क्षेत्रों पर जोर दिया। सांप्रदायिक पुरस्कार उन्हें उस मुद्दे को निर्धारित करने का अधिकार देता है। यह वास्तव में वही है जो तब सामने आता है जब कोई अपनाई गई सामान्य स्थिति को याद करता है, अर्थात्, मुस्लिम अल्पसंख्यकों को उनकी सहमति के बिना उनके अलग निर्वाचन क्षेत्रों से वंचित नहीं किया जा सकता है, और हिंदुओं के बहुसंख्यक समुदाय को उनके दृढ़ संकल्प का पालन करने के लिए बनाया गया है। मुस्लिम प्रांतों में हिंदू अल्पसंख्यकों ने इस बात पर जोर दिया कि संयुक्त निर्वाचन मंडल होना चाहिए। बजाय उनके दावे को स्वीकार करने के लिए, सांप्रदायिक पुरस्कार पर दबाव डाला गया उन्हें पृथक् निर्वाचिका की व्यवस्था दी गई जिस पर उन्होंने आपत्ति जताई। यदि हिंदू प्रांतों में मुस्लिम अल्पसंख्यकों को मतदाताओं के मामले में आत्मनिर्णय का अधिकार सभी उचित अनुमति है, सवाल उठता है– मुस्लिम प्रांतों में हिंदू अल्पसंख्यकों को उनके निर्वाचन क्षेत्रों के मामले में आत्मनिर्णय का अधिकार क्यों नहीं दिया जाता है? इस प्रश्न का उत्तर क्या है? और, यदि कोई उत्तर नहीं है, तो निस्संदेह महामहिम सरकार के सांप्रदायिक पुरस्कार में गहरी असमानता है, जिसके निवारण की आवश्यकता है।

इसका कोई जवाब नहीं है कि जिन प्रांतों में मुसलमान अल्पसंख्यक हैं, वहां हिंदुओं को भी अलग निर्वाचन क्षेत्रों के आधार पर वैधानिक बहुमत प्राप्त है। थोड़ी जांच से पता चलेगा कि इन दोनों मामलों में स्थिति में कोई समानता नहीं है। हिंदू प्रांतों में हिंदू बहुसंख्यकों के लिए अलग निर्वाचन क्षेत्र उनकी पसंद का मामला नहीं है। यह मुस्लिम अल्पसंख्यकों के दृढ़ संकल्प का परिणाम है जिन्होंने अपने लिए अलग निर्वाचन क्षेत्र का दावा किया था। परिस्थितियों के एक सेट में एक अल्पसंख्यक सोच सकता है कि अलग निर्वाचक मंडल आत्म–सुरक्षा

का एक बेहतर तरीका होगा और उसे अपने खिलाफ और अपनी कार्रवाई से विरोधी समुदाय के लिए अलग निर्वाचन क्षेत्र पर आधारित वैधानिक बहुमत बनाने का कोई डर नहीं हो सकता है। एक और अल्पसंख्यक या, इस मामले के लिए, एक ही अल्पसंख्यक भिन्न में। परिस्थितियों का संपूर्ण समूह अपने आप निर्मित नहीं होना चाहेगा। कार्रवाई और स्वयं के विरुद्ध अलग निर्वाचक मंडलों पर आधारित वैधानिक बहुमत और इसलिए, आत्म–सुरक्षा के बेहतर तरीके के रूप में पृथक् निर्वाचन क्षेत्रों की तुलना में संयुक्त निर्वाचन क्षेत्रों को प्राथमिकता दी जा सकती है। स्पष्ट रूप से मार्गदर्शक सिद्धांत, जो अल्पसंख्यक को प्रभावित करेगा, वह होगा क्या बहुसंख्यक अपने बहुमत का उपयोग सांप्रदायिक तरीके से और विशुद्ध रूप से सांप्रदायिक उद्देश्यों के लिए करने की संभावना रखते हैं? यदि उसे निश्चित लगता है कि बहुसंख्यक समुदाय अपने सांप्रदायिक बहुमत का उपयोग सांप्रदायिक उद्देश्यों के लिए कर सकता है, तो वह संयुक्त निर्वाचन मंडल का चयन कर सकता है, क्योंकि यह एकमात्र तरीका होगा जिसके द्वारा वह वैधानिक बहुमत के सांप्रदायिक सीमेंट को प्रभावित करके छीनने की उम्मीद करेगा। विधानमंडलों में बहुसंख्यक समुदाय के प्रतिनिधियों का चुनाव। दूसरी ओर, बहुसंख्यक समुदाय के पास आवश्यक सांप्रदायिक सीमेंट नहीं हो सकता है, जो अकेले होगा 'हिंदू निर्वाचन क्षेत्र की बात करना शायद बिल्कुल सही नहीं है। निर्वाचक मंडल एक सामान्य निर्वाचन क्षेत्र है जिसमें वे सभी लोग शामिल होते हैं जो किसी भी अलग निर्वाचन क्षेत्र में शामिल नहीं हैं। लेकिन चूंकि सामान्य निर्वाचन क्षेत्र में बहुमत हिंदुओं का है, इसलिए इसे कहा जाता है हिंदू मतदाता इसे सांप्रदायिक उद्देश्यों के लिए अपने सांप्रदायिक बहुमत का उपयोग करने में सक्षम करें, ऐसी स्थिति में अल्पसंख्यक, जिसके परिणामस्वरूप सांविधिक बहुमत और पृथक् निर्वाचन[1] क्षेत्रों से कोई डर नहीं है, अच्छी

1. हिंदू मतदाताओं की बात करना शायद यह बिल्कुल सही नहीं है। इलेक्टोरेट एक सामान्य मददाता है जिसमें वे सभी लोग शामिल होते हैं जो किसी भी अलग निर्वाचक मंडल में शामिल नहीं है। लेकिन साामन्य मतदाताओं में बहुमत 'हिंदुओं के इटोंसिस्टिस्ट्स, इसे एक हिदू मदाता कहा जाता है।

तरह से अपने लिए अलग निर्वाचन क्षेत्रों का चयन कर सकता है। स्पष्ट रूप से कहें तो, अलग निर्वाचन क्षेत्र चुनने में मुस्लिम अल्पसंख्यक अलग निर्वाचन क्षेत्र और हिंदुओं के वैधानिक बहुमत से डरते नहीं हैं, क्योंकि उन्हें यकीन है कि जाति और नस्ल के गहरे मतभेदों के कारण हिंदू कभी भी ऐसा नहीं करेंगे। मुसलमानों के खिलाफ अपने बहुमत का उपयोग करने में सक्षम हो। दूसरी ओर, मुस्लिम प्रांतों में हिंदू अल्पसंख्यकों को इसमें कोई संदेह नहीं है, कि अपनी सामाजिक एकजुटता के कारण, लॉर्ड सैलिसबरी द्वारा प्रस्तावित योजना के बाद, मुस्लिम अपने वैधानिक बहुमत का उपयोग 'दृढ़ मुस्लिम सरकार' को स्थापित करने के लिए करेंगे। होमरूल के विकल्प के रूप में आयरलैंड, इस अंतर के साथ, सैलिसबरी की दृढ़ सरकार केवल बीस वर्षों तक चलनी थी, जबकि मुस्लिम दृढ़ सरकार को सांप्रदायिक पुरस्कार के कायम रहने तक टिकना था। इसलिए स्थितियां एक जैसी नहीं हैं। पृथक् निर्वाचिका पर आधारित हिंदुओं का वैधानिक बहुमत मुस्लिम अल्पसंख्यक द्वारा की गई पसंद का परिणाम है। पृथक् निर्वाचिका पर आधारित मुसलमानों का वैधानिक बहुमत कुछ ऐसा है जो हिंदू अल्पसंख्यक की पसंद का परिणाम नहीं है। एक मामले में, हिंदू सांप्रदायिक बहुमत द्वारा मुस्लिम अल्पसंख्यक की सरकार मुस्लिम अल्पसंख्यक की सहमति का परिणाम है। दूसरे मामले में, मुस्लिम बहुमत द्वारा हिंदू अल्पसंख्यक की सरकार हिंदू अल्पसंख्यक की सहमति का परिणाम नहीं है, बल्कि ब्रिटिश सरकार की ताकत से उस पर थोपी गई है।

सांप्रदायिक पुरस्कार की इस चर्चा को सारांशित करने के लिए, यह कहा जा सकता है, कि सांप्रदायिक प्रश्न के 'कम इरादे' के समाधान के रूप में, इस आधार पर पुरस्कार में कोई असमानता नहीं है कि हिंदू प्रांत मुस्लिम अल्पसंख्यकों को महत्त्व देता है क्योंकि, यह मुस्लिम प्रांतों में हिंदू अल्पसंख्यकों को भी महत्त्व देता है। इसी प्रकार, इस आधार पर यह कहा जा सकता है कि पुरस्कार में कोई असमानता नहीं है, कि यह एक देता है जिसमें मुस्लिम प्रांतों में मुसलमानों को वैधानिक बहुमत मिले वे बहुसंख्यक हैं। यदि कोई है तो मुस्लिम सीटों की संख्या पर

वैधानिक सीमा लगाई गई है। हिंदुओं में हिंदू प्रांतों को भी वैधानिक बहुमत देता है। लेकिन मतदाताओं के मामले में पुरस्कार के बारे में ऐसा नहीं कहा जा सकता। सांप्रदायिक पुरस्कार अन्यायपूर्ण है क्योंकि यह मतदाताओं के मामले में हिंदू और मुस्लिम अल्पसंख्यकों के साथ असमान व्यवहार करता है। यह हिंदू प्रांतों में मुस्लिम अल्पसंख्यकों को निर्वाचन क्षेत्रों के मामले में आत्मनिर्णय का अधिकार देता है, लेकिन यह मुस्लिम प्रांतों में हिंदू अल्पसंख्यकों को समान अधिकार नहीं देता है। हिंदू प्रांतों में, मुस्लिम अल्पसंख्यक को अपने इच्छित प्रकार के निर्वाचक मंडल चुनने की अनुमति है और हिंदू बहुमत को इस मामले में कुछ भी कहने की अनुमति नहीं है। लेकिन मुस्लिम प्रांतों में, यह मुस्लिम बहुसंख्यक है जिसे अपनी पसंद के अनुसार निर्वाचक मंडल चुनने की अनुमति है और हिंदू अल्पसंख्यक को इस मामले में कुछ भी कहने की अनुमति नहीं है। इस प्रकार, मुस्लिम प्रांतों में मुसलमानों को वैधानिक बहुमत और अलग निर्वाचन क्षेत्र दोनों दिए गए हैं; सांप्रदायिक पुरस्कार को हिंदू अल्पसंख्यकों पर मुस्लिम शासन थोपने के लिए कहा जाना चाहिए, जिसे वे न तो बदल सकते हैं और न ही प्रभावित कर सकते हैं।

सांप्रदायिक अधिनिर्णय में यही मूलभूत गलती है। यह स्वीकार करना होगा कि यह एक गंभीर गलती है। क्योंकि, यह कुछ राजनीतिक सिद्धांतों का उल्लंघन करता है, जो अब स्वयंसिद्ध हो गए हैं। पहला, असीमित राजनीतिक शक्ति वाले किसी भी व्यक्ति पर भरोसा नहीं करना। जैसा कि ठीक ही कहा गया है–

"यदि किसी राज्य में ऐसे लोगों का समूह है जिनके पास असीमित राजनीतिक शक्ति है, तो जिन पर वे शासन करते हैं वे कभी भी स्वतंत्र नहीं हो सकते। क्योंकि, ऐतिहासिक जांच का एक सुनिश्चित परिणाम यह सबक है कि अनियंत्रित शक्ति उन लोगों के लिए हमेशा जहरीली होती है जिनके पास यह है वे हमेशा अपनी भलाई के सिद्धांत को दूसरों पर थोपने के लिए प्रलोभित रहते हैं, और अंत में, वे मान लेते हैं कि समुदाय की भलाई उनकी शक्ति की निरंतरता पर निर्भर करती है। स्वतंत्रता हमेशा राजनीतिक अधिकार की सीमा की माँग करती है......

दूसरा सिद्धांत यह है, कि जैसे एक राजा के पास शासन करने का कोई दैवीय अधिकार नहीं है, वैसे ही बहुमत के पास भी शासन करने का कोई दैवीय अधिकार नहीं है। बहुसंख्यक शासन को केवल इसलिए सहन किया जाता है क्योंकि यह एक सीमित अवधि के लिए होता है और इसे बदलने के अधिकार के अधीन होता है, और दूसरी बात यह है कि यह राजनीतिक बहुमत का नियम है, यानी, बहुसंख्यक जिसने खुद को मताधिकार के लिए समर्पित कर दिया है। अल्पसंख्यक और सांप्रदायिक बहुमत नहीं। यदि किसी राजनीतिक अल्पसंख्यक पर राजनीतिक बहुमत के लिए अधिकार का ऐसा सीमित दायरा है, तो ऐसा कैसे हो सकता है एक समुदाय के अल्पसंख्यक को दूसरे समुदाय के बहुसंख्यक की सतत अधीनता में रखा जाएगा? एक समुदाय के बहुसंख्यक को दूसरे समुदाय के अल्पसंख्यक पर शासन करने की अनुमति देना, बिना बहुमत को अल्पसंख्यक के मताधिकार के लिए खुद को समर्पित करने की आवश्यकता के बिना, खासकर जब अल्पसंख्यक इसकी माँग करता है, लोकतांत्रिक सिद्धांतों का उल्लंघन करना और उनके प्रति कठोर उपेक्षा दिखाना है। (हिंदू अल्पसंख्यकों की सुरक्षा और बचाव।)

II

सांप्रदायिक प्रश्न को उसके 'बड़े इरादे' से संबोधित करना। ऐसा क्या है, जिसे हिंदू समस्या कहते हैं? अपने विस्तृत आशय में सांप्रदायिक प्रश्न जानबूझकर मुस्लिम प्रांतों के निर्माण से संबंधित है। लखनऊ संधि के समय, मुसलमानों ने केवल सांप्रदायिक प्रश्न को उसके छोटे इरादे में उठाया था। गोलमेज सम्मेलन में, मुसलमानों ने पहली बार, सांप्रदायिक प्रश्न द्वारा कवर की गई योजना को उसके बड़े इरादे से सामने रखा। 1935 के अधिनियम से पहले, अधिकांश प्रांत ऐसे थे जिनमें हिंदू बहुसंख्यक थे और मुसलमान अल्पसंख्यक थे। केवल तीन प्रांत ऐसे थे जिनमें मुसलमान बहुसंख्यक थे और हिंदू अल्पसंख्यक थे। वे पंजाब, बंगाल और उत्तर–पश्चिम सीमांत प्रांत थे। इनमें से, उत्तर–पश्चिम सीमांत प्रांत में मुस्लिम बहुमत प्रभावी नहीं था, क्योंकि उस प्रांत में कोई

जिम्मेदार सरकार नहीं थी, राजनीतिक सुधारों की मोंटागु–चेम्सफोर्ड योजना को उस तक विस्तारित नहीं किया गया था। इसलिए, सभी व्यावहारिक उद्देश्यों के लिए, केवल दो प्रांत थे– पंजाब और बंगाल– जिनमें मुस्लिम बहुसंख्यक थे और हिंदू अल्पसंख्यक थे। मुसलमानों की इच्छा थी कि मुस्लिम प्रांतों की संख्या बढ़ाई जाये। इस उद्देश्य को ध्यान में रखते हुए, उन्होंने माँग की कि सिंध को बॉम्बे प्रेसीडेंसी से अलग किया जाना चाहिए और एक नया स्वशासित प्रांत बनाया जाना चाहिए, और उत्तर–पश्चिम सीमांत प्रांत, जो पहले से ही एक अलग प्रांत था, को खड़ा किया जाना चाहिए। और एक स्वशासित प्रांत का दर्जा दिया जाना चाहिए। अन्य कारणों के अलावा, विशुद्ध वित्तीय दृष्टिकोण से, इस माँग को स्वीकार करना संभव नहीं था। न तो सिंध[1] और न ही एन.डब्ल्यू.एफ.पी.[2] आर्थिक रूप से स्वावलंबी थे। लेकिन मुसलमानों की माँग को पूरा करने के लिए, ब्रिटिश सरकार सिंध और एन.डब्ल्यू.एफ.पी. को केंद्रीय राजस्व से वार्षिक सहायता देने की जिम्मेदारी स्वीकार करने की हद तक चली गई, ताकि उनके वित्त में बजटीय संतुलन लाया जा सके और उन्हें वित्तीय रूप से स्वावलंबी बनाया जा सके।

मुस्लिम बहुसंख्यक और हिंदू अल्पसंख्यक वाले ये चार प्रांत, जो अब स्वायत्त और स्वशासित प्रांतों के रूप में कार्य कर रहे हैं, निश्चित रूप से प्रशासनिक सुविधा के लिए नहीं बनाए गए थे, न ही वास्तुशिल्प समरूपता के उद्देश्यों के लिए बनाए गए थे– हिंदू प्रांत मुस्लिम प्रांतों के खिलाफ तैयार थे। यह भी सच है कि मुस्लिम प्रांतों की योजना मुस्लिम गौरव को संतुष्ट करने का मामला नहीं थी, जिसमें मुस्लिम बहुमत के तहत हिंदू अल्पसंख्यकों को हिंदू बहुमत के तहत मुस्लिम अल्पसंख्यकों के अपमान की भरपाई करने की माँग की गई थी। तो फिर, मुस्लिम प्रांतों की इस योजना के पीछे का मकसद क्या था? हिंदुओं का कहना है कि वैधानिक बहुमत और पृथक् निर्वाचिका दोनों पर मुस्लिम आग्रह

---

1. सिंध को सालाना मिलने वाली रुपये की छूट ₹ 1,05,00,000.
2. एन.–डब्ल्यू. एफ.पी. को सालाना मिलने वाली रुपये की छूट ₹ 1,00,00,000.

का मकसद मुस्लिम प्रांतों में मुसलमानों को संगठित करने और अपने विशिष्ट रूप में और यथासंभव पूर्ण सीमा तक प्रभावी मुस्लिम शक्ति बनाने में सक्षम बनाना था। यह पूछे जाने पर कि मुस्लिम राजनीतिक शक्ति को इस तरह से संगठित करने का उद्देश्य क्या हो सकता है, हिंदुओं ने जवाब दिया कि ऐसा मुस्लिम प्रांतों के मुसलमानों के हाथों में उनके हिंदू अल्पसंख्यकों पर अत्याचार करने के लिए एक प्रभावी हथियार देने के लिए किया गया था, हिंदू प्रांतों में मुस्लिम अल्पसंख्यकों पर उनके हिंदू बहुसंख्यकों द्वारा अत्याचार किया गया। इस प्रकार यह योजना सुरक्षा की एक प्रणाली बन गई, जिसमें विस्फोट का जवाब जवाबी विस्फोट से, आतंक का जवाब आतंक से और अत्याचार का जवाब अत्याचार से दिया जाना था। योजना, निस्संदेह, एक भयानक है, जिसमें प्रतिशोध द्वारा न्याय और शांति बनाए रखना और एक निर्दोष अल्पसंख्यक को दंडित करने का अवसर प्रदान करना शामिल है। मुस्लिम प्रांतों में हिंदू और हिंदू प्रांतों में मुसलमान, अन्य प्रांतों में अपने सह–धर्मवादियों के पापों के लिए। यह सांप्रदायिक बंधकों की एक प्रणाली के माध्यम से सांप्रदायिक शांति की एक योजना है।

मुसलमान शुरू से ही जानते थे कि सांप्रदायिक प्रांतों की प्रणाली में काम करने में सक्षम था। यह बात 1927 में कलकत्ता में आयोजित मुस्लिम लीग अधिवेशन के अध्यक्ष के रूप में मौलाना अबुल कलाम आजाद के भाषण से स्पष्ट होती है। उस भाषण में मौलाना ने घोषणा की–

"लखनऊ समझौते के द्वारा उन्होंने अपने हितों को बेच दिया था। पिछले मार्च के दिल्ली प्रस्तावों ने पहली बार भारत में मुसलमानों के वास्तविक अधिकारों की मान्यता का द्वार खोला। 1916 के समझौते द्वारा प्रदत्त पृथक् निर्वाचिका ने केवल यह सुनिश्चित किया– मुस्लिम प्रतिनिधित्व, लेकिन समुदाय के अस्तित्त्व के लिए जो महत्त्वपूर्ण था वह इसकी संख्यात्मक ताकत की पहचान थी। दिल्ली ने ऐसी स्थिति के निर्माण का रास्ता खोल दिया जो उन्हें भारत के भविष्य में उचित हिस्सेदारी की गारंटी देगा। उनका बंगाल और पंजाब में मौजूदा छोटा

बहुमत केवल एक जनगणना का आंकड़ा था, लेकिन दिल्ली के प्रस्तावों ने उन्हें पहली बार पाँच प्रांत दिए, जिनमें से कम से कम तीन (सिउद, फ्रंटियर प्रांत और बलूचिस्तान) में वास्तविक भारी मुस्लिम बहुमत था। यदि मुसलमानों ने इस महान कदम को नहीं पहचाना, वे रहने के लायक नहीं थे। अब पाँच मुस्लिम प्रांतों के विरुद्ध नौ हिंदू प्रांत होंगे, और नौ प्रांतों में हिंदुओं के साथ जो व्यवहार किया जाएगा, वही व्यवहार पाँच प्रांतों में मुसलमानों द्वारा हिंदुओं के साथ किया जाएगा। क्या यह बहुत बड़ा लाभ नहीं था? क्या मुस्लिम अधिकारों की दावेदारी के लिए कोई नया हथियार हासिल नहीं हुआ?"

इन मुस्लिम प्रांतों के प्रभारी लोग इस योजना के लाभ को जानते हैं, और इसे उस उपयोग में लाने में संकोच नहीं करते जिसके लिए इसका इरादा था, यह श्री फजल–उल–हक द्वारा हाल ही में दिए गए भाषणों से स्पष्ट है, जैसा कि बंगाल के प्रधानमंत्री।

इसमें कोई संदेह नहीं है कि सांप्रदायिक प्रांतों की यह योजना, जो अपने बड़े इरादे में सांप्रदायिक प्रश्न का गठन करती है, को सांप्रदायिक अत्याचार के इंजन के रूप में इस्तेमाल किया जा सकता है। बंधकों की व्यवस्था, जो अलग निर्वाचन क्षेत्रों द्वारा समर्थित सांप्रदायिक प्रांतों की योजना का सार है, वास्तव में किसी भी आधार पर असमर्थनीय है। यदि अधिक मुस्लिम प्रांतों के निर्माण की माँग का अंतर्निहित उद्देश्य यही है, तो इससे उत्पन्न व्यवस्था निस्संदेह एक दुष्ट व्यवस्था है। इस विश्लेषण से इसमें कोई संदेह नहीं रह जाता कि सांप्रदायिक वैधानिकता पृथक् साम्प्रदायिक निर्वाचन क्षेत्रों और समुदाय पर आधारित बहुमत म्यूनल प्रांत, विशेष रूप से वैधानिक सक्षम करने के लिए गठित बहुसंख्यक अल्पसंख्यक पर अत्याचार करते हैं, ये दो बुराइयां हैं जो साथ–साथ आती हैं–

वह प्रस्तुत करें जिसे 'सांप्रदायिक समस्या' कहा जाता है।

इस समस्या के अस्तित्त्व के लिए हिंदू मुसलमानों को जिम्मेदार मानते हैं और मुसलमान हिंदुओं को जिम्मेदार मानते हैं। हिंदू मुसलमानों पर ढिठाई का आरोप लगाते हैं। मुसलमान हिंदुओं पर नीचता का

आरोप लगाते हैं। हालांकि, दोनों भूल जाते हैं कि सांप्रदायिक समस्या इसलिए मौजूद नहीं है क्योंकि मुसलमान अपनी माँगों को लेकर ढीठ हैं और हिंदू अपनी रियायतों के मामले में मतलबी और अनिच्छुक हैं। यह मौजूद है और मौजूद रहेगा जहाँ एक शत्रुतापूर्ण बहुमत को एक शत्रुतापूर्ण अल्पसंख्यक के आमने–सामने लाया जाता है। पृथक् बनाम संयुक्त निर्वाचन क्षेत्रों से संबंधित विवाद, जनसंख्या अनुपात बनाम भार–आयु से संबंधित विवाद सभी उस स्थिति में अंतर्निहित हैं जहाँ अल्पसंख्यक को बहुमत के खिलाफ खड़ा किया जाता है। सांप्रदायिक समस्या का सबसे अच्छा समाधान यह है कि दो समुदायों को एक–दूसरे का सामना न करना पड़े, एक बहुसंख्यक और दूसरा अल्पसंख्यक, एक ही सरकार के स्टील–फ्रेम में बंधे हों।

पाकिस्तान सांप्रदायिक प्रश्न के समाधान के कितने करीब हैं?

इस प्रश्न का उत्तर बिल्कुल स्पष्ट है। यदि पाकिस्तान की योजना उत्तर–पश्चिम और बंगाल में प्रांतों की वर्तमान सीमाओं का पालन करने की है, तो निश्चित रूप से यह उन बुराईयों को नहीं मिटाएगा जो सांप्रदायिक प्रश्न के केंद्र में हैं। यह उन्हीं तत्त्वों को बरकरार रखता है जो इसे जन्म देते हैं, अर्थात्, बहुमत के खिलाफ अल्पसंख्यक को खड़ा करना। मुस्लिम बहुसंख्यकों द्वारा हिंदू अल्पसंख्यकों का शासन और हिंदू बहुसंख्यकों द्वारा मुस्लिम अल्पसंख्यकों का शासन वर्तमान स्थिति की भयावह बुराईयां हैं। यही बुराई पाकिस्तान में फिर से पनपेगी, यदि इसके लिए चिह्नित प्रांतों को उसी रूप में इसमें शामिल कर दिया जाए, जैसे कि वर्तमान में सीमाएं खींची गई हैं। इसके अलावा, जो बुराई अपने व्यापक आशय में साम्प्रदायिक प्रश्न को जन्म देती है, वह न केवल ज्यों की त्यों बनी रहेगी बल्कि एक नई झूठी निंदा का रूप ले लेगी। मौजूदा व्यवस्था के तहत, सांप्रदायिक प्रांतों में अपने बंधकों के साथ दुर्व्यवहार करने की शक्ति केंद्रीय सरकार द्वारा प्रांतीय सरकारों पर केंद्रित शक्ति द्वारा सीमित है। वर्तमान में, बंधक कम से कम उस केंद्र सरकार के दायरे में हैं जो अपनी संरचना में हिंदू है और जिसके पास उनकी सुरक्षा के लिए हस्तक्षेप करने की शक्ति है। लेकिन जब

पाकिस्तान पूर्ण संप्रभुता वाला मुस्लिम राज्य बन गया। आंतरिक और बाह्य मामले से तब यह केंद्र सरकार के नियंत्रण से मुक्त होंगे। हिंदू अल्पसंख्यकों को अपनी ओर से हस्तक्षेप करने और शरारत की इस शक्ति पर अंकुश लगाने के लिए किसी बाहरी प्राधिकारी के पास कोई सहारा नहीं होगा, क्योंकि योजना के तहत, ऐसे किसी भी अधिभावी प्राधिकारी को अस्तित्त्व में रखने की अनुमति नहीं है। इसलिए, पाकिस्तान में हिंदुओं की स्थिति आसानी से तुर्कों के अधीन अर्मेनियाई लोगों या जारिस्ट रूस या नाजी जर्मनी में यहूदियों की स्थिति के समान हो सकती है। ऐसी योजना असहनीय होगी और हिंदू यह कह सकते है कि वें पाकिस्तान के लिए सहमत नहीं हो सकते हैं और अपने सह--धर्म को एक मुस्लिम राष्ट्रीय राज्य की धर्मांधता का असहाय शिकार छोड़ देंगे।

III

निस्संदेह, यह उन परिणामों का एक बहुत ही स्पष्ट बयान है जो पाकिस्तान की योजना को प्रभावी बनाने से उत्पन्न होंगे। लेकिन इन परिणामों के स्रोत का पता लगाने में सावधानी बरतनी चाहिए। क्या वे पाकिस्तान की योजना से ही प्रवाहित होते हैं या वे उन विशेष सीमाओं से प्रवाहित होते हैं जो उसके लिए तय की जा सकती हैं। यदि बुराईयां योजना से ही निकलती हैं, अर्थात् यदि वे उसमें अंतर्निहित हैं, तो किसी भी हिंदू के लिए उस पर विचार करने में अपना समय बर्बाद करना अनावश्यक है। उसे सरसरी तौर पर अस्वीकार करना उचित होगा। दूसरी ओर, यदि बुराइयां सीमाओं का परिणाम हैं, तो पाकिस्तान का प्रश्न केवल सीमाओं को बदलने के प्रश्न तक सिमटकर रह जाता है।

प्रश्न का अध्ययन इस दृष्टिकोण का पर्याप्त समर्थन करता है कि पाकिस्तान की बुराइयां उसमें अंतर्निहित नहीं हैं। यदि इसके कोई बुरे परिणाम सामने आते हैं तो उन्हें इसकी सीमाओं के लिए जिम्मेदार ठहराया जाएगा। जनसंख्या के वितरण का अध्ययन करने पर यह स्पष्ट हो जाता है। पश्चिमी और पूर्वी पाकिस्तान के भीतर इन बुराइयों

के पुनरुत्पादित होने का कारण यह है, कि वर्तमान सीमाओं के साथ, वे एकल जातीय राज्य नहीं बन जाते हैं। वे मिश्रित राज्य बने हुए हैं, जो पहले की तरह मुस्लिम बहुसंख्यक और हिंदू अल्पसंख्यक से बने हैं। बुराइयां वे बुराइयां हैं जो मिश्रित अवस्था से अविभाज्य हैं। यदि पाकिस्तान को एक एकीकृत जातीय राज्य बना दिया जाए तो बुराइयां अपने आप दूर हो जाएंगी। वहां पाकिस्तान के भीतर पृथक् निर्वाचिका का कोई प्रश्न ही नहीं उठेगा, क्योंकि ऐसे सजातीय पाकिस्तान में कोई नहीं होगा। बहुसंख्यकों को शासन करना होगा और किसी भी अल्पसंख्यक की रक्षा नहीं की जाएगी। इसी प्रकार, किसी एक समुदाय का बहुमत नहीं होगा, जो किसी विरोधी समुदाय के अल्पसंख्यक को अपने कब्जे में रखेगा।

इसलिए, सवाल सीमाओं के सीमांकन से संबंधित है और खुद को इस तक सीमित कर देता है। क्या पाकिस्तान की सीमाओं को इतना तय करना संभव है, कि इसके बजाय सभी बुराइयों के साथ बहुसंख्यकों और अल्पसंख्यकों से बना एक मिश्रित राज्य तैयार हो जाए? इस पर, पाकिस्तान एक जातीय राज्य होगा जो एक सजातीय समुदाय, अर्थात् मुसलमानों से बना होगा? इसका उत्तर यह है कि लीग की परियोजना से प्रभावित क्षेत्र के एक बड़े भाग में केवल सीमाओं को स्थानांतरित करके एक सजातीय राज्य का निर्माण किया जा सकता है, और शेष में केवल जनसंख्या को स्थानांतरित करके एकरूपता उत्पन्न की जा सकती है।

इस संबंध में, मैं पाठक को परिशिष्ट V, X, XI में दिए गए आंकड़ों का ध्यानपूर्वक अध्ययन करने के लिए आमंत्रित करता हूँ, जो प्रभावित क्षेत्रों में जनसंख्या के प्रसव को दर्शाते हैं, और मानचित्र भी दिखाते हैं कि कैसे नई सीमाएं सजातीय मुस्लिम राज्यों का निर्माण कर सकती हैं। पंजाब को लें तो दो बातें ध्यान में आएंगीः–

(i) कुछ जिले ऐसे हैं जिनमें मुसलमानों का प्रभुत्व है। कुछ जिले ऐसे हैं जिनमें हिंदू अधिक है। ऐसे बहुत कम हैं जिनमें दोनों, कमोबेश, समान रूप से वितरित हैं; और

(ii) वे जिले जिनमें मुस्लिम बहुल हैं और वे जिले जिनमें हिंदू बहुल हैं, आपस में जुड़े हुए नहीं हैं। जिलों के दो समूह दो अलग–अलग क्षेत्र बनाते हैं।

पूर्वी पाकिस्तान के गठन के लिए बंगाल और असम दोनों प्रांतों में जनसंख्या के वितरण को ध्यान में रखना होगा। जनसंख्या आंकड़ों की जांच से पता चलता है:–

(i) बंगाल में कुछ जिले ऐसे हैं जिनमें मुसलमानों का बाहुल्य है। अन्य में, हिंदुओं का वर्चस्व है।

(ii) असम में भी कुछ जिले ऐसे हैं जिनमें मुसलमानों का बाहुल्य है। अन्य में, हिंदुओं का वर्चस्व है।

(iii) वे जिले जिनमें मुस्लिम बहुल हैं और वे जिले जिनमें हिंदू बहुल हैं, आपस में जुड़े हुए नहीं हैं। वे अलग–अलग क्षेत्र बनाते हैं।

(iv) बंगाल और असम के वे जिले जिनमें मुसलमान रहते हैं प्रबल संस्पर्शी हैं।

इन तथ्यों को देखते हुए, पंजाब, बंगाल और असम की सीमाएं इस तरह से खींचकर सजातीय मुस्लिम राज्यों का निर्माण करना पूरी तरह से संभव है कि जो क्षेत्र मुख्य रूप से हिंदू हैं, उन्हें बाहर रखा जाएगा। यह संभव है कि परिशिष्ट में दिए गए मानचित्रों से पता चलता है।

उत्तर–पश्चिम सीमांत प्रांत और सिंध में स्थिति काफी कठिन है। एन.डब्ल्यू. एफ. पी. और सिंध में मामला कैसा है? यह परिशिष्ट VI से IX में दिए गए आंकड़ों की जांच से देखा जा सकता है। जैसा कि परिशिष्टों से देखा जा सकता है, उत्तर–पश्चिम में ऐसे कोई जिले नहीं हैं जिनमें हिंदू रहते हों। एन.डब्ल्यू. एफ. पी. और सिंध केंद्रित हैं। वे बिखरे हुए हैं और दोनों प्रांतों के लगभग हर जिले में छोटी, नगण्य संख्या में पाए जाते हैं। ये परिशिष्ट स्पष्ट रूप से दिखाते हैं कि सिंध और उत्तर–पश्चिम में हिंदू। एफ.पी. ज्यादातर जिलों के शहरी क्षेत्रों में एकत्रित होते हैं। सिंध में, अधिकांश कस्बों में हिंदुओं की संख्या

मुसलमानों से अधिक है, जबकि गांवों में मुसलमानों की संख्या हिंदुओं से अधिक है। एन.डब्ल्यू. एफ. पी. कस्बों और गांवों में मुसलमानों की संख्या हिंदुओं से अधिक है।

एन.डब्ल्यू. एफ. पी. और सिंध का मामला इसलिए, पंजाब और बंगाल के मामले से बिल्कुल अलग हैं। पंजाब और बंगाल में, विभिन्न क्षेत्रों में हिंदुओं और मुसलमानों के प्राकृतिक अलगाव के कारण, केवल उनकी सीमाओं को बदलकर, बहुत कम मात्रा में आबादी के स्थानांतरण को शामिल करके एक सजातीय राज्य बनाना संभव है। लेकिन एन. डब्ल्यू. एफ. पी. और सिंध में, हिंदू आबादी की बिखरी हुई स्थिति के कारण, सीमाओं में परिवर्तन एक सजातीय राज्य बनाने के लिए पर्याप्त नहीं हो सकता है। इसका एक ही उपाय है और वह है जनसंख्या को स्थानांतरित करना।

कुछ लोग जनसंख्या के स्थानांतरण और विनिमय के विचार का उपहास करते हैं। लेकिन उपहास करने वालों को शायद ही पता हो कि कौन–सी जटिलताएं, किस अल्पसंख्यक समस्या को जन्म देती हैं और कौन–सी असफलताएं हैं। उनकी सुरक्षा के लिए किए गए लगभग सभी प्रयासों में एक सहायक। युद्ध के बाद के राज्यों के साथ–साथ यूरोप के पुराने राज्यों के संविधान, जहाँ अल्पसंख्यक समस्या थी, इस धारणा पर आगे बढ़े कि अल्पसंख्यकों के लिए संवैधानिक सुरक्षा उपाय उनकी सुरक्षा के लिए पर्याप्त होने चाहिए और इसलिए अधिकांश राज्यों के संविधान नए राज्यों में बहुमत और अल्पसंख्यकों की भरमार हो गई मौलिक अधिकारों और सुरक्षा उपायों की लंबी सूची देखने के लिए कि बहुसंख्यकों द्वारा उनका उल्लंघन नहीं किया गया है। अनुभव कैसा था? अनुभव से पता चला है कि सुरक्षा उपायों ने अल्पसंख्यकों को नहीं बचाया। अनुभव से पता चला है कि अल्पसंख्यकों पर क्रूर युद्ध से भी समस्या का समाधान नहीं हुआ। तब राज्य इस बात पर सहमत हुए कि इसे हल करने का सबसे अच्छा तरीका सजातीय राज्यों को लाने की दृष्टि से प्रत्येक के लिए अपनी सीमा के भीतर अपने विदेशी अल्पसंख्यकों का आदान–प्रदान करना है, जो उसकी सीमा के बाहर

है। तुर्की, ग्रीस और बुल्गारिया में यही हुआ। जो लोग जनसंख्या के स्थानांतरण के विचार का उपहास करते हैं, उनके लिए अल्पसंख्यक समस्या के इतिहास का अध्ययन करना अच्छा होगा, क्योंकि यह समस्या तुर्की, ग्रीस और बुल्गारिया के बीच उत्पन्न हुई थी। यदि वे ऐसा करते हैं, तो वे पाएंगे कि इन देशों ने पाया कि अल्पसंख्यकों की समस्या को हल करने का एकमात्र प्रभावी तरीका जनसंख्या का आदान–प्रदान है। तीनों देशों द्वारा किया गया कार्य किसी भी तरह से कोई छोटा ऑपरेशन नहीं था। इसमें लगभग 20 मिलियन लोगों को एक निवास–स्थान से दूसरे निवास–स्थान पर स्थानांतरित करना शामिल था। लेकिन निडर होकर, तीनों ने कार्य को अपने कंधों पर लिया और इसे सफलतापूर्वक अंजाम तक पहुँचाया क्योंकि उन्हें लगा कि सांप्रदायिक शांति के विचारों को हर दूसरे विचार से अधिक महत्त्व देना चाहिए।

इसमें कोई संदेह नहीं है कि सांप्रदायिक शांति के लिए अल्पसंख्यकों का स्थानांतरण ही एकमात्र स्थायी उपाय है। यदि ऐसा है, तो कोई कारण नहीं है कि हिंदू और मुसलमान उन सुरक्षा उपायों का व्यापार करते रहें जो इतने असुरक्षित साबित हुए हैं। यदि ग्रीस, तुर्की और बुल्गारिया जैसे सीमित संसाधनों वाले छोटे देश इस तरह के उपक्रम में सक्षम थे, तो यह मानने का कोई कारण नहीं है कि उन्होंने जो किया वह भारतीयों द्वारा पूरा नहीं किया जा सकता है। आखिरकार, इसमें शामिल जनसंख्या असंगत है और क्योंकि कुछ बाधाओं को दूर करने की आवश्यकता है, इसलिए सांप्रदायिक शांति के लिए इतना निश्चित रास्ता छोड़ना मूर्खता की पराकाष्ठा होगी।

आलोचना का एक स्थल ऐसा है जिसका अभी तक कोई संदर्भ नहीं दिया गया है। जैसा कि इस पर आग्रह किये जाने की संभावना है, मैं यहाँ इससे निपटने का प्रस्ताव करता हूँ। यह पूछा जाना निश्चित है कि पाकिस्तान हिंदुस्तान में बचे मुसलमानों की स्थिति पर क्या प्रभाव डालेगा? प्रश्न स्वाभाविक है क्योंकि पाकिस्तान की योजना मुस्लिम बहुसंख्यकों से संबंधित प्रतीत होती है जिन्हें समर्थन की आवश्यकता नहीं है और ऐसा करने वाले मुस्लिम अल्पसंख्यकों से घृणा करते हैं

और उन्हें त्याग देते हैं। लेकिन मुद्दा यह है: इसे कौन बढ़ा सकता है? निश्चित रूप से हिंदू नहीं। केवल पाकिस्तान के मुसलमान या हिंदुस्तान के मुसलमान इसे उठा सकते हैं। यह प्रश्न पाकिस्तान के नायक श्री रहमत अली से पूछा गया और उन्होंने जो उत्तर दिया वह इस प्रकार है–

"इससे हिंदुस्तान में पैंतालीस करोड़ मुसलमानों की स्थिति पर क्या असर पड़ेगा?"

"सच्चाई यह है कि इस संघर्ष में उनके विचार मेरे लिए एक बड़ी मुसीबत रहे हैं। वे हमारे शरीर का मांस और हमारी आत्मा की आत्मा हैं। हम उन्हें कभी नहीं भूल सकते, न ही वे, हमें। उनकी वर्तमान स्थिति और भविष्य की सुरक्षा हमारे लिए बहुत महत्त्व का मामला है और हमेशा रहेगा। जैसा कि वर्तमान में हालात हैं, पाकिस्तान हिंदुस्तान में उनकी स्थिति पर प्रतिकूल प्रभाव नहीं डालेगा। जनसंख्या के आधार पर (एक मुस्लिम से चार हिंदू), वे अभी भी इसके हकदार होंगे विधायी के साथ–साथ प्रशासनिक क्षेत्रों में भी वही प्रतिनिधित्व जो अब उनके पास है। जहाँ तक भविष्य की बात है, एकमात्र प्रभावी गारंटी जो हम दे सकते हैं वह पारस्परिकता की है, और, इसलिए, हम गंभीरता से उन सभी सुरक्षा–गार्डों को देने का वचन देते हैं पाकिस्तान में गैर–मुस्लिम अल्पसंख्यक जो कि हिंदुस्तान में हमारे मुस्लिम अल्पसंख्यक को दिए जाएंगे।

"लेकिन जो चीज हमें सबसे अधिक प्रभावित करती है वह यह तथ्य है कि वे जानते हैं कि हम 'बाजरा' के सर्वोच्च हित में पाकिस्तान की घोषणा कर रहे हैं। यह उतना ही उनका है जितना हमारा है। जबकि हमारे लिए यह एक राष्ट्रीय गढ़ है, उनके लिए यह हमेशा रहेगा एक नैतिक सहारा बनें। जब तक सहारा कायम है, तब तक सब कुछ सुरक्षित है या सुरक्षित किया जा सकता है। लेकिन एक बार जब यह रास्ता छोड़ देता है, तो सब कुछ खो जाएगा।"

हिंदुस्तान के मुसलमानों ने जो उत्तर दिया वह भी उतना ही स्पष्ट है। वे कहते हैं, "मुसलमानों के पाकिस्तान और हिंदुस्तान में अलग होने से हम कमजोर नहीं हुए हैं। हम हिंदुस्तान की पूर्वी और पश्चिमी सीमाओं पर अलग–अलग इस्लामी राज्यों के अस्तित्त्व से उनके हिंदुस्तान

में डूबने से ज्यादा सुरक्षित हैं।" कौन कह सकता है कि वे गलत हैं? क्या यह नहीं दिखाया गया है कि जर्मनी एक बाहरी राज्य के रूप में चेकोस्लोवाकिया में सुदेतन जर्मनों की रक्षा करने में सुदेतन की तुलना में बेहतर सक्षम था?[1]

जो भी हो, यह प्रश्न हिंदुओं से संबंधित नहीं है। हिंदुओं को चिंतित करने वाला प्रश्न यह है कितनी दूर तक पाकिस्तान के निर्माण से हिंदुस्तान से साम्प्रदायिक प्रश्न हट गया? यह एक बहुत ही न्यायसंगत प्रश्न है और इस पर विचार किया जाना चाहिए। यह स्वीकार करना होगा कि पाकिस्तान के निर्माण से हिंदुस्तान सांप्रदायिक प्रश्न से मुक्त नहीं हो गया है। जबकि पाकिस्तान को अपनी सीमाओं को फिर से परिभाषित करके एक सजातीय राज्य बनाया जा सकता है, हिंदुस्तान को एक समग्र राज्य बने रहना चाहिए। मुसलमान पूरे हिंदुस्तान में बिखरे हुए हैं– हालांकि वे ज्यादातर कस्बों में एकत्र होते हैं– और सीमाओं के पुनर्निर्धारण के मामले में कोई भी सरलता इसे एकरूप नहीं बना सकती है। हिंदुस्तान को एकरूप बनाने का एकमात्र उपाय जनसंख्या के आदान–प्रदान की व्यवस्था करना है। जब तक ऐसा नहीं किया जाता, यह मानना होगा कि पाकिस्तान के निर्माण के साथ भी, हिंदुस्तान में बहुसंख्यक बनाम अल्पसंख्यक की समस्या पहले की तरह बनी रहेगी और हिंदुस्तान की राजनीति में बेसुरापन पैदा करती रहेगी।

यह स्वीकार करते हुए कि पाकिस्तान हिंदुस्तान के भीतर सांप्रदायिक समस्या का पूर्ण समाधान प्रदान करने में सक्षम नहीं है, क्या इसका मतलब यह है कि इस कारण से हिंदुओं को पाकिस्तान को अस्वीकार कर देना चाहिए? इससे पहले कि हिंदू इस तरह का कोई जल्दबाजी वाला निष्कर्ष निकालें, उन्हें पाकिस्तान के निम्नलिखित प्रभावों पर विचार करना चाहिए–

---

1. ऐसा लगता है कि मुस्लिम लीग के नेताओं ने सुदेतन जर्मनों के हित में चेकोस्लोवाकिया के खिलाफ हिटलर की धमकाने वाली रणनीति का गहराई से अध्ययन किया है और उन रणनीतियों से जो सबक मिलते हैं, उन्हें भी सीखा है। 1937 में आयोजित लीग के कराची अधिवेशन में उनके धमकी भरे भाषण देखें।

सबसे पहले, सांप्रदायिक समस्या की भयावहता पर पाकिस्तान के प्रभाव पर विचार करें। इसका सबसे अच्छा अंदाजा मुस्लिम आबादी के संदर्भ में लगाया जा सकता है क्योंकि इसे पाकिस्तान और हिंदुस्तान के भीतर समूहीकृत किया जाएगा।

पाकिस्तान में मुस्लिम आबादी		*हिंदुस्तान में मुस्लिम आबादी*	
1. पंजाब	13,332,460	1. ब्रिटिश भारत में (बर्मा और अदन को छोड़कर) कुल मुस्लिम जनसंख्या है।	66,442,766
2. एन.—डब्ल्यू. एफ.पी.	2,227,303	2. पाकिस्तान और पूर्वी बंगाल राज्य में मुस्लिम आबादी है।	47,897,301
3. सिंधु	2,830,800	3. ब्रितानी— ब्रिटिश हिंदुस्तान में मुसलमानों का संतुलन.	18,545,465
4. बलूचिस्तान	405,309		
5. पूर्वी बंगाल मुस्लिम राज्य—			
(i) पूर्वी बंगाल	27,497,624		
(ii) सिलहट	1,603,805		
कुल योग	**47,897.301**		

ये आंकड़े क्या दर्शाते हैं? वे जो संकेत देते हैं वह यह है कि ब्रिटिश हिंदुस्तान में जो मुसलमान बचे रहेंगे उनकी संख्या केवल 18,545,465 होगी और शेष 47,897,301, जो कुल मुस्लिम आबादी का एक बड़ा हिस्सा है, इससे बाहर हो जाएंगे और पाकिस्तानी राज्यों के अधीन होंगे। सांप्रदायिक समस्या के संदर्भ में मुस्लिम आबादी के इस वितरण का मतलब है कि जहाँ पाकिस्तान के बिना भारत में सांप्रदायिक समस्या में 6 करोड़ मुसलमान शामिल हैं, वहीं पाकिस्तान के निर्माण के साथ इसमें केवल 2 करोड़ मुसलमान शामिल होंगे। क्या यह उन हिंदुओं के लिए कोई विचार नहीं है जो सांप्रदायिक शांति चाहते हैं? मेरे

लिए, ऐसा लगता है कि यदि पाकिस्तान हिंदुस्तान के भीतर सांप्रदायिक समस्या का समाधान नहीं करता है, तो यह इसके अनुपात को काफी हद तक कम कर देता है और इसे महत्त्वहीन बना देता है और शांतिपूर्ण समाधान को बहुत आसान बना देता है।

दूसरे स्थान पर, हिंदुओं को केंद्रीय विधानमंडल में सांप्रदायिक प्रतिनिधित्व पर पाकिस्तान के प्रभाव पर विचार करना चाहिए। निम्नलिखित तालिका केंद्रीय विधानमंडल में सीटों का वितरण बताती है, जैसा कि भारत सरकार अधिनियम, 1935 के तहत निर्धारित है और जैसा कि पाकिस्तान के अस्तित्त्व में आने पर होता—

चैम्बर का नाम	सीटों का वितरण			सीटों का वितरण		
	I.—जैसा कि वर्तमान में है			II.—पाकिस्तान के बाद		
	कुल सीटें	गैर—मुस्लिम (हिन्दू) प्रादेशिक सीटें।	मुस्लिम प्रादेशिक सीटें	कुल सीटें	गैर—मुस्लिम (हिन्दू) प्रादेशिक सीटें।	मुस्लिम प्रादेशिक सीटें
राज्य का परिषद् संघीय सभा—ऐसेंबली।	150 250	75 105	49 82	126 211	75 211	25 43

सीटों के सांप्रदायिक वितरण में मात्रात्मक परिवर्तन को स्पष्ट रूप से सामने लाना, जिसकी स्थापना का पालन किया जाना चाहिए पाकिस्तान, उपर्युक्त आंकड़ों को निम्न तालिका में प्रतिशत में घटा दिया गया है—

चैम्बर का नाम	सीटों का वितरण.		सीटों का वितरण	
	I.—जैसा कि वर्तमान में है		II.—पाकिस्तान के बाद	
	कुल सीटों में मुस्लिम सीटों का प्रतिशत	हिंदू सीटों पर मुस्लिम सीटों का प्रतिशत	कुल सीटों में मुस्लिम सीटों का प्रतिशत	हिंदू सीटों पर मुस्लिम सीटों का प्रतिशत
राज्य का परिषद् संघीय सभा.......	33 33	66 80	25 21	33 40

इस तालिका से यह देखा जा सकता है कि पाकिस्तान की स्थापना के बाद कितने बड़े बदलाव होने चाहिए। भारत सरकार अधिनियम के तहत, दोनों सदनों में मुस्लिम सीटों का अनुपात 33 प्रतिशत है, लेकिन हिंदू सीटों का अनुपात राज्य परिषद् में 66 प्रतिशत और विधानसभा में 80 प्रतिशत है–हिंदुओं के साथ लगभग एक समानता की स्थिति. पाकिस्तान के बाद, परिषद् में कुल सीटों में मुस्लिम सीटों का अनुपात 33 प्रतिशत से गिरकर 25 प्रतिशत और विधानसभा में 21 प्रतिशत हो गया है, जबकि परिषद् में हिंदू सीटों का अनुपात 66 प्रतिशत से 33 प्रतिशत और 80 प्रतिशत हो गया है। विधानसभा में 40 प्रतिशत तक आंकड़े मानते हैं कि हिंदुस्तान के पाकिस्तान से अलग होने के बाद भी मुसलमानों को दिया जाने वाला महत्त्व वही रहेगा। यदि मुस्लिमों को वर्तमान वेटेज रद्द कर दिया जाए या कम कर दिया जाए तो हिंदुओं के प्रतिनिधित्व में और सुधार होगा। लेकिन यह मानते हुए कि वेटेज में कोई बदलाव नहीं किया गया है, क्या यह केंद्र में प्रतिनिधित्व के मामले में हिंदुओं के लिए एक छोटा सा लाभ है? मुझे ऐसा लगता है कि यह केंद्र में हिंदुओं की स्थिति में एक बड़ा सुधार है, जो उन्हें कभी नहीं मिलेगा, अगर वे पाकिस्तान का विरोध करते।

ये पाकिस्तान के भौतिक फायदे हैं। एक और जो मनोवैज्ञानिक है। दक्षिणी और मध्य भारत के मुसलमान उत्तर और पूर्व के मुसलमानों से प्रेरणा लेते हैं। यदि पाकिस्तान के बाद उत्तर और पूर्व में सांप्रदायिक शांति है, जैसी कि होनी चाहिए, तो वहां कोई नहीं है।

बहुसंख्यकों और अल्पसंख्यकों के बावजूद, हिंदू उचित रूप से हिंदुस्तान में सांप्रदायिक शांति की उम्मीद कर सकते हैं। उत्तर और पूर्व के मुसलमानों और हिंदुस्तान के मुसलमानों के बीच संबंध–विच्छेद हिंदुस्तान के हिंदुओं के लिए एक और लाभ है।

पाकिस्तान के इन प्रभावों को ध्यान में रखते हुए, इस बात से इनकार नहीं किया जा सकता है कि यदि पाकिस्तान हिंदुस्तान के भीतर सांप्रदायिक समस्या को पूरी तरह से हल नहीं करता है, तो वह हिंदुओं को प्रमुख साझेदार के रूप में मुसलमानों की अशांति से मुक्त

कर देगा। यह हिंदुओं को कहना है कि क्या वे इस तरह के प्रस्ताव को केवल इसलिए अस्वीकार कर देंगे क्योंकि यह पूर्ण समाधान प्रदान नहीं करता है। अधिक हानि से कुछ लाभ बेहतर है।

IV

एक आखिरी प्रश्न और सांप्रदायिक शांति के संबंध में पाकिस्तान की इस चर्चा को समाप्त किया जा सकता है। क्या पंजाब और बंगाल के हिंदू और मुसलमान पाकिस्तान की योजना को यथासंभव दोषरहित बनाने के लिए अपने प्रांतों की सीमाओं को फिर से निर्धारित करने पर सहमत होंगे?

जहाँ तक मुसलमानों की बात है, उन्हें सीमाएं फिर से बनाने में कोई आपत्ति नहीं होनी चाहिए। यदि वे आपत्ति करते हैं तो यह कहना होगा कि वे अपनी ही माँग की प्रकृति को नहीं समझते हैं। यह बहुत संभव है, क्योंकि पाकिस्तान के मुस्लिम नायकों के बीच जो बात चल रही है, वह बहुत ही ढीले चरित्र की है। कुछ लोग पाकिस्तान को मुस्लिम राष्ट्रीय राज्य के रूप में बोलते हैं, अन्य इसे मुस्लिम राष्ट्रीय घर के रूप में बोलते हैं। किसी को भी यह जानने की परवाह नहीं है कि राष्ट्रीय राज्य और राष्ट्रीय घर के बीच कोई अंतर है या नहीं। लेकिन इसमें कोई संदेह नहीं है कि दोनों के बीच एक महत्त्वपूर्ण अंतर है। वह अंतर क्या है, इस पर फिलिस्तीन में एक यहूदी राष्ट्रीय गृह के गठन के समय विस्तार से चर्चा हुई थी। ऐसा लगता है कि यदि सीमाओं के पुनर्निर्धारण के संभावित मुस्लिम विरोध को दूर करना है तो यह अंतर क्या है, इसकी स्पष्ट अवधारणा आवश्यक है।

एक प्रमुख अधिकारी के अनुसार–

"एक राष्ट्रीय गृह एक ऐसे क्षेत्र को दर्शाता है जिसमें लोग राजनीतिक संप्रभुता के अधिकार प्राप्त किए बिना, फिर भी एक मान्यता प्राप्त कानूनी स्थिति है और उसे अपने नैतिक, सामाजिक और बौद्धिक आदर्शों को विकसित करने का अवसर मिलता है।"

स्वयं ब्रिटिश सरकार ने 1922 में फिलिस्तीन नीति पर जारी अपने वक्तव्य में राष्ट्रीय घर की अपनी अवधारणा को निम्नलिखित शब्दों में परिभाषित किया था–

"जब यह पूछा जाता है कि फिलिस्तीन में यहूदी राष्ट्रीय घर के विकास का क्या मतलब है, तो इसका उत्तर दिया जा सकता है कि यह समग्र रूप से फिलिस्तीन के निवासियों पर यहूदी राष्ट्रीयता थोपना नहीं है, बल्कि मौजूदा यहूदी का आगे का विकास है समुदाय, दुनिया के अन्य हिस्सों में यहूदियों की सहायता से, ताकि यह एक ऐसा केंद्र बन सके जिसमें समग्र रूप से यहूदी लोग, धर्म और नस्ल के आधार पर, एक हित और गौरव प्राप्त कर सकें। लेकिन क्रम में इस समुदाय के पास मुक्त विकास की सर्वोत्तम संभावना होनी चाहिए और यहूदी लोगों को अपनी क्षमताओं को प्रदर्शित करने का पूरा अवसर प्रदान करना चाहिए, यह आवश्यक है कि उन्हें पता होना चाहिए कि यह फिलिस्तीन में अधिकार के रूप में है, न कि कष्ट सहने पर। यही कारण है यह क्यों आवश्यक है कि फिलिस्तीन में एक यहूदी राष्ट्रीय गृह के अस्तित्त्व की अंतरराष्ट्रीय स्तर पर गारंटी दी जानी चाहिए, और इसे प्राचीन ऐतिहासिक संबंध पर आधारित औपचारिक रूप से मान्यता दी जानी चाहिए।"

इससे यह स्पष्ट हो जायेगा कि राष्ट्रीय गृह तथा राष्ट्रीय राज्य में आवश्यक अन्तर है। राष्ट्रीय गृह के मामले में अंतर यह है कि इसका गठन करने वाले लोगों को क्षेत्र पर राजनीतिक संप्रभुता का अधिकार नहीं मिलता है और उस क्षेत्र में रहने वाले अन्य लोगों पर भी अपनी राष्ट्रीयता थोपने का अधिकार नहीं मिलता है। उन्हें जो कुछ भी मिलता है, वह एक मान्यता प्राप्त कानूनी पद है जो उन्हें नागरिक के रूप में जीने का अधिकार और अपनी संस्कृति को बनाए रखने की स्वतंत्रता की गारंटी देता है। एक राष्ट्रीय राज्य के मामले में, इसका गठन करने वाले लोगों को बाकी लोगों पर अपनी राष्ट्रीयता थोपने के अधिकार के साथ राजनीतिक संप्रभुता का अधिकार प्राप्त होता है।

यह अंतर बहुत महत्त्वपूर्ण है और इसी के आलोक में उनकी

पाकिस्तान की माँग की जांच की जानी चाहिए। मुसलमान पाकिस्तान किसलिए चाहते हैं? यदि वे चाहते हैं कि पाकिस्तान मुसलमानों के लिए एक राष्ट्रीय घर बनाए, तो पाकिस्तान की कोई आवश्यकता नहीं है। पाकिस्तान प्रांतों में, उनके पास पहले से ही रहने और अपनी संस्कृति को आगे बढ़ाने के कानूनी अधिकार के साथ अपना राष्ट्रीय घर है। यदि वे चाहते हैं कि पाकिस्तान एक राष्ट्रीय मुस्लिम राज्य बने, तो वे इसमें शामिल क्षेत्र पर राजनीतिक संप्रभुता के अधिकार का दावा कर रहे हैं। ऐसा करने का उन्हें अधिकार है लेकिन सवाल यह है कि क्या उन्हें इन मुस्लिम राज्यों की सीमाओं के भीतर, गैर–मुस्लिम अल्पसंख्यकों को अपने विषयों के रूप में बनाए रखने की अनुमति दी जानी चाहिए, साथ ही उन पर इन मुस्लिम राज्यों की राष्ट्रीयता थोपने का अधिकार भी दिया जाना चाहिए? निस्संदेह, ऐसे अधिकार को राजनीतिक संप्रभुता का सहायक माना जाता है। लेकिन यह भी उतना ही सच है कि आधुनिक समय में सभी मिश्रित राज्यों में यह अधिकार उत्पात का एक स्रोत बन गया है। पाकिस्तान के निर्माण में ऐसी शरारतों की संभावनाओं को नजरअंदाज करना हाल के इतिहास के उन खूनी पन्नों को पढ़ने से बचना होगा जिन पर तुर्कों, यूनानियों, बुल्गारों और चेकों द्वारा उनके विरुद्ध किए गए अत्याचारों, हत्याओं, लूटपाट और आगजनी को दर्ज किया गया है। अल्पसंख्यक. किसी राज्य से अपनी प्रजा पर अपनी राष्ट्रीयता थोपने का अधिकार छीनना संभव है, क्योंकि यह राजनीतिक संप्रभुता के लिए आकस्मिक संप्रभुता है। लेकिन यह संभव है कि ऐसे अधिकार के प्रयोग के लिए कोई अवसर प्रदान न किया जाए। ऐसा मुसलमानों को ऐसे राष्ट्रीय मुस्लिम राज्यों की अनुमति देकर किया जा सकता है जो पूरी तरह से सजातीय, पूरी तरह से जातीय राज्य हों। किसी भी परिस्थिति में उन्हें हिंदुओं के विरोध में मुसलमानों से बने मिश्रित राज्य बनाने की अनुमति नहीं दी जा सकती, जिसमें पहले वाले हिंदुओं से संख्या में अधिक हों।

इसका चिंतन संभवतः पाकिस्तान के रचयिता मुसलमानों ने नहीं किया है। योजना के प्रवर्तक सर एम. इकबाल द्वारा निश्चित रूप से

इस पर विचार नहीं किया गया था। 1930 में मुस्लिम लीग को अपने अध्यक्षीय भाषण में, उन्होंने 'अम्बाला डिवीजन और शायद कुछ अन्य जिलों, जहाँ गैर–मुस्लिम बहुलता है, को बाहर करने' पर सहमति व्यक्त की, इस आधार पर कि इस तरह के बहिष्कार से 'यह कम व्यापक हो जाएगा' और जनसंख्या में मुस्लिम अधिक हैं। दूसरी ओर, यह हो सकता है कि जो लोग पाकिस्तान की योजना पेश कर रहे हैं, वे इस बात पर विचार करें कि इसमें पंजाब और बंगाल को उनकी वर्तमान सीमाओं के साथ शामिल किया जाएगा। उनके लिए यह स्पष्ट हो जाना चाहिए कि वर्तमान सीमाओं पर जोर देने से वे हिंदू भी नाराज हो जाएंगे जो इस प्रश्न पर खुले दिमाग रखते हैं। मुस्लिम आस्था और मुस्लिम संस्कृति के संरक्षण और प्रसार के लिए जानबूझकर बनाए गए मुस्लिम राज्य में हिंदुओं को शामिल करने के लिए हिंदुओं से कभी भी सहमति की उम्मीद नहीं की जा सकती। हिंदुओं को कोई संदेह नहीं होगा विरोध कर मुसलमानों को यह नहीं सोचना चाहिए कि इसे खोजने में उन्हें बाहर बहुत समय लगेगा। मुसलमान, यदि वे वर्तमान सीमाएं बनाए रखने पर जोर देते हैं, स्वयं इस आरोप के लिए खुलेंगी कि पाकिस्तान की उनकी माँग के पीछे राष्ट्रीय गृह या राष्ट्रीय राज्य बनाने की इच्छा से भी अधिक भयावह कुछ है। उन पर मुस्लिम क्षेत्रों में हिंदू अल्पसंख्यकों के खिलाफ मुस्लिम बहुसंख्यकों के संतुलन को बढ़ाकर मुस्लिम हाथों में हिंदू बंधकों की योजना को पूरा करने की योजना का आरोप लगाया जाएगा।

इतना ही, पाकिस्तान बनाने के लिए प्रांतीय सीमाओं को बदलने के मामले में मुसलमानों के साथ विचार–विमर्श किया जाना चाहिए।

अब, उन विचारों के बारे में जिनका पंजाब और बंगाल के हिंदुओं पर ध्यान दिया जाना चाहिए। प्रश्न के दोनों पक्षों में हिंदू अधिक कठिन हैं। इस संबंध में केवल उच्च जाति के हिंदुओं की प्रतिक्रिया पर विचार करना ही पर्याप्त है। क्योंकि, वे ही हिंदू जनता का मार्गदर्शन करते हैं और हिंदू राय बनाते हैं। दुर्भाग्य से, उच्च जाति के हिंदू नेता के रूप में बुरे हैं। उनके पास चरित्र का एक गुण है जो अक्सर हिंदुओं को

विनाश की ओर ले जाता है। यह गुण उनकी अधिग्रहण प्रवृत्ति और जीवन की अच्छी चीजों को दूसरों के साथ साझा करने की नापसंदगी से बनता है। शिक्षा और धन पर उनका एकाधिकार है, और धन और शिक्षा से उन्होंने राज्य पर कब्जा कर लिया है। इस एकाधिकार को अपने तक ही सीमित रखना उनके जीवन की महत्त्वाकांक्षा और लक्ष्य रहा है। वर्ग वर्चस्व के इस स्वार्थी विचार से प्रेरित होकर, वे हिंदुओं के निचले वर्गों को धन, शिक्षा और शक्ति से बाहर करने के लिए हर कदम उठाते हैं, सबसे निश्चित और सबसे प्रभावी है धर्मग्रंथों की तैयारी, जो निम्न वर्गों के दिमाग में स्थापित होते हैं। हिंदुओं की शिक्षा है कि जीवन में उनका कर्तव्य केवल उच्च वर्गों की सेवा करना है। इस एकाधिकार को अपने हाथों में बनाए रखने और निम्न वर्गों को इसमें किसी भी हिस्से से बाहर रखने में, उच्च जाति के हिंदू लंबे समय तक और हद से ज्यादा सफल रहे हैं। अभी हाल ही में निम्न वर्ग के हिंदुओं ने मद्रास और बॉम्बे प्रेसीडेंसी और सी.पी. में गैर–ब्राह्मण पार्टियों की शुरुआत करके इस एकाधिकार के खिलाफ विद्रोह किया। फिर भी उच्च जाति के हिंदुओं ने अपनी विशेषाधिकार प्राप्त स्थिति को सफलतापूर्वक बनाए रखा है। शिक्षा, धन और सत्ता को पास–पास रखने की यह मनोवृत्ति अपने लिए सुरक्षित रखना और इसे साझा करने से इनकार करना, जो उच्च है उच्च जाति के हिंदुओं का निम्न के साथ संबंध विकसित हुआ है उनके द्वारा इसे मुसलमानों तक बढ़ाने की माँग की गई है।

वे मुसलमानों को स्थान और सत्ता से बाहर करना चाहते हैं, जैसा कि उन्होंने निम्न वर्ग के हिंदुओं के साथ किया है। उच्च जाति के हिंदुओं की यही विशेषता उनकी राजनीति को समझने की कुंजी है।

दो चित्रण से उनकी इस विशेषता का पता चलता है। 1929 में हिंदुओं ने साइमन कमीशन के समक्ष सिंध को बॉम्बे प्रेसीडेंसी से अलग करने का कर्मठता से और जोरदार विरोध किया। लेकिन 1915 में सिंध के हिंदुओं ने इसके विपरीत दलील दी और चाहते थे कि सिंध को बम्बई से अलग कर दिया जाए। दोनों ही मामलों में वजह एक ही थी।

1915 में सिंध में कोई प्रतिनिधि सरकार नहीं थी, यदि होती तो निस्संदेह मुस्लिम सरकार होती। हिंदुओं ने अलगाव की वकालत की क्योंकि मुस्लिम सरकार की अनुपस्थिति में, वे अधिक से अधिक डिग्री में सरकार में नौकरियां प्राप्त कर सकते थे। 1929 में, उन्होंने सिंध को अलग करने का विरोध किया क्योंकि वे जानते थे कि एक अलग सिंध एक मुस्लिम सरकार के अधीन होगा, और एक मुस्लिम सरकार निश्चित रूप से उनके एकाधिकार को भंग कर देगी और मुस्लिम उम्मीदवारों के लिए जगह बनाने के लिए उन्हें विस्थापित कर देगी। बंगाल के विभाजन पर बंगाली हिंदुओं का विरोध उच्च जाति के हिंदुओं की इस विशेषता का एक और उदाहरण है। बंगाली हिंदू के पास अपना चरागाह पूरा बंगाल, बिहार, उड़ीसा, असम और यहाँ तक कि उत्तर प्रदेश भी था। उन्होंने इन सभी प्रांतों में सिविल सेवा पर कब्जा कर लिया था। बंगाल के विभाजन का मतलब इस चरागाह के क्षेत्र में कम आना था। इसका मतलब था कि बंगाली मुसलमानों के लिए जगह बनाने के लिए बंगाली हिंदू को पूर्वी बंगाल से बाहर कर दिया जाना था, जिनके पास अब तक बंगाल की सिविल सेवा में कोई जगह नहीं थी। बंगाली हिंदुओं की ओर से बंगाल के विभाजन का विरोध मुख्यतः उनकी इच्छा के कारण था कि वे बंगाल के मुसलमानों को पूर्वी बंगाल में अपना स्थान लेने की अनुमति नहीं देना चाहते थे। बंगाली हिंदुओं ने सपने में भी नहीं सोचा था कि विभाजन का विरोध करके और साथ ही स्वराज की माँग करके वे मुसलमानों को पूर्वी और पश्चिमी बंगाल दोनों का शासक बनाने का रास्ता तैयार कर रहे हैं।

ये विचार किसी के मन में इसलिए आते हैं क्योंकि उसे डर है कि उच्च जाति के हिंदू, अपने वंशानुगत गुणों से अंधे होकर, किसी अन्य कारण से पाकिस्तान का विरोध नहीं कर सकते हैं, सिवा इसके कि यह उनके स्वार्थी केरियर के लिए क्षेत्र को सीमित करता है। इसके कई कारणों में से एक पाकिस्तान के रास्ते में आ सकता है, किसी को हैरान होने की जरूरत नहीं यदि उनमें से एक उच्च जाति के हिंदुओं का स्वार्थ है।

पंजाब और बंगाल के हिंदुओं के लिए दो विकल्प हैं और उन्हें उनका निष्पक्ष और स्पष्ट रूप से सामना करने के लिए कहा जा सकता है। पंजाब में मुसलमानों की संख्या 13,332,460 है और सिक्खों और बाकी लोगों के साथ हिंदुओं की संख्या 11,392,732 है। अंतर केवल 1,939,728 है। इसका मतलब यह है कि पंजाब में मुस्लिम बहुमत केवल 8 प्रतिशत का बहुमत है। इन तथ्यों को देखते हुए, जो बेहतर है– पंजाब की एकता को बनाए रखना और 54 प्रतिशत मुस्लिम बहुमत को अनुमति देना। 46 प्रतिशत हिंदू अल्पसंख्यक पर शासन करना। या सीमाओं को फिर से निर्धारित करने के लिए, मुसलमानों और हिंदुओं को अलग–अलग राष्ट्रीय राज्यों के अधीन रहने की अनुमति देने के लिए, और इस तरह पूरे हिंदुओं को मुस्लिम शासन के आतंक से बचाने के लिए?

बंगाल में मुसलमानों की संख्या 27,497,624 और हिंदुओं की संख्या 21,570,407 है। अंतर सिर्फ 5,927,217 का है. इसका मतलब यह है कि बंगाल में मुस्लिम बहुमत केवल 12 प्रतिशत का है। इन तथ्यों को देखते हुए, जो बेहतर है– पूर्वी बंगाल और सिलहट से बाहर एक राष्ट्रीय मुस्लिम राज्य के निर्माण का विरोध करना, सीमाओं को फिर से बनाने से इनकार करना और केवल 12 प्रतिशत मुस्लिम बहुमत को अनुमति देना। 44 प्रतिशत हिंदू अल्पसंख्यक पर शासन करना, या सीमाओं को फिर से बनाने, मुसलमानों और हिंदुओं को अलग–अलग राष्ट्रीय राज्यों के तहत रखने और इस तरह 44 प्रतिशत को बचाने के लिए सहमति देना। मुस्लिम शासन की भयावहता से हिंदू बंगाल और पंजाब के हिंदू इस पर विचार करें कि उन्हें कौन–सा विकल्प पसंद करना चाहिए। मुझे ऐसा लगता है कि वह क्षण आ गया है जब बंगाल और पंजाब के उच्च जाति के हिंदुओं को बताया जाना चाहिए कि यदि वे पाकिस्तान का विरोध करने का प्रस्ताव करते हैं, क्योंकि यह लाभकारी रोजगार के लिए एक क्षेत्र को काट देता है, तो वे सबसे बड़ी गलती कर रहे हैं। स्थान और सत्ता का एकाधिकार अपने हाथों में सफलतापूर्वक बनाए रखने का समय चला गया है। वे राष्ट्रवाद के नाम पर हिंदुओं के निचले

तबके को धोखा दे सकते हैं, लेकिन वे मुस्लिम प्रांतों में मुस्लिम बहुसंख्यकों को धोखा नहीं दे सकते हैं और स्थान और सत्ता पर अपना एकाधिकार बनाए नहीं रख सकते हैं। हिंदुओं का संकल्प–अगर उनकी पुकार पाकिस्तान के खिलाफ हो सकती है, ऐसा माना जाता है–मुस्लिम बहुमत के अधीन रहना और विरोध करना आत्मनिर्णय एक बहुत साहसी बात हो सकती है। लेकिन यह होगा यदि हिंदू यह विश्वास करते हैं कि वे मुसलमानों को मूर्ख बनाकर अपना स्थान और शक्ति बनाए रख सकेंगे, तो यह बहुत बुद्धिमानी की बात नहीं होगी। जैसा कि लिंकन ने कहा था, सभी लोगों को हर समय मूर्ख बनाना संभव नहीं है। यदि हिंदू मुस्लिम बहुमत के तहत रहना चुनते हैं तो संभावना है कि वे अपना सब कुछ खो देंगे। दूसरी ओर, यदि बंगाल और पंजाब के हिंदू अलग होने के लिए सहमत हो जाते हैं, तो सच है, उन्हें अधिक नहीं मिलेगा, लेकिन वे निश्चित रूप से सब कुछ नहीं खोएंगे।

भाग–3

पाकिस्तान नहीं तो क्या?

पाकिस्तान के लिए मुस्लिम मामला और उसके विरुद्ध हिंदू मामला बताने के बाद, पाकिस्तान के विकल्प की ओर मुड़ना आवश्यक है, यदि कोई हो। पाकिस्तान पर अपना निर्णय देते समय, किसी को इसके विकल्पों को ध्यान में रखना चाहिए। या तो पाकिस्तान का कोई विकल्प नहीं है या फिर पाकिस्तान का विकल्प तो है, लेकिन वो पाकिस्तान से भी बदतर है। तीसरा, किसी को यह भी ध्यान में रखना चाहिए कि यदि पाकिस्तान या उसका विकल्प संबंधित पक्षों को स्वीकार्य नहीं पाया गया तो परिणाम क्या होंगे। इन बिंदुओं पर असर डालने वाले प्रासंगिक आंकड़ों को इस भाग में निम्नलिखित शीर्षकों के तहत प्रस्तुत किया गया है–

1. *पाकिस्तान का हिंदू विकल्प।*
2. *पाकिस्तान का मुस्लिम विकल्प।*
3. *विदेश से सबक।*

अध्याय–7

पाकिस्तान का हिंदू विकल्प

I

पाकिस्तान के लिए हिंदू विकल्प के बारे में सोचते हुए, जो योजना तुरंत दिमाग में आती है वह 1925 में स्वर्गीय लाला हरदयाल द्वारा प्रस्तुत की गई थी। इसे एक व्याख्यान के रूप में प्रकाशित किया गया था जो लाहौर के प्रताप में छपा था। इस बयान में, जिसे उन्होंने अपना राजनीतिक वसीयतनामा कहा, लाला हरदयाल ने कहा–

"मैं घोषणा करता हूँ कि हिंदू जाति, हिंदुस्तान और पंजाब का भविष्य, इन चार स्तंभों पर टिका है– (1) हिंदू संगठन, (2) हिंदू राज, (3) मुसलमानों की शुद्धि, और (4) विजय और शुद्धि अफगानिस्तान और सीमांत पर।

जब तक हिंदू राष्ट्र इन चार चीजों को पूरा नहीं करता, हमारे बच्चों और पोते–पोतियों की सुरक्षा हमेशा खतरे में रहेगी, और हिंदू जाति की सुरक्षा असंभव होगी। हिंदू जाति इसका एक ही इतिहास है, और इसकी संस्थाएं सजातीय हैं। लेकिन मुसलमान और ईसाई हिंदू धर्म की सीमाओं से बहुत दूर हैं, क्योंकि उनके धर्म विदेशी हैं और वे फारसी, अरब और यूरोपीय संस्थानों से प्यार करते हैं। इस प्रकार, जैसे कोई विदेशी पदार्थ को हटा देता है आँख, शुद्धि इन दोनों धर्म से बनी होगी। अफगानिस्तान और सीमांत के पहाड़ी क्षेत्र पहले भारत का हिस्सा थे, लेकिन वर्तमान में इस्लाम के प्रभुत्व में हैं.... जैसे नेपाल में हिंदू धर्म है,

इसलिए अफगानिस्तान और सीमांत क्षेत्र में हिंदू संस्थाएं होनी चाहिए, अन्यथा स्वराज को जीतना बेकार है। क्योंकि, पर्वतीय जनजातियां हमेशा युद्धप्रिय और भूखी रहती हैं। यदि वे हमारे शत्रु हो गये तो नादिरशाह और जमानशाह का युग नये सिरे से प्रारम्भ होगा। इस समय अंग्रेज अधिकारी सीमाओं की रक्षा कर रहे हैं, लेकिन यह हमेशा नहीं हो सकता... यदि हिंदू अपनी रक्षा करना चाहते हैं, तो उन्हें अफगानिस्तान और सीमाओं पर विजय प्राप्त करनी होगी और सभी पर्वतीय जनजातियों का धर्म–परिवर्तन करना होगा।"[1]

मैं नहीं जानता कि कितने हिंदू पाकिस्तान के विकल्प के रूप में लाला हरदयाल की इस योजना को अपना समर्थन देने के लिए आगे आएंगे।

पहली बात तो यह कि हिंदू धर्म कोई धर्मांतरण कराने वाला धर्म नहीं है। मौलाना मोहम्मद अली बिल्कुल सही थे, जब कांग्रेस के अध्यक्ष के रूप में अपने संबोधन के दौरान उन्होंने कहा–

"अब, यह लंबे समय से हिंदू धर्म के खिलाफ मेरी शिकायत रही है, और एक अवसर पर, 1907 में इलाहाबाद में व्याख्यान देते समय मैंने मुसलमानों और हिंदुओं के बीच विरोधाभास को यह कहकर इंगित किया था कि एक मुसलमान के बारे में सबसे खराब बात कही जा सकती है। उसके पास एक बेस्वाद भोजनालय था जिसे वह राजाओं के लिए उपयुक्त व्यंजन कहता था, और चाहता था कि सभी इसे उसके साथ साझा करें, इसे उन लोगों के गले में डाल दें जो इसे पसंद नहीं करते थे और इसे खाना पसंद नहीं करते थे, जबकि उसका हिंदू भाई, जो घमंड करता था स्वयं अपनी रसोई में, अपनी रसोई के एकांत में चला गया और लालच से वह सब कुछ खा गया जो उसने पकाया था, अपने भोजन पर अपने भाई की छाया भी नहीं पड़ने दी, या उसके लिए एक टुकड़ा भी नहीं छोड़ा। यह पूरी तरह से हल्केपन में नहीं कहा गया था और वास्तव में, मैंने एक बार महात्मा गांधी से अपने विश्वास की इस विशेषता को मेरे सामने उचित ठहराने के लिए कहा था।"

1. देखें टाइम्स ऑफ इंडिया दिनांक 25–7–1925। "सीधे भारतीय आँखों से"।

महात्मा ने उनके प्रश्न का क्या उत्तर दिया, इसका खुलासा श्री मोहम्मद अली ने नहीं किया। सच तो यह है कि हिंदू चाहे कितना भी चाहें, हिंदू धर्म इस्लाम या ईसाई धर्म की तरह मिशनरी धर्म नहीं बन सकता। ऐसा नहीं है कि हिंदू धर्म कभी मिशनरी धर्म नहीं था। इसके विपरीत, यह एक समय एक मिशनरी धर्म था–वास्तव में एक मिशनरी धर्म नहीं हो सकता था, अन्यथा यह समझाना मुश्किल है कि यह भारतीय महाद्वीप जैसे जब विशाल क्षेत्र में कैसे फैल सकता था।[1] लेकिन एक बार एक मिशनरी धर्म, हिंदू धर्म उस समय के बाद जब हिंदू समाज ने जातियों की व्यवस्था विकसित की, बलपूर्वक एक मिशनरी धर्म नहीं रह गया। क्योंकि, जाति परिवर्तन से असंगत है। किसी अजनबी को अपने धर्म में परिवर्तित करने में सक्षम होने के लिए, किसी समुदाय के लिए अपने पंथ की पेशकश करना पर्याप्त नहीं है। उसे इस स्थिति में होना चाहिए कि वह धर्मान्तरित व्यक्ति को अपने सामाजिक जीवन में शामिल कर सके और उसे अपने रिश्तेदारों के बीच समाहित कर सके। प्रभावी रूपांतरण की इस शर्त को पूरा करना हिंदू समाज के लिए संभव नहीं है। मिशनरी उत्साह वाले हिंदू को ऐसा करने से कोई नहीं रोक सकता किसी विदेशी को हिंदू धर्म में परिवर्तित करने के लिए आगे बढ़ना। लेकिन इससे पहले कि वह किसी विदेशी का धर्म–परिवर्तन करे, उसे इस प्रश्न का सामना करना पड़ेगा– धर्म–परिवर्तन करने वाले की जाति क्या होगी? हिंदुओं के अनुसार, किसी व्यक्ति को किसी जाति से संबंधित होने के लिए उसका उसमें जन्म लेना आवश्यक है। धर्म–परिवर्तन करने वाला किसी जाति में पैदा नहीं होता, इसलिए वह किसी जाति का नहीं होता। यह भी एक अहम सवाल है। राजनीतिक या धार्मिक से अधिक, मनुष्य एक सामाजिक प्राणी है। हो सकता है कि उसके पास धर्म न हो, उसकी आवश्यकता न हो। हो सकता है कि उसके पास राजनीति न हो, न ही उसकी

1. इस प्रश्न पर कि क्या हिंदू धर्म एक मिशनरी धर्म था और यदि यही कारण है कि ऐसा होना बंद हो गया, वार्षिक में जाति और रूपांतरण पर मेरा निबंध देखें 1926 के तेलुगु समाचार का क्रमांक।

आवश्यकता हो। उसके पास समाज होना चाहिए। वह समाज के बिना नहीं रह सकता। एक हिंदू के लिए जाति के बिना होना समाज के बिना होना है। जहाँ धर्म परिवर्तन करने वालों के लिए कोई समाज नहीं है, वहां धर्म परिवर्तन कैसे हो सकता है? जब तक हिंदू समाज स्वशासी और ऑटोजेनिक जातियों में बंटा हुआ है, तब तक हिंदू धर्म एक मिशनरी धर्म नहीं हो सकता। इसलिए, अफगानों और सीमावर्ती जनजातियों का हिंदू धर्म में रूपांतरण एक अधूरा सपना है।

दूसरे स्थान पर, लाला हरदयाल की योजना के लिए विशाल वित्तीय संसाधनों की आवश्यकता होगी जिसकी गणना करना मुश्किल से संभव है। अफगानों और सीमांत जनजातियों को हिंदू धर्म में परिवर्तित करने के लिए आवश्यक धनराशि कौन प्रदान कर सकता है? लंबे समय से दूसरों को अपने धर्म में परिवर्तित करना बंद करने के कारण हिंदुओं में धर्मांतरण का उत्साह भी खत्म हो गया है। उत्साह की कमी का वित्त के प्रश्न पर प्रभाव पड़ना निश्चित है। इसके अलावा, हिंदू समाज को चतुवर्ण के ढांचे में ढालने के कारण, प्राचीन काल से ही धन का वितरण सबसे असमान रूप से हुआ है। हिंदुओं में बनिया ही धन–संपत्ति का उत्तराधिकारी होता है। निस्संदेह, ऐसे जमींदार हैं जो विदेशी आक्रमणकारियों या देशी विद्रोहियों की उपज हैं, लेकिन वे बनियों जितनी संख्या में नहीं हैं। बनिया पैसे से बना हुआ है और उसके कार्य केवल निजी लाभ के लिए हैं। वह धन को अपने पास रखने और उसे अपने वंशजों तक पहुँचाने के अलावा इसका कोई अन्य उपयोग नहीं जानता। धर्म का प्रसार या संस्कृति का अर्जन और प्रचार–प्रसार उसे रुचिकर नहीं लगता। यहाँ तक कि सभ्य जीवन का भी उसके बजट में कोई स्थान नहीं है। यह उनकी युगों–युगों से परंपरा रही है। यदि धन को छोड़ दिया जाए, तो वह जीवन की अवधारणा और ढंग में पाशविकता से बहुत ऊपर नहीं है। व्यय पक्ष में केवल एक नई सेवा को उनके बजट में जगह मिली है। यह सेवा ही राजनीति है, यह होता है–एक राजनीतिक नेता के रूप में श्री गांधी के प्रवेश के बाद से वह नई सेवा ही गांधीवादी राजनीति का सहारा है।

यहाँ फिर से इसका कारण राजनीति का प्रेम नहीं है। इसका कारण सार्वजनिक मामलों से निजी लाभ कमाना है। क्या उम्मीद है कि ऐसे लोग अफगानों और सीमांत जनजातियों के बीच हिंदू धर्म के प्रसार जैसे बेकार काम पर पैसा खर्च करेंगे?

तीसरा, अफगानिस्तान में उपलब्ध धर्मांतरण की सुविधाओं का प्रश्न है। लाला हरदयाल ने स्पष्ट रूप से सोचा कि अफगानिस्तान में, तुर्की की तरह ही, उतनी ही बेबाकी से यह कहना संभव है कि कुरान गलत है या पुराना है। लाला हरदयाल द्वारा अपने राजनीतिक वसीयतनामे के प्रकाशन से केवल एक साल पहले यानी 1924 में, एक नियामतुल्ला– कादिआन के मिर्जा गुलाम अहमद के अनुयायी– जो मसीहा और महदी और एक प्रकार के पैगंबर होने का दावा करते थे–

काबुल में पत्थर मारकर हत्या कर दी गई थी। अफगानिस्तान के सर्वोच्च चर्च न्यायाधिकरण के आदेश से। जैसा कि खिलाफत अखबार में बताया गया है, इस व्यक्ति[1] का अपराध यह था कि वह इस्लाम और शरीयत के साथ असंगत विचारों और मान्यताओं का प्रचार और प्रचार कर रहा था। यह मऊ कहता है कि पहले शरई (कैनन) न्यायालय, केंद्रीय अपीलीय न्यायालय और न्याय मंत्रालय की अंतिम अपीलीय समिति के उलेमा और देवताओं के सहमत निर्णयों के अनुसार उसी समाचार पत्र के अनुसार पत्थर मारकर हत्या कर दी गई थी। इन कठिनाइयों के आलोक में, यह कहा जाना चाहिए कि यह योजना अपनी अवधारणा में बेतुकी है और इसके कार्यान्वयन में निश्चित रूप से विनाशकारी साबित होगी। यह चरित्र में साहसी है और पंजाब के कुछ कट्टर आर्य समाजियों को छोड़कर किसी भी समझदार व्यक्ति को आकर्षित करने के लिए बहुत शानदार है।

II

हिंदू महासभा द्वारा अपनाए गए रुख को सभा के अध्यक्ष श्री वी.डी. सावरकर ने सभा के वार्षिक सत्र में अपने अध्यक्षीय संबोधन में परिभाषित

1. टाइम्स ऑफ इंडिया में 27–11–24 "रिपोर्टः इंडियन आइज"।

किया है। उनकी परिभाषा के अनुसार, हिंदू महासभा पाकिस्तान के खिलाफ है और हर तरह से इसका विरोध करने का प्रस्ताव करती है। ये साधन क्या हैं हम नहीं जानते। यदि वे बल, दबाव और प्रतिरोध हैं, तो वे केवल नकारात्मक विकल्प हैं और श्री सावरकर और हिंदू महासभा ही बता सकते हैं कि ये साधन कहां तक सफल होंगे।

हालांकि, श्री सावरकर के लिए यह कहना उचित नहीं होगा कि भारत के मुसलमानों द्वारा प्रस्तुत दावे के प्रति उनका दृष्टिकोण केवल नकारात्मक है। उन्होंने उनके जवाब में अपने सकारात्मक प्रस्ताव रखे हैं।

उनके सकारात्मक प्रस्तावों को समझने के लिए उनकी कुछ बुनियादी अवधारणाओं को समझना होगा। श्री सावरकर हिंदू धर्म, हिंदुत्व और हिंदूडोम जैसे शब्दों की उचित समझ पर बहुत जोर देते हैं। वह कहते हैं:[1]–

"हिंदू आंदोलन की विचारधारा को उजागर करने में, इन तीन शब्दों से जुड़े अर्थ की सही समझ होना नितांत आवश्यक है। 'हिंदू' शब्द से अंग्रेजी में 'हिंदूइज्म' शब्द बना है। इसका अर्थ है स्कूल या हिंदू धर्म प्रणाली का पालन करते हैं। दूसरा शब्द 'हिंदुत्व' कहीं अधिक व्यापक है और यह न केवल हिंदू लोगों के धार्मिक पहलुओं को संदर्भित करता है जैसा कि 'हिंदू–वाद' शब्द करता है, बल्कि उनके सांस्कृतिक, भाषाई, सामाजिक और राजनीतिक पहलुओं को भी समझता है। साथ ही यह कमोबेश 'हिंदू राजव्यवस्था' के समान है और इसका लगभग सटीक अनुवाद 'हिंदूपन' होगा। तीसरा शब्द 'हिंदूडोम' का अर्थ सामूहिक रूप से बोली जाने वाले हिंदू लोगों से है। यह हिंदू दुनिया के लिए एक सामूहिक नाम है, बस चूंकि इस्लाम मुस्लिम विश्व को दर्शाता है।"

श्री सावरकर का यह कहना घोर बहकाना है कि हिंदू महासभा एक धार्मिक संस्था है। इस गलतबयानी का खंडन करते हुए श्री सावरकर कहते हैं[2]–

1. हिंदू महासभा के कलकत्ता अधिवेशन में भाषण दिसम्बर 1939, पृ. 14.
2. उक्त., पृ. 25.

"यह मेरी सूचना में आया है कि अंग्रेजी शिक्षा प्राप्त हिंदुओं का एक बहुत बड़ा वर्ग हिंदू महासभा में शामिल होने से कतराता है... इस गलत विचार के तहत कि यह एक विशेष रूप से धार्मिक संगठन है– कुछ–कुछ ईसाई मिशन जैसा। कुछ भी सच्चाई से दूर नहीं हो सकता। हिंदू महासभा एक हिंदू मिशन नहीं है। यह आस्तिकता, एकेश्वरवाद, सर्वेश्वरवाद या यहाँ तक कि नास्तिकता से संबंधित धार्मिक प्रश्नों को विभिन्न हिंदू धार्मिक विद्यालयों द्वारा चर्चा और निर्धारित करने के लिए छोड़ देता है। यह हिंदू धर्म नहीं है महासभा, लेकिन एक हिंदू–राष्ट्रीय महासभा। नतीजतन, इसके संविधान के अनुसार इसे हिंदू धर्म के भीतर भी किसी विशेष धार्मिक स्कूल या संप्रदाय के साथ विशेष रूप से जुड़ने से प्रतिबंधित किया गया है। एक राष्ट्रीय हिंदू निकाय के रूप में यह निश्चित रूप से प्रचार करेगा और किसी भी गैर–हिंदू हमले या अतिक्रमण के खिलाफ हिंदुस्तानी मूल के सभी धर्मों वाले राष्ट्रीय हिंदू चर्च की रक्षा करें। लेकिन एक विशेष रूप से धार्मिक निकाय की तुलना में इसकी गतिविधि का क्षेत्र कहीं अधिक व्यापक है। हिंदू महासभा अपनी संपूर्णता में हिंदू धर्म के राष्ट्रीय जीवन, उसके सभी सामाजिक, आर्थिक, सांस्कृतिक और सबसे ऊपर राजनीतिक पहलुओं से अपनी पहचान रखती है और हिंदू की स्वतंत्रता, ताकत और गौरव में योगदान देने वाली सभी चीजों की रक्षा और प्रचार करने का वचन देती है। राष्ट्रीय और पूर्ण स्वराज्य, यानी सभी वैध और उचित तरीकों से हिंदुस्तान की पूर्ण राजनीतिक स्वतंत्रता प्राप्त करने के लिए एक अनिवार्य साधन के रूप में।"

श्री सावरकर यह स्वीकार नहीं करते कि हिंदू महासभा की स्थापना मुस्लिम लीग का प्रतिकार करने के लिए की गई थी और जैसे ही सांप्रदायिक पुरस्कार से उत्पन्न होने वाली समस्याओं का समाधान हिंदुओं और मुसलमानों दोनों की संतुष्टि के लिए किया जाएगा, हिंदू महासभा गायब हो जाएगी। श्री सावरकर इस बात पर जोर देते हैं कि भारत के राजनीतिक रूप से स्वतंत्र होने के बाद भी हिंदू महासभा को काम करना जारी रखना चाहिए। वह कहते है[1]–

1. पूर्वोक्त, पृ. 24–27.

"...कई सतही आलोचकों को लगता है कि महासभा का उद्देश्य केवल मुस्लिम लीग या कांग्रेस के वर्तमान नेताओं की हिंदू विरोधी नीति पर अंकुश लगाने के लिए एक प्रतिक्रियास्वरूप काम करना था और जैसे ही यह अदालत से बाहर हो जाएगी या स्वचालित रूप से काम करना बंद कर देगी। अस्तित्त्व के इस नकली बहाने से वंचित होंगी। लेकिन अगर महासभा के लक्ष्य और उद्देश्य का कोई अर्थ है तो यह स्पष्ट है कि यह किसी झागदार बहाव, यहाँ किसी शिकायत को दूर करने या वहां किसी मौसमी पार्टी का विरोध करने के लिए किए गए किसी उग्र आंदोलन का नतीजा नहीं था। तथ्य यह है कि प्रत्येक जीव, चाहे वह व्यक्तिगत हो या सामाजिक, जो जीवित है और जीवित रहने का हकदार है, जैसे ही उसे प्रतिकूल रूप से बदलते परिवेश का सामना करना पड़ता है, वह आक्रामक और रक्षात्मक अंगों को त्याग देता है। हिंदू राष्ट्र ने भी जैसे ही खुद को कांग्रेस ब्रांड की छद्म–राष्ट्रवादी विचारधारा की घुटन भरी पकड़ से मुक्त किया और आधुनिक युग की बदली हुई परिस्थितियों में अस्तित्त्व के संघर्ष में लड़ने के लिए एक नया अंग विकसित किया। यह हिंदू महासभा थी। यह राष्ट्रीय जीवन की मूलभूत आवश्यकता से विकसित हुआ है, न कि किसी क्षणिक घटना से। इसके लक्ष्यों और उद्देश्यों का रचनात्मक पक्ष यह स्पष्ट करता है कि इसका मिशन राष्ट्र के जीवन की तरह ही स्थायी है। लेकिन इसके अलावा, अपनी नीति को लगातार बदलती राजनीतिक धाराओं के अनुरूप ढालने की रोजमर्रा की आवश्यकता भी इसे अयोग्य बनाती है।

एक विशेष रूप से हिंदू संगठन बनाने के लिए हिंदू धर्म पर उद्यत किसी भी नैतिक या बौद्धिक दासता या अधीनता से स्वतंत्र किसी भी गैर–हिंदू या संयुक्त रूप से प्रतिनिधि संस्था की रक्षा के लिए हिंदू हितों को खतरे में पड़ने से बचाएं। यह केवल हिंदुस्तान की वर्तमान राजनीतिक अधीनता के तहत ही ऐसा नहीं है लेकिन ऐसे कुछ विशेष रूप से हिंदू संगठन का होना और भी आवश्यक होगा।

कुछ ऐसी हिंदू महासभा, चाहे वह इस वर्तमान संगठन के समान हो या अन्यथा आने वाली कुछ शताब्दियों के लिए हिंदू धर्म के द्वार पर एक

प्रहरीदुर्ग के रूप में काम करेगी, भले ही हिंदुस्तान आंशिक रूप से या पूरी तरह से स्वतंत्र हो और एक राष्ट्रीय संसद अपने राजनीतिक भाग्य को नियंत्रित करती है।

"क्योंकि, जब तक प्रकृति में कोई पूरी तरह से प्रलयंकारी घटना दुनिया में चीजों के पूरे राजनीतिक क्रम को उलट नहीं देती है, जिसकी व्यावहारिक राजनीति आज कल्पना नहीं कर सकती है, तो तत्काल भविष्य में उचित रूप से उम्मीद की जा सकती है कि हम हिंदू इंग्लैंड पर हावी हो सकते हैं और उसे पहचानने के लिए मजबूर कर सकते हैं। वेस्टमिंस्टर कानून में अपेक्षित स्थिति के साथ भारत एक स्वशासित इकाई के रूप में। अब ऐसे स्वशासित भारत में एक राष्ट्रीय संसद केवल मतदाताओं, हिंदुओं और मुसलमानों, जैसा कि हम उन्हें पाते हैं, उनके संबंधों को प्रतिबिंबित कर सकती है। थोड़ा बेहतर हुआ या शायद थोड़ा बिगड़ गया। कोई भी यथार्थवादी इस संभावना से अनभिज्ञ नहीं हो सकता कि भारत को एक मुस्लिम राज्य में बदलने के लिए मुस्लिमों को प्रेरित करने वाले अतिरिक्त–क्षेत्रीय डिजाइन और गुप्त आग्रह किसी भी समय हिंदुस्तानी राज्य का सामना कर सकते हैं, यहाँ तक कि स्व–शासन के तहत भी। सरकार या तो गृहयुद्ध के साथ या मुसलमानों द्वारा विदेशी आक्रमणकारियों के प्रति विश्वासघात के साथ है। फिर इस बात की भी पूरी संभावना है कि कट्टर दंगों, सेवाओं, विधायी सीटों, वजन के लिए संघर्ष का खतरा कम से कम एक सदी तक बना रहेगा। मुस्लिम अल्पसंख्यकों की आबादी उनकी आबादी के अनुपात से बाहर हो गई है और परिणामस्वरूप आंतरिक शांति के लिए खतरा लगातार बना हुआ है। इस संभावना को जांचने के लिए, यदि हम बुद्धिमान हैं तो हमें हिंदुस्तान को एक स्वशासित देश का दर्जा प्राप्त होने के बाद भी हमेशा ध्यान में रखना चाहिए, हिंदू महासभा जैसा हिंदू धर्म का एक शक्तिशाली और विशिष्ट संगठन हमेशा ताकत का एक निश्चित और समर्पित स्रोत साबित होगा। यह हिंदुओं के लिए एक आरक्षित बल है जो संयुक्त संसद की तुलना में अपनी शिकायतों को अधिक प्रभावी ढंग से व्यक्त कर सकता है, आने वाले खतरे को भांप

सकता है, समय रहते हिंदुओं को इसके खिलाफ चेतावनी दे सकता है और जरूरत पड़ने पर किसी भी विश्वासघाती डिजाइन का मुकाबला कर सकता है। संयुक्त राज्य ही अनजाने में शिकार बन सकते हैं।

"कनाडा का इतिहास, फिलिस्तीन के आंदोलन के युवा तुर्क आपको दिखाएंगे कि हर राज्य में जहाँ दो या अधिक इसमें हिंदू और मुसलमान जैसे अधिक परस्पर विरोधी तत्त्व शामिल हैं भारत घटक के रूप में अस्तित्त्व में है, उनमें से समझदार को यह करना होगा अपने विशिष्ट संगठन को अक्षुण्ण, मजबूत और सतर्क बनाए रखें राष्ट्रीय राज्य पर विश्वासघात या कब्जा करने के किसी भी प्रयास को परास्त करें विपरीत पक्ष द्वारा खासतौर पर तब जब उस पार्टी में अतिरिक्त क्षेत्रीय लोग हों– विदेशी सीमावर्ती राज्यों के साथ क्षेत्रीय समानताएं, धार्मिक या सांस्कृतिक हो।"

यह बताने के बाद कि हिंदुस्तान क्या है और हिंदू महासभा क्या है, श्री सावरकर आगे चलकर स्वराज की अपनी अवधारणा को परिभाषित करते हैं। श्री सावरकर के अनुसार[1]–

"हिंदुओं के लिए स्वराज का अर्थ केवल वही होना चाहिए जिसमें उनका 'स्वत्व', उनका 'हिंदुत्व' किसी भी गैर–हिंदू लोगों द्वारा आधिपत्य किए बिना खुद को स्थापित कर सके, चाहे वे भारतीय प्रादेशिक हों या राज्येतर– कुछ अंग्रेज हैं और हो सकते हैं क्षेत्रीय रूप से जन्मे भारतीय हों। इसलिए, क्या इन एंग्लो–इंडियनों का आधिपत्य हिंदुओं के लिए 'स्वराज्य' हो सकता है? औरंगजेब या टीपू वंशानुगत भारतीय थे, नहीं, परिवर्तित हिंदू माताओं के बेटे थे। क्या इसका मतलब औरंगजेब का शासन था या टीपू हिंदुओं के लिए 'स्वराज्य' था? नहीं! हालांकि वे क्षेत्रीय रूप से भारतीय थे, वे हिंदू धर्म के सबसे बुरे दुश्मन साबित हुए और इसलिए, एक शिवाजी, एक गोबिंदसिंह, एक प्रताप या पेशवा को मुस्लिम प्रभुत्व के खिलाफ लड़ना पड़ा और स्थापित करना पड़ा असली हिंदू स्वराज्य।"

---

1. उक्त., पृ. 18.

अपने स्वराज के हिस्से के रूप में श्री सावरकर दो बातों पर जोर देते हैं।

सबसे पहले, हिंदुस्तान नाम को भारत के उचित नाम के रूप में बनाए रखना।[1]

'हिंदुस्तान' नाम हमारे देश का उपनाम बना रहना चाहिए। भारत, हिंद आदि जैसे अन्य नाम, जो एक ही मूल शब्द सिंधु से लिए गए हैं, का उपयोग किया जा सकता है, लेकिन केवल उसी अर्थ में हिंदुओं की भूमि को दर्शाने के लिए, एक वह देश जो हिंदू राष्ट्र का निवास स्थान है। आर्यावर्त, भारत–भूमि और ऐसे अन्य नाम निस्संदेह हमारी मातृभूमि के सबसे प्राचीन और सबसे प्रिय विशेषण हैं और सुसंस्कृत अभिजात वर्ग को आकर्षित करते रहेंगे। इस आग्रह में कि मातृभूमि हिंदुओं को केवल 'हिंदुस्तान' कहा जाना चाहिए, हमारे किसी भी गैर–हिंदू देशवासी के संबंध में कोई अतिक्रमण या अपमान निहित नहीं है। हमारे पारसी और ईसाई देशवासी पहले से ही सांस्कृतिक रूप से हमारे जैसे हैं और बहुत देशभक्त हैं और एंग्लो–इंडियन भी हैं इतने वैध आधार पर हम हिंदुओं के साथ सहमत होने से इनकार करना समझदारी है। जहाँ तक हमारी मुस्लिम देशवासियों के चिंता की बात है कि इस तथ्य को छुपाना बेकार है कि उनमें से कुछ पहले से ही इस मोलहिल को देखने के इच्छुक हैं हिंदू–मुसलमानों के रास्ते में एक दुर्गम पर्वत के रूप में भी हैं, लेकिन उन्हें याद रखना चाहिए कि मुसलमान केवल भारत में रहते ही नहीं हैं और ना ही भारतीय मुसलमान एकमात्र इस्लाम में वफादारों के वीर हैं। चीन में करोड़ों मुसलमान हैं ग्रीस, फिलिस्तीन और यहाँ तक की हंगरी और पोलैंड में हजारों मुसलमान उनके नागरिकों के बीच है। लेकिन अल्पसंख्यक होने के नाते, केवल एक समुदाय होने के कारण, इन देशों में उनके अस्तित्त्व को कभी भी इन देशों के प्राचीन नामों को बदलने के आधार के रूप में आगे नहीं बढ़ाया गया है जो उन जातियों के निवास का संकेत देते हैं जिनके भारी बहुमत के पास भूमि

1. उक्त., पृ. 19–20.

है। पोल्स का देश पोलैंड और ग्रीसियों का ग्रीस बना हुआ है। वहां के मुसलमानों ने उन्हें विकृत करने की न तो हिम्मत की और न ही ऐसा करने का साहस किया, लेकिन अवसर आने पर वे खुद को पोलिश मुसलमान या ग्रीसी मुसलमान या चीनी मुसलमान के रूप में अलग करने में काफी संतुष्ट हैं, उसी तरह हमारे मुसलमान देशवासी भी जब चाहें राष्ट्रीय या क्षेत्रीय रूप से खुद को 'हिंदुत्ववादी मुसलमान' के रूप में अलग कर सकते हैं। 'धार्मिक या सांस्कृतिक इकाई के रूप में अपनी पृथकता से जरा भी समझौता किए बिना। नहीं, भारत में आगमन के बाद से ही मुसलमान अपनी इच्छा से स्वयं को 'हिंदुस्तानी' कहते रहे हैं।

"लेकिन अगर इन सबके बावजूद हमारे देशवासियों में से कुछ उग्र मुस्लिम वर्ग हमारे देश के इस नाम पर भी आपत्ति करते हैं, तो यह कोई कारण नहीं है कि हमें अपने विवेक के प्रति कायरतापूर्ण व्यवहार करना चाहिए। हम हिंदुओं को विश्वासघात नहीं करना चाहिए या इसकी निरंतरता को तोड़ना नहीं चाहिए हमारा राष्ट्र ऋग्वैदिक काल के सिंधु से लेकर हमारी अपनी पीढ़ी के हिंदुओं तक है, जो हमारी मातृभूमि की स्वीकृत पदवी 'हिंदुस्तान' में निहित है। जिस प्रकार जर्मनों की भूमि जर्मनी है, अंग्रेजों की इंग्लैंड है, तुर्कों की तुर्किस्तान है अफगानों का अफगानिस्तान, फिर भी हमें इसे आने वाले समय के लिए पृथ्वी के मानचित्र पर अलोप्य रूप से अंकित करना होगा, एक 'हिंदुस्तान'–'हिंदुओं' की भूमि।"

दूसरा है संस्कृत की पवित्र भाषा, हिंदी को राष्ट्रीय भाषा और नागरी को हिंदू–डोम की लिपि के रूप में बनाए रखना।[1]

"संस्कृत हमारी 'देवभाषा' होगी", (देवा भाषा)[2] हमारी पवित्र भाषा और 'संस्कृत निष्ठा' ।[3] हिंदी, हिंदी जो संस्कृत से ली गई है और अपना

1. पूर्वोक्त, पृ. 21, 22, 23.
2. देवताओं की भाषा.
3. मूलतः संस्कृत.

पोषण प्राप्त करती है उत्तरार्द्ध हमारी राष्ट्रभाषा है (राष्ट्र भाषा)[1]–सबसे समृद्ध एवं सर्वाधिक सुसंस्कृत होने के साथ–साथ–दुनिया की प्राचीन भाषाओं का एड, हम हिंदुओं के लिए संस्कृत भाषाओं में सबसे पवित्र भाषा है। हमारे धर्मग्रन्थ, इतिहास, दर्शन और संस्कृति की जड़ें बहुत गहराई तक जुड़ी हुई हैं।

संस्कृत साहित्य वास्तव में हमारी जाति के मस्तिष्क का निर्माण करता है। हमारी अधिकांश मातृभाषाओं की जननी ने बाकियों को अपने सीने से लगा लिया है। आज मौजूद सभी हिंदू भाषाएं, चाहे वे संस्कृत से ली गई हों या उस पर रची गई हों, केवल संस्कृत से ग्रहण किए गए जीवन के रस पर ही विकसित और विकसित हो सकती हैं। इसलिए संस्कृत भाषा हमेशा हिंदू युवाओं के लिए शास्त्रीय पाठ्यक्रम का एक अनिवार्य घटक होना चाहिए।

"हिंदी को हिंदू धर्म की राष्ट्रीय भाषा के रूप में अपनाने में अन्य प्रांतीय भाषाओं के संबंध में कोई अपमान या कोई घृणित भेदभाव निहित नहीं है। हम सभी अपनी प्रांतीय भाषाओं से हिंदी की तरह ही जुड़े हुए हैं और वे सभी अपने–अपने क्षेत्रों में बढ़ेंगे और फलेंगे–फूलेंगे।" वास्तव में उनमें से कुछ आज अधिक प्रगतिशील और साहित्य में समृद्ध हैं। लेकिन फिर भी, कुल मिलाकर हिंदी एक राष्ट्रीय अखिल–हिंदू भाषा के उद्देश्य को सर्वोत्तम रूप से पूरा कर सकती है। यह भी याद रखना चाहिए कि हिंदी को एक राष्ट्रीय सर्व–हिंदू भाषा नहीं बनाया जा सकता है। आदेश के अनुसार राष्ट्रीय भाषा का तथ्य यह है कि भारत में अंग्रेजी या यहाँ तक कि मुसलमानों के कदम रखने से बहुत पहले हिंदी अपने सामान्य रूप में पहले ही पूरे हिंदुस्तान में राष्ट्रीय भाषा का स्थान ले चुकी थी। हिंदू तीर्थयात्री, व्यापारी, पर्यटक, सैनिक, पंडित बंगाल से सिंध और कश्मीरी से लेकर रामेश्वर तक यात्रा करते थे और हिंदी के माध्यम से खुद को एक इलाके से दूसरे इलाके में समझाते थे। जिस तरह संस्कृत हिंदू बौद्धिक जगत् की राष्ट्रीय भाषा थी, उसी तरह हिंदी

1. नहीं हैं।

भी रही है। कम से कम एक हजार साल पहले हिंदू समुदाय की राष्ट्रीय भारतीय भाषा।

"हिंदी से हमारा अभिप्राय निश्चित रूप से शुद्ध 'संस्कृत निष्ठा' हिंदी से है, जैसा कि उदाहरण के तौर पर हम इसे महर्षि दयानंद सरस्वती द्वारा लिखित 'सत्यार्थ प्रकाश' में पाते हैं। एक भी अनावश्यक विदेशी शब्द के साथ वह हिंदी कितनी सरल और निष्कलंक है और कितनी अभिव्यंजक है! यह उल्लेख किया जा सकता है कि स्वामी दयानंद जी पहले हिंदू नेता थे जिन्होंने इस विचार को सचेत और निश्चित अभिव्यक्ति दी कि हिंदी भारत की अखिल हिंदू राष्ट्रीय भाषा होनी चाहिए। 'इस संस्कृतनिष्ठ' हिंदी का इससे कोई लेना–देना नहीं है संकर, तथाकथित हिंदुस्तानी जो वर्धा योजना द्वारा तैयार की जा रही है। इतना ही नहीं बल्कि यह हमारा परम कर्तव्य है कि सभी अनावश्यक विदेशी शब्द चाहे अरबी हों या अंग्रेजी उतनी ही बेरहमी से बाहर करो, हर हिंदू भाषा से–चाहे प्रांतीय हो या द्वंद्वात्मक् ".....हमारा संस्कृत वर्णमाला क्रम ध्वन्यात्मक रूप से है सबसे उत्तम जिसे दुनिया ने अभी तक ईजाद किया है और लगभग सभी हमारी वर्तमान भारतीय लिपियां पहले से ही इसका अनुसरण करती हैं। नागरी लिपि भी इस आदेश का पालन करती है। जैसे हिंदी भाषा नागरी लिपि भी सम्पूर्ण भारत में सदियों से विद्यमान है।

अतीत में लगभग दो हजार वर्षों तक हिंदू साहित्यिक मंडलियों के बीच इसे हमारे हिंदू धर्मग्रंथों की लिपि 'शास्त्री लिपि' के नाम से भी लोकप्रिय उपनाम दिया गया था...यह सामान्य ज्ञान की बात है कि यदि बंगाली या गुजराती नागरी में छपती है, यह कमोबेश कई अन्य प्रांतों के पाठकों द्वारा समझी जाती है। एक झटके में पूरे हिंदुस्तान में एक ही आम भाषा रखना अव्यावहारिक और मूर्खतापूर्ण है। लेकिन संपूर्ण हिंदू जगत् में नागरी लिपि को एकमात्र आम लिपि के रूप में रखना कहीं अधिक संभव है। फिर भी, यह ध्यान में रखना चाहिए कि हमारे विभिन्न प्रांतों में मौजूद विभिन्न हिंदू लिपियों का अपना भविष्य है और वे नागरी के साथ–साथ फल–फूल सकती हैं। समग्र रूप से हिंद

जगत के सामान्य हित में जो कुछ भी तत्काल अपरिहार्य है वह यह है कि हिंदू छात्रों के मामले में प्रत्येक स्कूल में हिंदी भाषा के साथ–साथ नागरी लिपि को एक अनिवार्य विषय बनाया जाना चाहिए।

जैसा कि श्री सावरकर ने सोचा था, स्वराज के तहत गैर–हिंदू अल्पसंख्यकों की स्थिति क्या होगी? इस प्रश्न पर श्री सावरकर का यह कहना है[1]–

"एक बार हिंदू महासभा न केवल स्वीकार करती है बल्कि 'एक व्यक्ति एक वोट' के सिद्धांतों को बनाए रखती है और सार्वजनिक सेवाओं को केवल योग्यता के आधार पर मौलिक अधिकारों और दायित्वों में जोड़ा जाता है, जो नस्ल या धर्म के किसी भी भेद के बावजूद सभी नागरिकों द्वारा समान रूप से साझा किए जाते हैं... आगे कोई उल्लेख नहीं अल्पसंख्यक अधिकारों का सिद्धांत न केवल अनावश्यक है, बल्कि स्व–विरोधाभासी भी है। क्योंकि यह फिर से सांप्रदायिक आधार पर बहुसंख्यक और अल्पसंख्यक की चेतना का परिचय देता है। लेकिन चूंकि व्यावहारिक राजनीति को इसकी आवश्यकता है और चूंकि हिंदू संगठनवादी हमारे गैर–हिंदू देशवासियों को संदेह के भूत से भी छुटकारा दिलाना चाहते हैं, इसलिए हम इस बात पर जोर देने के लिए तैयार हैं कि अल्पसंख्यकों को उनके धर्म, संस्कृति और भाषा के संबंध में वैध अधिकार मिलेंगे। स्पष्ट रूप से गारंटी दी जाए' केवल एक शर्त पर कि बहुमत के समान अधिकारों का भी किसी भी मामले में अतिक्रमण या निरस्तीकरण नहीं किया जाना चाहिए। प्रत्येक अल्पसंख्यक के पास अपने बच्चों को अपनी भाषा, अपने धर्म या सांस्कृतिक संस्थानों में प्रशिक्षित करने के लिए अलग–अलग स्कूल हो सकते हैं और वे इसके लिए सरकारी सहायता भी प्राप्त कर सकते हैं, लेकिन हमेशा उनके द्वारा आम राजकोष में भुगतान किए जाने वाले करों के अनुपात में। एक ही सिद्धांत का होना चाहिए बहुमत के मामले में भी यह सही है।"

"इससे ऊपर यदि संविधान संयुक्त निर्वाचन मंडल पर आधारित

1. पूर्वोक्त, पृ. 4.

नहीं है और शुद्ध राष्ट्रीय सिद्धांत पर एक आदमी का एक वोट है, फिर जो अल्पसंख्यक पृथक् निर्वाचन क्षेत्र चाहते हैं वे सांप्रदायिक आधार पर आधारित हों या आरक्षित सीटें उन्हें रखने की अनुमति दी जाएगी– लेकिन हमेशा उनकी जनसंख्या के अनुपात में और बशर्ते कि यह बहुसंख्यकों को उनकी आबादी के अनुपात में समान अधिकार से वंचित न करे।"

यह पद अल्पसंख्यकों को सौंपा गया है, श्री सावरकर ने निष्कर्ष निकाला[1] कि उनकी स्वराज योजना के तहत; ".....भारत में मुस्लिम अल्पसंख्यकों को समान नागरिक के रूप में व्यवहार करने, अपनी जनसंख्या के अनुपात में समान सुरक्षा और नागरिक अधिकारों का आनंद लेने का अधिकार होगा। हिंदू बहुसंख्यक किसी भी गैर–हिंदू अल्पसंख्यकों के वैध अधिकारों का अतिक्रमण नहीं करेंगे। लेकिन किसी भी स्थिति में हिंदू बहुसंख्यक अपने उस अधिकार से इनकार नहीं कर सकता, जिसे बहुमत के रूप में वह किसी भी लोकतांत्रिक और वैध संविधान के तहत प्रयोग करने का हकदार है। विशेष रूप से मुस्लिम अल्पसंख्यकों ने अल्पसंख्यकों में रहकर हिंदुओं को बाध्य नहीं किया है और इसलिए, उन्हें ऐसा करना ही होगा। वे अपनी स्थिति और नागरिक तथा राजनीतिक अधिकारों के वैध हिस्से से, जो कि उनका आनुपातिक हक है, संतुष्ट रहते हैं। मुस्लिम अल्पसंख्यकों को अभ्यास का अधिकार देना बेतुका होगा। वैध अधिकारों और विशेषाधिकारों पर वीटो का अधिकार बहुसंख्यक हैं और इसे 'स्वराज्य' कहते हैं। हिंदू मास्टर्स का परिवर्तन नहीं चाहते हैं, वे एक एडवर्ड के स्थान पर औरंगजेब को लाने के लिए संघर्ष, लड़ाई और मरने नहीं जा रहे हैं, सिर्फ इसलिए कि वह भारतीय सीमाओं के भीतर पैदा हुआ है, लेकिन वे अब से अपने ही घर में, अपनी ही भूमि में स्वयं स्वामी बनना चाहते हैं।"

और ऐसा इसलिए है क्योंकि वह चाहते हैं कि उनके स्वराज पर मुहर लगे हिंदू राज होने के नाते श्री सावरकर चाहते हैं कि भारत को हिंदुस्तान की उपाधि मिले।

1. उक्त., पृ. 16.

इस संरचना को श्री सावरकर ने दो प्रस्तावों पर खड़ा किया है जिन्हें वे मौलिक मानते हैं।

पहला यह कि हिंदू अपने आप में एक राष्ट्र हैं। उन्होंने इस प्रस्ताव को बड़े विस्तार और जोरदार ढंग से प्रस्तुत किया है।[1] श्री सावरकर कहते हैं–

"नागपुर में अपने अध्यक्षीय भाषण में मैंने पहली बार ऐसा किया था हमारी हालिया राजनीति के इतिहास में इस बात की ओर साहसपूर्वक संकेत दिया गया है की कांग्रेस की पूरी विचारधारा शुरू से ही उसकी नासमझी के कारण दूषित हो गई थी वह प्रादेशिक एकता, एक सामान्य निवास स्थान ही एकमात्र कारक था यह गठित है और होना भी चाहिए और एक राष्ट्र का गठन करना चाहिए।

तब से प्रादेशिक राष्ट्रीयता की इस अवधारणा को यूरोप में ही करारा झटका लगा है, जहाँ से इसे थोक में भारत में आयात किया जाता था और वर्तमान युद्ध ने इस मिथक को पूरी तरह रो नष्ट करके मेरे दावे को सही ठहराया है। प्रत्येक राष्ट्र को एक राष्ट्रीय अस्तित्त्व में ढालने के लिए किसी भी अन्य सामान्य बंधन के बिना प्रादेशिक डिजाइन पर आदेश देने के लिए बनाए गए सभी राष्ट्र ताश के पत्तों की तरह ढहकर बर्बाद हो गए हैं। पोलैंड और चेकोस्लोवाकिया कभी भी विषम लोगों को ऐसे हॉट–पाँच राष्ट्र में फंसाने के ऐसे किसी भी प्रयास के खिलाफ कड़ी चेतावनी के रूप में काम करेंगे, जो केवल प्रादेशिक राष्ट्रीयता की अवधारणा की बदलती रेत पर आधारित है, जो किसी भी सांस्कृतिक, नस्लीय या ऐतिहासिक समानता से पुख्ता नहीं है। और परिणामस्वरूप स्वयं को एक राष्ट्र में शामिल करने की कोई सामान्य इच्छा नहीं है। ये संधि–राष्ट्र पहले अवसर मिलते ही टूट गए– उनमें से जर्मन हिस्सा जर्मनी में चला गया, रूसी रूस में, चेक चेक में और पोल पोल में चले गए। सांस्कृतिक, भाषाई, ऐतिहासिक और ऐसी अन्य जैविक समानताएं प्रादेशिक की तुलना में अधिक मजबूत साबित हुईं।

---

1. वही, पृ. 14–17.

यूरोप में पिछली तीन–चार शताब्दियों के दौरान केवल वे ही राष्ट्र अपनी राष्ट्रीय एकता और पहचान बनाए रखने में सफल रहे हैं, जिन्होंने अपनी क्षेत्रीय एकता के अलावा या कभी–कभी इसके बावजूद जातीय, भाषाई, सांस्कृतिक और ऐसी अन्य जैविक समानताएं विकसित की थीं। परिणामस्वरूप, सजातीय राष्ट्रीय इकाइयां बनने की इच्छा व्यक्त की गई–जैसे कि इंग्लैण्ड, फ्रांस, जर्मनी, इटली, पुर्तगाल आदि।

"ऐसे एक सजातीय और जैविक राष्ट्र के निर्माण के लिए अलग–अलग और सामूहिक रूप से चलने वाले इन सभी परीक्षणों के आधार पर, भारत में हम हिंदू अपने आप में एक स्थायी राष्ट्र के रूप में चिह्नित हैं। हमारे पास केवल एक साझी पितृभूमि, एक प्रादेशिक एकता है, लेकिन जो दुनिया में कहीं और शायद ही पाई जाती है, वह है हमारे पास एक साझी पवित्र भूमि है जो हमारी साझी पितृभूमि से पहचानी जाती है। यह भारत भूमि, यह हिंदुस्तान, भारत दोनों हमारी हैं पितृभूति और पुण्यभू। इसलिए हमारी देशभक्ति दोगुनी निश्चित है। फिर, हमारे बीच सांस्कृतिक, धार्मिक, ऐतिहासिक, भाषाई और नस्लीय समानताएं हैं, जिन्होंने अनगिनत सदियों के सहयोग और आत्मसात की प्रक्रिया के माध्यम से हमें एक सजातीय और जैविक राष्ट्र में ढाला है और सबसे ऊपर एक कॉर्पोरेट और सामान्य राष्ट्रीय जीवन जीने की इच्छा पैदा की है। हिंदू कोई संधि राष्ट्र नहीं हैं, बल्कि एक जैविक राष्ट्रीय प्राणी हैं।

"एक और प्रासंगिक बिंदु को पूरा किया जाना चाहिए क्योंकि यह अक्सर गुमराह करता है विशेषकर हमारे कांग्रेसी हिंदू भाई। एकरूपता जो लोगों को एक राष्ट्रीय प्राणी बनाती है, उसका तात्पर्य केवल यहीं नहीं है कि सभी आंतरिक मतभेदों, धार्मिक, नस्लीय का पूर्ण अभाव भाषाई, संप्रदायों और वर्गों का आपस में। यह केवल इसका मतलब है कि वे एक राष्ट्रीय इकाई के रूप में अन्य लोगों से अधिक भिन्न हैं वे आपस में भिन्न हैं। यहाँ तक कि सबसे अधिक एकतावादी भी आज के राष्ट्र–जैसे ब्रिटिश या फ्रांसीसी–स्वतंत्र नहीं हो सकते किसी भी धार्मिक, भाषाई, सांस्कृतिक, नस्लीय या अन्य मतभेदों, संप्रदायों या वर्गों या यहाँ तक कि उनके बीच मौजूद कुछ विरोधों से भी। राष्ट्रीय

समरूपता समग्र रूप से किसी भी अन्य लोगों के साथ प्रस्तुत विरोधाभास के संबंध में लोगों की एकता को दर्शाती है।

"हम हिंदू, हमारे भीतर हजारों मतभेदों के बावजूद, ऐसी धार्मिक, सांस्कृतिक, ऐतिहासिक, नस्लीय, भाषाई और अन्य समानताओं से बंधे हैं कि जैसे ही हम एकजुट होते हैं, निश्चित रूप से एक सजातीय लोगों के रूप में सामने आते हैं– किसी भी अन्य गैर–हिंदू लोगों, यहाँ तक कि अंग्रेजी या जापानी या यहाँ तक कि भारतीय मुसलमानों के साथ विश्वास करें। यही कारण है कि आज हम कश्मीर से मद्रास और सिंध से असम तक के हिंदुओं को स्वयं एक राष्ट्र बनना होगा।"

दूसरा प्रस्ताव जिस पर श्री सावरकर ने अपनी योजना बनाई है वह हिंदू शब्द की परिभाषा से संबंधित है। श्री सावरकर के अनुसार एक व्यक्ति हिंदू है–

जो इस भारत भूमि को, सिंधु से लेकर समुद्र तक की इस भूमि को, अपनी पितृभूमि के साथ–साथ अपनी पवित्र भूमि के रूप में मानता है और उसका मालिक है; यानी, अपने धर्म की उत्पत्ति की भूमि, अपने विश्वास का उद्‌गम स्थल।

इसलिए वैदिक धर्म, सनातन धर्म, जैन धर्म के अनुयायी, बौद्ध धर्म, लिंगाई धर्म, सिख धर्म, आर्य समाज, ब्रह्म–भारतीय मूल के धर्म हिंदू हैं और हिंदू धर्म का गठन करते हैं,यानी, समग्र रूप से हिंदू लोग।

नतीजतन, तथाकथित आदिवासी या पहाड़ी जनजातियां भी हिंदू हैं– क्योंकि भारत उनकी पितृभूमि के साथ–साथ उनकी पवित्र भूमि भी है, चाहे वे किसी भी धर्म या पूजा का पालन करें। संस्कृत में दी गई परिभाषा इस प्रकार है–

आ सिंधु–सिंधु पर्यन्ता, यस्य भारत भूमिका।।
पितृभू–पुण्यभू भुश्चेव सा वै हिंदू रिती स्मृता।।1।।

अतः इस परिभाषा से सरकार द्वारा मान्यता दी जानी चाहिए। जनसंख्या की गणना में 'हिंदुत्व' का परीक्षण में आने वाली सरकारी जनगणना में हिंदुओं का अनुपात।"

हिंदू शब्द की यह परिभाषा बहुत देखभाल और सावधानी के साथ बनायी गयी है। इसे दो उद्देश्यों की पूर्ति के लिए डिजाइन किया गया है जिसे श्री सावरकर ने ध्यान में रखा है। सबसे पहले, मुसलमानों, ईसाइयों, पारसियों और यहूदियों को मान्यता प्रदान करके इससे बाहर करना–हिंदू होने की योग्यता के रूप में भारत को एक पवित्र भूमि के रूप में देखना।

दूसरा, जिद न करके बौद्ध, जैन, सिक्ख आदि को वेदों की पवित्रता को एक तत्त्व के रूप में योग्यता में शामिल करना।

ऐसी ही श्री सावरकर और हिंदू महासभा की योजना है। जैसा कि देखा गया होगा, इस योजना में कुछ परेशान करने वाली विशेषताएं हैं।

एक तो यह स्पष्ट दावा है कि हिंदू अपने आप में एक राष्ट्र हैं। निस्संदेह, इसका मतलब यह है कि मुसलमान अपने आप में एक अलग राष्ट्र हैं। श्री सावरकर का यह विचार है, इसका अनुमान नहीं लगाया जा सकता। वह इस पर बिना किसी अनिश्चित शब्दों के और पूरे जोर देकर इस पर जोर देता है, जिसमें वह सक्षम है। 1937 में अहमदाबाद में आयोजित हिंदू महासभा सत्र में बोलते हुए श्री सावरकर ने कहा–

"कई बचकाने राजनेता यह मानकर गंभीर गलती करते हैं कि भारत पहले से ही एक सामंजस्यपूर्ण राष्ट्र के रूप में विकसित हो चुका है, या ऐसा करने की इच्छा मात्र से इसे इस प्रकार जोड़ा जा सकता है। ये हमारे नेक इरादे वाले लेकिन विचारहीन मित्र अपने सपनों को वास्तविकता के रूप में लेते हैं। यही कारण है कि वे सांप्रदायिक उलझनों से अधीर होते हैं और उन्हें सांप्रदायिक संगठनों के लिए जिम्मेदार मानते हैं। लेकिन ठोस तथ्य यह है कि तथाकथित सांप्रदायिक प्रश्न सदियों से मुसलमानों और हिंदुओं के बीच सांस्कृतिक, धार्मिक और राष्ट्रीय विरोध की एक विरासत है जो हमें सौंपी गई है। समय आने पर आप उन्हें हल कर सकते हैं। लेकिन केवल उन्हें पहचानने से इनकार करके आप उन्हें दबा नहीं सकते। गहरी बैठी बीमारी को नजरअंदाज करने की तुलना में उसका निदान और इलाज करना

अधिक सुरक्षित है। आइए हम बहादुरी से अप्रिय तथ्यों का सामना करें क्योंकि वे अप्रिय हैं। आज भारत को एक एकात्मक और सजातीय राष्ट्र नहीं माना जा सकता है, बल्कि इसके विपरीत ये मुख्य रूप से दो राष्ट्र हैं, भारत में हिंदू और मुसलमान।"

यह जितना अजीब लग सकता है, श्री सावरकर और श्री जिन्ना एक राष्ट्र बनाम दो राष्ट्र के मुद्दे पर एक–दूसरे के विरोधी होने के बजाय इस बारे में पूरी तरह सहमत हैं। दोनों सहमत हैं, न केवल सहमत हैं बल्कि इस बात पर जोर देते हैं कि भारत में दो राष्ट्र हैं– एक मुस्लिम राष्ट्र और दूसरा हिंदू राष्ट्र। वे केवल उन नियमों और शर्तों के संबंध में भिन्न हैं जिन पर दोनों देशों को रहना चाहिए। श्री जिन्ना कहते हैं कि भारत को दो भागों में विभाजित कर देना चाहिए, पाकिस्तान और हिंदुस्तान, मुस्लिम भाग पाकिस्तान पर कब्जा करेंगे और हिंदू भाग हिंदुस्तान पर कब्जा करेंगे। दूसरी ओर, श्री सावरकर इस बात पर जोर देते हैं कि, यद्यपि भारत में दो राष्ट्र हैं। भारत दो भागों में नहीं बंटेगा, एक मुसलमानों के लिए और दूसरा हिंदुओं के लिए वह दो राष्ट्र एक देश में रहेंगे और उसके अधीन रहेंगे एक एकल संविधान का आवरणय कि संविधान होगा।

इस तरह कि हिंदू राष्ट्र को एक प्रमुख स्थान पर अधिभोग करने में सक्षम बनाया जाएगा जो उसके कारण है और मुस्लिम राष्ट्र को हिंदू राष्ट्र के साथ अधीनस्थ सहयोग की स्थिति में रहने के लिए बनाया जाएगा। दोनों देशों के बीच राजनीतिक सत्ता के लिए संघर्ष में खेल का नियम, जो श्री सावरकर बताते हैं, एक आदमी एक वोट होना है, चाहे आदमी हिंदू हो या मुस्लिम। उनकी योजना में एक मुसलमान को वह लाभ नहीं मिलना है जो एक हिंदू को नहीं है। अल्पसंख्यक को विशेषाधिकार के लिए कोई औचित्य नहीं होना चाहिए और बहुमत को दंड के लिए कोई आधार नहीं होना चाहिए। राज्य मुसलमानों को मुस्लिम धर्म और मुस्लिम संस्कृति के रूप में राजनीतिक शक्ति के किसी भी परिभाषित माप की गारंटी देगा। लेकिन राज्य विधानमंडल या प्रशासन में सुरक्षित सीटों

की गारंटी नहीं देगा और, यदि मुसलमानों[1] द्वारा ऐसी गारंटी पर जोर दिया जाता है, तो ऐसा गारंटीशुदा कोटा सामान्य आबादी के उनके अनुपात से अधिक नहीं होगा। इस प्रकार इसके महत्त्व को जब्त करके, श्री सावरकर मुस्लिम राष्ट्र से अब तक प्राप्त सभी राजनीतिक विशेषाधिकारों को भी छीन लेंगे।

पाकिस्तान के लिए श्री सावरकर के इस विकल्प में स्पष्टता, निर्भीकता और निश्चितता है जो इसे उस कष्टप्रद अस्पष्टता और अनिश्चितता से अलग करती है जो अल्पसंख्यक अधिकारों के बारे में कांग्रेस की घोषणाओं की विशेषता है। श्री सावरकर की योजना में कम से कम मुसलमानों[1] को यह बताने का गुण है, कि अब तक, और आगे नहीं। मुसलमान जानते हैं कि हिंदू महासभा के संबंध में वे कहां हैं। दूसरी ओर, कांग्रेस के साथ मुसलमान खुद को कहीं नहीं पाते क्योंकि कांग्रेस मुसलमानों और अल्पसंख्यकों के सवाल को दोगलापन नहीं तो कूटनीति का खेल ही मानती रही है।

साथ ही, यह भी कहना होगा कि श्री सावरकर का रवैया विचित्र नहीं तो अतार्किक है। श्री सावरकर मानते हैं कि मुसलमान एक अलग राष्ट्र चाहते हैं। वह मानते हैं कि उन्हें सांस्कृतिक स्वायत्तता का अधिकार है। वह उन्हें राष्ट्रीय ध्वज रखने की अनुमति देता है। फिर भी वह मुस्लिम राष्ट्र की अलग राष्ट्रीय घर की माँग का विरोध करते हैं। यदि वह हिंदू राष्ट्र के लिए राष्ट्रीय घर का दावा करता है, तो वह मुस्लिम राष्ट्र के दावे को राष्ट्रीय घर कैसे अस्वीकार कर सकता है?

यह अधिक चिंता का विषय नहीं होता यदि असंगतिहीनता ही श्री सावरकर का एकमात्र दोष होता। लेकिन श्री सावरकर अपनी योजना की वकालत करके वास्तव में भारत की सुरक्षा के लिए सबसे खतरनाक स्थिति पैदा कर रहे हैं। इतिहास दर्ज करता है कि किसी बड़े राष्ट्र के

1. यह ध्यान दिया जाना चाहिए कि श्री सावरकर मुसलमानों के लिए अलग निर्वाचन क्षेत्र का विरोध नहीं करते हैं। मुसलमान वहां भी जहाँ बहुमत में हैं। यह स्पष्ट नहीं है कि वह पृथक् निर्वाचन क्षेत्रों के पक्ष में हैं या नहीं।

लिए छोटे राष्ट्र से निपटने के दो रास्ते खुले होते हैं, जब वे एक ही देश के नागरिक होते हैं और एक ही संविधान के अधीन होते हैं। एक तरीका यह है कि छोटे राष्ट्र की राष्ट्रीयता को नष्ट कर दिया जाए और उसे बड़े राष्ट्र में समाहित कर लिया जाए, ताकि दो राष्ट्रों में से एक राष्ट्र बनाया जा सके। यह छोटे राष्ट्र को भाषा, धर्म या संस्कृति के किसी भी अधिकार से वंचित करके और उस पर प्रमुख राष्ट्र की भाषा, धर्म और संस्कृति को लागू करने की कोशिश करके किया जाता है। दूसरा तरीका देश को विभाजित करना और छोटे राष्ट्र को बड़े राष्ट्र से स्वतंत्र, एक अलग, स्वायत्त और संप्रभु अस्तित्त्व की अनुमति देना है। ये दोनों तरीके पहले की विफलता के बाद दूसरे तरीके से ऑस्ट्रिया और तुर्की में आजमाए गए थे।

श्री सावरकर इन दोनों में से कोई भी रास्ता नहीं अपनाते। मुस्लिम राष्ट्र को दबाने का प्रस्ताव वह नहीं....इसके विपरीत, वह इसे अपने धर्म, भाषा और संस्कृति को बनाए रखने की अनुमति देकर इसका उपचर्या और पोषण कर रहा है, जो कि एक राष्ट्र की आत्मा को बनाए रखने वाले तत्त्व हैं। साथ ही वह देश को विभाजित करने के लिए सहमत नहीं है ताकि दोनों राष्ट्र अलग–अलग, स्वायत्त राज्य बन सकें, प्रत्येक अपने क्षेत्र में संप्रभु हो। वह चाहते हैं कि हिंदू और मुसलमान एक देश में दो अलग–अलग राष्ट्रों के रूप में रहें, प्रत्येक अपना धर्म, भाषा और संस्कृति बनाए रखें। कोई भी बड़े राष्ट्र द्वारा छोटे राष्ट्र के दमन के सिद्धांत की बुद्धिमत्ता को समझ सकता है और उसकी सराहना भी कर सकता है क्योंकि अंतिम उद्देश्य एक राष्ट्र को अस्तित्त्व में लाना है। लेकिन कोई यह नहीं मान सकता कि उस सिद्धांत का क्या फायदा है जो कहता है कि कभी भी दो राष्ट्र होंगे लेकिन उनके बीच कोई तलाक नहीं होगा। कोई भी इस रवैये को तभी उचित ठहरा सकता है जब दोनों राष्ट्र आपसी सम्मान और समझौते के साथ मैत्रीपूर्ण संबंधों में भागीदार के रूप में रहें। लेकिन ऐसा नहीं होगा, क्योंकि श्री सावरकर मुस्लिम राष्ट्र को हिंदू राष्ट्र के साथ अधिकार में सह–समान नहीं होने देंगे। वह चाहते हैं कि हिंदू राष्ट्र प्रमुख राष्ट्र हो और मुस्लिम राष्ट्र

सेवक राष्ट्र हो। शत्रुता का बीज बोने के बाद सावरकर जी हिंदू राष्ट्र और मुस्लिम राष्ट्र के बीच दुश्मनी होनी चाहिए वे चाहते हैं कि वे एक संविधान के तहत रहें और एक देश पर कब्जा करें, यह समझाना मुश्किल है।

कोई भी श्री सावरकर को एक नया सूत्र खोजने का श्रेय नहीं दे सकता। जो बात समझना कठिन है वह यह है कि वह यह मान ले कि उसका फार्मूला ही सही फार्मूला है। श्री सावरकर ने अपनी स्वराज योजना के मॉडल और पद्धति के रूप में पुराने ऑस्ट्रिया और पुराने तुर्की को लिया है। वह देखता है कि ऑस्ट्रिया और तुर्की में एक प्रमुख राष्ट्र रहता था जो अन्य छोटे राष्ट्रों के साथ जुड़ा हुआ था और एक ही संविधान से बंधा हुआ था और प्रमुख राष्ट्र छोटे राष्ट्रों पर हावी था और तर्क देता है कि यदि ऑस्ट्रिया और तुर्की में यह संभव था, तो यह भारत में भी हिंदुओं को क्यों ऐसा नहीं करना चाहिए।

श्री सावरकर को पुराने ऑस्ट्रिया और पुराने तुर्की को अपने प्रतिमान के रूप में लेना चाहिए था, यह वास्तव में बहुत अजीब है। ऐसा प्रतीत होता है कि श्री सावरकर को इस तथ्य की जानकारी नहीं है कि पुराना ऑस्ट्रिया और पुराना तुर्की अब नहीं रहे। ऐसा प्रतीत होता है कि वह उन ताकतों को तो बिल्कुल भी नहीं जानता, जिन्होंने पुराने ऑस्ट्रिया और पुराने तुर्की को टुकड़े–टुकड़े कर दिया है। यदि श्री सावरकर अतीत का अध्ययन करने के बजाय–जिसका उन्हें बहुत शौक है–वर्तमान पर अधिक ध्यान देते, तो उन्हें पता चलता कि पुराना ऑस्ट्रिया और पुराना तुर्की चीजों की उसी योजना को बनाए रखने पर जोर देने के कारण बर्बाद हो गए, जैसा कि श्री सावरकर ने किया था। सावरकर अपने 'हिंदू धर्म' को अपनाने की सलाह देते रहे हैं, अर्थात् एक ऐसे स्वराज की स्थापना करना जिसमें एक ही संविधान के तहत दो राष्ट्र होंगे जिसमें प्रमुख राष्ट्र को छोटे राष्ट्र को अपने अधीन रखने की अनुमति होगी।

ऑस्ट्रिया, चेकोस्लोवाकिया और तुर्की के विघटन का इतिहास भारत के लिए अत्यंत महत्त्वपूर्ण है और हिंदू महासभा के सदस्यों के

लिए इसका अध्ययन करना अच्छा रहेगा। मुझे इसके बारे में यहाँ कुछ भी कहने की आवश्यकता नहीं है क्योंकि मैंने एक अन्य अध्याय में उनके दुर्भाग्यपूर्ण इतिहास से सबक की ओर ध्यान आकर्षित किया है। यह कहना पर्याप्त है कि श्री सावरकर द्वारा बनाई गई स्वराज की योजना हिंदुओं को मुसलमानों पर एक साम्राज्य देगी और इस तरह उनके अहंकार और एक शाही जाति होने के गौरव को संतुष्ट करेगी। लेकिन यह कभी भी हिंदुओं के लिए स्थिर और शांतिपूर्ण भविष्य सुनिश्चित नहीं कर सकता, इसका सीधा सा कारण यह है कि मुसलमान कभी उत्पन्न इतने भयानक विकल्प इच्छुक अनुपालन के लिए नहीं करेंगे।

III

श्री सावरकर अपनी योजना पर मुसलमानों की प्रतिक्रिया को लेकर बिल्कुल चिंतित नहीं हैं। वह अपनी योजना बनाते हैं और मुसलमानों के सामने 'इसे ले लो या छोड़ दो' लिखकर फेंक देते हैं। वह मुस्लिमों द्वारा स्वराज के संघर्ष में शामिल होने से इनकार करने से विचलित नहीं हैं। वह हिंदुओं और हिंदू महासभा की ताकत के प्रति काफी सचेत हैं और इस विश्वास के साथ संघर्ष जारी रखने का प्रस्ताव रखते हैं कि अकेले और बिना सहायता के, हिंदू अंग्रेजों से स्वराज छीनने में सक्षम होंगे। श्री सावरकर मुसलमानों से यह कहने के लिए बिल्कुल तैयार हैं–

"यदि आप आते हैं, तो आपके साथ, यदि नहीं आते हैं, तो आपके बिना; और यदि आप विरोध करते हैं, तो आपके तथापि हिंदू अपनी राष्ट्रीय स्वतंत्रता के लिए यथासंभव सर्वोत्तम तरीके से लड़ते रहेंगे।"

ऐसा नहीं है कि श्री गांधी भारत के एक राजनीतिक नेता के रूप में अपने कॅरियर की शुरुआत में जब श्री गांधी ने छह महीने के भीतर स्वराज हासिल करने के अपने वादे से भारत के लोगों को चौंका दिया, तो श्री गांधी ने कहा कि वह चमत्कार तभी कर सकते हैं जब कुछ शर्तें पूरी की जाएंगी। इन शर्तों में से एक थी हिंदू–मुस्लिम एकता की

उपलब्धि है। श्री गांधी यह कहते नहीं थकते कि हिंदू–मुस्लिम एकता के बिना स्वराज नहीं है। श्री गांधी ने इस नारे को केवल भारतीय राजनीति की मुद्रा नहीं बनाया बल्कि उन्होंने इसे साकार करने के लिए कड़ी मेहनत की है। ऐसा कहा जा सकता है कि श्री गांधी ने भारत के एक राजनीतिक नेता के रूप में अपने कॅरियर की शुरुआत 2 मार्च, 1919 के घोषणापत्र के साथ की थीं, जिसमें उन्होंने रोलेट एक्ट के खिलाफ सत्याग्रह शुरू करने के अपने इरादे की घोषणा की थी और जो लोग उनके साथ शामिल होना चाहते थे, उन्हें सत्याग्रह प्रतिज्ञा पर हस्ताक्षर करने के लिए कहा था। सत्याग्रह का वह अभियान एक अल्पकालिक अभियान था और 18 अप्रैल 1919 को श्री गांधी द्वारा निलंबित[1] कर दिया गया था। अपने कार्यक्रम के एक भाग के रूप में श्री गांधी ने 6 मार्च, 1919 को पूरे भारत में विरोध दिवस के रूप में मनाने का निर्णय लिया था। रौलेट एक्ट। उस दिन सामूहिक बैठकें आयोजित की जानी थीं और श्री गांधी ने निर्धारित किया था कि बैठकों में भाग लेने वाले लोगों को निम्नलिखित शर्तों पर शपथ लेनी चाहिए–

"ईश्वर को साक्षी मानकर, हम हिंदू और मुसलमान घोषणा करते हैं कि हम एक–दूसरे के प्रति एक ही माता–पिता की संतान के रूप में व्यवहार करेंगे, हमारे बीच कोई मतभेद नहीं होगा, प्रत्येक एक–दूसरे के दुःख के साथी होंगे और प्रत्येक उन्हें दूर करने में दूसरे की सहायता करेगा। हम एक–दूसरे के धर्म और धार्मिक भावनाओं का सम्मान करेंगे और अपनी–अपनी धार्मिक प्रथाओं के रास्ते में नहीं खड़े होंगे। हम धर्म के नाम पर एक–दूसरे पर हिंसा करने से हमेशा बचेंगे।"

रौलट एक्ट के विरुद्ध सत्याग्रह के अभियान में ऐसा कुछ भी नहीं था जिससे हिंदुओं और मुसलमानों के बीच कोई टकराव होता। फिर भी श्री गांधी ने अपने अनुयायियों से प्रतिज्ञा लेने को कहा। इससे पता चलता है कि वे शुरू से ही हिंदू–मुस्लिम एकता के कितने आग्रही थे।

मुसलमानों ने 1919 में खिलाफत आंदोलन शुरू किया। आंदोलन का उद्देश्य दुगुना था, खिलाफत की रक्षा करना और तुर्की साम्राज्य की

1. 23 मार्च, 1919 का उनका घोषणापत्र देखें।

अखंडता को बनाए रखना। ये दोनों उद्देश्य अप्राप्य थे। खिलाफत को सिर्फ इसलिए नहीं बचाया जा सका क्योंकि तुर्क, जिनके हित में यह आंदोलन चलाया गया था, सुल्तान नहीं चाहते थे। वे एक गणतंत्र चाहते थे और जब तुर्क इसे एक गणतंत्र में बदलना चाहते थे तो तुर्कों को तुर्की को राजशाही बनाए रखने के लिए मजबूर करना बिल्कुल अनुचित था। यह तुर्की साम्राज्य की अखंडता पर जोर देने के लिए खुला नहीं था क्योंकि इसका मतलब था तुर्की शासन और विशेष रूप से अरबों के लिए विभिन्न राष्ट्रीयताओं की सतत अधीनता, खासकर जब यह सभी हाथों से सहमत था कि आत्मनिर्णय का सिद्धांत होना चाहिए शांति समझौते का आधार बनाया।

यह आंदोलन मुसलमानों द्वारा शुरू किया गया था। इसे श्री गांधी ने दृढ़ता और विश्वास के साथ उठाया, जिसने स्वयं कई मुसलमानों को आश्चर्यचकित कर दिया होगा। ऐसे कई लोग थे जिन्होंने खिलाफत आंदोलन के नैतिक आधार पर संदेह किया और श्री गांधी को उस आंदोलन में भाग लेने से रोकने की कोशिश की, जिसका नैतिक आधार इतना संदिग्ध था। लेकिन श्री गांधी ने खिलाफत आंदोलन के न्याय के बारे में खुद को पूरी तरह से आश्वस्त कर लिया था कि उन्होंने उनकी सलाह मानने से इनकार कर दिया। उन्होंने बार–बार तर्क दिया कि मामला उचित था और इसमें शामिल होना उनका कर्तव्य था। उनके द्वारा लिया गया पद हो सकता है। उन्हीं के शब्दों में सारांशित किया जा सकता है।[1]

(1) "मेरी राय में, तुर्की का दावा न केवल गलत है बल्कि अनैतिक और अन्यायपूर्ण, लेकिन यह अत्यधिक न्यायसंगत है, यदि केवल इसलिए तुर्की जो उसका अपना है उसे बरकरार रखना चाहता है। और मुसलमान घोषणापत्र में यह निश्चित रूप से घोषित किया गया है कि गैर–मुस्लिम और गैर–तुर्की जातियों की सुरक्षा के लिए जो भी गारंटी ली

---

1. यंग इंडिया, 2 जून 1920.

जानी आवश्यक हो, ली जानी चाहिए ताकि ईसाइयों को उनकी और अरबों को तुर्की आधिपत्य के तहत उनकी स्वशासन मिल सके।

(2) मैं तुर्क को कमजोर, असमर्थ या क्रूर नहीं मानता। वह निश्चित रूप से अव्यवस्थित है और संभवतः अच्छे सेनापति के बिना है। जिन लोगों से सत्ता छीनने की कोशिश की जाती है, उनके संबंध में अक्सर कमजोरी, अक्षमता और क्रूरता का तर्क सुना जाता है। कथित नरसंहारों के बारे में एक उचित कमीशन की माँग की गई है, लेकिन कभी नहीं दिया गया। और किसी भी हालत में जुल्म के खिलाफ सुरक्षा ली जा सकती है।

(3) मैं पहले ही कह चुका हूँ कि अगर मुझे भारतीय मुसलमानों में कोई दिलचस्पी नहीं होती, तो मैं ऑस्ट्रियाई लोगों की तुलना में तुर्कों के कल्याण में ज्यादा दिलचस्पी नहीं लेता। लेकिन एक भारतीय के रूप में मैं साथी भारतीयों के कष्टों और कठिनाइयों को साझा करने के लिए बाध्य हूँ। यदि मैं मुसलमानों को अपना भाई मानता हूँ, तो यह मेरा कर्तव्य है कि संकट की घड़ी में अपनी सर्वोत्तम क्षमता से उसकी सहायता करूं, यदि उसका मामला मेरे लिए उचित है।

(4) चौथा यह बताता है कि किस हद तक हिंदुओं को महोनिदानों के साथ हाथ मिलाना चाहिए। इसलिए, यह भावना और राय का मामला है। मेरे मुसलमान भाई के लिए उचित कारण के लिए अधिकतम कष्ट उठाना समीचीन है और इसलिए, मुझे पूरी सड़क पर उसके साथ तब तक यात्रा करनी चाहिए जब तक कि उसके द्वारा उपयोग किए गए साधन उसके अंत के समान सम्मानजनक हों। मैं मुसलमानों की भावना को नियंत्रित नहीं कर सकता। मुझे उनके इस कथन को अवश्य स्वीकार करना चाहिए कि खिलाफत उनके साथ इस अर्थ में एक धार्मिक प्रश्न है कि यह उन्हें अपने जीवन की कीमत पर भी लक्ष्य तक पहुँचने के लिए बाध्य करता है।"

श्री गांधी न केवल खिलाफत के मुद्दे पर मुसलमानों से सहमत थे बल्कि उनके मार्गदर्शक और मित्र के रूप में भी काम करते थे। खिलाफत आंदोलन में श्री गांधी द्वारा निभाई गई भूमिका और खिलाफत आंदोलन और असहयोग आंदोलन के बीच संबंध इस तथ्य के कारण अस्पष्ट हो गया है कि ज्यादातर लोगों का मानना था कि यह कांग्रेस ही थी जिसने गैर–सहयोग आंदोलन की शुरुआत की थी।

श्री गांधी न केवल खिलाफत के मुद्दे पर मुसलमानों से सहमत थे बल्कि उनके मार्गदर्शक और मित्र के रूप में भी काम किया। खिलाफत आंदोलन में श्री गांधी द्वारा निभाई गई भूमिका और खिलाफत आंदोलन और असहयोग आंदोलन के बीच संबंध इस तथ्य के कारण अस्पष्ट हो गया है कि ज्यादातर लोगों का मानना था कि यह कांग्रेस ही थी जिसने असहयोग आंदोलन की शुरुआत की थी और यह स्वराज जीतने के साधन के रूप में किया गया था। इस तरह का दृष्टिकोण कायम रहना काफी समझ में आता है क्योंकि ज्यादातर लोग असहयोग आंदोलन और 7 और 8 सितंबर 1920 को कलकत्ता में आयोजित कांग्रेस के विशेष सत्र के बीच संबंध पर ध्यान देने से संतुष्ट हैं। लेकिन कोई भी, जो पीछे सितंबर 1920 जाने की परवाह करता है उस समय की स्थिति की जांच करने पर पता चलेगा कि यह दृष्टिकोण सत्य नहीं है। सच तो यह है कि असहयोग उत्पत्ति खिलाफत आंदोलन में हुई है, न कि स्वराज के लिए कांग्रेस आंदोलन में यह खिलाफतवादियों द्वारा तुर्की की मदद के लिए शुरू किया गया था और कांग्रेस द्वारा केवल खिलाफतवादियों की मदद के लिए अपनाया गया था कि स्वराज इसका प्राथमिक उद्देश्य नहीं था, बल्कि इसका प्राथमिक उद्देश्य खिलाफत थी और स्वराज को इसमें शामिल होने के लिए हिंदुओं को प्रेरित करने के लिए एक गौण वस्तु के रूप में जोड़ा गया था, यह निम्नलिखित तथ्यों से स्पष्ट होगा।

ऐसा कहा जाता है कि खिलाफत आंदोलन 27 अक्टूबर, 1919 को शुरू हुआ था जब इस दिन को पूरे भारत में खिलाफत दिवस के रूप में मनाया जाता था। 23 नवंबर, 1919 को पहला खिलाफत सम्मेलन

दिल्ली में हुआ। इसी सत्र में मुसलमानों ने ब्रिटिश सरकार को खिलाफत की गलती को दूर करने के लिए मजबूर करने के एक साधन के रूप में असहयोग की व्यवहार्यता पर विचार किया। 10 मार्च, 1920 को खिलाफत सम्मेलन की कलकत्ता में बैठक हुई और उन्होंने अपने आंदोलन के उद्देश्य को आगे बढ़ाने के लिए असहयोग को सबसे अच्छे हथियार के रूप में चुना।

9 जून, 1920 को खिलाफत सम्मेलन की बैठक इलाहाबाद में हुई और सर्वसम्मति से असहयोग का सहारा लेने के अपने संकल्प की पुष्टि की गई और एक विस्तृत कार्यक्रम लागू करने और निर्धारित करने के लिए एक कार्यकारी समिति नियुक्त की गई। 22 जून, 1920 को मुसलमानों ने वायसराय को एक संदेश भेजा जिसमें कहा गया कि यदि 1 अगस्त, 1920 से पहले तुर्की की शिकायतों का समाधान नहीं किया गया तो वे असहयोग शुरू कर देंगे। 30 जून, 1920 को इलाहाबाद में आयोजित खिलाफत समिति की बैठक में असहयोग शुरू करने का संकल्प लिया गया। वायसराय को मुंह से नोटिस के बाद असहयोग नोटिस 1 जुलाई, 1920 को दिया गया और असहयोग 1 अगस्त, 1920 को शुरू हुआ। इस संक्षिप्त बायोडाटा से पता चलता है कि असहयोग खिलाफत समिति द्वारा शुरू किया गया था और कलकत्ता में कांग्रेस के विशेष सत्र ने जो कुछ किया वह सब अपनाना था खिलाफत सम्मेलन ने पहले ही क्या किया था और वह भी स्वराज के हित में नहीं बल्कि खिलाफत के उद्देश्य को आगे बढ़ाने में मुसलमानों की मदद करने के हित में था। कांग्रेस के प्रस्ताव[1] में पारित अवलोकन से यह स्पष्ट है कलकत्ता में विशेष अधिवेशन आयोजित किया गया।

---

1. "इस तथ्य को ध्यान में रखते हुए कि खिलाफत प्रश्न पर भारतीय और राजाधिराज–संबंधी दोनों सरकारें भारत के मुसलमानों के प्रति अपने कर्तव्य में स्पष्ट रूप से विफल रही हैं प्रधानमंत्री ने जान–बूझकर उन्हें दिया अपना वचन तोड़ा, और अब हर गैर–मुस्लिम भारतीय का यह कर्तव्य है कि वह हर वैध तरीके से उनकी सहायता करे ताकी मुस्लिम भाई अपने ऊपर आई धार्मिक विपत्ति को

23 नवंबर, 1919 को दिल्ली में आयोजित प्रथम खिलाफत सम्मेलन में श्री गांधी उपस्थित थे। न केवल श्री गांधी उपस्थित थे, बल्कि उन्होंने ही मुसलमानों को खिलाफत के संबंध में अपनी माँगों को मानने के लिए अंग्रेजों को मजबूर करने के लिए असहयोग को एक तरीके के रूप में

दूर करने के प्रयास से बाहर निकलें यद्यपि असहयोग आंदोलन खिलाफत समिति द्वारा शुरू किया गया था और मुख्य रूप से खिलाफत की मदद के लिए कांग्रेस द्वारा अपनाया गया था, जिस व्यक्ति ने खिलाफत समिति को इसका सुझाव दिया और जिसने खुद को समिति के साथ पहचाना और देने की जिम्मेदारी ली और जिसने कांग्रेस द्वारा इसे अपनाया, वह श्री गांधी थे।

"और इस तथ्य को ध्यान में रखते हुए, कि अप्रैल 1919 की घटनाओं के मामले में, उक्त दोनों सरकारों ने पंजाब के निर्दोष लोगों की रक्षा करने और उनके प्रति असभ्य और बर्बर व्यवहार के दोषी अधिकारियों को दंडित करने में घोर उपेक्षा की या विफल रही, और सर माइकल ओडायर को बरी कर दिया है, जिन्होंने खुद को अपरोक्ष साबित कर दिया था कि वे अधिकांश आधिकारिक अपराधों के लिए जिम्मेदार थे और अपने प्रशासन के तहत रखे गए लोगों की पीड़ा के प्रति उदासीन थे, और हाउस ऑफ लॉर्ड्स में हुई बहस ने उनके प्रति सहानुभूति की भारी कमी को उजागर किया। भारत के लोग, और पंजाब में अपनाए गए व्यवस्थित आतंकवाद और भयावहता, और नवीनतम वाइसरीगल घोषणा खिलाफत और पंजाब के मामलों में पश्चात्ताप की पूर्ण अनुपस्थिति का प्रमाण है।

"इस कांग्रेस की राय है कि उपर्युक्त दो पूर्वकथा के निवारण के बिना भारत में कोई संतुष्टि नहीं हो सकती है, और राष्ट्रीय सम्मान की पुष्टि करने और भविष्य में इसी तरह की गलतियों की पुनरावृत्ति को रोकने का एकमात्र प्रभावी साधन स्वराज्य की स्थापना है।

"इस कांग्रेस की यह भी राय है कि इसके लिए कोई रास्ता खुला नहीं है भारत के लोगों को प्रगतिशील अहिंसक असहयोग महात्मा गांधी द्वारा शुरू की नीति को स्वीकार करना और अपनाना होगा, जब तक कि उक्त गलतियों को ठीक नहीं किया जाता और स्वराज्य स्थापित नहीं किया जाता।"

श्रीमती एनी बेसेंट कहती हैं–"यह याद रखा जाएगा कि श्री गांधी, मार्च 1920 में, खिलाफत की रक्षा में असहयोग के मिश्रण पर अन्य प्रश्नों पर रोक लगा दी थी; लेकिन यह पाया गया कि खिलाफत हिंदुओं के लिए पर्याप्त रूप से आकर्षक नहीं थी। इसलिए बनारस में आयोजित अखिल भारतीय कांग्रेस कमेटी की बैठक में 30 और 31 मई को, पंजाब में अत्याचार और सुधार अधिनियम की कमियों को उत्तेजक कारणों की सूची में जोड़ा गया–भारतीय राजनीति का भविष्य, पृ. 250.

अपनाने की सलाह दी थी। श्री गांधी का खिलाफत आंदोलन में शामिल होना काफी मायने रखता है। मुसलमान खिलाफत के लिए हिंदुओं का समर्थन हासिल करने के लिए उत्सुक थे। 23 नवंबर, 1919 को आयोजित सम्मेलन में मुसलमानों ने हिंदुओं को आमंत्रित किया था। पुनः 3 जून, 1920 को इलाहाबाद में हिंदुओं और खिलाफतवादी मुसलमानों की एक संयुक्त बैठक हुई। इस बैठक में सप्रू, मोतीलाल नेहरू और एनी बेसेंट सहित अन्य लोगों ने भाग लिया। लेकिन हिंदू मुसलमानों से जुड़ने में झिझक रहे थे। श्री गांधी एकमात्र हिंदू थे जो मुसलमानों में शामिल हो गए। उन्होंने न केवल उनके साथ जुड़ने का साहस दिखाया, बल्कि उनके साथ कदम से कदम मिलाकर चले, और उनका नेतृत्व भी किया। 9 जून, 1920 को जब खिलाफत सम्मेलन की बैठक इलाहाबाद में हुई और असहयोग का एक विस्तृत कार्यक्रम तैयार करने और उसे क्रियान्वित करने के लिए एक कार्यकारी समिति का गठन किया गया, तो उस कार्यकारी समिति में श्री गांधी एकमात्र हिंदू थे। 22 जून, 1920 को मुसलमानों ने वायसराय को संदेश भेजा कि यदि 1 अगस्त, 1920 से पहले तुर्की की शिकायतों का निवारण नहीं किया गया तो वे असहयोग शुरू कर देंगे। उसी दिन श्री गांधी ने भी वायसराय को न्याय समझाते हुए एक पत्र भेजा, खिलाफत के मुद्दे पर, उन्होंने इस मुद्दे को क्यों उठाया है और खिलाफतवादियों के हाथों को संतुष्ट करने की आवश्यकता के बारे में लिखा। उदाहरण के लिए, 1 जुलाई, 1920 को वायसराय को दिया गया नोटिस कि 1 अगस्त को असहयोग शुरू किया जाएगा, श्री गांधी द्वारा दिया गया था, खिलाफत-वादियों द्वारा नहीं। पुनः जब 31 अगस्त, 1920 को खिलाफतवादियों द्वारा असहयोग प्रारम्भ किया गया तो श्री गांधी पहले व्यक्ति थे जिन्होंने अपना पदक लौटाकर इसे मूर्त रूप दिया। खिलाफत समिति के एक सक्रिय सदस्य के रूप में असहयोग आंदोलन का उद्घाटन करने के बाद श्री गांधी ने अपनी ऊर्जा कांग्रेस को असहयोग अपनाने और खिलाफत आंदोलन को मजबूत करने के लिए मनाने में लगा दी। उस उद्देश्य को ध्यान में रखते हुए श्री गांधी ने 1 अगस्त और 1 सितंबर,

1920 के बीच अली ब्रदर्स की कंपनी में देश का दौरा किया, जो खिलाफत आंदोलन के संस्थापक थे और लोगों को असहयोग की आवश्यकता के बारे में बताया। लोगों को श्री गांधी और अली ब्रदर्स के सुर में बेमेल नजर आ रहा था। जैसा कि मॉडर्न रिव्यू ने बताया, "उनके भाषणों की पंक्तियों को पढ़ने पर, यह देखना मुश्किल नहीं है कि उनमें से एक के साथ सुदूर तुर्की में खिलाफत की दुःखद दुर्दशा केंद्रीय तथ्य है, जबकि दूसरे के साथ स्वराज की प्राप्ति उद्देश्य है। ''रूचि का विरोधाभास[1] अंतिम उद्देश्य की सफलता के लिए यह अच्छा संकेत नहीं था। फिर भी श्री गांधी खिलाफत के समर्थन में कांग्रेस को अपने साथ ले जाने में सफल रहे।''[2]

काफी समय से हिदू मुसलमानों ाके अपने पक्ष में करने में लगे हुए थे। कांग्रेस अपने और मुस्लिम लीग के बीच की खाई को पाटने के लिए बहुत उत्सुक थी। इस निष्कर्ष को लाने के लिए 1916 में अपनाए गए तरीके और साधन जिसके परिणामस्वरूप कांग्रेस और मुस्लिम लीग के बीच लखनऊ संधि पर हस्ताक्षर किए गए थे, स्वामी श्रद्धानंद ने उस वर्ष लखनऊ में आयोजित कांग्रेस अधिवेशन के बारे में उनकी राय में स्वामी कहते हैं[3]:–

---

1. श्री गांधी ने मॉडर्न रिव्यू के सुझाव को अस्वीकार कर दिया और इसे 'क्रूरतम कट' माना। अपने आलेख में मॉडर्न रिव्यू की आलोचना से निपटते हुये 20 अक्टूबर 1921 को युवा भारत में श्री गांधी ने कहा, "मैं दावा करता हूँ कि हम दोनों मौलाना मोहम्मद अली के साथ हैं।" क्योंकि यह उनका धर्म है, मेरे साथ, क्योंकि इसके विरुद्ध अपनी जान–पहचान, मैं गाय की सुरक्षा सुनिश्चित करता हूँ, मुस्लिम के चाकू से अंतिम उद्देश्य की सफलता के लिए शुभ संकेत नहीं है। बहरहाल, श्री गांधी खिलाफत के समर्थन में कांग्रेस को अपने साथ ले जाने में सफल रहे।

2. असहयोग का प्रस्ताव 884 के मुकाबले 1886 मतों से पारित हुआ। स्वर्गीय श्री टैरसी ने एक बार मुझसे कहा था कि प्रतिनिधियों का एक बड़ा हिस्सा कोई और नहीं था। कलकत्ता के टैक्सी ड्राइवरों की तुलना में जिन्हें असहयोग संकल्प के लिए वोट देने के लिए भुगतान किया गया था।

3. मुक्तिदाता, 22 अप्रैल 1926.

"मंच (लखनऊ कांग्रेस मंच) पर बैठने पर पहली बात जो मैंने देखी वह यह थी कि मुस्लिम प्रतिनिधियों की संख्या 1893 में लाहौर की तुलना में आनुपातिक रूप से चार गुना थी। अधिकांश मुस्लिम प्रतिनिधियों ने सोने, चांदी और रेशम की कढ़ाई वाली पोशाकें पहन रखी थीं। उनके सामान्य मोटे परिधानों के ऊपर चोगा (लौहते हुए वस्त्र) थे। यह अफवाह थी कि ये 'चोगा' हिंदू पैसे वाले लोगों ने कांग्रेस तमाशा के लिए रखे थे। लगभग 433 मुस्लिम प्रतिनिधियों में से केवल 30 ही बाहर से आए थे, बाकी के लखनऊ शहर से थे। और इनमें से अधिकांश को निःअवशेष, समिति और आवास प्रदान किया गया है। सर सैयद अहमद की कांग्रेस विरोधी लीग ने एक सार्वजनिक बैठक में मुसलमानों को प्रतिनिधियों के रूप में कांग्रेस में शामिल होने से रोकने की कोशिश की थी। जवाबी कार्रवाई के रूप में कांग्रेस के लोगों ने पूरे देश को आग लगा दी। सत्र शुरू होने से लगभग चार रात पहले कांग्रेस ने डेरा डाला और विज्ञापन दिया कि वह रात मुफ्त होगी। नतीजा यह हुआ कि लखनऊ के सभी 'चंडुलखाने' खाली हो गए और लगभग तीस हजार हिंदुओं और मुसलमानों की एक विशाल सभा को आधा दर्जन मंचों से संबोधित किया गया। यह तब था जब मुस्लिम प्रतिनिधियों का चुनाव या चयन किया गया था। ये सब बातें लखनऊ कांग्रेस के आयोजकों ने मुझे निजी तौर पर बताईं।

"मुसलमान प्रतिनिधियों का एक शो बनाया जा रहा था। मुस्लिम प्रतिनिधि उर्दू में दूसरा प्रस्ताव पेश करता है। उसने शुरुवात की होजरात, मैं एक मुसलमान प्रतिनिधि हूँ। कुछ हिंदू प्रतिनिधि उठते हैं और मुसलमानों के प्रतिनिधियों के लिए तीन जयकारे लगाते हैं प्रतिक्रिया इतनी उत्साहपूर्ण है कि वर्णन से परे है।"

खिलाफत का मुद्दा उठाने में श्री गांधी ने दोहरा उद्देश्य हासिल किया। उन्होंने मुसलमानों को अपने पक्ष में करने की कांग्रेस की योजना को उसकी परिणति तक पहुँचाया। दूसरे, उन्होंने कांग्रेस को देश में एक ताकत बना दिया, जो वह नहीं होती, अगर मुसलमान उसमें शामिल नहीं होते। खिलाफत के मुद्दे ने मुसलमानों को राजनीतिक

सुरक्षा उपायों से कहीं अधिक आकर्षित किया, जिसके परिणामस्वरूप जो मुसलमान इससे बाहर थे, वे कांग्रेस में शामिल हो गए। हिंदुओं ने उनका स्वागत किया– क्योंकि, उन्होंने इसमें अंग्रेजों के खिलाफ एक साझा मोर्चा देखा, जो उनका मुख्य उद्देश्य था। इसका श्रेय निश्चित रूप से श्री गांधी को जाना चाहिए। क्योंकि इसमें कोई संदेह नहीं कि यह बड़े साहस का कार्य था।

1919 में जब मुसलमानों ने असहयोग आंदोलन में भाग लेने के लिए हिंदुओं से संपर्क किया, जिसे मुसलमान तुर्की और खिलाफत की मदद के लिए शुरू करना चाहते थे, तो हिंदू तीन खेमों में बंटे हुए पाए गए। एक उन लोगों का खेमा था जो सिद्धांततः असहयोग के विरोधी थे। दूसरे शिविर में वे हिंदू शामिल थे जो मुसलमानों के असहयोग अभियान में शामिल होने के लिए तैयार थे, बशर्ते मुसलमान गौहत्या छोड़ने के लिए सहमत हों। तीसरे समूह में हिंदू शामिल थे, जिन्हें डर था कि मुसलमान अफगानों को भारत पर आक्रमण करने के लिए आमंत्रित करने में अपना असहयोग कर सकते हैं, ऐसी स्थिति में आंदोलन के परिणामस्वरूप स्वराज की बजाय भारत मुस्लिम राज के अधीन हो सकता है।

श्री गांधी ने उन हिंदुओं की परवाह नहीं की जो असहयोग आंदोलन में मुसलमानों के शामिल होने के विरोधी थे। लेकिन दूसरों के संबंध में उन्होंने कहा कि उनका रवैया दुर्भाग्यपूर्ण था। उन हिंदुओं को जो इस शर्त पर अपना समर्थन देना चाहते थे कि मुसलमान गाय हत्या छोड़ दें, श्री गांधी ने कहा[1]–

"मैं निवेदन करता हूँ कि हिंदू यहाँ गोरक्षा (गौरक्षा) का प्रश्न नहीं उठा सकते। मित्रता की कसौटी विपत्ति में सहायता है, और वह भी बिना शर्त सहायता। जिस सहयोग पर विचार की आवश्यकता है वह एक व्यावसायिक अनुबंध है, दोस्ती नहीं। सशर्त सहयोग मिलावटी सीमेंट की तरह है जो बांधता नहीं यह हिंदुओं का कर्तव्य है, यदि वे

1. यंग इंडिया, 10 दिसंबर 1919।

मुसलमानों के उद्देश्य का न्याय देखें तब उनको सहयोग प्रदान करें। यदि मुसलमान स्वयं को बख्शने के सम्मान में बाध्य महसूस करते हैं हिंदुओं की भावनाएं और गौहत्या रोकने के लिए वे ऐसा कर सकते हैं, चाहे हिंदू उनका सहयोग करें या न करें। हालांकि, इसलिए, मैं गाय की पूजा में किसी भी हिंदू को स्वीकार नहीं करता, लेकिन मैं गाय की हत्या को रोकने को सहयोग की पूर्व शर्त नहीं बनाना चाहता। बिना शर्त सहयोग का अर्थ है गाय की रक्षा।"

उन हिंदुओं से जो इस कारण से असहयोग आंदोलन में शामिल होने से डरते थे कि मुसलमान अफगानों को भारत पर आक्रमण करने के लिए आमंत्रित कर सकते हैं, श्री गांधी ने कहा[1]–

"हिंदू चेतावनी को समझना और उचित ठहराना काफी आसान है। मुसलमानों की स्थिति का विरोध करना कठिन है। मेरी राय में, भारत को इस्लाम की ताकतों और अंग्रेजी ताकतों के बीच युद्ध का मैदान बनने से रोकने का सबसे अच्छा तरीका हिंदुओं के लिए असहयोग को पूर्ण और तत्काल सफल बनाना है, और मुझे इसमें कोई संदेह नहीं है कि, यदि मुसलमान अपने घोषित इरादे के प्रति सच्चे रहते हैं और आत्म–संयम बरतने और बलिदान देने में सक्षम होते हैं, तो हिंदू खेल खेलेंगे।" और उनके साथ असहयोग के अभियान में शामिल हो। मुझे भी उतना ही यकीन है कि हिंदू ब्रिटिश सरकार और उनके सहयोगियों और अफगानिस्तान के बीच सशस्त्र संघर्ष को बढ़ावा देने या लाने में मुसलमानों की सहायता नहीं करेंगे। ब्रिटिश सेनाएं इतनी अच्छी तरह संगठित हैं कि भारतीय सीमा पर किसी भी सफल आक्रमण को स्वीकार नहीं कर सकतीं। इसलिए, मुसलमानों के लिए इस्लाम के सम्मान की खातिर प्रभावी संघर्ष करने का एकमात्र तरीका वास्तविक ईमानदारी से असहयोग करना है। यह न केवल पूरी तरह से प्रभावी होगा यदि इसे व्यापक पैमाने पर लोगों द्वारा अपनाया जाता है, लेकिन यह व्यक्तिगत विवेक के लिए ईंधन की गुंजाइश भी प्रदान करेगा। यदि मैं किसी

1. यंग इंडिया, 9 जून 1920।

व्यक्ति या निगम द्वारा किए गए अन्याय को सहन नहीं कर सकता, और मैं प्रत्यक्ष या अप्रत्यक्ष रूप से उस व्यक्ति या निगम को कायम रखने में सहायक हूँ, तो मुझे अपने निर्माता के सामने इसका जवाब देना होगा। लेकिन मैंने वह सब किया है जो मेरे लिए नैतिक संहिता के अनुरूप लगातार करना संभव है जो गलत काम करने वालों को भी चोट पहुँचाने से इनकार करता है, अगर मैं ऊपर वर्णित तरीके से अन्याय का समर्थन करना बंद कर दूं। इसलिए, इतनी बड़ी ताकत लगाने में कोई जल्दबाजी नहीं होनी चाहिए, कोई गुस्सा नहीं दिखाना चाहिए। असहयोग पूर्णतः एक स्वैच्छिक प्रयास होना चाहिए और रहेगा। तो फिर, पूरी चीज स्वयं मुसलमानों पर निर्भर करती है। यदि वे स्वयं सहायता करेंगे, तो हिंदू मदद करेंगे और सरकार, चाहे वह महान और शक्तिशाली हो, करेगी। इस अप्रतिरोध्य शक्ति के सामने झुकना होगा। कोई सरकार नहीं कर सकती संभवतः संपूर्ण राष्ट्र के रक्तहीन विरोध का सामना कर सकेंगे।"

दुर्भाग्य से श्री गांधी की यह आशा कि 'कोई भी सरकार संभवतः पूरे राष्ट्र के रक्तहीन विरोध का सामना नहीं कर सकती,' यह सच नहीं हुआ। असहयोग आंदोलन की शुरुआत में, श्री गांधी को यह स्वीकार करना पड़ा कि मुसलमान बेसब्र हो गए हैं और "अपने अधीर गुस्से में, मुसलमान कांग्रेस और खिलाफत संगठनों द्वारा अधिक ऊर्जावान और अधिक त्वरित कार्रवाई की माँग करते हैं। मुसलमानों के लिए, स्वराज का मतलब, जैसा कि इसका मतलब होना चाहिए, खिलाफत प्रश्न से प्रभावी ढंग से निपटने की भारत की क्षमता है। इसलिए, अगर स्वराज की प्राप्ति का मतलब अनिश्चितकालीन देरी है या नहीं, तो मुसलमान इंतजार करने से इनकार करते हैं या एक ऐसा कार्यक्रम जिसके लिए भारत के मुसलमानों को यूरोपीय जल में तुर्की के विलुप्त होने का शक्तिहीन गवाह बनने की आवश्यकता हो सकती है।

"इस रवैये के प्रति सहानुभूति न रखना असंभव है। अगर मैं किसी प्रभावी कदम के बारे में सोच सकता हूँ तो मैं खुशी से तत्काल कार्रवाई की सिफारिश करूंगा। अगर इससे हम खिलाफत के हित को आगे

बढ़ा सकते हैं तो मैं खुशी से स्वराज की गतिविधियों को स्थगित करने के लिए कहूँगा। मैं खुशी से ऐसा कर सकता हूँ।" लाखों मुसलमानों को होने वाले दर्द को कम करने के लिए, यदि मैं किसी के बारे में सोच सकता हूँ, तो असहयोग से बाहर के उपाय कर सकता हूँ।

"लेकिन, मेरी विनम्र राय में, स्वराज की प्राप्ति खिलाफत को सही करने का सबसे तेज तरीका है। इसलिए यह है, कि मेरे लिए खिलाफत प्रश्न का समाधान स्वराज की प्राप्ति है और इसके विपरीत। पीड़ित तुर्कों की मदद करने का एकमात्र तरीका भारत को खुद पर जोर देने के लिए पर्याप्त बिजली पैदा करनी होगी। यदि वह समय पर उस शक्ति को विकसित नहीं कर पाता है, तो भारत के लिए कोई रास्ता नहीं है और उसे खुद को अपरिहार्य के लिए छोड़ देना होगा। एक लकवाग्रस्त व्यक्ति मदद के लिए आगे बढ़ने के लिए क्या कर सकता है एक गरीब को हाथ देना, लेकिन अपने पक्षाघात से खुद को ठीक करने की कोशिश करना? महज अज्ञानी, विचारहीन और गुस्से में भरी हिंसा, दबे हुए गुस्से को तो हवा दे सकती है, लेकिन तुर्की को कोई राहत नहीं दे सकती।"

मुसलमान श्री गांधी की सलाह सुनने की मनोदशा में नहीं थे। उन्होंने अहिंसा के सिद्धांत की पूजा करने से इनकार कर दिया। वे स्वराज की प्रतीक्षा करने को तैयार नहीं थे। वे तुर्की की मदद करने और खिलाफत को बचाने का सबसे शीघ्र साधन खोजने की जल्दी में थे। और मुसलमानों ने अपनी अधीरता में वही किया जो हिंदुओं को डर था कि वे ऐसा करेंगे, अर्थात् अफगानों को भारत पर आक्रमण करने के लिए आमंत्रित करना। अफगानिस्तान के अमीर के साथ खिलाफतवादी अपनी बातचीत में कहाँ तक आगे बढ़े थे, यह जानना संभव नहीं है। लेकिन इस तरह के प्रोजेक्ट का उनके द्वारा मनोरंजन किया जाना संदेह से परे है। इसे कहने की जरूरत नहीं है कि भारत पर आक्रमण की परियोजना सबसे खतरनाक थी और प्रत्येक समझदार भारतीय स्वयं को इससे अलग कर लेगा। श्री गांधी ने इस परियोजना में क्या भूमिका निभाई यह खोजना संभव नहीं है। निःसंदेह उन्होंने स्वयं को

इससे अलग नहीं किया। इसके विपरीत, स्वराज के प्रति उनके भ्रामक उत्साह और इसे प्राप्त करने के एकमात्र साधन के रूप में हिंदू–मुस्लिम एकता पर उनके जुनून ने उन्हें इस परियोजना का समर्थन करने के लिए प्रेरित किया। उन्होंने न केवल अमीर को ब्रिटिश सरकार के साथ कोई संधि न करने की सलाह[1] दी बल्कि घोषणा की–

"मैं, एक तरह से, निश्चित रूप से अफगानिस्तान के अमीर की मदद करूंगा, अगर उसने ब्रिटिश सरकार के खिलाफ युद्ध छेड़ा हो। कहने का मतलब है, मैं अपने देशवासियों से खुले तौर पर कहूँगा कि ऐसी सरकार की मदद करना एक अपराध होगा जिसने राष्ट्र सत्ता में बने रहने के लिए विश्वास खो दिया है।"

क्या कोई समझदार आदमी हिंदू–मुस्लिम एकता के लिए इतनी दूर तक जा सकता है? लेकिन श्री गांधी हिंदू–मुस्लिम एकता से इतने जुड़े हुए थे कि उन्होंने यह पूछना नहीं छोड़ा कि वह वास्तव में इस पागल प्रयास में क्या कर रहे हैं। श्री गांधी हिंदू–मुस्लिम एकता की नींव अच्छी तरह से और सही मायने में रखने के लिए इतने चिंतित थे कि वह अपने अनुयायियों को राष्ट्रीय संकट के बारे में सलाह देना नहीं भूले। 8 सितंबर, 1920 के यंग इंडिया में एक लेख में श्री गांधी ने कहा–

"मद्रास दौरे के दौरान, बेजवाड़ा में मुझे मौका मिला तब मैंने राष्ट्रीय संकट पर टिप्पणी की और सुझाव दिया कि पुरुषों की तुलना में आदर्शों की दुहाई देना बेहतर होगा। मैंने दर्शकों से कहा कि आप महात्मा गांधी–की–जय और मोहम्मद अली शौकत अली की जय को हिंदू–मुसलमान–की–जय से बदल दें। भाई शौकत अली, जिन्होंने अनुसरण किया, ने कानून को सकारात्मक रूप से निर्धारित किया। हिंदू–मुस्लिम एकता के बावजूद, उन्होंने देखा था कि अगर हिंदू बंदे मातरम का नारा लगाते थे, और इसके विपरीत मुसलमान अल्लाह–हू–अकबर के नारे लगाते थे। यह बात उन्होंने बिल्कुल सही कही और यह भी दिखाया कि लोगों ने एक मन होकर काम नहीं किया। इसलिए केवल तीन

1. यंग इंडिया दिनांक 4 मई 1921।

चिल्लाने वाली आवाज को ही मान्यता दी जानी चाहिए। अल्लाह–हू–अकबर को हिंदुओं और मुसलमानों द्वारा खुशी से गाया जाता है, जिससे पता चलता है कि केवल ईश्वर ही महान है और कोई नहीं। दूसरा होना चाहिए बंदे मातरम (मातृभूमि की जय) भारत माता की जय (हिंद माता की जय)। तीसरा होना चाहिए हिंदू मुसलमान की जय जिसके बिना भारत की कोई जीत नहीं थी, और भगवान की महानता का कोई सच्चा प्रदर्शन नहीं था। मैं चाहता हूँ कि समाचार–पत्र और सार्वजनिक लोग मौलाना के सुझाव को मानें और लोगों को केवल तीन चिल्लाहटों का उपयोग करने के लिए प्रेरित करें। पहली प्रार्थना और हमारी लघुता की स्वीकारोक्ति है और इसलिए विनम्रता का प्रतीक है यह एक पुकार है जिसमें सभी हिंदू और मुसलमानों को श्रद्धा और चंचलता के साथ शामिल होना चाहिए। हिंदू अरबी शब्दों से कतराते नहीं। जब उनका अर्थ न केवल पूरी तरह से अप्रभावी है बल्कि यहाँ तक कि उत्कृष्ट भी है। ईश्वर किसी विशेष भाषा का आदर नहीं करता। वंदे मातरम, अपने अद्‌भुत जुड़ावों के अलावा, एक राष्ट्रीय इच्छा को व्यक्त करता है– भारत का उसकी पूर्ण ऊंचाई पर उदय। और मुझे भारत माता की जय के बजाय वंदे मातरम को प्राथमिकता देनी चाहिए, क्योंकि यह बंगाल की बौद्धिक और भावनात्मक श्रेष्ठता की एक सुंदर पहचान होगी। चूंकि हिंदू और मुस्लिम हृदय के मिलन के बिना भारत कुछ भी नहीं हो सकता, हिंदू–मुसलमान–की–जय एक ऐसी पुकार है जिसे हम कभी नहीं भूल सकते।

"इन चीखों में कोई मतभेद नहीं होना चाहिए। तुरंत किसी ने तीन में से किसी एक को उठाया है, बाकी को इसे उठाना चाहिए और अपने पसंदीदा को शोर मचाने का प्रयास नहीं करना चाहिए। जो लोग शामिल नहीं होना चाहते हैं, वे बच सकते हैं, लेकिन जब कोई रोना पहले ही उठाया जा चुका हो तो उन्हें अपने आप को बीच में लाने को शिष्टाचार का उल्लंघन मानना चाहिए। यह भी बेहतर होगा कि हमेशा ऊपर दिए गए क्रम में तीन रोने का पालन करें।"

श्री गांधी ने हिंदू–मुस्लिम एकता कायम करने के लिए यही

एकमात्र काम नहीं किया है। उन्होंने मुसलमानों से कभी हिसाब नहीं माँगा, भले ही वे हिंदुओं के खिलाफ घोर अपराधों के दोषी रहे हों।

यह एक कुख्यात तथ्य है कि कई प्रमुख हिंदू जिन्होंने मुसलमानों की धार्मिक संवेदनशीलता को ठेस पहुँचाई थी या तो उनके लेखन के कारण या शुद्धि आंदोलन में उनकी भूमिका के कारण कुछ कट्टर मुसलमानों द्वारा हत्या कर दी गई है। सबसे पहले पीड़ित स्वामी श्रद्धानंद थे, जिन्हें 23 दिसंबर, 1926 को अब्दुल रशीद ने गोली मार दी थी जब वह बीमार थे और बिस्तर पर लेटे हुए थे। इसके बाद दिल्ली के प्रमुख आर्य समाजी लाला नानकचंद की हत्या कर दी गई। रंगीला रसूल के लेखक राजपाल को 6 अप्रैल, 1929 को इलमदीन ने उस समय चाकू मार दिया था जब वह अपनी दुकान पर बैठे थे। सितंबर 1934 में अब्दुल कयूम द्वारा नाथूराम शर्मा की हत्या कर दी गई। यह बहुत साहस का काम था। शर्मा की सिंध के न्यायिक आयुक्त की अदालत में चाकू मारकर हत्या कर दी गई थी, जहाँ वह इस्लाम के इतिहास पर एक पुस्तिका के प्रकाशन के लिए आईपीसी की धारा 195 के तहत अपनी सजा के खिलाफ अपील की सुनवाई का इंतजार कर रहे थे। हिंदू सभा के सचिव खन्ना पर गंभीर हमला किया गया–

1938 में हिंदू सत्र के बाद मुसलमानों द्वारा संपादित अहमदाबाद में हुई महासभा अहमदाबाद में हुई महासभा जिसमें लोग बाल–बाल मृत्यु से बचे।

निःसंदेह, यह एक बहुत छोटी सूची है और इसे आसानी से विस्तारित बनाया जा सकता है। लेकिन क्या प्रमुख हिंदुओं की संख्या कट्टर मुसलमानों द्वारा मारा जाना बड़ा या छोटा मामला नहीं है। जो बात मायने रखती है वह उन लोगों का रवैया है जो इन हत्यारों पर भरोसा करते हैं। जहाँ कानून लागू होता है वहां हत्यारों ने कानून का दंड भुगता। हालांकि, प्रमुख मुसलमानों ने कभी भी इन अपराधियों की निंदा नहीं की। इसके विपरीत, उन्हें धार्मिक शहीदों के रूप में सम्मानित किया गया और उन्हें क्षमादान देने के लिए आंदोलन चलाया गया। इस रवैये के उदाहरण के रूप में, लाहौर के एक बैरिस्टर श्री बरकत अली

का उल्लेख किया जा सकता है, जिन्होंने अब्दुल कयूम की अपील पर बहस की थी। उन्होंने यहाँ तक कहा कि कयूम नाथूरामल की हत्या का दोषी नहीं था क्योंकि उसका कृत्य कुरान के कानून के अनुसार उचित था। मुसलमानों का यह रवैया समझ में आता है। जो बात समझ में नहीं आ रही है वह श्री गांधी का रवैया है।

श्री गांधी हिंसा के किसी भी कृत्य की निंदा करने के मामले में बहुत पाबंद रहे हैं और उन्होंने कांग्रेस को इसकी निंदा करने के लिए उसकी इच्छा के विपरीत भी मजबूर किया है। लेकिन श्री गांधी ने कभी भी ऐसी हत्याओं का विरोध नहीं किया।[1] न केवल मुसलमानों ने इन आक्रोशों की निंदा नहीं की है, बल्कि श्री गांधी ने भी कभी प्रमुख मुसलमानों से इनकी निंदा करने का आह्वान नहीं किया है। उन पर उन्होंने चुप्पी साध रखी है। इस तरह के रवैये को केवल इस आधार पर समझाया जा सकता है कि श्री गांधी हिंदू–मुस्लिम एकता को बनाए रखने के लिए उत्सुक थे और उन्हें कुछ हिंदुओं की हत्याओं से कोई आपत्ति नहीं थी, अगर यह उनके जीवन का बलिदान देकर हासिल किया जा सकता था।

मुसलमानों को किसी भी गलती के लिए माफ करने का यह रवैया, ताकि एकता के उद्देश्य को नुकसान न पहुँचे, मोपला दंगों के मामले में श्री गांधी ने जो कहा था, उससे यह अच्छी तरह से स्पष्ट होता है।

मालाबार में मोपलाओं द्वारा हिंदुओं पर किए गए खून–खराबे वाले अत्याचार अवर्णनीय थे। संपूर्ण दक्षिणी भारत में, सभी प्रकार के मतों के हिंदुओं में भयभीत भावना की लहर फैल गई थी, जो तब और तेज हो गई। जब कुछ खिलाफत नेता इतने गुमराह हो गए कि उन्होंने 'बहादुर लड़ाई के लिए मोपलाओं को बधाई' का प्रस्ताव पारित कर दिया।

1. बताया जाता है कि स्वामी श्रद्धानंद के हत्यारे अब्दुल रशीद की आत्मा की शांति के लिए अगली दुनिया में पुण्य अर्जित करने के लिए देवबंद के प्रसिद्ध धर्मशास्त्र महाविद्यालय के छात्रों और प्रोफेसरों ने कुरान के पाँच पूर्ण पाठ समाप्त किए और प्रतिदिन एक लाख पाठ समाप्त करने की योजना बनाई थी और कुरान की आयतों का एक चौथाई पाठ। उनकी प्रार्थना थी –'अल्लाह' सर्वशक्तिमान मरहूम (अर्थात् रशीद) को 'अ' अला–ए–इलेयीन (सातवें आसमान का शिखर) में जगह दे"–टाइम्स ऑफ इंडिया, 30–11–27 इंडियन आइज कॉलम के माध्यम से।

वे धर्म की खातिर आचरण कर रहे थे। कोई भी व्यक्ति कह सकता था कि यह हिंदू–मुस्लिम एकता के लिए बहुत बड़ी कीमत थी। लेकिन श्री गांधी हिंदू–मुस्लिम एकता स्थापित करने की आवश्यकता से इतने अधिक प्रभावित थे कि वह इसके लिए तैयार थे। मोपलाओं और खिलाफतवादियों के कृत्यों पर प्रकाश डालें जो उन्हें बधाई दे रहे थे। उन्होंने मोपलाओं को "बहादुर ईश्वर से डरने वाले मोपलाओं के रूप में बताया जो उस चीज के लिए लड़ रहे थे जिसे वे धर्म मानते हैं और उस तरीके से लड़ रहे थे जिसे वे धार्मिक मानते हैं।" मोपला अत्याचार पर मुस्लिम चुप्पी के बारे में श्री गांधी ने हिंदुओं से कहा–

हिंदुओं में यह महसूस करने का साहस और विश्वास होना चाहिए कि वे ऐसे कट्टर विस्फोटों के बावजूद अपने धर्म की रक्षा कर सकते हैं। मोपला पागलपन के मुसलमानों द्वारा मौखिक अस्वीकृति, मुसलमान मित्रता की परीक्षा नहीं है। मुसलमानों को स्वाभाविक रूप से शर्म और अपमान महसूस करना चाहिए जबरन धर्मांतरण और लूटपाट के बारे में मोपला आचरण के बारे में, और उन्हें इतनी चुपचाप और प्रभावी ढंग से काम करना चाहिए कि उनमें से सबसे कट्टर लोगों के लिए भी ऐसी चीज असंभव हो जाए। मेरा मानना है कि हिंदुओं ने एक संस्था के रूप में मोपला को प्राप्त किया है। मोपला का समभाव से पागलपन और सुसंस्कृत मुसलमानों को मोपला की शिक्षा की विकृति से गहरा खेद है पैगंबर का।"

'संकल्प' मोपला[1] अत्याचार पर कांग्रेस कितनी सतर्क है, यह दर्शाता है इसका उद्देश्य मुसलमानों की भावनाओं को ठेस पहुँचाना नहीं था।

---

1. 'संकल्प में कहा गया है कि जबरन धर्म–परिवर्तन के केवल तीन मामले थे। केंद्रीय विधानमंडल में एक प्रश्न के उत्तर में (बहस 16 जनवरी, 1922) सर विलियम विंसेंट ने उत्तर दिया "मद्रास सरकार की रिपोर्ट है कि जबरन धर्मांतरण की संख्या संभवतः हजारों में है, लेकिन स्पष्ट कारणों से सटीक अनुमान जैसा कुछ भी प्राप्त करना कभी संभव नहीं होगा और सरकार की ओर से मोपला द्वारा किए गए गलत कामों का एकतरफा और अत्यधिक अतिशयोक्तिपूर्ण विवरण दिया है और शांति तथा व्यवस्था के नाम पर सरकार द्वारा किए गए जीवन के अनावश्यक विनाश को कम करके बताया है।

"कार्य समिति अपनी गहरी भावना को रिकॉर्ड में रखती है। कुछ क्षेत्रों में मोपलाओं द्वारा की गई हिंसा के कार्यों पर है मालाबार का खेद है। ये कर्म इस बात का प्रमाण हैं कि वहां हैं भारत में अभी भी लोग इस संदेश को नहीं समझ पाए हैं कांग्रेस और केंद्रीय खिलाफत समिति, और आह्वान करती है। प्रत्येक कांग्रेस और खिलाफत कार्यकर्ता को उक्त संदेश फैलाने की जरूरत है सबसे गंभीर उकसावे में भी अहिंसा का पालन करना और आह्वान करता है। प्रत्येक कांग्रेस और खिलाफत कार्यकर्ता को उक्त संदेश फैलाने की जरूरत है सबसे गंभीर उकसावे में भारत की लंबाई और चौड़ाई में भी अहिंसा का पालन करना।

जबकि, तथापि, मोपलाओं की ओर से हिंसा की निंदा की गई,कार्य समिति यह जानना चाहती है कि उसके पास उपलब्ध साक्ष्यों से पता चलता है कि मोपलाओं को सहनशक्ति से परे उकसावे की कार्रवाई की गई थी और जो रिपोर्टें प्रकाशित की गईं ।

"कार्य समिति को यह जानकर खेद है कि मोपलाओं के बीच कुछ कट्टरपंथियों द्वारा तथाकथित जबरन धर्म–परिवर्तन की घटनाएं हुई हैं, लेकिन जनता को सरकार और प्रेरित संस्करणों पर विश्वास करने के खिलाफ चेतावनी देती है। समिति के समक्ष रिपोर्ट कहती है–

"जिन परिवारों के बारे में बताया गया है कि उन्हें जबरन मुस्लिम धर्म में परिवर्तित किया गया था, वे मंजेरी के पड़ोस में रहते थे। यह स्पष्ट है कि एक कट्टरपंथी गिरोह द्वारा हिंदुओं से जबरन धर्म–परिवर्तन कराया गया था, जो हमेशा खिलाफत और असहयोग आंदोलन का विरोध करते थे और जहाँ तक हमारी जानकारी है, केवल तीन मामले थे।"

मुस्लिम हठधर्मिता के निम्नलिखित उदाहरण, जिन पर श्री गांधी चुप रहे, स्वामी श्रद्धानंद ने लिबरेटर नामक अपनी साप्ताहिक पत्रिका में दर्ज किए हैं। 30 सितम्बर, 1926 के अंक में लिखते हुए स्वामीजी कहते हैं–

"जहाँ तक अस्पृश्यता निवारण का संबंध है, यह अधिकारिक रूप से कई बार निर्णय दिया गया है कि अपने पिछले पापों का प्रायश्चित्त करना हिंदुओं का कर्तव्य है और गैर–हिंदुओं को इससे कोई लेना–देना

नहीं होना चाहिए। लेकिन मुसलमान और ईसाई कांग्रेसी वाइकोम और अन्य स्थानों पर गांधीजी की नीति के विरुद्ध खुले तौर पर विद्रोह किया है। यहाँ तक कि श्री याकूब हसन जैसे निष्पक्ष नेता ने, मद्रास में मुझे संबोधित करने के लिए बुलाई गई एक बैठक की अध्यक्षता करते हुए, खुले तौर पर मुसलमानों को भारत में इस्लाम के लिए सभी अछूतों को धर्मांतरित करने का कर्तव्य सौंपा।"

लेकिन श्री गांधी ने मुसलमानों या ईसाइयों के प्रति प्रतिवाद के तौर पर कुछ नहीं कहा।

जुलाई 1926 के अपने अंक में स्वामी लिखते हैं–

"एक और प्रमुख तथ्य था जिस पर मैंने महात्मा गांधी का ध्यान आकर्षित किया। हम दोनों एक रात नागपुर में खिलाफत सम्मेलन में एक साथ गए। उस अवसर पर मौलानाओं द्वारा पढ़ी गई कुरान की आयतें (छंद) शामिल थीं। जिहाद और काफिरों की हत्या के खिलाफ बार–बार उल्लेख। लेकिन जब मैंने उनका ध्यान खिलाफत आंदोलन के इस दौर की ओर दिलाया, महात्माजी मुस्कुराए और बोले, 'वे ब्रिटिश नौकरशाही को इशारा कर रहे हैं।' उत्तर में मैंने कहा कि यह सब विनाशक था–अहिंसा के विचार से क्षुब्ध और जब भावना का प्रत्यावर्तन मुस्लिम मौलाना आये तो इस्तेमाल करने से नहीं चूके। ये श्लोक हिंदुओं के खिलाफ हैं।"

स्वामी का तीसरा उदाहरण मोपला दंगों से संबंधित है। 26 अगस्त, 1926 के लिबरेटर में लिखते हुए स्वामी कहते हैं–

"पहली चेतावनी तब दी गई जब विषय समिति में हिंदुओं पर उनके अत्याचारों के लिए मोपलाओं की निंदा करने का सवाल आया। मूल प्रस्ताव में हिंदुओं की हत्या, हिंदू घरों को जलाने और जबरन इस्लाम में धर्मांतरण के लिए मोपलाओं की निंदा की गई। हिंदू सदस्यों ने स्वयं संशोधन का प्रस्ताव रखा जब तक कि इसे केवल कुछ व्यक्तियों की निंदा करने तक सीमित नहीं किया गया जो उपर्युक्त अपराधों के लिए दोषी थे। लेकिन कुछ मुस्लिम नेता इसे सहन नहीं कर सके। मौलाना फकीर और अन्य मौलानाओं ने, निश्चित रूप से विरोध–प्रस्ताव किया

और इसमें कोई आश्चर्य नहीं था। लेकिन मुझे आश्चर्य हुआ, मौलाना हसरत मोहंत जैसे कट्टर राष्ट्रवादी ने इस आधार पर प्रस्ताव का विरोध किया कि मोपला देश अब दार–उल–अमन नहीं रहा, बल्कि दार–उल–हरब बन गया और क्योंकि उन्हें संदेह था कि मोपला के ब्रिटिश शत्रुओं के साथ हिंदुओं की मिलीभगत है। इसलिए, मोपला ने हिंदुओं को कुरान या तलवार भेंट करके सही किया। और यदि हिंदू खुद को मौत से बचाने के लिए मुसलमान बन गए, तो यह विश्वास का एक स्वैच्छिक परिवर्तन था और जबरन धर्म–परिवर्तन नहीं–खैर, यहाँ तक कि कुछ मोपलाओं की निंदा करने वाला हानिरहित प्रस्ताव भी सर्वसम्मति से पारित नहीं किया गया था, बल्कि बहुमत से ही स्वीकार किया जाना था। अन्य संकेत भी थे, जो दिखाते थे कि मुसलमान मानते थे कि कांग्रेस उनकी तकलीफों पर कायम है और अगर उनकी मूर्खताओं को नजरअंदाज करने की जरा भी कोशिश की गई तो सतही एकता टूट जाएगी।''

अंतिम में श्री गांधी द्वारा शुरू किए गए विदेशी कपड़ों को जलाने का उल्लेख है। 13 अगस्त, 1926 के लिबरेटर में लिखते हुए स्वामीजी कहते हैं–

"जबकि लोग इस नतीजे पर पहुँचे कि विदेशी कपड़े जलाना भारतीयों और मेसर्स दास का धार्मिक कर्तव्य था, नेहरू और अन्य सर्वोच्च नेताओं ने कपड़े की आग को सार्थक बना दिया। हजारों की संख्या में खिलाफत मुसलमानों को महात्माजी से अनुमति मिली– सभी विदेशी कपड़े तुर्की भाइयों के उपयोग के लिए भेजे। यह मेरे लिए एक बार फिर बहुत बड़ा झटका था। जबकि महात्माजी खड़े रहे वे हठधर्मी थे और जब सिद्धांत का प्रश्न शामिल था उन्हें हिंदू भावनाओं की जरा भी परवाह नहीं थी, मुस्लिम तिरस्कार के कर्तव्य की– कर्तव्य के प्रति उनके हृदय में हमेशा एक नरम कोना रहता था।

हिंदू–मुसलमान लाने के उनके प्रयासों के इतिहास में एकता का उल्लेख दो घटनाओं का अवश्य होना चाहिए। एक है रोजा, जो श्री गांधी ने वर्ष 1924 में किया था। यह उपवास 21 दिन का था।

उपवास करने से पहले श्री गांधी ने समझाया एक बयान में इसके कारण बताए गए हैं जिनमें से निम्नलिखित उद्धरण निकाले गए हैं।

"तथ्य यह है कि हिंदू और मुसलमान, जो केवल दो साल पहले स्पष्ट रूप से मित्र के रूप में एक साथ काम कर रहे थे, अब कुछ स्थानों पर बिल्लियों और कुत्तों की तरह लड़ रहे हैं, यह निर्णायक रूप से दर्शाता है कि उनके द्वारा किया गया असहयोग अहिंसक नहीं था। मैंने बंबई, चौरी–चौरा और कई छोटे–मोटे मामलों में इसके लक्षण देखे। मैंने तब तपस्या की थी। इसका बहुत प्रभाव पड़ा। लेकिन यह हिंदू–मुस्लिम तनाव अकल्पनीय था। कोहाट त्रासदी के बारे में सुनकर यह असहनीय हो गया। पूर्व संध्या पर साबरमती से दिल्ली के लिए प्रस्थान करते समय, सरोजिनी देवी ने मुझे लिखा था कि शांति पर भाषण और उपदेश काम नहीं आएंगे। मुझे एक प्रभावी उपाय खोजना होगा। मुझ पर जिम्मेदारी डालने में वह सही थीं। क्या मैं इसे अस्तित्त्व में लाने में सहायक नहीं होती लोगों की विशाल ऊर्जा? यदि ऊर्जा आत्म–विनाशकारी साबित हो तो मुझे इसका उपाय खोजना होगा।

'"अमेठी, संभल और गुलबर्गा ने मुझे बुरी तरह हिलाकर रख दिया था। मैंने हिंदू और मुसलमान दोस्तों द्वारा तैयार की गई अमेठी और संभल के बारे में रिपोर्टें पढ़ीं थीं। मुझे गुलबर्गा गए हिंदू और मुसलमान दोस्तों की संयुक्त खोज के बारे में पता चला था। मैं गहरे दर्द में लिख रहा था।" और फिर भी मेरे पास कोई उपाय नहीं था। कोहाट की खबर ने सुलगते हुए जनसमूह को सुलगा दिया। कुछ तो करना ही था। मैंने दो रातें बेचैनी और दर्द में गुजारीं। बुधवार को मुझे उपाय का पता चला। मुझे प्रायश्चित्त करना चाहिए।

"यह उन हिंदुओं और मुसलमानों के लिए एक चेतावनी है जिन्होंने मुझसे प्यार करने का दावा किया है। अगर उन्होंने मुझसे सच्चा प्यार किया है और अगर मैं उनके प्यार के लायक हूँ, तो वे अपने दिल में भगवान को नकारने के गंभीर पाप के लिए मेरे साथ प्रायश्चित्त करेंगे।

"हिंदुओं और मुसलमानों की तपस्या उपवास करना नहीं है, बल्कि अपने कदम पीछे खींचना है। एक मुसलमान के लिए अपने हिंदू भाई

के लिए कोई दुर्भावना न रखना सच्ची तपस्या है और एक हिंदू के लिए अपने मुसलमान भाई के लिए कोई दुर्भावना न रखना भी उतनी ही सच्ची तपस्या है।"

"मैंने दोस्तों से सलाह नहीं ली, हकीम साहब से भी नहीं जो बुधवार को काफी देर तक मेरे साथ बंद रहे–मौलाना मोहम्मद अली से भी नहीं जिनकी छत के नीचे मैं विशेषाधिकार मेहमाननवाजी का आनंद ले रहा हूँ।"

"लेकिन क्या मेरे लिए मुसलमान छत के नीचे उपवास करना सही था?" (गांधी उस समय दिल्ली में श्री मोहम्मद अली के अतिथि थे)। हाँ यह था। व्रत का जन्म किसी एक आत्मा के प्रति दुर्भावना से नहीं होता। मेरा मुसलमान छत के नीचे रहना ऐसी किसी भी व्याख्या के विरुद्ध सुनिश्चित करता है। यह उचित बात है कि इस व्रत को मुसलमान के घर में ही किया और पूरा किया जाए।"

मोहम्मद अली कौन हैं? उपवास से केवल दो दिन पहले हमारे बीच एक निजी मामले पर चर्चा हुई थी जिसमें मैंने उन्हें बताया था कि जो मेरा था वह उसका था और जो उसका था वह मेरा था। मैं जनता को कृतज्ञतापूर्वक बताना चाहता हूँ कि मोहम्मद अली की छत के नीचे मुझे कभी इतना गर्म या बेहतर इलाज नहीं मिला। मेरी हर इच्छा अपेक्षित है। उनके परिवार में से प्रत्येक का प्रमुख विचार मुझे और मेरे परिवार को खुश और आरामदायक बनाना है। डॉ. औसारी और अब्दुर रहमान ने खुद को मेरा चिकित्सा सलाहकार नियुक्त किया है। वे रोज मेरी जांच करते हैं। मुझे अपने जीवन में कई खुशी के अवसर मिले हैं। ये पिछले वाले से कम खुशी की बात नहीं है। रोटी ही सब कुछ नहीं है। मैं यहाँ सबसे समृद्ध प्रेम का अनुभव कर रहा हूँ। यह मेरे लिए रोटी से भी बढ़कर है।

"यह कानाफूसी की गई है कि मुसलमान दोस्तों के साथ इतना घूमने से, मैं खुद को हिंदू मन को जानने के लिए अयोग्य बना देता हूँ। हिंदू विचार मैं ही हूँ। निश्चित रूप से मैं हिंदू विचार को जानने के लिए हिंदुओं के बीच नहीं रहता हूँ, जबकि मेरे अस्तित्त्व का हर हिस्सा हिंदू

है। मेरा हिंदू धर्म एक बहुत ही घटिया चीज होगी यदि यह सबसे प्रतिकूल प्रभावों के तहत विकसित नहीं हो सकता है। मैं सहज रूप से जानता हूँ कि हिंदू धर्म के लिए क्या आवश्यक है। लेकिन मुझे मुस्लिम मन की खोज करने के लिए प्रयास करना होगा। मैं जितना मुसलमानों के करीब आता हूँ उतना बेहतर होता हूँ, मुसलमानों और उनके कार्यों के बारे में मेरे अनुमान में जितना न्यायपूर्ण होने की संभावना है। मैं दोनों समुदायों के बीच सबसे अच्छा सीमेंट बनने का प्रयास कर रहा हूँ। मेरी इच्छा है कि यदि आवश्यक हो तो मैं अपने खून से दोनों को जोड़ने में सक्षम हो सकूं। लेकिन, इससे पहले कि मैं ऐसा कर सकूं, मुझे मुसलमानों को यह साबित करना होगा कि मैं उनसे उतना ही प्यार करता हूँ जितना मैं हिंदुओं से प्यार करता हूँ। मेरा धर्म मुझे सभी से समान रूप से प्यार करना सिखाता है। भगवान ऐसा करने में मेरी मदद करें! अन्य चीजों के अलावा मेरे उपवास का मतलब है स्वयं को समान और निःस्वार्थ प्रेम को प्राप्त करने के योग्य बनाना।"

तेजी से उत्पादित एकता सम्मेलन। लेकिन एकता सम्मेलन से पवित्र संकल्पों के अलावा कुछ नहीं निकला जो घोषित होते ही टूट गये।

श्री गांधी द्वारा निभाई गई भूमिका का यह संक्षिप्त ऐतिहासिक रेखाचित्र हिंदू–मुस्लिम एकता लाने में निष्कर्ष निकाला जा सकता है। बातचीत में श्री गांधी के रवैये का संदर्भ सांप्रदायिक समझौते के बारे में उन्होंने मुसलमानों को एक प्रस्ताव में कोरा चेक दिया। खाली चेक ने केवल परेशान करने का काम किया। मुसलमानों ने इसे टालने की कार्रवाई के रूप में व्याख्यायित किया। उन्होंने गोलमेज सम्मेलन में पृथक् निर्वाचिका का विरोध किया। जब उन्हें सांप्रदायिक पुरस्कार द्वारा मुसलमानों को दिया गया, तो श्री गांधी और कांग्रेस ने उन्हें स्वीकार नहीं किया। लेकिन जब इस पर मतदान की बात आई तो उन्होंने न तो इसे मंजूरी देने और न ही इसका विरोध करने का अजीब रवैया अपनाया।

हिंदू–मुस्लिम एकता लाने के श्री गांधी के प्रयासों का इतिहास ऐसा ही है। इन प्रयासों का क्या फल मिला?

इस प्रश्न का उत्तर देने में सक्षम होने के लिए 1920–40 के दौरान दोनों समुदायों के बीच संबंधों की जांच करना आवश्यक है, जिन वर्षों के दौरान श्री गांधी ने हिंदू–मुस्लिम एकता लाने के लिए बहुत मेहनत की थी। पुराने भारत सरकार अधिनियम के तहत भारत सरकार द्वारा संसद में साल–दर–साल प्रस्तुत की जाने वाली भारत के मामलों की वार्षिक रिपोर्टों में इस संबंध का अच्छी तरह से वर्णन किया गया है। इन रिपोर्टों[1] पर ही मैंने नीचे दर्ज तथ्य निकाले हैं–

वर्ष 1920 से आरंभ होकर उस वर्ष मालाबार में मोपला विद्रोह हुआ जिसे मोपला विद्रोह के नाम से जाना जाता है। यह दो मुस्लिम संगठनों, खुद्दाम–ए–काबा (मक्का तीर्थ के सेवक) और केंद्रीय खिलाफत समिति द्वारा किए गए आंदोलन का परिणाम था। आंदोलनकारियों ने वास्तव में इस सिद्धांत का प्रचार किया कि ब्रिटिश सरकार के अधीन भारत दार–उल–हरब था और मुसलमानों को इसके खिलाफ लड़ना चाहिए और यदि वे ऐसा नहीं कर सकते, तो उन्हें हिजरत के वैकल्पिक सिद्धांत को लागू करना होगा। इस आंदोलन से मोपलाओं को अचानक अपने पैरों से खड़ा होना पड़ा। यह प्रकोप मूलतः ब्रिटिश सरकार के विरुद्ध विद्रोह था। उद्देश्य ब्रिटिश सरकार को उखाड़ फेंककर इस्लाम का साम्राज्य स्थापित करना था। चाकू, तलवारें और भाले गुप्त रूप से बनाए गए थे, ब्रिटिश सत्ता पर हमले के लिए हताश लोगों के समूह एकत्र हुए थे। 20 अगस्त को पिरुनांगडी में मोपला और ब्रिटिश सेना के बीच भीषण मुठभेड़ हुई। सड़कें अवरुद्ध कर दी गईं, टेलीग्राफ की लाइनें काट दी गईं और कई स्थानों पर रेलवे को नष्ट कर दिया गया। जैसे ही प्रशासन गतिहीन हो गया, मोपलाओं ने घोषणा कर दी कि स्वराज की स्थापना हो गयी है। एक निश्चित रूप से अली मुसलियार को राजा घोषित किया गया, खिलाफत के झंडे फहराए गए, और एर्नाड और वालुरनाड को खिलाफत राज्य घोषित किया गया। ब्रिटिश सरकार

1. श्रृंखला को '1920 में भारत' इत्यादि के नाम से जाना जाता है।

के खिलाफ विद्रोह के रूप में यह काफी समझ में आता था। लेकिन जो बात सबसे अधिक चकित करने वाली थी वह मालाबार के हिंदुओं के साथ मोपलाओं द्वारा किया गया व्यवहार था। मोपलाओं के हाथों हिंदुओं को भयानक भाग्य का सामना करना पड़ा। नरसंहार, जबरन धर्म–परिवर्तन, मंदिरों का अपमान, महिलाओं पर गंदे अत्याचार, जैसे चीर–फाड़, गर्भवती महिलाओं को खुलेआम लूटना, लूटपाट, आगजनी और विनाश–संक्षेप में, क्रूर और बेलगाम बर्बरता के सभी साथी, तब तक मोपलाओं द्वारा हिंदुओं पर खुलेआम अत्याचार किए जाते रहे ऐसे समय में जब सैनिकों को देश के एक कठिन और व्यापक क्षेत्र में व्यवस्था बहाल करने के कार्य में जल्दबाजी की जा सकती थी। यह कोई हिंदू–मुस्लिम दंगा नहीं था। यह सिर्फ बार्थोलोम्यू था। मारे गए, घायल हुए या धर्मांतरित हुए हिंदुओं की संख्या ज्ञात नहीं है। लेकिन संख्या बहुत बड़ी रही होगी।

वर्ष 1921–22 में सांप्रदायिक ईर्ष्याएं कम नहीं हुईं। मुहर्रम समारोह में बंगाल और पंजाब दोनों में गंभीर दंगे हुए थे। विशेष रूप से बाद के प्रांत में, मुल्तान में सांप्रदायिक भावना बहुत गंभीर चरम पर पहुँच गई, और हालांकि हताहतों की सूची तुलनात्मक रूप से छोटी थी, संपत्ति को काफी नुकसान हुआ था।

हालांकि वर्ष 1922–23 एक शांतिपूर्ण वर्ष था, लेकिन 1923–24 के दौरान दोनों समुदायों के बीच संबंध तनावपूर्ण रहे। लेकिन किसी भी इलाके में इस तनाव के इतने दुःखद परिणाम नहीं हुए, जितने कोहाट शहर में हुए। समस्या का तात्कालिक कारण एक पुस्तिका का प्रकाशन और प्रसार था जिसमें एक अत्यंत इस्लाम–विरोधी कविता थी। 9 और 10 सितंबर, 1924 को भयानक दंगे भड़क उठे, कुल मिलाकर लगभग 155 लोग मारे गए और घायल हुए। गृह संपत्ति का अनुमानित मूल्य ₹9 लाख का नुकसान हुआ और भारी मात्रा में सामान लूट लिया गया। आतंक के इस शासन के परिणामस्वरूप पूरी हिंदू आबादी ने कोहाट शहर खाली कर दिया। लंबी बातचीत के बाद दोनों समुदायों के बीच सुलह का समझौता हुआ, सरकार ने आश्वासन दिया कि, कुछ आपत्तियों

के अधीन, दंगों में शामिल व्यक्तियों के खिलाफ लंबित अभियोजन को हटा दिया जाना चाहिए। पीड़ितों को अपना व्यवसाय फिर से शुरू करने और अपने घरों का पुनर्निर्माण करने में सक्षम बनाने के उद्देश्य से, सरकार ने कुछ मामलों में बिना ब्याज के ₹5 लाख की अग्रिम राशि स्वीकृत की। लेकिन समझौता हो जाने और निकाले गए लोगों के कोहाट लौटने के बाद भी कोई शांति नहीं थी और 1924–25 के दौरान देश के विभिन्न हिस्सों में हिंदू और मुसलमान जनता के बीच तनाव काफी हद तक बढ़ गया। गर्मियों के महीनों में, चिंताजनक संख्या में दंगे होते थे। जुलाई में दिल्ली में हिंदुओं और मुसलमानों के बीच उसी महीने में, गंभीर हताहतों के साथ भीषण लड़ाई छिड़ गई, नागपुर में भयंकर प्रकोप था। अगस्त तो और भी बुरा था। ब्रिटिश भारत में नागपुर, लाहौर में, लखनऊ में, मुरादाबाद में और भागलपुर में दंगे हुए। जबकि निजाम के प्रभुत्व गुलबर्गा में गंभीर मारपीट हुई।

सितंबर–अक्टूबर में लखनऊ, शाहजहाँपुर, कांकीनारा और इलाहाबाद में भीषण लड़ाई देखी गई। इस वर्ष का सबसे भयानक प्रकोप कोहाट में हुआ, जिसमें हत्या, आगजनी और लूट शामिल थी।

1925–26 में हिंदुओं और मुसलमानों के बीच विरोध व्यापक हो गया। इस वर्ष के दौरान हुए हिंदू–मुस्लिम दंगों की बहुत महत्त्वपूर्ण विशेषताएं इसका व्यापक वितरण और कुछ मामलों में, छोटे गांवों में इसकी घटना थीं। कलकत्ता, संयुक्त प्रांत, मध्य प्रांत और बॉम्बे प्रेसीडेंसी सभी दंगों के दृश्य थे, जिनमें से कुछ में जीवन की अफसोसजनक क्षति हुई। अगस्त के अंत में होने वाले कुछ छोटे और स्थानीय हिंदू त्योहारों ने कलकत्ता, बरार, गुजरात में बॉम्बे प्रेसीडेंसी और संयुक्त प्रांत में सांप्रदायिक परेशानी को जन्म दिया। इनमें से कुछ स्थानों पर दोनों समुदायों के बीच वास्तविक झड़पें हुईं, लेकिन अन्य जगहों पर, विशेष रूप से कलकत्ता के सबसे घनी आबादी वाले जूट मिल केंद्रों में से एक कांकीनारा में, पुलिस की गतिविधि के कारण गंभीर दंगों को रोक दिया गया। गुजरात में इन दिनों हिंदू–मुस्लिम भावना चरम पर थी और मंदिर में अपवित्रता का कम से कम एक मामला सामने आया था।

सितंबर के अंत में, महत्त्वपूर्ण हिंदू त्योहार रामलीला ने कई स्थानों पर तीव्र चिंता पैदा कर दी, और संयुक्त प्रांत के एक महत्त्वपूर्ण स्थान, अलीगढ़ में, इसके उत्सव को वर्ष के सबसे खराब दंगों में से एक के रूप में चिह्नित किया गया था। दंगे ने इतना खतरनाक रूप धारण कर लिया कि पुलिस को व्यवस्था बहाल करने के लिए गोली चलाने के लिए मजबूर होना पड़ा और पाँच लोग मारे गए, या तो पुलिस द्वारा या दंगाइयों द्वारा। लखनऊ में, उसी उत्सव ने एक समय खतरनाक स्थिति को जन्म दिया, लेकिन स्थानीय अधिकारियों ने वास्तविक दंगों को रोक दिया। अक्टूबर में बॉम्बे प्रेसीडेंसी के शोलापुर में एक और गंभीर दंगा हुआ। वहां, स्थानीय हिंदू हिंदू मूर्तियों के साथ एक कार लेकर शहर में घूम रहे थे, और जब वे एक मस्जिद के पास पहुँचे, तो उनके और कुछ मुसलमानों के बीच विवाद पैदा हो गया, जो दंगे में बदल गया।

अप्रैल की शुरुआत में कलकत्ता में मुसलमानों और कुछ आर्य समाजियों के बीच एक मस्जिद के बाहर झगड़े के रूप में एक निंदनीय दंगा शुरू हुआ और 5 अप्रैल तक फैलता रहा, हालांकि केवल एक ही अवसर था जब पुलिस या सेना को 5 अप्रैल की शाम को एक भीड़ का सामना करना पड़ा जिसने दृढ़ प्रतिरोध दिखाया, जब गोलीबारी करनी पड़ी। वहां भी काफी आगजनी हुई और इस आगजनी के पहले तीन दिनों में फायर ब्रिगेड को 110 आग से निपटना पड़ा। दंगों की एक अभूतपूर्व विशेषता मुसलमानों द्वारा मंदिरों पर और हिंदुओं द्वारा मस्जिदों पर हमले थे जिससे स्वाभाविक रूप से तीव्र कड़वाहट पैदा हुई। इसमें 44 मौतें हुईं और 5,84,584 व्यक्ति घायल हुए। कुछ मात्रा में लूटपाट हुई और व्यापार बंद हो गये, जिससे कलकत्ता को भारी आर्थिक क्षति हुई। 5 तारीख के तुरंत बाद दुकानें फिर से खुलनी शुरू हो गईं, लेकिन 13 अप्रैल को एक हिंदू त्योहार और 14 तारीख को ईद के कारण तनाव की अवधि लंबी हो गई। सिक्खों को 13 तारीख को जुलूस निकालना था, लेकिन सरकार उन्हें आवश्यक लाइसेंस देने में असमर्थ थी। 13 और 14 अप्रैल के संबंध में आशंकाएं, सौभाग्य से, सच

नहीं हुईं और 22 अप्रैल तक बाहरी शांति बनी रही, जब एक सड़क पर एक छोटे से झगड़े के परिणामस्वरूप यह अचानक टूट गई, जिससे दंगे फिर से शुरू हो गए। दोनों समुदायों की भीड़ के बीच लड़ाई, आम तौर पर छोटे पैमाने पर, छिटपुट हमलों और हत्याओं के साथ, छह दिनों तक जारी रही। इस अवधि के दौरान मंदिरों या मस्जिदों पर कोई हमले नहीं हुए और बहुत कम आगजनी या लूटपाट हुई। लेकिन ऐसे और भी कई मौके आए, जब पुलिस के सामने आने पर विरोधी भीड़ तुरंत तितर–बितर नहीं हुई और 12 मौकों पर गोलियां चलानी पड़ीं। दंगों के इस दूसरे चरण के दौरान हताहतों की कुल संख्या 66 मौतें और 391 घायल थीं। पहले दंगों के दौरान व्यापार की अव्यवस्था बहुत गंभीर थी और मारवाड़ी व्यापारिक घरानों के बंद होने का यूरोपीय व्यापारिक फर्मों पर प्रभाव पड़ा। दहशत के कारण कई बाजार पूरी तरह या आंशिक रूप से बंद हो गए और दो दिनों के लिए मांस की आपूर्ति व्यावहारिक रूप से बंद हो गई। दहशत इतनी अधिक थी कि अशांत क्षेत्र में कूड़ा हटाना बंद कर दिया गया। हालांकि, आपूर्ति की सुरक्षा के लिए व्यवस्था की गई थी, और नगरपालिका के सफाईकर्मियों की कठिनाई दूर हो गई थी, जैसे ही नगर पालिका ने सुरक्षा के लिए पुलिस को आवेदन दिया था। दंगे के क्षेत्र में थोड़ा विस्तार हुआ, लेकिन कलकत्ता के आसपास मिल क्षेत्र में कोई गड़बड़ी नहीं हुई। अशांत क्षेत्र के हिस्से पर व्यवस्थित छापेमारी, गुंडों की गिरफ्तारी, हथियारों की संख्या और विशेष पुलिस अधिकारियों के रूप में कार्य करने के लिए ब्रिटिश सैनिकों की नियुक्ति से पुलिस को फिर से मजबूत करने का वांछित प्रभाव पड़ा और अप्रैल के आखिरी तीन दिनों में, छिटपुट हमलों और हत्याओं की निरंतरता के बावजूद, लगातार सुधार देखा गया। स्थिति में. अलग–अलग हत्याएं मुख्य रूप से दोनों समुदायों के गुंडों के कारण हुईं और पहले और दूसरे प्रकोप के दौरान उनकी दृढ़ता ने एक आम धारणा को प्रेरित किया कि ये गुंडे भाड़े के हत्यारे थे। दंगों की एक और समान रूप से लगातार बनी रहने वाली विशेषता, अर्थात्, दोनों पक्षों द्वारा भड़काऊ मुद्रित पत्रों का वितरण, साथ में भाड़े के गुंडों

के रोजगार ने इस धारणा को मजबूत किया कि दंगों को जारी रखने के लिए पैसा खर्च किया गया था।

वर्ष 1926–27 साम्प्रदायिक दंगों का लगातार दौर था। अप्रैल 1926 के बाद से, हर महीने दोनों समुदायों के कट्टरपंथियों के बीच कमोबेश गंभीर झगड़े देखे गए और केवल दो महीने ही ऐसे बीते जब कानूनी अर्थों में कोई वास्तविक दंगा नहीं हुआ। इन असंख्य दंगों और झगड़ों की परिस्थितियों की जांच से पता चलता है कि ये या तो व्यक्तियों के बीच बिल्कुल छोटे और तुच्छ विवादों में उत्पन्न हुए थे, उदाहरण के लिए, एक हिंदू दुकानदार और एक मुसलमान ग्राहक के बीच, या फिर, परेशानी का तात्कालिक कारण सेलेब्रिटी था। किसी धार्मिक उत्सव का आयोजन या मुस्लिम पूजा स्थलों के पड़ोस में हिंदू जुलूसियों द्वारा संगीत बजाना। वास्तव में, एक या दो दंगे तनावग्रस्त नसों और सामान्य उत्तेजना के अलावा और कुछ नहीं थे। इनमें से, सबसे ज्वलंत उदाहरण 24 जून को दिल्ली में हुआ, जब एक भीड़ भरी सड़क पर एक टट्टू के उछलने से ऐसा आभास हुआ कि दंगा शुरू हो गया है, जिस पर दोनों पक्षों ने तुरंत एक–दूसरे पर ईंट–पत्थर और लाठियों से हमला कर दिया।

अप्रैल और मई, 1926 के दौरान कलकत्ता में हुए दो दंगों को शामिल करते हुए, 1 अप्रैल, 1927 को समाप्त होने वाले बारह महीनों के दौरान 40 दंगे हुए, जिसके परिणामस्वरूप 197 लोग मारे गए और कमोबेश 1,598 लोग घायल हुए। ये विकार व्यापक रूप से फैले हुए थे, लेकिन बंगाल, पंजाब और संयुक्त प्रांत भारत के सबसे गंभीर रूप से प्रभावित हिस्से थे। बंगाल को दंगों से सबसे अधिक नुकसान हुआ, लेकिन वर्ष के दौरान कई अवसरों पर, बॉम्बे प्रेसीडेंसी और सिंध में भी हिंदुओं और मुसलमानों के बीच तनाव अधिक था।

पूरी गर्मी के दौरान कलकत्ता बेचैन रहा। 1 जून को एक मामूली विवाद ने दंगे का रूप ले लिया, जिसमें 40 लोग घायल हो गए। इसके बाद, 15 जुलाई तक प्रत्यक्ष हिंसा में कमी रही, जिस दिन एक महत्त्वपूर्ण हिंदू धार्मिक त्योहार था। इसके जश्न के दौरान कुछ मस्जिदों

के पड़ोस में बैंड बजाने के साथ एक जुलूस के गुजरने के परिणामस्वरूप संघर्ष हुआ, जिसमें 14 लोग मारे गए और 116 घायल हो गए। अगले दिन मुहर्रम के महत्त्वपूर्ण मुस्लिम त्योहार की शुरुआत हुई। उस दिन दंगे भड़क उठे और कुछ शांति के बाद 19, 20, 21 और 22 तारीख को फिर दंगे भड़क उठे। 23, 24 और 25 तारीख को छिटपुट हमले और चाकूबाजी की घटनाएं हुईं। दंगों की इस अवधि के दौरान कुल हताहतों की संख्या 28 थी और 226 घायल हुए थे। 15 सितंबर और 16 अक्टूबर को कलकत्ता में और दंगे हुए और बाद के दिन निकटवर्ती हावड़ा शहर में भी दंगे हुए, जिसके दौरान एक या दो व्यक्ति मारे गए और 30 से अधिक घायल हो गए। अप्रैल और मई के दंगे आग लगाने की वजह से काफी बढ़ गए थे, लेकिन, खुशी की बात यह है कि यह सुविधा बाद के दंगों में लगभग पूरी तरह से अनुपस्थित थी और उदाहरण के लिए, जुलाई के दंगों के दौरान, फायर ब्रिगेड को केवल चार आग लगाने वाली आग से निपटने के लिए बुलाया गया था।

वर्ष 1927–28 की बात करें तो निम्नलिखित तथ्य हमारे सामने आ खड़े होते हैं। अप्रैल की शुरुआत और सितंबर 1927 के अंत के बीच, 25 से कम दंगे नहीं हुए। इनमें से 10 संयुक्त प्रांत में, 6 बॉम्बे प्रेसीडेंसी में, 2 पंजाब, मध्य प्रांत, बंगाल, बिहार और उड़ीसा में, और 1 दिल्ली में हुईं। इनमें से अधिकांश दंगे दोनों समुदायों में से किसी एक या अन्य द्वारा धार्मिक त्योहार मनाने के दौरान हुए, जबकि कुछ मस्जिदों के पड़ोस में हिंदुओं द्वारा संगीत बजाने या मुसलमानों द्वारा गायों की हत्या के कारण हुए। उपरोक्त विकारों के परिणामस्वरूप कुल हताहतों की संख्या लगभग 103 व्यक्ति मारे गए और 1,084 घायल हुए। वर्ष के दौरान अब तक का सबसे गंभीर दंगा रिपोर्ट किया गया था।

वर्ष के दौरान रिपोर्ट किया गया अब तक का सबसे गंभीर दंगा वह था जो 4 और 7 मई, 1927 के बीच लाहौर में हुआ था। भड़कने से पहले कुछ समय तक दोनों समुदायों के बीच तनाव तीव्र था, जब यह आया तो यह एक मुसलमान और दो सिक्खों के बीच आकस्मिक टक्कर के कारण हुआ।

अव्यवस्था बिजली की गति से फैली और भारी हताहतों की सूची– 27 की मौत 272 घायल–बड़े पैमाने पर व्यक्तियों पर असंगठित हमलों से बढ़ी। पुलिस और सैनिकों को तुरंत दंगा स्थल पर भेजा गया और शत्रु समूहों के बीच बड़े पैमाने पर झड़प होना असंभव था। हालांकि, लाहौर की सड़कें और गलियां अकेले राहगीरों के लिए सुरक्षित होने से दो या तीन दिन पहले तक आकस्मिक हत्याओं और हमलों की सूचना मिली थी।

मई में लाहौर दंगे के बाद, अंतर–सांप्रदायिक दंगों में दो महीने तक शांति काल रहा, अगर हम एक छोटी–सी घटना को छोड़कर, जो जून के मध्य में बिहार और उड़ीसा में हुई थी; लेकिन जुलाई में कम से कम आठ दंगे हुए जिनमें से सबसे गंभीर वार्षिक मुहर्रम समारोह के अवसर पर पंजाब के मुल्तान में हुआ। इस दंगे में 13 लोगों की मौत हो गई और 24 लोग घायल हो गए। लेकिन अगस्त में अभी भी बदतर दंगे देखने को मिले। उस महीने में 9 दंगे हुए, जिनमें से 2 में भारी जानमाल की हानि हुई। बिहार और उड़ीसा के बेतिया शहर में एक धार्मिक जुलूस पर विवाद के कारण हुए दंगे में 11 लोग मारे गए और 100 से अधिक घायल हो गए, जबकि संयुक्त प्रांत के बरेली में एक मस्जिद के सामने जुलूस गुजर रहा था। यह दंगे का अवसर था जिसमें 14 व्यक्ति मारे गए और 165 घायल हो गए। सौभाग्य से, यह वर्ष के दौरान अंतर–सांप्रदायिक परेशानी में निर्णायक मोड़ साबित हुआ और सितंबर में केवल 4 दंगे हुए। हालांकि, इनमें से 4 सितंबर को मध्य प्रांत के नागपुर में 1 दंगा हुआ, गंभीरता और उससे हुई क्षति के मामले में लाहौर दंगे के बाद दूसरे स्थान पर था। जिस चिंगारी से आग लगी, वह एक मुस्लिम जुलूस के संबंध में परेशानी थी, लेकिन दहन के लिए सामग्री कुछ समय से एकत्र की गई थी। इस दंगे के परिणामस्वरूप 19 लोग मारे गए और 123 घायलों को अस्पतालों में भर्ती कराया गया, इस दौरान मुस्लिम समुदाय के कई सदस्यों ने नागपुर में अपने घर छोड़ दिए।

वर्ष के दौरान हिंदू–मुस्लिम संबंधों की एक विशेषता जो दंगों से शायद ही कम गंभीर थी, एक समुदाय के सदस्यों द्वारा दूसरे समुदाय

के लोगों के खिलाफ किए जानलेवा हमलों की संख्या थी। इनमें से गंभीर रंगीला रसोइया और रिसाला वर्तमान के आंदोलन के संबंध में थे, दो प्रकाशनों में पैगंबर मोहम्मद पर सबसे घृणित हमले शामिल थे और उनके परिणामस्वरूप, कई निर्दोष व्यक्तियों ने अपनी जान गंवाई, कभी–कभी अत्यधिक बर्बरता की परिस्थितियों में। लाहौर में 1927 की गर्मियों के दौरान व्यक्तियों के खिलाफ आक्रोश की एक श्रृंखला के कारण अत्यधिक उत्तेजना और असुरक्षा की स्थिति पैदा हो गई।

रंगीला रसूल[1] मामले पर उत्तेजना अब तक अपने मूल केंद्र से बहुत दूर जा चुकी थी और जुलाई तक उत्तर–पश्चिम सीमा पर और उस पार अप्रिय प्रभाव पैदा करना शुरू हो गया था। इस क्षेत्र में परेशानी के पहले लक्षण जून की शुरुआत में स्पष्ट हो गए थे, और जुलाई के उत्तरार्द्ध तक उत्तेजना अपने चरम पर पहुँच गई थी। सीमा के ब्रिटिश हिस्से में, स्थानीय अधिकारियों द्वारा स्थिति को दृढ़तापूर्वक और चतुराई से संभालने से शांति का गंभीर उल्लंघन टल गया। ब्रिटिश सीमांत जिलों में, विशेषकर पेशावर में, हिंदुओं के आर्थिक बहिष्कार की स्वतंत्र रूप से वकालत की गई, लेकिन इस आंदोलन को बहुत कम सफलता मिली, और हालांकि एक या दो गांवों में हिंदुओं के साथ दुर्व्यवहार किया गया, दोषियों की गिरफ्तारी के साथ–साथ उचित कार्रवाई भी की गई। फौजदारी कानून ने तुरंत व्यवस्था बहाल कर दी। हालांकि, सीमा पार, पैगंबर पर इन हमलों से भड़के आक्रोश ने और अधिक गंभीर परिणामों को जन्म दिया। सीमांत आदिवासी धर्म की अपील के प्रति अत्यधिक संवेदनशील हैं और जब एक प्रसिद्ध मुल्ला ने खैबर दर्रे के पड़ोस में अफरीदियों और शिनवारी लोगों के बीच हिंदुओं के खिलाफ प्रचार करना शुरू किया, तो उनके शब्द फलदायी साबित हुए। उन्होंने अफरीदियों और शिनवारियों से अपने बीच में रहने वाले सभी हिंदुओं को निष्कासित करने का आह्वान किया, जब तक कि उन्होंने लिखित

1. रंगीला रसूल सीता का छिनाला के जवाब में लिखा गया था – एक मुस्लिम द्वारा लिखा गया पैम्फलेट जिसमें आरोप लगाया गया था कि रामायण के नायक राम की पत्नी सीता एक वेश्या थीं।

रूप में घोषणा नहीं की कि उन्होंने देश में अपने सह–धर्मवादियों के कार्यों से खुद को अलग कर लिया है। अपने हिंदू पड़ोसियों को सबसे पहले 22 जुलाई को खैबर अफरीदी के दो कुलों, अर्थात् कुइखेल और जक्काखेल, ने निष्कासित कर दिया। इनसे उनके शिनवारी पड़ोसियों में उत्साह फैल गया जिन्होंने कुछ दिन बाद अपने हिंदू पड़ोसियों को वहां से हटने की सूचना दे दी। हालांकि, कुछ हिंदुओं के चले जाने के बाद, शिनवारिस शेष को यहीं रहने देने पर सहमत हो गए।

खैबर छोड़ने पर कुछ हिंदुओं के साथ अभद्र व्यवहार किया गया। दो मामलों में, पत्थर फेंके गए, हालांकि खुशी–खुशी बिना किसी नुकसान के। तीसरे मामले में, एक हिंदू को घायल कर दिया गया और बड़ी मात्रा में संपत्ति लूट ली गई, लेकिन अफरीदी खासदारों ने इसकी पूरी वसूली कर ली और दोषियों पर अपराध के लिए जुर्माना लगाया गया। इसके बाद, जनजातीय क्षेत्र को खाली करने वाले किसी भी हिंदू के लिए सड़क पर धरना देने की व्यवस्था की गई। पॉलिटिकल एजेंट के दबाव में अफरीदी जिरगा ने जुलाई के अंत में रिसाला वर्टमैन मामले में निर्णय आने तक हिंदू बहिष्कार को निलंबित करने का निर्णय लिया। हालांकि, अगले सप्ताह में, कई हिंदू परिवार, जो खैबर दर्रे के शीर्ष पर लांडी कोटल में रह रहे थे, आदिवासी प्रमुखों के आश्वासन को स्वीकार करने से इनकार करते हुए पेशावर चले गए, लेकिन प्रत्येक परिवार से एक व्यक्ति को अपने हितों की देखभाल के लिए छोड़ दिया। सभी ने बताया, 400 से 450 हिंदू, पुरुष, महिलाएं और बच्चे, अगस्त के मध्य तक पेशावर में आ गए थे, जब परेशानी निश्चित रूप से कम हो गई थी। कुछ हिंदुओं को निश्चित रूप से निष्कासित कर दिया गया था, कुछ को धमकियों से अपने घर छोड़ने के लिए प्रेरित किया गया था, कुछ को डर से छोड़ दिया गया था, कुछ को अपने पड़ोसियों के प्रति सहानुभूति के कारण निस्संदेह छोड़ दिया गया था। जनजातीय क्षेत्र से यह निष्कासन और स्वैच्छिक पलायन अतुलनीय था। हिंदू वहां कई पीढ़ियों से रह रहे थे, जिनमें से अधिकांश को मूल्यवान और सम्मानित के रूप में दर्ज किया जा सकता था, और, वास्तव में, आदिवासी

व्यवस्था के आवश्यक सदस्यों के रूप में, जिनकी सुरक्षा के लिए आदिवासी ईर्ष्यालु थे, और जिनके खून के झगड़े को उन्होंने आम तौर पर अपना बना लिया था। कुल मिलाकर, लगभग 450 हिंदुओं ने उत्तेजना के दौरान खैबर छोड़ दिया। इनमें से, लगभग 330 वर्ष 1927 के अंत तक आदिवासी क्षेत्र में अपने घरों को लौट आए थे। शेष में से अधिकांश ने ब्रिटिश भारत की अधिक सुरक्षित परिस्थितियों के बीच, किसी भी कीमत पर, वर्तमान में बसने का फैसला किया था।

वर्ष 1928–29 वर्ष 1927–28 की तुलना में तुलनात्मक रूप से अधिक शांतिपूर्ण था। महामहिम लॉर्ड इरविन ने केंद्रीय विधानमंडल और उसके बाहर अपने भाषणों से दोनों के बीच समझौते के लिए कुछ आधार खोजने के प्रयासों को मजबूत प्रोत्साहन दिया था। राजनीतिक महत्त्व के उन सवालों पर दो समुदाय,जो उनके बीच तनावपूर्ण संबंधों के लिए जिम्मेदार थे। उनका सौभाग्य से 1929 में नियुक्त साइमन कमीशन की जाँच से जो मुद्दे उठे, का एक बड़ा भाग सोख लिया विभिन्न समुदायों की ऊर्जा और ध्यान, जिसके परिणामस्वरूप संघर्ष के स्थानीय कारणों को कम महत्त्व दिया गया, और संवैधानिक नीति के व्यापक प्रश्न को अधिक महत्त्व दिया गया। इसके अलावा, 1927 में भारतीय विधानमंडल के शरदकालीन सत्र के दौरान प्रेस द्वारा अंतर–सांप्रदायिक शत्रुता भड़काने पर दंड देने वाले कानून को पारित करने से अंतर–सांप्रदायिक स्थिति में सुधार करने में कुछ प्रभाव पड़ा। लेकिन यह वर्ष सांप्रदायिक अशांति से पूरी तरह मुक्त नहीं था। 31 मार्च, 1929 को समाप्त होने वाले बारह महीनों के दौरान दंगों की संख्या 22 थी। हालांकि दंगों की संख्या तुलनात्मक रूप से कम थी, लेकिन बम्बई दंगों में हताहतों की संख्या बहुत गंभीर थी, 204 से कम लोग मारे नहीं गए थे। और लगभग 1000 घायल हुए। इनमें से, बम्बई में एक पखवाड़े के दंगों में 149 लोग मारे गए और 739 घायल हुए। इन 22 दंगों में से 7, या लगभग एक–तिहाई, मई के अंत में वार्षिक मुस्लिम त्योहार बकर–ए–ईद के जश्न के दिन हुए। इस त्योहार को मनाना हिंदू–मुस्लिम संबंधों के लिए हमेशा एक खतरनाक समय होता

है। मुसलमान इस दिन इसे पशुबलि के दिन के रूप में मानते हैं, और चूंकि चुना गया जानवर लगभग हमेशा गाय ही होती है, इसलिए दोनों समुदायों के बीच थोड़ा–सा भी तनाव विस्फोट पैदा कर सकता है। बकरीद के दंगों में से केवल दो ही गंभीर थे और दोनों ही पंजाब में हुए थे। पहली घटना अंबाला जिले के एक गांव में हुई जिसमें 10 लोग मारे गए और 9 घायल हो गए। दूसरा दंगा जो दक्षिणी पंजाब में गुड़गांव जिले के सोफ्ता गांव में हुआ, अपनी सनसनीखेज विशेषताओं के कारण काफी बदनाम हुआ। सोफ्ता गाँव दिल्ली से लगभग 27 मील दक्षिण में है और मुसलमानों द्वारा बसा हुआ है। यह गांव हिंदू किसानों के कब्जे वाले गांवों से घिरा हुआ है, जिन्होंने जब सुना कि सोफ्ता के मुसलमान 'ईद दिवस' पर एक गाय की बलि देने का इरादा रखते हैं, तो उन्होंने इस आधार पर चुनी गई विशेष गाय की बलि पर आपत्ति जताई कि वह हिंदू कृषकों के खेतों में चरने की आदी थी। इस मामले पर विवाद ने खतरनाक रूप धारण कर लिया और तदनुसार जिले के पुलिस अधीक्षक शांति बनाए रखने की कोशिश करने के लिए पुलिस के एक छोटे बल, कुल मिलाकर लगभग 25 लोगों के साथ गए। उन्होंने विवादित गाय पर कब्जा कर लिया और उसे बंद कर दिया, लेकिन उनकी उपस्थिति ने कुछ पड़ोसी गांवों के हिंदू किसानों को पिचकारियों से लैस लगभग 1000 लोगों को इकट्ठा करने से नहीं रोका भाले और लाठियाँ, आसपास के कुछ गांवों के कृषकों ने इसके बारे में संग्रह किया, और सोफ्ता जा रहा हूँ। पुलिस अधीक्षक और एक भारतीय राजस्व अधिकारी, जो गांव में मौजूद थे, ने भीड़ को आश्वासन दिया कि जिस गाय के संबंध में विवाद पैदा हुआ था, उसकी बलि नहीं दी जाएगी, लेकिन इससे भीड़ संतुष्ट नहीं हुई और उसने पूरे गांव को जलाने की धमकी दी। यदि गांव में किसी गाय की बलि दी गई है तो उन्होंने गाय को सौंपने की भी माँग की। उनके ऊपर पुलिस अधीक्षक ने इस माँग को मानने से इनकार कर दिया, जिस पर भीड़ हिंसक हो गई और पुलिस पर पथराव करने लगी और पुलिस को गांव में घेरने की कोशिश करने लगी। पुलिस अधीक्षक ने भीड़ को तितर–बितर होने की चेतावनी दी, लेकिन

कोई असर नहीं हुआ। इसलिए, उन्होंने अगली चेतावनी के तौर पर अपनी रिवॉल्वर से एक गोली चलाई। इसके बावजूद भीड़ आगे बढ़ती रही और अधीक्षक को अपनी पुलिस पार्टी को गोली चलाने का आदेश देना पड़ा। पहले तो केवल एक ही गोली चलाई गई, लेकिन चूंकि इससे भीड़ पीछे नहीं हटी, इसलिए भीड़ के धीरे–धीरे तितर–बितर होने से पहले दो और गोलियां चलानी पड़ीं, जिससे गांव के कुछ मवेशी भाग गए।

जब पुलिस इस मामले में उलझी हुई थी तो कुछ हिंदू किसान दूसरे स्थान पर सोफ्ता में घुस गए और गांव में आग लगाने की कोशिश की। हालांकि, 3 या 4 लोगों को चोट पहुँचाने के बाद पुलिस ने इन्हें भगा दिया। कुल मिलाकर 14 लोग मारे गए और 33 घायल हो गए। पंजाब सरकार ने इस मामले की जांच के लिए एक न्यायिक अधिकारी को तैनात किया। उनकी रिपोर्ट, जो 6 जुलाई को प्रकाशित हुई, ने भीड़ पर गोलीबारी में पुलिस की कार्रवाई को उचित ठहराया और राय दर्ज की कि यह मानने का कोई कारण नहीं है कि गोलीबारी अत्यधिक थी या भीड़ द्वारा अपनी गैरकानूनी आक्रामकता से हटने के बाद भी जारी रही। रिपोर्ट के अनुसार, अगर पुलिस ने गोली नहीं चलाई होती, तो उनकी अपनी जान और सोफ्ता के लोगों की जान भी तत्काल खतरे में होती। अंत में, रिपोर्ट लिखने वाले अधिकारी की राय में, यदि सोफ्ता गाँव को बर्खास्त कर दिया गया होता, तो निश्चित रूप से 24 घंटों के भीतर, आसपास के पूरे देहात में एक भयानक सांप्रदायिक दंगा भड़क जाता।

खड़गपुर का दंगा एक महत्त्वपूर्ण रेलवे केंद्र नहीं है कलकत्ता से दूर होने के कारण भी जानमाल की गंभीर हानि हुई। दो दंगे खड़गपुर में हुए मुहर्रम के अवसर पर पहला आयोजन हुआ–और दूसरा जून के अंत में 1 सितंबर, 1928 तारीख को, जब गाय की हत्या एक कारण के रूप में सामने आई। पहले दंगे में 15 लोग मारे गए और 21 घायल हुए, जबकि दूसरे दंगे में 9 लोग मारे गए और 35 घायल हुए। लेकिन इनमें से किसी भी दंगे की तुलना उन दंगों से नहीं की जा सकती जो फरवरी

की शुरुआत से मध्य तक बम्बई में भड़के थे, जब, जैसा कि हमने देखा, 149 लोग मारे गए थे और 700 से अधिक घायल हुए थे।

वर्ष 1929–30 के दौरान सांप्रदायिक दंगे, जो पिछले वर्षों के दौरान सार्वजनिक जीवन की इतनी स्पष्ट और निंदनीय विशेषता थे, बहुत कम बार हुए थे। केवल 12 ही भारत सरकार को सूचित करने के लिए पर्याप्त महत्त्व के थे, और इनमें से केवल बम्बई शहर में हुई गड़बड़ी ही वास्तव में गंभीर थी। 23 अप्रैल से शुरू होकर वे मई के मध्य तक छिटपुट रूप से जारी रहे, और 35 मौतों और लगभग 200 अन्य हताहतों के लिए जिम्मेदार थे। एक घटना जिसने अप्रैल में काफी तनाव पैदा किया था, वह लाहौर में राजपाल की हत्या थी, जिसका पैम्फलेट रंगीला रसूल, जिसमें इस्लाम के पैगंबर पर घृणित हमला था, पिछले वर्षों विभिन्न प्रकार के अधिकांश सांप्रदायिक परेशानियों के लिए जिम्मेदार था, कानूनी और राजनीतिक जटिलताओं का सौभाग्य के, दोनों समुदायों ने हत्या के समय और फिर दोषी व्यक्ति की फाँसी और अंतिम संस्कार के अवसर पर सराहनीय संयम दिखाया। हालांकि भावनाएं बहुत अधिक थीं, फिर भी कोई गंभीर समस्या उत्पन्न नहीं हुई।

वर्ष 1930–31 में सविनय अवज्ञा आंदोलन का विस्फोट हुआ। इसने पूरे देश में दंगों और अशांति को जन्म दिया। वे अधिकतर राजनीतिक चरित्र के थे और उनमें शामिल दल पुलिस और कांग्रेस के स्वयंसेवक थे। लेकिन, जैसा कि भारत में हमेशा होता है, राजनीतिक गड़बड़ी ने सांप्रदायिक मोड़ ले लिया। यह इस तथ्य के कारण था कि मुसलमानों ने सविनय अवज्ञा में शामिल होने के लिए मजबूर करने के लिए कांग्रेस के स्वयंसेवकों द्वारा इस्तेमाल किए गए जबरदस्ती के तरीकों के सामने झुकने से इनकार कर दिया। परिणाम यह हुआ कि यद्यपि वर्ष की शुरुआत राजनीतिक दंगों से हुई लेकिन इसका अंत अनेक और काफी गंभीर सांप्रदायिक दंगों में हुआ। इनमें से सबसे भयानक सांप्रदायिक दंगा 4 से 11 अगस्त के बीच सिंध के सुक्कुर और उसके आसपास के और 100 से अधिक गांव प्रभावित हुआ।

3 अगस्त को बलिया (संयुक्त प्रान्त) में साम्प्रदायिक उपद्रव हुए;

6 सितम्बर को नागपुर में, और 6/7 सितम्बर को बम्बई में; और 31 अक्टूबर को तिरुचेंदूर (मद्रास) के पास एक हिंदू–ईसाई दंगा भड़क गया। 12 फरवरी को अमृतसर में धरना देने वालों का विरोध करने वाले एक हिंदू कपड़ा व्यापारी की हत्या का प्रयास किया गया और इसी तरह का आक्रोश भी फैलाया गया। एक दिन पहले बनारस में जो बढ़ावा हुआ उसके बहुत गंभीर परिणाम हुए। इस अवसर पर, पीड़ित एक मुस्लिम व्यापारी था, और हमला घातक साबित हुआ; परिणामस्वरूप, चूंकि इस समय तक पूरे उत्तरी भारत में हिंदू–मुस्लिम संबंध बहुत तनावपूर्ण थे, एक गंभीर सांप्रदायिक दंगा भड़क गया और पाँच दिनों तक जारी रहा, जिससे संपत्ति का भारी विनाश हुआ और कई लोग हताहत हुए। इस अवधि के दौरान अन्य सांप्रदायिक झड़पों में 25 जनवरी को निलफामारी (बंगाल) और 31 जनवरी को रावलपिंडी में हुए दंगे शामिल थे। 1931 के पहले दो महीनों के दौरान पूरे उत्तरी भारत में सांप्रदायिक संबंध काफी खराब हो गए थे, और फरवरी में ही, बनारस में गंभीर सांप्रदायिक दंगे हो चुके थे। यह स्थिति मुख्य रूप से व्यापार के ठप होने और कांग्रेस की गतिविधियों के परिणामस्वरूप अशांति और भ्रम के सामान्य माहौल के कारण मुसलमानों में पैदा हुई बढ़ती निराशा के कारण थी। सरकार के साथ बातचीत के परिणामस्वरूप कांग्रेस को जो महत्त्व मिलता दिख रहा था, उससे मुसलमानों में गंभीर आशंकाएं पैदा हो गईं और दोनों समुदायों के बीच तनाव बिगड़ने का प्रभाव पड़ा। मार्च के दौरान, संयुक्त प्रांत में, किसी भी कीमत पर, यह तनाव बहुत बढ़ गया। 14 और 16 तारीख के बीच मिर्जापुर जिले में गंभीर दंगे हुए और 17 तारीख को आगरा में उपद्रव भड़क उठा और 20 तारीख तक जारी रहा। 28 तारीख को धनबाद (बंगाल) में और 30 तारीख को अमृतसर जिले में भी सांप्रदायिक दंगा हुआ; और देश के कई अन्य हिस्सों में, दोनों समुदायों के सदस्यों के बीच संबंध बेहद तनावपूर्ण हो गए थे।

असम में, लखीमपुर जिले के डिगबोई में हुए सांप्रदायिक दंगे में 1 हिंदू और 3 मुसलमानों की मौत हो गई। बंगाल में मुहर्रम के त्योहार

के दौरान आसनसोल डिवीजन में सांप्रदायिक दंगा हुआ। बिहार और उड़ीसा में एक निश्चित मात्रा में साम्प्रदायिकता थी वर्ष के तनाव के दौरान।

विशेषकर सारण में। कुल मिलाकर सांप्रदायिक दंगों और गैरकानूनी सभा के 16 मामले थे। बकरीद के त्योहार के दौरान शाहाबाद के भभुआ अनुमंडल में झड़प हो गयी। लगभग 300 हिंदू यह गलत धारणा बनाकर एकत्र हुए कि गाय की बलि दी गई है। स्थानीय अधिकारी उन्हें शांत करने में सफल हुए ही थे कि लाठियों, भालों और तलवारों से लैस लगभग 200 मुहम्मदियों की भीड़ ने हिंदुओं पर हमला कर दिया, जिनमें से एक की बाद में मृत्यु हो गई। पुलिस की त्वरित कार्रवाई और एक सुलह समिति की नियुक्ति ने परेशानी को फैलने से रोक दिया। मुहर्रम त्यौहार को मोन्घिर में दो छोटे दंगों द्वारा चिह्नित किया गया था, एक अवसर पर हिंदू आक्रामक थे और दूसरे अवसर पर मुस्लिम थे। मद्रास प्रेसीडेंसी में भी वर्ष के दौरान सांप्रदायिक प्रकृति के कई दंगे हुए और समुदायों के बीच संबंध स्पष्ट रूप से तनावपूर्ण थे। वर्ष की सबसे गंभीर अशांति 8 जून को वेल्लोर में एक हिंदू मंदिर के पास ताजिया के साथ एक मुस्लिम जुलूस के पारित होने के परिणामस्वरूप हुई। दोनों समुदायों के सदस्यों के बीच संघर्ष इतना हिंसक था कि पुलिस को व्यवस्था बहाल करने के लिए गोली चलाने के लिए मजबूर होना पड़ा। और अगले 2 या 3 दिनों के दौरान शहर में छिटपुट लड़ाई जारी रही। सेलम शहर में हिंदू–मुस्लिम तनाव के कारण 13 जुलाई को शेवापेठ में बड़े पैमाने पर उपस्थित हिंदू–मुस्लिम कुश्ती मैच में विजेता कौन रहा था, इस पर विवाद खड़ा हो गया। एक और दंगा अक्टूबर में सलेम शहर के पास किचिपलायम में हुआ; यह समस्या कुछ मुस्लिमों द्वारा कुछ युवा हिंदुओं द्वारा खेले जा रहे सड़क खेल में खलल डालने के कारण उत्पन्न हुई। 15 मार्च को एक हिंदू जुलूस के मार्ग को लेकर विवाद के कारण, कुरनूल जिले के पोलिकल गांव में भी हिंदू–मुस्लिम अशांति उत्पन्न हुई, लेकिन पुलिस की एक छोटी–सी फोर्स द्वारा दंगाइयों को आसानी से तितर–बितर कर दिया गया। पंजाब में वर्ष के दौरान दंगों के 907 मामले हुए, जबकि 1929 में 813 थे। उनमें से कई

सांप्रदायिक प्रकृति के थे, और प्रांत के कई हिस्सों में दोनों प्रमुख समुदायों के बीच तनाव तीव्र बना रहा। संयुक्त प्रान्त में यद्यपि सांप्रदायिक तनाव था। जो 1930 1931 के पहले 3 महीनों में जितना तीव्र नहीं था, और थोड़ी देर के लिए उस पर उत्पन्न उत्तेजना का प्रभाव छाया रहा। सविनय अवज्ञा आंदोलन द्वारा, इसके संकेत उचित थे और असहमति के कारण उतने ही हमेशा की तरह शक्तिशाली रहे।

देहरादून और बुलन्दशहर में सामान्य प्रकार के सांप्रदायिक दंगे हुए, और बलिया शहर में एक हिंदू जुलूस के मार्ग को लेकर विवाद के परिणामस्वरूप एक बहुत ही गंभीर दंगा हुआ, जिसके कारण पुलिस को गोलीबारी करनी पड़ी। मुत्तरा, आजमगढ़, मैनपुरी और कई अन्य स्थानों पर भी दंगे हुए।

वर्ष 1931–32 की घटनाओं को आगे बढ़ाते हुए, आर.टी.सी. में संवैधानिक चर्चाओं की प्रगति। इसकी एक निश्चित प्रतिक्रिया थी कि इसने मुस्लिम और अन्य अल्पसंख्यक समुदायों के बीच बहुसंख्यक सिद्धांत पर काम करने वाले संविधान के तहत उनकी स्थिति को लेकर एक निश्चित घबराहट पैदा कर दी। गोलमेज सम्मेलन के पहले सत्र में संवैधानिक भविष्य का पहला 'क्लोज–अप' प्रस्तुत किया गया। तब तक अधिराज्य स्थिति का आदर्श एक अस्पष्ट और सामान्य अवधारणा से थोड़ा आगे बढ़ चुका था, लेकिन सम्मेलन के उद्‌घाटन पर राजकुमारों की घोषणा ने एक संघीय सरकार के रूप में केंद्र में जिम्मेदारी को निश्चित दृष्टिकोण के भीतर ला दिया था। इसलिए, मुसलमानों को लगा कि अब समय आ गया है कि वे अपनी स्थिति का जायजा लें। यह बेचैनी इरविन–गांधी समझौते से और भी बढ़ गई, जिसने कांग्रेस को एक विशेषाधिकार प्राप्त स्थिति प्रदान कर दी, और कांग्रेस की खुशी और सरकार पर जीत की मुद्रा से मुस्लिम गलतफहमी कम नहीं हुई। "समझौते" के तीन सप्ताह के भीतर कानपुर में क्रूर सांप्रदायिक दंगे हुए, जो काफी हद तक कांग्रेस समर्थकों द्वारा मुस्लिम दुकानदारों को भगत सिंह की याद में हड़ताल करने के लिए मजबूर करने के प्रयासों से शुरू हुए, जिन्हें 23 मार्च को फाँसी दे दी गई थी। 24 मार्च को हिंदू दुकानों

की लूट शुरू हुई। 25 तारीख को दुकानों और मंदिरों में आग लगा दी गई और उन्हें जलाकर राख कर दिया गया। अव्यवस्था, आगजनी, लूट, हत्या, जंगल की आग की तरह फैल गई। 500 परिवारों ने अपना घर छोड़कर गांवों में शरण ली। डॉ. रामचन्द्र सबसे अधिक पीड़ितों में से एक थे। उनकी पत्नी और वृद्ध माता–पिता सहित उनके परिवार के सभी सदस्यों की हत्या कर दी गई और उनके शवों को गटर में फेंक दिया गया। उसी वध में श्री गणेश शंकर विद्यार्थी की जान चली गयी। कानपुर दंगा जांच कमेटी ने अपनी रिपोर्ट में कहा है कि दंगा किसका था। अभूतपूर्व हिंसा और अजीबोगरीब अत्याचार, जो पूरे शहर में अप्रत्याशित तेजी से और उसके बाहर भी फैल गया। तीन दिनों तक व्यापक पैमाने पर हत्याएं, आगजनी और लूटपाट हुई।

इससे पहले दंगों पर निश्चित रूप से काबू पा लिया गया। बाद में यह धीरे–धीरे कम हो गया। जान–माल का भारी नुकसान हुआ। सत्यापित मौतों की संख्या 300 थी, लेकिन यह ज्ञात है कि मृत्यु संख्या बड़ी थी और संभवतः 400 से 500 के बीच थी। बड़ी संख्या में मंदिरों और मस्जिदों को अपवित्र किया गया या जला दिया गया या नष्ट कर दिया गया और बहुत बड़ी संख्या में घरों को जला दिया गया और लूटपाट की गई।

यह सांप्रदायिक दंगा, जो कांग्रेस के अनुयायियों के उत्तेजक आचरण के बिना कभी हुआ ही नहीं था, सबसे बुरा था जिसे भारत ने कई वर्षों में अनुभव किया है। इसके अलावा, समस्या शहर से लेकर पड़ोसी गांवों तक फैल गई, जहाँ उसके बाद कई दिनों तक छिटपुट सांप्रदायिक अशांति होती रही।

वर्ष 1932–33 सांप्रदायिक आंदोलनों और उपद्रवों से अपेक्षाकृत मुक्त था। आमतौर पर अराजकता के दमन और नए संविधान के तहत मुसलमानों की स्थिति के संबंध में अनिश्चितता को दूर करने के कारण कुछ हद तक यह स्वागत योग्य सुधार निस्संदेह था।

लेकिन 1933–34 में पूरे देश में सांप्रदायिक तनाव बढ़ रहा था और न केवल होली, ईद और मुहर्रम जैसे त्योहारों के अवसर पर, बल्कि

रोजमर्रा की जिंदगी की सामान्य घटनाओं के परिणामस्वरूप होने वाली गड़बड़ी से संकेत मिलता था कि वर्ष शुरू होने के बाद से सांप्रदायिक संबंधों में गिरावट आई है। होली के दौरान संयुक्त प्रांत के बनारस और कानपुर, पंजाब के लाहौर और पेशावर में सांप्रदायिक दंगे हुए। बकरीद के दिन गाय की बलि को लेकर संयुक्त प्रांत के अयोध्या में, बिहार और उड़ीसा के भागलपुर में और मद्रास के कन्नोर में गंभीर दंगे हुए थे। संयुक्त प्रांत के गाजीपुर जिले में भी एक गंभीर दंगे में कई मौतें हुईं। अप्रैल और मई के महीने में बिहार और उड़ीसा, बंगाल, सिंध और दिल्ली में कई स्थानों पर हिंदू–मुस्लिम दंगे हुए, उनमें से कुछ बहुत छोटी घटनाओं से भड़के थे, उदाहरण के लिए, एक मुस्लिम द्वारा अनजाने में थूकना। एक हिंदू राहगीर पर दिल्ली के दुकानदार का थूकना, ब्रिटिश भारत में सांप्रदायिक विवादों में वृद्धि का असर कुछ राज्यों में भी देखने को मिला जहाँ इसी तरह की घटनाएं घटित हुईं।

जून से अक्टूबर के महीनों के दौरान सांप्रदायिक अशांति के संबंध में स्थिति सामान्य का संकेत थी, दो प्रमुख समुदायों के बीच गहरी दुश्मनी थी। जून और जुलाई के महीने, जिनमें कोई भी हिंदू या मुस्लिम का त्योहार नहीं हुआ, तुलनात्मक रूप से दंगों से मुक्त थे, हालांकि बिहार के कुछ क्षेत्रों में स्थिति के कारण अतिरिक्त पुलिस की तैनाती आवश्यक हो गई थी। आगरा में लंबे समय तक चलने वाला विवाद शुरू हो गया। इस शहर के मुसलमानों ने कुछ हिंदू निजी घरों में धार्मिक समारोहों के शोर पर आपत्ति जताई, जिसके बारे में उनका कहना था कि इससे पड़ोस की मस्जिद में नमाज पढ़ने वालों को परेशानी होती है। विवाद सुलझने से पहले 20 जुलाई और फिर 2 सितंबर को दंगे हुए, जिनमें 4 लोग मारे गए और 80 से ज्यादा घायल हो गए। मद्रास में 3 सितंबर को दंगा हुआ, जिसमें एक की मौत हो गई और 13 लोग घायल हो गए, यह दंगा हिंदुओं द्वारा प्रकाशित एक पुस्तक के कारण हुआ, जिसमें पैगंबर पर कथित प्रतिबिंब थे। उसी महीने के दौरान पंजाब और संयुक्त प्रांत में कई स्थानों पर छोटे–मोटे दंगे हुए।

1934–35 में 29 जून को लाहौर में एक सिक्ख मंदिर, जिसे शहीदगंज गुरुद्वारा के नाम से जाना जाता है, के परिसर में स्थित एक मस्जिद को लेकर मुसलमानों और सिखों के बीच विवाद के परिणामस्वरूप गंभीर समस्या उत्पन्न हो गई। कुछ समय से परेशानी चल रही थी। जब मुसलमानों के विरोध के बावजूद सिखों ने मस्जिद को ध्वस्त करना शुरू कर दिया तो दुर्भावना तीव्र हो गई। यह इमारत 170 वर्षों से सिखों के कब्जे में थी और लंबे समय से मुकदमेबाजी का विषय रही है, जिसने सिखों के कब्जे के अधिकार की पुष्टि की है।

29 जून की रात को 3 या 4 हजार मुसलमानों की भीड़ गुरुद्वारे के सामने इकट्ठी हुई। गुरुद्वारे के अंदर भीड़ और सिखों के बीच संघर्ष स्थानीय अधिकारियों की त्वरित कार्रवाई से टल गया। बाद में उन्होंने सिखों से आगे विध्वंस न करने का वचन लिया। लेकिन अगले सप्ताह के दौरान, जब नेताओं को एक सौहार्दपूर्ण समझौते पर पहुँचने के लिए मनाने के लिए जोरदार प्रयास किए जा रहे थे, चरमपंथी प्रभाव के दबाव में सिखों ने फिर से मस्जिद को ध्वस्त करना शुरू कर दिया। इसने अधिकारियों को सबसे कठिन स्थिति में डाल दिया। सिक्ख अपने कानूनी अधिकारों के तहत काम कर रहे थे। इसके अलावा विध्वंस को रोकने का एकमात्र प्रभावी तरीका गोलीबारी का सहारा लेना होता। चूंकि इमारत सिखों से भरी हुई थी और एक सिख पूजा स्थल के परिसर के भीतर था, इससे न केवल बहुत अधिक रक्तपात होता, धार्मिक कारणों से, पूरे प्रांत में सिख आबादी पर गंभीर प्रतिक्रिया होती वहीं दूसरी ओर धार्मिक कारणों से सरकार की निष्क्रियता से मुसलमानों में भारी आक्रोश पैदा होना तय था और यह उम्मीद की गई थी कि यह सिखों और शायद सरकारी बलों पर छिटपुट हमलों में दिखाई देगा।

आशा थी कि दोनों समुदायों के नेताओं के बीच चर्चा से कुछ मेल–मिलाप होगा, लेकिन शरारती तत्त्वों ने उनके सह–धर्मवादियों के मन को भड़का दिया। मुख्य अपराधियों की गिरफ्तारी के बावजूद उत्तेजना बढ़ती गयी। मुसलमानों को एक और मस्जिद बहाल करने की सरकार की पेशकश, जो उन्होंने वर्षों पहले खरीदी थी, असफल साबित हुई। 19 जुलाई को स्थिति और भी बदतर हो गई और अगले दो दिनों

के दौरान स्थिति बेहद खतरनाक हो गई। सेंट्रल पुलिस स्टेशन व्यावहारिक रूप से भारी भीड़ से घिरा हुआ था, जिसने सबसे खतरनाक रवैया अपनाया। आग्नेयास्त्रों के उपयोग के बिना उन्हें तितर–बितर करने के बार–बार प्रयास विफल रहे और सैनिकों को 20 जुलाई को दो बार और 21 जुलाई को आठ बार गोलीबारी करनी पड़ी। कुल मिलाकर 23 राउंड फायरिंग हुई और 12 लोग मारे गये। सेना और पुलिस के बीच हताहतों की संख्या, ज्यादातर मामूली प्रकृति की थी।

गोलीबारी के परिणामस्वरूप भीड़ तितर–बितर हो गई और दोबारा एकत्र नहीं हुई। अन्य प्रांतों से अतिरिक्त पुलिस बुलायी गयी और सैन्य चौकियों को मजबूत किया गया। प्रशासनिक नियंत्रण तेजी से पुनः स्थापित किया गया, लेकिन धार्मिक नेताओं ने आंदोलन की आग को भड़काना जारी रखा। नागरिक मुकदमेबाजी फिर से शुरू हुई और कुछ मुस्लिम संगठनों ने कुछ असाधारण माँगें रखीं।

लाहौर की स्थिति वर्ष के अंत तक चिंताजनक बनी रही। 6 नवंबर को एक मुस्लिम ने एक सिख को मार डाला। तीन दिन बाद एक विशाल सिख–हिंदू जुलूस निकाला गया। आयोजक संघर्ष से बचने के लिए उत्सुक दिखे लेकिन फिर भी एक गंभीर झड़प हुई। इसके बाद अगले दिन और दंगे हुए। लेकिन पुलिस और सैनिकों के अच्छे काम के लिए, झगड़ों को जल्दी खत्म करने में, जनहानि की संख्या बहुत बड़ी हो सकती थी।

19 मार्च, 1935 को कराची में अब्दुल कयूम नामक मुस्लिम की फाँसी के बाद एक गंभीर घटना घटी, जिसने एक हिंदू नाथूरामल की हत्या की थी, जिसे पहले से ही पैगंबर के बारे में एक अपमानजनक पुस्तिका के लेखक के रूप में जाना जाता था। अब्दुल कयूम के शव को जिला मजिस्ट्रेट, एक पुलिस दल के साथ, शहर के बाहर दफनाने के लिए मृतक के परिवार को सौंपने के लिए ले गए। दफनाने की जगह पर लगभग 25,000 लोगों की भारी भीड़ जमा हो गई। हालांकि अब्दुल कयूम के रिश्तेदार कब्रिस्तान में दफनाना पूरा करना चाहते थे, लेकिन भीड़ के सबसे हिंसक सदस्यों ने शव को शहर में जुलूस के रूप

में ले जाने का फैसला किया। स्थानीय अधिकारियों ने भीड़ को अंदर जाने से रोकने का फैसला किया, क्योंकि इससे सांप्रदायिक दंगे भड़क सकते थे। जुलूस को रोकने के पुलिस के सभी प्रयास विफल रहे, इसलिए शांति बनाए रखने के लिए रॉयल ससेक्स रेजिमेंट की एक प्लाटून को बुलाया गया। उन्मादी भीड़ को आगे बढ़ने से रोकने और खुद को भारी पड़ने से बचाने के लिए उसे कम दूरी से गोलीबारी करने के लिए मजबूर होना पड़ा। 47 राउंड फायरिंग की गई जिसमें 47 लोग मारे गए और 134 घायल हो गए। सुदृढ़ीकरण के आगमन ने आगे बढ़ने के प्रयासों को रोक दिया। घायलों को सिविल अस्पताल ले जाया गया और अब्दुल कयूम के शव को बिना किसी परेशानी के दफनाया गया।

25 अगस्त, 1935 को सिकंदराबाद में सांप्रदायिक दंगा हुआ।

वर्ष 1936 में चार साम्प्रदायिक दंगे हुए। 14 अप्रैल को आगरा जिले के फिरोजाबाद में सबसे भयानक दंगा हुआ। एक मुस्लिम जुलूस मुख्य बाजार से आगे बढ़ रहा था और आरोप है कि हिंदू घरों की छतों से ईंटें फेंकी गईं। इससे जुलूस में शामिल मुसलमान क्रोधित हो गए और उन्होंने एक हिंदू, डॉ. जीवाराम के घर और निकटवर्ती राधा कृष्ण के मंदिर में आग लगा दी। डॉ. जीवाराम के घर के सदस्यों के अलावा 3 बच्चों सहित 11 हिंदू जलकर मर गये।

24 अप्रैल, 1936 को बम्बई प्रेसीडेंसी के पूना में दूसरा हिंदू–मुस्लिम दंगा भड़क उठा। 27 अप्रैल को मोंघियर जिले के जमालपुर में हिंदू–मुस्लिम दंगे हुए। चौथा हिंदू–मुस्लिम दंगा 15 अक्टूबर, 1936 को बम्बई में हुआ।

वर्ष 1937 सांप्रदायिक दंगों से भरा था। 27 मार्च, 1937 को होली के जुलूस को लेकर पानीपत में हिंदू–मुस्लिम दंगा हुआ और 14 लोग मारे गए। 1 मई, 1937 को मद्रास में सांप्रदायिक दंगा हुआ जिसमें 50 व्यक्ति घायल हो गये। मई का महीना सांप्रदायिक दंगों से भरा था जो मुख्यतः सी.पी. और पंजाब में हुए। सिंध के शिकारपुर में जो घटना घटी, उससे बड़ी दहशत फैल गई। 18 जून को अमृतसर में सिख–मुस्लिम दंगा हुआ। इसने इस हद तक आकार ले लिया कि व्यवस्था बनाए रखने के लिए ब्रिटिश सैनिकों को बुलाना पड़ा।

वर्ष 1938 में दो सांप्रदायिक दंगे हुए– पहला, 26 मार्च को इलाहाबाद में और दूसरा अप्रैल में बम्बई में।

1939 में 6 हिंदू–मुस्लिम दंगे हुए। 21 जनवरी को आसनसोल में दंगा हुआ जिसमें 1 व्यक्ति की मौत हो गई और 18 घायल हो गए। इसके बाद 11 फरवरी को कानपुर में दंगा हुआ जिसमें 42 लोग मारे गए, 200 घायल हुए और 800 गिरफ्तार किए गए। 4 मार्च को बनारस में दंगा हुआ और उसके बाद 5 मार्च को कलकत्ता के पास कैसिपोर में दंगा हुआ। 19 जून को रथयात्रा जुलूस को लेकर कानपुर में फिर दंगा हुआ।

20 नवंबर, 1939 को सिंध के सुक्कुर में एक गंभीर दंगा हुआ। यह दंगा मुसलमानों द्वारा मंजिलगाह नामक इमारत पर, जो कि सरकारी संपत्ति के रूप में सरकार के कब्जे में थी और जिसके हस्तांतरण पर हिंदुओं ने आपत्ति जताई थी। बलपूर्वक कब्जा करने के लिए किए गए आंदोलन की परिणति थी। श्री ई. वेस्टन–जो अब बम्बई उच्च न्यायालय के न्यायाधीश हैं–जिन्हें गड़बड़ी की जांच के लिए नियुक्त किया गया था, मारे गए लोगों और घायलों के निम्नलिखित आंकड़े देते हैं[1]–

तालुका	हत्याएं की गईं		व्यक्ति घायल		बाद में व्यक्तियों की चोटों से मृत्यु हो गई।	
	हिंदू	एमडीएनएस	हिंदू	एमडीएनएस	हिंदू	एमडीएनएस
सुक्कुर टाउन	20	12	11	11	1	
सुक्कुर तालुका	2	2	23		5	
शिकारपुर तालुका	5		11		2	
गढ़ीयासीन तालुका	24		4			
रोहरी तालुका	10		3			
पनोअकिल तालुका	6		1			
गोरखी तालुका	1		1			
मीरपुरमाथेलो तालुका	...		1			
उबौरो तालुका	4		3	1	1	
कुल योग	142	14	158	12	9	

1. 1939 में सुक्कुर में हुए दंगों की जांच के लिए सिंध सार्वजनिक जांच अधिनियम की धारा 3 के तहत नियुक्त जांच न्यायालय की रिपोर्ट, पृष्ठ 65. कुल 142 हिंदुओं की हत्या एक गलती प्रतीत होती है। यह 72 होना चाहिए।

उनके द्वारा दर्ज की गई कई भयानक घटनाओं में से निम्नलिखित को उद्धृत किया जा सकता है–

"सभी उपद्रवों में सबसे भयानक उपद्रव 20 तारीख की रात को गोसरजी गांव में हुआ, जो सुक्कुर से 8 मील और शिकारपुर से 16 मील दूर है। जिला मजिस्ट्रेट द्वारा सरकार को भेजे गए एक प्रारंभिक बयान के अनुसार, हालांकि अधूरा, 27 हिंदू थे उस रात वहां हत्या कर दी गई। जांच किए गए गवाहों के अनुसार संख्या 37 थी।

"गोसरजी के एक ठेकेदार पमाउमल का कहना है कि सत्याग्रह के समय गोसरजी के प्रमुख हिंदू इलाके के प्रमुख जमींदार खान साहब अमीरबक्स के पास प्रतिनियुक्ति में आए थे, जो उस समय सुक्कुर में थे। उन्होंने उन्हें आश्वस्त किया और कहा कि वह उनकी सुरक्षा के लिए जिम्मेदार थे। पर 20वें खान साहिब अमीरबक्स गोसरजी में थे, और उस सुबह मुखी मेहरुमल की वहीं हत्या कर दी गई। हिंदू सुरक्षा के लिए खान साहिब अमीरबक्स के पास गए और फिर से आश्वस्त हो गए, लेकिन उस रात थोक में हत्या और लूटपाट हुई। मारे गए 37 लोगों में से 7 महिलाएं थीं। पमनमल का कहना है कि अगली सुबह वह बगर्जी के सब–इंस्पेक्टर के पास गया, जो गोसरजी से 1 मील दूर है, लेकिन उनके साथ दुर्व्यवहार किया गया और थाने से भगा दिया गया। इसके बाद वह शिकारपुर गए और पंचायत में शिकायत की, लेकिन वहां किसी अधिकारी से शिकायत नहीं की वहाँ किसी भी अधिकारी के लिए मैंने स्पष्ट उल्लेख किया है कि बाद में बगर्जी के उप–निरीक्षक पर भारतीय दंड संहिता की धारा 211 के तहत मुकदमा दायर किया गया था। भारतीय दंड संहिता, और गोसरजी में हत्याओं के संबंध में अपराधी को दोषी ठहराया गया था।

"जैसा कि खान साहब अमीरबक्स, जमींदार, जिनके बारे में कहा जाता है कि उन्होंने बगेरजी के हिंदुओं को सुरक्षा का आश्वासन दिया था, अदालत में उपस्थित होने की सूचना मिली थी, उन्हें बुलाया गया और अदालत के गवाह के रूप में उनसे पूछताछ की गई। उनका कहना है कि वह गोसरजी गांव से आधा मील की दूरी पर रहते हैं।

मेहरूमल की हत्या के बाद 20 तारीख को बगेरजी का उप–निरीक्षक गोसरजी आया, और उसने मशीर के रूप में काम किया। उनका कहना है कि हिंदुओं ने मदद नहीं माँगी और परेशानी की कोई आशंका नहीं थी। रात को 20 तारीख को वह ठीक नहीं था, और उसने हत्याओं के बारे में कुछ भी नहीं सुना। वह स्वीकार करता है कि उसने मंजिलगाह को खाली कराने के बारे में सुना था। बाद में अपने साक्ष्य में उसने स्वीकार किया कि उसने गोसरजी के ग्रामीणों को सतर्क रहने के लिए कहा था क्योंकि वहां परेशानी थी। सुक्कुर, और उनका कहना है कि उन्होंने 19 तारीख की शाम को पंचायत बुलाई थी। वह हत्याओं के बाद 21 तारीख को सूर्योदय के समय गोसरजी गए थे। वह स्वीकार करते हैं कि उन्हें गोसरजी का रक्षक माना जाता है।"

श्री वेस्टन कहते हैं[1]–

"मुझे इस गवाह के साक्ष्य पर विश्वास करना असंभव लगता है। मुझे इसमें कोई संदेह नहीं है कि वह पूरी तरह से जानता था कि 20 तारीख की रात को गोसरजी में परेशानी हुई थी और उसने अपने घर में रहना पसंद किया।"

इस बात से कौन इनकार कर सकता है कि दंगों का यह रिकॉर्ड एक ऐसी तस्वीर पेश करता है जो अपने परिणामों में गंभीर और अपने स्वर से उदास है? लेकिन कालानुक्रमिक होने के कारण, रिकॉर्ड यह अनुमान देने में विफल हो सकता है कि इन दंगों ने किसी भी प्रांत में कितना कहर बरपाया है और इसके कारण वहां के सामाजिक और आर्थिक जीवन में कितनी पंगुता पैदा हुई है। किसी प्रांत में दंगों की पुनरावृत्ति के कारण उत्पन्न स्थिति का अंदाजा देने के लिए मैंने बम्बई प्रांत के दंगों के रिकॉर्ड को फिर से तैयार किया है। पुनर्रचना करने पर सामान्य चित्र इस प्रकार दिखाई देता हैः–

राष्ट्रपति पद को छोड़कर और स्वयं को बम्बई शहर तक ही सीमित रखना, इसमें कोई शक नहीं कि शहर का रिकॉर्ड सबसे काला

1. वही, पृ. 66–67.

है। पहला हिंदू–मुस्लिम दंगा 1893 में हुआ था। इसके बाद सांप्रदायिक शांति का एक लंबा दौर चला जो 1929 तक चला। लेकिन इसके बाद के वर्षों में बताने के लिए एक भयावह कहानी है। फरवरी 1929 से अप्रैल 1938 तक–9 वर्ष की अवधि–10 से कम सांप्रदायिक दंगे नहीं हुए। पहले में, 149 मारे गए और 739 घायल हुए और यह 36 दिनों तक चला। दूसरे दंगे में 35 लोग मारे गए, 109 घायल हुए और यह 22 दिनों तक जारी रहा। 1930 में दो दंगे हुए। जानमाल की हानि और उसकी अवधि का विवरण उपलब्ध नहीं है। 1932 में फिर दो दंगे हुए। पहला छोटा सा था। दूसरे में 217 लोग मारे गए, 2,713 घायल हुए और यह 49 दिनों तक चला। 1933 में एक दंगा हुआ था, जिसका विवरण उपलब्ध नहीं है। 1936 में एक दंगा हुआ जिसमें 94 लोग मारे गए, 632 घायल हुए और यह 65 दिनों तक भड़कता रहा। 1937 के दंगे में 11 लोग मारे गये, 85 घायल हुए और इसमें 21 दिन लगे। 1938 का दंगा केवल 24 घंटों तक चला लेकिन इतने समय के भीतर 12 लोग मारे गए और 100 से कुछ अधिक घायल हो गए। फरवरी 1929 से अप्रैल 1938 तक 9 साल और 2 महीने की कुल अवधि को मिलाकर अकेले बम्बई शहर के हिंदू और मुस्लिम 210 दिनों तक युद्ध में लगे रहे। इस अवधि के दौरान 550 लोग मारे गए और 4,500 घायल हुए। यह निश्चित रूप से आगजनी और लूट के माध्यम से हुई संपत्ति के नुकसान को ध्यान में नहीं रखता है।

V

1920 से 1940 तक हिंदू–मुस्लिम संबंधों का रिकॉर्ड ऐसा ही है। हिंदू–मुस्लिम एकता लाने के लिए श्री गांधी द्वारा किए गए उन्मत्त प्रयासों के साथ–साथ रखा गया रिकॉर्ड सबसे दर्दनाक और दिल दहला देने वाला है। यह कहना अतिशयोक्ति नहीं होगी कि यह भारत में हिंदुओं और मुसलमानों के बीच 20 वर्षों के गृह युद्ध का रिकॉर्ड है, जो सशस्त्र शांति के संक्षिप्त अंतराल से बाधित हुआ था।

इस गृहयुद्ध में निस्संदेह, पुरुष ही प्रमुख पीड़ित थे। लेकिन महिलाएं छेड़छाड़ से पूरी तरह नहीं बच पाईं। शायद यह पर्याप्त रूप

से ज्ञात नहीं है कि सांप्रदायिक शत्रुता में महिलाओं को कितना नुकसान उठाना पड़ा है। संपूर्ण भारत से संबंधित आंकड़े उपलब्ध नहीं हैं। लेकिन बंगाल से जुड़े कुछ आंकड़े मौजूद हैं।

6 सितंबर, 1932 को पुराने बंगाल विधान परिषद् में बंगाल प्रांत में महिलाओं के अपहरण के संबंध में प्रश्न पूछे गए थे। जवाब में तत्कालीन सरकार ने बताया कि 1922 से 1927 के बीच महिलाओं की कुल अपहृत संख्या 568 थी। इनमें से 101 अविवाहित और 467 विवाहित थीं। यह बताने को कहा कि अपहरण महिला किस समुदाय की है।

यह खुलासा हुआ कि 101 अविवाहित महिलाओं में से 64 हिंदू, 29 मुस्लिम, 4 ईसाई और 4 गैर–वर्णित थीं; और 467 विवाहित महिलाओं में से 331 हिंदू, 122 मुस्लिम, 2 ईसाई और 12 गैर–वर्णित थीं। ये आंकड़े उन मामलों से संबंधित हैं जो रिपोर्ट किए गए थे या यदि रिपोर्ट किए गए तो उनका पता नहीं चला। आमतौर पर लगभग 10 प्रतिशत मामलों की रिपोर्ट की जाती है या पता लगाया जाता है और 90 प्रतिशत का पता नहीं चल पाता। इस अनुपात को बंगाल सरकार द्वारा बताए गए तथ्यों पर लागू करते हुए, यह कहा जा सकता है कि 1922–27 के बीच 5 वर्षों की छोटी अवधि के दौरान बंगाल में लगभग 35,000 महिलाओं का अपहरण कर लिया गया था।

महिलाओं के प्रति रवैया दो समुदायों के बीच मैत्रीपूर्ण या अमैत्रीपूर्ण रवैये का एक अच्छा सूचकांक है। ऐसे में, 27 जून, 1936 को बंगाल के गोविंदपुर गांव में हुआ मामला बहुत शिक्षाप्रद लगता है। इसका निम्नलिखित विवरण 'क्राउन काउंसिल के शुरुआती भाषण'[1] से लिया गया है जब 10 अगस्त 1936 को 40 मुस्लिम अभियुक्तों का मुकदमा शुरू हुआ था। अभियोजन पक्ष के अनुसार–

"गोविंदपुर में राधावल्लभ नाम का एक हिंदू रहता था। उसका एक बेटा हरेंद्र था। गोविंदपुर में एक मुस्लिम महिला भी रहती थी जिसका

1. यह सावधान में छपी रिपोर्ट का अंग्रेजी संस्करण है, नागपुर का एक मराठी साप्ताहिक, 25 अगस्त 1936 के अंक में।

काम दूध बेचना था। गांव के स्थानीय मुसलमानों को संदेह था कि हरेंद्र का इस मुस्लिम महिला के साथ अवैध संबंध था।" वे इस बात से नाराज थे कि एक मुस्लिम महिला को एक हिंदू के संरक्षण में रखा जाना चाहिए और उन्होंने इस अपमान के लिए राधावल्लभ के परिवार से प्रतिशोध लेने का फैसला किया। गोविंदपुर के मुसलमानों की एक बैठक बुलाई गई और हरेंद्र को इसमें भाग लेने के लिए बुलाया गया। जैसे ही हरेंद्र बैठक में गया, हरेंद्र की चीखें सुनाई दीं। पता चला कि हरेंद्र के साथ घर्षण किया गया था और वह बैठक वाले खेत में बेसुध पड़ा था। गोविंदपुर के मुसलमान इस धावा करने से संतुष्ट नहीं थे। उन्होंने राधावल्लभ को सूचित किया कि जब तक वह, उनकी पत्नी और उनके बच्चे इस्लाम नहीं अपना लेते, तब तक मुसलमान उनके बेटे द्वारा उनके साथ किए गए गलत काम से संतुष्ट नहीं होंगे। राधावल्लभ अपनी पत्नी और बच्चों को दूसरी जगह भेजने की योजना बना रहे थे। मुसलमानों को इस योजना का पता चल गया। अगले दिन जब राधावल्लभ की पत्नी कुसुम अपने घर के आँगन में झाड़ू लगा रही थी, तभी कुछ मुसलमान आये, उन्होंने राधावल्लभ को पकड़ लिया और कुछ ने कुसुम को पकड़ लिया। उसे कुछ दूरी तक ले जाने के बाद नाम लेकर दो मुसलमान लेकर और महाजर ने उसके साथ दुष्कर्म किया और उसके गहने उतार लिये। कुछ देर बाद उसे होश आया और वह अपने घर की ओर भागी। उसके हमलावरों ने फिर उसका पीछा किया। वह अपने घर पहुँचने और खुद को अंदर बंद करने में सफल रही। उसके मुस्लिम हमलावरों ने दरवाजा तोड़ दिया, उसे पकड़ लिया और फिर से सड़क पर ले गए। उसके हमलावरों द्वारा यह सुझाव दिया गया कि सड़क पर उसके साथ फिर से बलात्कार किया जाना चाहिए। लेकिन रजनी नाम की एक अन्य महिला की मदद से कुसुम भाग निकली और रजनी के घर में शरण ली। जब वह रजनी के घर में थीं, तो गोविंदपुर के मुसलमानों ने उनके पति राधावल्लभ को पूरी तरह से अपमानित करते हुए सड़कों पर घुमाया। अगले दिन मुसलमानों ने राधावल्लभ और कुसुम को पुलिस को आक्रोश की जानकारी देने से

रोकने के लिए गोविंदपुर से पुलिस स्टेशन तक आने–जाने वाली सड़कों पर निगरानी रखी।''

बिना पछतावे, बिना शर्मिंदगी और बिना किसी निंदा के अपने साथी भाइयों द्वारा की गई महिलाओं के खिलाफ बर्बरता की ये हरकतें दुश्मनी की गहराई को दर्शाती हैं जिसने दोनों समुदायों को विभाजित कर दिया। प्रत्येक पक्ष का स्वभाव दो युद्धरत राष्ट्रों का स्वभाव था। हर प्रजाति का नरसंहार, लूटपाट, बेअदबी और आक्रोश था, जो हिंदुओं द्वारा मुसलमानों के खिलाफ और मुसलमानों द्वारा हिंदुओं के खिलाफ किया गया था–शायद मुसलमानों द्वारा हिंदुओं के मुकाबले मुसलमानों द्वारा हिंदुओं के खिलाफ अधिक। आगजनी के ऐसे मामले सामने आए हैं जिनमें मुसलमानों ने हिंदुओं के घरों में आग लगा दी, जिसमें मुस्लिम दर्शकों की बड़ी संतुष्टि के लिए, हिंदुओं, पुरुषों, महिलाओं और बच्चों के पूरे परिवारों को जिंदा भूनकर आग में जला दिया गया। आश्चर्य की बात यह है कि रैंक क्रूरता के इन ठंडे और जानबूझकर किए गए कृत्यों को निंदा किए जाने वाले अत्याचारों के रूप में नहीं माना गया, बल्कि युद्ध के वैध कृत्यों के रूप में माना गया जिसके लिए कोई माफी आवश्यक नहीं थी। इन शत्रुताओं से क्रोधित होकर, 1926 में कांग्रेस पत्र–लेखन हिंदुस्तान के संपादक ने श्री गांधी के हिंदू–मुसलमान उत्थान के प्रयासों की पूर्ण विफलता की दर्दनाक सच्चाई को व्यक्त करने के लिए निम्नलिखित भाषा का उपयोग किया–अत्यंत निराशा के शब्दों में संपादक ने कहा[1]–

''आज के भारत के बीच बहुत दूरी है और भारत एक राष्ट्र है, एक बेहूदी हकीकत के बीच जो खुद को हत्या में व्यक्त करती है और आगजनी और वह शौकीन कल्पना जो देशभक्त और खुद को धोखा देने वाले लोगों की कल्पना में है। हजारों मंचों से हिंदू–मुस्लिम एकता की बात करना या इसे चमकदार सुर्खियाँ देना एक भ्रम फैलाना है जिसकी धुंधली संरचना रोड़ों के आदान–प्रदान और मकबरे और मंदिरों के अपमान के साथ ही घुल जाती है।

1. दिनांक 16–8–26 के टाइम्स ऑफ इंडिया के "इंडियन आइज" कॉलम में उद्धृत।

शांति और सद्भावना के कुछ पवित्र भजन गाने से देश को कोई फायदा नहीं होगा। कांग्रेस अध्यक्ष हिंदू–मुस्लिम एकता के विषय पर, जो उनके दिल को बहुत प्रिय है, शानदार विविधताओं के साथ सुधार कर रही हैं, जो उनकी प्रतिभा को श्रेय देता है लेकिन समस्या को अछूता छोड़ देता है। भारत के लाखों लोग तभी प्रतिक्रिया दे सकते हैं जब एकता का गीत न केवल नेताओं की जुबान पर हो बल्कि उनके लाखों देशवासियों के दिलों में भी हो।"

मैं जो कुछ भी कह सकता हूँ वह हिंदू–मुस्लिम एकता की किसी भी आशा की निरर्थकता को इतनी अच्छी तरह से नहीं दिखा सकता। अब तक हिंदू–मुस्लिम एकता कम से कम नजर में थी, हालांकि यह मृगतृष्णा की तरह थी। आज वह नजर से भी दूर है और मन से भी दूर है। यहाँ तक कि श्री गांधी ने भी वह काम छोड़ दिया है, जिसे शायद अब उन्हें एहसास हो गया है कि यह एक असंभव कार्य है।

लेकिन ऐसे भी लोग हैं जो पिछले 20 वर्षों के इतिहास के बावजूद हिंदू–मुस्लिम एकता की संभावना में विश्वास करते हैं। उनकी यह मान्यता दो आधारों पर टिकी हुई प्रतीत होती है। सबसे पहले, वे विभिन्न प्रकार के लोगों को एक राष्ट्र में ढालने में केंद्र सरकार की प्रभावकारिता में विश्वास करते हैं। दूसरे, उन्हें लगता है कि मुस्लिम माँगों की संतुष्टि हिंदू–मुस्लिम एकता हासिल करने का एक निश्चित साधन होगी।

यह सच है कि सरकार एक एकीकृत शक्ति है और ऐसे कई उदाहरण हैं जहाँ एक ही सरकार के अधीन होने के कारण विविध लोग एक सजातीय लोगों में एकीकृत हो गए हैं। लेकिन हिंदू, जो एक एकीकृत शक्ति के रूप में सरकार पर निर्भर हैं, यह भूल जाते हैं कि सरकार द्वारा एक एकीकृत शक्ति के रूप में कार्य करने की स्पष्ट सीमाएं हैं। एक एकीकृत शक्ति के रूप में काम करने वाली सरकार की सीमाएं लोगों के बीच संलयन की संभावनाओं से निर्धारित होती हैं। ऐसे देश में जहाँ जाति, भाषा और धर्म विलय के रास्ते में नहीं आते, सरकार एक एकीकृत शक्ति के रूप में सबसे प्रभावी है। दूसरी ओर, ऐसे देश

में जहाँ नस्ल, भाषा और धर्म विलय के खिलाफ प्रभावी बाधा डालते हैं, सरकार एक एकीकृत शक्ति के रूप में कोई प्रभाव नहीं डाल सकती है। यदि फ्रांस, इंग्लैंड, इटली और जर्मनी में विविध लोग साझी सरकार के कारण एकीकृत राष्ट्र बना–ऐसा इसलिए था क्योंकि न तो जाति, न भाषा और न ही धर्म ने सरकार की एकीकृत प्रक्रिया में बाधा डाली। पर दूसरी ओर, यदि ऑस्ट्रिया, हंगरी, चेकोस्लोवाकिया के लोग और तुर्की एकीकृत होने में विफल रहे, यद्यपि एक आम सरकार के तहत, ऐसा इसलिए था क्योंकि नस्ल, भाषा और धर्म सरकार की एकीकृत शक्ति का मुकाबला करने और उसे खत्म करने के लिए पर्याप्त मजबूत थे। इस बात से कोई इनकार नहीं कर सकता कि भारत में नस्ल, भाषा और धर्म इतने प्रभावशाली रहे हैं कि भारत के लोगों को एक आम सरकार की एकीकृत शक्ति द्वारा एक राष्ट्र में शामिल होने की अनुमति नहीं दी जा सकती। यह कहना एक भ्रम है कि भारत में केंद्रीय सरकार ने भारतीय लोगों को एक राष्ट्र के रूप में ढाला है। केंद्र सरकार ने जो किया है, वह यह है कि उन्हें एक कानून द्वारा एक साथ बांध दिया जाए और उन्हें एक ही स्थान पर एक साथ रखा जाए, जैसा कि अनियंत्रित जानवरों के मालिक करते हैं, उन्हें एक ही रस्सी से बांधकर एक ही अस्तबल में रखा जाता है। केंद्र सरकार ने जो कुछ भी किया है वह भारतीयों के बीच एक प्रकार की शांति पैदा करना है। इसने उन्हें एक राष्ट्र नहीं बनाया है।

यह नहीं कहा जा सकता कि एकीकरण के लिए समय बहुत कम रह गया है। यदि केंद्रीय सरकार के अधीन जीवन के 150 वर्ष पर्याप्त नहीं हैं, तो अनंत काल भी पर्याप्त नहीं होगा। इस असफलता के लिए भारतीयों की प्रतिभा ही जिम्मेदार है। भारतीयों में एकता के लिए कोई जुनून नहीं है, विलय की कोई इच्छा नहीं है। एक जैसी पोशाक की चाहत नहीं है। एक आम भाषा की चाहत नहीं है जो चीज सामान्य और राष्ट्रीय है, उसके लिए स्थानीय और खास को छोड़ने की कोई इच्छा नहीं है। एक गुजराती को गुजराती होने पर, एक महाराष्ट्रीयन को महाराष्ट्रीयन होने पर, एक पंजाबी को पंजाबी होने पर, एक मद्रासी को

मद्रासी होने पर और एक बंगाली को बंगाली होने पर गर्व होता है। यह हिंदुओं की मानसिकता है, जो मुसलमानों पर राष्ट्रीय भावना की कमी का आरोप लगाते हैं जब वह कहता है, "मैं पहले मुसलमान हूँ और बाद में भारतीय हूँ।" क्या कोई सुझाव दे सकता है कि भारत में कहीं भी, यहाँ तक कि हिंदुओं में भी ऐसी वृत्ति या जुनून मौजूद है जो उनकी घोषणा "सिविस इंडियनस सम" या नैतिक और सामाजिक एकता की सबसे छोटी चेतना के पीछे की भावना का कोई अंश रखे? जो सामान्य और एकीकृत के पक्ष में जो कुछ भी विशिष्ट और स्थानीय है उसका त्याग करके अभिव्यक्ति देना चाहता है? ऐसी कोई चेतना नहीं है और ऐसी कोई इच्छा नहीं है। ऐसी चेतना के बिना और ऐसी इच्छा के बिना एकीकरण के लिए सरकार पर निर्भर रहना स्वयं को धोखा देना है

दूसरे के संबंध में, इसमें कोई संदेह नहीं कि यह साइमन कमीशन की राय थी–"सांप्रदायिक दंगे इसी की अभिव्यक्ति थे कि भारत के राजनीतिक भविष्य की संभावना से दोनों समुदायों में चिंताएं और महत्त्वाकांक्षाएं पैदा हुई।

जब तक सत्ता ब्रिटिश हाथों में मजबूती से स्थापित थी और स्वशासन के बारे में सोचा नहीं गया था, तब तक हिंदू–मुस्लिम प्रतिद्वंद्विता एक संकीर्ण क्षेत्र तक ही सीमित थी। ऐसा केवल इसलिए नहीं था कि तटस्थ नौकरशाही की उपस्थिति ने संघर्ष को हतोत्साहित किया। एक और कारण यह था कि एक समुदाय के सदस्यों को दूसरे की प्रबलता से डरने की कोई गुंजाइश नहीं थी। आज भारतीय राज्यों में सांप्रदायिक संघर्ष की तुलनात्मक अनुपस्थिति को इसी तरह समझाया जा सकता है। कई लोग, जो एक पीढ़ी पहले ब्रिटिश भारत की स्थितियों से अच्छी तरह परिचित हैं, इस बात की गवाही देंगे कि उस समय दोनों पक्षों के बीच इतनी अच्छी भावना पैदा हो गई थी कि नागरिक शांति के लिए सांप्रदायिक तनाव न्यूनतम स्तर पर था। लेकिन सुधारों के आने और उनके बाद क्या होगा इसकी प्रत्याशा ने हिंदू–मुस्लिम प्रतिस्पर्धा को नया बिंदु दिया है। एक समुदाय स्वाभाविक रूप से

बहुमत के अधिकारों का दावा करता है और बेहतर शिक्षा और अधिक धन की अपनी योग्यता पर निर्भर करता है। दूसरा अपने सदस्यों के लिए प्रभावी सुरक्षा सुनिश्चित करने के लिए उन खातों पर अधिक दृढ़ है, और यह नहीं भूलता कि वह देश के पिछले विजेताओं का प्रतिनिधित्व करता है। वह पर्याप्त प्रतिनिधित्व और आधिकारिक पदों में पूरी हिस्सेदारी का आश्वासन चाहता है।''

यह मानते हुए कि यह एक सच्चा निदान है, यह मानते हुए कि मुस्लिम माँगें उचित हैं, यह मानते हुए कि हिंदू उन्हें देने के लिए तैयार थे– और ये सभी बहुत बड़ी धारणाएं हैं– यह एक सवाल है कि क्या हिंदू और मुसलमानों के बीच सच्चा मिलन राजनीतिक एकता के माध्यम से हो सकता है, मुस्लिम राजनीतिक माँगों की संतुष्टि के परिणामस्वरूप कुछ लोगों का मानना है कि यदि हिंदू और मुसलमानों के बीच राजनीतिक एकता हो जाए तो बहुत है। मुझे लगता है ये सबसे बड़ा भ्रम है। ऐसा प्रतीत होता है कि जो लोग इस दृष्टिकोण को अपनाते हैं वे केवल इस बारे में सोच रहे हैं कि ब्रिटिशों से डोमिनियन स्टेटस या स्वतंत्रता की अपनी माँगों में मुसलमानों को हिंदुओं के साथ कैसे जोड़ा जाए, जैसा कि इस समय की मनोदशा है। कम से कम यह तो बहुत ही अदूरदर्शी दृष्टिकोण है। अंग्रेजों से हिंदुओं की माँगों में मुसलमानों को कैसे शामिल किया जाए, यह तुलनात्मक रूप से बहुत छोटा सवाल है। वे संविधान को किस भावना से चलाएंगे? क्या वे इसे केवल एक अनचाहे बंधन में बंधे एलियंस के रूप में काम करेंगे या वे सच्चे रिश्तेदार के रूप में काम करेंगे। यह अधिक महत्त्वपूर्ण प्रश्न है। सच्चे सगे–संबंधियों के रूप में काम करने के लिए, जो आवश्यक है वह केवल राजनीतिक एकता नहीं है, बल्कि हृदय और आत्मा का सच्चा मिलन है, दूसरे शब्दों में, सामाजिक एकता। राजनीतिक एकता का कोई महत्त्व नहीं है, यदि यह वास्तविक एकता की अभिव्यक्ति नहीं है। यह उतना ही अनिश्चित है जितना कि बीच की एकता वे व्यक्ति जो मित्र न रहकर एक–दूसरे के सहयोगी बन जाते हैं।

यह हमेशा कितना अनिश्चित होता है, इसका सबसे अच्छा उदाहरण

जर्मनी और रूस के बीच जो हुआ है, उससे पता चलता है। व्यक्तिगत रूप से, मुझे नहीं लगता कि केवल भौतिक हितों की संतुष्टि पर निर्भर होकर कोई स्थायी संघ बनाया जा सकता है। समझौते से एकता उत्पन्न हो सकती है। लेकिन वह एकता कभी भी संघ में परिवर्तित नहीं हो सकती। संघ के आधार के रूप में एक समझौता बेकार से भी बदतर है। जैसा कि इसकी प्रकृति से संकेत मिलता है, एक समझौता चरित्र में पृथक्करणकारी होता है। कोई भी समझौता समायोजन की इच्छा पैदा नहीं कर सकता, यह त्याग की भावना पैदा नहीं कर सकता, न ही यह पार्टियों को मुख्य उद्देश्य से बांध सकता है। एक–दूसरे को समायोजित करने के बजाय, समझौते के पक्ष जितना संभव हो सके एक–दूसरे से बाहर निकलने का प्रयास करते हैं। सामान्य उद्देश्य के लिए बलिदान देने के बजाय, संधि के पक्ष लगातार यह देखने में लगे रहते हैं कि एक द्वारा किया गया बलिदान दूसरे की भलाई के लिए उपयोग नहीं किया जाता है। मुख्य उद्देश्य के लिए लड़ने के बजाय, समझौते के पक्ष हमेशा यह देखने में लगे रहते हैं कि लक्ष्य तक पहुँचने के संघर्ष में पार्टियों के बीच शक्ति का संतुलन न बिगड़ जाए। रेनन ने सबसे गहरा सच तब बोला जब उन्होंने कहा–

"हितों का समुदाय निश्चित रूप से पुरुषों के बीच एक शक्तिशाली बंधन है। लेकिन फिर भी क्या राष्ट्र बनाने के लिए हित पर्याप्त हैं? मैं इस पर विश्वास नहीं करता। हितों का समुदाय वाणिज्यिक संधियां बनाता है। राष्ट्रीयता का एक भावनात्मक पक्ष है। यह एक साथ शरीर और आत्मा है। जोलवेरिन पितृभूमि नहीं है।"

इतिहास के एक अन्य प्रसिद्ध छात्र जेम्स ब्राइस का दृष्टिकोण भी उतना ही प्रभावशाली है। ब्रायस के अनुसार,–

"किसी संस्था का स्थायित्व न केवल उसे समर्थन देने वाले भौतिक हितों पर निर्भर करता है, बल्कि उन लोगों की गहरी भावनाओं के अनुरूप होने पर भी निर्भर करता है जिनके लिए इसे बनाया गया है। जब यह खुद को आकर्षित करता है और उस भावना के लिए एक उपयुक्त अभिव्यक्ति प्रदान करता है-- मानसिक रूप से, भावना न

केवल अधिक मुखर हो जाती है बल्कि वास्तव में मजबूत हो जाती है, और बदले में संस्थान को पूर्ण जीवन शक्ति प्रदान करती है।

ब्रायस की ये टिप्पणियां बिस्मार्क द्वारा जर्मन साम्राज्य की स्थापना के संबंध में की गई थीं, जो ब्रायस के अनुसार, एक टिकाऊ साम्राज्य बनाने में सफल रहा क्योंकि यह एक भावना पर आधारित था और इस भावना को बढ़ावा दिया गया था—

"सबसे बढ़कर, जिसे हम राष्ट्रीयता के प्रति वृत्ति या जुनून कहते हैं, वह लोगों की इच्छा है जो पहले से ही नैतिकता के प्रति सचेत हैं। और सामाजिक एकता, ऐसी एकता को व्यक्त और एक ही सरकार के तहत साकार होते हुए देखना, "जो इसे सभ्य राज्यों के बीच एक स्थान और नाम देगी।"

वह क्या है जो इस नैतिक और सामाजिक एकता को उत्पन्न करता है जो स्थायित्व देता है और वह क्या है जो लोगों को एक ही सरकार के तहत व्यक्त और साकार की गई ऐसी एकता को देखने के लिए प्रेरित करता है, जो इसे सभ्य राज्यों के बीच एक स्थान और एक नाम देगा?

इस प्रश्न का उत्तर देने के लिए जेम्स ब्राइस से अधिक सक्षम कोई नहीं है। यह एक ऐसा प्रश्न था जिस पर उन्हें रोमन साम्राज्य की तुलना में पवित्र रोमन साम्राज्य की जीवंतता पर चर्चा करते समय विचार करना था। यदि किसी साम्राज्य के बारे में कहा जा सकता है कि वह अपनी विविध प्रजा के बीच राजनीतिक एकता लाने में सफल रहा तो वह रोमन साम्राज्य था। संक्षिप्तता के लिए ब्राइस की भाषा की व्याख्या—उपनिवेशों की स्थापना के माध्यम से रोमन नागरिकता का क्रमिक विस्तार, पहले पूरे इटली में और फिर प्रांतों में, समान और समान रोमन कानून का कार्य, समान दबाव सभी विषयों पर सरकार, वाणिज्य और दास यातायात के कारण होने वाली जनसंख्या की गतिविधियाँ, विभिन्न लोगों को लगातार आत्मसात् कर रही थीं। सम्राटों, जो अधिकांशतः प्रांतों के मूल निवासी थे, ने इटली को संजोने या एंटोनिनि के दिनों के बाद भी रोम को संतुष्ट करने की बहुत कम परवाह

की। यह उनकी नीति थी कि प्रत्येक विषय के लिए एक कैरियर खुला रखा जाए जिसकी स्वतंत्रता से वे स्वयं महानता तक पहुँचे थे। स्वतंत्र लोगों के बीच कानूनी स्थिति के भेदों को नष्ट करते हुए, इसने उस कार्य को पूरा किया, जो व्यापार और साहित्य तथा एक को छोड़कर सभी मान्यताओं के प्रति सहिष्णुता पहले से ही कर रहा था। जाति या धर्म के किसी भी झगड़े ने उस शांति को भंग नहीं किया, क्योंकि सभी राष्ट्रीय भेद एक सामान्य साम्राज्य के विचार में विलीन हो रहे थे।

रोमन साम्राज्य द्वारा निर्मित यह एकता केवल एक राजनीतिक एकता थी। यह राजनीतिक एकता कब तक कायम रही? ब्राइस के शब्दों में–

"शायद ही इन धीरे–धीरे काम करने वाले प्रभावों ने इस एकता को लाये थे, जब अन्य प्रभावों ने इसे खतरे में डालना शुरू कर दिया था। नए दुश्मनों ने सीमाओं पर हमला किया; जबकि भीतर की संरचना का ढीला होना सत्ता के लिए लंबे संघर्षों द्वारा दिखाया गया था जो मृत्यु या सत्ता के पतन के बाद प्रत्येक क्रमिक सम्राट हुआ था। वेलेरियन के पतन के बाद अराजकता की अवधि में, साम्राज्य के हर हिस्से में उनकी सेनाओं द्वारा जनरलों को खड़ा किया गया था, और राजधानी के मालिक के प्रति कोई निष्ठा न रखते हुए, अलग–अलग सम्राटों के रूप में बड़े प्रांतों पर शासन किया। पश्चिमी आधे हिस्से का टूटना अलग–अलग राज्यों में साम्राज्य की कल्पना 200 वर्षों में की जा सकती थी, यदि सीमाओं पर बर्बर जनजातियां साहसी होतीं, या डायोक्लेटियन में एक ऐसा सक्रिय और कुशल राजकुमार पैदा नहीं हुआ होता जो टुकड़ों को बाँधने से पहले ही एकजुट हो जाता, बैठक में नये उपायों से स्थितियां बदल गईं। सत्ता को विभाजित करने और स्थानीयकरण करने की उन्होंने जो नीति अपनाई, उसने इस तथ्य को मान्यता दी कि कमजोर हृदय अब अपनी धड़कनों को शरीर के चरम तक महसूस नहीं करा सकता है। उन्होंने चार राजधानियों में संयुक्त सम्राटों के रूप में शासन करते हुए, सर्वोच्च शक्ति को चार राजाओं के बीच बांट दिया, और फिर इसे एक प्राच्य आडंबर के साथ घेरकर इसे एक तथ्यात्मक ताकत देने

की कोशिश की, जिसे उनके पहले के पूर्ववर्तियों ने तिरस्कृत किया होगा रोम का विशेषाधिकार निकोमीडिया की प्रतिद्वंद्विता और मिलान की निकट महानता से खतरे में पड़ गया था।''

इसलिए, यह स्पष्ट है कि राजनीतिक एकता रोमन साम्राज्य को स्थायित्व और स्थिरता देने के लिए पर्याप्त नहीं थी और जैसा कि ब्रायस बताते हैं कि ''पश्चिमी आधे हिस्से (रोमन साम्राज्य के) के अलग–अलग राज्यों में टूटने की आशंका हो सकती है।" 200 वर्षों में, यदि सीमा पर बर्बर जनजातियां अधिक साहसी होतीं, या डायोक्लेटियन में एक राजकुमार का उदय नहीं होता, जो इतना सक्रिय और कुशल होता कि इससे पहले कि वे सभी एकजुटता खो देते, नए उपायों द्वारा बदली हुई स्थितियों को पूरा करते हुए, टुकड़ों को बांध देते।" लेकिन तथ्य यह है कि रोमन साम्राज्य जो लड़खड़ा रहा था और टुकड़ों में बंट रहा था और जिसकी राजनीतिक एकता उसे एक साथ बांधने के लिए पर्याप्त नहीं थी, वह पवित्र रोमन साम्राज्य बनने के बाद कई सौ वर्षों तक एक एकजुट इकाई के रूप में अस्तित्त्व में रहा। जैसा कि प्रो. मार्विन बताते हैं[1]–

''रोमन साम्राज्य की एकता मुख्य रूप से राजनीतिक और सैन्य थी। यह 400 से 500 वर्षों तक चली। कैथोलिक चर्च में जो एकता थी वह धार्मिक और नैतिक थी और 1000 वर्षों तक कायम रही।''

सवाल यह है कि किस चीज ने पवित्र रोमन साम्राज्य को रोमन साम्राज्य की अपेक्षा से अधिक स्थिर बना दिया? ब्रायस के अनुसार यह ईसाई धर्म के रूप में एक सामान्य धर्म था और ईसाई चर्च के रूप में एक सामान्य धार्मिक संगठन था जो पवित्र रोमन साम्राज्य को सीमेंट की आपूर्ति करता था और जिसकी रोमन साम्राज्य में कमी थी। यह वह सीमेंट था जिसने साम्राज्य के लोगों को नैतिक और सामाजिक एकता प्रदान की और उन्हें एक ही सरकार के तहत इस तरह की एकता को व्यक्त और साकार होते देखा।

---

1. पश्चिमी सभ्यता की एकता (चौथा संस्करण), पृ. 27.

एक सामान्य धर्म के रूप में ईसाई धर्म के एकीकृत प्रभाव के बारे में बोलते हुए ब्रायस कहते हैं–

"यह धर्म पर है कि किसी राष्ट्र का अधिकांश और गहरा जीवन टिका है। क्योंकि देवत्व विभाजित था, मानवता भी विभाजित हो गई थी; ईश्वर की एकता के सिद्धांत ने अब मनुष्य की एकता को लागू किया, जो उसकी छवि में बनाया गया था। ईसाई धर्म का पहला पाठ प्रेम था, एक प्रेम जो उन लोगों को एक शरीर में शामिल करना था जिन्हें संदेह, पूर्वाग्रह और नस्ल के गौरव ने अब तक अलग रखा था। इस प्रकार नए धर्म द्वारा वफादारों का एक समुदाय बनाया गया, एक पवित्र साम्राज्य, जिसे डिजाइन किया गया था सभी मनुष्यों को अपनी गोद में इकट्ठा करना, और पुरानी दुनिया के विविध बहुदेववादों का विरोध करना, ठीक उसी तरह जैसे सीजर के सार्वभौमिक प्रभुत्व की तुलना इसके पहले के असंख्य राज्यों और शहर गणराज्यों से की गई थी..."[1]

क्या ब्रायस ने रोमन साम्राज्य की अस्थिरता और उसके उत्तराधिकारी, पवित्र रोमन साम्राज्य की तुलनात्मक रूप से अधिक स्थिरता के संबंध

1. ईसाई चर्च ने एकीकरण की प्रक्रिया में निष्क्रिय भूमिका नहीं निभाई। पवित्र रोमन साम्राज्य का इसे लाने में इसने बहुत सक्रिय भूमिका निभाई। "अपने चारों ओर एक के बाद एक संस्थाओं को टूटते हुए देखना, यह देखना कि कैसे अजीब जनजातियों के विस्फोट से देश और शहर एक–दूसरे से अलग हो रहे थे और 'ईसाई चर्च ने पवित्र रोमन साम्राज्य के एकीकरण की प्रक्रिया में निष्क्रिय भूमिका नहीं निभाई। इसे लाने में इसने बहुत सक्रिय भूमिका निभाई।" "अपने आस–पास एक के बाद एक संस्थाओं को टुकड़े–टुकड़े होते हुए देख रही हूं" अपने आस–पास एक के बाद एक संस्थाओं को टूटते हुए देख रही हूँ, यह देखते हुए कि कैसे अजीब जनजातियों के विस्फोट और ईसाई चर्च के साथ संचार की बढ़ती कठिनाई के कारण देश और शहर एक–दूसरे से अलग हो रहे थे।" ब्रायस कहते हैं, "चर्च संगठन को मजबूत करके धार्मिक संगति को बचाने का प्रयास किया, बाहरी मिलन के हर बंधन को और मजबूत करके। विश्वास की आवश्यकताएं अभी भी अधिक शक्तिशाली थीं। सत्य, ऐसा कहा गया था, एक है, और चूंकि इसे धारण करने वाले सभी लोगों को एक शरीर में बांधना होगा, इसलिए केवल उस शरीर में बने रहकर ही वे इसे संरक्षित कर सकते हैं। "वहाँ एक झुण्ड और एक चरवाहा है।"

में जो कहा है, उसमें भारत के लिए कोई सबक है और क्या ब्रायस का यह तर्क कि रोमन साम्राज्य अस्थिर था क्योंकि उसके पास राजनीतिक से अधिक कुछ नहीं था। एकता पर भरोसा करना, और यह कि पवित्र रोमन साम्राज्य अधिक स्थिर था, क्योंकि यह नैतिक और सामाजिक एकता की सुरक्षित नींव पर आधारित था, जो एक सामान्य विश्वास के कब्जे से उत्पन्न हुआ था, यह वैध तर्क है और मानवीय अनुभव का प्रतीक है, तो यह स्पष्ट है कि हिंदू और मुसलमानों के बीच एकता की कोई संभावना नहीं हो सकती। एक सामान्य धर्म को जोड़ने वाली शक्ति की कमी है। आध्यात्मिक दृष्टिकोण से, हिंदू और मुसलमान केवल प्रोटेस्टेंट और कैथोलिक या शैव और वैष्णव जैसे दो वर्ग या दो संप्रदाय नहीं हैं। वे दो अलग प्रजातियां हैं। इस दृष्टिकोण में, न तो हिंदू और न ही मुस्लिम से यह पहचानने की उम्मीद की जा सकती है कि मानवता उन दोनों में मौजूद एक आवश्यक गुण है, और वे कई नहीं बल्कि एक हैं और यह कि मतभेद उनके बीच दुर्घटनाओं से अधिक कुछ नहीं है। उनके लिए दिव्यता विभाजित है और दिव्यता के विभाजन के साथ उनकी मानवता विभाजित है और मानवता के विभाजन के साथ उन्हें विभाजित रहना चाहिए। उन्हें एक अभ्यंतर लाने के लिए कुछ भी नहीं है।

सामाजिक एकता के बिना राजनीतिक एकता हासिल करना कठिन है। यदि हासिल किया गया, तो यह ग्रीष्मकालीन पौधे की तरह अनिश्चित होगा, जो प्रतिकूल हवा के झोंके से उखड़ सकता है। केवल राजनीतिक एकता के साथ, भारत एक राज्य हो सकता है। लेकिन एक राज्य होने का मतलब एक राष्ट्र होना नहीं है और एक राज्य, जो एक राष्ट्र नहीं है, के अस्तित्त्व के संघर्ष में जीवित रहने की संभावनाएं बहुत कम होती हैं। यह विशेष रूप से सच है जहाँ राष्ट्रवाद–आधुनिक समय की सबसे गतिशील शक्ति–हर जगह सभी मिश्रित राज्यों के विनाश और विघटन से खुद को मुक्त करने की कोशिश कर रही है। इसलिए, एक मिश्रित और समग्र राज्य के लिए खतरा बाहरी आक्रामकता में उतना नहीं है जितना कि राष्ट्रीयताओं के आंतरिक पुनरुत्थान में है जो खंडित, फंसी हुई, दबी हुई और उनकी इच्छा के विरुद्ध हैं। जो लोग

पाकिस्तान का विरोध करते हैं, उन्हें न केवल इस खतरे को ध्यान में रखना चाहिए, बल्कि यह भी महसूस करना चाहिए कि दबी हुई राष्ट्रीयताओं की ओर से एक मिश्रित राज्य को बाधित करने, और अपने लिए एक अलग घर ढूंढने के लिए, निंदा किये जाने के बजाय, स्वनिर्णय के सिद्धांत से नैतिक समर्थन खोजें।

अध्याय–8

पाकिस्तान का मुस्लिम विकल्प

I

हिंदुओं का कहना है कि उनके पास पाकिस्तान का विकल्प है। क्या मुसलमानों के पास भी पाकिस्तान का कोई विकल्प है? हिंदू कहते हैं हां, मुसलमान कहते हैं नहीं। हिंदुओं का मानना है कि पाकिस्तान के लिए मुस्लिम प्रस्ताव केवल सांप्रदायिक पुरस्कार के तहत पहले से ही सुरक्षित सांप्रदायिक लाभ में वृद्धि करने के उद्देश्य से पेश किया गया एक सौदेबाजी का पैंतरा है। मुसलमानों ने इस सुझाव को अस्वीकार कर दिया। वे कहते हैं कि पाकिस्तान के बराबर कोई नहीं है और इसलिए, उनके पास पाकिस्तान ही होगा और पाकिस्तान के अलावा कुछ नहीं होगा। ऐसा प्रतीत होता है कि मुसलमान पाकिस्तान के प्रति समर्पित हैं और उन्हें कुछ और नहीं चाहिए, और विकल्प की आशा करने वाले हिंदू केवल इच्छाधारी सोच में लगे हुए हैं। लेकिन यह मानते हुए कि मुस्लिम खेल क्या है, यह जानने में हिंदू काफी चतुर हैं, क्या हिंदू पाकिस्तान के मुस्लिम विकल्प का स्वागत करने के लिए तैयार होंगे? निस्संदेह, प्रश्न का उत्तर इस बात पर निर्भर होना चाहिए कि मुस्लिम विकल्प क्या है।

पाकिस्तान का मुस्लिम विकल्प क्या है? कोई नहीं जानता। मुसलमानों ने, यदि उनके पास कोई है, तो इसका खुलासा नहीं किया है और

शायद उस दिन तक इसका खुलासा नहीं करेंगे जब प्रतिद्वंद्वी दल उन शर्तों को संशोधित करने और तय करने के लिए मिलेंगे, जिन पर भविष्य में हिंदुओं और मुसलमानों को एक–दूसरे के साथ रहना होगा। सावधान रहने का अर्थ है हथियारबंद होना। इसलिए, हिंदुओं के लिए यह आवश्यक है कि वे संभावित मुस्लिम विकल्प के बारे में कुछ विचार रखें ताकि वे इसके झटके का सामना कर सकें; क्योंकि विकल्प साम्प्रदायिक अधिनिर्णय से बेहतर नहीं हो सकता और निश्चित रूप से कई मात्रा में बदतर होगा।

''सटीक वैकल्पिक प्रस्ताव के अभाव में कोई केवल अनुमान ही लगा सकता है। अब एक आदमी का अनुमान उतना ही अच्छा है जितना दूसरे का, और संबंधित पक्ष को इनमें से किसे चुनना है जो इन पर भरोसा करेगा। संभावित अनुमानों के बीच, मेरा अनुमान यह है कि मुसलमान विकल्प के रूप में निम्नलिखित कुछ प्रस्ताव सामने रखेंगे–

I. मुसलमानों को अलग–अलग निर्वाचक मण्डल के माध्यम से विधानमंडल, केंद्रीय और प्रांतीय में 50 प्रतिशत प्रतिनिधित्व मिलेगा।

II. केंद्र और प्रांतों में 50 प्रतिशत कार्यकारिणी में मुसलमान शामिल होंगे।

III. असैनिक सेवा में 50 प्रतिशत पद मुसलमानों को दिये जायेंगे।

IV. लड़ाकू बलों में मुस्लिम अनुपात रैंक और उच्च पदक्रम दोनों में आधा होगा।

V. सार्वजनिक उद्देश्यों के लिए बनाए गए सभी सार्वजनिक निकायों, जैसे परिषदों और आयोगों में मुसलमानों का 50 प्रतिशत प्रतिनिधित्व होगा।

VI. मुसलमानों का कुल प्रतिनिधित्व 50 प्रतिशत होगा। अंतर्राष्ट्रीय संगठन जिनमें भारत भाग लेगा।

VII. यदि प्रधानमंत्री हिंदू होगा, तो उप प्रधानमंत्री मुस्लिम होगा।

VIII. यदि कमांडर–इन–चीफ हिंदू होगा, तो डिप्टी कमांडर–इन–चीफ मुस्लिम होगा।

IX. विधानमंडल के 66 प्रतिशत मुस्लिम सदस्यों की सहमति के बिना प्रांतीय सीमाओं में कोई बदलाव नहीं किया जाएगा।

X. किसी मुस्लिम देश के विरुद्ध कोई भी कार्रवाई या संधि तब तक वैध नहीं होगी जब तक विधानमंडल के 66 प्रतिशत मुस्लिम सदस्यों की सहमति प्राप्त न हो जाए।

XI. संस्कृति या धर्म को प्रभावित करने वाला कोई कानून मुसलमानों का धार्मिक उपयोग विधानमंडल के 66 प्रतिशत मुस्लिम सदस्यों की सहमति के बिना नहीं किया जाएगा।

XII. भारत की राष्ट्रीय भाषा उर्दू होगी।

XIII. गाय के वध या इस्लाम के प्रचार–प्रसार और धर्मांतरण पर प्रतिबंध लगाने वाला कोई भी कानून तब तक वैध नहीं होगा जब तक कि वह विधानमंडल के 66 प्रतिशत मुस्लिम सदस्यों की सहमति से पारित न हो जाए।

XIV. संविधान में कोई भी परिवर्तन तब तक मान्य नहीं होगा जब तक कि ऐसे परिवर्तनों को प्रभावी करने के लिए आवश्यक बहुमत में विधानमंडल के मुस्लिम सदस्यों का 66 प्रतिशत बहुमत भी शामिल न हो।"

मेरा यह अनुमान मेरी कल्पना का परिणाम नहीं है। यह पाकिस्तान की अनिच्छा और जल्दबाजी में स्वीकृति के लिए हिंदुओं को डराने की इच्छा का परिणाम नहीं है। अगर मैं ऐसा कह सकूं, यह वास्तव में मुस्लिम क्षेत्रों से उपलब्ध आंकड़ों पर आधारित एक बुद्धिमान पूर्वानुमान है।

मुस्लिम विकल्प क्या होने की संभावना है, इसका एक संकेत संवैधानिक सुधारों की प्रकृति से प्राप्त किया जा सकता है, जिन पर हैदराबाद के निजाम के प्रभुत्व के लिए विचार किया गया है।

दोषनिवृत्ति की हैदराबाद योजना एक नवीन योजना है। यह ब्रिटिश भारत में सांप्रदायिक प्रतिनिधित्व प्राप्त करने की योजना को अस्वीकार करता है। इसके स्थान पर वह प्रतिस्थापित किया जाता है जिसे कार्यात्मक प्रतिनिधित्व कहा जाता है, अर्थात्। वर्गों और व्यवसायों द्वारा प्रतिनिधित्व। विधानमंडल की संरचना जिसमें सम्मिलित 70 सदस्यों की संख्या इस प्रकार होनी है–

चुने हुए			*मनोनीत*		
कृषि		12	इलाके		8
पाटीदार	8		सर्फ–ए–खास	2	
किरायेदार	4		पैगाह	3	
औरत		1	पेशकारी	1	
स्नातकों		1	सालार जंग	1	
विश्वविद्यालय		1	समस्थान	1	
जागीरदार		2	शासकीय		18
मशदार		1	ग्रामीण कला और शिल्प		1
कानूनी		2	पिछड़ा वर्ग		1
चिकित्सा		2	छोटे गैर–प्रतिनिधित्व वाले वर्ग		3
पश्चिमी	1		अन्य		6
ओरिएंटल	1				
शिक्षण		1			
वाणिज्य		1			
इंडस्ट्रीज		2			
बैंकिंग		2			
स्वदेशी	1				
सहकारी और संयुक्त भंडार	1				
संगठित श्रम		1			
हरिजन		1			
जिला नगर पालिकाएं		1			
शहर नगर पालिका		1			
ग्रामीण समिति		1			
कुल योग		33	कुल योग		37

क्या कार्यात्मक प्रतिनिधित्व की योजना सांप्रदायिक प्रतिनिधित्व की तुलना में विभिन्न वर्गों और वर्गों के बीच बेहतर सामंजस्य को बढ़ावा देगी, यह संदेह से अधिक है। मौजूदा सामाजिक और धार्मिक विभाजनों को कायम रखने के अलावा, यह वर्ग चेतना पर जोर देकर आसानी से वर्ग संघर्ष को तेज कर सकता है। यह योजना अहानिकर प्रतीत होती है लेकिन इसका असली चरित्र तब सामने आएगा जब हर वर्ग अपनी संख्या के अनुपात में प्रतिनिधित्व की माँग करेगा। जो भी हो, कार्यात्मक प्रतिनिधित्व हैदराबाद सुधार योजना की सबसे महत्त्वपूर्ण विशेषता नहीं है। इस योजना की सबसे महत्त्वपूर्ण विशेषता नई हैदराबाद विधानमंडल में हिंदुओं और मुसलमानों के बीच सीटों का प्रस्तावित विभाजन है। महामहिम निजाम द्वारा अनुमोदित योजना के तहत, सांप्रदायिक प्रतिनिधित्व को पूरी तरह से खत्म नहीं किया गया है। इसे कार्यात्मक प्रतिनिधित्व के साथ बरकरार रखा गया है। इसे संयुक्त निर्वाचन क्षेत्रों के माध्यम से संचालित करना है। लेकिन विधायिका सहित प्रत्येक[1] निर्वाचित निकाय में "दो बहुसंख्यक समुदायों" के लिए समान प्रतिनिधित्व होना चाहिए और कोई भी उम्मीदवार तब तक सफल नहीं हो सकता जब तक कि वह उनके समुदाय के सदस्यों द्वारा प्राप्त वोटों का 40 प्रतिशत हासिल न कर ले। हिंदुओं और मुसलमानों को उनकी संख्या[2] के बावजूद समान प्रतिनिधित्व का यह सिद्धांत न केवल प्रत्येक निर्वाचित निकाय पर लागू होता है, बल्कि यह निकाय के निर्वाचित और मनोनीत दोनों सदस्यों पर भी लागू होता है।

1. सुधार की योजना के तहत केंद्रीय विधानमंडल के अलावा अन्य लोकप्रिय निकायों जैसे पंचायत, ग्रामीण बोर्ड, नगर पालिकाओं और व्यापार समितियों का गठन किया जाना है।
2. हैदराबाद राज्य (बरार को छोड़कर) की जनसंख्या का वितरण 1931 की जनगणना के अनुसार इस प्रकार है:—

हिंदू	अछूत	मुसलमान	ईसाई	अन्य	कुल
96,99,615	24,73,230	15,34,666	1.51.382	5,77.255	1,44.36.148

समान प्रतिनिधित्व के इस सिद्धांत के समर्थन में कहा गया है कि–

"राज्य में मुस्लिम समुदाय का महत्त्व, उसकी ऐतिहासिक स्थिति और राजनीतिक निकाय में उसकी स्थिति के आधार पर, इतना स्पष्ट है कि इसे विधानसभा में अल्पसंख्यक की स्थिति तक कम नहीं किया जा सकता है।"

अभी हाल ही में प्रेस में श्री मीर अकबर अली खान नामक व्यक्ति द्वारा तैयार किए गए प्रस्ताव छपे[1] हैं जो स्वयं को ब्रिटिश भारत में हिंदू–मुस्लिम समस्या को सुलझाने के साधन के रूप में राष्ट्रवादी पार्टी का नेता बुला रहे है। वे इस प्रकार हैं–

(1) भारत का भावी संविधान देश की पर्याप्त सैन्य सुरक्षा की व्यापक नींव और लोगों को यथोचित सैन्य मानसिकता वाला बनाने पर आधारित होना चाहिए। हिंदुओं की सैन्य मानसिकता मुसलमानों जैसी ही होनी चाहिए।

(2) वर्तमान क्षण दोनों समुदायों को भारत की रक्षा की माँग करने का सर्वोच्च अवसर प्रदान करता है। भारतीय सेना में समान संख्या में हिंदू और मुस्लिम शामिल होने चाहिए और क्षेत्रीय आधार से अलग कोई भी सैन्य सामुदायिक दल नहीं होना चाहिए।

(3) प्रांतों और केंद्र में सरकारें पूरी तरह से राष्ट्रीय सरकारें होनी चाहिए जो उचित रूप से सैन्य दिमाग वाले लोगों से बनी हों। केंद्रीय तथा सभी प्रांतीय मंत्रिमंडलों में हिंदू और मुस्लिम मंत्रियों की संख्या बराबर होनी चाहिए; जहाँ भी आवश्यक हो, अन्य महत्त्वपूर्ण अल्पसंख्यकों को विशेष प्रतिनिधित्व दिया जा सकता है। यह योजना संयुक्त निर्वाचन क्षेत्रों के साथ सबसे अधिक संतोषजनक ढंग से कार्य करेगी, लेकिन

1. बॉम्बे सेंटिनल देखें, 22 जून, 1940। श्री मीर अकबर अली खान कहते हैं कि उन्होंने श्री श्रीनिवास अयंगर के साथ अपने प्रस्तावों पर चर्चा की, उदाहरण–कांग्रेस के पूर्व अध्यक्ष, और उनके द्वारा प्रकाशित प्रस्ताव वास्तव में श्री अयंगर द्वारा अनुमोदित प्रस्ताव हैं।

देश की वर्तमान स्थिति में पृथक् निर्वाचन क्षेत्रों को जारी रखा जा सकता है। हिंदू मंत्रियों को विधायिका के हिंदू सदस्यों द्वारा और मुस्लिम मंत्रियों को मुस्लिम सदस्यों द्वारा चुना जाना चाहिए।

(4) कैबिनेट को केवल पूरे मंत्रिमंडल के खिलाफ अविश्वास के एक व्यक्त वोट पर हटाया जा सकता है, जो पूरे सदन के 2/3 बहुमत से पारित होता है, जिसमें बहुमत हिंदुओं और मुसलमानों का अलग–अलग होना चाहिए।

(5) प्रत्येक समुदाय के धर्म, भाषा, लिपि और व्यक्तिगत कानून को सर्वोपरि संवैधानिक जांच द्वारा सुरक्षित किया जाना चाहिए, जिससे विधायिका में उस समुदाय का प्रतिनिधित्व करने वाले अधिकांश सदस्य इसे प्रभावित करने वाले किसी भी विधायी या अन्य उपाय पर वीटो लगा सकें। किसी भी समुदाय के आर्थिक कल्याण पर प्रतिकूल प्रभाव डालने के लिए डिजाइन किए गए या गणना किए गए किसी भी उपाय के खिलाफ एक समान वीटो प्रदान किया जाना चाहिए।

(6) प्रशासन और वितरण संरक्षण में न्याय के व्यावहारिक उपाय के रूप में सेवाओं में पर्याप्त सामुदायिक प्रतिनिधित्व पर सहमति होनी चाहिए।

यदि हैदराबाद राज्य में राष्ट्रवादी पार्टी के एक मुस्लिम नेता द्वारा रखे गए ये प्रस्ताव इस बात का संकेत हैं कि ब्रिटिश भारत में मुसलमानों का दिमाग किस दिशा में चल रहा है,फिर, मैंने अनुमान लगाया है कि क्या परिवर्तन होने की संभावना है–पाकिस्तान के मूल निवासी को अतिरिक्त सहायता मिलती है।

II

यह सच है कि अप्रैल 1940 के महीने में दिल्ली में "आजाद मुस्लिम कॉन्फ्रेंस" के नाम से मुसलमानों का एक सम्मेलन आयोजित किया गया था। आजाद सम्मेलन में जो मुसलमान मिले थे वे जो मुस्लिम लीग के

साथ–साथ राष्ट्रवादी मुसलमानों के भी विरोधी थे। सबसे पहले वे मुस्लिम लीग के विरोधी थे पाकिस्तान से उनकी शत्रुता के कारण और दूसरे, क्योंकि वे अपने अधिकारों की सुरक्षा के लिए ब्रिटिश सरकार पर निर्भर नहीं रहना चाहते थे।[1] वे राष्ट्रवादी मुसलमानों (अर्थात् बाहर और बाहर के कांग्रेसी) के भी विरोधी थे क्योंकि उन पर मुसलमानों के सांस्कृतिक और धार्मिक अधिकारों के प्रति उदासीनता का आरोप लगाया गया था।[2]

इन सबके साथ, आजाद मुस्लिम सम्मेलन को हिंदुओं द्वारा मित्रों के सम्मेलन के रूप में स्वागत किया गया। लेकिन सम्मेलन द्वारा पारित प्रस्तावों में इसके और लीग के बीच चयन करने के लिए बहुत कम विकल्प बचता है। आजाद मुस्लिम कॉन्फ्रेंस द्वारा पारित प्रस्तावों में से निम्नलिखित तीन सीधे संबंधित मुद्दे पर आधारित हैं–

इनमें से पहला इस प्रकार चलता है–

"यह सम्मेलन, देश की पूर्ण स्वतंत्रता को सुरक्षित करने की इच्छा रखने वाले भारतीय मुसलमानों का प्रतिनिधित्व करता है, जिसमें हर प्रांत के नुमाइंदा और प्रतिनिधि शामिल हैं। संपूर्ण देश निम्नलिखित घोषणा करता है–

"भारत की व्यक्तिगत भौगोलिक और राजनीतिक सीमाएं होंगी और इस तरह यह जाति या धर्म के बावजूद सभी नागरिकों की साझी मातृभूमि है, जो इसके संसाधनों के संयुक्त मालिक हैं। देश के कोने–

---

1. सम्मेलन के एक प्रमुख सदस्य मुफ्ती किफायत उल्लाह ने अपने भाषण के दौरान कहा था: "उन्हें यह प्रदर्शित करना था कि वे आजादी की लड़ाई में किसी भी अन्य समुदाय से पीछे नहीं हैं। वह स्पष्ट शब्दों में घोषणा करना चाहते थे कि वे अपने अधिकारों की सुरक्षा के लिए अंग्रेजी सरकार पर निर्भर नहीं थे। वे अपने धार्मिक अधिकारों की सुरक्षा के लिए आवश्यक सुरक्षा उपायों की रूपरेखा स्वयं तैयार करेंगे और किसी भी पार्टी से लड़ेंगे, चाहे वह कितनी भी शक्तिशाली क्यों न हो, जो सुरक्षा उपाय स्वीकार करने से इनकार करेगी ,क्योंकि वे आजादी के लिए सरकार से लड़ेंगे "(लम्बी जयकार)" (हिंदुस्तान टाइम्स, 30 अप्रैल, 1940)
2. इसमें मौलाना हफीजुल रहमान और डॉ. के. एम. अशरफ के भाषण के इसी अंक हिंदुस्तान टाइम्स में देखें।

कोने में मुसलमानों के घर हैं। अपने धर्म और संस्कृति की ऐतिहासिक प्रतिष्ठा को संजोए जो उन्हें अपने जीवन से भी अधिक प्रिय है।

राष्ट्रीय दृष्टि से प्रत्येक मुसलमान भारतीय है। देश के सभी निवासियों के सामान्य अधिकार और उनकी जिम्मेदारियाँ, जीवन के हर क्षेत्र में और मानव गतिविधि के हर क्षेत्र में समान हैं। इन अधिकारों और जिम्मेदारियों के आधार पर, भारतीय मुस्लिम निर्विवाद रूप से एक भारतीय नागरिक है और देश के हर हिस्से में सरकारी, आर्थिक और अन्य राष्ट्रीय गतिविधियों और सार्वजनिक सेवाओं के हर क्षेत्र में प्रत्येक भारतीय नागरिक के समान विशेषाधिकारों का हकदार है। इसी कारण से देश की आजादी हासिल करने के लिए प्रयास करने और बलिदान देने में मुसलमानों की अन्य भारतीयों के समान ही जिम्मेदारियां हैं। यह एक स्व–स्पष्ट प्रस्ताव है, जिसकी सच्चाई पर कोई भी सही सोच वाला मुसलमान सवाल नहीं उठाएगा। यह सम्मेलन स्पष्ट रूप से और अपने पूरे जोर के साथ घोषणा करता है कि भारतीय मुसलमानों का लक्ष्य अपने धर्म और सांप्रदायिक अधिकारों की सुरक्षा के साथ–साथ पूर्ण स्वतंत्रता है, और वे इस लक्ष्य को जल्द से जल्द प्राप्त करने के लिए उत्सुक हैं। इस उद्देश्य से प्रेरित होकर उन्होंने अतीत में भी बड़े–बड़े बलिदान दिए हैं और वे इससे भी बड़े बलिदान देने के लिये सदैव तत्पर रहते हैं।

सम्मेलन ब्रिटिश साम्राज्यवाद के घटक और अन्य लोगों द्वारा भारतीय मुसलमानों के खिलाफ लगाए गए निराधार आरोप को दृढ़ता से खारिज करता है कि वे भारतीय स्वतंत्रता के मार्ग में बाधा हैं और जोरदार घोषणा करता है कि मुसलमान अपनी जिम्मेदारियों के प्रति पूरी तरह से जागरूक हैं और इसे असंगत मानते हैं। स्वतंत्रता संग्राम में दूसरों से पीछे रहना उनकी परंपराओं और उनके सम्मान के लिए अपमानजनक है।"

इस प्रस्ताव के द्वारा उन्होंने पाकिस्तान की योजना को अस्वीकार कर दिया।उनका दूसरा प्रस्ताव निम्नलिखित शब्दों में था–

इस सम्मेलन का यही सुविचारित दृष्टिकोण है कि भारत की भावी सरकार के लिए संविधान भारत के लोगों को स्वीकार्य होगा, जिसे वयस्क मताधिकार के माध्यम से चुने गए भारतीयों द्वारा स्वयं बनाया जाएगा। संविधान सभा के मुस्लिम सदस्यों की सिफारिशों के अनुसार संविधान को मुसलमानों के सभी वैध हितों की पूरी तरह से रक्षा करनी चाहिए। अन्य समुदायों या किसी बाहरी शक्ति के प्रतिनिधियों को इन सुरक्षा उपायों के निर्धारण में हस्तक्षेप करने का कोई अधिकार नहीं होगा।

इस प्रस्ताव के द्वारा सम्मेलन ने इस बात पर जोर दिया कि मुसलमानों की सुरक्षा केवल मुसलमानों द्वारा ही निर्धारित की जानी चाहिए।

उनका तीसरा संकल्प इस प्रकार था–

"जबकि भारत के भविष्य के संविधान में सरकार की स्थिरता और सुरक्षा के संरक्षण को सुनिश्चित करने के लिए यह आवश्यक होगा कि प्रत्येक नागरिक और समुदाय को संतुष्ट महसूस करना चाहिए, यह सम्मेलन इसे आवश्यक मानता है कि एक योजना बनाई जाए।

जबकि भारत के भावी संविधान में यह आवश्यक होगा, सरकार की स्थिरता और सुरक्षा के संरक्षण को सुनिश्चित करने के लिए, प्रत्येक नागरिक और समुदाय को संतुष्टि महसूस हो, इसके लिए यह सम्मेलन यह आवश्यक मानता है कि मुसलमानों की संतुष्टि के लिए नीचे उल्लिखित महत्त्वपूर्ण मामलों के संबंध में सुरक्षा उपायों की एक योजना तैयार की जानी चाहिए।

"यह सम्मेलन 27 व्यक्तियों से युक्त एक समिति नियुक्त करता है। यह समिति, पूरी जांच, परामर्श और विचार–विमर्श के बाद, इस सम्मेलन के अगले सत्र में प्रस्तुत करने के लिए अपनी अनुशंसा करेगा, ताकि सम्मेलन अनुशंसा को एक साधन के रूप में उपयोग कर सके। सांप्रदायिक प्रश्न का स्थायी राष्ट्रीय समाधान सुनिश्चित करने के लिए यह अनुशंसा दो महीने के भीतर प्रस्तुत की जानी चाहिए।'' बोर्ड को भेजे गए मामले निम्नलिखित हैं–

1. मुस्लिम संस्कृति, व्यक्तिगत कानून की सुरक्षा उसका धार्मिक अधिकार।
2. मुसलमानों के राजनीतिक अधिकार और उनकी सुरक्षा।
3. भारत के भावी संविधान का निर्माण गैर–एकात्मक और संघीय होगा, जिसमें संघीय सरकार के लिए बिल्कुल आवश्यक और अपरिहार्य शक्तियां होंगी।
4. मुसलमानों के आर्थिक, सामाजिक और सांस्कृतिक अधिकारों और सार्वजनिक सेवाओं में उनकी हिस्सेदारी के लिए सुरक्षा उपायों का प्रावधान होना चाहिए।

"समिति को किसी भी रिक्ति को उपयुक्त तरीके से भरने का अधिकार होगा। समिति को अन्य सदस्यों को शामिल करने का अधिकार होगा। इसे अन्य मुस्लिम निकायों और यदि आवश्यक समझे तो देश के किसी भी जिम्मेदार संगठन से परामर्श करने का भी अधिकार होगा। समिति के 27 सदस्यों को राष्ट्रपति द्वारा नामित किया जाएगा।

"बैठक के लिए कार्यसाधक संख्या नौ होगी।"

"चूंकि विभिन्न समुदायों के सांप्रदायिक अधिकारों की सुरक्षा इस सम्मेलन द्वारा पारित प्रस्ताव में निर्दिष्ट संविधान सभा में निर्धारित की जाएगी, इसलिए यह सम्मेलन यह घोषणा करना आवश्यक समझता है कि इस संविधान सभा के मुस्लिम सदस्यों का चुनाव स्वयं मुसलमानों द्वारा किया जाएगा।"

हमें यह जानने के लिए इस समिति की रिपोर्ट[1] का इंतजार करना चाहिए कि आजाद मुस्लिम कॉन्फ्रेंस मुसलमानों की सुरक्षा के लिए क्या उपाय करेगी। लेकिन यह आशा करने का कोई कारण नहीं दिखता कि वे पाकिस्तान के लिए संभावित विकल्प के रूप में मेरे अनुमान के पक्ष में नहीं होंगे। इस बात को नजरअंदाज नहीं किया जा सकता कि आजाद मुस्लिम कॉन्फ्रेंस मुसलमानों की एक संस्था थी जो न केवल मुस्लिम लीग के विरोधी थे बल्कि राष्ट्रवादी मुसलमानों के समान रूप

1. यह रिपोर्ट अभी तक सामने नहीं आई है ।

से भी विरोधी थे। इसलिए, इस बात पर भरोसा करने का कोई आधार नहीं है कि वे हिंदुओं के प्रति अधिक दयालु होंगे लीग की तुलना में कभी थे या होंगे।

मान लीजिए कि मेरा अनुमान सही निकला, तो यह जानना दिलचस्प होगा कि हिंदुओं को जवाब में क्या कहना होगा। क्या उन्हें पाकिस्तान के बदले ऐसा कोई विकल्प पसंद करना चाहिए? या क्या उन्हें ऐसे विकल्प के बजाय पाकिस्तान को प्राथमिकता देनी चाहिए? ये ऐसे प्रश्न हैं जिनका उत्तर मुझे हिंदुओं और उनके नेताओं पर छोड़ना होगा। इस संबंध में मैं केवल इतना ही कहना चाहूँगा कि हिंदुओं को इस प्रश्न पर अपना दृष्टिकोण निर्धारित करने से पहले कुछ महत्त्वपूर्ण बातों पर ध्यान देना चाहिए। विशेष रूप से उन्हें ध्यान देना चाहिए कि मैच राजनीति और ग्रेवामिन[1] राजनीति के बीच अंतर है;[2] कि कम्यूनियस और कम्यूनिटेन्म राष्ट्रों के बीच अंतर है कि कमजोरों की आशंकाओं को दूर करने के लिए सुरक्षा उपायों और ताकतवर की सत्ता की महत्त्वाकांक्षा को संतुष्ट करने के उपायों के बीच अंतर है सुरक्षा प्रदान करने और देश को सौंपने के बीच अंतर है। इसके अलावा, उन्हें यह भी ध्यान रखना चाहिए कि ग्रेवामिन पॉलिटिक को सुरक्षा के साथ जो स्वीकार किया जा सकता है, उसे मैच पॉलिटिक को स्वीकार नहीं किया जा सकता है और जो कमजोर लोगों के लिए सुरक्षा के लिए स्वीकार किया जा सकता है, जिसे रक्षा के हथियार के रूप में इस्तेमाल किया जा सकता है, वह ताकतवर के लिए स्वीकार नहीं किया जा सकता है, जो इसे हमले के हथियार के रूप में उपयोग कर सकता है।

ये महत्त्वपूर्ण विचार हैं और, यदि हिंदू इन्हें नजरअंदाज करते हैं, तो वे ऐसा अपने जोखिम पर करेंगे। क्योंकि मुस्लिम विकल्प वास्तव में एक भयावह और खतरनाक विकल्प है।

---

1. 'मैच पॉलिटिक का मतलब है पावर पॉलिटिक्स ।
2. 'ग्रेवामिन पोलिटिक का मतलब है जिसमें मुख्य रणनीति शिकायतों का निर्माण करके सत्ता हासिल करना है।

अध्याय–9

विदेश से सबक

जो हिंदू भारत को पाकिस्तान और हिंदुस्तान में विभाजित करने की मुसलमानों की माँग के आगे नहीं झुकेंगे और कीमत की परवाह किए बिना भारत की भौगोलिक एकता बनाए रखने पर जोर देंगे, उनके लिए अन्य देशों के साथ हुए भाग्य का अध्ययन करना अच्छा होगा, जैसे कि भारत ने अनेक राष्ट्रों को शरण दिया और उनमें सामंजस्य स्थापित करने का प्रयास किया।

ऐसे सभी देशों के इतिहास की समीक्षा करना आवश्यक नहीं है। यहाँ दो, तुर्की और चेकोस्लोवाकिया की कहानी बताना काफी है।

I

शुरुआत तुर्की से इतिहास में तुर्कों का उद्‌भव इस तथ्य के कारण हुआ कि उन्हें 1230–40 ई. के बीच मध्य एशिया में उनके घर से मंगोलों ने भगा दिया था, जिसके कारण वे उत्तर–पश्चिम अनातोलिया में बस गए। तुर्की साम्राज्य के निर्माता के रूप में उनका करियर 1326 में ब्रुसा की विजय के साथ शुरू हुआ। 1360–61 में, उन्होंने एजियन से काला सागर तक थ्रेस पर विजय प्राप्त की 1361–62 में, कॉन्स्टेंटिनोपल की बीजान्टिन सरकार ने उनकी सर्वोच्चता स्वीकार कर ली। 1369 में बुल्गारिया ने भी इसका अनुसरण किया। 1371–72 में मैसेडोनिया पर कब्जा कर लिया गया। 1373 में कॉन्स्टेंटिनोपल ने निश्चित रूप से

ओटोमन संप्रभुता को स्वीकार कर लिया। 1389 में सर्विया पर विजय प्राप्त की गई, 1430 में सैलोनिका पर, 1453 में कॉन्स्टेंटिनोपल पर, 1461 में ट्रेबिजोंड पर, 1465 में कुरमान पर, और 1475 में काफा और ताना पर कब्जा कर लिया गया। थोड़े समय की शांति के बाद, उन्होंने 1514 में मोसुल, 1516–17 में सीरिया, मिस्र, हियाज और यमन तथा 1521 में बेलग्रेड पर विजय प्राप्त की। इसके बाद 1526 में मोहाकज में हंगरी पर विजय प्राप्त की। 1554 में बगदाद की पहली विजय हुई और 1639 में बगदाद की दूसरी विजय हुई। उन्होंने अपनी विजय को आगे बढ़ाने के उद्देश्य से दो बार वियना की घेराबंदी की, पहली बार 1529 में और फिर 1683 में। लेकिन दोनों ही मौकों पर उन्हें इस परिणाम के साथ निराश होना पड़ा कि यूरोप में उनका विस्तार हमेशा के लिए पूरी तरह से रुक गया। फिर भी उन्होंने देश को 1326 और 1683 के बीच विजय प्राप्त कर एक विशाल साम्राज्य स्थापित किया। इनमें से कुछ क्षेत्र तुर्कों ने उसके बाद अपने शत्रुओं से खो दिए थे, लेकिन 1789 में फ्रांसीसी क्रांति की पूर्व संध्या पर तुर्की साम्राज्य की सीमा को ध्यान में रखते हुए, इसमें (1) डेन्यूब के दक्षिण में बाल्कन (2) एशिया माइनर, लेवंत और पड़ोसी द्वीप (यानी, साइप्रस) (3) सीरिया और फिलिस्तीन (4) मिस्र, और (5) मिस्र से मोरक्को तक उत्तरी अफ्रीका।

तुर्की साम्राज्य के विघटन की कहानी आसानी से बताई जा सकती है। अलग होने वाले पहले व्यक्ति वास्तव में, यदि कानूनी रूप से नहीं,1769 में मिस्र था इसके बाद बाल्कन में ईसाई थे। 1812 में तुर्की के साथ युद्ध के बाद बेसराबिया पर रूस ने कब्जा कर लिया। 1812 में सर्बिया ने रूस की सहायता से विद्रोह कर दिया और तुर्कों को सर्बिया को एक अलग सरकार के अधीन करने के लिए बाध्य होना पड़ा। 1829 में दो अन्य डेन्यूबियन प्रांतों, मोलदाविया और वैलाचिया को भी इसी तरह की रियायतें दी गई। 1822–29 के बीच चले यूनानी स्वतंत्रता संग्राम के परिणामस्वरूप, ग्रीस पूरी तरह से तुर्की शासन से मुक्त हो गया और 1832 में ग्रीक स्वतंत्रता को शक्तियों द्वारा मान्यता दी गई। 1875–77 के बीच बाल्कन के बीच उथल–पुथल मची रही।

बोस्निया और हर्जेगोविना में विद्रोह हुआ और बुल्गारियाई लोगों ने तुर्कों के खिलाफ अत्याचार किए, जिसका जवाब तुर्कों ने बराबर मात्रा में अत्याचारों से दिया। परिणामस्वरूप, सर्बिया और मोंटेनेग्रो ने तुर्की पर युद्ध की घोषणा की और रूस ने भी ऐसा ही किया। बर्लिन की संधि के द्वारा, बुल्गारिया को तुर्की के अधीन स्वशासन दिया गया और पूर्वी रूमानिया पर एक ईसाई गवर्नर के अधीन तुर्की का शासन होना था। रूस ने कार्प्स और बटौम पर कब्जा कर लिया। डोबरुद्जा को रूमानिया को दे दिया गया। बोस्निया और हर्जेगोविना को प्रशासन के लिए ऑस्ट्रिया को सौंपा गया और इंग्लैंड ने साइप्रस पर कब्जा कर लिया। 1881 में ग्रीस ने थिसली पर कब्जा कर लिया और फ्रांस ने ट्यूनिस पर कब्जा कर लिया। 1885 में बुल्गारिया और पूर्वी रूमानिया को एक राज्य में मिला दिया गया।

1906 तक तुर्की साम्राज्य के विकास और पतन की कहानी को श्री लेन पूले ने निम्नलिखित शब्दों में बहुत ही सजीव रूप से वर्णित किया है–[1]

"अपनी पुरानी सीमा में, जब पोर्टे ने न केवल यूरोप में अब तुर्की कहे जाने वाले संकीर्ण क्षेत्र पर शासन किया, बल्कि ग्रीस, बुल्गारिया और पूर्वी रूमानिया, रूमानिया, सर्बिया, बोस्निया और हर्जेगोविना, क्रीमिया और दक्षिणी रूस, मिस्र, सीरिया, त्रिपोली, ट्यूनिस, अल्जीयर्स और भूमध्य सागर में कई द्वीप, अरब के विशाल लेकिन मुख्य रूप से रेगिस्तानी इलाके को छोड़कर, कुल जनसंख्या (वर्तमान समय में) पचास मिलियन से अधिक होगी, या रूस के बिना यूरोप की लगभग दोगुनी होगी। एक–एक करके उसके प्रांत छीन लिये गये। अल्जीयर्स और ट्यूनिस को फ्रांस में शामिल कर लिया गया है, और इस प्रकार 175,000 वर्ग मील और 5,00,000 निवासियों ने अपनी निष्ठा स्थानांतरित कर दी है। मिस्र व्यावहारिक रूप से स्वतंत्र है, और इसका मतलब है 500,000 मील और 6,00,000 से अधिक निवासियों का नुकसान। अकेले एशियाई तुर्की को

1. तुर्की, पृ. 363–64.

अपेक्षाकृत कम गिरावट का सामना करना पड़ा है। यह उसके वर्तमान प्रभुत्व का बड़ा हिस्सा है, और इसमें लगभग 6,80,000 वर्ग मील और 16,00,000 से अधिक आबादी शामिल है। यूरोप में उसकी हार लगभग उतनी ही गंभीर रही है जितनी अफ्रीका में, जहाँ केवल त्रिपोली ही उसके लिए बची हुई है। सर्बिया और बोस्निया ऑस्ट्रिया द्वारा प्रशासित हैं और इस प्रकार लगभग 40,000 मील और 3,50,000 लोग ऑस्ट्रिया के अधीन हो गए हैं। वैलाचिया और मोलदाविया रुमानिया के स्वतंत्र राज्य में एकजुट हो गए हैं, जिससे तुर्की की सीमा 46,000 मील और 5,00,000 से अधिक निवासियों तक कम हो गई है। बुल्गारिया एक आश्रित राज्य है जिस पर पोर्टे का कोई वास्तविक नियंत्रण नहीं है और पूर्वी रोमानिया हाल ही में वास्तव में बुल्गारिया का हिस्सा बन गया है और दोनों में लगभग 40,000 वर्ग मील और 3,00,000 निवासी हैं। 25,000 मील और 20,00,000 जनसंख्या वाला ग्रीस राज्य बहुत पहले ही अपने मूल से अलग हो चुका है। यूरोप में जहाँ तुर्की का क्षेत्र कभी 230,000 मील तक फैला हुआ था, लगभग 20 करोड़ की आबादी के साथ, अब यह कुल 66,000 मील और 4,50,000 की आबादी तक ही पहुँचता है, इसने अपने भूभाग का लगभग तीन–चौथाई हिस्सा खो दिया है, और इसके लोगों का लगभग समान अनुपात भी।

1907 में तुर्की की ऐसी ही हालत थी। उसके बाद से जो कुछ हुआ, वह दुर्भाग्य से उसकी कहानी का सबसे खराब हिस्सा है। 1908 में यंग तुर्कों द्वारा लाई गई क्रांति का लाभ उठाते हुए, ऑस्ट्रिया ने बोस्निया और हर्जेगोविना पर कब्जा कर लिया और बुल्गारिया ने अपनी स्वतंत्रता की घोषणा की। 1911 में इटली ने त्रिपोली पर कब्जा कर लिया और 1912 में फ्रांस ने मोरक्को पर कब्जा कर लिया। 1912 में इटली के सफल हमले से प्रोत्साहित होकर, बुल्गारिया, ग्रीस, सर्बिया और मोंटेनेग्रो ने खुद को बाल्कन लीग में बनाया और तुर्की पर युद्ध की घोषणा की। प्रथम बाल्कन युद्ध के नाम से प्रसिद्ध इस युद्ध में तुर्की की पूर्ण पराजय

हुई। लंदन की संधि (1913) के द्वारा यूरोप में तुर्की का क्षेत्र कॉन्स्टेंटिनोपल के चारों ओर एक संकीर्ण पट्टी में सिमट गया। लेकिन संधि प्रभावी नहीं हो सकी क्योंकि विजेता जीत की लूट के वितरण पर सहमत नहीं हो सके। 1913 में बुल्गारिया ने बाल्कन लीग के बाकी हिस्सों पर युद्ध की घोषणा की और रोमानिया ने बुल्गारिया पर युद्ध की घोषणा अपने क्षेत्र का विस्तार करने की आशा में की। तुर्की ने भी ऐसा ही किया। बुखारेस्ट की संधि (1913) के द्वारा, जिसने दूसरे बाल्कन युद्ध को समाप्त कर दिया, तुर्की ने एड्रियानोपल को पुनः प्राप्त कर लिया और बुल्गारिया से थ्रेस को प्राप्त कर लिया। सर्बिया ने उत्तरी मैसेडोनिया प्राप्त किया और ग्रीस ने दक्षिणी मैसेडोनिया (सैलोनिका सहित) प्राप्त किया, जबकि मोंटेनेग्रो ने तुर्की की कीमत पर अपने क्षेत्र का विस्तार किया। 1914 तक जब महान यूरोपीय युद्ध शुरू हुआ, बाल्कन ने तुर्की से अपनी स्वतंत्रता हासिल कर ली थी और यूरोप में जो क्षेत्र तुर्की साम्राज्य के अधीन रहा वह वास्तव में कॉन्स्टेंटिनोपल और एशिया में उसकी संपत्ति के आसपास एक बहुत छोटा क्षेत्र था। जहाँ तक अफ्रीकी महाद्वीप का सवाल है, मिस्र और उत्तरी अफ्रीका के बाकी हिस्सों पर सुल्तान की शक्ति केवल नाममात्र थी क्योंकि यूरोपीय शक्तियों ने वहां वास्तविक नियंत्रण स्थापित कर लिया था। 1914 के महान युद्ध में तुर्की का तख्ता पलट हो गया। भूमध्य सागर से लेकर फारस की खाड़ी तक के सभी प्रांतों पर कब्जा कर लिया गया और बगदाद, जेरूसलम, दमिश्क और अल्लेप्पो के महान शहरों पर कब्जा कर लिया गया। यूरोप में मित्र सेनाओं ने कांस्टेंटिनोपल पर कब्जा कर लिया। सेवर्स की संधि, जिसने तुर्की के साथ युद्ध को समाप्त कर दिया, ने उसे उसके सभी बाहरी प्रांतों और यहाँ तक कि एशिया माइनर के उपजाऊ मैदानों से वंचित करने की माँग की। मैसेडोनिया, थ्रेस और एशिया माइनर में तुर्की की कीमत पर क्षेत्र के लिए ग्रीक दावे को उदारतापूर्वक अनुमति दी गई थी और इटली को दक्षिण में अदालिया और एक बड़ा भूभाग प्राप्त करना था। तुर्की को एशिया, इराक, सीरिया, फिलिस्तीन, हेडजाज और नेजद में उसके सभी अरब प्रांतों से वंचित किया जाना था। तुर्की

के पास केवल राजधानी, कॉन्स्टेंटिनोपल बची थी, और अनातोलिया के बंजर पठार का एक हिस्सा, जलडमरूमध्य के तटस्थ क्षेत्र द्वारा इस शहर से अलग कर दिया गया था। हालांकि संधि को सुल्तान ने स्वीकार कर लिया था, लेकिन कमाल पाशा के नेतृत्व में राष्ट्रवादी पार्टी ने उस पर जमकर हमला किया। जब यूनानी अपने नए क्षेत्र पर कब्जा करने के लिए आगे बढ़े, तो उन पर हमला किया गया और निर्णायक रूप से पीटा गया। ग्रीस के साथ 1920 से 1922 तक चले युद्ध के अंत में तुर्कों ने स्मिर्ना पर पुनः कब्जा कर लिया था। चूंकि सहयोगी यूनानियों की मदद के लिए सेना भेजने के लिए तैयार नहीं थे, इसलिए उन्हें राष्ट्रवादी तुर्कों के साथ समझौता करने के लिए मजबूर होना पड़ा। मुडियानिया के सम्मेलन में यूनानी संधि की शर्तों को संशोधित करने पर सहमत हुए सेवर्स का, जो 1923 में लॉजेन की संधि द्वारा किया गया था जिसने पश्चिमी थ्रेस देशों को छोड़कर तुर्की की सभी माँगें मान लीं। सेवर्स की संधि को तुर्कों द्वारा स्वीकार कर लिया गया। जिसका मतलब एशिया में उसके अरब प्रांतों का नुकसान था। 1914 के युद्ध से पहले तुर्की ने यूरोप में अपने सभी प्रांत खो दिये थे। युद्ध के बाद, उसने एशिया में अपने प्रांत खो दिए। पुराने तुर्की साम्राज्य के विखंडन के परिणामस्वरूप, अब जो कुछ बचा है वह तुर्की गणराज्य नामक छोटा राज्य है, जिसका क्षेत्रफल पुराने साम्राज्य का एक छोटा सा हिस्सा है।[1]

II

चेकोस्लोवाकिया का मामला ले लीजिए। यह ट्रायोन की संधि का निर्माण है जो 1914 के यूरोपीय युद्ध के बाद हुई थी। ट्रायोन की संधि की तुलना में कोई भी शांति संधि अपनी शर्तों में अधिक कठोर नहीं थी। प्रोफेसर मेकार्टनी कहते हैं, इससे हंगरी उतना विकृत नहीं हुआ जितना

1. जिसका संरक्षित राज्य एक अपरिहार्य परिणाम था, ग्रेट ब्रिटेन तुर्की का क्षेत्रफल 294,492 वर्ग मील है जिसमें 3,708 वर्ग मील झीलें और दलदल शामिल नहीं हैं। यूरोप में तुर्की का क्षेत्रफल मात्र 9.257 वर्ग मील है।

खंडित हो गया। भले ही हम क्रोएशिया, स्लावोनिया को छोड़ दें, जो पवित्र मुकुट की अन्य भूमि के साथ केवल एक संघीय संबंध में खड़ा था – हालांकि 800 वर्षों में से एक स्थायी–हंगरी उसके युद्ध–पूर्व क्षेत्र के एक–तिहाई (32.6 प्रतिशत) से भी कम और उसकी जनसंख्या के दो–पाँचवें (41.6 प्रतिशत) से कुछ अधिक तक कम हो गई थी। पूर्व हंगरी के क्षेत्रों और लोगों को कम नहीं के बीच वितरित किया गया था सात राज्यों से अधिक। इन राज्यों में से एक राज्य ऐसा था जो पहले अस्तित्त्व में नहीं था। यह एक नई रचना थी। वह राज्य था चेकोस्लोवाकिया।

चेकोस्लोवाकिया गणराज्य का क्षेत्रफल 54,244 वर्ग मील था और जनसंख्या लगभग 13,613,172 थी। इसमें वे क्षेत्र शामिल थे जिन्हें पहले बोहेमिया, मोराविया, स्लोवाकिया और रूथेनिया के नाम से जाना जाता था। यह एक मिश्रित राज्य था जिसमें तीन प्रमुख राष्ट्रीयताएं शामिल थीं, (i) बोहेमिया और मोराविया पर कब्जा करने वाले चेक, (ii) स्लोवाकिया पर कब्जा करने वाले, स्लोवाक और (iii) रूथेनिया पर कब्जा करने वाले रूथेनियन।

चेकोस्लोवाकिया एक बहुत ही अल्पकालिक राज्य साबित हुआ। यह ठीक दो दशकों तक जीवित रहा। 15 मार्च 1939 को यह एक स्वतंत्र राज्य के रूप में नष्ट हो गया। यह जर्मनी का संरक्षित राज्य बन गया। इसकी समाप्ति से जुड़ी परिस्थितियां बहुत ही चकित करने वाली प्रकृति की थीं। उसकी मृत्यु उन्हीं शक्तियों के कारण हुई, जिन्होंने उसे जन्म दिया था। 30 सितंबर 1938 को म्यूनिख संधि पर हस्ताक्षर करके–

महान युद्ध के उनके पूर्व शत्रु,चेकोस्लोवाकिया को जीतने के लिए उनके पूर्व सहयोगी फ्रांस और इटली ने जर्मनी की सहायता की। आजादी हासिल करने के लिए पिछली सदी के चेकों के सारे प्रयास नष्ट हो गए। वे एक बार फिर अपने पूर्व जर्मन अधिपतियों के गुलाम बनने वाले थे।

III

तुर्की के विघटन के क्या कारण हैं?

लॉर्ड एवरस्ले ने अपने तुर्की साम्राज्य'[1] में तुर्की के पतन के कुछ आंतरिक, कुछ बाहरी कारण बताने का प्रयास किया है। आंतरिक कारणों में दो थे। सबसे पहले ओटोमन राजवंश का पतन। सर्वोच्च शक्ति या तो सुल्तानों के वजीरों के हाथों में आ गई या अधिकतर सुल्तान के हरम की महिलाओं के हाथों में आ गई। हरम हमेशा पोर्टे के आधिकारिक प्रशासन के विरोध में था, जो स्पष्ट रूप से सुल्तान के निर्देशन में राज्य का प्रशासन चलाता था। उच्चतम से निम्नतम तक हर पदवी के अधिकारी, सभी कार्यालयों, नागरिक और सैन्य, को उच्चतम बोली लगाने वालों को बेचने में रुचि रखते थे। अपनी वस्तु सुरक्षित करने के लिए, उन्होंने हरम के कैदियों को रिश्वत देना उचित समझा और इस तरह सुल्तानों की सहमति प्राप्त की। इस प्रकार हरम वह केंद्र बन गया जहाँ से पूरे तुर्की साम्राज्य में भ्रष्टाचार फैला और जो इसके पतन के मुख्य कारणों में से एक था। तुर्की साम्राज्य के पतन का दूसरा मुख्य कारण दो कारणों से उसकी सेनाओं का पतन था। पिछले 300 वर्षों के दौरान सेना ने वह उत्साह और साहस खो दिया था जिसके द्वारा ओटोमन्स ने अपने कॅरियर के शुरुआती दौर में कई जीत हासिल की थीं। तुर्की सेना द्वारा इस उत्साह और साहस की हानि सेना की संरचना के कारण हुई, जिसमें भर्ती तुर्क और अरबों तक ही सीमित थी, और लूट के अवसरों में कमी और सैनिकों के बीच वितरण के लिए भूमि प्राप्त करने की आशा भी थी। बाद के दौर में जीत और वीरता के प्रोत्साहन के रूप में जब साम्राज्य रक्षात्मक था और जब अब नई विजय करने का सवाल नहीं था, बल्कि जो पहले ही जीता जा चुका था उसे बरकरार रखने का सवाल था।

तुर्की के विघटन के बाहरी कारणों में प्रमुख कारण यूरोपीय देशों की उत्पीड़कता को माना जाता है।

---

1. शेख अब्दुर रशीद द्वारा संक्षिप्त विवरण देखें।

यह दृष्टिकोण वास्तविक कारण पर ध्यान देना छोड़ देता है। तुर्की के विघटन का सच्चा और मुख्य कारण उसकी प्रजा के बीच राष्ट्रवाद की भावना का बढ़ना था। यूनानी विद्रोह, तुर्की सत्ता के खिलाफ सर्ब, बुल्गारियाई और अन्य बाल्कन के विद्रोह को निस्संदेह ईसाई धर्म और इस्लाम के बीच संघर्ष के रूप में दर्शाया गया था। यह इसे देखने का एक तरीका है, लेकिन केवल सतही तरीका है। ये विद्रोह केवल राष्ट्रवाद की भावना की अभिव्यक्तियां थीं जिससे वे उत्पन्न हुए थे। निःसंदेह इन विद्रोहों का तात्कालिक कारण तुर्की का कुशासन, इस्लाम के प्रति ईसाइयों का विरोध और यूरोपीय राष्ट्रों की साजिशें थीं। लेकिन यह उस वास्तविक शक्ति की व्याख्या नहीं करता जिसने उन्हें प्रेरित किया। वास्तविक प्रेरणा शक्ति राष्ट्रवाद की भावना थी और उनके विद्रोह केवल इसके द्वारा उत्पन्न आंतरिक आग्रह की अभिव्यक्ति थे। यह राष्ट्रवाद ही था जिसने तुर्की में विघटन ला दिया था, यह पिछले युद्ध में अरबों के विद्रोह और उनके स्वतंत्र होने से सिद्ध होता है। यहाँ इस्लाम और ईसाईयत के बीच कोई संघर्ष नहीं था, न ही दोनों के बीच उत्पीड़क और उत्पीड़ित का रिश्ता था। फिर भी, अरब ने तुर्की साम्राज्य से मुक्त होने का दावा किया। क्यों? क्योंकि वह अरब राष्ट्रवाद से प्रेरित थे और उन्होंने तुर्की की प्रजा होने के बजाय अरब राष्ट्रवादी बनना पसंद किया।

चेकोस्लोवाकिया के विनाश का कारण क्या है?

आम धारणा यह है कि यह जर्मन अतिक्रमण का परिणाम था। कुछ हद तक यह सच है। लेकिन ये पूरा सच नहीं है। यदि जर्मनी चेकोस्लोवाकिया का एकमात्र दुश्मन होता, तो उसने जो कुछ खोया होता, वह उसकी सीमा का किनारा था, जो सुडेटन जर्मनों द्वारा बसा हुआ था। जर्मन आक्रामकता से उसे कुछ भी अधिक नहीं चुकाना पड़ा। वास्तव में चेकोस्लोवाकिया का विनाश उसकी ही सीमा के भीतर एक दुश्मन द्वारा किया गया था। वह शत्रु स्लोवाकियों का अड़ियल राष्ट्रवाद था जो राज्य की एकता को तोड़ने और स्लोवाकिया की स्वतंत्रता को सुरक्षित करने के लिए निकले थे।

एक ही राज्य की इकाइयों के रूप में चेक के साथ स्लोवाकियों का मिलन, कुछ मान्यताओं पर आधारित था। सबसे पहले, ऐसा माना जाता था कि दोनों एक ही व्यक्ति के समान थे, और स्लोवाक केवल चेकोस्लोवाक की एक शाखा थे। दूसरा, दोनों एक ही 'चेकोस्लोवाक' भाषा बोलते थे। तीसरा, कोई अलग स्लोवाक राष्ट्रीय चेतना नहीं थी। किसी ने उस समय ये धारणाएँ जाँच नहीं की, क्योंकि स्लोवाक स्वयं इस संघ की इच्छा रखते थे, उन्होंने 1918 में शांति सम्मेलन में अपने प्रतिनिधियों की औपचारिक घोषणा के माध्यम से अपनी इच्छा व्यक्त की। यह मामले का सतही और जल्दबाजी भरा दृष्टिकोण था। जैसा कि प्रो. मेकार्टनी[1] बताते हैं–

> वर्तमान युग के उद्देश्यों के लिए इस इतिहास (चेक और स्लोवाक के बीच संबंधों के) पर विचार करने से जो केंद्रीय राजनीतिक तथ्य सामने आता है, वह स्लोवाक राष्ट्रीय चेतना का अंतिम क्रिस्टलीकरण है एक अविभाज्य चेकोरलोवाक भाषा और लोगों में सच्चे और समझौता न करने वाले विश्वासी निश्चित रूप से कभी इतने बड़े नहीं थे, कम से कम स्लोवाकिया में, जैसा कि उन्हें दिखाया गया था। आज वे वास्तविक प्रभाव के तहत घटकर केवल मुट्ठी भर रह गए हैं चेक और स्लोवाकियों के बीच मौजूद महत्त्वपूर्ण मतभेदों का अनुभव। वर्तमान में स्लोवाकिया को स्वयं चेक द्वारा स्लोवाकिया की आधिकारिक भाषा के रूप में मान्यता दी गई है। राजनीतिक और राष्ट्रीय प्रतिरोध भी कम दृढ़ नहीं रहा है, और आज का नाम चेकोस्लोवाकिया व्यावहारिक रूप से आधिकारिक दस्तावेजों और विदेशियों के लाभ के लिए जारी किए गए साहित्य तक ही सीमित है। देश में कई हफ्तों के दौरान मुझे केवल एक व्यक्ति को अपने लिए इस शब्द का उपयोग करते हुए सुनना याद है; यह एक आधी–जर्मन, आधी–हंगेरियन लड़की थी, जिसने इसे पूरी तरह से राजनीतिक अर्थ में इस्तेमाल किया, जिसका अर्थ है कि वह अस्मितावाद को व्यर्थ मानती थी। स्वाभाविक रूप से बोलते समय

1. सी. ए. मेकार्टनी–हंगरी और उसके उत्तराधिकारी (ऑक्सफोर्ड), 1937, पृ. 136,

कोई चेक या स्लोवाक खुद को चेक या स्लोवाक के अलावा कुछ भी महसूस नहीं करता या बुलाता है, जैसा भी मामला हो।

स्लोवाकियों की यह राष्ट्रीय चेतना, जो हमेशा जीवित थी, यह देखकर फूटने लगी कि सुडेटन जर्मनों ने स्वायत्तता के लिए चेकोस्लोवाकिया से कुछ माँगें की थीं। जर्मनों ने अंतर्राष्ट्रीय राजनीति में डकैत नैतिकता को लागू करके अपने उद्देश्य को प्राप्त करने की कोशिश की, उन्होंने कहा, हमें वह दें जो हम माँगते हैं या हम आपकी दुकान तोड़ देंगे। स्लोवाकियों ने भी स्वायत्तता की माँग की, लेकिन एक अलग चेहरे के साथ। उन्होंने डकैत तरीकों का सहारा नहीं लिया बल्कि अपनी माँगों को केवल स्वायत्तता तक सीमित कर दिया। उन्होंने स्वतंत्रता के सभी विचारों को त्याग दिया था, और 8 अक्टूबर को स्लोवाकिया में स्वायत्ततावादी आंदोलन के अग्रणी व्यक्ति डॉ. टिसो द्वारा जारी उद्घोषणा में कहा गया था, हम भगवान के लिए अपने आदर्श वाक्य की भावना से आगे बढ़ेंगे, और राष्ट्र, एक ईसाई और राष्ट्रीय भावना में।" अपनी प्रामाणिकता पर विश्वास करते हुए और ग्रेवामिन राजनीति को कोई जगह नहीं देने की इच्छा रखते हुए, जिसका स्लोवाक चेक और स्लोवाक के बीच मैत्रीपूर्ण संबंधों को बिगाड़ने के लिए पूरा उपयोग कर रहे थे।

प्राग में नेशनल असेंबली ने म्यूनिख संधि के तुरंत बाद नवंबर 1938 में एक अधिनियम पारित किया, जिसे स्लोवाकिया की स्वायत्तता पर संवैधानिक अधिनियम कहा गया। इसके प्रावधान दूरगामी चरित्र के थे। स्लोवाकिया के लिए एक अलग संसद होनी थी और इस संसद को चेकोस्लोवाक गणराज्य की कानूनी प्रणाली के ढांचे के भीतर स्लोवाकिया के संविधान का फैसला करना था। स्लोवाकिया के क्षेत्र में परिवर्तन स्लोवाक संसद में दो–तिहाई बहुमत की सहमति से होना था। स्लोवाकिया से संबंधित अंतरराष्ट्रीय संधियों के लिए स्लोवाक संसद की सहमति आवश्यक बना दी गई। स्लोवाकिया में केंद्रीय राज्य प्रशासन के अधिकारी मुख्य रूप से स्लोवाक थे। सभी केंद्रीय संस्थानों, परिषदों, आयोगों और अन्य संगठनों में स्लोवाकिया के आनुपातिक प्रतिनिधित्व

की गारंटी दी गई। इसी प्रकार, स्लोवाकिया को सभी अंतरराष्ट्रीय संगठनों में आनुपातिक रूप से प्रतिनिधित्व किया जाना था जिसमें चेकोस्लोवाक गणराज्य को भाग लेने के लिए बुलाया गया था। शांति के समय में स्लोवाक सैनिकों को यथासंभव स्लोवाकिया में तैनात किया जाना था। जहाँ तक विधायी अधिकार का सवाल था, वे सभी विषय जो पूरी तरह से सामान्य चिंता के थे, चेकोस्लोवाकिया की संसद को सौंपे गए थे। स्लोवाकियों को इन अधिकारों की प्रत्याभूति देने के माध्यम से, संविधान अधिनियम ने प्रावधान किया कि संवैधानिक परिवर्तन करने का नेशनल असेंबली का निर्णय केवल तभी मान्य होगा यदि ऐसे परिवर्तनों के लिए संवैधानिक रूप से आवश्यक बहुमत में नेशनल असेंबली के निर्वाचित सदस्यों का आनुपातिक बहुमत भी शामिल हो। स्लोवाकिया में इसी प्रकार, गणतंत्र के राष्ट्रपति के चुनाव के लिए न केवल संसद के सदस्यों के संवैधानिक रूप से निर्धारित बहुमत की सहमति की आवश्यकता होती है, बल्कि स्लोवाक सदस्यों के यथानुपात बहुमत की भी सहमति होती है। इसके अलावा इस बात पर जोर देने के लिए कि केंद्र सरकार को स्लोवाकियों के विश्वास का आनंद लेना चाहिए, यह संविधान द्वारा प्रदान किया गया था कि संसद के एक तिहाई स्लोवाक सदस्य अविश्वास का प्रस्ताव पेश कर सकते हैं।

इन संवैधानिक परिवर्तनों ने, चेक की इच्छा के विरुद्ध, चेक और स्लोवाकियों के बीच एक संबंध स्थापित किया जो पहले मौजूद नहीं था। लेकिन ऐसा इस उम्मीद में किया गया था कि, एक बार जब दोनों के बीच अपेक्षाकृत छोटे–मोटे झगड़े दूर हो जाएं, तो स्लोवाकियों का राष्ट्रवाद ही उन्हें अन्यथा की तुलना में चेक के करीब लाएगा। साथ संवैधानिक परिवर्तन स्लोवाकिया को एक स्वतंत्र स्थिति की प्रत्याभूति देते हैं और तथ्य यह है कि इस प्रकार की प्रत्याभूति वाली स्थिति को स्लोवाकियों की सहमति के बिना नहीं बदला जा सकता है, चेक द्वारा आप्लावन होने के कारण स्लोवाकियों द्वारा अपनी राष्ट्रीय पहचान खोने का कोई सवाल ही नहीं था। हाइफन द्वारा शुरू की गई स्वायत्तता ने सांस्कृतिक जल को अलग कर दिया और स्लोवाकियों को अपना रंग खोने से बचाया।

नए संविधान के तहत चुनी गई पहली स्लोवाक संसद 18 जनवरी, 1939 को खोली गई और संसद के अध्यक्ष डॉ. मार्टिन सोकोल ने घोषणा की, स्वतंत्रता के लिए स्लोवाक के संघर्ष की अवधि समाप्त हो गई है। अब राष्ट्रीय पुनर्जन्म की अवधि शुरू होती है। इस अवसर पर दिए गए अन्य भाषणों से संकेत मिलता है कि अब जब स्लोवाकिया को अपनी स्वायत्तता मिल गई है तो स्लोवाक कभी भी चेक के प्रति शत्रुता महसूस नहीं करेंगे और दोनों निष्ठापूर्वक चेको–स्लोवाक राज्य का पालन करेंगे।

स्लोवाक संसद के उद्घाटन के बाद एक महीना भी नहीं बीता था कि स्लोवाक राजनेताओं ने हाइफन के खिलाफ और पूर्ण अलगाव के लिए अपनी लड़ाई शुरू कर दी। उन्होंने उत्साहपूर्ण भाषण दिए जिसमें उन्होंने चेक पर हमला किया, चेक उत्पीड़न के बारे में बात की और पूरी तरह से स्वतंत्र स्लोवाकिया की माँग की। मार्च की शुरुआत तक, स्लोवाकिया में अलगाववाद के विभिन्न रूप चेको–स्लोवाक राज्य की अखंडता को गंभीर रूप से खतरे में डाल रहे थे। 9 मार्च को यह पता चला कि स्लोवाक प्रधानमंत्री टिसो ने स्लोवाकिया की स्वतंत्रता की घोषणा करने का निर्णय लिया है। इस तरह के कृत्य की आशंका में 10 तारीख को स्लोवाकिया में सेनाएं भेज दी गईं और गणतंत्र के राष्ट्रपति डॉ. हाचा द्वारा अन्य स्लोवाक मंत्रियों के साथ प्रधान मंत्री टिसो को बर्खास्त कर दिया गया। अगले दिन टिसो, जिसे पुलिस की निगरानी में माना जाता था, ने बर्लिन को फोन किया और मदद माँगी। सोमवार को बर्लिन में टिसो और हिटलर की मुलाकात हुई और डेढ़ घंटे तक बातचीत हुई. हिटलर के साथ बातचीत के तुरंत बाद, टिसो ने प्राग को फोन किया और जर्मन को आदेश दिए।

वे थे:–

(i) स्लोवाकिया से सभी चेक सैनिकों को वापस बुलाया जाएगा।

(ii) स्लोवाकिया जर्मन संरक्षण के तहत एक स्वतंत्र राज्य होगा।

(iii) स्वतंत्रता की उद्घोषणा सुनने के लिए राष्ट्रपति हचा द्वारा स्लोवाक संसद को बुलाया जाएगा।

राष्ट्रपति हचा और प्राग सरकार हां कहने के अलावा कुछ नहीं कर सकते थे, क्योंकि वे अच्छी तरह से जानते थे कि जर्मन सैनिकों की दर्जनों टुकड़ियां चेकोस्लोवाकिया की रक्षाहीन सीमाओं के आसपास जमा हो गई थीं, जो उनकी माँग पर किसी भी क्षण मार्च करने के लिए तैयार थीं। जर्मनी के हित में और स्लोवाकिया के दृष्टांत पर इनकार कर दिया गया। इस प्रकार यह चेकोस्लोवाकिया का नया राज्य समाप्त हो गया ।

IV

इन दोनों देशों की कहानी से क्या सबक लिया जा सकता है?

मामले को कैसे रखा जाना चाहिए, इस पर कुछ मतभेद हैं। श्री सिडनी ब्रुक्स कहेंगे कि विघटन के इन युद्धों का कारण राष्ट्रवाद है, जो उनके अनुसार सार्वभौमिक शांति का दुश्मन है। दूसरी ओर, श्री नॉर्मन एंगेल कहेंगे कि इसका कारण राष्ट्रवाद नहीं बल्कि राष्ट्रवाद के लिए खतरा है। श्री रॉबर्टसन के लिए राष्ट्रवाद एक अतार्किक वृत्ति है, यदि सकारात्मक मतिभ्रम नहीं है, और जितनी जल्दी मानवता इससे छुटकारा पा ले, सभी के लिए बेहतर होगा।

इस मामले को जिस भी तरीके से रखा जाए और चाहे कोई कितनी भी प्रबलता से राष्ट्रवाद के उन्मूलन की कामना करे, इससे जो सबक मिलता है वह बिल्कुल स्पष्ट है कि राष्ट्रवाद एक तथ्य है जिसे न तो टाला जा सकता है और न ही नकारा जा सकता है। चाहे कोई इसे तर्कहीन वृत्ति कहे या सकारात्मक मतिभ्रम, तथ्य यह है कि यह एक शक्तिशाली शक्ति है जिसमें साम्राज्यों को बाधित करने की गतिशील शक्ति है। क्या राष्ट्रवाद इसका कारण है या राष्ट्रवाद के लिए खतरा इसका कारण है, यह केवल जोर देने का अंतर है। असली बात यह पहचानना है, जैसा कि श्री टॉयनबी ने कहा, कि राष्ट्रवाद हमारे बावजूद युद्ध पैदा करने के लिए काफी मजबूत है। इसने खुद को बुरी तरह से साबित कर दिया है कि यह कोई घिसा–पिटा पंथ नहीं है, बल्कि एक महत्त्वपूर्ण शक्ति है। जैसा कि उन्होंने बताया, राष्ट्रीयता का सही अध्ययन जीवन और मृत्यु का मामला बन गया है।" ऐसा सिर्फ यूरोप के

लिए ही नहीं था। तुर्की के लिए ऐसा ही था। चेकोस्लोवाकिया के लिए ऐसा ही था। और जो उनके लिए जीवन और मृत्यु का प्रश्न था, वह भारत के लिए भी था। प्रोफेसर टॉयनबी ने राष्ट्रीयता को यूरोपीय शांति की आवश्यक नींव के रूप में मान्यता देने की वकालत की, जैसा कि उनसे पहले गुइजोट ने किया था। क्या भारत इस दलील को मानने की अनदेखी कर सकता है? यदि वह ऐसा करती है, तो वह अपने जोखिम पर कार्य करेगी। वह राष्ट्रवाद विघटनकारी बल का प्रयोग ही इन दोनों देशों के इतिहास से सीखा जाने वाला एकमात्र सबक नहीं है। उनका अनुभव अधिक महत्त्व का नहीं तो बहुत कुछ समान का अवतीर्ण है। वह क्या है,यदि कुछ तथ्यों को याद किया जाए तो यह स्पष्ट हो जाएगा।

तुर्क किसी भी तरह से इतने असहिष्णु नहीं थे जैसा कि उन्हें चित्रित किया गया है। उन्होंने अपने अल्पसंख्यकों को बड़े पैमाने पर स्वायत्तता की अनुमति दी। तुर्क इस समस्या को हल करने की दिशा में बहुत आगे बढ़ गए थे कि भौगोलिक रूप से एक–दूसरे से जुड़े होने पर विभिन्न सामाजिक विरासत वाले विभिन्न समुदायों के लोग एक साथ सद्भाव में कैसे रह सकते हैं। ओटोमन साम्राज्य ने, निश्चित रूप से, अपनी सीमाओं में गैर–मुस्लिम और गैर–तुर्की समुदायों को कुछ हद तक क्षेत्रीय और सांस्कृतिक स्वायत्तता प्रदान की थी, जिसकी पश्चिम के राजनीतिक दर्शन में कभी कल्पना भी नहीं की गई थी। क्या ईसाई प्रजा को इससे संतुष्ट नहीं होना चाहिए था? कोई कुछ भी कहे, ईसाई अल्पसंख्यकों का राष्ट्रवाद इस स्थानीय स्वायत्तता से संतुष्ट नहीं था। इसने पूर्ण स्वतंत्रता के लिए लड़ाई लड़ी और उस लड़ाई में तुर्की का गला घोंट दिया गया।

तुर्क अरबों से धर्म के बंधन में बंधे हुए थे। इस्लाम का धार्मिक बंधन मानवता के लिए ज्ञात सबसे मजबूत बंधन है। कोई भी सामाजिक संघ एकजुटता के मामले में इस्लामी भाईचारे का प्रतिद्वंद्वी होने का दावा नहीं कर सकता। इसमें यह तथ्य भी जोड़ें कि जहाँ तुर्क अपनी ईसाई प्रजा को अपने से कमतर मानता था, वहीं वह अरब को अपने बराबर

मानता था। सभी गैर–मुसलमानों को तुर्क सेना से बाहर कर दिया गया। लेकिन अरब सैनिकों और अधिकारियों ने तुर्कों और कुर्दों के साथ कंधे से कंधा मिलाकर काम किया। तुर्की स्कूलों में शिक्षित अरब अधिकारी वर्ग, तुर्कों के समान शर्तों पर सैन्य और नागरिक क्षमताओं वाले शहरों में सेवा करते थे। तुर्क और अरब के बीच कोई अपमानजनक अंतर नहीं था, और अरब को ओटोमन सेवाओं में सर्वोच्च पद तक पहुँचने से रोकने के लिए कुछ भी नहीं था। न केवल राजनीतिक रूप से बल्कि सामाजिक रूप से भी तुर्क अरबों को अपने बराबर मानते थे और अरब तुर्की लड़कियों से विवाह करते थे और तुर्क अरब लड़कियों से विवाह करते थे। क्या अरबों को भाईचारे, स्वतंत्रता और समानता पर आधारित अरबों और तुर्कों के इस इस्लामी भाईचारे से संतुष्ट नहीं होना चाहिए था? कोई कुछ भी कहे, अरब संतुष्ट नहीं थे। अरब राष्ट्रवाद ने इस्लाम के बंधनों को तोड़ दिया और अपनी स्वतंत्रता के लिए अपने साथी मुस्लिम, तुर्क के खिलाफ लड़ाई लड़ी। वह जीत गया, लेकिन तुर्की पूरी तरह से नष्ट कर दिया गया।

जहाँ तक चेकोस्लोवाकिया का सवाल है, उन्होंने इस मान्यता के साथ शुरुआत की कि चेक और स्लोवाक दोनों एक ही लोग हैं। कुछ ही वर्षों में स्लोवाकियों ने एक अलग राष्ट्र होने का दावा किया। वे यह भी स्वीकार नहीं करेंगे कि वे चेक के समान समूह की एक शाखा थे। उनके राष्ट्रवाद ने चेक को इस तथ्य को पहचानने के लिए मजबूर किया कि वे एक विशिष्ट लोग थे। चेक ने विशिष्टता का संकेत देने वाले चिह्न के रूप में एक हाइफन खींचकर स्लोवाकियों के राष्ट्रवाद को शांत करने की कोशिश की। वे चेकोस्लोवाकिया के स्थान पर चेकोस्लोवाकिया लेने पर सहमत हुए। लेकिन हाइफन के साथ भी स्लोवाक राष्ट्रवाद असंतुष्ट रहा। स्वायत्तता का कार्य उन्हें चेक से अलग करने वाला एक हाइफन भी था और साथ ही उन्हें चेक से जोड़ने वाला एक लिंक भी था। अलगाव के रूप में हाइफन का स्लोवाकियों के लिए स्वागत था, लेकिन चेक के साथ संबंध बनाना उनके लिए बहुत परेशान करने वाला था। स्लोवाकियों ने बड़ी राहत के

साथ स्वायत्तता को स्वीकार कर लिया और राज्य के प्रति संतुष्ट और वफादार रहने का वादा किया। लेकिन जाहिर तौर पर यह सिर्फ रणनीति का मामला था उन्होंने इसे अंतिम लक्ष्य के रूप में स्वीकार नहीं किया। उन्होंने इसे स्वीकार कर लिया क्योंकि उन्हें लगा कि वे इसे हाइफन को नष्ट करने के लिए एक सुविधाजनक आधार के रूप में उपयोग कर सकते हैं जो उनका मुख्य उद्देश्य था और स्वायत्तता को स्वतंत्रता में परिवर्तित कर सकते थे। स्लोवाकियों का राष्ट्रवाद एक हाइफन से संतुष्ट नहीं था। यह हाइफन के स्थान पर एक बार चाहता था। जैसे ही हाइफन लागू किया गया, उन्होंने चेक और स्लोवाकियों के बीच हाइफन को बार से बदलने के लिए अपनी लड़ाई शुरू कर दी। उन्हें इस बात की परवाह नहीं थी कि उन्हें कौन से साधन अपनाने चाहिए। उनका राष्ट्रवाद इतना गलत और इतना तीव्र था कि जब वे असफल हुए तो उन्होंने जर्मनों से सहायता माँगने में संकोच नहीं किया।

इस प्रकार तुर्की और चेकोस्लोवाकिया के विघटन के गहन अध्ययन से पता चलता है कि न तो स्थानीय स्वायत्तता और न ही धर्म का बंधन राष्ट्रवाद की ताकत का सामना करने के लिए पर्याप्त है, एक बार इसे चलते–फिरते व्यवस्थित कर दिया जाए।

यह एक सबक है जिसे हिंदुओं को समझना अच्छा होगा। उन्हें खुद से पूछना चाहिए क्या ग्रीक, बाल्कन और अरब राष्ट्रवाद ने तुर्की राज्य को उड़ा दिया है और यदि स्लोवाक राष्ट्रवाद चेकोस्लोवाकिया के विनाश का कारण बना है, क्या मुस्लिम राष्ट्रवाद को भारतीय राज्य को बाधित करने से रोकने के लिए है? अगर दूसरे देशों का अनुभव यही सिखाता है यह दबे हुए राष्ट्रवाद का अपरिहार्य परिणाम है, क्यों नहीं अपने अनुभव से लाभ उठाएं और भारत को भारत और पाकिस्तान में बाँटने पर सहमत होकर इस विपत्ति से बचें? हिंदुओं को यह चेतावनी लेनी चाहिए कि यदि वे स्वतंत्र लोगों के रूप में अपना आजीविका शुरू करने से पहले भारत को दो भागों में विभाजित करने से इनकार करते हैं, तो वे उस उथले पानी में नौकायन करेंगे जिसमें तुर्की, चेकोस्लोवाकिया

और कई अन्य लोग बसे हैं। यदि वे मध्य महासागर में जहाज–दुर्घटना से बचना चाहते हैं, तो उन्हें सभी अनावश्यक माल को जहाज से बाहर फेंककर बहाव को हल्का करना होगा। यदि वे प्रो. टॉयनबी की भाषा में कहें तो कम पोषित और अधिक ज्वलनशील कार्गो के जेट्सम बनाने के लिए खुद को तैयार कर लें तो उनकी यात्रा का मार्ग काफी आसान हो जाएगा।

V

क्या हिंदू वास्तव में हार जाएंगे यदि वे भारत को दो भागों, पाकिस्तान और हिंदुस्तान में विभाजित करने पर सहमत हो जाएं?

चेकोस्लोवाकिया के संबंध में म्यूनिख संधि के कारण अपने क्षेत्र को हुए नुकसान पर इसकी सरकार की वास्तविक भावनाओं पर ध्यान देना शिक्षाप्रद है। चेकोस्लोवाकिया के प्रधान मंत्री द्वारा चेकोस्लोवाकिया के लोगों को दिए गए अपने संदेश में इन्हें अच्छी तरह से व्यक्त किया गया था। इसमें उन्होंने कहा[1]–

> नागरिकों और सैनिकों....मैं अपने जीवन के सबसे कठिन समय से गुजर रहा हूं, मैं सबसे दर्दनाक कार्य कर रहा हूँ, जिसकी तुलना में मृत्यु आसान होगी। लेकिन निश्चित रूप से इसलिए कि मैंने लड़ाई लड़ी है और क्योंकि मैं जानता हूँ कि किस परिस्थिति में मैं आपको स्पष्ट रूप से बता दूं कि युद्ध जीता जाता है। इस समय हमारे विरोधी ताकतें हमें अपनी श्रेष्ठ शक्ति को पहचानने और उसके अनुसार कार्य करने के लिए मजबूर करती हैं।
>
> म्यूनिख में चार यूरोपीय महान शक्तियों ने मुलाकात की और हमसे नई सीमाओं को स्वीकार करने की माँग करने का निर्णय लिया, जिसके अनुसार हमारे राज्य के जर्मन क्षेत्रों को छीन लिया जाएगा। हमारे पास हताशा और निराशाजनक रक्षा के बीच विकल्प था, जिसका अर्थ बलिदान होता न केवल वयस्क पीढ़ी बल्कि महिलाओं और बच्चों की भी, और उन स्थितियों की स्वीकृति जो उनकी

1. अलेक्जेंडर हेंडरसन – चेकोस्लोवाकिया में प्रत्यक्षदर्शी (हैरैप, 1939)। पृ. 229–30.

क्रूरता में, और क्योंकि वे युद्ध के बिना दबाव द्वारा थोपी गई थीं, इतिहास में कोई समानता नहीं है। हम शांति में योगदान देना चाहते थे हमने खुशी से इसे बनाया होगा। लेकिन किसी भी तरह से उस तरह से नहीं जिस तरह से यह हम पर थोपा गया है। लेकिन हमें छोड़ दिया गया, और हम अकेले रह गए। बहुत प्रभावित हुए, आपके सभी नेताओं ने सेना और गणतंत्र के राष्ट्रपति के साथ मिलकर बची हुई सभी संभावनाओं पर विचार किया। उन्होंने माना कि संकीर्ण सीमाओं और राष्ट्र की मृत्यु के बीच चयन करते समय हमारे लोगों के जीवन को बचाना उनका पवित्र कर्तव्य था, ताकि हम इस भयानक समय से कमजोर न हो जाएं, और ताकि हम आश्वस्त रहें कि हमारा राष्ट्र ऐसा करेगा। अपने आप को फिर से एक साथ इकट्ठा करो, जैसा कि उसने अतीत में अक्सर किया है। आइए हम सभी देखें कि हमारा राज्य अपनी नई सीमाओं के भीतर खुद को मजबूती से फिर से स्थापित कर ले, और इसकी आबादी को शांति और फलदायी श्रम के एक नए जीवन का आश्वासन दिया जाए। हम आप पर भरोसा करते हैं और आपको हम पर भरोसा है।"

यह स्पष्ट है कि चेक ने ऐतिहासिक भावना के बल पर नेतृत्व करने से इनकार कर दिया। वे अपने लोगों के अंतिम विनाश के लिए संकीर्ण सीमाएँ और एक छोटा चेकोस्लोवाकिया बनाने के लिए तैयार थे।

तुर्की के संबंध में प्रचलित दृष्टिकोण वही है जो 1853 में सेंट पीटर्सबर्ग में ब्रिटिश राजदूत के साथ बातचीत के दौरान जार निकोलस प्रथम द्वारा व्यक्त किया गया था, जिसमें उन्होंने कहा था, हमारे पास एक बीमार आदमी है – एक बहुत बीमार मनुष्य। वह अचानक हमारे हाथों मर सकता है। उस दिन से यूरोप के बीमार व्यक्ति तुर्की की आसन्न मृत्यु का उसके सभी पड़ोसियों को इंतजार था। क्षेत्रों के त्याग को एक मरते हुए व्यक्ति की ऐंठन के रूप में माना जाता था, जिस पर आरोप है कि उसने सेवर्स की संधि पर अपने हस्ताक्षर करके अंतिम सांस ली थी।

क्या विघटन की प्रक्रिया में तुर्की के बारे में यह सचमुच सही दृष्टिकोण है? इस दृष्टिकोण पर अर्नोल्ड टॉयनबी की टिप्पणियों पर ध्यान देना शिक्षाप्रद है। जार द्वारा तुर्की को एक बीमार व्यक्ति के रूप में वर्णित किये जाने का उल्लेख करते हुए, जो अचानक मर सकता है, वह कहते हैं–[1]

> अपने निदान के इस दूसरे और अधिक सनसनीखेज हिस्से में जार निकोलस भटक गए क्योंकि उन्हें लक्षणों की प्रकृति समझ में नहीं आई। यदि प्राकृतिक इतिहास से पूरी तरह से अनभिज्ञ व्यक्ति अपनी त्वचा उतारने के दौरान एक साँप पर ठोकर खाता है, तो वह हठधर्मिता से कहता है कि प्राणी संभवतः ठीक नहीं हो सका। वह बता सकता है कि जब एक आदमी (या अन्य स्तनपायी) को अपनी त्वचा खोने का दुर्भाग्य होता है, तो वह कभी भी जीवित नहीं रहता है। फिर भी यह पूरी तरह से सच है कि तेंदुआ अपने धब्बे नहीं बदल सकता है और न ही इथियोपियाई उसकी त्वचा, एक व्यापक अध्ययन ने हमारे शौकिया प्रकृतिवादी को सूचित किया होगा कि एक साँप दोनों कर सकता है और दोनों आदतन करता है। निस्संदेह, साँप के लिए भी, यह प्रक्रिया अजीब और असुविधाजनक है। वह बन जाता है। अस्थायी रूप से सुस्त, और इस स्थिति में वह है खतरनाक रूप से अपने शत्रुओं की दया पर। फिर भी, यदि वह पतंगों और कौवों से बच जाता है
>
> जब तक उसका रूपांतरण पूरा नहीं हो जाता, वह न केवल अपना स्वास्थ्य ठीक कर लेता है, बल्कि अपनी नश्वर कुंडली के प्रतिस्थापन के साथ अपनी युवावस्था को नवीनीकृत कर लेता है। यह तुर्क का हालिया अनुभव है, और "साँप की केंचुली छोड़ना" बीमार आदमी की परेशानी का वर्णन करने की तुलना में बेहतर उपमा है।"

इस दृष्टि से, तुर्की द्वारा उसकी संपत्ति का नुकसान एक असामान्य मलमूत्र को हटाने और एक नई त्वचा का लाभ है। तुर्की निश्चित रूप से सजातीय है और उसे भीतर से किसी भी व्यवधान का कोई डर नहीं है।

---

1. अर्नोल्ड टॉयनबी–तुर्की, पी. 141.

मुस्लिम इलाके हिंदुस्तान पर एक विषम विस्तार हैं और हिंदुस्तान उन पर एक विषम विस्तार है। एकजुट होकर वे भारत को एशिया का बीमार आदमी बना देंगे। एकजुट होकर वे भारत को एक विषम इकाई बनाएंगे। यदि पाकिस्तान में भारत के कुछ हिस्सों को काटने का अवगुण है, तो संघर्ष के स्थान पर सद्भाव स्थापित करने का भी गुण है।

दो भागों में विभाजित होने पर, प्रत्येक एक अधिक सजातीय इकाई बन जाता है। दोनों क्षेत्रों की एकरूपता काफी स्पष्ट है। प्रत्येक में सांस्कृतिक एकता है। प्रत्येक में धार्मिक एकता है। पाकिस्तान में भाषाई एकता है। यदि हिंदुस्तान में ऐसी एकता नहीं है, तो यह बिना किसी विवाद के संभव है कि आम भाषा हिंदुस्तानी, हिंदी या उर्दू होनी चाहिए। अलग होकर, प्रत्येक एक मजबूत और सुगठित राज्य बन सकता है। भारत को एक मजबूत केंद्र सरकार की जरूरत है। लेकिन जब तक पाकिस्तान भारत का हिस्सा रहेगा तब तक उसे यह नहीं मिल सकता। भारत सरकार अधिनियम, 1935 में सन्निहित संघीय सरकार की संरचना की तुलना करें, और यह पाया जाएगा कि इसके तहत गठित केंद्र सरकार एक कमजोर जर्जर चीज है[1] और इसमें बहुत कम जीवन है। जैसा कि पहले ही बताया जा चुका है, केंद्र सरकार का कमजोर होना उन मुस्लिम प्रांतों को संतुष्ट करने की इच्छा के कारण हुआ है जो इस आधार पर केंद्र सरकार के अधिकार से स्वतंत्र होना चाहते हैं कि केंद्र सरकार मुख्य रूप से चरित्र और रचना में मुख्यतः हिंदू होना अनिवार्य है। जब पाकिस्तान अस्तित्त्व में आएगा तो इन विचारों का कोई बल नहीं रह जाएगा। तब हिंदुस्तान में एक मजबूत केंद्र सरकार और एक सजातीय आबादी हो सकती है, जो राज्य की स्थिरता के लिए आवश्यक तत्त्व हैं और इनमें से कोई भी तब तक सुरक्षित नहीं होगा जब तक कि पाकिस्तान को हिंदुस्तान से अलग नहीं किया जाता।

---

1. इस विषय पर अधिक प्रकाश के लिए। फेडरेशन –फ्रीडम पर मेरा राज–पथ देखें।

भाग–4

पाकिस्तान और अस्वस्थता

हिंदू–मुस्लिम समस्या के दो पहलू हैं। इसके पहले पहलू में, जो समस्या स्वयं प्रस्तुत होती है वह दो अलग–अलग समुदायों की एक–दूसरे का सामना करने और अपने संबंधित अधिकारों और विशेषाधिकारों के समायोजन की माँग करने की समस्या है। इसके दूसरे पहलू में, समस्या प्रतिवर्ती प्रभावों की समस्या है जो यह अलगाव और संघर्ष उनमें से प्रत्येक पर उत्पन्न करता है। पिछली चर्चा के दौरान हमने हिंदू–मुस्लिम समस्या के पहले पहलू के संबंध में पाकिस्तान की परियोजना पर गौर किया है। हमने उस समस्या के दूसरे पहलू के संबंध में पाकिस्तान की परियोजना की जांच नहीं की है। फिर भी, ऐसी जाँच आवश्यक है क्योंकि हिंदू–मुस्लिम समस्या का वह पहलू महत्त्वहीन नहीं है। उनके दावों के समायोजन की समस्या पर ध्यान देना अधूरा नहीं तो बहुत ही सतही दृष्टिकोण है। इस बात को नजरअंदाज नहीं किया जा सकता कि उनकी हिस्सेदारी एक साथ तय की गई है, इस तरह उन्हें सामान्य गतिविधि के एक कोर्स में भाग लेना होगा, चाहे वे इसे पसंद करें या नहीं। और यदि इस सामान्य गतिविधि में वे दो लड़ाकों की तरह एक–दूसरे का सामना करते हैं, तो उनके कार्यों और प्रतिक्रियाओं का अध्ययन किया जाना चाहिए, क्योंकि वे दोनों को प्रभावित करते हैं और एक ऐसी स्थिति उत्पन्न करते हैं, जिससे, यदि यह एक मृत अवस्था है, तो भागने का प्रश्न अवश्य उठता है। सामना

करना पड़ेगा। स्थिति के अध्ययन से पता चलता है कि कार्यों और प्रतिक्रियाओं ने आपको अस्वस्थता उत्पन्न की है जो तीन तरीकों से प्रकट होती है (1) सामाजिक स्थिरता, (2) सांप्रदायिक आक्रामकता, और (3) राजनीतिक नियति की राष्ट्रीय निराशा। यह अस्वस्थता गंभीर है। क्या पाकिस्तान की दुर्दशा का कोई इलाज होगा? या, क्या इससे अस्वस्थता बढ़ेगी? निम्नलिखित अध्याय इन प्रश्नों पर विचार करने के लिए समर्पित हैं।

अध्याय–10

सामाजिक ठहराव

I

सामाजिक बुराइयां जो हिंदू समाज की विशेषता हैं, अच्छी तरह से जाना जाता है।

हिंदू समाज की विशेषताएं जो सामाजिक बुराइयां हैं, वे सर्वविदित हैं। मिस मेयो द्वारा मदर इंडिया के प्रकाशन से इन बुराइयों का व्यापक प्रचार हुआ। लेकिन जब मदर इंडिया ने बुराइयों को उजागर करने और उनके लेखकों को उनके पापों के लिए जवाब देने के लिए दुनिया की बार में बुलाया, तो इसने दुनिया भर में दुर्भाग्यपूर्ण धारणा पैदा कि जबकि हिंदू इन सामाजिक बुराइयों के कीचड़ में डूब रहे थे। भारत में मुसलमान रुढ़िवादी, परिवर्तनशील, इनसे मुक्त थे और हिंदुओं की तुलना में प्रगतिशील लोग थे। ऐसी धारणा बनी रहे, यह उन लोगों के लिए आश्चर्य की बात है जो भारत में मुस्लिम समाज को करीब से जानते हैं।

कोई पूछ सकता है कि क्या ऐसी कोई सामाजिक बुराई है जो हिंदुओं में पाई जाती है और मुसलमानों में नहीं पाई जाती?

बाल–विवाह को ही लीजिए। अखिल भारतीय महिला सम्मेलन द्वारा गठित बाल–विवाह विरोधी समिति के सचिव ने एक बुलेटिन प्रकाशित किया जो देश के विभिन्न समुदायों में बाल–विवाह की बुराई की सीमा बताता है। जो आंकड़े 1931 की जनगणना रिपोर्ट से लिए गए थे वे इस प्रकार हैं:–

सारणी

0–15 आयु वर्ग की विवाहित महिलाएँ, उस आयु की प्रति 1000 महिलाएँ।

वर्ष	*हिंदू*	*मुसलमान*	*जैन*	*सिख*	*ईसाई*
1881	208	153	189	170	33
1891	193	141	172	143	37
1901	186	131	164	101	38
1911	184	123	130	88	39
1921	170	111	117	72	32
1931	199	186	125	80	43

क्या बाल–विवाह के मामले में मुसलमानों की स्थिति हिंदुओं से बेहतर मानी जा सकती है?

महिलाओं की स्थिति लें। मुसलमानों द्वारा इस बात पर जोर दिया जाता है कि मुस्लिम महिलाओं को दिए गए कानूनी अधिकार उन्हें अन्य पूर्वी महिलाओं, उदाहरण के लिए, हिंदू महिलाओं की तुलना में अधिक स्वतंत्रता सुनिश्चित करते हैं, और कुछ पश्चिमी देशों में महिलाओं को दिए गए अधिकारों से कहीं अधिक हैं। मुस्लिम कानून के कुछ प्रावधानों पर भरोसा रखा गया है।

सबसे पहले, यह कहा जाता है कि मुस्लिम कानून शादी के लिए कोई उम्र तय नहीं करता है, और किसी भी समय शादी करने के लिए लड़की के अधिकार को मान्यता देता है। इसके अलावा, जहाँ विवाह का जश्न पिता या दादा द्वारा मनाया जाता है, उसे छोड़कर, एक मुस्लिम लड़की, अगर बचपन में शादी कर दी जाती है, तो उसके पास यौवन प्राप्त करने पर अपनी शादी को अस्वीकार करने की शक्ति होती है।

दूसरे, यह माना जाता है कि मुसलमानों के बीच विवाह एक अनुबंध है। एक अनुबंध होने के नाते, पति को अपनी पत्नी को तलाक देने का अधिकार है और मुस्लिम कानून ने पत्नी के लिए पर्याप्त सुरक्षा उपाय प्रदान किए हैं, जिनका यदि लाभ उठाया जाता है, तो मुस्लिम पत्नी

तलाक के मामले में पति के समान स्तर पर आ जाएगी। ऐसा दावा किया जाता है कि मुस्लिम कानून के तहत पत्नी, शादी के समय, या उसके बाद भी कुछ मामलों में, एक अनुबंध में प्रवेश कर सकती है जिसके द्वारा वह कुछ परिस्थितियों में तलाक प्राप्त कर सकती है।

तीसरा, मुस्लिम कानून की आवश्यकता है कि एक पत्नी अपने पति से अपने व्यक्ति के समर्पण के लिए प्रतिफल के रूप में धन या अन्य संपत्ति का दावा कर सकती है -- जिसे उसका "मेहर" कहा जाता है। मेहर शादी के बाद भी तय किया जा सकता है और यदि कोई राशि तय नहीं है, तो पत्नी उचित मेहर की हकदार है। मेहर की राशि को आमतौर पर दो भागों में विभाजित किया जाता है, एक को "प्रॉम्प्ट" कहा जाता है जो माँगने पर देय होता है, और दूसरा "स्थगित" होता है जो मृत्यु या तलाक के कारण विवाह विच्छेद पर देय होता है। मेहर के लिए उसका दावा पति की संपत्ति पर कर्ज माना जाएगा। उसका अपने मेहर पर पूर्ण प्रभुत्व है जिसका उद्देश्य उसे आर्थिक स्वतंत्रता देना है। वह इसे छोड़ सकती है या इससे होने वाली आय को अपनी इच्छानुसार उपयोग कर सकती है।

कानून के इन सभी प्रावधानों को अपने पक्ष में रखते हुए मुस्लिम महिला दुनिया की सबसे असहाय व्यक्ति है। मिस्र के एक मुस्लिम नेता को उद्धृत करने के लिए--

> "इस्लाम ने उस पर हीनता की मुहर लगा दी है, और सामाजिक रीति-रिवाजों को धर्म की छूट दे दी है, जिसने उसे आत्म-अभिव्यक्ति और व्यक्तित्त्व के विकास पूर्ण अवसर से अवसर वंचित कर दिया है।"

किसी भी मुस्लिम लड़की में अपनी शादी को अस्वीकार करने का साहस नहीं है, भले ही यह इस आधार पर उसके लिए खुला हो कि वह एक बच्ची थी और यह उसके अभिभावक के अलावा किसी अन्य व्यक्ति द्वारा किया गया था।

कोई भी मुस्लिम पत्नी अपने विवाह अनुबंध में तलाक का अधिकार सुरक्षित रखने वाला एक खंड शामिल करना उचित नहीं समझेगी। उस

स्थिति में, उसकी किस्मत एक बार शादी हुई, हमेशा शादीशुदा वाली है। वह विवाह बंधन से बच नहीं सकती, भले ही यह कितना भी कष्टप्रद क्यों न हो। हालांकि वह शादी से इनकार नहीं कर सकती, लेकिन पति बिना कोई कारण बताए हमेशा ऐसा कर सकता है। तलाक शब्द का उच्चारण करें और तीन सप्ताह तक संयम का पालन करे और महिला को त्याग दिया जाए। उसकी मनमर्जी पर एकमात्र अंकुश मेहर चुकाने की बाध्यता है। यदि मेहर पहले ही माफ कर दिया गया है, तो तलाक का उसका अधिकार उसकी मधुर इच्छा का मामला है।

तलाक के मामले में यह ढिलाई सुरक्षा की उस भावना को नष्ट कर देती है जो एक महिला के पूर्ण, स्वतंत्र और खुशहाल जीवन के लिए मौलिक है। जीवन की यह असुरक्षा, जिसका सामना एक मुस्लिम महिला को करना पड़ता है, बहुविवाह और उपपत्नी के अधिकार से काफी बढ़ जाती है, जो मुस्लिम कानून पति को देता है।

मुस्लिम कानून एक मुसलमान को एक समय में चार पत्नियों से शादी करने की अनुमति देता है। यह अक्सर नहीं कहा जाता है कि यह हिंदू कानून में सुधार है जो किसी भी समय एक हिंदू की पत्नियों की संख्या पर कोई प्रतिबंध नहीं लगाता है। लेकिन यह भुला दिया गया है कि चार कानूनी पत्नियों के अलावा, मुस्लिम कानून एक मुसलमान को अपनी महिला दासियों के साथ रहने की अनुमति देता है। दासियों के मामले में संख्या के बारे में कुछ नहीं कहा गया है। उन्हें बिना किसी रोक–टोक के और बिना किसी बाध्यता के उनसे विवाह करने की अनुमति है।

कोई भी शब्द बहुविवाह और उपपत्नी प्रथा की महान और कई बुराइयों को पर्याप्त रूप से व्यक्त नहीं कर सकता है और विशेष रूप से एक मुस्लिम महिला के लिए दुःख का स्रोत है। यह सच है कि चूंकि बहुविवाह और उपपत्नी प्रथा को मंजूरी दी गई है, इसलिए किसी को यह नहीं मानना चाहिए कि वे मुसलमानों की व्यापकता में शामिल हैं फिर भी तथ्य यह है कि ये विशेषाधिकार हैं जिनका दुरुपयोग एक

मुसलमान के लिए अपनी पत्नी के दुःख और नाखुशी के लिए करना आसान है। श्री जॉन जे. पूल, इस्लाम के दुश्मन नहीं, कहते हैं।[1]

"तलाक के मामले में इस स्वतंत्रता का कुछ मुसलमानों द्वारा बहुत फायदा उठाया जाता है। स्टोबार्ट ने अपनी पुस्तक, इस्लाम और उसके संस्थापक में इस विषय पर टिप्पणी करते हुए कहा है, कुछ मुसलमानों को लगातार अपनी पत्नियों को बदलने की आदत होती है। हमने पढ़ा ऐसे युवा पुरुष जिनकी बीस और तीस पत्नियां हैं, वे हर तीन महीने में एक नई पत्नियां लाते हैं और इस प्रकार यह होता है कि महिलाएं अनिश्चित काल के लिए एक पुरुष से दूसरे पुरुष में स्थानांतरित होने के लिए उत्तरदायी होती हैं, जब भी उन्हें कोई पति और घर मिलता है, उसे स्वीकार करने के लिए बाध्य होती हैं, या गरीबी के मामले में, जिसके लिए तलाक ने उन्हें प्रेरित किया होगा, जीवन जीने के अन्य अधिक अपमानजनक तरीकों का सहारा लेने के लिए। इस प्रकार कानून का सख्त पालन करते हुए, और केवल एक या निश्चित रूप से चार से अधिक पत्नियां रखने पर, बेईमान चरित्र हो सकते हैं फिर भी तलाक के द्वारा जीवन भर में जितनी चाहें उतनी पत्नियां प्राप्त कर सकते हैं।

"दूसरे तरीके से भी एक मुसलमान वास्तव में चार से अधिक पत्नियां रख सकता है, और फिर भी कानून के दायरे में रह सकता है। यह उपपत्नी के साथ रहने के माध्यम से है, जिसे कुरान स्पष्ट रूप से अनुमति देता है। उस सूरा में जो चार पत्नियों की अनुमति देता है, शब्द जोड़े गए हैं, उन दासों के बारे में जिन्हें आपने हासिल किया होगा। फिर 70वें सूरा में, यह पता चला है कि दासों के साथ रहना कोई पाप नहीं है। शब्द ही हैं जो दास उनके दाहिने हाथ के पास हैं, उनके लिए वे निर्दोष होंगे। वर्तमान समय में, पिछले दिनों की तरह, बड़ी संख्या में मुसलमानों के घरों में दास पाए जाते हैं जैसा कि मुइर ने अपने महोमेट जीवन में कहा है, जब तक अपनी दासियों के साथ रहने की यह असीमित अनुमति जारी

1. महोमेदानिज्म में अध्ययन, पीपी 34–35

रहेगी, यह उम्मीद नहीं की जा सकती कि ऐसा होगा मुस्लिम देशों में गुलामी को रोकने के लिए कोई भी हार्दिक प्रयास करें। इस प्रकार, गुलामी के इस मामले में कुरान, मानव जाति का दुश्मन है और महिलाएं, हमेशा की तरह, अधिक पीड़ित हैं।"

जाति व्यवस्था को ही लीजिए। इस्लाम भाईचारे की बात करता है। हर कोई यह निष्कर्ष निकालता है कि इस्लाम को गुलामी और जाति से मुक्त होना चाहिए। गुलामी के संबंध में कुछ भी कहने की आवश्यकता नहीं है। इसे अब कानून द्वारा समाप्त कर दिया गया है। लेकिन जब यह अस्तित्त्व में था तब इसका अधिकांश समर्थन इस्लाम और इस्लामी देशों से प्राप्त हुआ था।[1] हालांकि कुरान में मौजूद गुलामों के साथ उचित और मानवीय व्यवहार के बारे में पैगंबर के नुस्खे सराहनीय हैं। लेकिन इस्लाम में ऐसा कुछ भी नहीं है जो इस अभिशाप के उन्मूलन का समर्थन करता हो। जैसा कि सर डब्लू. मुइर ने ठीक ही कहा है।[2] बल्कि, बिजली चमकाते समय, उसने बेड़ियां तोड़ दीं.... एक मुसलमान पर अपने गुलामों को रिहा करने का कोई दायित्व नहीं है...।"

लेकिन गुलामी चली गयी तो मुसलमानों में जाति बनी रही। उदाहरण के तौर पर बंगाल के मुसलमानों के बीच प्रचलित स्थितियों को लिया जा सकता है।

बंगाल प्रांत के लिए 1901 की जनगणना के अधीक्षक ने बंगाल के मुसलमानों के संबंध में निम्नलिखित दिलचस्प तथ्य दर्ज किए – "मुसलमानों का पारंपरिक विभाजन चार भागों में था।"

शेख, सईद, मुगल और पठान जनजातियों का इस प्रांत (बंगाल) पर बहुत कम प्रभाव है। मुसलमान स्वयं दो मुख्य सामाजिक विभाजनों को पहचानते हैं, (1) अशरफ या शराफ और (2) अजलाफ। अशरफ का अर्थ है 'कुलीन' और इसमें विदेशियों और उच्च जाति के हिंदुओं के सभी निस्संदेह वंशज शामिल हैं। व्यावसायिक समूहों और निचली श्रेणी के सभी धर्मान्तरित लोगों सहित अन्य सभी

1. वही, अध्याय 39 कुरान,
2. इसकी रचना और शिक्षा पृष्ठ 58.

मुसलमानों को अपमानजनक शब्दों, 'अजलाफ', 'नीच' या 'नीच लोगों' से जाना जाता है। उन्हें कमीना या इटार, 'आधार' या रासिल, का अपभ्रंश भी कहा जाता है। रिजल, मूल्य कम। कुछ स्थानों पर एक तीसरा वर्ग जोड़ा जाता है, जिसे अर्जल या 'सबसे निचला' कहा जाता है। उनके साथ कोई अन्य मुसलमान शामिल नहीं होगा, और उन्हें मस्जिद में प्रवेश करने या सार्वजनिक कब्रिस्तान का उपयोग करने की मनाही है।

"इन समूहों के भीतर ठीक उसी प्रकृति की सामाजिक पूर्वता वाली जातियाँ हैं जो हिंदुओं में पाई जाती हैं।

I. अशरफ या बेहतर वर्ग के मुसलमान।

(1) सैय्यद

(2) शेख

(3) पठान

(4) मुगल

(5) मलिक

(6) मिर्जा

II. अजलाफ या निम्न वर्ग के मुसलमान।

(1) शेखों और अन्य लोगों को बढ़ावा देना जो मूल रूप से हिंदू थे लेकिन जो किसी भी कार्यात्मक समूह से संबंधित नहीं हैं, और जिन्होंने अशरफ समुदाय में प्रवेश प्राप्त नहीं किया है, उदाहरण के लिए–पिराली और ठकराई।

(2) दर्जी, जुलाहा, फकीर और रंगरेज।

(3) बरही, भठियारा, चिक, चुरिहार, दाई, धावा, धुनिया, गद्दी, कलाल, कसाई, कुला कुंजारा, लहेरी, महिफरोश, मल्लाह, नलिया, निकरी।

(4) अब्दाल, बाको, बेदिया, भाट, चंबा, डफाली, धोबी, हज्जाम, मुचो, नागरची, नट, पंवारिया, मदारिया, टुंटिया।

III. अर्जल या अपमानित वर्ग।

भनार, हलालखोर, हिजड़ा, कसबी, लालबेगी, मँगता, मेहतर।"

जनगणना अधीक्षक इसकी एक और विशेषता का उल्लेख करते हैं मुस्लिम सामाजिक व्यवस्था अर्थात् पंचायत व्यवस्था" का प्रचलन। वो बताता है कि–

"पंचायत का अधिकार सामाजिक और व्यापारिक मामलों तक फैला हुआ है और अन्य समुदायों के लोगों के साथ विवाह उन अपराधों में से एक है जिसका शासी निकाय विचाराधिकार लेता है। इसका परिणाम यह है कि ये समूह अक्सर हिंदू जातियों की तरह सख्ती से अंतर्विवाही होते हैं। अंतर–विवाह पर प्रतिबंध उच्च के साथ–साथ निचली जातियों तक भी लागू है, और उदाहरण के लिए, एक धूमा, धूमा के अलावा किसी और से शादी नहीं कर सकता है। यदि इस नियम का उल्लंघन किया जाता है, तो अपराधी को तुरंत पंचायत के सामने ले जाया जाता है और अपने समुदाय से अपमानजनक तरीके से निष्कासित कर दिया जाता है। ऐसे एक समूह का सदस्य आम तौर पर दूसरे में प्रवेश नहीं पा सकता है, और वह उस समुदाय का पदनाम बरकरार रखता है जिसमें वह पैदा हुआ था, भले ही वह अपना विशिष्ट व्यवसाय छोड़ दे और आजीविका के अन्य साधन अपना ले, हजारों जोलाहा कसाई हैं फिर भी वे अभी भी जोलाहा के नाम से जाने जाते हैं।''

भारत के अन्य प्रांतों से भी इसी तरह के तथ्य उनकी संबंधित जनगणना प्रतिवेदन से एकत्र किए जा सकते हैं और जो लोग उत्सुक हैं वे उन्हें देख सकते हैं। लेकिन बंगाल के तथ्य यह दिखाने के लिए पर्याप्त हैं कि मुसलमान न केवल जाति बल्कि अस्पृश्यता का भी पालन करते हैं।

इस प्रकार इसमें कोई संदेह नहीं हो सकता कि भारत में मुस्लिम समाज उन्हीं सामाजिक बुराइयों से पीड़ित है, जिनसे हिंदू समाज पीड़ित है। सचमुच, मुसलमानों में हिंदुओं की सारी सामाजिक बुराइयां

हैं और उससे भी कुछ अधिक भी। कुछ और मुस्लिम महिलाओं के लिए पर्दा की अनिवार्य व्यवस्था है।

पर्दा प्रथा के परिणामस्वरूप मुस्लिम महिलाओं में अलगाव आ गया। महिलाओं से बाहरी कमरों, बरामदों या बगीचों में जाने की अपेक्षा नहीं की जाती है, उनका स्थान पिछले आँगन में हैं। जवान और बूढ़े सभी एक ही कमरे में कैद हैं। कोई भी पुरुष नौकर उनकी उपस्थिति में काम नहीं कर सकता। एक महिला को केवल अपने बेटों, भाइयों, पिता, चाचाओं और पति, या किसी अन्य करीबी रिश्तेदार से मिलने की अनुमति है जिसे विश्वास की स्थिति में भर्ती किया जा सकता है। वह नमाज पढ़ने के लिए मस्जिद भी नहीं जा सकती और जब भी उसे बाहर जाना होता है तो उसे बुर्का पहनना पड़ता है। सड़कों पर बुर्के में घूमती ये महिलाएँ भारत में देखे जा सकने वाले सबसे भयानक दृश्यों में से एक है। इस तरह के एकांतवास का मुस्लिम महिलाओं की शारीरिक संरचना पर बुरा प्रभाव पड़ेगा। वे आमतौर पर एनीमिया, तपेदिक और पायरिया के शिकार होती हैं। उनके शरीर विकृत हो गए हैं, उनके साथ पीठ झुकी हुई, हड्डियां उभरी हुई, हाथ–पाँव टेढ़े–मेढ़े। पसलियाँ, जोड़ों और उनकी लगभग सभी हड्डियों में दर्द होता है। दिल की धड़कन बहुत तेज है अक्सर उनमें मौजूद रहते हैं। इसका परिणाम वस्तिदेशीय विकलांगता है।

प्रसव के समय असामयिक मृत्यु। पर्दा मुस्लिम महिलाओं को मानसिक और नैतिक पोषण से वंचित करता है। स्वस्थ सामाजिक जीवन से वंचित होने के कारण, नैतिक पतन की प्रक्रिया शुरू होनी ही चाहिए और होती भी है। बाहरी दुनिया से पूरी तरह से अलग हो जाने के कारण, वे अपने दिमाग को छोटे–मोटे पारिवारिक झगड़ों में उलझा लेती हैं, जिसके परिणामस्वरूप उनका दृष्टिकोण संकीर्ण और प्रतिबंधित हो जाता है।

वे अन्य समुदायों की अपनी बहनों से पीछे हैं, किसी भी बाहरी गतिविधि में भाग नहीं ले सकती हैं और गुलाम मानसिकता और हीन भावना से दबे हुए हैं। उन्हें ज्ञान की कोई चाहत नहीं है, क्योंकि उन्हें

सिखाया जाता है कि घर की चारदीवारी से बाहर किसी भी चीज में दिलचस्पी न लें। पर्दा करने वाली महिलाएं विशेष रूप से असहाय, डरपोक और जीवन में किसी भी लड़ाई के लिए अयोग्य हो जाती हैं। भारत में मुसलमानों के बीच पर्दा करने वाली महिलाओं की बड़ी संख्या को देखते हुए, कोई भी पर्दा की समस्या की व्यापकता और गंभीरता को आसानी से समझ सकता है।'[1]

पर्दा के शारीरिक और बौद्धिक प्रभाव नैतिकता पर इसके प्रभाव की तुलना में कुछ भी नहीं हैं। पर्दे की उत्पत्ति निश्चित रूप से दोनों लिंगों में यौन भूख के गहरे संदेह में निहित है और इसका उद्देश्य लिंगों को अलग करके उन पर अंकुश लगाना है। लेकिन उद्देश्य की प्राप्ति तो दूर, पर्दा प्रथा ने मुस्लिम पुरुषों की नैतिकता पर प्रतिकूल प्रभाव डाला है। पर्दा प्रथा के कारण मुसलमान अपने घर की बाहर की किसी भी महिला से संपर्क नहीं कर पाता। उनके साथ भी उनका संपर्क केवल कभी–कभार बातचीत तक ही सीमित रहता है। एक पुरुष के लिए बच्चों या वृद्धों को छोड़कर महिलाओं के साथ कोई मेल–मिलाप नहीं होता है। महिलाओं से पुरुषों का यह अलगाव निश्चित रूप से पुरुषों की नैतिकता पर बुरा प्रभाव डालेगा। यह कहने के लिए किसी मनोविश्लेषक की आवश्यकता नहीं है कि एक सामाजिक व्यवस्था जो दो लिंगों के बीच सभी संपर्कों को काट देती है, यौन ज्यादतियों और अप्राकृतिक और अन्य रुग्ण आदतों और तरीकों के प्रति एक अस्वास्थ्यकर प्रवृत्ति पैदा करती है।

पर्दा प्रथा के दुष्परिणाम केवल मुस्लिम समुदाय तक ही सीमित नहीं हैं। यह मुसलमानों से हिंदुओं के सामाजिक अलगाव के लिए जिम्मेदार है जो भारत में सार्वजनिक जीवन के लिए अभिशाप है। यह तर्क असुगम लग सकता है और एक इस अलगाव का श्रेय समाज की असामाजिकता को देते हैं, इसके बजाय हिंदुओं को मुसलमानों के बीच पर्दा करना।

---

1. लेकिन मुस्लिम महिलाओं की स्थिति के लिए, हमारा उद्देश्य देखें श्याम कुमार नेहरू द्वारा संपादित।

हिंदू सही हैं जब वे कहते हैं कि हिंदुओं और मुसलमानों के बीच सामाजिक संपर्क स्थापित करना संभव नहीं है क्योंकि इस तरह के संपर्क का मतलब केवल एक तरफ की महिलाओं और दूसरे तरफ के पुरुषों के बीच संपर्क हो सकता है।[1]

ऐसा नहीं है कि देश के कुछ हिस्सों में हिंदुओं के कुछ वर्गों में पर्दा प्रथा और उसके परिणामस्वरूप होने वाली बुराइयां नहीं पाई जाती हैं। लेकिन भेद की बात यह है कि मुसलमानों में पर्दा की एक धार्मिक पवित्रता है जो हिंदुओं में नहीं है। पर्दा प्रथा की जड़ें हिंदुओं की तुलना में मुसलमानों में अधिक गहरी हैं और इसे केवल धार्मिक निषेधाज्ञाओं और सामाजिक आवश्यकताओं के बीच अपरिहार्य संघर्ष का सामना करके ही दूर किया जा सकता है। पर्दा प्रथा की समस्या मुसलमानों के लिए एक वास्तविक समस्या है, अपने मूल के अलावा जो कि हिंदुओं के साथ नहीं है। मुसलमानों द्वारा इसे खत्म करने के किसी भी प्रयास का कोई सबूत नहीं है।

इस प्रकार न केवल सामाजिक जीवन में बल्कि भारत के मुस्लिम समुदाय के राजनीतिक जीवन में भी एक ठहराव आ गया है। मुसलमानों को वैसे भी राजनीति में कोई दिलचस्पी नहीं है। उनकी प्रमुख रुचि धर्म है। इसे उन नियमों और शर्तों से आसानी से देखा जा सकता है जो एक मुस्लिम निर्वाचन क्षेत्र एक सीट के लिए लड़ रहे उम्मीदवार को अपने समर्थन के लिए बनाता है। मुस्लिम निर्वाचन क्षेत्र के उम्मीदवार के कार्यक्रम की जांच करने की कोई परवाह नहीं है। निर्वाचन क्षेत्र उम्मीदवार से केवल इतना चाहता है कि वह मस्जिद के पुराने चिरागों

1. "यह तर्क दिलचस्प है कि जिन यूरोपीय लोगों पर भारतीयों ने उन्हें अपने संघ में प्रवेश न देने का आरोप लगाया है, वे अपना बचाव करने के लिए किस तर्क का उपयोग करते हैं। कहते हैं, हम अपनी महिलाओं को संघ में लाते हैं। यदि आप अपनी महिलाओं को संघ में लाने के लिए सहमत हैं, तो आपको प्रवेश दिया जा सकता है। यदि आप हमें अपनी महिलाओं के साथ आने से मना करते हैं तो हम अपनी महिलाओं को आपकी कंपनी में उजागर नहीं कर सकते। पचास–पचास जाने के लिए तैयार रहें, फिर हमारे संघ में प्रवेश के लिए पूछें।"

को अपने खर्च पर नए चिरागों की आपूर्ति करके बदलने के लिए सहमत हो जाए, मस्जिद के लिए एक नया कालीन उपलब्ध कराए क्योंकि पुराना कालीन फट गया है, या मस्जिद की मरम्मत के लिए सहमत हो जाए क्योंकि यह जर्जर हो चुका है। कुछ स्थानों पर एक मुस्लिम निर्वाचन क्षेत्र काफी संतुष्ट होता है यदि उम्मीदवार एक शानदार दावत देने के लिए सहमत होता है और अन्य स्थानों पर यदि वह इतने पैसे के लिए वोट खरीदने के लिए सहमत होता है। मुसलमानों के लिए चुनाव महज पैसे का मामला है और सामान्य सुधार के सामाजिक कार्यक्रम का मामला बहुत कम है। मुस्लिम राजनीति जीवन की विशुद्ध रूप से धर्मनिरपेक्ष श्रेणियों, अर्थात् अमीर और गरीब, पूँजी और श्रम, मकान मालिक और किरायेदार, पुजारी और आम आदमी, कारण और अंधविश्वास के बीच अंतर पर कोई ध्यान नहीं देती है।

मुस्लिम राजनीति अनिवार्य रूप से लिपिकीय है और केवल एक अंतर को पहचानती है, वह है, हिंदू और मुसलमानों के बीच मौजूद अंतर। जीवन की किसी भी धर्मनिरपेक्ष श्रेणी का मुस्लिम समुदाय की राजनीति में कोई स्थान नहीं है और यदि उन्हें कोई स्थान मिलता है– और उन्हें मिलना भी चाहिए क्योंकि वे अपरिवर्तनीय हैं। वे मुस्लिम राजनीतिक ब्रह्मांड के एक और एकमात्र शासी सिद्धांत के अधीन हैं, अर्थात धर्म।

II

मुसलमानों के बीच इन बुराइयों का अस्तित्त्व काफी परेशान करने वाला है। लेकिन इससे भी अधिक दुःखद तथ्य यह है कि भारत के मुसलमानों के बीच उनके उन्मूलन के लिए पर्याप्त पैमाने पर सामाजिक सुधार का कोई संगठित आंदोलन नहीं है। हिंदुओं की अपनी सामाजिक बुराइयां हैं। लेकिन उनमें एक राहत देने वाली बात यह है कि उनमें से कुछ अपने अस्तित्त्व के प्रति सचेत हैं और कुछ उन्हें हटाने के लिए सक्रिय रूप से आंदोलन कर रहे हैं। दूसरी ओर, मुसलमानों को यह एहसास नहीं है कि वे बुराइयां हैं और परिणामस्वरूप उन्हें हटाने के

लिए आंदोलन नहीं करते हैं। दरअसल, वे अपनी मौजूदा प्रथाओं में किसी भी बदलाव का विरोध करते हैं। उल्लेखनीय है कि मुसलमानों ने 1930 में केंद्रीय विधानसभा में लाए गए बाल–विवाह विधेयक का विरोध किया था, जिसके तहत लड़की की शादी की उम्र बढ़ाकर 14 साल और लड़के की शादी की उम्र 18 साल कर दी गई थी, क्योंकि यह मुस्लिम कैनन कानून के खिलाफ था। उन्होंने न केवल हर स्तर पर इस विधेयक का विरोध किया बल्कि जब यह कानून बन गया तो उन्होंने उस कानून के खिलाफ सविनय अवज्ञा का अभियान शुरू कर दिया। सौभाग्य से इस अधिनियम के खिलाफ मुसलमानों का सविनय अवज्ञा अभियान आगे नहीं बढ़ सका और कांग्रेस के सविनय अवज्ञा अभियान में डूब गया, जो इसके साथ तालमेल बिठा रहा था। लेकिन अभियान केवल यह साबित करता है कि कैसे मुसलमान सामाजिक सुधार के सख्त विरोधी हैं।

प्रश्न–पूछा जा सकता है कि मुसलमान सामाजिक सुधार के विरोधी क्यों हैं?

सामान्य उत्तर यह दिया जाता है कि दुनिया भर के मुसलमान एक गैर–प्रगतिशील लोग हैं। यह दृष्टिकोण निस्संदेह इतिहास के तथ्यों से मेल खाता है। उनकी गतिविधि के पहले दौर के बाद जिसका पैमाना निस्संदेह शानदार था विशाल साम्राज्यों की नींव, अचानक मुसलमानों पर पीड़ा की एक अजीब स्थिति गिरी, जिससे लगता है कि वे कभी जागे ही नहीं।

जिन लोगों ने उनकी स्थिति का अध्ययन किया है, उन्होंने इस रुकावट के लिए जो कारण बताया है, वह सभी मुसलमानों द्वारा बनाई गई मौलिक धारणा है कि इस्लाम एक विश्व धर्म है, जो सभी लोगों के लिए, हर समय और सभी स्थितियों के लिए उपयुक्त है। यह तर्क दिया गया है कि–

> "मुसलमान, अपने धर्म के प्रति वफादार रहकर, प्रगति नहीं कर पाया है; वह तेजी से आगे बढ़ने वाली आधुनिक ताकतों की दुनिया में स्थिर बना हुआ है। यह वास्तव में, इस्लाम की प्रमुख विशेषताओं

में से एक है कि यह उन जातियों को उनकी मूल बर्बरता में स्थिर कर देता है, जिन्हें यह गुलाम बनाता है। यह क्रिस्टलीकरण में स्थिर, जड़ और अभेद्य है। यह अपरिवर्तनीय है; और राजनीतिक, सामाजिक या आर्थिक परिवर्तनों का इस पर कोई प्रभाव नहीं पड़ता है।

"यह सिखाया गया है कि इस्लाम के बाहर कोई सुरक्षा नहीं हो सकती है। इसके कानून के बाहर कोई सच्चाई नहीं है और इसके आध्यात्मिक संदेश के बाहर कोई खुशी नहीं है, मुसलमान अपने अलावा किसी अन्य स्थिति, विचार के किसी अन्य तरीके की कल्पना करने में असमर्थ हो गया है इस्लामी विचार से। उसका दृढ़ विश्वास है कि वह पूर्णता के अप्रतिम शिखर पर पहुँच गया है कि वह सच्चे विश्वास, सच्चे सिद्धांत, सच्चे ज्ञान का एकमात्र अधिकारी है; कि वह अकेले ही सत्य के कब्जे में है–कोई सापेक्ष सत्य नहीं संशोधन का विषय, लेकिन पूर्ण सत्य।

"मुसलमानों के धार्मिक कानून ने बहुत ही विविध व्यक्तियों को, जिनसे दुनिया बनी है, विचारों की, भावना की, विचारों की, निर्णय की एकता प्रदान करने का प्रभाव डाला है।"

यह आग्रह किया जाता है कि यह एकरूपता घातक है और यह केवल मुसलमानों को नहीं दी गई है, बल्कि उन पर असहिष्णुता की भावना द्वारा थोपी गई है जो अपनी गंभीरता और हिंसा के कारण मुस्लिम दुनिया के बाहर कहीं भी अज्ञात है और जो सभी के दमन की ओर निर्देशित है। तर्कसंगत सोच जो इस्लाम की शिक्षाओं के विपरीत है। जैसा कि रेनन ने देखा[1]–

इस्लाम आध्यात्मिक और लौकिक का घनिष्ठ मिलन है; यह एक हठधर्मिता का शासन है, यह मानवता द्वारा अब तक झेली गई सबसे भारी श्रृंखला है। एक धर्म के रूप में इस्लाम की अपनी सुंदरता है। लेकिन मानवीय कारण से इस्लामवाद केवल हानिकारक

1. राष्ट्रीयता और अन्य निबंध।

> ही हुआ है। जिन मनों को इसने प्रकाश से बंद कर दिया है, वे निस्संदेह पहले से ही अपनी आंतरिक सीमाओं में बंद थे। लेकिन इसने स्वतंत्र सोच को सताया है, मैं अन्य धर्मों की तुलना में अधिक हिंसक रूप से नहीं, बल्कि अधिक प्रभावशाली ढंग से कहूँगा। उसने देशों को ऐसा बना दिया है कि उसने दिमाग की तर्कसंगत संस्कृति के लिए एक बंद क्षेत्र पर विजय प्राप्त कर ली है। वास्तव में मुसलमान की जो विशेषता है, वह है विज्ञान के प्रति उसकी घृणा, उनका मानना था कि अनुसंधान बेकार है, तुच्छ, लगभग अपवित्र–प्राकृतिक विज्ञान, क्योंकि वे परमेश्वर के साथ प्रतिद्वंद्विता के प्रयास हैं।
>
> ऐतिहासिक विज्ञान, क्योंकि वे इस्लाम से पहले के समय पर लागू होते हैं, वे प्राचीन पाखंडों को पुनर्जीवित कर सकते हैं।
>
> रेनन ने यह कहकर अपनी बात समाप्त की–
>
> "इस्लाम, विज्ञान को एक दुश्मन के रूप में मानता है, केवल सुसंगत है, लेकिन लगातार बने रहना एक खतरनाक चीज है। अपने दुर्भाग्य के लिए इस्लाम सफल रहा है। विज्ञान को मारकर उसने खुद को मार डाला है; और दुनिया में इसकी निंदा एक पूर्ण हीनता के रूप में की जाती है ।"

यह उत्तर स्पष्ट होते हुए भी सच्चा उत्तर नहीं हो सकता। यदि यह सच्चा उत्तर होता, तो हम भारत के बाहर सभी मुस्लिम देशों में चल रही हलचल और उत्तेजना का हिसाब कैसे दे सकते हैं, जहाँ जाँच की भावना, परिवर्तन की भावना और सुधार की इच्छा जीवन के हर क्षेत्र में ध्यान देने योग्य है। दरअसल, तुर्की में जो सामाजिक सुधार हुए हैं, वे सबसे क्रांतिकारी चरित्र के रहे हैं। यदि इस्लाम इन देशों के मुसलमानों के रास्ते में नहीं आया, तो वह भारत के मुसलमानों के रास्ते में क्यों आये? भारत में मुस्लिम समुदाय के सामाजिक और राजनीतिक ठहराव का कोई विशेष कारण होना चाहिए।

वह खास वजह क्या हो सकती है? मुझे ऐसा लगता है कि भारतीय मुसलमानों में परिवर्तन की भावना के अभाव का कारण भारत में उनकी

विशिष्ट स्थिति में खोजा जा सकता है। उसे एक ऐसे सामाजिक परिवेश में रखा गया है जो मुख्यतः हिंदू है। वह हिंदू परिवेश सदैव चुपचाप परंतु निश्चित रूप से उसका अनधिकार प्रवेश कर रहा है। उसे लगता है कि यह उसे परेशान करना है। इस धीरे–धीरे दूर होने से बचने के लिए उसे हर उस चीज को संरक्षित करने पर जोर देने के लिए प्रेरित किया जाता है जो इस्लामी है, बिना इस बात की परवाह किए कि यह उसके समाज के लिए उपयोगी है या हानिकारक। दूसरे, भारत में मुसलमानों को एक ऐसे राजनीतिक माहौल में रखा गया है जो मुख्य रूप से हिंदू है। उसे लगता है कि उसे दबा दिया जाएगा और राजनीतिक दमन मुसलमानों को एक दलित वर्ग बना देगा। यही चेतना है कि उन्हें खुद को सामाजिक और राजनीतिक रूप से हिंदुओं द्वारा डूब जाने से बचाना है, जो मेरे विचार से प्राथमिक कारण है कि भारतीय मुसलमान अपने बाहरी साथियों की तुलना में सामाजिक सुधार के मामले में पिछड़े हैं। उनकी ऊर्जा सीटों और पदों के लिए हिंदुओं के खिलाफ निरंतर संघर्ष बनाए रखने के लिए निर्देशित है जिसमें न तो समय है, न ही विचार और न ही सामाजिक सुधार से संबंधित प्रश्नों के लिए कोई जगह है। और यदि कोई है, तो यह सांप्रदायिक तनाव के दबाव से उत्पन्न इच्छा से दबा हुआ है,

किसी भी कीमत पर अपनी सामाजिक–धार्मिक एकता को बनाए रखते हुए, रैंकों को बंद करना और हिंदुओं तथा हिंदू धर्म के खतरे के लिए एक संयुक्त मोर्चा पेश करना।

भारत के मुस्लिम समुदाय में राजनीतिक ठहराव की व्याख्या भी यही है। मुस्लिम राजनेता जीवन की धर्मनिरपेक्ष श्रेणियों को अपनी राजनीति का आधार नहीं मानते क्योंकि उनके लिए इसका मतलब हिंदुओं के खिलाफ लड़ाई में समुदाय को कमजोर करना है। गरीब मुसलमान अमीरों से न्याय पाने के लिए गरीब हिंदुओं के साथ नहीं जुड़ेंगे। मकान मालिक के अत्याचार को रोकने के लिए मुस्लिम किरायेदार हिंदू किरायेदारों में शामिल नहीं होंगे। पूँजी के खिलाफ मजदूरों की लड़ाई में मुस्लिम मजदूर हिंदू मजदूरों के साथ नहीं आएंगे,

क्यों? उत्तर सीधा है। गरीब मुसलमान देखता है कि अगर वह अमीरों के खिलाफ गरीबों की लड़ाई में शामिल होता है, तो हो सकता है कि वह एक अमीर मुसलमान के खिलाफ लड़ रहा हो। मुस्लिम किरायेदार को लगता है कि अगर वह मकान मालिक के खिलाफ अभियान में शामिल हो गया तो उसे मुस्लिम मकान मालिक के खिलाफ लड़ना पड़ सकता हैस एक मुस्लिम मजदूर को लगता है कि अगर वह पूँजी के खिलाफ श्रम के हमले में शामिल हो जाता है, तो वह एक मुस्लिम मिल–मालिक को घायल कर देगा। वह जानते हैं कि किसी अमीर मुस्लिम, मुस्लिम जमींदार या मुस्लिम मिल–मालिक को कोई भी चोट मुस्लिम समुदाय का अपमान है, क्योंकि इससे वह हिंदू समुदाय के खिलाफ अपने संघर्ष में कमजोर हो जाता है।

मुस्लिम राजनीति किस प्रकार विकृत हो गई है इसका पता भारतीय राज्यों में राजनीतिक सुधारों के प्रति मुस्लिम नेताओं के रवैये से चलता है। मुसलमानों और उनके नेताओं ने हिंदू राज्य कश्मीर में प्रतिनिधि सरकार की शुरुआत के लिए एक बड़ा आंदोलन चलाया। वही मुसलमान और उनके नेता अन्य मुस्लिम राज्यों में प्रतिनिधि सरकारों की शुरूआत का घोर विरोध करते हैं। इस अजीब रवैये की वजह बिल्कुल सीधी है। सभी मामलों में, मुसलमानों के सामने निर्णायक प्रश्न यह है कि इसका हिंदुओं की तुलना में मुसलमानों पर क्या प्रभाव पड़ेगा। यदि प्रतिनिधि सरकार मुसलमानों की मदद कर सकती है, तो वे इसकी माँग करेंगे और इसके लिए लड़ेंगे। कश्मीर राज्य में शासक हिंदू है, लेकिन अधिकांश प्रजा मुस्लिम है। मुसलमानों ने कश्मीर में प्रतिनिधि सरकार के लिए लड़ाई लड़ी, क्योंकि कश्मीर में प्रतिनिधि सरकार का मतलब हिंदू राजा से मुस्लिम जनता को सत्ता का हस्तांतरण था। अन्य मुस्लिम राज्यों में शासक मुस्लिम है लेकिन उनकी अधिकांश प्रजा हिंदू है। ऐसे राज्यों में प्रतिनिधित्व सरकार का मतलब मुस्लिम शासक से हिंदू जनता को सत्ता का हस्तांतरण, और यही कारण है कि मुसलमान एक मामले में प्रतिनिधि सरकार की शुरूआत का समर्थन करते हैं और दूसरे मामले में इसका विरोध करते हैं। मुसलमानों के

साथ हावी होने वाला विचार लोकतंत्र नहीं है। प्रमुख विचार यह है कि बहुसंख्यक शासन वाला लोकतंत्र मुसलमानों को हिंदुओं के खिलाफ उनके संघर्ष में कैसे प्रभावित करेगा। क्या यह उन्हें मजबूत करेगा या यह उन्हें कमजोर करेगा? यदि लोकतंत्र उन्हें कमजोर करेगा तो उनके पास लोकतंत्र नहीं होगा। वे मुस्लिम शासक की हिंदू प्रजा पकड़ को कमजोर करने के बजाय मुस्लिम राज्यों में सड़े हुए राज्य को जारी रखना पसंद करेंगे।

मुस्लिम समुदाय में राजनीतिक और सामाजिक ठहराव को केवल और केवल एक ही कारण से समझाया जा सकता है। मुसलमान सोचते हैं कि हिंदुओं और मुसलमानों को सदैव संघर्ष करते रहना चाहिए। हिंदुओं को मुसलमानों पर अपना प्रभुत्व स्थापित करने के लिए और मुसलमानों को शासक समुदाय के रूप में अपनी ऐतिहासिक स्थिति स्थापित करने के लिए कि इस संघर्ष में ताकतवर जीतेंगे, और ताकत सुनिश्चित करने के लिए उन्हें उन सभी चीजों को दबाना होगा या ठंडे बस्ते में डालना होगा जो उनके रैंकों में असंतोष का कारण बनते हैं।

यदि अन्य देशों के मुसलमानों ने अपने समाज में सुधार का कार्य किया है और भारत के मुसलमानों ने ऐसा करने से इनकार कर दिया है, तो इसका कारण यह है कि दूसरे देश प्रतिद्वंद्वी समुदायों के साथ सांप्रदायिक और राजनीतिक संघर्षों से मुक्त हैं, जबकि दूसरे देश नहीं हैं।

III

ऐसा नहीं है कि रूढ़िवादिता की यह अंधी भावना, जो सामाजिक ढांचे की मरम्मत की जरूरत नहीं समझती, ने केवल मुसलमानों को ही अपनी गिरफ्त में ले रखा है। इसने हिंदुओं को भी अपनी चपेट में ले लिया है। एक समय में हिंदुओं ने यह माना था कि सामाजिक दक्षता के बिना गतिविधि के अन्य क्षेत्रों में स्थायी प्रगति संभव थी, कि, बुरे रीति–रिवाजों से उत्पन्न बुराई के कारण हिंदू समाज दक्षता की स्थिति में नहीं था और इसे मिटाने के लिए निरंतर प्रयास किए जाने चाहिए।

ये बुराइयां इस तथ्य की मान्यता के कारण ही राष्ट्रीय कांग्रेस के जन्म के साथ-साथ सामाजिक सम्मेलन की स्थापना हुई। जहाँ कांग्रेस देश के राजनीतिक संगठन में कमजोर बिंदुओं को परिभाषित करने में लगी हुई थी, वहीं सोशल कॉन्फ्रेंस में कमजोर बिंदुओं को दूर करने हिंदू समाज के सामाजिक संगठन में लगी हुई थी।

कुछ समय के लिए, कांग्रेस और सम्मेलन ने एक ही आम सभा की दो शाखाओं के रूप में काम किया और अपने वार्षिक सत्र एक ही पंडाल में आयोजित किए। लेकिन जल्द ही दोनों दल दो पार्टियों में विकसित हो गए, एक राजनीतिक सुधार पार्टी और एक सामाजिक सुधार पार्टी, जिनके बीच भयंकर विवाद हुआ। राजनीतिक सुधार पार्टी ने राष्ट्रीय कांग्रेस का समर्थन किया और सामाजिक सुधार पार्टी ने सामाजिक सम्मेलन का समर्थन किया। दो निकाय दो शत्रु शिविर बन गये। मुद्दे का मुद्दा यह था कि क्या सामाजिक सुधार राजनीतिक सुधार से पहले होना चाहिए। एक दशक तक सेनाएँ समान रूप से संतुलित रहीं और लड़ाई किसी भी पक्ष की जीत के बिना लड़ी गई। हालांकि, यह स्पष्ट था कि सोशल कॉन्फ्रेंस की किस्मत तेजी से गिर रही थी। सामाजिक सम्मेलन के सत्रों की अध्यक्षता करने वाले सज्जनों ने खेद व्यक्त किया कि अधिकांश शिक्षित हिंदू राजनीतिक उन्नति के पक्ष में थे और सामाजिक सुधार के प्रति उदासीन थे और जबकि कांग्रेस बहुत बड़ी थी और इसके प्रति सहानुभूति रखने वालों की संख्या और भी अधिक थी, सामाजिक सम्मेलन में भाग लेने वालों की संख्या बहुत कम थी। यह तटस्थता, इसके रैंकों में इस गिरावट के बाद जल्द ही स्वर्गीय श्री तिलक जैसे राजनेताओं की ओर से सक्रिय शत्रुता पैदा हो गई। समय के साथ, राजनीतिक सुधार के पक्ष में पार्टी जीत गई और सामाजिक सम्मेलन गायब हो गया और भुला दिया गया।[1] इसके साथ ही हिंदू समाज से सामाजिक सुधार की प्रेरणा भी गायब हो गई। श्री गांधी के नेतृत्व में हिंदू समाज यदि राजनीतिक पागलखाना नहीं बना तो राजनीति के पीछे पागल अवश्य हो गया होता। असहयोग, सविनय

1. अधिक विस्तृत विवरण के लिए, जाति उन्मूलन पर मेरा ट्रैक्ट देखें।

अवज्ञा और स्वराज की पुकार ने वह स्थान ले लिया, जो सामाजिक सुधार एक समय हिंदुओं के मन में था। राजनीतिक आंदोलन के शोर–शराबे में, हिंदुओं को यह भी पता नहीं है कि ऐसी कोई बुराइयां भी हैं जिनका निवारण किया जाना बाकी है। जो लोग इसके प्रति सचेत हैं, वे यह नहीं मानते थे कि सामाजिक सुधार राजनीतिक सुधार जितना महत्त्वपूर्ण है, और जब इसके महत्त्व को स्वीकार करने के लिए मजबूर किया जाता है तो वे तर्क देते हैं कि जब तक राजनीतिक शक्ति पहले हासिल नहीं की जाती तब तक कोई सामाजिक सुधार नहीं हो सकता। राजनीतिक सत्ता हासिल करने के लिए इतने उत्सुक हैं कि वे अधीर भी हैं सामाजिक सुधार के पक्ष में प्रचार के लिए क्योंकि इसका बहुत अर्थ है कि राजनीतिक प्रचार से समय और ऊर्जा की कटौती की गई। एक संवाददाता–श्री गांधी के प्रवक्ता ने राष्ट्रवादियों का दृष्टिकोण बहुत ही उचित रूप से रखा, यदि स्पष्ट रूप से, जब उन्होंने श्री गांधी को पत्र लिखकर कहा[1]–

> "क्या आपको नहीं लगता कि राजनीतिक सत्ता हासिल किए बिना कोई भी बड़ा सुधार हासिल करना असंभव है? वर्तमान आर्थिक संरचना से निपटना होगा? राजनीतिक पुनर्निर्माण के बिना कोई भी पुनर्निर्माण संभव नहीं है और मुझे इन सब चिकनी–चुपड़ी वाली बातों से डर लगता है, संतुलित आहार वगैरह वगैरह तो महज चांदनी है।"

रानाडे के नेतृत्व वाली सोशल रिफॉर्म पार्टी कांग्रेस के लिए मैदान छोड़कर मर गई। हिंदुओं के बीच एक और पार्टी पैदा हो गई है जो कांग्रेस की प्रतिद्वंद्वी भी है। यह हिंदू महासभा है। इसके नाम से कोई भी यह उम्मीद कर सकता है कि यह हिंदू समाज में सुधार लाने वाली संस्था थी। लेकिन यह नहीं है। कांग्रेस के साथ इसकी प्रतिद्वंद्विता का सामाजिक सुधार बनाम राजनीतिक सुधार के मुद्दे से कोई लेना–देना नहीं है। कांग्रेस के साथ उसके झगड़े की जड़ कांग्रेस की मुस्लिम समर्थक नीति है। इसका आयोजन मुस्लिम अतिक्रमण के विरुद्ध हिंदू

1. हरिजन–11 जनवरी 1936।

अधिकारों की रक्षा के लिए किया गया है। इसकी योजना मुसलमानों को एकजुट मोर्चा देने के लिए हिंदुओं को संगठित करना है। हिंदू अधिकारों की रक्षा के लिए गठित एक संस्था के रूप में यह हर समय राजनीतिक गतिविधियों, सीटों और पदों पर नजर रखने लगी है। यह समाज सुधार के बारे में कोई विचार नहीं कर सकती। सभी हिंदुओं का एक संयुक्त मोर्चा बनाने की इच्छुक संस्था के रूप में, यह अपने तत्त्वों के बीच असंतोष पैदा करने का जोखिम नहीं उठा सकती है, जो कि तब होता जब यह सामाजिक सुधार लाने का बीड़ा उठाती। हिंदू रैंक और फाइल को एकजुट करने के लिए, हिंदू महासभा सभी सामाजिक बुराइयों को वैसे ही झेलने के लिए तैयार है जैसे वे हैं। हिंदुओं की एकजुटता के लिए, वह अपने कई अधर्मों और दोषों के बावजूद 1935 के अधिनियम द्वारा तैयार किए गए संघराज्य का स्वागत करने के लिए तैयार है। इसी उद्देश्य से, हिंदू महासभा भारतीय राज्यों को उनके प्रशासन के साथ यथावत बनाए रखने का समर्थन करती है। हैंड्स ऑफ द हिंदू स्टेट्स इसके राष्ट्रपति का युद्धघोष रहा है। ये रवैया मुसलमानों से भी अजीब है। हिंदू राज्यों में प्रतिनिधि सरकार हिंदुओं को नुकसान नहीं पहुँचा सकती। फिर क्यों हिंदू महासभा के अध्यक्ष इसका विरोध करते हैं? शायद क्योंकि इससे मुसलमानों को मदद मिलती है, जिसे वह बर्दाश्त नहीं कर सकते।

IV

अपनी सेनाओं के संरक्षण की यह चिंता हिंदुओं और मुसलमानों को किस हद तक ले जा सकती है, इसे केंद्रीय विधानसभा में 1939 के मुस्लिम विवाह विघटन अधिनियम VIII पर बहस से बेहतर ढंग से चित्रित नहीं किया जा सकता है। 1939 से पहले, कानून यह था कि मुस्लिम कानून के तहत विवाहित पुरुष या महिला के धर्मत्याग ने वास्तव में विवाह को भंग कर दिया था, जिसके परिणामस्वरूप यदि एक विवाहित मुस्लिम महिला ने अपना धर्म बदल लिया, तो वह अपने नए धर्म को मानने वाले व्यक्ति से शादी करने के लिए स्वतंत्र थी। यह

पिछले 60 वर्षों से, किसी भी कीमत पर, पूरे भारत में अदालतों द्वारा लागू किया गया कानून का नियम था।'[1]

इस कानून को 1939 के अधिनियम VIII द्वारा रद्द कर दिया गया था, जिसकी धारा 4 इस प्रकार है:–

> "एक विवाहित मुस्लिम महिला द्वारा इस्लाम का त्याग या इस्लाम के अलावा किसी अन्य धर्म में उसका रूपांतरण उसकी शादी को भंग करने के लिए काम नहीं करेगा।
>
> बशर्ते कि ऐसे त्याग या रूपांतरण के बाद महिला धारा 2 में उल्लिखित किसी भी आधार पर विवाह के विघटन के लिए राजाज्ञा प्राप्त करने की हकदार होगी।
>
> बशर्ते कि इस धारा के प्रावधान किसी अन्य धर्म से इस्लाम में परिवर्तित महिला पर लागू नहीं होंगे जो अपने पूर्व धर्म को फिर से अपनाती है।"

इस अधिनियम के अनुसार, किसी विवाहित मुस्लिम महिला का विवाह उसके दूसरे धर्म में परिवर्तन के कारण भंग नहीं होता है। उसे बस तलाक का अधिकार मिलता है। यह जानना बहुत दिलचस्प है कि धारा 2 तलाक के आधार के रूप में धर्म परिवर्तन या धर्मत्याग का उल्लेख नहीं करती है। कानून का प्रभाव यह है कि एक विवाहित मुस्लिम महिला के पास विवेक की कोई स्वतंत्रता नहीं है और वह हमेशा के लिए अपने पति से बंधी रहती है जिसका धार्मिक विश्वास उसके लिए काफी घृणित हो सकता है।

इस परिवर्तन के समर्थन में जिन आधारों का आग्रह किया गया है वे ध्यान देने योग्य हैं। विधेयक के प्रस्तावक, एम.एल.ए. काजी काजमी ने परिवर्तन के समर्थन में तर्क की एक बहुत ही सरल पंक्ति अपनाई। विधेयक को संदर्भित करने के प्रस्ताव पर अपने भाषण[2] में उन्होंने कहा–

---

1. सबसे पहला सूचित निर्णय उत्त पश्चिमी प्रांत के उच्च न्यायालय द्वारा 1870 में जबरोस्त खान बनाम उनकी पत्नी के मामले में दिया गया था।
2. विधान सभा वाद–विवाद, 1938, खंड–पंचम, पृ. 1098–101.

"धर्मत्याग को इस्लाम में, किसी भी अन्य धर्म की तरह, एक महान अपराध के रूप में माना जाता था, जो लगभग राज्य के खिलाफ अपराध के समान था।

इस्लाम धर्म के लिए यह प्रावधान होना कोई नई बात नहीं है। यदि हम किसी भी देश के पुराने अधिनियमों को देखें तो पाएंगें कि इसी तरह का प्रावधान अन्य संहिताओं में भी मौजूद है। पुरुषों के लिए कड़ी सजा दी गई, मौत की, और महिलाओं के लिए, केवल कारावास की सजा दी गई। यह मुख्य प्रावधान यह था कि क्योंकि यह पाप था, यह अपराध था, इसे दंडित किया जाना था और महिला को पत्नी के रूप में उसके दर्जे से वंचित किया जाना था। उसने न केवल यह रुतबा खोया, बल्कि उसने समाज में अपना सारा रुतबा खो दिया। वह अपनी संपत्ति और नागरिक अधिकारों से भी वंचित थी। लेकिन हम पाते हैं कि 1850 की शुरुआत में ही यहाँ एक अधिनियम पारित किया गया था, जिसे 1850 का जाति विकलांगता निवारण अधिनियम, 1850 का अधिनियम XXI कहा जाता था। इस अधिनियम द्वारा, नागरिक अधिकारों की जब्ती हो सकती थी।

एक महिला पर लगाया गया धर्मत्याग हटा दिया गया है। अब उसकी संपत्ति या उसके उत्तराधिकार के अधिकार या इस तरह की किसी भी चीज की जब्ती नहीं की जा सकती। एकमात्र सवाल यह है कि विधायिका उसकी मदद के लिए आई है, उसने उसे एक निश्चित मात्रा में विचार की स्वतंत्रता दी है, अपनी पसंद के किसी भी धर्म को अपनाने के लिए धर्म की कुछ स्वतंत्रता दी है, और जब्ती खंड को हटा दिया है जिससे वह पीड़ित हो सकती है, और जो उसके विश्वास बदलने पर रोक थी। सवाल यह है कि उसके बाद हम उसकी पत्नी के दर्जे पर प्रतिबंध जारी रखने के कितने हकदार हैं? एक पत्नी के रूप में उसकी स्थिति समाज में कुछ महत्त्व रखती है। वह किसी परिवार से है, उसके बच्चे हैं, उसके अन्य संबंधी भी हैं। यदि उसका मन उदार है, तो वह उसी पुराने धर्म को जारी रखना पसंद नहीं करेगी। यदि वह अपना धर्म बदल लेती है तो हमें अपने आधुनिक विचारों के अनुसार

उस पर यह अतिरिक्त दंड क्यों देना चाहिए कि वह अपने पति की पत्नी नहीं रहेगी। मैं प्रस्तुत करता हूँ, इन दिनों जब हम विचार की स्वतंत्रता और धर्म की स्वतंत्रता की वकालत कर रहे हैं, जब हम विभिन्न समुदायों के बीच अंतर विवाह की वकालत कर रहे हैं, हमारे लिए इस प्रावधान का समर्थन करना असंगत होगा कि केवल विश्वास परिवर्तन या धर्म परिवर्तन धर्म के अनुसार उसके पति की पत्नी के रूप में उसके अधिकार समाप्त हो जायेंगे। इसलिए, आधुनिक दृष्टिकोण से, मुझे यह कहने में कोई झिझक नहीं है कि हम किसी भी तरह से इस विपरीत प्रस्ताव का समर्थन नहीं कर सकते हैं कि धर्मत्याग को उसके पति के साथ उसके रिश्ते को खत्म करने की अनुमति दी जानी चाहिए। लेकिन यह तर्क का केवल एक हिस्सा है।

> ''पारसी विवाह और तलाक अधिनियम, 1936 की धारा 32 इस आशय की है कि एक विवाहित महिला इस आधार पर तलाक के लिए मुकदमा कर सकती है कि प्रतिवादी पारसी नहीं रह गया है।''
>
> इससे दो बातें स्पष्ट होती हैं। पहली है, वह कि यह विघटन का आधार है, किसी धार्मिक विचार या आस्था से गंभीर भावना, क्योंकि, यदि चुनाव के बाद दो साल बीत चुके हैं– संस्करण और यदि अभियोगी आपत्ति नहीं करता है, तो या तो पुरुष या महिला को विवाह विच्छेद के लिए मुकदमा करने का कोई अधिकार नहीं है। दूसरी बात यह है कि अभियोगी को ही शिकायत मिली है कि दूसरे पक्ष ने धर्म परिवर्तन किया है, जिसे विवाह विच्छेद कराने का अधिकार प्राप्त है...इस अधिनियम के अतिरिक्त, अन्य समुदायों के संबंध में हम विवाह बंधन पर धर्म परिवर्तन के प्रभाव का अंदाजा लगा सकते हैं। मूल धर्मांतरित विवाह विच्छेद अधिनियम, 1886 का अधिनियम XXI। यह भारत के सभी समुदायों पर लागू होता है, और यह कानून इस तथ्य को मान्यता देता है कि केवल एक भारतीय का ईसाई धर्म में रूपांतरण विवाह को विघटित नहीं करेगा बल्कि वह उन्हें कानून अदालत में जाने और यह कहने का अधिकार होगा कि दूसरा पक्ष, जिसने धर्म परिवर्तन नहीं किया है,

उसे उसके संबंध में वैवाहिक कर्तव्यों का पालन करना होगा... फिर उन्हें एक वर्ष का समय दिया जाता है और न्यायाधीश निर्देश देते हैं कि उन्हें अपने वैवाहिक रिश्ते को फिर से शुरू करने के लिए प्रेरित करने के लिए कुछ अन्य व्यक्तियों की उपस्थिति में एक–दूसरे के साथ साक्षात्कार करना होगा, और यदि वे सहमत नहीं हैं, तो परित्याग के आधार पर विवाह को भंग कर दिया जाएगा। इसमें कोई संदेह नहीं है कि विवाह विच्छेद हो जाता है, लेकिन विश्वास परिवर्तन के आधार पर नहीं... इसलिए, भारत में प्रत्येक समुदाय को यह स्वीकृत सिद्धांत मिला है कि किसी अन्य धर्म में धर्म परिवर्तन करने से विवाह विच्छेद नहीं हो सकता।"

विधानसभा के एक अन्य मुस्लिम सदस्य और विधेयक के नायक सैयद गुलाम बिख नायरंग बेहद स्पष्टवादी थे।[1]

विधेयक के सिद्धांत के समर्थन में उन्होंने कहा–"बहुत लंबे समय से ब्रिटिश भारत में अदालतें बिना किसी आरक्षण और योग्यता के सभी परिस्थितियों में धर्मत्याग को बिना किसी न्यायिक कार्यवाही, अदालत के किसी आज्ञप्ति या किसी अन्य समारोह के विवाहित राज्य को स्वचालित रूप से और तुरंत समाप्त कर देती हैं। यह वह स्थिति है जिसे न्यायालयों ने अपनाया था। अब, इस बिंदु पर हनफी न्यायविदों के तीन अलग–अलग विचार हैं। एक दृष्टिकोण जो बुखारा न्यायविदों का है, उसे अपनाया गया और वह भी पूरी तरह से नहीं, बल्कि जिसे मैं कह सकता हूँ, विकृत और अपंग स्थिति में अपनाया गया। बुखारा का वह दृष्टिकोण श्री काजमी और कुछ अन्य वक्ताओं द्वारा पहले ही कहा जा चुका है। बुखारा के न्यायविदों का कहना है कि विवाह धर्मत्याग से भंग हो जाता है। वास्तव में, मुझे यह कहने में अधिक सटीक होना चाहिए कि मुझे इसके लिए अधिकार मिल गया है बोखारा के दृष्टिकोण के अनुसार, यह भंग नहीं है बल्कि निलंबित है। विवाह निलंबित कर दिया गया है

1. विधान सभा वाद–विवाद, 1938, खंड–पंचम, पीपी. 1953–55.

लेकिन पत्नी को तब तक हिरासत में या कारावास में रखा जाता है जब तक कि वह पश्चाताप नहीं करती और फिर से इस्लाम स्वीकार नहीं कर लेती, और फिर उसे उस पति से शादी करने के लिए प्रेरित किया जाता है, जिसके विवाह को केवल निलंबित किया गया था, समाप्त नहीं किया गया या रद्द नहीं किया गया। दूसरा दृष्टिकोण यह है कि धर्मत्याग पर एक विवाहित मुस्लिम महिला अपने पति की पत्नी नहीं रहती बल्कि उसकी बंधुआ महिला बन जाती है। एक दृष्टिकोण, जो इस दृष्टिकोण का एक उपप्रमेय है, वह यह है कि वह आवश्यक रूप से अपने पूर्व पति की बँधुआ महिला नहीं है, बल्कि वह पूरे मुस्लिम समुदाय की बँधुआ महिला बन जाती है और कोई भी उसे काम पर रख सकता है। उसे एक बंधी हुई महिला के रूप में तीसरा नजरिया उलेमा का है।

समरकंद और बल्ख, यह है कि विवाह बंधन इस तरह के धर्मत्याग से प्रभावित नहीं होता है और महिला अभी भी पति की पत्नी बनी रहती है। ये तीन मत हैं पहले दृष्टिकोण का एक भाग, बोखारा दृष्टिकोण, उस भाग पर आधारित निर्णयों के बाद न्यायालयों और निर्णयों द्वारा अपने अधिकार में ले लिया गया।

"यह सदन अच्छी तरह से जानता है कि केवल इस अकेले मामले में ही न्यायिक त्रुटि को कानून द्वारा ठीक करने की माँग नहीं की गई है, बल्कि कई अन्य मामलों में भी न्यायिक त्रुटियाँ या न्यायिक राय का टकराव या कानून की अनिश्चितताएं और अस्पष्टताएं हुई हैं। न्यायिक दृष्टिकोण की त्रुटियों को लगातार कानून द्वारा ठीक किया जा रहा है। इस विशेष मामले में एक के बाद एक त्रुटियां हुई हैं और त्रुटियों की एक त्रासदी हुई है। मुझे उन फैसलों को दिखाने के लिए प्रश्न पूछना है। निश्चित रूप से, यह महसूस किया जाना चाहिए कि इसका कोई जवाब नहीं है मेरे विधेयक में कहा गया है कि चूँकि उच्च न्यायालयों ने मेरे खिलाफ फैसला किया है, इसलिए मुझे इस सदन में आकर इस तरह या उस तरह से कानून बनाने के लिए कहने का कोई काम नहीं है।"

परिवर्तन की गहनता को ध्यान में रखते हुए, इसके समर्थन में दिए गए तर्क वास्तव में बहुत ही अप्रासंगिक थे। श्री काजमी यह समझने में असफल रहे कि यदि पारसियों, ईसाइयों और मुसलमानों से संबंधित तलाक कानून के बीच कोई अंतर था, तो एक बार जब यह स्थापित हो जाता है कि रूपांतरण वास्तविक है, तो मुस्लिम कानून पारसी और ईसाई कानून से पहले था और इसके बजाय मुस्लिम कानून को पीछे छोड़ते हुए पारसी और ईसाई कानून को आगे बढ़ाना उचित होगा। श्री नायरंग यह पूछने के लिए नहीं रुके कि, यदि मुस्लिम न्यायविदों के बीच उस विचार के अलग–अलग स्कूल थे, तो क्या मुस्लिम महिलाओं की स्वतंत्रता को मान्यता देने वाले अधिक प्रबुद्ध दृष्टिकोण को अपनाना न्याय के अनुरूप नहीं था। इसे उस बर्बर व्यक्ति से बदलें जिसने उसे एक बंधन–महिला बना दिया।

जो भी हो, कानूनी दलीलों का परिवर्तन के अंतर्निहित वास्तविक उद्देश्य के साथ कोई लेना–देना नहीं था। असली मकसद महिलाओं के विदेशी धर्मों में अवैध रूपांतरण को रोकना था, इसके बाद किसी के साथ तुरंत और जल्दबाजी में शादियाँ की गईं। जिस आस्था को ध्यान में रखते हुए वह इसमें शामिल हुई है, उसका दावा करते हुए उसे नए समुदाय में बंद करना और उसे जाने से रोकना। वापस उस समुदाय में जिससे वह मूल रूप से संबंधित थी। मुस्लिम महिलाओं का हिंदू धर्म में परिवर्तन और हिंदू महिलाओं को इस्लाम में सामाजिक और राजनीतिक दृष्टिकोण से देखा जाता है जबरदस्त परिणामों से भरा हुआ नहीं हो सकता। इसका मतलब है दो समुदायों के बीच संख्यात्मक संतुलन में गड़बड़ी। जैसे स्त्रियों के अपहरण से उपद्रव हो रहा था।

यह नजरअंदाज नहीं किया जा सकता। क्योंकि महिला एक ही समय में राष्ट्रवाद के लिए बीज–बिछौना और गर्म–घर है,[1] जिस हद तक पुरुष कभी नहीं हो सकता। इसलिए महिलाओं के इन धर्मांतरण और उनके बाद के विवाहों को हिंदुओं द्वारा किए जाने वाले अत्याचारों

1. राष्ट्रीय स्तर पर प्रतिभागियों में महिलाओं की भूमिका पर ध्यान नहीं दिया जा रहा है। राष्ट्रीयता पर निबंध में इस बिंदु पर रेनन की टिप्पणियाँ देखें।

की एक शृंखला के रूप में माना जाता था, और यह सही भी है। अपनी सापेक्ष संख्यात्मक ताकत में बदलाव लाने के उद्देश्य से मुसलमानों के खिलाफ और मुसलमानों द्वारा हिंदुओं के खिलाफ। महिलाओं को उठाने की यह घृणित प्रथा मवेशियों को उठाने की तरह ही आम हो गई थी और, सांप्रदायिक संतुलन के लिए स्पष्ट खतरे के कारण, इसे रोकने के प्रयास किए जाने थे। इस कानून के पीछे यही असली कारण था, यह अधिनियम के दो प्रावधानों से लेकर धारा 4 तक देखा जा सकता है। परंतु 1 में हिंदुओं ने मुसलमानों को स्वीकार किया कि यदि वे एक ऐसी महिला का धर्म परिवर्तन करते हैं जो मूल रूप से मुस्लिम थी तो वह धर्म परिवर्तन के बावजूद अपने पूर्व मुस्लिम पति से बंधी रहेगी। परंतु 2 के अनुसार मुसलमान हिंदुओं को यह स्वीकार करते हैं कि यदि वे एक हिंदू विवाहित महिला का धर्म परिवर्तन करते हैं और उसकी शादी एक मुसलमान से होती है, तो उसका विवाह भंग माना जाएगा यदि वह इस्लाम छोड़ देती है और वह अपने हिंदू धर्म में लौटने के लिए स्वतंत्र होगी। इस प्रकार कानून में बदलाव के पीछे संख्यात्मक संतुलन बनाए रखने की इच्छा है और इसी उद्देश्य के लिए महिलाओं के अधिकारों का बलिदान दिया गया।

इस अस्वस्थता की दो अन्य विशेषताएं हैं जिन पर पर्याप्त रूप से ध्यान नहीं दिया गया है।

ऐसी ही एक विशेषता ईर्ष्या है जिसके साथ उनमें से एक अपनी सामाजिक व्यवस्था में दूसरे द्वारा किए गए किसी भी सुधार को देखता है। यदि इस तरह के सुधार का प्रभाव इसे प्रतिरोध के लिए ताकत बढ़ाना है, तो यह तुरंत शत्रुता पैदा करता है।

स्वामी श्रद्धानंद एक बहुत ही दिलचस्प घटना बताते हैं जो इस दृष्टिकोण को अच्छी तरह से दर्शाती है। लिबरेटर[1] में अपनी यादें लिखते हुए, उन्होंने इस घटना का उल्लेख किया है। वे कहते हैं–

"श्री रानाडे वहाँ थे उस सामाजिक सम्मेलन का मार्गदर्शन करने के लिए, जिसे पहली और आखिरी बार राष्ट्रीय की उपाधि दी गई थी।

1. 26 अप्रैल 1926.

यह शुरू से ही एक हिंदू सम्मेलन था। जीवन के सभी क्षेत्रों में एकमात्र मुस्लिम प्रतिनिधि जो शामिल हुआ नेशनल सोशल कॉन्फ्रेंस बरेली के मुफ्ती साहब थे। अच्छा सम्मेलन शुरू हुआ।''

जब प्रस्ताव बाल–विधवाओं के पुनर्विवाह के पक्ष में प्रस्ताव एक हिंदू प्रतिनिधि और मेरे द्वारा स्थानांतरित किया गया था। सनातनवादी पंडितों ने इसका विरोध किया। तब मुफ्ती ने बोलने की इजाजत माँगी। दिवंगत बैजनाथ ने मुफ्ती साहब से कहा कि चूँकि प्रस्ताव केवल हिंदुओं से संबंधित है, इसलिए उन्हें बोलने की जरूरत नहीं है। इस पर मुफ्ती भड़क गए।

"राष्ट्रपति के लिए कोई बचाव का रास्ता नहीं बचा था और मुफ्ती साहब को अपनी बात रखने की अनुमति दी गई थी। मुफ्ती साहब का तर्क था कि चूंकि हिंदू शास्त्र पुनर्विवाह की अनुमति नहीं देते हैं, इसलिए इसके लिए दबाव डालना पाप है। फिर, जब पुनः धर्मांतरण के बारे में प्रस्ताव आया जो लोग ईसाई और मुसलमान बन गए थे, मुफ्ती साहब ने आग्रह किया कि जब कोई व्यक्ति हिंदू धर्म छोड़ दे तो उसे वापस आने की अनुमति नहीं दी जानी चाहिए।"

एक अन्य उदाहरण अछूतों की समस्या के प्रति मुसलमानों का रवैया होगा। मुसलमान हमेशा दलित वर्गों को लालसा की दृष्टि से देखते रहे हैं और हिंदुओं और मुसलमानों के बीच अधिकांश ईर्ष्या दलित वर्गों के डर से पैदा होती है कि दलित वर्गों को आत्मसात करने से दलित मजबूत हो सकते हैं। 1909 में मुसलमानों ने यह सुझाव देने का साहसिक कदम उठाया कि दलित वर्गों को जनगणना में हिंदू के रूप में नामांकित नहीं किया जाना चाहिए। 1923 में श्री मुहम्मद अली ने कांग्रेस के अध्यक्ष के रूप में अपने संबोधन में 1909 में मुसलमानों द्वारा अपनाई गई स्थिति से कहीं आगे निकल गए। उन्होंने कहा–

"अलम्स और पीपल, पेड़ों और संगीत जुलूसों के बारे में झगड़े वास्तव में बचकाने हैं लेकिन एक सवाल है जो आसानी से अमित्र कार्रवाई की शिकायत के लिए आधार तैयार कर सकता है अगर

सांप्रदायिक गतिविधियों को सौहार्दपूर्ण ढंग से समायोजित नहीं किया जाता है। यह दमित लोगों के धर्म परिवर्तन का सवाल है वर्ग, यदि हिंदू समाज उन्हें शीघ्रता से आत्मसात नहीं करता है। ईसाई मिशनरी पहले से ही व्यस्त है और कोई भी उससे झगड़ा नहीं करता है। लेकिन जैसे ही कुछ मुस्लिम मिशनरी सोसायटी उसी उद्देश्य के लिए संगठित होती है, हिंदू प्रेस में आक्रोश होने की पूरी संभावना है मुझे एक प्रभावशाली और धनी सज्जन व्यक्ति, जो दमित वर्गों के धर्मांतरण के लिए बड़े पैमाने पर एक मिशनरी सोसायटी का आयोजन करने में सक्षम है, ने सुझाव दिया है कि प्रमुख हिंदू सज्जनों के साथ समझौता करना और विभाजन करना संभव होना चाहिए। देश को अलग–अलग क्षेत्रों में विभाजित किया गया जहाँ हिंदू और मुस्लिम मिशनरी क्रमशः काम कर सकते थे, प्रत्येक समुदाय प्रत्येक वर्ष के लिए तैयारी कर रहे थे, या यदि आवश्यक हो तो समय की लंबी इकाई के लिए, उन संख्याओं का अनुमान लगाया जा सकता है जिन्हें वह अवशोषित करने या परिवर्तित करने के लिए तैयार है। ये अनुमान, निश्चित रूप से, श्रमिकों की संख्या और प्रत्येक को छोड़े गए धन पर आधारित होंगे, और पिछली अवधि के वास्तविक आंकड़ों द्वारा परीक्षण किए जाएंगे। इस तरह प्रत्येक समुदाय एक दूसरे के साथ टकराव की संभावना के बिना अवशोषण और रूपांतरण, या बल्कि सुधार का कार्य करने के लिए स्वतंत्र होगा। मैं कह नहीं सकता कि मेरे हिंदू भाई इसे किस दृष्टि से लेंगे और मैं इस सुझाव को पूरी स्पष्टता और ईमानदारी से उनके सामने रखता हूँ। मैं अपने बारे में केवल इतना ही कहता हूँ कि मैंने बड़ौदा राज्य में काली प्रजा और मध्य प्रांत में गोंडों की स्थिति देखी है और मैं स्पष्ट रूप से स्वीकार करता हूँ कि यह हम सभी के लिए तिरस्कार है। यदि हिंदू उन्हें अपने समाज में शामिल नहीं करेंगे, तो अन्य लोग भी ऐसा करेंगे और करना ही होगा, और तब रूढ़िवादी हिंदू भी उनके साथ अछूतों के रूप में व्यवहार करना बंद कर देंगे। ऐसा प्रतीत होता है कि

रूपांतरण उन्हें एक मजबूत कीमिया द्वारा परिवर्तित कर देता है।
लेकिन क्या इससे रूपांतरण पर कोई अधिशुल्क नहीं लगता?"

दूसरी विशेषता वह "तैयारियाँ" है जो मुसलमान और हिंदू एक–दूसरे के खिलाफ बिना किसी रोक–टोक के कर रहे हैं। ये दो शत्रु देशों के बीच हथियारों की होड़ की तरह है। यदि हिंदुओं के पास बनारस विश्वविद्यालय है, तो मुसलमानों के पास अलीगढ़ विश्वविद्यालय अवश्य होना चाहिए। यदि हिंदू शुद्धि आंदोलन शुरू करते हैं, तो मुसलमानों को तबलीग आंदोलन शुरू करना होगा। यदि हिंदू संगठन शुरू करते हैं, तो मुसलमानों को तंजीम द्वारा इसका सामना करना होगा। यदि हिंदुओं के पास आर.एस.एस.[1] है, तो मुसलमानों को खाकसारों[2] को संगठित करके जवाब देना चाहिए। सामाजिक आयुध और उपकरणों की यह दौड़ युद्ध पथ पर चल रहे राष्ट्रों की दृढ़ संकल्प और आशंका की विशेषता के साथ चलती है। मुसलमानों को डर है कि हिंदू उन्हें अपने अधीन कर रहे हैं। हिंदुओं को लगता है कि मुसलमान उन्हें फिर से जीतने में लगे हुए हैं। ऐसा प्रतीत होता है कि दोनों युद्ध की तैयारी कर रहे हैं और प्रत्येक दूसरे की "तैयारियों" पर नजर रख रहा है।

ऐसी स्थिति अशुभ ही हो सकती है। यह एक दुष्ट घेरा है। अगर हिंदू खुद को मजबूत बनाते हैं तो मुसलमान खतरा महसूस करते हैं। मुसलमान अपनी सेना बढ़ाने का प्रयास करते हैं खतरे का सामना करने के लिए और फिर हिंदुओं को बराबरी के लिए वैसा ही करना चाहिए। जैसे–जैसे तैयारी आगे बढ़ती है, वैसे–वैसे संदेह बढ़ता जाता है, गोपनीयता, और साजिश। शांतिपूर्ण की संभावनाएं समायोजन को स्रोत पर ही विषाक्त कर दिया जाता है और ठीक इसी कारण से हर कोई डर रहा है और इसके लिए तैयारी कर रहा है कि "युद्ध" दोनों अपरिहार्य बीच में हो होगा। लेकिन स्थिति जिसमें वे स्वयं को पाते हैं, हिंदुओं और मुसलमानों के लिए पाते है किसी भी चीज में भाग न लेना,

1. संक्षिप्त रूप जो एक हिंदू स्वयंसेवक है।
2. खाकसार एक मुस्लिम स्वयंसेवी दल है।

सिवाय खुद को मिलने के लिए तैयार करने के एक दूसरे की चुनौती, बिल्कुल स्वाभाविक है। यह अस्तित्त्व और मुद्दे के लिए संघर्ष है। जो मायने रखता है, वह अस्तित्त्व है, न कि जीवित रहने की गुणवत्ता या स्तर।

कहा जाना चाहिए कि इस चर्चा से दो बातें निकलकर सामने आईं। एक तो यह कि हिंदू और मुसलमान एक–दूसरे को खतरा मानते हैं। दूसरा यह कि इस खतरे से निपटने के लिए दोनों ने उन सामाजिक बुराइयों को दूर करने का काम स्थगित कर दिया है, जिनसे वे ग्रस्त हैं। क्या यह एक वांछनीय स्थिति है? यदि ऐसा नहीं है तो इसे कैसे खत्म किया जा सकता है?

कोई यह नहीं कह सकता कि सामाजिक सुधार की समस्याओं को किनारे रख देना एक वांछनीय स्थिति है। जहाँ कहीं भी सामाजिक बुराइयाँ हैं, राजनीतिक निकाय के स्वास्थ्य के लिए आवश्यक है कि उन्हें पीड़ा और अन्याय का प्रतीक बनने से पहले ही हटा दिया जाए। क्योंकि ये सामाजिक और आर्थिक बुराइयां ही हैं जो हर जगह क्रांति या पतन की जनक हैं। क्या सामाजिक सुधार राजनीतिक सुधार से पहले होना चाहिए या राजनीतिक सुधार सामाजिक सुधार से पहले होना चाहिए, यह विवाद का विषय हो सकता है। लेकिन इस सवाल पर कोई दो राय नहीं हो सकती कि राजनीतिक सत्ता का एकमात्र उद्देश्य इसका उपयोग सामाजिक और आर्थिक सुधार के लिए किया जा सकता है। राजनीतिक सत्ता के लिए संपूर्ण संघर्ष एक निरर्थक और बेकार प्रयास होगा यदि यह इस भावना से उचित नहीं है कि, राजनीतिक सत्ता की चाहत के कारण, तत्काल और भयावह सामाजिक बुराइयाँ समाज के जीवन को खा रही हैं और इसे नष्ट कर रही हैं। लेकिन मान लीजिए कि हिंदू और मुसलमान किसी तरह राजनीतिक सत्ता पर कब्जा कर लेते हैं, तो क्या उम्मीद है कि वे इसका उपयोग सामाजिक सुधार के उद्देश्यों के लिए करेंगे? इस संबंध में शायद ही कोई उम्मीद हो जब तक हिंदू और मुसलमान एक–दूसरे को खतरा मानते रहेंगे, उनका ध्यान इस खतरे से निपटने की तैयारियों में ही लगा

रहेगा। मुसलमानों द्वारा हिंदुओं के खिलाफ और हिंदुओं द्वारा मुसलमानों के खिलाफ एक साझा मोर्चे की जरूरतें सामाजिक बुराइयों पर चुप्पी की साजिश को जन्म देती हैं और उत्पन्न करने के लिए बाध्य हैं। न तो मुसलमान और न ही हिंदू उन पर ध्यान देंगे, बुराइयां घाव भर रही हैं और उन पर तत्काल ध्यान देने की आवश्यकता है, इसका सीधा–सा कारण यह है कि वे सामाजिक सुधार के हर उपाय को असंतोष और विभाजन पैदा करने के लिए बाध्य मानते हैं और इस तरह रैंकों को कमजोर करते हैं जबकि उन्हें दूसरे समुदाय के खतरे से निपटने के लिए बंद कर देना चाहिए। यह स्पष्ट है कि जब तक एक समुदाय दूसरे को खतरे के रूप में देखता रहेगा तब तक सामाजिक प्रगति न होने तथा रूढ़िवादिता की भावना दोनों के विचारों एवं कार्यों पर हावी रहेगी।

यह खतरा कब तक रहेगा? यह निश्चित है कि जब तक हिंदुओं और मुसलमानों को एक ही संविधान के तहत एक देश के सदस्यों के रूप में रहना होगा। क्योंकि, यह एकल संविधान का डर है जिससे संतुलन के स्थानांतरित होने की संभावना है क्योंकि कोई भी चीज मूल रूप से संविधान द्वारा निर्धारित बिंदु पर संतुलन नहीं रख सकती है – जो हिंदुओं को मुसलमानों के लिए और मुसलमानों को हिंदुओं के लिए खतरा बनाती है। हिंदू यदि ऐसा है तो पाकिस्तान ही इसका स्पष्ट उपाय है। यह निश्चित रूप से उस मुख्य स्थिति को हटा देता है जो खतरे को जन्म देती है। पाकिस्तान हिंदुओं और मुसलमानों दोनों को एक–दूसरे की गुलामी और अतिक्रमण के डर से मुक्त करता है। यह पाकिस्तान और हिंदुस्तान, प्रत्येक के लिए एक अलग संविधान प्रदान करके, उस आधार को हटा देता है जो दैनिक जीवन में शक्ति संतुलन बनाए रखने के लिए इस सतत संघर्ष का कारण बनता है और उन्हें उन महत्त्वपूर्ण मामलों को हाथ में लेने के लिए स्वतंत्र करता है। तात्कालिक सामाजिक महत्त्व की चीजें जिन्हें वे अब ठंडे बस्ते में डालने और अपने लोगों के जीवन में सुधार करने के लिए मजबूर हैं, जो आखिरकार स्वराज के लिए इस लड़ाई का मुख्य उद्देश्य है।

ऐसी किसी व्यवस्था के बिना, हिंदू और मुसलमान ऐसे कार्य और प्रतिक्रिया करेंगे जैसे कि वे दो राष्ट्र हों, एक को दूसरे द्वारा जीत लिये जाने का डर हो। आक्रामकता की तैयारी को हमेशा सामाजिक सुधार पर प्राथमिकता दी जाएगी, ताकि जो सामाजिक ठहराव आ गया है वह जारी रहे। यह बिल्कुल स्वाभाविक है और इस पर किसी को आश्चर्यचकित होने की जरूरत नहीं है। जैसा कि बर्नार्ड शॉ ने बताया–

> एक विजित राष्ट्र कैंसर से पीड़ित व्यक्ति की तरह होता है वह किसी और चीज के बारे में नहीं सोच सकता एक स्वस्थ राष्ट्र अपनी राष्ट्रीयता के प्रति उतना ही अचेत होता है जितना कि एक स्वस्थ मनुष्य अपनी हड्डियों के बारे में। लेकिन यदि आप किसी राष्ट्र की राष्ट्रीयता को तोड़ते हैं, तो वह क्या सोचेगा इसे फिर से स्थापित करने के अलावा और कुछ नहीं। यह किसी सुधारक, किसी दार्शनिक, किसी उपदेशक की बात तब तक नहीं सुनेगा जब तक कि राष्ट्रवादी की माँग पूरी नहीं हो जाती। यह एकीकरण और मुक्ति के व्यवसाय को छोड़कर किसी भी व्यवसाय में भाग नहीं लेगा, चाहे वह कितना भी महत्त्वपूर्ण क्यों न हो।

जब तक हिंदुओं से अलग होने की इच्छा रखने वाले मुसलमानों का एकीकरण नहीं होता और जब तक उनमें से प्रत्येक को एक–दूसरे पर प्रभुत्व के भय से मुक्ति नहीं मिलती, तब तक इसमें कोई संदेह नहीं है कि सामाजिक जड़ता की यह बीमारी ठीक नहीं होगी।

अध्याय – 11

सांप्रदायिक आक्रामकता

यहाँ तक कि एक सतही पर्यवेक्षक भी यह पर्यवेक्षण करने से नहीं चूक सकता कि मुसलमानों के प्रति हिंदुओं के रवैये और हिंदुओं के प्रति मुसलमानों के रवैये में आक्रामकता की भावना स्थापित करना है। हिंदू की आक्रामकता की भावना एक नया चरण है जिसे उसने अभी विकसित करना शुरू किया है। मुसलमानों की आक्रामकता की भावना उनकी मूल संपत्ति है और हिंदू की तुलना में प्राचीन है। ऐसा नहीं है कि अगर समय दिया जाए तो हिंदू मुस्लिम को नहीं पकड़ेगा। लेकिन आज स्थिति यह है कि आक्रामकता की इस भावना के प्रदर्शन में मुसलमान हिंदू को बहुत पीछे छोड़ देता है।

सांप्रदायिक दंगों से संबंधित अध्याय में मुसलमानों की सामाजिक आक्रामकता के बारे में काफी कुछ कहा जा चुका है। मुसलमानों की राजनीतिक आक्रामकता के बारे में संक्षेप में बात करना जरूरी है। इसके लिए राजनीतिक आक्रामकता ने एक ऐसी अस्वस्थता पैदा कर दी है जिसे नजरअंदाज नहीं किया जा सकता।

मुसलमानों की इस राजनीतिक आक्रामकता के बारे में तीन बातें ध्यान देने योग्य हैं।

सबसे पहले मुसलमानों की राजनीतिक माँगों की बढ़ती तालिका है। इनकी उत्पत्ति वर्ष 1892 से होती है।

1885 में भारतीय राष्ट्रीय कांग्रेस की स्थापना हुई। इसकी शुरुआत

स्वशासन से अलग अच्छी सरकार की माँग के साथ हुई। इस माँग के जवाब में ब्रिटिश सरकार ने 1861 के अधिनियम के तहत स्थापित प्रांतीय और केंद्रीय विधायी परिषदों की प्रकृति को बदलने की आवश्यकता महसूस की। कांग्रेस आंदोलन के उस शुरुआती चरण में, ब्रिटिश सरकार को ऐसा करने की आवश्यकता महसूस नहीं हुई। उन्हें पूर्णतः लोकप्रिय बनायें। इसने उन्हें एक लोकप्रिय रंग देने के लिए पर्याप्त समझा। तदनुसार ब्रिटिश संसद ने 1892 में जिसे भारतीय परिषद् अधिनियम कहा जाता है, उसको पारित किया। यह अधिनियम दो बातों के लिए स्मरणीय है। 1892 के इसी अधिनियम में ब्रिटिश सरकार ने पहली बार लोकप्रिय सिद्धांत की झलक स्वीकार की।

भारत में विधानमंडलों के गठन के आधार के रूप में प्रतिनिधित्व की। यह चुनाव का कोई सिद्धांत नहीं था। यह नामांकन का एक सिद्धांत था, केवल यह इस आवश्यकता से योग्य था कि नामांकन से पहले एक व्यक्ति को महत्त्वपूर्ण सार्वजनिक निकायों जैसे नगर पालिकाओं, जिला समितियो, विश्वविद्यालयों और व्यापारियों के संघों आदि द्वारा चुना जाना चाहिए। दूसरे, यह कानून में था– इस अधिनियम के तहत गठित कानूनों में मुसलमानों के लिए अलग प्रतिनिधित्व का सिद्धांत पहली बार भारत के राजनीतिक संविधान में पेश किया गया था।

इस सिद्धांत का परिचय रहस्य में डूबा हुआ है। यह एक रहस्य है क्योंकि इसे इतनी चुपचाप और इतनी चोरी छिपे पेश किया गया था। पृथक प्रतिनिधित्व के सिद्धांत को अधिनियम में जगह नहीं मिलती है। अधिनियम इसके बारे में कुछ नहीं कहता है। यह निर्देशों में था। लेकिन अधिनियम में नहीं उन लोगों के लिए जारी किया गया था, जिन पर उन वर्गों और हितों के लिए नियम बनाने का कर्तव्य था, जिन्हें प्रतिनिधित्व दिया जाना था, कि मुसलमानों को एक वर्ग के रूप में नामित किया गया था।

यह एक रहस्य है कि इसकी शुरुआत के लिए कौन जिम्मेदार था। पृथक् प्रतिनिधित्व की यह योजना किसी संगठित मुस्लिम संघ द्वारा रखी गई किसी माँग का परिणाम नहीं थी। फिर इसकी उत्पत्ति किसमें

हुई? यह सुझाव दिया जाता है[1] कि इसकी शुरुआत वायसराय, लॉर्ड डफरिन से हुई, जिन्होंने वर्ष 1888 में, विधान परिषदों में प्रतिनिधित्व के सवाल से निपटते समय, इस आवश्यकता पर जोर दिया था कि भारत में प्रतिनिधित्व होना चाहिए, न कि जिस तरह से इंग्लैंड में प्रतिनिधित्व सुरक्षित है, लेकिन रुचि द्वारा प्रतिनिधित्व जिज्ञासा एक और प्रश्न की ओर ले जाती है, अर्थात् लॉर्ड डफरिन को ऐसी योजना का प्रस्ताव देने के लिए क्या प्रेरित किया होगा? यह सुझाव दिया गया है[2] कि यह विचार[3] मुसलमानों को कांग्रेस से दूर करने के लिए था जो तीन साल पहले ही शुरू हो चुका था। जो भी हो, यह निश्चित है कि इस अधिनियम के द्वारा मुसलमानों के लिए अलग प्रतिनिधित्व पहली बार भारतीय संविधान की विशेषता बन गया। हालांकि, यह ध्यान दिया जाना चाहिए कि न तो अधिनियम न ही विनियमों ने मुस्लिम समुदाय को चयन का कोई अधिकार दिया, न ही अधिनियम ने मुस्लिम समुदाय को निश्चित संख्या में सीटों का दावा करने का अधिकार दिया। उसने जो कुछ किया वह मुसलमानों को अलग प्रतिनिधित्व का अधिकार देना था।

हालांकि, शुरुआत में, अलग प्रतिनिधित्व का सुझाव अंग्रेजों की ओर से आया, लेकिन मुसलमान अलग राजनीतिक अधिकारों के सामाजिक मूल्य की सराहना करने से नहीं चूके, जिसका परिणाम यह हुआ कि जब 1909 में मुसलमानों को पता चला कि अगला कदम विधान परिषदों के सुधार पर विचार किया गया।[4] उन्होंने अपनी

---

1. प्रथम आर.टी.सी. की अल्पसंख्यक उप–समिति में सर मुहम्मद शाफी का भाषण देखें। (भारतीय संस्करण), पृ. 57.
2. राजा नरेंद्रनाथ का भाषण देखें, वही, पृ. 65.
3. सर सैयद अहमद ने मुसलमानों को पहले ही दो भाषणों में कांग्रेस में शामिल न होने के लिए कहा था, एक 28 दिसंबर 1887 को लखनऊ में दिया गया था, और दूसरा 16 मार्च 1888 को मेरठ में दिया गया था। श्री मोहम्मद अली ने अपने अध्यक्षीय भाषण में उनके बारे में ऐतिहासिक भाषण के रूप में बताया था।
4. श्री मुहम्मद अली ने कांग्रेस के अध्यक्ष के रूप में अपने भाषण में कहा कि यह प्रतिनियुक्ति एक "आदेश प्रदर्शन" था।

स्वेच्छा से वायसराय लॉर्ड मिंटो की प्रतिनियुक्ति की प्रतीक्षा की और उनके समक्ष निम्नलिखित माँगें रखीं–

(i) जिला और नगरपालिका बोर्डों पर उनका संख्यात्मक बलों, सामाजिक स्थिति और स्थानीय प्रभाव के अनुसार सांप्रदायिक प्रतिनिधित्व हो।

(ii) विश्वविद्यालयों के शासी निकायों में मुसलमान प्रतिनिधित्व का आश्वासन हो।

(iii) प्रांतीय परिषदों में सांप्रदायिक प्रतिनिधित्व, चुनाव विशेष निर्वाचक मंडलों द्वारा किया जाता है जो मुसलमान जमींदारों, वकीलों, व्यापारियों और अन्य महत्त्वपूर्ण हितों के प्रतिनिधियों, एक निश्चित स्थिति के विश्वविद्यालय के स्नातकों और जिला और नगरपालिका बोर्डों के सदस्यों से बने होते हैं।

(iv) इंपीरियल विधान परिषद् में मुस्लिम प्रतिनिधियों की संख्या उनकी संख्यात्मक ताकत पर निर्भर नहीं होनी चाहिए, और मुस्लिम कभी भी अप्रभावी अल्पसंख्यक में नहीं होने चाहिए। जहाँ तक संभव हो उन्हें निर्वाचित किया जाना चाहिए (नामांकित किए जाने के विपरीत), चुनाव विशेष मुस्लिम कॉलेजों द्वारा किया जाना चाहिए जिसमें जमींदार, वकील, व्यापारी, प्रांतीय परिषदों के सदस्य, विश्वविद्यालयों के अध्येता आदि शामिल हों।

इन माँगों को 1909 के अधिनियम में स्वीकार कर लिया गया और उन्हें प्रभावी बनाया गया। इस अधिनियम के तहत मुसलमानों को (1) अपने प्रतिनिधियों को चुनने का अधिकार दिया गया, (2) पृथक् निर्वाचिका द्वारा अपने प्रतिनिधियों को चुनने का अधिकार (3) सामान्य निर्वाचन क्षेत्रों में भी वोट देने का अधिकार, और (4) प्रतिनिधित्व में महत्त्व का अधिकार। निम्नलिखित तालिका 1909 के अधिनियम और उसके तहत बनाए गए विनियमों द्वारा विधानमंडलों में मुसलमानों को सुरक्षित प्रतिनिधित्व के अनुपात को दर्शाती है–

1909 के अधिनियम के अन्तर्गत गठित विधान-परिषदों में हिन्दुओं तथा मुसलमानों के बीच साम्प्रदायिक अनुपात

प्रांत	1909 के अधिनियम के अंतर्गत अधिकतम अतिरिक्त सदस्यों की संख्या	रेग्युलेशन्स के अंतर्गत अधिकतम स्वीकृत अतिरिक्त प्रतिनिधित्व कालम 5 तथा 12	एक्स ऑफिसियो सदस्य	रेगुलेशन के अंतर्गत काउंसिलों में कुल स्थान									कालम 4, 5, 12 के अनुसार कुल संख्या
				निर्वाचित सदस्य			मनोनीत सदस्य						
				कुल	गैर मुस्लिम	मुस्लिम	कानूनी अधिकारी	अन्य	गैर-सरकारी	विशेषज्ञ	कुल		
1	2	3	4	5	6	7	8	9	10	11	12		13
भारत	60	60	8	27	22	5	–	28	5	–	33		63
मद्रास	50	45	4	21	19	2	1	16	5	2	24		49
बम्बई	50	45	4	21	17	4	1	14	7	2	24		49
बंगाल	50	50	4	28	23	5	–	16	4	2	22		54
बिहार	50	41	4	21	17	4	–	15	4	1	20		45
यू.पी.	50	49	1	21	17	4	–	20	6	2	28		50
पंजाब	30	26	1	8	8	कोई नहीं	–	10	6	2	18		27
बर्मा	30	17	1	1	1	कोई नहीं	–	6	8	2	16		18
आसाम	30	25	1	11	9	2	–	9	4	1	14		25

नोट: कालम 9 की संख्याएं, रेगुलेशनस् के अंतर्गत सरकारी सदस्यों की अधिकतम संख्या है।

प्रावधान पंजाब और सी.पी. को छोड़कर सभी प्रांतों पर लागू किए गए थे। इसे पंजाब पर लागू नहीं किया गया था क्योंकि ऐसी विशेष सुरक्षा पंजाब के मुसलमानों के लिए अनावश्यक मानी जाती थी और इसे सी.पी. पर लागू नहीं किया गया था क्योंकि उस समय वहाँ कोई विधान परिषद् नहीं थी।[1]

अक्टूबर 1916 में, शाही विधान परिषद् के 19 सदस्यों ने संविधान में सुधार की माँग करते हुए वायसराय (लॉर्ड चेम्सफोर्ड) को एक ज्ञापन

1. सी. पी. विधान परिषद् की स्थापना 1914 में हुई थी।

सौंपा। तुरंत ही मुस्लिम समुदाय की ओर से कई माँगें लेकर मुसलमान आगे आए। वे थे–

(i) पंजाब और सी.पी. में अलग प्रतिनिधित्व के सिद्धांत का विस्तार।

(ii) प्रांतीय और शाही विधान परिषदों में मुस्लिम प्रतिनिधियों की संख्यात्मक ताकत तय करना।

(iii) मुसलमानों के धर्म और धार्मिक उपयोगों को प्रभावित करने वाले कानून के खिलाफ सुरक्षा उपाय।

इन माँगों पर हुई बातचीत के परिणामस्वरूप हिंदुओं और मुसलमानों के बीच समझौता हुआ जिसे लखनऊ संधि के रूप में जाना जाता है। कहा जा सकता है कि इसमें दो खंड शामिल हैं। एक विधान से संबंधित, जिसके तहत यह सहमति हुई कि–

> ''किसी भी विधेयक, न ही उसके किसी खंड, न ही किसी गैर आधिकारिक द्वारा एक या अन्य समुदाय को प्रभावित करने वाले प्रस्ताव (जिरा प्रश्न का निर्धारण संबंधित विधान परिषद् में उस समुदाय के सदस्यों द्वारा किया जाना है) पर आगे नहीं बढ़ाया जाएगा, यदि विशेष परिषद, शाही और प्रांतीय में उस समुदाय के तीन--चौथाई सदस्य विधेयक या उसके किसी खंड या संकल्प का विरोध करते हैं।''

दूसरा खंड मुस्लिम प्रतिनिधित्व के अनुपात से संबंधित है। शाही विधान परिषद् के संबंध में संधि में प्रावधान किया गया–

> ''भारतीय निर्वाचित सदस्यों में से एक–तिहाई को मुसलमान होना चाहिए, जो कई प्रांतों में अलग–अलग निर्वाचक मंडलों द्वारा उसी अनुपात में चुना जाना चाहिए, जितना संभव हो सके, जिसमें उन्हें अलग–अलग मुसलमान निर्वाचक मंडलों द्वारा प्रांतीय विधान परिषदों में प्रतिनिधित्व किया गया था।''

प्रांतीय विधान परिषदों में मुस्लिम प्रतिनिधित्व के मामले में यह सहमति हुई कि मुस्लिम प्रतिनिधित्व का अनुपात इस प्रकार होना चाहिए[1]–

---

1. किसी कारण से संधि ने असम में मुस्लिम प्रतिनिधित्व के अनुपात को तय नहीं किया।

			प्रांतीय विधानमंडल में निर्वाचित भारतीय सदस्यों का प्रतिशत
पंजाब	..	..	50
संयुक्त प्रांत	..	..	30
बंगाल	..	..	40
बिहार और उड़ीसा	..	..	25
मध्य प्रांत	..	..	15
मद्रास	..	..	15
बम्बई	..	..	13

मुसलमानों को सीटों के इस अनुपात की अनुमति देते समय, सामान्य निर्वाचन क्षेत्रों में दूसरे वोट का अधिकार जो उन्हें 1909 की व्यवस्था के तहत प्राप्त था, छीन लिया गया।

मांटेग्यू–चेम्सफोर्ड रिपोर्ट द्वारा लखनऊ समझौते की प्रतिकूल आलोचना की गई। लेकिन पार्टियों के बीच समझौता होने के कारण सरकार को इसे अस्वीकार करना और इसके स्थान पर अपना निर्णय लेना पसंद नहीं आया। समझौते के दोनों खंडों को सरकार द्वारा स्वीकार कर लिया गया और 1919 के भारत सरकार अधिनियम में शामिल किया गया। कानून से संबंधित खंड को एक अलग रूप में लागू किया गया था। इसका विरोध करने के लिए इसे विधायिका के सदस्यों पर छोड़ने के बजाय, यह प्रावधान किया गया[1] कि भारत में ब्रिटिश विषयों के किसी भी वर्ग के धर्म या धार्मिक संस्कारों और भारत में ब्रिटिश विषयों के किसी भी वर्ग के उपयोग को गवर्नर–जनरल की पूर्व मंजूरी के बिना भारतीय विधानमंडल के किसी भी सदन की किसी भी बैठक में पेश नहीं किया जाएगा।

प्रतिनिधित्व से संबंधित खंड सरकार द्वारा स्वीकार कर लिया गया था, हालाँकि सरकार की राय में पंजाब और बंगाल के मुसलमानों के साथ उचित व्यवहार नहीं किया गया था।

इन रियायतों का प्रभाव सरकार के अधीन गठित विधानमंडलों की संरचना के संदर्भ में देखा जा सकता है–

भारत अधिनियम, 1919 का उल्लेख, जो इस प्रकार था–

1. भारत सरकार अधिनियम, 1919, धारा 67(2)(बी)।

विधानमंडलों की संरचना

	वैधानिक न्यूनतम	निर्वाचित सदस्य			मनोनीत सदस्य		वास्तविक कुल
		कुल	मुसलमान	गैर मुसलमान	औपचारिक	अनौपचारिक	
1	2	3	4	5	6	7	8
विधान सभा	145	104	52	52	28	15	145
राज्य का परिषद	60	33	11	22	17	10	60
मद्रास प्रांतीय परिषद	118	98	13	85	11	23	132
बम्बई प्रांतीय परिषद	111	86	27	59	19	9	114
बंगाल प्रांतीय परिषद	125	114	39	75	16	10	140
यू0पी0 प्रांतीय परिषद	118	110	29	71	17	6	123
पंजाब प्रांतीय परिषद	83	71	32	39	15	8	194
बिहार प्रांतीय परिषद	98	76	18	58	15	12	103
सी0पी0 प्रांतीय परिषद	70	55	7	48	10	8	73
असम प्रांतीय परिषद	53	39	12	27	7	7	53

लखनऊ समझौते द्वारा मुसलमानों द्वारा सुरक्षित प्रतिनिधित्व की सीमा को निम्नलिखित तालिका से देखा जा सकता है[1]–

वैधानिक निकाय	चुनावी क्षेत्र की कुल जनसंख्या में मुसलमानों का प्रतिशत (1921 की जनगणना)	कुल सदस्यों की संख्या में मुस्लिम सदस्यों का प्रतिशत	कुल संख्या में निर्वाचित मुस्लिम सदस्यों का प्रतिशत + निर्वाचित भारतीय सदस्य	भारतीय सामान्य (सांप्रदायिक) निर्वाचन क्षेत्रों से चुनाव द्वारा भरी गई सीटों में कुल सदस्यों में मुस्लिम सदस्यों का प्रतिशत	लखनऊ समझौता प्रतिशत
	1	2	3	4	5
पंजाब	55.2	40	48.5	50	50
संयुक्त प्रांत	14.3	25	30	32.5	30
बंगाल	54.6	30	40.5	46	40
बिहार और उड़ीसा	10.9	18.5	25	27	25
मध्य प्रांत	4.4	9.5	13	14.5	15
मद्रास	6.7	10.5	14	16.5	15
बम्बई	19.8	25.5	35	37	33.3
असम	32.2	30	35.5	37.5	कोई प्रावधान नहीं
विधान सभा	24.0	26	34	38	33.3

1. वैधानिक आयोग, 1929, रिपोर्ट, खंड–1 पृष्ठ 189.

नोटः+ स्तम्भ 3 में विशेष निर्वाचन क्षेत्रों द्वारा चुने गए भारतीयों को शामिल किया गया है, उदाहरण के लिए वाणिज्य, जिसका सांप्रदायिक अनुपात निश्चित रूप से समय--समय पर थोड़ा भिन्न हो सकता है। इसी प्रकार स्तम्भ 2, जिसमें अधिकारी और नामांकित गैर--अधिकारी भी शामिल हैं, अलग--अलग अवधि में थोड़े अलग परिणाम दिखाएँगे।

यह तालिका लखनऊ समझौते के तहत मुसलमानों को प्राप्त महत्त्व को स्पष्ट रूप से नहीं दर्शाती है। यह भारत सरकार द्वारा अपने प्रेषण में फ्रैंचाइज समिति की रिपोर्ट पर तैयार किया गया था[1], जिसके अध्यक्ष लॉर्ड साउथबोरो थे। निम्नलिखित तालिका उस प्रेषण से ली गई है जो दर्शाती है कि मुसलमानों को लक--नाउ पैक्ट के तहत 1909 में सरकार द्वारा दी गई राशि से कहीं अधिक महत्त्व मिला।

	जनसंख्या में मुस्लिम प्रतिशत	मुस्लिम सीटों का प्रतिशत प्रस्तावित	प्रतिशत (2) व (1)
	1	2	
बंगाल	52.6	40	76
बिहार औरउड़ीसा	10.5	33.3	238
बंबई	20.4	25	163
मध्य प्रांत	4.3	15	349
मद्रास	6.5	15	231
पंजाब	54.8	50	91
संयुक्त प्रांत	14.0	30	214

1927 में ब्रिटिश सरकार ने भारतीय संविधान के कामकाज की जाँच करने और आगे के सुधारों का सुझाव देने के लिए साइमन कमीशन की नियुक्ति की घोषणा की। तुरंत ही मुसलमान और राजनीतिक माँगों के साथ आगे आये। ये माँगें मुस्लिम लीग, अखिल भारतीय मुस्लिम सम्मेलन, सर्वदलीय मुस्लिम सम्मेलन, जमीयत–उल–उलेमा और खिलाफत सम्मेलन जैसे विभिन्न मुस्लिम मंचों से सामने रखी गईं।

1. भारतीय संवैधानिक सुधारों (फ्रेंचाइजी) पर पाँचवाँ प्रेषण, दिनांक 23 अप्रैल 1919, पैरा 21.

माँगें काफी हद तक वही थी। यह बताना पर्याप्त होगा कि मुस्लिम लीग की ओर से श्री जिन्ना[1] ने क्या तैयार किया था।

वे निम्नलिखित शब्दों में थे–

1. भावी संविधान का स्वरूप संघीय हो और अवशिष्ट शक्तियाँ प्रांतों में निहित हों।
2. सभी प्रांतों को एक समान स्वत्व अधिकार प्रदान किया जाना चाहिए।
3. देश के सभी विधायिकाओं और अन्य निर्वाचित निकायों को किसी भी प्रांत के बहुमत को अल्पसंख्यक या यहाँ तक कि समानता में कम किए बिना हर प्रांत में अल्पसंख्यकों के पर्याप्त और प्रभावी प्रतिनिधित्व के निश्चित सिद्धांत पर पुनर्गठित किया जाना चाहिए।
4. केन्द्रीय विधानमंडल में मुस्लिम प्रतिनिधित्व एक तिहाई से कम नहीं होना चाहिए।
5. सांप्रदायिक समूहों का प्रतिनिधित्व वर्तमान की तरह पृथक् निर्वाचन क्षेत्रों के माध्यम से जारी रहना चाहिए, बशर्ते कि यह किसी भी समुदाय के लिए किसी भी समय संयुक्त निर्वाचन मंडल के पक्ष में अपने पृथक् निर्वाचन क्षेत्र को छोड़ने के लिए खुला होना चाहिए।
6. कोई भी क्षेत्रीय पुनर्वितरण जो किसी भी समय आवश्यक हो, किसी भी तरह से पंजाब, बंगाल और उत्तर–पश्चिम प्रांत में मुस्लिम बहुमत को प्रभावित नहीं करना चाहिए।

---

1. माँगों को श्री जिन्ना के 14 सूत्री के रूप में जाना जाता है। वास्तव में उनकी संख्या 15 है और मार्च 1927 में दिल्ली में आयोजित सभी प्रकार के मुस्लिम नेताओं की एक बैठक में इसे तैयार किया गया था और इसे दिल्ली प्रस्ताव के रूप में जाना गया। श्री जिन्ना के 14 बिंदुओं की उत्पत्ति की व्याख्या के लिए, अखिल भारतीय रजिस्टर, 1929, खंड देखें। वाल्यूम–I, पृ. 367.

7. पूर्ण धार्मिक स्वतंत्रता, अर्थात विश्वास, पूजा की स्वतंत्रता। सभी समुदायों को पालन, प्रचार, सहयोग और शिक्षा की प्रत्याभूति दी जानी चाहिए।
8. किसी भी विधायिका या किसी अन्य निर्वाचित निकाय में कोई भी विधेयक या संकल्प या उसका कोई भी हिस्सा पारित नहीं किया जाना चाहिए। यदि उस विशेष निकाय में किसी समुदाय के तीन–चौथाई सदस्य इस आधार पर ऐसे विधेयक या संकल्प या उसके हिस्से का विरोध करते हैं। उस समुदाय के हितों के लिए हानिकारक या, वैकल्पिक रूप से, ऐसी अन्य विधि ईजाद की जा सकती है या जो ऐसे मामलों से निपटने के लिए व्यवहार्य और व्यावहारिक पाई जा सकती है।
9. सिंध को बम्बई अध्यक्षाधीन मण्डल से अलग कर दिया जाये।
10. उत्तर–पश्चिम सीमांत प्रांत और बलूचिस्तान में भी अन्य प्रांतों की तरह ही सुधार लागू किये जाने चाहिए।
11. दक्षता की आवश्यकताओं को ध्यान में रखते हुए, राज्य की सभी सेवाओं और स्वशासी निकायों में मुसलमानों को अन्य भारतीयों के साथ पर्याप्त हिस्सेदारी देने का प्रावधान संविधान में किया जाना चाहिए।
12. राज्य और स्वशासी निकायों द्वारा संविधान में मुस्लिम धर्म, संस्कृति और व्यक्तिगत कानून की सुरक्षा, और मुस्लिम शिक्षा, भाषा, धर्म, व्यक्तिगत कानूनों, मुस्लिम धर्मार्थ संस्थानों को बढ़ावा देने और उनके द्वारा दी जाने वाली सहायता अनुदान में उचित हिस्सेदारी के लिए पर्याप्त सुरक्षा उपाय शामिल होने चाहिए।
13. कोई भी मंत्रिमंडल, चाहे केंद्रीय हो या प्रांतीय, कम से कम एक–तिहाई मुस्लिम मंत्रियों के अनुपात के बिना नहीं बनाया जाना चाहिए।

14. भारतीय संघ का गठन करने वाले राज्यों की सहमति के बिना केंद्रीय विधानमंडल द्वारा संविधान में कोई बदलाव नहीं किया जाएगा।

15. कि वर्तमान परिस्थितियों में देश का प्रतिनिधित्व देश और देश की विभिन्न विधायिकाओं में मुसलमान अलग–अलग निर्वाचन क्षेत्रों के माध्यम से अन्य निर्वाचित निकाय अपरिहार्य हैं, और, इसके अलावा, सरकार ने मुसलमानों को इस अधिकार से वंचित नहीं करने का वचन दिया है, इसे उनकी सहमति के बिना छीना नहीं जा सकता है, और जब तक मुसलमान संतुष्ट नहीं हैं कि उनके अधिकार और हित सुरक्षित हैं ऊपर निर्दिष्ट तरीके से (या यहाँ) वे किसी भी तरह से शर्तों के साथ या बिना शर्तों के संयुक्त निर्वाचन मंडल की स्थापना के लिए सहमति नहीं देंगे।

नोट–जिन प्रांतों में मुसलमान अल्पसंख्यक हैं, वहाँ उनकी जनसंख्या से अधिक प्रतिनिधित्व के प्रश्न पर आगे विचार किया जाएगा।

यह मुस्लिम माँगों का एक समेकित विवरण है। इसमें कुछ ऐसे हैं जो पुराने हैं और कुछ ऐसे हैं जो नये हैं। पुराने लोगों को शामिल किया गया है क्योंकि इसका उद्देश्य उनसे प्राप्त होने वाले लाभों को बरकरार रखना है। मुस्लिम स्थिति की कमजोरियों को दूर करने के लिए नए भी जोड़े गए हैं। नए लोगों की संख्या पाँच है– (1) पंजाब और बंगाल में मुस्लिम बहुसंख्यकों को जनसंख्या के अनुपात में प्रतिनिधित्व, (2) केंद्रीय और प्रांतीय दोनों मंत्रिमंडलों में मुसलमानों को एक तिहाई प्रतिनिधित्व, (3) पर्याप्त प्रतिनिधित्व सेवाओं में मुसलमान, (4) सिंध को बॉम्बे अध्यक्ष पद से अलग करना और एन.डब्ल्यू.एफ.पी. का उत्थान और बलूचिस्तान को स्वशासित प्रांतों का दर्जा देना, और (5) अवशिष्ट शक्तियों को केंद्र सरकार के बजाय प्रांतों में निहित करना।

शायद 1, 4 और 5 को छोड़कर ये नई माँगें स्व–व्याख्यात्मक हैं। 1 और 4 माँगों का उद्देश्य, चार प्रांतों में, मुस्लिम समुदाय को वैधानिक

बहुमत में रखना था, जहाँ उसके पास केवल सांप्रदायिक बहुमत था, छह का मुकाबला करने वाली ताकत के रूप में। जिन प्रांतों में हिंदू समुदाय बहुमत हुआ। अच्छे व्यवहार के आश्वासन के रूप में इस पर जोर दिया गया था जिसे इसके अल्पसंख्यकों के दोनों समुदायों द्वारा उल्लेख किया गया। वस्तु माँग संख्या 5 मुस्लिम शासन की गारंटी सिंध, एन.डब्ल्यू.एफ.पी. पंजाब और बंगाल में देने के लिए थीं। लेकिन इन प्रांतों में मुस्लिम बहुमत का शासन है, यह आशंका थी कि मुस्लिम प्रांत प्रभावी नहीं होंगे यदि वे फिर से केंद्र सरकार के नियंत्रण में रहेंगे

जो हिंदुओं के हाथ में नहीं हो सकता तो यह प्रभावी नहीं होगा। मुस्लिम प्रांतों को केंद्र में हिंदू सरकार के नियंत्रण से मुक्त करना वह उद्देश्य था जिसके लिए माँग संख्या 5 रखी गई थी।

इन माँगों का हिंदुओं ने विरोध किया। हो सकता है इसमें बहुत कुछ न हो। लेकिन महत्त्वपूर्ण बात यह है कि इन्हें साइमन कमीशन ने भी खारिज कर दिया था। साइमन कमीशन, जो किसी भी तरह से मुसलमानों के प्रति अमित्र नहीं था, ने मुस्लिम माँगों को अस्वीकार करने के लिए कुछ बहुत ही ठोस कारण दिए। यह कहा[1]–

"यह दावा इन छह प्रांतों में मुसलमानों के लिए अब प्रदान किए गए प्रतिनिधित्व के लिए पूर्ण सुरक्षा को संरक्षित करने की माँग की लंबाई तक जाता है और साथ ही बंगाल और पंजाब में अलग–अलग निर्वाचन क्षेत्रों द्वारा समुदाय को सुरक्षित की गई सीटों का वर्तमान अनुपात उनकी जनसंख्या के अनुपात के समानुपात में है इससे मुस्लिमों को दोनों प्रांतों में सामान्य निर्वाचन क्षेत्र की सीटों का एक निश्चित और अपरिवर्तनीय बहुमत मिलेगा। हम इतनी दूर नहीं जा सकते। 6 प्रांतों में वेटेज के वर्तमान पैमाने की निरंतरता अनुपस्थिति में नहीं हो सकती है समुदायों के बीच एक नए सामान्य समझौते को समान रूप से बंगाल और पंजाब में मौजूदा आबंटन से एक बड़े विचलन के साथ जोड़ा जाएगा।

---

1. रिपोर्ट, खंड–II, पृ. 71.

"यह अनुचित होगा कि मुसलमानों को छह प्रांतों में प्राप्त महत्त्वपूर्ण महत्त्व को बरकरार रखना चाहिए, और साथ ही, पंजाब और बंगाल में निश्चित मुस्लिम बहुमत मतदाताओं से किसी भी अपील से अपरिवर्तित है.."

हिंदुओं और सिखों के विरोध और साइमन कमीशन की अस्वीकृति के बावजूद, जब ब्रिटिश सरकार को मध्यस्थ के रूप में कार्य करने के लिए कहा गया तो उन्होंने मुसलमानों की पुरानी और नई सभी माँगें मान लीं।

25 जनवरी 1932 के भारत के राजपत्र में एक अधिसूचना[1] द्वारा, भारत सरकार ने, भारत सरकार अधिनियम, 1916 की धारा 52 ए की उप–धारा (2) द्वारा प्रदत्त शक्तियों का प्रयोग करते हुए, घोषणा की कि एन. डब्ल्यू. एफ. प्रांत के रूप में माना जाएगा। 'राज्यपाल[2] का प्रांत 1935 के भारत सरकार अधिनियम की धारा 289 की उप–धारा (1) में निहित प्रावधानों के तहत जारी परिषद् में एक आदेश द्वारा, सिंध को 1 अप्रैल 1936 से बम्बई से अलग कर दिया गया और राज्यपाल का प्रांत सिंध प्रांत के नाम से जाना जाएगा यह घोषित किया गया। भारत के राज्य सचिव द्वारा जारी और 7 जुलाई 1934 को प्रकाशित संकल्प द्वारा सार्वजनिक सेवाओं में मुस्लिम हिस्सेदारी 25 प्रतिशत तय की गई थी। सभी नियुक्तियों में शाही और प्रांतीय। अवशिष्ट शक्तियों के संबंध में,

---

1. भारत के असाधारण राजपत्र में अधिसूचना संख्या एफ. 17331–आर, दिनांक 25 जनवरी 1932.
2. साइमन कमीशन ने यह कहते हुए दावे को खारिज कर दिया था हम पूरी तरह से ब्रे समिति के विचार से सहमत हैं कि अब एन. डब्ल्यू.एफ. पी. की संवैधानिक उन्नति के लिए प्रावधान किया जाना चाहिए। लेकिन हम भी इस बात से सहमत हैं कि स्थिति प्रान्त और उसका भारतीय रक्षा की समस्या से घनिष्ठ सम्बन्ध ऐसा है विशेष व्यवस्था की आवश्यकता है। इसलिए, इस पर स्वतः लागू करना संभव नहीं है–

   तार्किक रूप से प्रस्ताव जो भारत के अन्य हिस्सों में प्रांतीय क्षेत्रों के लिए उपयुक्त हो सकते हैं। उन्होंने यह कहकर इसे उचित ठहराया सिगरेट पीना मनुष्य का अंतर्निहित अधिकार है यदि वह किसी पाउडर पत्रिका में रहता है तो उसे आवश्यक रूप से कम किया जाना चाहिए। रिपोर्ट, खंड II, सर्वोत्तम 120–121.

यह सच है कि मुसलमानों की यह माँग कि उन्हें प्रांतों में निहित किया जाना चाहिए, स्वीकार नहीं की गई। लेकिन दूसरे अर्थ में इस संबंध में मुस्लिमों की माँग मान ली गई, मानी जा सकती है। मुस्लिम माँग का सार यह था कि अवशिष्ट शक्तियाँ केंद्र में निहित नहीं होनी चाहिए, जिसका अलग भाषा में अर्थ यह था कि वे हिंदुओं के हाथों में नहीं होनी चाहिए। यह ठीक वही है जो भारत सरकार अधिनियम, 1935 की धारा 104 द्वारा किया जाता है, जो गवर्नर–जनरल को अपने विवेक से प्रयोग करने के लिए अवशिष्ट शक्तियां प्रदान करता है। $33\frac{1}{3}$ प्रतिशत की माँग केंद्रीय और प्रांतीय मंत्रिमंडलों में प्रतिनिधित्व को अधिनियम में कानूनी प्रावधान द्वारा प्रभावी नहीं बनाया गया था। हालांकि, मंत्रिमंडलों में मुसलमानों के प्रतिनिधित्व के अधिकार को ब्रिटिश सरकार ने स्वीकार कर लिया था और इसे प्रभावी बनाने का प्रावधान गवर्नरों और गवर्नर–जनरल को जारी किए गए निर्देशों के दस्तावेजों में किया गया था। शेष माँग जो पंजाब और बंगाल में वैधानिक बहुमत से संबंधित थी, उस माँग को सांप्रदायिक पुरस्कार द्वारा प्रभावी बनाया गया था। सच है, पूरे सदन में वैधानिक बहुमत मुसलमानों को नहीं दिया गया है और अन्य हितों को प्रतिनिधित्व प्रदान करने की आवश्यकता को ध्यान में रखते हुए नहीं दिया जा सकता है। लेकिन लखनऊ समझौते के तहत मुस्लिम अल्पसंख्यकों द्वारा प्राप्त वेटेज को छुए बिना पंजाब और बंगाल के मुसलमानों को हिंदुओं के मुकाबले वैधानिक बहुमत दिया गया है।

ब्रिटिश सरकार द्वारा मुस्लिम समुदाय को दिए जाने वाले इन राजनीतिक अनुदानों में सुरक्षा का अभाव था और मुसलमानों को डर था कि हिंदुओं द्वारा उन पर या महामहिम सरकार पर मुसलमानों के प्रति पूर्वाग्रह के तहत अनुदान की शर्तों को बदलने के लिए दबाव डाला जा सकता है। यह डर दो कारणों से था।[1] एक तो आमरण अनशन के दबाव से पुरस्कार के उस हिस्से को प्राप्त करने में श्री गाँधी की सफलता थी जो दलित वर्गों से संबंधित था। इस सफलता से उत्साहित

1. इसके परिणामस्वरूप पूना समझौता हुआ जिस पर 24 सितंबर, 1932 को हस्ताक्षर किए गए।

कुछ लोगों ने वास्तव में पुरस्कार के उस हिस्से में संशोधन के लिए आंदोलन किया जो मुसलमानों से संबंधित था और कुछ मुसलमान ऐसी बातचीत में शामिल होने के पक्ष में भी पाए गए।[1] इससे मुस्लिम समुदाय चिंतित हो गया। अनुदान की शर्तों में संशोधन के डर का दूसरा कारण भारत सरकार विधेयक के खंडों में कुछ संशोधनों से उत्पन्न हुआ, जो कुछ शर्तों के तहत ऐसे संशोधन की अनुमति देते हुए हाउस ऑफ कॉमन्स में किए गए थे। इन आशंकाओं को दूर करने के लिए और मुसलमानों को अनुदान के त्वरित और जल्दबाजी में संशोधन के खिलाफ पूरी सुरक्षा देने के लिए, महामहिम सरकार ने भारत सरकार को निम्नलिखित विज्ञप्ति जारी करने के लिए अधिकृत किया[2]–

"यह महामहिम सरकार के ध्यान में आया है कि यह धारणा प्रचलित है कि अब भारत सरकार विधेयक का खंड 304 (पहले पेश किए गए विधेयक में क्रमांक 285 और कॉमन्स इन कमेटी द्वारा संशोधित विधेयक में 299) है। कॉमन्स के माध्यम से विधेयक के पारित होने के दौरान इस तरह से संशोधन किया गया है कि महामहिम सरकार को किसी भी समय संवैधानिक प्रावधानों को बदलने की निरंकुश शक्ति दी जा सकती है, जिसे आमतौर पर सरकार के सांप्रदायिक पुरस्कार के रूप में जाना जाता है।

महामहिम सरकार सांप्रदायिक पुरस्कार में किसी भी बदलाव के संबंध में खंड 304 के व्यावहारिक प्रभाव और ऐसे किसी भी बदलाव के संबंध में अपनी नीति के बारे में निम्नलिखित संक्षिप्त विवरण देना वांछनीय समझती है।

इस खंड के तहत सरकारों और भारत में विधानमंडल को यह अधिकार दिया गया की दस वर्ष की समाप्ति के बाद, अधिकार प्रावधानों को संशोधित करने और विनियमित करने के लिए एक प्रस्ताव शुरू करना जिसमें विधानमंडल के संविधान से संबंधित

1. पुरस्कार के मुस्लिम भाग को संशोधित करवाने के प्रयासों के लिए, अखिल भारतीय रजिस्टर, 1932, खंड. द्वितीय, पृ. 281–315 देखें।

2. सरकारी परिपत्र सिमला 2 जुलाई 1935 की है।

विभिन्न मामले, जिनमें ऐसे प्रश्न भी शामिल हैं जो सांप्रदायिक पुरस्कार द्वारा अन्तर्निहित किए गए थे।

"यह खंड राज्य के सचिव पर गवर्नर–जनरल या गवर्नर से, जैसा भी मामला हो, संसद के समक्ष प्रस्तावित संशोधन के बारे में और विशेष रूप से हितों पर इसके प्रभाव के बारे में अपनी राय रखने का कर्तव्य भी लगाता है। किसी भी अल्पसंख्यक को और किसी भी कार्रवाई के बारे में संसद को सूचित करना जो उसने करने का प्रस्ताव रखा है।

इस प्रक्रिया के परिणामस्वरूप संवैधानिक प्रावधानों में कोई भी बदलाव काउंसिल में एक आदेश द्वारा किया जा सकता है, लेकिन यह इस प्रावधान के अधीन है कि प्रस्तावित आदेश के मसौदे को संसद के दोनों सदनों द्वारा एक संकल्प द्वारा सकारात्मक रूप से अनुमोदित किया गया है। यह शर्त विधेयक के खंड 305 द्वारा सुरक्षित है।

"दस वर्ष की समाप्ति से पहले भारत की सरकारों और विधानमंडलों में ऐसी कोई संवैधानिक पहल नहीं है। हालांकि, परिषद् में एक आदेश द्वारा (हमेशा संसद के दोनों सदनों की मंजूरी के साथ) ऐसा परिवर्तन करने के लिए खंड द्वारा शक्ति प्रदान की जाती है) दस वर्ष के अंत से पहले भी, लेकिन पहले दस वर्षों के भीतर (और वास्तव में बाद में, यदि पहल भारत के विधानमंडलों से नहीं हुई है) तो यह अनिवार्य है। राज्य सचिव को सरकारों से परामर्श करना होगा और परिषद् में किसी भी आदेश को मंजूरी के लिए संसद के समक्ष रखे जाने से पहले भारत के विधानमंडल प्रभावित होंगे (जब तक कि परिवर्तन मामूली प्रकृति का न हो)।

"पिछले अनुच्छेद में उल्लिखित शक्तियों की आवश्यकता निम्नलिखित कारणों से है–

(अ) यह अनुमान लगाना असंभव है कि मताधिकार और विधानमंडलों के संविधान से जुड़े छोटे विवरणों में संशोधन करने की आवश्यकता कब उत्पन्न हो सकती है, और इस तरह के संशोधन के लिए नए संशोधन अधिनियम के अलावा कोई विधि उपलब्ध न होना स्पष्ट रूप से नुकसानदेह होगा।

संसद, न ही इस तरह के विवरण को सांप्रदायिक पुरस्कार की शर्तों जैसे अधिक महत्त्वपूर्ण मामले से अलग करना वैधानिक रूप से व्यावहारिक है।"

(ब) यह आकर्षक भी हो सकता है, भारत में समुदायों के बीच एक सर्वसम्मत समझौते की स्थिति में, सांप्रदायिक पुरस्कार के आधार पर प्रावधानों में संशोधन करना और ऐसे सहमत परिवर्तन के लिए संसद के संशोधित अधिनियम के अलावा कोई अन्य तरीका उपलब्ध होना भी नुकसानदेह होगा।''

सांप्रदायिक पुरस्कार की सीमा के भीतर महामहिम की सरकार प्रस्तावित नहीं करेगी, इस खंड द्वारा प्रदत्त किसी भी शक्ति के प्रयोग में, संसद को किसी भी बदलाव की सिफारिश करना जब तक कि संबंधित समुदायों के बीच ऐसे परिवर्तनों पर सहमति न हो।

"निष्कर्ष में, महामहिम की सरकार फिर से इस तथ्य पर जोर देगी कि खंड 304 में किसी भी शक्ति का, खंड 305 के प्रावधानों के मद्देनजर, तब तक प्रयोग नहीं किया जा सकता जब तक कि संसद के दोनों सदन एक सकारात्मक प्रस्ताव पर सहमत न हों।"

मुसलमानों ने आर.टी.सी. में जो माँग की, उसे ध्यान में रखने के बाद और जो उन्हें मान लिया गया, उससे कोई भी सोच सकता था कि मुस्लिम माँगों की सीमा समाप्त हो गई है और 1932 का समझौता अंतिम समझौता था। लेकिन, ऐसा लगता है कि मुसलमान इससे भी संतुष्ट नहीं हैं। मुस्लिम स्थिति की सुरक्षा के लिए नई माँगों की एक और सूची तैयार होती दिख रही है। वर्ष 1938 में श्री जिन्ना और कांग्रेस के बीच चले विवाद में श्री जिन्ना से अपनी माँगें खत्म करने को कहा गया जिसे उन्होंने अस्वीकार कर दिया। लेकिन विवाद के दौरान पंडित नेहरू और श्री जिन्ना के बीच हुए पत्राचार में ये माँगें सतह पर आ गईं और इन्हें पंडित नेहरू ने श्री जिन्ना को लिखे अपने एक पत्र में सूचीबद्ध किया है। उनकी सारणी में विवादों के मामले और निपटान की आवश्यकता के रूप में निम्नलिखित बातें दी गई हैं।[1]

1. भारतीय वार्षिक रजिस्टर, 1938, खंड 1, पृ. 369.

(1) 1929 में मुस्लिम लीग द्वारा तैयार किये गये चौदह सूत्र।

(2) कांग्रेस को सांप्रदायिक पुरस्कार के सभी विरोधों को वापस लेना चाहिए और इसे राष्ट्रवाद की उपेक्षा के रूप में वर्णित नहीं करना चाहिए।

(3) संविधान में वैधानिक अधिनियम बनाकर राजकीय सेवाओं में मुसलमानों की हिस्सेदारी निश्चित रूप से तय की जानी चाहिए।

(4) मुस्लिम पर्सनल लॉ और संस्कृति की कानून द्वारा प्रत्याभूति दी जानी चाहिए।

(5) कांग्रेस को साहिदगंज मस्जिद के संबंध में आंदोलन को अपने हाथ में लेना चाहिए और मुसलमानों को मस्जिद पर कब्जा दिलाने के लिए अपने नैतिक दबाव का उपयोग करना चाहिए।

(6) मुसलमानों के अजान देने और अपने धार्मिक समारोह करने के अधिकार में किसी भी तरह की बाधा नहीं डाली जानी चाहिए।

(7) मुसलमानों को गौहत्या करने की आजादी होनी चाहिए।

(8) प्रांतों में मुस्लिम बहुमत, जहाँ वर्तमान में ऐसे बहुमत मौजूद हैं, किसी भी क्षेत्रीय पुनर्वितरण या समायोजन से प्रभावित नहीं होने चाहिए।

(9) 'वंदे मातरम्' गाना छोड़ देना चाहिए।

(10) मुसलमान चाहते हैं कि उर्दू भारत की राष्ट्रीय भाषा बने और वे वैधानिक प्रत्याभूति चाहते हैं कि उर्दू का उपयोग कम या क्षतिग्रस्त न किया जाए।

(11) स्थानीय निकायों में मुस्लिम प्रतिनिधित्व को सांप्रदायिक पुरस्कार के अंतर्निहित सिद्धांतों, यानी अलग निर्वाचन क्षेत्र और जनसंख्या शक्ति द्वारा शासित किया जाना चाहिए।

(12) तिरंगे झंडे को बदला जाए या उसके स्थान पर मुस्लिम लीग के झंडे को भी उतना ही महत्त्व दिया जाए।

(13) मुस्लिम लीग को भारतीय मुसलमानों के एक आधिकारिक और प्रतिनिधि संगठन के रूप में मान्यता।

(14) गठबंधन मंत्रालयों का गठन किया जाना चाहिए।

इस नई सूची से पता नहीं मुसलमान अपनी माँगों को लेकर कहाँ रुकेंगे। एक वर्ष के भीतर, यानी 1938 और 1939 के बीच, एक और माँग और वह भी पर्याप्त चरित्र की, यानी 50 प्रतिशत हर चीज में हिस्सा लेना, इसमें जोड़ दिया गया है। नई माँगों की इस सूची में कुछ ऐसी हैं जो ऊपरी तौर पर अत्यधिक और असंभव लगती हैं, यदि गैर–जिम्मेदाराना नहीं हैं। उदाहरण के तौर पर, 50–50 की माँग और उर्दू को भारत की राष्ट्रीय भाषा के रूप में मान्यता देने की माँग का उल्लेख किया जा सकता है। 1929 में, मुसलमानों ने इस बात पर जोर दिया कि विधानमंडलों में सीटों के आबंटन में, बहुमत को अल्पसंख्यक या समानता में कम नहीं किया जाएगा।[1] इस सिद्धांत को, जो स्वयं उनके द्वारा प्रतिपादित किया गया था, अब माँग की जा रही है, त्याग दिया जाएगा और एक बड़े बहुमत को समानता में लाया जाएगा। 1929 में मुसलमानों ने स्वीकार किया कि अन्य अल्पसंख्यकों को सुरक्षा की आवश्यकता है और उन्हें मुसलमानों की तरह ही सुरक्षा मिलनी चाहिए। मुसलमानों और अन्य अल्पसंख्यकों के बीच एकमात्र अंतर सुरक्षा की सीमा को लेकर किया गया था। मुसलमानों ने अपने राजनीतिक महत्त्व के आधार पर अन्य अल्पसंख्यकों को दी गई सुरक्षा की तुलना में अधिक सुरक्षा का दावा किया।

मुसलमानों ने अन्य अल्पसंख्यकों के लिए सुरक्षा की आवश्यकता और पर्याप्तता से कभी इनकार नहीं किया। लेकिन इस नई माँग के साथ 50 प्रतिशत सें मुसलमान न केवल हिंदू बहुसंख्यकों को अल्पसंख्यक बनाना चाहते हैं, बल्कि वे अन्य अल्पसंख्यकों के राजनीतिक अधिकारों

1. श्री जिन्ना के 14 बिन्दुओं में बिन्दु क्रमांक 3 देखें।

में भी कटौती कर रहे हैं। मुसलमान अब हिटलर की भाषा बोल रहे हैं और धूप में जगह का दावा कर रहे हैं जैसा कि हिटलर जर्मनी के लिए करता रहा है। उनकी 50 प्रतिशत की माँग के लिए अन्य अल्पसंख्यकों के साथ जो कुछ भी होता है, उसके लिए जर्मन लैंड उबेर एलेस और लेबेन्स्राम के दावों के अलावा और कुछ नहीं है।

उर्दू को भारत की राष्ट्रीय भाषा के रूप में मान्यता देने का उनका दावा भी उतना ही असाधारण है। उर्दू न हीं पूरे भारत में बोली जाती है बल्कि भारत के सभी मुसलमानों की भाषा भी नहीं है। 68 करोड़ मुसलमानों[1] में से केवल 28 करोड़ ही उर्दू बोलते हैं। उर्दू को राष्ट्रीय भाषा बनाने के प्रस्ताव का मतलब है कि 28 करोड़ मुसलमानों की भाषा विशेष रूप से 40 करोड़ मुसलमानों या आम तौर पर 32.2 करोड़ भारतीयों पर थोपी जाएगी।

इस प्रकार यह देखा जाएगा कि जब भी संविधान में सुधार का कोई प्रस्ताव सामने आता है, तो मुसलमान किसी न किसी नई राजनीतिक माँग या माँग के साथ तैयार रहते हैं। मुस्लिम माँगों के ऐसे अनिश्चित कालीन विस्तार पर एकमात्र रोक ब्रिटिश सरकार की शक्ति है, जिसे हिंदुओं और मुसलमानों के बीच किसी भी विवाद में अंतिम मध्यस्थ होना चाहिए। कौन विश्वास के साथ कह सकता है कि यदि इन नई माँगों से संबंधित विवाद को मध्यस्थता के लिए अंग्रेजों के पास भेजा गया तो उनका निर्णय मुसलमानों के पक्ष में नहीं होगा? मुसलमान जितनी अधिक माँग करते हैं, अंग्रेज उतने ही अधिक उदार होते प्रतीत होते हैं। किसी भी दर पर, पिछले अनुभव से पता चलता है कि अंग्रेज मुसलमानों को उससे अधिक देने के इच्छुक रहे हैं जो मुसलमानों ने स्वयं माँगा था। ऐसे दो उदाहरण उद्धृत किये जा सकते हैं। इनमें से एक लखनऊ समझौते से संबंधित है। प्रश्न यह था कि क्या ब्रिटिश सरकार को इस समझौते को स्वीकार करना चाहिए। मोंटागु चेम्सफोर्ड रिपोर्ट के लेखक उन कारणों से इसे स्वीकार करने के इच्छुक नहीं थे जो बहुत महत्त्वपूर्ण थे।

---

1. यह आँकड़े 1921 की जनगणना से संबंधित हैं।

लखनऊ समझौते द्वारा मुसलमानों को दिए गए महत्त्व के बारे में बोलते हुए, संयुक्त रिपोर्ट के लेखकों ने कहा[1]–

"अब इस तरह की एक विशेषाधिकार प्राप्त स्थिति आपत्ति के लिए खुली है, कि यदि इसके बाद कोई अन्य समुदाय अलग प्रतिनिधित्व का दावा करता है, तो इसे केवल गैर–मुस्लिम सीटों में कटौती करके, या दोनों में से एक दर योग्य कटौती द्वारा संतुष्ट किया जा सकता है। मुस्लिम और गैर–मुस्लिम और हिंदू और मुस्लिम राय इस बात पर सहमत होने की संभावना नहीं है कि कौन सी प्रक्रिया अपनाई जानी चाहिए। हालांकि, इसलिए, जिन कारणों से हम बाद में स्पष्टीकरण देते हैं, हम मुसलमान के लिए अलग प्रतिनिधित्व बनाए रखने के लिए सहमति देते हैं। हम अपनी मंजूरी सुरक्षित रखने के लिए बाध्य हैं हमारे सामने रखे गए विशेष प्रस्तावों का, जब तक हमने यह सुनिश्चित नहीं कर लिया है कि अन्य हितों पर क्या प्रभाव पड़ेगा, और उनके लिए उचित प्रावधान नहीं किया है।"

लखनऊ संधि में इस गंभीर दोष के बावजूद, भारत सरकार ने, ऊपर उल्लिखित अपने प्रेषण में, सिफारिश की कि संधि की शर्तों में सुधार किया जाना चाहिए जहाँ तक यह बंगाल के मुसलमानों से संबंधित है। इसके कारण पढ़ने में अजीब लगते हैं। यह तर्क दिया गया कि–

"संधि के लेखकों ने बंगाल के लिए जो मुसलमान प्रतिनिधित्व प्रस्तावित किया है, वह स्पष्ट रूप से अपर्याप्त है।[2] यह संदेहास्पद है कि जब कांग्रेस लीग समझौता हो रहा था, तब क्या पूर्वी बंगाल की मुसलमान आबादी के दावों को पर्याप्त रूप से दबाया गया था। वह स्पष्ट रूप से एक पिछड़ा और गरीब समुदाय है। 1912 में राष्ट्रपति पद का पुनर्विभाजन उनके लिए एक गंभीर निराशा थी, और हमें यह

---

1. मोंटागु–चेम्सफोर्ड रिपोर्ट, 1918, अनुच्छेद 163
2. उक्त., पृ. 123.1. भारत सरकार को लगा कि पंजाब के साथ भी अन्याय हुआ है। लेकिन चूंकि ऐसा कोई विशेष कारण नहीं था जैसा कि बंगाल के मामले में था। विभाजन को अस्थिर करते हुए, उन्होंने इसके प्रतिनिधित्व में कोई वृद्धि का प्रस्ताव नहीं किया–जैसा कि समझौते द्वारा तय किया गया है।

देखने में असफल होना चाहिए कि उनके हित अब उदारतापूर्वक सुरक्षित हैं। बंगाल के मुसलमानों को आनुपातिक प्रतिनिधित्व देने के लिए उनकी संख्या, और नहीं, हमें उन्हें 34 सीटों के बजाय 44 सीटें आबंटित करनी चाहिए संधि के तहत उनके कारण।"

भारत सरकार द्वारा बंगाल के मुसलमानों के प्रति दिखाया गया यह उत्साह ब्रिटिश सरकार द्वारा साझा नहीं किया गया था। यह महसूस किया गया कि चूँकि बंगाल के मुसलमानों को दी गई सीटों की संख्या एक समझौते का परिणाम थी, समझौते की वास्तविकता के बारे में कोई विवाद नहीं होने पर सौदेबाजी में सुधार के लिए कोई भी हस्तक्षेप, यह धारणा पैदा नहीं कर सकता था कि ब्रिटिश सरकार कुछ विशेष अर्थों में और कुछ विशेष कारणों से मुसलमानों की मित्र थी। यह सुझाव देने में भारत सरकार को लगा कि पंजाब के साथ भी अन्याय हुआ है। लेकिन चूँकि ऐसा कोई विशेष कारण नहीं था जैसा कि बंगाल के मामले में था। विभाजन को अस्थिर करते हुए, उन्होंने इसके प्रतिनिधित्व में कोई वृद्धि का प्रस्ताव नहीं किया, जैसा कि समझौते द्वारा तय किया गया है।

सीटों में वृद्धि के बावजूद, भारत सरकार इस बात पर ध्यान देना भूल गई कि पंजाब और बंगाल के मुसलमानों को उनकी जनसंख्या के अनुपात में संधि द्वारा सीटें क्यों नहीं दी गईं। लखनऊ समझौता इस सिद्धांत पर आधारित था, जिसे अब खारिज कर दिया गया है कि कोई भी समुदाय राजनीतिक सुरक्षा का हकदार नहीं है। एक समुदाय तब सुरक्षा का हकदार था जब वह अल्पमत में था। लखनऊ समझौते का मूल सिद्धांत यही था। पंजाब और बंगाल में मुस्लिम समुदाय अल्पसंख्यक नहीं था और इसलिए, वह उस सुरक्षा का हकदार नहीं था जो उसे अन्य प्रांतों में मिलती थी जहाँ वह अल्पसंख्यक था। बहुमत में होने के बावजूद, पंजाब और बंगाल के मुसलमानों को अलग निर्वाचन क्षेत्रों की आवश्यकता महसूस हुई। संधि के सिद्धांत के अनुसार वे केवल अल्पसंख्यक बनकर ही इसके लिए योग्य हो सकते थे, जो उन्होंने अल्पसंख्यक सीटों पर सहमति जताकर किया।

यही कारण है कि बंगाल और पंजाब के मुसलमानों को जनसंख्या के आधार पर वे बहुमत सीटें नहीं मिलीं जिनके वे हकदार थे।[1]

बंगाल के मुसलमानों को उनकी माँग से अधिक देने का भारत सरकार का प्रस्ताव परवान नहीं चढ़ सका। लेकिन यह तथ्य कि वे ऐसा करना चाहते थे, उनके झुकाव का प्रमाण बना हुआ है।

दूसरा अवसर जब ब्रिटिश सरकार ने मध्यस्थ के रूप में मुसलमानों को उनकी माँग से अधिक दिया, वह तब था जब 1932 में सांप्रदायिक निर्णय दिया गया था। सर मुहम्मद शफी ने आर.टी.सी. की अल्पसंख्यक उप–समिति में अपने भाषण में दो अलग–अलग प्रस्ताव रखे। 16 जनवरी, 1931 सर मुहम्मद शफी ने सांप्रदायिक समझौते के आधार के रूप में निम्नलिखित प्रस्ताव रखा[2]–

"हम मेरे द्वारा बताई गई शर्तों पर संयुक्त निर्वाचन मंडल स्वीकार करने के लिए तैयार हैं। सबसे पहले, अल्पसंख्यक प्रांतों में मुसलमानों को जो अधिकार प्राप्त हैं, वे जारी रखे जाने चाहिए। पंजाब और बंगाल में उनके पास दो संयुक्त निर्वाचन मंडल होने चाहिए और जनसंख्या के

---

1. इसमें कोई संदेह नहीं है कि इस बात को उन मुसलमानों ने अच्छी तरह से समझा था जो संधि के पक्षकार थे। भारत सरकार विधेयक, 1919 पर संसद द्वारा नियुक्त संयुक्त चयन समिति के समक्ष उपस्थित गवाह के रूप में श्री जिन्ना ने प्रश्न संख्या 3808 के उत्तर में यह कहा बंगाल की स्थिति यह थी बंगाल में मुसलमान बहुमत में हैं, और यह तर्क दिया गया कि कोई भी वर्ग या कोई भी समुदाय जो बहुमत में है, अलग निर्वाचन क्षेत्र का दावा नहीं कर सकता। अलग मतदाताओं का उद्देश्य अल्पसंख्यकों की रक्षा करना है। लेकिन प्रतिवाद बिल्कुल सच था कि संख्यात्मक रूप से हम बहुमत में हैं लेकिन मतदाता के रूप में हम बंगाल में अल्पमत में हैं, क्योंकि गरीबी और पिछड़ेपन वगैरह आदि का कारण है। कहा गया बहुत अच्छा, फिर 40 प्रति तय कर दो शतांश, क्योंकि यदि वास्तव में आपकी परीक्षा ली जाएगी तो आपको 40 प्रतिशत अंक नहीं मिलेंगे। क्योंकि आप मतदाता के रूप में योग्य नहीं होंगे। तब हमें अन्य प्रांतों में फायदा हुआ था।"
2. प्रथम आर.टी.सी. की अल्पसंख्यक उप–समिति की रिपोर्ट (भारतीय संस्करण), पृष्ठ 96.

आधार पर प्रतिनिधित्व मौलाना मोहम्मद अली की शर्तों के साथ सीटों के आरक्षण का सिद्धांत होना चाहिए।[1]

14 जनवरी 1931 को उसी समिति के समक्ष अपने भाषण में उन्होंने एक अलग प्रस्ताव रखा। उसने कहा[2]–

> "आज मैं यह प्रस्ताव देने के लिए अधिकृत हूँ कि पंजाब में मुसलमानों को पूरे सदन की कुल सीटों में से 49 प्रतिशत सांप्रदायिक निर्वाचन क्षेत्रों के माध्यम से मिलनी चाहिए, और उन्हें विशेष निर्वाचन क्षेत्रों से चुनाव लड़ने की स्वतंत्रता होनी चाहिए। और उसे उन विशेष निर्वाचन क्षेत्रों से चुनाव लड़ने की स्वतंत्रता होनी चाहिए जिन्हें उस प्रांत में बनाने का प्रस्ताव है। जहाँ तक बंगाल का संबंध है, मुसलमानों को सांप्रदायिक निर्वाचन क्षेत्रों के माध्यम से 46 प्रतिशत, पूरे सदन में प्रतिनिधित्व मिलना चाहिए, और उन विशेष निर्वाचन क्षेत्रों में चुनाव लड़ने की स्वतंत्रता होनी चाहिए। जिन्हें उस प्रांत में बनाने का प्रस्ताव है। जहाँ तक अल्पसंख्यक प्रांतों का सवाल है, मुसलमानों को अलग निर्वाचन क्षेत्रों के माध्यम से वर्तमान में मिलने वाले महत्त्व का लाभ मिलते रहना चाहिए, सिंध में हमारे हिंदू भाइयों और उत्तर–पश्चिम सीमांत प्रांत में हमारे हिंदू और सिख भाइयों को समान महत्त्व दिया जाना चाहिए। यदि इसके बाद किसी भी समय किसी प्रांतीय विधान परिषद् या केंद्रीय विधान परिषद् में किसी समुदाय के दो–तिहाई प्रतिनिधि सांप्रदायिक निर्वाचन क्षेत्रों को छोड़ने और संयुक्त निर्वाचन क्षेत्रों को स्वीकार करने की इच्छा रखते हैं, तो उसके बाद संयुक्त निर्वाचन क्षेत्रों की प्रणाली अस्तित्त्व में आनी चाहिए।

---

1. श्री मोहम्मद अली का फॉर्मूला संयुक्त निर्वाचन और आरक्षित सीटों के लिए था। यह प्रावधान है कि किसी भी उम्मीदवार को तब तक निर्वाचित घोषित नहीं किया जाएगा जब तक कि वह कम से कम 40 प्रतिशत. अपने समुदाय के वोटों का और कम से कम 5 या 10 प्रतिशत दूसरे समुदाय के वोटों से सुरक्षित न हो जाए।
2. पर्वोक्त 123.

दोनों प्रस्तावों के बीच अंतर स्पष्ट है। संयुक्त निर्वाचन मंडल, यदि वैधानिक बहुमत के साथ हो। यदि वैधानिक बहुमत से इनकार कर दिया गया, तो अलग निर्वाचन क्षेत्रों वाली अल्पमत सीटें होंगी। "ब्रिटिश सरकार ने पहली माँग से वैधानिक बहुमत और दूसरी माँग से अलग निर्वाचन क्षेत्र ले लिया और मुसलमानों को दोनों दे दिये जबकि उन्होंने दोनों ही नहीं माँगे थे।

दूसरी बात जो मुसलमानों में ध्यान देने योग्य है वह है हिंदुओं की कमजोरियों का फायदा उठाने की भावना। यदि हिंदू किसी बात पर आपत्ति करते हैं, तो मुस्लिम नीति उस पर जोर देने और उसे तभी छोड़ने की प्रतीत होती है, जब हिंदू मुसलमानों को कुछ अन्य रियायतें देकर उसके लिए कीमत देने के लिए तैयार हों। इसके उदाहरण के रूप में, कोई पृथक् और संयुक्त निर्वाचन क्षेत्रों के प्रश्न का उल्लेख कर सकता है। मेरी राय में हिंदू संयुक्त निर्वाचन क्षेत्रों पर लड़ने में पूरी तरह से मूर्ख रहे हैं, खासकर उन प्रांतों में जहाँ मुसलमान अल्पसंख्यक हैं। संयुक्त निर्वाचन मंडल कभी भी राष्ट्रवाद के आधार के लिए पर्याप्त नहीं हो सकते। राष्ट्रवाद राजनीतिक गठजोड़ या नकदी गठजोड़ का मामला नहीं है, इसका सीधा सा कारण यह है कि संघ केवल बाहरी तत्त्वों की गणना का परिणाम नहीं हो सकता। जहाँ दो समुदाय पाँच साल तक अलग–अलग और आत्म–संलग्न जीवन जीते हैं, वे एक नहीं होंगे, क्योंकि उन्हें चुनाव में मतदान के उद्देश्य से पाँच साल में एक दिन एक साथ आने के लिए मजबूर किया जाता है। संयुक्त निर्वाचन मंडल बड़े समुदाय द्वारा छोटे समुदाय को गुलाम बना सकते हैं। लेकिन स्वयं वे राष्ट्रवाद पैदा नहीं कर सकते। जो भी हो, क्योंकि हिंदू संयुक्त निर्वाचन क्षेत्रों पर जोर दे रहे हैं, इसलिए मुसलमान अलग निर्वाचन क्षेत्रों पर जोर दे रहे हैं। यह आग्रह केवल सौदेबाजी का मामला है, यह श्री जिन्ना के 14 बिंदुओं[1] और 30 दिसंबर 1927 को आयोजित अखिल[2]

---

1. श्री जिन्ना के बिन्दुओं में बिन्दु क्रमांक 15 देखें।
2. संकल्प और उस पर श्री बरकत अली के भाषण के लिए, भारतीय त्रैमासिक रजिस्टर देखें, 1927, खंड–II, पृ. 447–48.

भारतीय मुस्लिम लीग के कलकत्ता सत्र में पारित प्रस्ताव से देखा जा सकता है। इसमें यह निर्धारित किया गया था कि केवल तभी जब हिंदू सहमत हों सिंध का पृथक्करण और उत्तर–पश्चिम का उत्थान एन. डब्ल्यू. एफ. पी. को एक स्वशासित प्रांत का दर्जा देने के लिए मुसलमान अलग निर्वाचन क्षेत्रों को छोड़ने पर सहमति देंगे।[1] मुसलमानों ने स्पष्टतः पृथक् निर्वाचन क्षेत्रों को महत्त्वपूर्ण नहीं माना। वे उन्हें अपने अन्य दावों को प्राप्त करने के लिए एक अच्छा प्रतिफल मानते थे।

शोषण की इस भावना का एक और उदाहरण मुस्लिमों द्वारा गौहत्या पर जोर देने और मस्जिदों के सामने संगीत बंद करने से मिलता है। इस्लामी कानून इस बलि प्रयोजनों के लिए गाय का वध पर जोर नहीं देता और कोई मुसलमान नहीं, जब वह हज पर जाता है तो मक्का या मदीना में गाय की कुर्बानी देता है। लेकिन भारत में वे किसी अन्य जानवर की बलि से संतुष्ट नहीं होंगे। सभी मुस्लिम देशों में मस्जिद के सामने बिना किसी आपत्ति के संगीत बजाया जा सकता है। यहाँ तक कि अफगानिस्तान में, जो एक धर्मनिरपेक्ष देश नहीं है, मस्जिद के सामने संगीत पर कोई आपत्ति नहीं की जाती है। लेकिन भारत में मुसलमानों को किसी अन्य कारण से इसे रोकने पर जोर देना चाहिए, सिवाय इसके कि हिंदू इस पर अधिकार का दावा करते हैं।

तीसरी बात जो ध्यान देने योग्य है वह है मुसलमानों द्वारा राजनीति में बदमाश पद्धति को अपनाना। दंगे इस बात का पर्याप्त संकेत हैं कि राजनीति में गुंडागर्दी उनकी रणनीति का एक स्थापित हिस्सा बन गई है। ऐसा प्रतीत होता है कि वे जानबूझकर और अभिप्राय से चेक के विरुद्ध अपनाए गए तरीकों में सुडेटन जर्मनों की नकल कर रहे हैं।[2] जब तक मुसलमान आक्रामक थे, हिंदू निष्क्रिय थे, और संघर्ष में उन्हें

1. हिंदुओं के लिए दुर्भाग्य की बात यह है कि उन्हें संयुक्त निर्वाचन मंडल नहीं मिला हालांकि मुसलमानों को रियायतें मिलीं।
2. अखिल भारतीय मुस्लिम लीग के कराची अधिवेशन में श्री जिन्ना और सर अब्दुल्ला हारून ने भारत के मुसलमानों की तुलना सुडेटन की मुस्लिम दुनिया और वह करने में सक्षम जो सुडेटन जर्मनों ने चेकोस्लोवाकिया के साथ किया।

मुसलमानों की तुलना में अधिक नुकसान उठाना पड़ा। लेकिन ये अब सच नहीं है। हिंदुओं ने प्रतिशोध लेना सीख लिया है और अब किसी मुसलमान को चाकू मारने में उन्हें कोई शर्मिंदगी महसूस नहीं होती। प्रतिशोध की यह भावना गुंडागर्दी के विरुद्ध गुंडागर्दी का घिनौना तमाशा प्रस्तुत करने के लिए उचित है।

इस समस्या से कैसे निपटा जाए, इस पर सभी संबंधित लोगों को विचार करना चाहिए। सरल स्वभाव वाले हिंदू महासभा के देशभक्त हैं जो मानते हैं कि हिंदुओं को केवल मुसलमानों को मिटाने का मन बनाना है और उन्हें होश में लाया जाएगा। दूसरी ओर, कांग्रेसी हिंदू राष्ट्रवादी हैं जिनकी नीति मुसलमानों को राजनीतिक और अन्य रियायतों द्वारा सहन करना और खुश करना है, क्योंकि उनका मानना है कि जब तक मुसलमान उनकी माँग का समर्थन नहीं करते, तब तक वे स्वतंत्रता के अपने पोषित लक्ष्य तक नहीं पहुँच सकते। हिंदू मालिया सभा योजना एकता का कोई रास्ता नहीं है। इसके विपरीत, यह प्रगति में एक निश्चित बाधा है। हिंदू महासभा के अध्यक्ष का नारा–हिंदुस्तान हिंदुओं के लिए–केवल अहंकारी नहीं बल्कि सरासर बकवास है। हालांकि, सवाल यह है कि क्या कांग्रेस का रास्ता सही है? मुझे ऐसा लगता है कि कांग्रेस दो बातें समझने में असफल रही है। पहली चीज जो कांग्रेस समझने में असफल रही है कि तुष्टिकरण और उपनिवेश में अंतर है और यह अंतर एक आवश्यक अंतर है। तुष्टिकरण का अर्थ है निर्दोष व्यक्तियों के विरुद्ध हत्या, बलात्कार, आगजनी और लूट के कृत्यों में शामिल होकर हमलावर को मोल लेना, जो कुछ समय के लिए उसकी नाराजगी का शिकार बन जाते हैं। दूसरी ओर, समझौते का अर्थ उन सीमाओं को निर्धारित करना है जिनका कोई भी पक्ष उल्लंघन नहीं कर सकता। तुष्टिकरण आक्रामक की माँगों और आकांक्षाओं की कोई सीमा नहीं तय करता है। निपटान होता है, दूसरी बात जो कांग्रेस समझने में विफल रही है वह यह है कि रियायत की नीति ने मुस्लिम आक्रामकता को बढ़ा दिया है, और इससे भी बुरी बात यह है कि मुसलमान इन रियायतों को हिंदुओं की ओर से पराजय का संकेत और विरोध करने

की इच्छाशक्ति की कमी के रूप में व्याख्या करते हैं। तुष्टिकरण की यह नीति हिंदुओं को उसी भयावह स्थिति में डाल देगी जिसमें मित्र राष्ट्रों ने हिटलर के प्रति अपनाई गई तुष्टिकरण की नीति के परिणामस्वरूप स्वयं को पाया था। यह एक अन्य बीमारी है, जो सामाजिक ठहराव की बीमारी से कम गंभीर नहीं है। तुष्टीकरण निश्चित रूप से इसे बढ़ाएगा। इसका एकमात्र उपाय समझौता है. यदि पाकिस्तान एक समझौता है, तो यह विचार करने योग्य प्रस्ताव है। एक समझौते के रूप में यह तुष्टिकरण की निरंतर आवश्यकता को दूर कर देगा और उन सभी लोगों का स्वागत किया जाना चाहिए जो हिंदुओं के साथ अपने व्यवहार में मुस्लिमों द्वारा दिखाई गई बढ़ती राजनीतिक भूख के कारण असुरक्षा के लिए समाधान की शांति और स्थिरता को प्राथमिकता देते हैं।

अध्याय–12

राष्ट्रीय हताशा

I

मान लीजिए किसी भारतीय से पूछा जाए कि आप अपने देश के लिए कौन सी सर्वोच्च नियति चाहते हैं, तो उसका उत्तर क्या होगा? प्रश्न महत्त्वपूर्ण है, और उत्तर शिक्षाप्रद होने के अलावा कुछ नहीं हो सकता।

इसमें कोई संदेह नहीं है कि अन्य चीजें समान होने पर, एक सौ प्रतिशत भारतीय, अपने देश पर गर्व करते हुए, कहेंगे, एक अभिन्न और स्वतंत्र भारत ही भारत की नियति का मेरा आदर्श है। यह कहना भी उतना ही सच होगा कि जब तक इस नियति को हिंदू और मुसलमान दोनों स्वीकार नहीं करते, तब तक आदर्श केवल एक पवित्र इच्छा व्यक्त कर सकता है, कोई ठोस रूप नहीं ले सकता। क्या यह केवल कुछ लोगों की पवित्र इच्छा है या यह एक ऐसा लक्ष्य है जिसका अनुसरण सभी को करना चाहिए?

जहाँ तक राजनीतिक उद्देश्यों के पेशे की बात है, सभी पार्टियां एकमत प्रतीत होती हैं क्योंकि उन सभी ने घोषणा की है कि भारत के राजनीतिक विकास का लक्ष्य स्वतंत्रता है। कांग्रेस ने सबसे पहले यह घोषणा की थी कि उसका उद्देश्य भारत के लिए राजनीतिक स्वतंत्रता प्राप्त करना है। दिसंबर 1927 में आयोजित मद्रास अधिवेशन में एक विशेष प्रस्ताव में कांग्रेस के सिद्धांत को इस आशय से परिभाषित किया

गया कि भारतीय लोगों[1] का लक्ष्य पूर्ण राष्ट्रीय स्वतंत्रता है। 1932 तक हिंदू महासभा भारत के राजनीतिक विकास के लक्ष्य के रूप में जिम्मेदार सरकार से संतुष्ट थी। इसने 1937 तक अपने राजनीतिक पंथ में कोई बदलाव नहीं किया, जब अहमदाबाद में आयोजित अपने सत्र में इसने घोषणा की कि हिंदू महासभा पूर्ण स्वराज में विश्वास करती है, अर्थात्, भारत के लिए पूर्ण राजनीतिक स्वतंत्रता। मुस्लिम लीग ने 1912 में भारत में उत्तरदायी सरकार की स्थापना को अपना राजनीतिक सिद्धांत घोषित किया। 1937 में इसने अपने पंथ को जिम्मेदार सरकार से स्वतंत्रता में बदलकर इसी तरह की प्रगति की और इस तरह खुद को कांग्रेस और हिंदू महासभा के अनुरूप लाया।

तीन राजनीतिक निकायों द्वारा परिभाषित इस स्वतंत्रता का अर्थ ब्रिटिश साम्राज्यवाद से मुक्ति है। लेकिन ब्रिटिश साम्राज्यवाद के पराधीनता से मुक्ति पर एक समझौता पर्याप्त नहीं है। स्वतंत्र भारत बनाए रखने पर सहमति होनी चाहिए। इसके लिए यह समझौता होना चाहिए कि भारत न केवल अंग्रेजों से मुक्त और स्वतंत्र रहेगा, बल्कि किसी भी अन्य विदेशी शक्ति के मुकाबले उसकी बंधन--मुक्त और स्वतंत्रता बरकरार रहेगी। वास्तव में, अपनी स्वतंत्रता को बनाए रखने का दायित्व केवल अंग्रेजों से आजादी हासिल करने से अधिक महत्त्वपूर्ण है। लेकिन इस अधिक महत्त्वपूर्ण दायित्व पर उतनी अखंडता नहीं दिखती किसी भी हालत में, इस मुद्दे पर मुसलमानों का रवैया बहुत आश्वस्त करने वाला नहीं रहा है। मुस्लिम नेताओं के अनेक कथनों से यह स्पष्ट है कि वे भारत की स्वतंत्रता को बनाये रखने के दायित्व को स्वीकार नहीं करते हैं। मैं ऐसे दो कथन नीचे दे रहा हूँ।

---

1. मद्रास में कांग्रेस का सिद्धांत नहीं बदला गया। 31 दिसंबर 1929 को कांग्रेस के लाहौर अधिवेशन में एक प्रस्ताव पारित करके इसे बदल दिया गया। मद्रास अधिवेशन में केवल स्वतंत्रता के पक्ष में एक प्रस्ताव पारित किया गया। दिसंबर 1928 में आयोजित कांग्रेस के कलकत्ता सत्र में श्री गांधी और कांग्रेस के अध्यक्ष दोनों ने घोषणा की कि यदि 31 दिसंबर 1929 की मध्यरात्रि तक ब्रिटिश सरकार द्वारा डोमिनियन स्टेटस की पेशकश की जाती है तो वे इसे स्वीकार करने के लिए तैयार हैं।

1925 में लाहौर में हुई एक बैठक में डॉ. किचलू ने कहा[1]–

कांग्रेस तब तक बेजान थी जब तक खिलाफत समिति ने इसमें जान नहीं डाली। जब खिलाफत समिति इसमें शामिल हुई तो उसने 1 साल में वह कर दिखाया जो हिंदू कांग्रेस ने 40 साल में नहीं किया था। कांग्रेस ने सात करोड़ अछूत लोगों के उत्थान का काम भी किया। यह पूरी तरह से हिंदुओं का काम था, फिर भी कांग्रेस का पैसा इस पर खर्च किया गया। मेरा और मेरे मुसलमान भाइयों का पैसा इस पर पानी की तरह खर्च किया गया। लेकिन बहादुर मुसलमानों को कोई फर्क नहीं पड़ा। फिर हिंदू हमसे झगड़ा क्यों करते हैं जब हम मुसलमान तंजीम का काम हाथ में लेते हैं और उस पर वह पैसा खर्च करते हैं जो न तो हिंदुओं का होता है और न ही कांग्रेस का।

"यदि हम इस देश से ब्रिटिश शासन को हटाकर स्वराज स्थापित करते हैं, और यदि अफ़गान या अन्य मुसलमान भारत पर आक्रमण करते हैं, तो हम मुसलमान उनका विरोध करेंगे और देश को आक्रमण से बचाने के लिए अपने सभी बेटों का बलिदान देंगे। लेकिन एक बात मैं घोषित करूँगा स्पष्ट रूप से सुनो, मेरे प्यारे हिंदू भाइयों, बहुत ध्यान से सुनो! यदि तुम हमारे तंजीम आंदोलन के रास्ते में बाधा डालोगे, और हमें हमारे अधिकार नहीं दोगे, तो हम अफगानिस्तान या किसी अन्य मुस्लिम शक्ति के साथ साझा समझौता करेंगे और और इस देश में अपना शासन स्थापित करेंगे।

मौलाना आजाद सोभानी ने 27 जनवरी, 1939 को सिलहट में दिए अपने भाषण[2] में जो भावनाएं व्यक्त कीं वे ध्यान देने योग्य हैं। एक मौलाना के सवाल के जवाब में मौलाना आजाद सोभानी ने कहा–

"यदि भारत में कोई प्रतिष्ठित नेता है जो अंग्रेजों को इस देश से बाहर निकालने का पक्षधर है तो वह नेता मैं हूँ। इसके बावजूद मैं

1. "भारतीय आँखों से।" टाइम्स ऑफ इंडिया दिनांक 14–3–25.

2. भाषण का बंगाली संस्करण आनंद बाजार पत्रिका में छपा। यहाँ दिया गया इसका हिंदी संस्करण मेरे लिए संपादक हिंदुस्तान मानक द्वारा बनाया गया अनुवाद है।

चाहता हूँ कि मुस्लिम लीग की ओर से अंग्रेजों से कोई लड़ाई न हो।" हमारी बड़ी लड़ाई हमारे 22 करोड़ हिंदू शत्रुओं से है, जो बहुसंख्यक हैं। केवल $4\frac{1}{2}$ करोड़ अंग्रेज ही शक्तिशाली बनकर व्यावहारिक रूप से पूरी दुनिया को निगल गए हैं, और अगर ये 22 करोड़ हिंदू जो उतने ही सीखने, बुद्धि और धन में अग्रिम हैं जितने की संख्या में, यदि वे शक्तिशाली हो जाएँ तो ये हिंदू–मुस्लिम भारत को और धीरे–धीरे मिस्र, तुर्की, काबुल, मक्का, मदीना और यजूज–मजूज जैसी अन्य मुस्लिम रियासतों को भी निगल जाएंगे (ऐसा कुरान में वर्णित है) दुनिया के विनाश से पहले, वे पृथ्वी पर प्रकट होंगे और जो कुछ भी उन्हें मिलेगा उसे खा जायेंगे)।

"अंग्रेज धीरे–धीरे कमजोर होते जा रहे हैं... निकट भविष्य में वे भारत से चले जायेंगे। इसलिए अगर हम अभी से इस्लाम के सबसे बड़े दुश्मन हिंदुओं से नहीं लड़ेंगे और उन्हें कमजोर नहीं करेंगे, तो वे न केवल भारत में रामराज्य की स्थापना करेंगे, बल्कि धीरे–धीरे पूरे विश्व में रामराज्य स्थापित करेंगे। यह 9 करोड़ भारतीय मुसलमानों पर निर्भर करता है कि वे उन्हें (हिंदुओं को) मजबूत करें या कमजोर करें। इसलिए प्रत्येक धर्मनिष्ठ मुसलमान का आवश्यक कर्तव्य है कि वह मुस्लिम लीग में शामिल होकर संघर्ष करे ताकि यहाँ हिंदू स्थापित न हो सकें और अंग्रेजों के जाते ही भारत में मुस्लिम शासन स्थापित हो सके।

हालांकि अंग्रेज मुसलमानों के दुश्मन हैं, फिर भी फिलहाल हमारी लड़ाई अंग्रेजों से नहीं है। सबसे पहले हमें मुस्लिम लीग के माध्यम से हिंदुओं के साथ कुछ समझ बनानी होगी। फिर हम आसानी से उन्हें बाहर निकाल सकेंगे अंग्रेजों ने भारत में मुस्लिम शासन स्थापित किया।

"सावधान!! कांग्रेसी मौलवियों के जाल में मत फंसो क्योंकि मुसलमानों की दुनिया 22 करोड़ हिंदू दुश्मनों के हाथों में कभी भी सुरक्षित नहीं है।"

आनंद बाजार पत्रिका के संवाददाता द्वारा दिए गए भाषण के सारांश के अनुसार मौलाना आजाद सोभानी ने तब कांग्रेस प्रांतों में मुसलमानों पर अत्याचार की विभिन्न काल्पनिक घटनाओं का वर्णन किया।

"उन्होंने कहा कि जब कांग्रेस ने प्रांतीय स्वायत्तता की शुरुआत के बाद मंत्रालय स्वीकार किया, तो उन्हें ऐसा लगा कि मुसलमानों का हित हिंदू–प्रभुत्व वाली कांग्रेस के हाथों में सुरक्षित नहीं थे। लेकिन हिंदू नेताओं को उदासीनता महसूस हुई और इसलिए उन्होंने कांग्रेस छोड़ दी और लीग में शामिल हो गए। उन्हें जिस बात का डर था उसे कांग्रेस के मंत्रियों ने वास्तविकता में बदल दिया है। भविष्य की इस भविष्यवाणी को राजनीति कहा जाता है। इसलिए, वह एक महान राजनीतिज्ञ थे। वह फिर से सोच रहे थे कि भारत को स्वतंत्र होने से पहले हिंदुओं के साथ बलपूर्वक या मैत्रीपूर्ण तरीके से किसी प्रकार की समझ बनानी होगी। अन्यथा, हिंदू, जो 700 वर्षों तक मुसलमानों के गुलाम थे, मुसलमानों को गुलाम बना लेते।

"हिंदू जानते हैं कि मुसलमानों के मन में क्या चल रहा है और वे इस आशंकित संभावना से डरते हैं कि मुसलमान अपनी स्वतंत्रता का उपयोग करके उन्हें गुलाम बना लेंगे। परिणामस्वरूप हिंदू स्वतंत्रता को भारत के राजनीतिक विकास का लक्ष्य बनाने के प्रति उदासीन हैं। ये उन लोगों का डर नहीं है जो न्याय करने के योग्य नहीं हैं। इसके विपरीत, जिन हिंदुओं ने स्वतंत्रता की ओर बढ़ने में समझदारी के बारे में अपनी आशंकाएँ व्यक्त की हैं, वे मुस्लिम नेताओं के साथ अपने संपर्क के कारण राय व्यक्त करने के लिए प्रकांड योग्य हैं।

श्रीमती एनी बेसेंट कहती हैं–[1]

"एक और गंभीर सवाल भारत के मुसलमानों के संबंध में उठता है। यदि मुसलमानों और हिंदुओं के बीच संबंध लखनऊ के दिनों

1. भारतीय राजनीति का भविष्य, पृष्ठ 301–305.

की तरह होते, तो यह सवाल इतना जरूरी नहीं होता। हालांकि यह तब भी लगभग निश्चित रूप से, जल्द ही उठता या बाद में, एक स्वतंत्र भारत में। लेकिन खिलाफत आंदोलन के बाद से, चीजें बदल गई हैं, और यह खिलाफत धर्मयुद्ध के प्रोत्साहन से भारत को पहुँचाई गई कई चोटों में से एक है कि अविश्वासियों के खिलाफ मुसलमानों के अंदर नफरत की भावना पैदा हो गई है, नग्न और निर्लज्ज, जैसा कि बीते वर्षों में था। हमने व्यावहारिक राजनीति में मार्गदर्शक के रूप में, तलवार के पुराने मुस्लिम धर्म को पुनर्जीवित होते देखा है, हमने सदियों की विस्मृति, पुरानी विशिष्टता को जजीरुत–अरब का दावा करते हुए बाहर निकलते देखा है, अरब द्वीप, एक पवित्र भूमि है जिसे किसी गैर–मुस्लिम के पैर से गंदा नहीं किया जा सकता है, हमने मुस्लिम नेताओं को यह घोषणा करते हुए सुना है कि यदि अफगानों ने भारत पर आक्रमण किया, तो वे अपने साथी विश्वासियों में शामिल हो जाएँगे, और हत्या कर देंगे। वे हिंदू जिन्होंने शत्रु के विरुद्ध अपनी मातृभूमि की रक्षा की हमें यह देखने के लिए मजबूर किया गया है कि मुसलमानों की प्राथमिक निष्ठा इस्लामी देशों के प्रति है, हमारी मातृभूमि के प्रति नहीं। हमने सीखा है कि उनकी सबसे प्रिय आशा ईश्वर के राज्य की स्थापना करना है, न कि ईश्वर को संसार का पिता मानना, जो अपने सभी प्राणियों से प्रेम करता है,लेकिन मुसलमान चश्मे से देखे गए भगवान जैसा दिखता है अविश्वासियों के उपचार के संबंध में भविष्यवक्ताओं में से एक के माध्यम से उसके आदेश के समान–प्रारंभिक इब्रानियों का मोजेक जहोवा, जब वे शुरुआती मुसलमानों की तरह अपने पैगंबर द्वारा दिए गए धर्म का पालन करने की स्वतंत्रता के लिए लड़ रहे थे। दुनिया ऐसी तथाकथित धर्मतंत्रों से आगे निकल गई है, जिसमें ईश्वर की आज्ञाएँ मनुष्य के माध्यम से दी जाती हैं। अब मुसलमान नेताओं द्वारा यह दावा किया जा रहा है कि जिस राज्य में वे रहते हैं, उसके कानूनों से ऊपर अपने विशेष पैगम्बर के कानूनों का पालन करना चाहिए, नागरिक व्यवस्था

और राज्य की स्थिरता के लिए विध्वंसक है, यह उन्हें बुरा नागरिक बनाता है क्योंकि उनकी निष्ठा का केंद्र राष्ट्र के बाहर है और वे ऐसा नहीं कर सकते, मौलाना मोहम्मद अली और शौकत अली द्वारा घोषित विचारों का पालन करते हुए, इन मुसलमान नेताओं में सबसे प्रमुख का नाम लेते हुए, अपने साथी नागरिकों द्वारा भरोसा नहीं कर सकते हैं। यदि भारत स्वतंत्र होता तो अज्ञानी जनता की आबादी का मुस्लिम हिस्सा उन लोगों का अनुसरण करता जो उनके पैगम्बर के नाम पर उनसे अपील करते, जो भारत की स्वतंत्रता के लिए तत्काल खतरा बन जाता। अफगानिस्तान, बलूचिस्तान, फारस, इराक, अरब, तुर्की और मिस्र तथा मध्य एशिया की ऐसी जनजातियों के साथ, जो मुसलमान हैं, स्वयं को संबद्ध करते हुए, वे भारत को इस्लाम के शासन के अधीन करने के लिए उठ खड़े होंगे। ब्रिटिश भारत के लोगों को भारतीय राज्यों में मुसलमानों द्वारा मदद की जा रही थी और वे मुसलमान शासन स्थापित करेंगे। हमने सोचा था कि भारतीय मुसलमान अपनी मातृभूमि के प्रति वफादार थे, और वास्तव में, हम अब भी आशा करते हैं कि कुछ शिक्षित वर्ग मुसलमानों के ऐसे उत्थान को रोकने का प्रयास कर सकते हैं। लेकिन वे प्रभावी प्रतिरोध के लिए बहुत कम हैं और धर्मत्यागी के रूप में उनकी हत्या कर दी जाएगी। मालाबार ने हमें सिखाया है कि इस्लामी शासन का अभी भी क्या मतलब है, और हम भारत में खिलाफत राज का दूसरा नमूना नहीं देखना चाहते हैं। मालाबार के बाहर के मुसलमानों में मोपलाओं के प्रति कितनी सहानुभूति है, यह उनके साथी विश्वासियों और स्वयं श्री गांधी द्वारा उनके लिए उठाए गए बचाव से साबित हुआ है, जिन्होंने कहा था कि उन्होंने वैसा ही कार्य किया जैसा उनका मानना था कि धर्म ने उन्हें कार्य करना सिखाया है। मुझे डर है कि यह सच है। लेकिन सभ्य भूमि में उन लोगों के लिए कोई जगह नहीं है जो मानते हैं कि उनका धर्म उन्हें हत्या करना, लूटना, बलात्कार करना, जलाना या उन लोगों को देश से बाहर निकाल

दें जो अपने पैतृक धर्मों से धर्मत्याग करने से इनकार करते हैं, सिवाय इसके स्कूलों, निगरानी या जेलों के बाहर। ठगों का मानना था कि भगवान के उनके विशेष रूप ने उन्हें लोगों का गला घोंटने का आदेश दिया है, विशेषकर पैसे वाले यात्रियों का ऐसे भगवान के कानूनों को एक सभ्य देश के कानूनों को खत्म करने की अनुमति नहीं दी जा सकती है, और बीसवीं सदी में रहने वाले लोगों को या तो ऐसे लोगों को शिक्षित करना चाहिए जो इन मध्य युग के विचारों को रखते हैं, या फिर उन्हें निर्वासित करें। उनका स्थान अपनी राय साझा करने वाले देशों में है, जहाँ वे अभी भी उन लोगों के खिलाफ ऐसे तर्कों का उपयोग कर सकते हैं जो उनसे भिन्न हैं, वास्तव में, फारस और बहुत पहले पारसियों के साथ, और हमारे समय में बहाइयों के साथ। दरअसल, रूढ़िवादी मुसलमानों द्वारा शासित देश में मुस्लिम संप्रदाय सुरक्षित नहीं हैं। भारत में ब्रिटिश शासन ने सभी संप्रदायों की स्वतंत्रता की रक्षा की है। शिया, सुन्नी, सूफी, बहाई उसके राजदंड के तहत सुरक्षित रहते हैं। हालांकि यह उनमें से किसी को भी सामाजिक बहिष्कार से नहीं बचा सकता, जहाँ यह अल्पमत में है। मुसलमान उन देशों की तुलना में जहाँ मुस्लिम शासक हैं, ब्रिटिश शासन के तहत अधिक स्वतंत्र हैं। स्वतंत्र भारत के बारे में सोचते समय, मुस्लिम शासन के खतरे पर विचार करना होगा।"

इसी तरह की आशंका लाला लाजपतराय ने श्री सी. आर. दास को लिखे एक पत्र[1] में व्यक्त की थी–

"एक बात और है जो हाल ही में मुझे बहुत परेशान कर रही है और मैं चाहता हूँ। कि आप ध्यान से सोचें और वह है हिंदू–मुसलमान एकता का सवाल। मैंने पिछले छह महीनों के दौरान अपना अधिकांश समय इसी पर केंद्रित किया है।" मुस्लिम इतिहास और मुस्लिम कानून का अध्ययन और मुझे लगता है कि यह न तो संभव

1. इंद्रप्रकाश द्वारा सावरकर के जीवन में उद्धृत।

है और न ही व्यावहारिक है। असहयोग आंदोलन में मुस्लिम नेताओं की ईमानदारी को मानते हुए और स्वीकार करते हुए, मुझे लगता है कि उनका धर्म किसी भी चीज पर एक प्रभावी रोक प्रदान करता है आपको वह बातचीत याद है, जो मैंने आपको कलकत्ता में सुनाई थी, जो मेरी हकीम अजमलखान और डॉ. किचलू के साथ हुई थी। हिंदुस्तान में हकीम साहब से बेहतर कोई मुसलमान नहीं है, लेकिन क्या कोई अन्य मुस्लिम नेता कुरान को खत्म कर सकता है? मैं कर सकता हूँ। केवल आशा है कि इस्लामी कानून के बारे में मेरा पढ़ना गलत है, और मुझे इस बात पर आश्वस्त होने से अधिक कोई राहत नहीं होगी कि ऐसा ही है। लेकिन अगर यह सही है तो बात यह है कि यद्यपि हम अंग्रेजों के खिलाफ एकजुट हो सकते हैं, लेकिन हम ब्रिटिश तर्ज पर हिंदुस्तान पर शासन करने के लिए ऐसा नहीं कर सकते, हम हिंदुस्तान पर लोकतांत्रिक आधार पर शासन करने के लिए ऐसा नहीं कर सकते। तो फिर उपाय क्या है? मैं हिंदुस्तान में सात करोड़ लोगों से नहीं डरता, लेकिन मुझे लगता है कि हिंदुस्तान के सात करोड़ लोग और अफगानिस्तान, मध्य एशिया, अरब, मेसोपोटामिया और तुर्की के सशस्त्र मेजबान अप्रतिरोध्य होंगे। मैं ईमानदारी से हिंदू–मुस्लिम एकता की आवश्यकता या वांछनीयता में विश्वास करता हूँ। मैं मुस्लिम नेताओं पर भरोसा करने के लिए भी पूरी तरह तैयार हूँ। लेकिन कुरान और हदीस के आदेशों के बारे में क्या? नेता उन पर हावी नहीं हो सकते। तो क्या हम बर्बाद हो गये? मुझे आशा नहीं है। मुझे आशा है कि आपका विद्वान दिमाग और बुद्धिमान मस्तिष्क इस कठिनाई से कोई रास्ता निकाल लेंगे।"

1924 में एक बंगाली अखबार के संपादक ने कवि डॉ. रवीन्द्र नाथ टैगोर का साक्षात्कार लिया। इस इंटरव्यू की रिपोर्ट में कहा गया है[1]–

एक और बहुत महत्त्वपूर्ण कारक, जो कवि के अनुसार, हिंदू–मुसलमान एकता के लिए एक सफल तथ्य बनना लगभग

1. 18–4–24 के टाइम्स ऑफ इंडिया में इंडियन आइज में उद्धृत।

असंभव बना रहा था, वह यह था कि मुसलमान अपनी देशभक्ति को किसी एक देश तक सीमित नहीं रख सकते थे। कवि ने कहा कि उन्होंने बहुत से मुसलमानों से बहुत स्पष्ट रूप से पूछा था कि क्या किसी मुसलमान शक्ति द्वारा भारत पर आक्रमण करने की स्थिति में, वे अपनी सामान्य भूमि की रक्षा के लिए अपने हिंदू पड़ोसियों के साथ कंधे से कंधा मिलाकर खड़े होंगे? वह उनसे मिले उत्तर से संतुष्ट नहीं हो सका। उन्होंने कहा कि वह निश्चित रूप से बता सकते हैं कि श्री मोहम्मद अली जैसे लोगों ने भी घोषणा की थी कि किसी भी परिस्थिति में यह किसी मुसलमान के लिए स्वीकार्य नहीं है चाहे उसका देश कुछ भी हो, किसी भी अन्य मुसलमान के खिलाफ खड़ा होना।"

II

अगर आजादी नामुमकिन है तो नियति को सौ प्रतिशत मंजूर है। भारत के लिए अगला उसका सर्वश्रेष्ठ ब्रिटिश साम्राज्य के भीतर एक अधिराज्य का दर्जा प्राप्त होना होगा। ऐसी नियति से कौन संतुष्ट होगा? मुझे यकीन है कि मुसलमानों को उनके हाल पर छोड़ दिया जाए तो वे अधिराज्य पद से संतुष्ट नहीं होंगे, जबकि हिंदू निश्चित रूप से संतुष्ट होंगे। इस तरह का बयान निश्चित रूप से भारतीयों और अंग्रेजों के कानों को चुभेगा। कांग्रेस के स्वतंत्रता के आग्रह पर जोर–शोर से जोर देने के कारण, यह धारणा प्रचलित है कि हिंदू स्वतंत्रता के पक्ष में हैं और मुसलमान अधिराज्य पद के पक्ष में हैं। जो लोग आर.टी.सी. में मौजूद थे, वे यह महसूस करने में असफल नहीं हो सकते थे कि अंग्रेजी दिमाग पर इस धारणा ने कितनी मजबूत पकड़ बना ली है और कांग्रेस द्वारा उठाए गए दोहरे रोने के कारण हिंदुओं के दावों और हितों को कैसे चोट पहुँची है, अर्थात् स्वतंत्रता और ऋणों का परित्याग। इन चीखों को सुनकर अंग्रेजों को लगा कि हिंदू अंग्रेजों और मुसलमानों के दुश्मन हैं, जिन्होंने न तो आजादी माँगी और न ही तिरस्कार, वे उनके दोस्त हैं। यह धारणा, कांग्रेस की घोषित योजनाओं के आलोक में चाहे कितनी भी सत्य क्यों न हो, झूठे प्रचार द्वारा बनाई

गई एक गलत धारणा है। क्योंकि, इसमें कोई संदेह नहीं है कि हिंदू अधिराज्य पद के दिल में हैं और मुसलमान आजादी के दिल में हैं। यदि प्रमाण चाहिए तो प्रभूत मात्रा में उपलब्ध है।

स्वतंत्रता का प्रश्न पहली बार 1921 में उठाया गया था। उस वर्ष भारतीय राष्ट्रीय कांग्रेस, अखिल भारतीय खिलाफत सम्मेलन और अखिल भारतीय मुस्लिम लीग ने अहमदाबाद शहर में अपने वार्षिक सत्र आयोजित किए थे। प्रत्येक ने अपने सत्र में स्वतंत्रता के पक्ष में एक प्रस्ताव पेश किया। यह देखना दिलचस्प है कि प्रस्ताव का कांग्रेस, खिलाफत कॉन्फ्रेंस और मुस्लिम लीग के हाथों क्या हश्र हुआ। कांग्रेस के अध्यक्ष हकीम अजमल खान थे जिन्होने श्री सी. आर. दास के लिए काम किया, जो विधिवत निर्वाचित होने के बावजूद सत्र शुरू होने से पहले सरकार द्वारा उनकी गिरफ्तारी के कारण अध्यक्षता नहीं कर सके। कांग्रेस के अधिवेशन में मौलाना हसरत मोहानी ने कांग्रेस के पंथ में बदलाव के लिए दबाव डालते हुए एक प्रस्ताव पेश किया। संकल्प से संबंधित कार्यवाही का सारांश[1] निम्नलिखित है–

> "मौलाना हसरत मोहानी ने पूर्ण स्वतंत्रता पर अपना प्रस्ताव पेश करते हुए उर्दू में एक लंबा और जोशीला भाषण दिया। उन्होंने कहा, हालांकि उन्हें पिछले साल स्वराज का वादा किया गया था, 1 साल के भीतर खिलाफत और पंजाब की गलतियों का निवारण, उन्होंने अब तक ऐसा कुछ भी हासिल नहीं कर लिया है। इसलिए कार्यक्रम से चिपके रहने का कोई फायदा नहीं था। यदि ब्रिटिश साम्राज्य या ब्रिटिश राष्ट्रमंडल के भीतर रहकर उन्हें स्वतंत्रता नहीं मिल सकती थी, तो उन्हें लगा कि, यदि आवश्यक हो, तो उन्हें इससे बाहर जाने में संकोच नहीं करना चाहिए। लोक के शब्द तिलक स्वतंत्रता उनका जन्मसिद्ध अधिकार था,' और कोई भी सरकार जिसने बोलने की स्वतंत्रता और कार्रवाई की स्वतंत्रता के इस प्राथमिक अधिकार से इनकार किया, वह लोगों की निष्ठा के

1. भारतीय वार्षिक रजिस्टर, 1922, परिशिष्ट, पृष्ठ 64–66 देखें।

लायक नहीं थी। प्रभुत्व रेखाएं पर स्वराज्य या उपनिवेशवाद उनकी जन्मजात वास्तविकता का विकल्प नहीं हो सकता। एक सरकार जो श्री चित्तरंजन दास, पंडित मोतीलाल नेहरू, लाला लाजपत राय और अन्य जैसे लोगों के प्रतिष्ठित नेताओं को जेल में डाल सकती थी, उसने लोगों से सम्मान पाने के सभी दावे खो दिए थे और चूँकि वर्ष के अंत में उन्हें स्वराज नहीं मिला, इसलिए उन्हें अब उनके लिए छोड़े गए एकमात्र रास्ते को अपनाने से नहीं रोकना चाहिए, जो कि सभी विदेशी नियंत्रणों से मुक्त होकर अपनी स्वतंत्रता हासिल करना है। संकल्प इस प्रकार है–

"भारतीय राष्ट्रीय कांग्रेस का उद्देश्य सभी वैध और शांतिपूर्ण तरीकों से भारत के लोगों द्वारा सभी विदेशी नियंत्रण से मुक्त स्वराज या पूर्ण स्वतंत्रता प्राप्त करना है।"

कई प्रतिनिधियों द्वारा इसके पक्ष में बोलने के बाद, श्री गांधी प्रस्ताव का विरोध करने के लिए आगे आए। प्रस्ताव का विरोध करते हुए श्री गांधी ने कहा–

"दोस्तों, मैंने श्री हसरत मोहानी के प्रस्ताव के संबंध में हिंदी में केवल कुछ शब्द कहे हैं। मैं आपसे अंग्रेजी में केवल इतना कहना चाहता हूँ कि उस प्रस्ताव को कुछ लोगों ने जिस गंभीरता से लिया है। आपने मुझे दुःखी किया है। इससे मुझे दुःख हुआ है क्योंकि यह जिम्मेदारी की कमी को दर्शाता है। जिम्मेदार पुरुषों और महिलाओं के रूप में हमें नागपुर और कलकत्ता के दिनों में वापस जाना चाहिए और हमें याद रखना चाहिए कि हमने केवल एक घंटे पहले क्या किया था। एक घंटे पहले हमने एक प्रस्ताव पारित किया जो वास्तव में खिलाफत के अंतिम समझौते पर विचार करता है और पंजाब की गलतियां और कुछ निश्चित तरीकों से नौकरशाही के हाथों से सत्ता का लोगों के हाथों में स्थानांतरण। क्या आप एक झूठा मुद्दा उठाकर और भारतीय माहौल के बीच में बम फेंककर उस स्थिति को अपने दिमाग से मिटा देंगे? मुझे आशा है कि आपमें से जिन लोगों ने पिछले प्रस्ताव के लिए मतदान किया है, वे इस

प्रस्ताव को लेने और इसके लिए मतदान करने से पहले पचास बार सोचेंगे। दुनिया के सोचने वाले हिस्से द्वारा हम पर आरोप लगाया जाएगा कि हम नहीं जानते कि हम वास्तव में कहां हैं। आइए, हम भी अपनी सीमाएँ समझें। हिंदुओं और मुसलमानों में पूर्ण, अविभाज्य एकता हो। यहाँ कौन है जो आज विश्वास के साथ कह सकता है: 'हाँ, हिंदू–मुस्लिम एकता भारतीय राष्ट्रवाद का एक अविभाज्य कारक बन गई है? यहाँ कौन है जो मुझे बता सकता है कि पारसी, सिख, ईसाई, यहूदी और अछूत, जिनके बारे में आपने आज दोपहर सुना है, कौन मुझे बताएगा कि वही लोग ऐसे किसी भी विचार के खिलाफ नहीं उठेंगे? इसलिए कोई ऐसा कदम उठाने से पहले पचास बार सोचें, जिससे न तो आपको कोई लाभ होगा, न ही आपका कोई भला होगा, बल्कि इससे आपको अपूरणीय क्षति हो सकती है। आइए, सबसे पहले हम अपनी शक्ति एकत्रित करें, आइए सबसे पहले हम अपनी गहराई को समझें। हमें ऐसे पानी में नहीं जाना चाहिए जिसकी गहराई हमें मालूम न हो, और श्री हसरत मोहानी का यह प्रस्ताव आपको अथाह गहराई में ले जाता है। मैं आपसे पूरे विश्वास के साथ उस प्रस्ताव को अस्वीकार करने के लिए कहता हूँ, यदि आप उस प्रस्ताव पर विश्वास करते हैं जिसे आपने केवल एक घंटे पहले पारित किया था। अब आपके सामने प्रस्ताव उस प्रस्ताव के पूरे प्रभाव को खत्म कर देता है जिसे आपने केवल एक क्षण पहले पारित किया था। क्या पंथ कपड़े जैसी साधारण चीजें हैं जिन्हें मनुष्य अपनी इच्छानुसार बदल सकता है? पंथों के लिए लोग मरते हैं, और पंथों के लिए लोग युग–युग तक जीवित रहते हैं। क्या आप उस पंथ को बदलने जा रहे हैं जिसे आपने पूरे विचार–विमर्श के बाद और नागपुर में बड़ी बहस के बाद स्वीकार किया था? जब आपने उस पंथ को स्वीकार किया तो एक वर्ष की कोई सीमा नहीं थी। यह एक व्यापक पंथ है। यह सबसे कमजोर और सबसे ताकतवर सभी को शामिल करता है, और यदि आप मौलाना हसरत मोहानी के इस सीमित पंथ को स्वीकार करते

हैं, जो आपके भाइयों में से सबसे कमजोर को भी स्वीकार नहीं करता है, तो आप अपने बीच में सबसे कमजोर को सुरक्षा के कपड़े पहनाने के विशेषाधिकार से वंचित हो जाएंगे। इसलिए, मैं आपसे पूरे विश्वास के साथ उसके प्रस्ताव को अस्वीकार करने के लिए कहता हूँ।"

जब प्रस्ताव को मतदान के लिए रखा गया तो उसे हारा हुआ घोषित कर दिया गया। अखिल भारतीय खिलाफत सम्मेलन के सत्र की अध्यक्षता भी हकीम अजमल खान ने की थी। इस सम्मेलन की विषय समिति में स्वतंत्रता के पक्ष में एक प्रस्ताव भी पेश किया गया। संकल्प का क्या हुआ यह इसकी कार्यवाही के निम्नलिखित सारांश से स्पष्ट है – प्रतिवेदन कार्यवाही का कहना है[1]–

"रात ग्यारह बजे सम्मेलन अगले दिन तक के लिए स्थगित होने से पहले अध्यक्ष हकीम अजमलखान ने घोषणा की कि सम्मेलन की विषय समिति ने श्री आजाद सोभानी के प्रस्ताव पर, श्री हसरत मोहानी द्वारा समर्थित, बहुमत से सभी मुसलमानों और अन्य समुदायों से ब्रिटिश साम्राज्यवाद को नष्ट करने और पूर्ण स्वतंत्रता हासिल करने का प्रयास करने के लिए कहने का संकल्प लिया था।

"इस प्रस्ताव में कहा गया है कि जबकि ब्रिटिश सरकार की लगातार नीति और रवैये के माध्यम से यह उम्मीद नहीं की जा सकती है कि ब्रिटिश साम्राज्यवाद जजीरत–उल–अरब और इस्लामी दुनिया को गैर–मुसलमानों के प्रभाव और नियंत्रण से पूरी तरह मुक्त होने की अनुमति देगा, जिसका अर्थ है कि खिलाफत को उस हद तक सुरक्षित नहीं किया जा सकता है, जिस हद तक शरीयत अपनी सुरक्षा की माँग करती है, इसलिए, खिलाफत की स्थायी सुरक्षा और भारत की समृद्धि को सुरक्षित करने के लिए, ब्रिटिश साम्राज्यवाद को नष्ट करने का प्रयास करना आवश्यक है। यह

1. भारतीय वार्षिक रजिस्टर, 1922, परिशिष्ट, पृ. 133–34.

सम्मेलन आयोजित करता है, यह विचार है कि इस प्रयास को करने का एकमात्र तरीका मुसलमानों के लिए, भारत के अन्य निवासियों के साथ मिलकर, भारत को पूरी तरह से स्वतंत्र बनाना है, और इस सम्मेलन की राय है कि स्वराज के बारे में मुसलमानों की राय समान है, अर्थात पूर्ण स्वतंत्रता, और यह अपेक्षा करता है कि भारत के अन्य निवासी भी यही दृष्टिकोण रखेंगे।

"दूसरे दिन, 27 दिसंबर, 1921 को सम्मेलन की बैठक फिर से शुरू होने पर, स्वतंत्रता को समाप्त करने के इस प्रस्ताव पर शिविर में विभाजन पाया गया। जब श्री हसरत मोहानी अपना लक्ष्य घोषित करते हुए अपने प्रस्ताव को आगे बढ़ाने जा रहे थे, स्वतंत्रता और ब्रिटिश साम्राज्यवाद के विनाश पर खिलाफत विषय समिति के एक सदस्य ने इस आधार पर आपत्ति जताई थी कि उनके संविधान के अनुसार कोई भी प्रस्ताव जो उनके पंथ में बदलाव पर विचार करता हो, तब तक अपनाया नहीं माना जा सकता जब तक कि ऐसा न किया गया हो। विषय समिति में दो–तिहाई बहुमत से मतदान किया गया।"

"राष्ट्रपति हकीम अजमल खान ने इस आपत्ति को बरकरार रखा और स्वतंत्रता प्रस्ताव को अमान्य करार दिया।"

"श्री हसरत मोहानी ने कड़ा विरोध किया और बताया कि राष्ट्रपति ने विषय समिति के सदस्य के समान आपत्ति को अस्वीकार कर दिया था, जबकि उन्होंने खुले सम्मेलन में इसकी अनुमति दी थी। उन्होंने कहा कि राष्ट्रपति ने अपने फैसले पर शासन करने का साहस किया था। उन्होंने कहा कि राष्ट्रपति ने उनके प्रस्ताव को खारिज करने की चालाकी की ताकि वे उस सम्मेलन से यह घोषित करने के रास्ते में खड़े हो सकें कि उनके स्वराज का मतलब पूर्ण स्वतंत्रता है।

अखिल भारतीय मुस्लिम लीग के अध्यक्ष मौलाना हसरत मोहानी थे। प्रस्ताव पर असर डालने वाली लीग की कार्यवाही की रिपोर्ट कहती है।[1]

---

1. उपरोक्त, परिशिष्ट. पृ. 78.

31 दिसंबर, 1921 को रात 9 बजे मुस्लिम लीग की बैठक हुई। इसके बाद कुछ गैर–विवादास्पद प्रस्ताव पारित किये गये। राष्ट्रपति हसरत मोहानी ने तालियों की गड़गड़ाहट के बीच घोषणा की कि उन्होंने प्रस्ताव दिया है कि स्वतंत्रता प्राप्ति और ब्रिटिश साम्राज्यवाद के विनाश के संबंध में उनके प्रस्ताव को अस्वीकार करने वाले विषय समिति के निर्णय को अंतिम माना जाएगा और लीग में बहुमत की राय का प्रतिनिधित्व किया जाएगा, लेकिन वह विषय के अत्यधिक महत्त्व को देखते हुए वह बिना कोई वोट लिए उस प्रस्ताव पर चर्चा की अनुमति देंगे।

"श्री आजाद सोभानी, जिन्होंने विषय समिति में प्रस्ताव पेश किया था, उन्होंने इसे लीग में भी पेश किया। उन्होंने कहा कि वह हिंदू–मुस्लिम एकता को अत्यंत आवश्यक मानते हैं, अहिंसक असहयोग को अपनी लड़ाई लड़ने का एकमात्र तरीका मानते हैं और श्री गांधी उस तानाशाही के पूरी तरह से हकदार थे जो कांग्रेस द्वारा उन पर थोपी गई थी, लेकिन उनका यह भी मानना था कि ब्रिटिश साम्राज्यवाद भारत और मुस्लिम दुनिया के लिए सबसे बड़ा खतरा था और इसे उनके सामने स्वतंत्रता का आदर्श रखकर नष्ट किया जाना चाहिए।''

"श्री आजाद सोभानी को कई वक्ताओं ने अनुसरण किया, जिन्होंने उसी भावना से उनका समर्थन किया।''

"माननीय श्री रजा अली ने घोषणा की कि राष्ट्रपति के फैसले का कारण यह था कि लीग ऐसा कदम नहीं उठाना चाहती थी जो कांग्रेस ने नहीं उठाया था। उन्होंने उन्हें बिना समझे बड़ी बातें कहने के खिलाफ चेतावनी दी और याद दिलाया दर्शकों ने कहा कि भारत इस समय स्वतंत्रता प्राप्त होने पर भी उसे बनाए रखने के लिए तैयार नहीं है।''

"उन्होंने पूछा, उदाहरण के लिए, यदि अंग्रेज कल चले गए तो उनका प्रमुख कमांडर कौन होगा।'' (एक आवाज, एनवर पाशा'।)

"अध्यक्ष ने जोरदार ढंग से घोषणा की कि वह किसी भी विदेशी को बर्दाश्त नहीं करेंगे। वह एक भारतीय प्रधान सेनापति चाहते थे।"

मार्च 1923 में कोकोनाडा में आयोजित कांग्रेस अधिवेशन में स्वतंत्रता का प्रश्न फिर से उठाया गया लेकिन कोई सफलता नहीं मिली।

1924 में बेलगाम में आयोजित कांग्रेस अधिवेशन की अध्यक्षता करते हुए श्री गांधी ने कहा–

"मेरी राय में, यदि ब्रिटिश सरकार जो कहती है उस पर अमल करती है और ईमानदारी से हमें समानता लाने में मदद करती है, तो यह ब्रिटिश संबंध को पूरी तरह से खत्म करने से भी बड़ी जीत होगी। इसलिए, मैं साम्राज्य के भीतर स्वराज के लिए प्रयास करुंगा। लेकिन यदि ब्रिटेन की अपनी गलती के कारण यह आवश्यक हो गया तो सभी संबंध तोड़ने में संकोच नहीं किया जाएगा। इस प्रकार मैं अलगाव का बोझ ब्रिटिश लोगों पर डाल दूँगा।"

1925 में श्री सी. आर. दास ने फिर से इस विषय को अपनाया। उस वर्ष मई में आयोजित बंगाल प्रांतीय सम्मेलन में अपने संबोधन में, उन्होंने एक घातक झटका देने के जानबूझकर उद्देश्य से स्वतंत्रता के विचार के लिए अधिराज्य पद की तुलना में स्वतंत्रता के विचार की हीनता को दिखाने के लिए विशेष कष्ट उठाया गया

"मेरे विचार से स्वतंत्रता, स्वराज की तुलना में एक संकीर्ण आदर्श है। इसका तात्पर्य है, यह सच है, निर्भरता का निषेध लेकिन अपने आप में यह हमें कोई सकारात्मक आदर्श नहीं देता। मैं एक पल के लिए भी यह नहीं कहता कि स्वतंत्रता स्वराज के अनुरूप नहीं है। लेकिन जो आवश्यक है वह केवल स्वतंत्रता नहीं बल्कि स्वराज की स्थापना है। भारत इस अर्थ में कल स्वतंत्र हो सकता है कि ब्रिटिश लोग हमें हमारे भाग्य पर छोड़ सकते हैं, लेकिन यह जरूरी नहीं कि वह हमें वह स्वराज दे जो मैं समझता हूँ। जैसा कि मैंने गया में अपने अध्यक्षीय भाषण में बताया था, भारत उन कई स्पष्ट रूप से परस्पर विरोधी तत्त्वों को एकजुट करने की एक

दिलचस्प लेकिन जटिल समस्या प्रस्तुत करता है जो भारतीय लोगों को बनाते हैं। समेकन का यह कार्य एक लंबी प्रक्रिया है, यहाँ तक कि थकाऊ प्रक्रिया भी हो सकती है। लेकिन इसके बिना कोई स्वराज्य संभव नहीं है।"

"स्वतंत्रता, दूसरे स्थान पर, आपको व्यवस्था का वह विचार नहीं देती जो स्वराज का सार है। समेकन के जिस कार्य का मैंने उल्लेख किया है उसका तात्पर्य उस व्यवस्था की स्थापना से है। लेकिन यह स्पष्ट रूप से समझ लिया जाए कि जो स्थापित करने की कोशिश की जा रही है वह भारतीय लोगों की प्रतिभा, स्वभाव और परंपराओं के अनुरूप होनी चाहिए। मेरे विचार से, स्वराज का तात्पर्य, सबसे पहले, यह है कि हमें भारतीय लोगों के विविध तत्त्वों को एकजुट करने के लिए काम करने की स्वतंत्रता होनी चाहिए दूसरे, हमें इस कार्य को राष्ट्रीय तर्ज पर आगे बढ़ाना चाहिए, 2,000 साल पहले नहीं जाना चाहिए, बल्कि अपनी राष्ट्रीय प्रतिभा और स्वभाव के प्रकाश और भावना में आगे बढ़ना चाहिए।"

"तीसरी बात, हमारे सामने जो काम है, उसमें हमें किसी भी विदेशी शक्ति द्वारा बाधा नहीं डालनी चाहिए। फिर आदर्श के मामले में हमें जो तय करना है, उसे मैं स्वराज कहता हूँ न कि केवल स्वतंत्रता जो कि स्वराज का खंडन हो सकती है। जब मुझसे पूछा जाता है कि स्वतंत्रता का हमारा राष्ट्रीय आदर्श क्या है, तो इसका एकमात्र उत्तर जो देना संभव है वह है स्वराज। मुझे स्वराज्य या स्वशासन पसंद नहीं है। संभवत वे उस दायरे में आते हैं जिसे मैंने स्वराज के रूप में वर्णित किया है। लेकिन मेरा संस्कृति किसी न किसी तरह से शासन शब्द की विरोधी है, चाहे वह घरेलू शासन हो या विदेशी शासन।"

"फिर सवाल आता है कि क्या इस आदर्श को साम्राज्य के भीतर महसूस किया जाना चाहिए या बाहर? कांग्रेस ने हमेशा जो उत्तर दिया है वह यह है कि अगर साम्राज्य हमारे अधिकार को मान्यता देगा तो साम्राज्य के भीतर और साम्राज्य के बाहर, अगर वह ऐसा नहीं करता है।"

"हमें अपना जीवन जीने का अवसर मिलना चाहिए, अवसर होना चाहिए आत्म–बोध, आत्म–विकास, और आत्म–संतुष्टि। सवाल हमारे जीवन जीने का है। यदि साम्राज्य हमारे राष्ट्रीय जीवन की वृद्धि और विकास के लिए पर्याप्त गुंजाइश प्रदान करता है तो साम्राज्य के विचार को प्राथमिकता दी जानी चाहिए। इसके विपरीत, यदि साम्राज्य, जगन्नाथ की गाड़ी की तरह, अपने साम्राज्यवादी अभियान में हमारे जीवन को कुचल देता है, तो साम्राज्य के बाहर स्वराज की स्थापना के विचार का औचित्य होगा।"

"वास्तव में, साम्राज्य का विचार हमें कई फायदों का एक स्पष्ट एहसास देता है। प्रभुत्व स्थिति किसी भी तरह से दासता नहीं है। यह अनिवार्य रूप से उन लोगों की सहमति से एक गठबंधन है जो सहयोग की वास्तविक भावना में भौतिक लाभ के लिए साम्राज्य का हिस्सा बनते हैं। स्वतंत्र गठबंधन आवश्यक रूप से अलगाव का अधिकार अपने साथ रखता है। युद्ध से पहले आम तौर पर यह माना जाता था कि केवल एक महान संघ के रूप में ही साम्राज्य या उसके घटक हिस्से रह सकते हैं। यह महसूस किया गया है कि आधुनिक परिस्थितियों में कोई भी राष्ट्र अलगाव में नहीं रह सकता है। और प्रभुत्व स्थिति, जबकि यह ब्रिटिश साम्राज्य कहे जाने वाले राष्ट्रों के महान राष्ट्रमंडल की रचना करने वाले प्रत्येक घटक को पूर्ण सुरक्षा प्रदान करता है, प्रत्येक को खुद को महसूस करने, खुद को विकसित करने और खुद को पूरा करने का अधिकार सुरक्षित करता है और इसलिए यह स्वराज के सभी तत्त्वों को व्यक्त और निहित करता है जिसका मैंने उल्लेख किया है।"

"मेरे लिए यह विचार अपने गहरे आध्यात्मिक महत्त्व के कारण विशेष रूप से आकर्षक है। मैं विश्व शांति में, दुनिया के अंतिम संघ में विश्वास करता हूँ और मुझे लगता है कि राष्ट्रों की महान सामान्य संपत्ति जिसे ब्रिटिश साम्राज्य कहा जाता है। विभिन्न नस्लों का एक संघ है प्रत्येक अपने विशिष्ट जीवन, विशिष्ट सभ्यता, अपने विशिष्ट मानसिक दृष्टिकोण के साथ यदि शीर्ष पर

राजनेताओं के साथ सही ढंग से नेतृत्व किया जाए तो वह उस महान समस्या में स्थायी योगदान देने के लिए बाध्य है जो राजनेताओं की प्रतीक्षा कर रही है, दुनिया को सबसे महान संघ में बुनने की समस्या। मानव जाति के संघ की कल्पना कर सकते हैं। लेकिन यदि विचार के विकास के लिए शीर्ष पर राजनेताओं के साथ उचित नेतृत्व किया जाए तो इसमें घटक राष्ट्रों की ओर से स्पष्ट बलिदान शामिल है और इसमें निश्चित रूप से साम्राज्य के विचार को अच्छे के लिए त्यागना शामिल है। यह प्रभुत्व का कुरूप गुण है। मेरा मानना है कि यह भारत की भलाई के लिए है, दुनिया की भलाई के लिए है कि भारत को राष्ट्रमंडल के भीतर स्वतंत्रता के लिए प्रयास करना चाहिए और इस तरह मानवता की सेवा करनी चाहिए।"

श्री दास ने न केवल इस बात पर जोर दिया कि अधिराज्य पद स्वतंत्रता से बेहतर था, बल्कि इससे भी आगे बढ़कर सम्मेलन में भारत के राजनीतिक विकास के लक्ष्य पर निम्नलिखित प्रस्ताव पारित कराया–

1. यह सम्मेलन घोषित करता है कि स्वराज के राष्ट्रीय आदर्श में भारतीय राष्ट्र को अपना जीवन जीने का अधिकार, आत्म–प्राप्ति, आत्म–विकास और आत्म–संतुष्टि का अवसर और समेकन के लिए काम करने की स्वतंत्रता शामिल है। वे विविध तत्त्व जो भारतीय राष्ट्र का निर्माण करते हैं किसी भी बाहरी प्रभुत्व से बेरोक और अबाधित करते हैं।
2. यदि ब्रिटिश साम्राज्य ऐसे अधिकार को मान्यता देता है और स्वराज की प्राप्ति में बाधा नहीं डालता है और ऐसा अवसर देने के लिए तैयार है और ऐसे अधिकारों को प्रभावी बनाने के लिए आवश्यक बलिदान देने का वचन देता है, यह सम्मेलन भारतीय राष्ट्र से ब्रिटिश राष्ट्रमंडल के भीतर अपने स्वराज को साकार करने का आह्वान करता है।

गौरतलब है कि श्री गांधी पूरे सत्र के दौरान मौजूद रहे। लेकिन उनकी ओर से असहमति का कोई शब्द नहीं आया। इसके विपरीत, उन्होंने श्री दास द्वारा उठाए गए रुख का अनुमोदन किया।

इन तथ्यों के साथ, कौन संदेह कर सकता है कि हिंदू अधिराज्य पद के पक्ष में हैं और मुसलमान स्वतंत्रता के पक्ष में हैं? लेकिन अगर अब भी कोई संदेह बाकी है, तो 1928 में नेहरू समिति की रिपोर्ट पर मुस्लिम हलकों में हुए नतीजों से इसे पूरी तरह से हल करना होगा। भारत के लिए संविधान बनाने के लिए कांग्रेस द्वारा नियुक्त नेहरू समिति ने डोमिनियन स्टेटस को भारत के संविधान के आधार के रूप में स्वीकार किया और स्वतंत्रता को अस्वीकार कर दिया। नेहरू रिपोर्ट के प्रति देश में कांग्रेस और मुस्लिम राजनीतिक संगठनों द्वारा अपनाए गए रवैये पर ध्यान देना शिक्षाप्रद है।

कांग्रेस ने 1928 में कलकत्ता में आयोजित अपने सत्र में श्री गांधी द्वारा पेश एक प्रस्ताव पारित किया जो निम्नलिखित शब्दों में था–

> "यह कांग्रेस, सर्वदलीय समिति की रिपोर्ट द्वारा अनुशंसित संविधान पर विचार करते हुए, इसे भारत की राजनीतिक और सांप्रदायिक समस्याओं के समाधान के लिए एक महान योगदान के रूप में स्वागत करती है, और समिति को इसकी सिफारिशों की आभासी सर्वसम्मति के लिए बधाई देती है और, मद्रास कांग्रेस में पारित पूर्ण स्वतंत्रता से संबंधित प्रस्ताव का पालन करते हुए, समिति द्वारा तैयार किए गए संविधान को राजनीतिक प्रगति में एक महान कदम के रूप में मंजूरी दी गई, खासकर क्योंकि यह देश में महत्त्वपूर्ण दलों के बीच प्राप्त समझौते के सबसे बड़े उपाय का प्रतिनिधित्व करता है।
>
> "राजनीतिक स्थिति की अत्यावश्यकताओं के अधीन यह कांग्रेस संविधान को पूर्ण रूप से अपनाएगी यदि इसे 31 दिसंबर, 1929 को या उससे पहले ब्रिटिश संसद द्वारा स्वीकार कर लिया जाता है, लेकिन उस तारीख तक इसकी अस्वीकृति या इसके पहले अस्वीकृति की स्थिति में, कांग्रेस देश को कराधान से इनकार करने या किसी अन्य तरीके से निर्णय लेने की सलाह देकर अहिंसक असहयोग का आयोजन करेगी।

उपर्युक्त के अनुरूप, इस प्रस्ताव में कुछ भी कांग्रेस के नाम पर, पूर्ण स्वतंत्रता के लिए प्रचार को आगे बढ़ाने में हस्तक्षेप नहीं करेगा।

इससे पता चलता है कि हिंदू मत स्वतंत्रता के पक्ष में नहीं बल्कि अधिराज्य पद के पक्ष में है। कुछ लोग इन बयानों पर आपत्ति जताएँगे। पूछा जा सकता है 1927 के कांग्रेस प्रस्ताव के बारे में क्या? ये सच है कि कांग्रेस में 1927 में आयोजित इसके मद्रास सत्र ने निम्नलिखित प्रस्ताव पारित किया जो पंडित जवाहरलाल नेहरू द्वारा प्रेरित–

"यह कांग्रेस भारतीय लोगों का लक्ष्य पूर्ण राष्ट्रीय स्वतंत्रता घोषित करती है।"

लेकिन इस तर्क का समर्थन करने के लिए पर्याप्त सबूत हैं कि यह प्रस्ताव कांग्रेस में हिंदुओं के वास्तविक मन की बात नहीं करता और न ही कहता है।

यह प्रस्ताव एक आश्चर्य के रूप में आया। 1927 के सत्र की अध्यक्षता करने वाले डॉ. अंसारी[1] के विशेष भाषण में इसका कोई संकेत नहीं था। स्वागत समिति के अध्यक्ष[2] ने इसे केवल तात्कालिक रूप से संदर्भित किया, न कि अत्यावश्यक बल्कि कार्रवाई की एक आकस्मिक पंक्ति के रूप में।

---

1. 'डॉ. अंसारी ने अपने भाषण में इस विषय पर बस इतना ही कहा।

"संविधान का अंतिम रूप जो भी हो, एक बात कुछ हद तक निश्चितता के साथ कही जा सकती है कि यह संघीय आधार पर होगा, जिसमें मौजूदा भारतीय राज्यों को संघ की स्वायत्त इकाइयों के रूप में रखते हुए भारत के एक संयुक्त राज्य का प्रावधान किया जाएगा। देश की रक्षा, देश के विदेशी मामलों के नियमन और अन्य संयुक्त और सामान्य हितों में उनका उचित हिस्सा है।" भारतीय त्रैमासिक रजिस्टर, 1927, खंड–द्वितीय. पृ. 372.

2. श्री मुथुरंगा मुदलियार ने कहा

हमें यह बता देना चाहिए कि यदि संसद अपने मौजूदा ढीठ रवैये पर कायम रही, तो हमें निश्चित रूप से साम्राज्य से भारत को अलग करने के लिए एक गहन प्रचार शुरू करना होगा। जब भी भारतीय राष्ट्रवाद के प्रभावी दावे का समय आएगा, तब भारतीय आकांक्षा स्वतंत्र राष्ट्रीयता की ओर होगी, यहाँ तक कि इंग्लैंड के राजा की नाममात्र की आधिपत्यता से भी अछूती रहेगी। इस तथ्य पर सावधानीपूर्वक ध्यान देना अंग्रेजी राजनेता के लिए उचित है। वे हमें निराशा की ओर न ले जाएँ। वही पृ. 356.

समाधान के बारे में कोई पूर्व विचार नहीं किया गया। यह तख्तापलट का परिणाम था और तख्तापलट तीन कारकों के कारण सफल रहा।

सबसे पहले, कांग्रेस में एक ऐसा वर्ग था जो पंडित मोतीलाल नेहरू और श्री गांधी, विशेषकर पंडित नेहरू के वर्चस्व का विरोधी था। इस समूह का नेतृत्व श्री श्रीनिवास अयंगर ने किया था जो पंडित मोतीलाल के राजनीतिक प्रतिद्वंद्वी थे। वे एक ऐसी योजना की तलाश में थे जो पंडित मोतीलाल और श्री गांधी की शक्ति और प्रतिष्ठा को नष्ट कर दे। वे जानते थे कि लोगों को अपने पक्ष में करने का एकमात्र तरीका अधिक उग्र रुख अपनाना और यह दिखाना था कि उनके प्रतिद्वंद्वी वास्तव में उदारवादी थे, और चूँकि कांग्रेसियों द्वारा संयम को पाप माना जाता था, उन्हें लगा कि यह योजना निश्चित रूप से सफल होगी। उन्होंने भारत को युद्ध भूमि का लक्ष्य बनाया और यह जानते हुए कि पंडित मोतीलाल और गांधी अधिराज्य पद के पक्ष में हैं, स्वतंत्रता का लक्ष्य सामने रखा। दूसरे स्थान पर कांग्रेस में एक वर्ग था जिसका नेतृत्व श्री विट्ठलभाई पटेल कर रहे थे। यह वर्ग आयरिश सिन फेन पार्टी के संपर्क में था और भारत के हित में अपनी मदद का प्रचार कर रहा था। आयरिश सिन फेन पार्टी तब तक कोई मदद देने को तैयार नहीं थी जब तक कि भारतीयों ने यह घोषणा नहीं कर दी कि उनका लक्ष्य स्वतंत्रता है। यह अनुभाग आयरिश सहायता प्राप्त करने के लिए लक्ष्य को अधिराज्य स्थिति से स्वतंत्रता में बदलने के लिए उत्सुक था। इन दो कारकों में एक तीसरा कारक भी जोड़ा गया, अर्थात्, साइमन कमीशन की नियुक्ति के अवसर पर भारत के तत्कालीन सचिव लॉर्ड बिरकेनहेड द्वारा दिया गया भाषण, जब उन्होंने संविधान बनाने में असमर्थता पर भारतीयों पर ताना मारा था। इस भाषण को भारतीय राजनेताओं ने बहुत बड़ा अपमान माना। इन तीन कारकों का संयोजन ही इस प्रस्ताव के पारित होने के लिए जिम्मेदार था। दरअसल, यह प्रस्ताव देश के राजनीतिक लक्ष्य को परिभाषित करने के मकसद[1] से

1. श्री सांबामूर्ति ने प्रस्ताव का समर्थन करते हुए कहा–

"बीरकेनहेड द्वारा कहा गया कि संकल्प ही भगवान द्वारा दी गई अहंकारपूर्ण चुनौती का एकमात्र उत्तर है।" द इंडियन क्वार्टरली रजिस्टर, 1927, खंड 2, पृष्ठ 381।

ज्यादा लॉर्ड बिरकेनहेड को माकूल जवाब देने के मकसद से पारित किया गया था और अगर श्री गांधी और पंडित मोतीलाल नेहरू चुप रहे तो इसका मुख्य कारण उनके द्वारा पैदा किया गया तूफान था। भारतीयों के विरुद्ध लॉर्ड बिरकेनहेड की असंयमित भाषा इतनी महान थी कि उन्होंने इसे खत्म करने के कार्य में संलग्न होने के बजाय इसके आगे झुकना बुद्धिमानी समझा, जिसे वे अन्यथा आसानी से कर लेते।

यह प्रस्ताव कांग्रेस में हिंदुओं के वास्तविक मन की बात नहीं कहता, इसमें कोई संदेह नहीं है। अन्यथा, यह बताना संभव नहीं है कि नेहरू समिति ने अधिराज्य पद को अपने द्वारा बनाए गए संवैधानिक ढांचे के आधार के रूप में अपनाकर 1927 के मद्रास प्रस्ताव का उल्लंघन कैसे किया होगा। न ही यह बताना संभव है कि कांग्रेस ने 1928 में अधिराज्य पद कैसे अपनाया[1], यदि उसने वास्तव में 1927 में स्वतंत्रता स्वीकार कर ली थी, जैसा कि प्रस्ताव में कहा गया है। प्रस्ताव में यह कहा है कि कांग्रेस यदि 31 दिसंबर, 1929 से पहले प्रभुत्व स्थिति दिया गया तो वह इसे स्वीकार कर लेंगे, यदि नहीं, तो यह अपना विश्वास प्रभुत्व स्थिति बदलकर स्वतंत्रता में बदल देंगे, यह केवल एक चेहरा बचाने वाला उपकरण था और यह मन के वास्तविक परिवर्तन का प्रतीक नहीं था। क्योंकि देश की राजनीतिक नियति जैसी गहरी चिंता के मामले में समय कभी भी महत्त्वपूर्ण नहीं हो सकता।

1927 के प्रस्ताव के बावजूद, कांग्रेस ने अधिराज्य पद में विश्वास करना जारी रखा और स्वतंत्रता में विश्वास नहीं किया, यह बात कांग्रेस के वक्ता श्री गांधी द्वारा समय–समय पर की गई घोषणाओं से स्पष्ट होती है। जो कोई भी 1929 के बाद से इस विषय पर श्री गांधी की घोषणाओं का अध्ययन करता है, वह यह महसूस किए बिना नहीं रह सकता है कि श्री गांधी स्वतंत्रता के प्रस्ताव से खुश नहीं थे और तब

---

1. पंडित जवाहरलाल नेहरू ने प्रस्ताव पेश करते हुए कहा–
   यह घोषणा करता है कि कांग्रेस आज पूर्ण स्वतंत्रता के लिए खड़ी है। बहरहाल फिर भी यह कांग्रेस के दरवाजे ऐसे व्यक्तियों के लिए खुले रखता है जो शायद कम लक्ष्य से संतुष्ट हो गये। उक्त, पृष्ठ 381.

से उन्होंने कांग्रेस को अधिराज्य पद में वापस लाने की आवश्यकता महसूस की है। उन्होंने इसकी व्याख्या करने की सौम्य प्रक्रिया से शुरुआत की। लक्ष्य को पहले स्वतंत्रता से घटाकर स्वतंत्रता के सार तक सीमित कर दिया गया। स्वतंत्रता के सार से इसे समान साझेदारी में बदल दिया गया और समान साझेदारी से इसे अपनी मूल स्थिति में वापस लाया गया। पहिया तब घूमा जब 1937 में श्री गांधी ने अंग्रेजी लोगों की जानकारी के लिए श्री पोलक को निम्नलिखित पत्र दिया–

> "आपका सवाल यह है कि क्या मैं वही राय रखता हूँ जो मैंने 1931 में गोलमेज सम्मेलन में रखी थी। मैंने तब भी कहा था और अब भी दोहराता हूँ कि, जहाँ तक मेरा सवाल है, अगर कानून के अनुसार भारत को अधिराज्य पद की पेशकश की गई थी वेस्टमिंस्टर का अधिकार, यानी इच्छानुसार अलग होने का अधिकार, मैं बिना किसी हिचकिचाहट के स्वीकार करुँगा।"[1]

नेहरू रिपोर्ट पर मुस्लिम राजनीतिक संगठनों की घोषणाओं की ओर मुड़ते हुए, इसे अस्वीकार करने के लिए उनके द्वारा दिए गए कारणों पर ध्यान देना दिलचस्प है। ये कारण पूर्णतः अप्रत्याशित हैं। इसमें कोई संदेह नहीं कि मुस्लिम लीग जैसे कुछ मुस्लिम संगठनों ने रिपोर्ट को अस्वीकार कर दिया क्योंकि इसमें पृथक् निर्वाचन क्षेत्रों को समाप्त करने की सिफारिश की गई थी। लेकिन निश्चित रूप से यही कारण नहीं था कि खिलाफत कॉन्फ्रेंस या जमीयत–उल–उलेमा इसकी निंदा की। दो मुस्लिम संगठन जो कांग्रेस असहयोग और सविनय अवज्ञा की उसी अग्निपरीक्षा से गुजरी और जिसके भाषणों ने देश के राजनीतिक मामलों से संबंधित मुद्दों पर मुस्लिम जनता की वास्तविक

1. टाइम्स ऑफ इंडिया 1–2–37 इसे देखते हुए राष्ट्रीय सम्मेलन ने जो घोषणा की है कन्वेंशन–नए प्रांतीय विधानमंडलों के लिए चुने गए सदस्यों से मिलकर बना। नये संविधान के तहत– 20 मार्च 1937 को दिल्ली में इसके पक्ष में सभा हुई। स्वतंत्रता का कोई महत्त्व नहीं है। लेकिन उनके द्वारा भारत छोड़ो आंदोलन शुरू करने से यह कहा जा सकता है कि श्री गांधी अब स्वतंत्रता में विश्वास करते हैं।

राय को किसी भी अन्य मुस्लिम संगठन के बयानों की तुलना में कहीं अधिक सही ढंग से व्यक्त किया।

मौलाना मोहम्मद अली ने 1928 में कलकत्ता में आयोजित अखिल भारतीय खिलाफत सम्मेलन में अपने अध्यक्षीय भाषण में नेहरू रिपोर्ट को अस्वीकार करने के अपने कारण बताए। उन्होंने कहा[1]–

> मैं भारतीय राष्ट्रीय कांग्रेस, उसकी कार्य समिति, अखिल भारतीय मुस्लिम लीग का सदस्य था और मैं, उस समय के महत्त्वपूर्ण राजनीतिक मुद्दों पर (अपने विचार) व्यक्त करने के लिए खिलाफत सम्मेलन में आया हूँ, जिस पर पूरे मुस्लिम समुदाय का गंभीरता से ध्यान होना चाहिए।
>
> "सर्वदलीय सम्मेलन में उन्होंने कहा था कि भारत को पूर्ण स्वतंत्रता मिलनी चाहिए और इसमें कोई सांप्रदायिकता नहीं है। फिर भी उनके भाषण के दौरान हर पल उन्हें घेरा जाता रहा और हर कदम पर रोका गया।"
>
> "नेहरू रिपोर्ट ने अपनी प्रस्तावना में दासता के बंधन को स्वीकार किया था। स्वतंत्रता और अधिराज्य पद व्यापक रूप से भिन्न चीजें थीं।"
>
> "मैं पूछता हूँ, जब आप अपने राष्ट्रवाद का दावा करते हैं और सांप्रदायिकता की निंदा करते हैं, तो मुझे दुनिया में अपने राष्ट्रवादी भारत जैसा कोई देश दिखाएँ।"
>
> "आप अपने संविधान में हर दिन झूठे सिद्धांतों, अनैतिक अवधारणाओं और गलत विचारों के साथ समझौता करते हैं लेकिन आप अलग निर्वाचन क्षेत्रों और आरक्षित सीटों वाले हमारे सांप्रदायिक लोगों के साथ कोई समझौता नहीं करते हैं। 25 प्रतिशत हमारी आबादी का हिस्सा है और फिर भी आप विधानसभा में हमें 33 प्रतिशत नहीं देंगे। आप यहूदी हो, बनिया हो। लेकिन अंग्रेजों को आप अपने प्रभुत्व का दर्जा देते हैं।"

---

1. भारतीय त्रैमासिक रजिस्टर, 1928, खंड–द्वितीय, पृ. 402–403.

सम्मेलन ने निम्नलिखित सारगर्भित शब्दों में एक संक्षिप्त प्रस्ताव पारित किया–

> "यह सम्मेलन एक बार फिर घोषणा करता है कि पूर्ण स्वतंत्रता हमारा लक्ष्य है।"

1931 में इलाहाबाद में आयोजित जमीयत–उल–उलेमा सम्मेलन के अध्यक्ष के रूप में मौलाना हसरत मोहानी ने नेहरू रिपोर्ट की निंदा करने के लिए अधिक नपे–तुले लेकिन कम तीखे शब्दों में यही कारण बताए। मौलाना ने कहा[1]–

> "भारत के संबंध में मेरा राजनीतिक सिद्धांत अब सभी को अच्छी तरह से पता है। मैं पूर्ण स्वतंत्रता से कम कुछ भी स्वीकार नहीं कर सकता, और वह भी संयुक्त राज्य अमेरिका या सोवियत रूस के नमूने पर, जो अनिवार्य रूप से (1) लोकतांत्रिक, (2) संघीय और (3) केन्द्र प्रसारक है, और जिसमें मुस्लिम अल्पसंख्यकों के अधिकारों की रक्षा की जाती है।
>
> "कुछ समय तक दिल्ली की जमीयत–उल–उलेमा पूर्ण स्वतंत्रता के सिद्धांत पर कायम रही और यही कारण था कि उसने नेहरू रिपोर्ट को अस्वीकार कर दिया, जिसने एक संघीय के बजाय एक एकात्मक संविधान तैयार किया था। इसके अलावा, कब, इसके बाद लाहौर अधिवेशन में, महात्मा गांधी के कहने पर कांग्रेस ने रावी के तट पर नेहरू रिपोर्ट को दफनाने की घोषणा की और पूर्ण स्वतंत्रता के प्रस्ताव पर सर्वसम्मति से सहमति व्यक्त की गई, दिल्ली जमीयत ने कांग्रेस और उसके साथ सहयोग करने का साहस किया। सविनय अवज्ञा का कार्यक्रम केवल इसलिए कि स्वतंत्रता के संघर्ष में भाग लेना प्रत्येक भारतीय, हिंदू या मुस्लिम का कर्तव्य था।
>
> "लेकिन दुर्भाग्य से गांधीजी जल्द ही अपने शब्दों से मुकर गए और (1) जेल में रहते हुए उन्होंने ब्रिटिश पत्रकार श्री स्लोकोम्बे से

---

1. उक्त., 1931, खंड. द्वितीय, पृ. 238–39.

कहा कि पूर्ण स्वतंत्रता से उनका मतलब केवल स्वतंत्रता का सार था, (2) इसके अलावा, जब उन्हें यह व्यक्त करने पर रिहा किया गया समझौते की उनकी प्रवृत्ति के कारण उन्होंने पूर्ण स्वतंत्रता के स्थान पर पूर्ण स्वराज का भ्रामक शब्द गढ़ा और खुले तौर पर घोषणा की कि पूर्ण स्वराज में ब्रिटिश संबंध विच्छेद के लिए कोई जगह नहीं है, (3) लॉर्ड इरविन के साथ एक गुप्त समझौता करके उन्होंने ब्रिटिश ताज के अधीन अधिराज्य पद के आदर्श को निश्चित रूप से अपनाया।

"गांधीजी के इस बदलाव के बाद दिल्ली जमीयत को महात्मा का अंध समर्थन करने से बचना चाहिए था और नेहरू रिपोर्ट की तरह इसे कांग्रेस कार्य समिति के इस सूत्र को पूरी तरह से खारिज कर देना चाहिए था जिसके द्वारा नेहरू विवरण को बम्बई में पुनर्जीवित करने की माँग की गई थी।

"लेकिन हम नहीं जानते कि किन अस्पष्ट कारणों ने दिल्ली जमीयत–उल–उलेमा को पूर्ण स्वराज को अपने आदर्श के रूप में अपनाने के लिए प्रेरित किया, इस ज्ञान के बावजूद कि इसका मतलब पूर्ण स्वतंत्रता नहीं है, बल्कि पूर्ण स्वतंत्रता से भी बदतर कुछ है। और इस पंथ को अपनाने का एकमात्र स्पष्टीकरण यह कहा जाता है कि, यद्यपि गांधीजी ने अधिराज्य पद स्वीकार कर लिया है, फिर भी वे इस बात पर जोर देते हैं कि ब्रिटेन को ब्रिटिश साम्राज्य से लेकर भारतीयों तक अलगाव का अधिकार स्वीकार कर लेना चाहिए।"

"हालांकि यह बिल्कुल स्पष्ट है कि इस अधिकार पर जोर देने का पूर्ण स्वतंत्रता की पिछली घोषणा से बेहतर कोई मूल्य नहीं है, दूसरे शब्दों में, जैसे गांधीजी ने ब्रिटिश सरकार को इसमें शामिल होने के लिए मजबूर करने के एकमात्र उद्देश्य से पूर्ण स्वतंत्रता पर जोर दिया था।

अधिराज्य पद की माँग, जो महात्मा का एकमात्र अंतिम उद्देश्य था, उसी तरह कांग्रेस के नेताओं ने ब्रिटिश लोगों से राजनीतिक अधिकारों का सबसे बड़ा उपाय निकालने के उद्देश्य से अलगाव के

अधिकार पर जोर दिया, जो नहीं जा सकते थे उन्हें अप्रसन्न करने में एक सीमा से भी आगे। अन्यथा गांधीजी और उनके अनुयायी यह भली–भांति जानते हैं कि यदि भारतीयों को अलगाव का यह अधिकार दे भी दिया गया, तो शायद इसे कभी भी व्यवहार में नहीं लाया जा सकेगा।

"अगर कोई मेरे इस तर्क को संदेह पर आधारित मानता है और यह तर्क देता है कि जब भी आवश्यकता होगी कांग्रेस निश्चित रूप से साम्राज्य से अलग होने की घोषणा करेगी, तो मैं उससे पूछूँगा कि मुझे बताएँ कि उसके बाद भारत सरकार का स्वरूप क्या होगा ब्रिटिश संबंध वापस ले लिया गया है। यह स्पष्ट है कि कोई भी निरंकुश रूप की कल्पना नहीं कर सकता है और लोकतांत्रिक रूप, चाहे वह एकात्मक हो या संघीय लेकिन केन्द्राभिमुख हो, हिंदू राज से अधिक कुछ नहीं होगा जिसे मुसलमान किसी भी परिस्थिति में स्वीकार नहीं कर सकते। अब बाकी है केवल एक ही रूप, अर्थात् ब्रिटिश संबंध की पूर्ण वापसी के बाद भारत अपने स्वायत्त प्रांतों और राज्यों के साथ संयुक्त राज्य अमेरिका गणतंत्र या सोवियत रूस के नमूने पर संयुक्त केन्द्र प्रसारक लोकतांत्रिक सरकार का गठन करता है। लेकिन यह महासभा को कभी भी स्वीकार्य नहीं हो सकता है। कांग्रेस या महात्मा गांधी जैसा ब्रिटेन प्रेमी हो।

"इस प्रकार दिल्ली के जमीयत–उल–उलेमा ने पूर्ण स्वतंत्रता से हाथ धोने के बाद खुद को मूर्ख बना लिया है, लेकिन भगवान का शुक्र है कि कानपुर, लखनऊ, बदायूँ आदि के उलेमा अभी भी अपनी प्रतिज्ञा पर कायम हैं और भगवान ने चाहा तो बने रहेंगे। कुछ कमजोर घुटने वाले व्यक्ति इस सर्वोच्च आदर्श के विरुद्ध आग्रह करते हैं कि जब इसे प्राप्त करना वर्तमान के लिए संभव नहीं है, तो इसके बारे में बात करने से कोई फायदा नहीं है। हम उनसे कहते हैं कि यह बिल्कुल भी बेकार नहीं है, बल्कि बिल्कुल आवश्यक है, क्योंकि यदि उच्चतम आदर्श को हमेशा सामने नहीं रखा जाता है, तो इसे भुला दिया जा सकता है।

इसलिए, हमें सभी परिस्थितियों में प्रभुत्व स्थिति का विरोध करना चाहिए क्योंकि यह हमारे अंतिम लक्ष्य का आधा–अधूरा घर या हिस्सा नहीं है, बल्कि इसका निषेध और प्रतिद्वंद्वी है। यदि गांधीजी इंग्लैंड पहुँचते हैं और गोलमेज सम्मेलन सफलतापूर्वक संपन्न हो जाता है, जिसमें भारत को सुरक्षा उपायों के साथ या बिना किसी भी प्रकार का अधिराज्य पद दिया जाता है, तो पूर्ण स्वतंत्रता की अवधारणा पूरी तरह से गायब हो जाएगी या किसी भी कीमत पर आने वाले बहुत लंबे समय तक इसके बारे में सोचा भी नहीं जाएगा।

अखिल भारतीय खिलाफत सम्मेलन और जमीयत–उल–उलेमा निश्चित रूप से चरमपंथी निकाय थे जो घोषित तौर से ब्रिटिश विरोधी थे। लेकिन सर्वदलीय मुस्लिम सम्मेलन बिल्कुल भी चरमपंथियों या ब्रिटिश विरोधी मुसलमानों का संगठन नहीं था। फिर भी इसकी उ० प्र० शाखा ने 4 नवंबर 1928 को कानपुर में आयोजित अपने सत्र में निम्नलिखित प्रस्ताव पारित किया–

"सर्वदलीय उ० प्र० मुस्लिम सम्मेलन की राय में, भारत के मुसलमान पूर्ण स्वतंत्रता के लक्ष्य के लिए खड़े हैं, जो आवश्यक रूप से एक संघीय गणराज्य का रूप लेगा।"

प्रस्तावक की राय में, इस्लाम ने हमेशा स्वतंत्रता की शिक्षा दी है, और इस मामले में भारत के मुसलमान अपने धार्मिक कर्तव्य में विफल हो जाएँगे, यदि वे पूर्ण स्वतंत्रता के खिलाफ होंगे। भारतीय मुसलमान गरीब थे, फिर भी, वक्ता को यकीन था, वे पृथ्वी पर किसी भी अन्य लोगों की तुलना में इस्लाम के प्रति अधिक समर्पित थे।

इस सम्मेलन में विषय समिति[1] में एक दिलचस्प घटना घटी जब मौलाना आजाद सोभानी ने प्रस्ताव रखा कि सम्मेलन को स्वयं को पूर्ण स्वतंत्रता के पक्ष में घोषित करना चाहिए।

खान बहादुर मसूदुल हसन और कुछ अन्य व्यक्तियों ने ऐसी घोषणा पर आपत्ति जताई, जो उनकी राय में, मुसलमानों के सर्वोत्तम

---

1. भारतीय त्रैमासिक रजिस्टर, 1928, खंड–द्वितीय देखें पृ. 425.

हितों के खिलाफ होगी। इस पर उनकी पुराह गैलरी से कई महिलाओं ने राष्ट्रपति को एक लिखित बयान भेजा जिसमें कहा गया कि यदि पुरुषों में पूर्ण स्वतंत्रता के लिए खड़े होने का साहस नहीं है, तो महिलाएं पर्दे से बाहर आएँगी और स्वतंत्रता के संघर्ष में अपना स्थान लेंगी।

III

उनकी अंतिम नियति में इस अंतर के बावजूद, हिंदुओं और मुसलमानों को एक देश में, एक ही संविधान के राजनीतिक बंधनों से बंधे हुए, एक व्यक्ति के रूप में रहने के लिए मजबूर करने का प्रयास किया जाता है। यह मानते हुए कि ऐसा किया गया है और मुसलमानों को किसी तरह इसमें शामिल कर लिया गया है, इसका क्या आश्वासन है कि संविधान नहीं टूटेगा?

संसदीय सरकार के सफल कामकाज में कुछ शर्तों का अस्तित्त्व शामिल होता है। ऐसी स्थितियां मौजूद होने पर ही संसदीय सरकार जड़ें जमा सकती है। ऐसी ही एक स्थिति की ओर स्वर्गीय लॉर्ड बाल्फोर ने ध्यान दिलाया

जब 1925 में अपनी भतीजी ब्लैंच डगडेल के साथ बातचीत में अरब लोगों के राजनीतिक भविष्य पर चर्चा करने का अवसर मिला था।

इसी बातचीत के दौरान उन्होंने कहा–[1]

"यह आंशिक रूप से ब्रिटिश राष्ट्र की गलती है और अमेरिकियों को हम उन्हें इस दोष से भी बरी नहीं कर सकते कि प्रतिनिधि सरकार का यह विचार उन राष्ट्रों के दिमाग में बैठ गया है, जिन्हें इसकी जरा भी जानकारी नहीं है कि इसका आधार क्या होना चाहिए। इसे समझाना कठिन है, और एंग्लो–सेक्सन नस्लें व्याख्या में खराब हैं। इसके अलावा हम स्वयं इसे इतनी अच्छी तरह से जानते हैं कि हमें इसकी व्याख्या करना आवश्यक नहीं लगता। मुझे संदेह है कि क्या आपको ब्रिटिश संविधान पर किसी पुस्तक में यह

1. डगडेल का बाल्फोर (हचिंसन)। खंड–द्वितीय, पृ. 363–64.

लिखा मिलेगा कि ब्रिटिश संसदीय सरकार का पूरा सार काम करने के इरादे में निहित है। हम इसे हल्के में लेते हैं। हमने उस प्रणाली को विकसित करने में सैकड़ों वर्ष बिताए हैं जो केवल उसी पर टिकी हुई है। यह हमारे अंदर इतना गहरा है कि हमने इसे देखना ही बंद कर दिया है। लेकिन यह दूसरों के लिए इतना स्पष्ट नहीं है। ये लोग भारतीय, मिस्रवासी आदि हमारी विद्या का अध्ययन करते हैं। वे हमारा इतिहास, हमारा दर्शन और हमारी राजनीति पढ़ते हैं। वे अवरोध पैदा करने के हमारे संसदीय तरीकों के बारे में तो सीखते हैं, लेकिन कोई उन्हें यह नहीं समझाता कि जब मुद्दे की बात आती है, तो हमारे सभी संसदीय दल ठान लेते हैं कि मशीनरी रुकेगी नहीं। जैसा कि ड्यूक ऑफ वेलिंगटन ने कहा, राजा की सरकार चलती रहनी चाहिए। लेकिन उनका विचार है कि विपक्ष का काम मशीन को रोकना है बेशक कुछ भी आसान नहीं है, लेकिन निराशाजनक है।

"यह पूछे जाने पर कि इंग्लैड में विपक्ष इस मशीन को रोकने की हद तक क्यों नहीं जाता, उन्होंने कहा– हमारी पूरी राजनीतिक मशीनरी लोगों की परिकल्पना करती है, मौलिक रूप से एक पर।"

लास्की ने संसदीय सरकार के सफल कामकाज के लिए आवश्यक शर्तों पर बाल्फोर की इन टिप्पणियों को अच्छी तरह से संक्षेप में प्रस्तुत किया है जब वह कहते हैं–[1]

> "संसदीय सरकार की ताकत उसके मूलभूत उद्देश्यों पर राजनीतिक दलों की एकता से मापी जाती है।"

प्रतिनिधि सरकार की मशीनरी के सफल कामकाज के लिए आवश्यक शर्तों को बताने के बाद यह जांचना अच्छा होगा कि क्या ये स्थितियाँ भारत में मौजूद हैं।

हम कहाँ तक कह सकते हैं कि हिंदुओं और मुसलमानों में प्रतिनिधि सरकार चलाने की मंशा है।

---

1. इंग्लैंड में संसदीय सरकार, पृ. 37.

प्रतिनिधि और जिम्मेदार सरकार की निरर्थकता और अव्यवहार्यता को साबित करने के लिए, यह पर्याप्त है भले ही दोनों में से एक पक्ष सरकार की मशीनरी को रोकने का इरादा दिखाए। अगर ऐसी मंशा काफी है तो इससे कोई फर्क नहीं पड़ता कि वह हिंदुओं में पाई जाती है या मुसलमानों में मुसलमानों के हिंदुओं की तुलना में अधिक मुखर होने के कारण कोई उनके मन की बात हिंदुओं की तुलना में अधिक जान सकता है। मुस्लिम दिमाग कैसे काम करेगा और किन कारकों से प्रभावित होने की संभावना है, यह स्पष्ट हो जाएगा यदि मुस्लिम राजनीति पर हावी इस्लाम के मूलभूत सिद्धांतों और भारत सरकार के प्रति मुस्लिम रवैये पर प्रमुख मुसलमानों द्वारा व्यक्त किए गए विचारों को ध्यान में रखा जाए। इस्लाम के कुछ ऐसे धार्मिक सिद्धांत और कुछ मुस्लिम नेताओं के विचार नीचे दिए गए हैं ताकि उन सभी को सक्षम बनाया जा सके जो चीजों को निष्पक्षता से देखने में सक्षम हैं, ताकि वे स्वयं निर्णय कर सकें कि क्या बाल्फोर द्वारा बताई गई स्थिति भारत में मौजूद है या नहीं।

जिन सिद्धांतों पर ध्यान देने की आवश्यकता है उनमें से एक इस्लाम का सिद्धांत है जो कहता है कि ऐसे देश में जो मुसलमान शासन के अधीन नहीं है, जहाँ भी मुस्लिम कानून और देश के कानून के बीच संघर्ष होता है, मुसलमान को दूसरे पर हावी होना चाहिए। मुसलमान कानून का पालन करना और देश के कानून की अवहेलना करना उचित होगा।

ऐसे मामलों में मुसलमानों का कर्तव्य क्या है, यह मौलाना मोहम्मद अली ने 1921 में कराची के कमिटिंग मजिस्ट्रेट के सामने उन आरोपों के जवाब में दिए अपने बयान में अच्छी तरह से बताया था, जिसके लिए उन पर सरकार द्वारा मुकदमा चलाया गया था। अभियोजन 8 जुलाई 1921 को कराची में आयोजित अखिल भारतीय खिलाफत सम्मेलन के सत्र में पारित एक प्रस्ताव से उत्पन्न हुआ, जिसकी अध्यक्षता श्री मोहम्मद अली ने की और विचाराधीन प्रस्ताव पेश किया।

संकल्प इस प्रकार था–

"यह बैठक स्पष्ट रूप से घोषणा करती है कि वर्तमान समय में एक मुसलमान के लिए ब्रिटिश सेना में बने रहना, या सेना में प्रवेश करना, या दूसरों को सेना में शामिल होने के लिए प्रेरित करना हर तरह से धार्मिक रूप से गैरकानूनी है। और यह सभी मुसलमानों का कर्तव्य है आम तौर पर और विशेष रूप से उलेमाओं को यह देखना होगा कि ये धार्मिक आदेश सेना में हर मुसलमान के घर लाए जाएँ।"

मौलाना मोहम्मद अली के साथ छह अन्य व्यक्तियों[1] पर धारा 120–बी के साथ धारा 131 आई.पी.सी. के तहत मुकदमा चलाया गया। 505 या 505 धारा के साथ पढ़ें। 114 और धारा 505 धारा के साथ पढ़ें। 117 आई. पी. सी. मौलाना मोहम्मद अली ने दोषी न होने की अपनी दलील के औचित्य में कहा[2]–

"आखिर इस अनमोल अभियोजन का अर्थ क्या है। हमें किसके विश्वासों से निर्देशित होना है, हम मुसलमान और भारत के हिंदू? एक मुसलमान के रूप में बोलते हुए, अगर मुझे सही रास्ते से गलती करनी है, तो यही एकमात्र रास्ता है मेरी गलती के बारे में मुझे समझाने के लिए मुझे पवित्र कुरान या अंतिम पैगंबर की प्रामाणिक परंपराओं जिन पर शांति और भगवान का आशीर्वाद है या अतीत और वर्तमान के मान्यता प्राप्त मुस्लिम देवताओं की धार्मिक घोषणाओं का उल्लेख करना होगा, जिनका तात्पर्य है इस्लामी प्राधिकार के इन दो मूल स्रोतों के आधार पर, वर्तमान परिस्थितियों में मुझसे सटीक कार्रवाई की माँग की जाती है, जिसके लिए एक सरकार, जो शैतानी कहलाना पसंद नहीं करती, आज मुझ पर मुकदमा चला रही है।

"यदि मैं जिसकी उपेक्षा करता हूँ, वह मेरी उपेक्षा के कारण एक घातक पाप बन जाता है, और जब मैं उसकी उपेक्षा नहीं

1. अजीब बात है कि उनमें से एक शारदा पीठ के शंकराचार्य थे।
2. द ट्रायल ऑफ अली ब्रदर्स, आर. वी. थडानी द्वारा, पृ. 69–71.

करता तब भी वह एक अपराध है, तो मैं इस देश में खुद को कैसे सुरक्षित मान सकता हूँ?"

"मुझे या तो पापी होना चाहिए या अपराधी इस्लाम केवल एक संप्रभुता को मान्यता देता है, ईश्वर की संप्रभुता, जो सर्वोच्च और बिना शर्त, अविभाज्य और अहस्तान्तरणीय है।"

"एक मुसलमान को, चाहे वह नागरिक हो या सैनिक, चाहे वह मुस्लिम के अधीन रह रहा हो या गैर–मुस्लिम प्रशासन के तहत, एकमात्र निष्ठा को स्वीकार करने के लिए कुरान ने आदेश दिया है कि वह ईश्वर, अपने पैगंबर और मुसलमानों में से सत्ता में मौजूद लोगों के प्रति उसकी निष्ठा है। अंतिम उल्लेखों में से प्रमुख निश्चित रूप से पैगंबर के उत्तराधिकारी या वफादारों के सेनाध्यक्ष हैं। एकता का यह सिद्धांत गूढ़ विचारकों द्वारा विस्तृत गणितीय सूत्र नहीं है, बल्कि हर मुसलमान का एक काम–प्रतिदिन का विश्वास है जो इससे पहले भी सीखा या अशिक्षित मुसलमानों के पास है और अन्यत्र भी, गैर–मुस्लिम प्रशासन के अधीन शांतिपूर्ण अधीनता में रहते थे। लेकिन अटल नियम यह है और हमेशा से रहा है कि मुसलमान होने के नाते वे केवल अपने धर्मनिरपेक्ष शासकों द्वारा जारी किए गए ऐसे कानूनों और आदेशों का पालन कर सकते हैं, जिनमें ईश्वर की आज्ञाओं की अवज्ञा शामिल नहीं है। पवित्र कुरान की अभिव्यंजक भाषा सर्व शासक है। आज्ञाकारिता की ये बहुत स्पष्ट और कठोरता से निश्चित सीमाएँ गैर मुस्लिम प्रशासन के अधिकार के संबंध में निर्धारित नहीं की गई हैं।

इसके विपरीत, वे सार्वभौमिक अनुप्रयोग के हैं और किसी भी स्थिति में उन्हें न तो बढ़ाया जा सकता है और न ही कम किया जा सकता है।"

इससे स्थिर सरकार की चाहत रखने वाला कोई भी व्यक्ति काफी आशंकित हो जाएगा। लेकिन इसका उन मुस्लिम सिद्धांतों से कोई लेना देना नहीं है जो बताते हैं कि कब कोई देश मुसलमानों की मातृभूमि है और कब नहीं।

मुस्लिम कैनन कानून के अनुसार दुनिया दो खेमों में बंटी हुई है, दार–उल–इस्लाम (इस्लाम का निवास) और दार–उल–हर्ब (युद्ध का निवास)। कोई देश दार–उल–इस्लाम तब होता है जब उस पर मुसलमानों का शासन हो। कोई देश दार–उल–हर्ब तब होता है जब उसमें केवल मुसलमान रहते हैं, लेकिन वे उसके शासक नहीं होते। मुसलमानों का कैनन कानून होने के कारण, भारत हिंदुओं और मुसलमानों की साझी मातृभूमि नहीं हो सकता। यह मुसलमानों की भूमि हो सकती है, लेकिन यह समान रुप से रहने वाले हिंदुओं और मुसलमानों की भूमि नहीं हो सकती। इसके अलावा, यह मुसलमानों की भूमि तभी हो सकती है जब इस पर मुसलमानों का शासन हो। जिस क्षण भूमि किसी गैर–मुस्लिम शक्ति के अधीन हो जाती है, वह मुसलमानों की भूमि नहीं रह जाती। यह दार–उल–इस्लाम न होकर दार–उल–हर्ब बन जाता है।

यह नहीं माना जाना चाहिए कि यह दृष्टिकोण केवल अकादमिक हित का है। क्योंकि यह मुसलमानों के आचरण को प्रभावित करने में सक्षम एक सक्रिय शक्ति बनने में सक्षम है। जब अंग्रेजों ने भारत पर कब्जा किया तो इसने मुसलमानों के आचरण को बहुत प्रभावित किया। ब्रिटिश कब्जे से हिंदुओं के मन में कोई चिंता नहीं पैदा हुई। लेकिन जहाँ तक मुसलमानों का सवाल है, इसने तुरंत यह सवाल उठाया कि क्या भारत अब मुसलमानों के लिए निवास का उपयुक्त स्थान है। मुस्लिम समुदाय में एक चर्चा शुरु हुई, जो डॉ. टाइटस के अनुसार आधी सदी तक चली, कि क्या भारत दार–उल–हर्ब या दार–उल–इस्लाम है। सैय्यद अहमद के नेतृत्व में कुछ अधिक उत्साही तत्त्वों ने वास्तव में एक पवित्र युद्ध की घोषणा की, मुस्लिम शासन के तहत भूमि पर प्रवास (हिजरात) की आवश्यकता का प्रचार किया और पूरे भारत में अपना आंदोलन चलाया।

भारतीय मुसलमानों को यह समझाने के लिए कि वे अंग्रेजों के अधीन भारत को दार–उल–हर्ब न मानें, केवल इसलिए कि यह मुस्लिम शासन के अधीन नहीं था, अलीगढ़ आंदोलन के संस्थापक सर सैय्यद अहमद की पूरी चतुराई की आवश्यकता थी।

अपने धर्म के सभी आवश्यक संस्कारों और समारोहों का पालन करने के लिए पूरी तरह से स्वतंत्र। हिजरत के लिए आंदोलन कुछ समय के लिए खत्म हो गया। लेकिन इस सिद्धांत को नहीं छोड़ा गया था कि भारत दार–उल–हर्ब था। 1920–21 के दौरान मुस्लिम देशभक्तों द्वारा इसका फिर से प्रचार किया गया, जब खिलाफत आंदोलन चल रहा था। यह आंदोलन मुस्लिम जनता की प्रतिक्रिया के बिना नहीं था और इसमें बड़ी संख्या में मुसलमान थे जिन्होंने न केवल खुद को मुस्लिम कैनन कानून के अनुसार कार्य करने के लिए तैयार दिखाया बल्कि वास्तव में भारत में अपने घरों को छोड़ दिया और अफगानिस्तान चले गए।

यह भी उल्लेख किया जा सकता है कि हिजरत मुसलमानों के लिए भागने का एकमात्र तरीका नहीं है जो खुद को दार–उल–हर्ब में पाते हैं। मुस्लिम कैनन कानून का एक और निषेधाज्ञा है जिसे जिहाद (धर्मयुद्ध) कहा जाता है जिसके द्वारा "इस्लाम के शासन को तब तक विस्तारित करना एक मुस्लिम शासक पर निर्भर हो जाता है जब तक कि पूरी दुनिया को इसके अधीन नहीं कर लिया जाता। दुनिया, दो शिविरों में विभाजित हो रही है, दार–उल–इस्लाम (इस्लाम का निवास स्थान), दार–उल–हर्ब (युद्ध का निवास), सभी देश किसी न किसी श्रेणी में आते हैं। तकनीकी रूप से, यह मुस्लिम शासक का कर्तव्य है, जो ऐसा करने में सक्षम है इसलिए, दार–उल–हर्ब को दार–उल–इस्लाम में बदलना।" और जिस प्रकार भारत में मुसलमानों द्वारा हिजरत का सहारा लेने के उदाहरण हैं, उसी प्रकार ऐसे भी उदाहरण हैं जिनसे पता चलता है कि उन्होंने जिहाद का प्रचार करने में कोई संकोच नहीं किया है। जिज्ञासु 1857 के विद्रोह के इतिहास की जांच कर सकता है और यदि वह ऐसा करता है, तो उसे पता चलेगा कि, आंशिक रूप से, किसी भी दर पर, यह वास्तव में अंग्रेजों के खिलाफ मुसलमानों द्वारा घोषित एक जिहाद था, और यह विद्रोह जहाँ तक मुसलमानों का सवाल है वे चिंतित थे कि विद्रोह की पुनरावृत्ति हो सकती है, जिसे सैयद अहमद ने बढ़ावा दिया था, जिन्होंने कई दशकों तक मुसलमानों

को उपदेश दिया था कि अंग्रेजों द्वारा भारत पर कब्जे के कारण देश दार–उल–हर्ब बन गया था। विद्रोह मुसलमानों द्वारा भारत को पुनः दार–उल–इस्लाम में परिवर्तित करने का एक प्रयास था। इसका ताजा उदाहरण 1919 में अफगानिस्तान द्वारा भारत पर आक्रमण था। इसकी योजना भारत के मुसलमानों द्वारा बनाई गई थी, जिनका नेतृत्व किया गया था। ब्रिटिश सरकार के प्रति खिलाफतवादियों की नापसंदगी भारत को आजाद कराने के लिए अफगानिस्तान की सहायता की माँग की गई।[1] चाहे आक्रमण के परिणामस्वरूप भारत को मुक्ति मिल जाती या क्या इसका परिणाम उसकी अधीनता में होता, यह कहना संभव नहीं है क्योंकि आक्रमण प्रभावी होने में विफल रहा। इसके अलावा, तथ्य यह है कि भारत, यदि विशेष रूप से मुस्लिम शासन के अधीन नहीं है, एक दार–उल–हर्ब है और इस्लाम के सिद्धांतों के अनुसार मुसलमानों को जिहाद की घोषणा करना उचित है।

वे न केवल जिहाद की घोषणा कर सकते हैं, बल्कि वे जिहाद को सफल बनाने के लिए किसी विदेशी मुस्लिम शक्ति की सहायता भी माँग सकते हैं, या यदि विदेशी मुस्लिम शक्ति जिहाद की घोषणा करने का इरादा रखती है, तो उस शक्ति को उसके प्रयास को सफल बनाने में मदद कर सकते हैं। श्री मोहम्मद अली ने सत्र न्यायालय में जूरी को अपने संबोधन में इसे स्पष्ट रूप से समझाया। श्री मोहम्मद अली ने कहा–

> "लेकिन चूँकि सरकार स्पष्ट रूप से इस बारे में अनभिज्ञ है कि हमारा विश्वास किस तरह से रंग लेता है और हमारे सभी कार्यों को रंग देता है, जिसमें वे भी शामिल हैं, जिन्हें सुविधा के लिए आम तौर पर सांसारिक माना जाता है, एक बात स्पष्ट होनी चाहिए, और वह यह है इस्लाम आस्तिक को किसी अन्य आस्तिक के खिलाफ अधिक ठोस सबूत के बिना प्रतिकूल निर्णय देने की अनुमति नहीं देता है; और हम निश्चित रूप से, अपने मुस्लिम भाइयों के खिलाफ

---

1. इस दिलचस्प और भयानक प्रकरण की कुछ विवरणों में जांच की गई है, जिसमें श्री गांधी द्वारा निभाई गई भूमिका, श्री करंदीकर द्वारा वर्ष के लिए मराठा के मुद्दों में लेखों की एक श्रृंखला में दी गई है।

यह सुनिश्चित किए बिना नहीं लड़ सकते कि वे प्रचंड आक्रामकता के दोषी थे, और अपने विश्वास की रक्षा के लिए हथियार नहीं उठाए।" (यह 1919 में अंग्रेजों और अफगानों के बीच चल रहे युद्ध के संबंध में था।) अब हमारी स्थिति यह है। अमीर की दुर्भावना या पागलपन के बेहतर सबूत के बिना हम निश्चित रूप से मुसलमानों सहित भारतीय सैनिकों को नहीं चाहते हैं, और विशेष रूप से हमारे स्वयं के प्रोत्साहन और सहायता से, अफगानिस्तान पर हमला करने और पहले प्रभावी ढंग से उस पर कब्जा करने के लिए, और फिर बाद में और अधिक उलझन और परेशानी का शिकार बनने के लिए।

"लेकिन इसके विपरीत, महामहिम अमीर का भारत और उसके लोगों के साथ कोई झगड़ा नहीं है और यदि उनके मकसद को, जैसा कि राज्य सचिव ने सार्वजनिक रूप से कहा है, पूरे मुस्लिम विश्व में मौजूद अशांति के लिए जिम्मेदार ठहराया जाना चाहिए, एक अशांति जिसके साथ उन्होंने खुले तौर पर सौहार्दपूर्ण सहानुभूति में होने का दावा किया जाता है, यानी, अगर उसी धार्मिक उद्देश्य से प्रेरित होकर जिसने मुसलमानों को कमजोरों के विकल्प हिजरत के बारे में सोचने के लिए मजबूर किया है, जो कि हमारे प्रतिबंधित साधनों के भीतर है, तो महामहिम को ऐसा करने के लिए मजबूर किया गया है जिहाद पर विचार करें, उन तुलनात्मक रूप से मजबूत लोगों का विकल्प जो उसने अपने साधनों के भीतर पाया होगा। यदि उसने उन लोगों की चुनौती को स्वीकार कर लिया है जो बल और उससे भी अधिक बल में विश्वास करते हैं, और वह उन लोगों के साथ निष्कर्ष निकालने का प्रयास करना चाहता है जो मुसलमानों से खिलाफत और जिहाद में लगे लोगों के खिलाफ युद्ध छेड़ने की माँग करते हैं, जो जजीरुत–उल–अरब और पवित्र स्थानों पर गलत कब्जा कर रहे हैं, जिनका उद्देश्य इस्लाम को कमजोर करना है; इसके विरुद्ध भेदभाव करना और हमें इसके मुद्दे की वकालत करने की पूर्ण स्वतंत्रता से वंचित कर दिया तो फिर इस्लाम के स्पष्ट कानून की आवश्यकता है कि सबसे पहले, किसी भी हालत में मुसलमान को अपने विरुद्ध किसी की सहायता नहीं

करनी चाहिए, और अगली जगह अगर जिहाद मेरे क्षेत्र में आता है तो उस क्षेत्र के प्रत्येक मुसलमान को मुजाहिदीन में शामिल होना होगा और अपनी शक्ति के अनुसार उनकी सहायता करनी होगी।

"यह इस्लाम का स्पष्ट और निर्विवाद कानून है; और हमने अपने मामले की जाँच कर रही समिति को यह समझाया था जब उसने गैर–मुस्लिम शक्ति के मुस्लिम विषय के धार्मिक कर्तव्य के बारे में हमारे सामने एक प्रश्न रखा था जब जिहाद के खिलाफ घोषित किया गया था यह, बहुत पहले सीमा पर परेशानी की कोई धारणा थी, और जब दिवंगत अमीर अभी भी जीवित थे।"

एक तीसरा सिद्धांत जो इस मुद्दे के लिए प्रासंगिक होने के नाते नोटिस की माँग करता है वह यह है कि इस्लाम क्षेत्रीय समानता को मान्यता नहीं देता है। इसकी समानताएँ सामाजिक और धार्मिक हैं और इसलिए क्षेत्रीयता से परे हैं। यहाँ फिर से मौलाना मोहम्मद अली सर्वश्रेष्ठ गवाह होंगे। जब वह कराची में सत्र न्यायालय के लिए प्रतिबद्ध थे तो श्री मोहम्मद अली ने पंचायत को संबोधित करते हुए कहा। जैसा कि हमने तब से स्पष्ट किया है।

"एक बात समझनी होगी कि जिस सिद्धांत पर अब हम विज्ञापित होंगे वह गैर–मुस्लिम और विशेष रूप से आधिकारिक हलकों में उतना आम तौर पर ज्ञात नहीं है जितना होना चाहिए। एक मुसलमान का विश्वास केवल सिद्धांतों के एक चयन में विश्वास करने में शामिल नहीं है और उस विश्वास पर स्वयं खरा उतरें उसे अपनी शक्ति की पूरी सीमा तक प्रयास करना चाहिए, बेशक बिना किसी दबाव का सहारा लिए, इस लक्ष्य तक कि अन्य लोग भी निर्धारित विश्वास और प्रथाओं के अनुरूप हों। इसमें कहा गया है पवित्र कुरान अम्रिबिलमारूफ और नहीं अनिलमुनकर के रूप में और पवित्र पैगंबर की परंपराओं के कुछ विशिष्ट अध्याय इस्लाम के इस आवश्यक सिद्धांत से संबंधित हैं। एक मुसलमान यह नहीं कह सकता मैं अपने भाई का रक्षक नहीं हूँ,' क्योंकि एक अर्थ में वह है और उसका अपना उद्धार है उसे तब तक आश्वस्त नहीं किया जा

सकता जब तक कि वह दूसरों को भी अच्छा करने के लिए प्रोत्साहित न करे और बुराई करने से न रोके। इसलिए यदि किसी मुसलमान को इस्लाम के मुजाहिद के खिलाफ युद्ध छेड़ने के लिए मजबूर किया जा रहा है, तो उसे न केवल स्वयं एक कर्तव्यनिष्ठ आपत्तिकर्ता होना चाहिए, बल्कि उसे ऐसा करना भी चाहिए। यदि वह अपनी मुक्ति को महत्त्व देता है, तो अपने भाइयों को भी, स्वयं को जोखिम में डालकर, इसी तरह की आपत्ति लेने के लिए प्रेरित करे। तब तक नहीं, क्या वह मुक्ति की आशा कर सकता है। यह हमारा विश्वास है और साथ ही हर दूसरे मुसलमान का विश्वास है और हम अपने विनम्र तरीके से इस पर खरा उतरने का प्रयास करते हैं, और यदि हमें इस सिद्धांत को अपनाने की स्वतंत्रता से वंचित किया जाता है, तो यह निष्कर्ष अवश्य निकालना चाहिए कि जिस भूमि पर यह स्वतंत्रता नहीं है, इस्लाम के लिए सुरक्षित नहीं है।"

यह पैन–इस्लामबाद का आधार है। यही तो नेतृत्व करता है कि भारत में प्रत्येक मुसलमान को यह कहना होगा कि वह पहले मुसलमान है बाद में भारतीय। यह वह भावना है जो बताती है कि क्यों भारतीय मुसलमानों की भारत की उन्नति[1] में बहुत छोटी सी भूमिका रही है।

लेकिन मुस्लिम देशों का मुद्दा उठाकर खुद को थका दिया है और उनके विचारों में मुस्लिम देश पहले स्थान पर और भारत दूसरे स्थान पर क्यों है।

महामहिम आंगा खान यह कहकर इसे उचित ठहराते हैं[2]–

यह एक सही और वैध पैन–इस्लामवाद है, जिससे हर ईमानदार और आस्तिक मुसलमान जुड़ा है, यानी पैगंबर के बच्चों के आध्यात्मिक भाईचारे और एकता का सिद्धांत। यह उस फारसी–अरबी में एक

1. 1912 के बीच जब पहला बाल्कन युद्ध शुरू हुआ और 1922 में जब तुर्की ने यूरोपीय शक्तियों के साथ शांति स्थापित की, भारतीय मुसलमानों ने भारतीय राजनीति की बिल्कुल भी परवाह नहीं की। वे पूरी तरह से तुर्की और अरब के भाग्य में लीन थे।

2. संक्रमण में भारत, पृ. 157.

गहरा, बारहमासी तत्त्व है संस्कृति, सभ्यता का वह महान परिवार जिसे हमने पहले अध्याय में इस्लामी नाम दिया था। यह चीन से लेकर मोतोस्को तक, वोल्गा से सिंगापुर तक हर जगह साथी विश्वासियों के प्रति दान और सद्भावना को दर्शाता है। इसका मतलब है साहित्य में स्थायी रुचि इस्लाम की, उसकी खूबसूरत कलाओं में, उसकी मनमोहक वास्तुकला में, उसकी मनमोहक कविता में इसका एक सच्चा सुधार भी है। विश्वास की प्रारंभिक और शुद्ध सादगी की ओर वापसी, अनुनय और तर्क द्वारा इसके उपदेश की ओर व्यक्तिगत जीवन में आध्यात्मिक शक्ति का प्रकटीकरण, मानव जाति की लाभकारी गतिविधि के लिए यह प्राकृतिक और योग्य आध्यात्मिक आंदोलन न केवल गुरु और उनकी शिक्षा को बल्कि सभी देशों के उनके बच्चों को भी तुर्क या अफगान के स्नेह का पात्र बनाता है। भारतीय या मिस्री, काशगर या सारायेवो के मुस्लिम इलाकों में अकाल या उजाड़ आग तुरंत दिल्ली या काहिरा के मुसलमानों की सहानुभूति और भौतिक सहायता आकर्षित करेगी। इस्लाम की वास्तविक आध्यात्मिक और सांस्कृतिक एकता हमेशा विकसित होनी चाहिए, क्योंकि पैगंबर के अनुयायी के लिए यह आत्मा के जीवन की नींव है।

यदि यह आध्यात्मिक पैन–इस्लामवाद राजनीतिक पैन–इस्लामवाद में आगे बढ़ना चाहता है, तो इसे अप्राकृतिक नहीं कहा जा सकता है। शायद यह वही भावना है जो आगा खान के मन में थी जब उन्होंने कहा था[1]–

"यह भारतीय देशभक्त को समझना होगा कि फारस, अफगानिस्तान और संभवतः अरब को जल्द ही या बाद में कुछ महाद्वीपीय शक्ति की कक्षा में आना होगा। जैसे जर्मनी, या रूस के टूटने से क्या विकसित हो सकता है। या अवश्य आना चाहिए भारतीय साम्राज्य के साथ अपना योगदान दें, जिसके साथ उनका

1. वही पृ. 169.

बहुत अधिक वास्तविक संबंध है। दुनिया की ताकतें जो छोटे राज्यों को शक्तिशाली पड़ोसियों के साथ निकट संपर्क में ले जाती हैं, हालांकि अब तक यूरोप में सबसे अधिक दिखाई देती हैं, अनिवार्य रूप से खुद को एशिया में महसूस कराएँगी।

जब तक वह शक्तिशाली और संभावित रूप से शत्रु पड़ोसियों पर नजर रखने की संभावना को स्वीकार करने के लिए तैयार नहीं है, और इसके परिणामस्वरूप होने वाले भारी सैन्य बोझ को स्वीकार करने के लिए तैयार नहीं है, तब तक भारत अपने मुसलमान पड़ोसी राज्यों को आपसी हित और सद्भावना के संबंधों से अपनी ओर आकर्षित करने की उपेक्षा नहीं कर सकता है।

"एक शब्द में, लाभकारी और बढ़ते संघ का मार्ग एक संघीय भारत पर आधारित होना चाहिए, जिसमें प्रत्येक सदस्य अपने व्यक्तिगत अधिकारों, अपनी ऐतिहासिक विशिष्टताओं और प्राकृतिक हितों का प्रयोग करता है, फिर भी बाहरी खतरे और आर्थिक से एक सामान्य रक्षात्मक प्रणाली और सीमा शुल्क संघ द्वारा मजबूत ताकतों द्वारा शोषण संरक्षित होता है। ऐसा संघीय भारत तुरंत सीलोन को उसकी प्राकृतिक मां की गोद में लाएगा, और हमने जो आगे के विकास के संकेत दिए हैं, वे अनुसरण करेंगे। हम एक महान दक्षिण देश का निर्माण कर सकते हैं। महासंघ अब न्याय पर व्यापक और गहरी नींव रख रहा है, स्वतंत्रता पर, और हर जाति, हर धर्म और हर ऐतिहासिक इकाई के लिए मान्यता पर।

"आधुनिक परिस्थितियों की माँग के अनुसार फारस और अफगानिस्तान दोनों को आगे बढ़ने में सहायता करने की एक ईमानदार नीति, उत्तर–पश्चिम में भारत के लिए दो प्राकृतिक चहार–दीवारी खड़ी करेगी, जिन्हें न तो जर्मन, न ही स्लाव, तुर्क और न ही मंगोल कभी भी नष्ट करने की उम्मीद कर सकते हैं। वे अपनी इच्छा से उस शक्ति की ओर आकर्षित होंगे जो भारत में संघवाद के एक स्वस्थ रूप का उद्देश्य सबक प्रदान करती है,

जिसमें प्रत्येक प्रांत के लिए वास्तविक स्वायत्तता, रियासतों की आंतरिक स्वतंत्रता का आश्वासन दिया जाता है, हैदराबाद के पुनर्जीवित और उदार साम्राज्य के साथ, जिसमें निजाम के साथ बरार भी शामिल हैं। वे भारत में स्वतंत्रता और व्यवस्था, स्वायत्तता और फिर भी शाही संघ देखेंगे, और सद्भावना, उस महान साम्राज्य की विशाल और असीमित ताकत से समर्थित आंतरिक स्वशासन की निरंतरता का आश्वासन देने वाले परिसंघ के लाभों की सराहना करेंगे जिसका सूरज कभी अस्त नहीं होता। जिस नीति की मैंने वकालत की है उससे मेसोपोटामिया और अरब में भी ब्रिटिश स्थिति, चाहे इसका नाममात्र रूप कुछ भी हो, असीम रूप से मजबूत होगी।"

यह दक्षिण एशियाई संघ भारत की भलाई से अधिक अरब, मेसोपोटामिया और अफगानिस्तान जैसे मुस्लिम देशों की भलाई के लिए था।[1] इससे पता चलता है कि भारतीय मुसलमानों के विचारों में भारत के अलावा अन्य मुस्लिम देशों के विचार कितने स्वाभाविक रूप से व्याप्त हैं।

सरकार सत्ता के प्रति आज्ञाकारिता पर आधारित है। लेकिन जो लोग हिंदुओं और मुसलमानों की स्वशासन स्थापित करने के लिए उत्सुक हैं, उन्होंने यह जानना बंद नहीं किया है कि ऐसी आज्ञाकारिता किस पर निर्भर करती है और ऐसी आज्ञाकारिता सामान्य क्रम में और संकट के क्षणों में कितनी दूर तक होगी। यह बहुत ही महत्त्वपूर्ण प्रश्न है। क्योंकि, यदि आज्ञाकारिता विफल हो जाती है, तो स्वशासन का

---

1. यदि यह दक्षिण एशियाई संघ होता तो कितनी भयानक बात उत्पन्न होती और अल्पसंख्यक हिंदू संकटग्रस्त स्थिति में पहुँच गए होते। भारतीय वार्षिक लेखा कहता है "ब्रिटिश साम्राज्यवाद के समर्थक भारत के मुस्लिम समुदाय में भी संगठन सक्रिय रूप से प्रयास कर रहे है। दक्षिणी एशिया में ब्रिटेन के शासन को स्थिर करने के लिए एक एंग्लो–मुस्लिम गठबंधन की स्थापना अरब से मलाया द्वीपसमूह तक, जिसमें मुसलमान कनिष्ठ भागीदार होंगे वर्तमान में फर्म, वरिष्ठ साझेदारी के समय में वृद्धि की उम्मीद कर रही है।

अर्थ है मिलकर काम करना, न कि अधीन होकर काम करना। आदर्श अर्थ में ऐसा ही हो सकता है। लेकिन व्यावहारिक और कामकाजी दुनिया में, यदि एक प्रतिनिधि सरकार के तहत लाए गए तत्त्व संख्या में अनुपातहीन हैं, तो छोटे वर्ग को प्रमुख अनुभाग के तहत काम करना होगा और यह इस पर निर्भर करेगा कि वह प्रमुख अनुभाग के तहत काम करता है या नहीं। अब तक यह प्रमुख वर्ग द्वारा संचालित सरकार के अधिकार का पालन करने के लिए प्रवृत्त है। स्व–शासन की सफलता में यह कारक इतना महत्त्वपूर्ण है कि कहा जा सकता है कि बाल्फोर ने सच्चाई का केवल एक हिस्सा ही बोला था, जब उन्होंने इसकी सफलता को पार्टियों के मूल रूप से एक होने पर निर्भर बनाया था। वह इस बात पर ध्यान देने में विफल रहे कि सरकार के अधिकार का पालन करने की इच्छा स्वशासन की किसी भी योजना की सफलता के लिए समान रूप से आवश्यक कारक है।

इस दूसरी शर्त के महत्त्व, जिसका अस्तित्त्व संसदीय सरकार के सफल कामकाज के लिए आवश्यक है, की चर्चा जेम्स ब्राइस[1] ने की है। राजनीतिक सामंजस्य के आधार पर काम करते समय, ब्रायस बताते हैं कि भले ही बल ने राज्यों के निर्माण के लिए बहुत कुछ किया हो, लेकिन बल कई कारकों में से केवल एक है और सबसे महत्त्वपूर्ण नहीं है। राजनीतिक समुदायों को बनाने, ढालने, विस्तार करने और एक साथ जोड़ने में ताकत से ज्यादा महत्त्वपूर्ण आज्ञाकारिता है। सरकार के प्रतिबंधों का पालन करने की यह इच्छा व्यक्तिगत नागरिकों और समूहों की कुछ मनोवैज्ञानिक विशेषताओं पर निर्भर करती है। ब्रायस के

यह कुछ इस तरह 'यह भावना और प्रत्याशा कि हमें युद्ध के वर्षों के दौरान प्रकाशित अपनी पुस्तक इंडिया इन ट्रांजिशन में महामहिम आगा खान द्वारा बताई गई योजना का पता लगाना चाहिए। इस योजना में एक दक्षिण पश्चिमी एशियाई संघ की स्थापना की योजना बनाई गई थी, जिसकी भारत एक घटक इकाई हो सकती है। युद्ध के बाद जब श्री विंस्टन चर्चिल ब्रिटिश मंत्रिमंडल में उपनिवेशों के राज्य सचिव थे, तो उन्होंने अभिलेखागार में मध्य पूर्वी विभाग की एक मध्य पूर्वी साम्राज्य की तैयार योजना को पाया।"

1. इतिहास और न्यायशास्त्र में अध्ययन, भाग–द्वितीय, निबंध–1.

अनुसार जो दृष्टिकोण आज्ञाकारिता उत्पन्न करते हैं वे हैं आलस्य, सम्मान, सहानुभूति, भय और तर्क। सभी का मूल्य एक जैसा नहीं है। वास्तव में आज्ञापालन की प्रवृत्ति उत्पन्न करने वाले कारणों के रूप में वे अपने महत्त्व में सापेक्ष हैं। जैसा कि ब्रायस द्वारा प्रतिपादित किया गया है, आज्ञाकारिता के कुल योग में भय और तर्क के कारण क्रमशः प्रतिशत आलस्य के कारण बहुत कम है और सम्मान या सहानुभूति के कारण भी कम है। इस दृष्टिकोण के अनुसार, सम्मान और सहानुभूति, दो सबसे शक्तिशाली कारक हैं जो लोगों को अपनी सरकार के अधिकार का पालन करने के लिए प्रेरित करते हैं।

सरकार के प्राधिकार के प्रति आज्ञाकारिता प्रदान करने की इच्छा सरकार की स्थिरता के लिए उतनी ही आवश्यक है जितनी राज्य के बुनियादी सिद्धांतों पर राजनीतिक दलों की एकता। किसी भी समझदार व्यक्ति के लिए राज्य के रखरखाव में आज्ञाकारिता के महत्त्व पर सवाल उठाना असंभव है। सविनय अवज्ञा में विश्वास करना अराजकता में विश्वास करना है।

मुसलमान हिंदुओं द्वारा संचालित और नियंत्रित सरकार के प्राधिकार का कहाँ तक पालन करेंगे? इस प्रश्न के उत्तर के लिए अधिक पूछताछ की आवश्यकता नहीं है। मुसलमानों के लिए हिंदू काफिर है।[1] काफिर सम्मान के योग्य नहीं है। वह निम्न कुल में जन्मा और प्रतिष्ठाहीन है। इसीलिए जिस देश पर काफिर का शासन हो वह देश मुसलमान के लिए दार–उल–हर्ब है। इसे देखते हुए, यह साबित करने के लिए कोई और सबूत आवश्यक नहीं लगता कि मुसलमान हिंदू सरकार का पालन नहीं करेंगे। सम्मान और सहानुभूति की बुनियादी भावनाएँ, जो व्यक्तियों को सरकार के अधिकार का पालन करने के लिए प्रेरित करती हैं, बस अस्तित्त्व में नहीं हैं। लेकिन अगर सबूत चाहिए तो उसकी कोई कमी नहीं है। यह इतना प्रचुर है कि समस्या यह है कि क्या निविदा की जाए और क्या छोड़ा जाए।

---

1. हिंदुओं को काफिर कहलाने पर राहत महसूस करने का कोई अधिकार नहीं है। वे पुकारते हैं मुसलमान म्लेच्छ–ऐसा व्यक्ति जिसके साथ संगति करना उचित न हो।

खिलाफत आंदोलन के दौरान जब हिंदू मुसलमानों की मदद के लिए बहुत कुछ कर रहे थे, तब मुसलमान यह नहीं भूले कि उनकी तुलना में हिंदू एक निम्न और हीन जाति थी। एक मुसलमान[1] ने इन्साफ नामक खिलाफत पत्र में लिखा--

"स्वामी और महात्मा का मतलब क्या है? क्या मुसलमान भाषण या लेखन में गैर--मुसलमानों के बारे में इन शब्दों का इस्तेमाल कर सकते हैं? उनका कहना है कि स्वामी का मतलब 'मास्टर' है, और 'महात्मा' है।"

उन्होंने मुस्लिम देवताओं से एक आधिकारिक फतवे के माध्यम से यह तय करने के लिए कहा कि क्या मुसलमानों के लिए गैर–मुसलमानों को इस तरह के सम्मानजनक और उल्लिखित उपाधियों से बुलाना वैध है।

1924 में दिल्ली में हकीम अजमल[2] खान द्वारा संचालित यूनानी चिकित्सा के तिब्बिया कॉलेज में श्री गांधी की जेल से रिहाई के जश्न के संबंध में एक उल्लेखनीय घटना सामने आई थी। रिपोर्ट के अनुसार, एक हिंदू छात्र ने श्री गांधी की तुलना हजरत ईसा (यीशु) से की और मुस्लिम भावना के इस अपमान पर सभी मुस्लिम छात्र भड़क गए और हिंदू छात्र को हिंसा की धमकी दी, और ऐसा आरोप है कि यहाँ तक कि मुस्लिम प्राध्यापको ने भी अपनी आक्रोशपूर्ण भावनाओं के इस प्रदर्शन में अपने सह--धर्मवादियों के साथ शामिल हुए।

1923 में श्री मोहम्मद अली ने भारतीय राष्ट्रीय कांग्रेस के अधिवेशन की अध्यक्षता की। इस संबोधन में उन्होंने श्री गांधी के बारे में निम्नलिखित शब्दों में बात की–

"कई लोगों ने महात्मा की शिक्षाओं और बाद में उनके व्यक्तिगत कष्टों की तुलना यीशु (जिन पर शांति हो) से की है। जब यीशु ने अपने मंत्रालय की शुरुआत में दुनिया पर विचार किया तो उन्हें सुधार के हथियारों का चयन करने के लिए बुलाया गया। कष्ट

---

1. देखें ''थ्रू इंडियन आइज," टाइम्स ऑफ इंडिया, दिनांक 11–3–24.
2. देखें "भारतीय आंखों से" टाइम्स ऑफ इंडिया, दिनांक 21–3–24.

और त्याग द्वारा सर्वशक्तिमान होने और हृदय की पवित्रता से बल पर विजय पाने का विचार, अबेल और कैन के दिनों जितना पुराना है, पहली संतान आदमी की.....।"

"जो कुछ भी हो, यह महात्मा गांधी के लिए भी उतना ही अजीब था। लेकिन यह एक ईसाई सरकार के लिए आरक्षित था कि वह हमारे समय के सबसे ईसा मसीह जैसे व्यक्ति को अपराधी (शेम, शेम) के रूप में माने और उसे परेशान करने वाले के रूप में दंडित करे। सार्वजनिक शांति वह व्यक्ति है जो सार्वजनिक मामलों में लगा हुआ है और जो शांति के राजकुमार के सबसे करीब आता है। महात्मा के आगमन से ठीक पहले भारत की राजनीतिक परिस्थितियाँ यीशु के आगमन की पूर्व संध्या पर यहूदियों की राजनीतिक परिस्थितियों से मिलती–जुलती थीं, और उन्होंने भारत की बीमारियों के इलाज की तलाश में लोगों को जो नुस्खा दिया वह अच्छा था जिसे यीशु ने यहूदियों में पहले ही वितरित कर दिया गया था। कष्ट के माध्यम से आत्मशुद्धि सरकार की जिम्मेदारियों के लिए नैतिक तैयारी स्वराज की शर्त के रूप में आत्म–अनुशासन, यह महात्मा का सिद्धांत और दृढ़ विश्वास था और हममें से जिन लोगों को उस गौरवशाली वर्ष में रहने का सौभाग्य प्राप्त हुआ है, जिसका समापन अहमदाबाद में कांग्रेस सत्र के रूप में हुआ, उन्होंने देखा है कि उन्होंने मानव जाति के इतने बड़े जनसमूह के विचारों, भावनाओं और कार्यों में कितना उल्लेखनीय और तीव्र परिवर्तन किया।"

एक साल बाद, श्री मोहम्मद अली ने अलीगढ़ और अजमेर में बोलते हुए कहा–

"श्री गांधी का चरित्र कितना भी शुद्ध क्यों न हो, धर्म की दृष्टि से वे मुझे किसी भी मुसलमान से कमतर प्रतीत होंगे, भले ही वे चरित्रहीन ही क्यों न हों।"

इस बयान से काफी हलचल मच गई। कई लोगों को यह विश्वास नहीं हुआ कि श्री मोहम्मद अली, जिन्होंने श्री गांधी के प्रति इतनी श्रद्धा

की गवाही दी थी, उनके बारे में ऐसी उदार और तिरस्कारपूर्ण भावनाएं रखने में सक्षम थे। जब श्री मोहम्मद अली लखनऊ के अमीनाबाद पार्क में आयोजित एक बैठक में बोल रहे थे, तो उनसे पूछा गया कि क्या उनके द्वारा व्यक्त की गई भावनाएँ सच थीं। श्री मोहम्मद अली ने बिना किसी हिचकिचाहट या खेद के उत्तर दिया–[1]

> "हां, अपने धर्म और पंथ के अनुसार, मैं एक व्यभिचारी और पतित मुसलमान को श्रीमान गांधी से बेहतर मानता हूँ।"

उस समय यह सुझाव[2] दिया गया था कि श्री मोहम्मद अली को पद छोड़ना होगा क्योंकि पूरे रूढ़िवादी मुस्लिम समुदाय ने श्री गांधी, जो कि एक काफिर थे, के प्रति इतना सम्मान दिखाया था कि उन्हें उसी पद पर बिठाया गया था, जिससे पूरे रूढ़िवादी मुस्लिम समुदाय को नाराजगी हुई थी। यीशु उन्हें लगा कि काफिर की ऐसी प्रशंसा मुस्लिम कैनन कानून द्वारा निषिद्ध है।

1928 में हिंदू–मुस्लिम[3] संबंधों पर जारी एक घोषणापत्र में ख्वाजा हसन निजामी ने घोषणा की–

> "मुसलमान हिंदुओं से अलग हैं वे हिंदुओं के साथ एकजुट नहीं हो सकते। खूनी युद्धों के बाद मुसलमानों ने भारत पर विजय प्राप्त की, और अंग्रेजों ने उनसे भारत छीन लिया। मुसलमान एकजुट राष्ट्र हैं और वे अकेले ही भारत के स्वामी होंगे। वे कभी उनका व्यक्तित्त्व हार नहीं मानेंगे। उन्होंने सैकड़ों वर्षों तक भारत पर शासन किया है, और इसलिए देश पर उनका एक निर्धारित अधिकार है। हिंदू दुनिया में एक छोटा समुदाय हैं। वे आंतरिक झगड़ों से कभी मुक्त नहीं होते हैं। वे गांधी में विश्वास करते हैं और गाय की पूजा करते हैं। दूसरों का पानी लेकर वे प्रदूषित हैं और हिंदुओं को स्वशासन की कोई परवाह नहीं उनके पास इसके लिए

---

1. देखें "भारतीय आंखों से" टाइम्स ऑफ इंडिया, दिनांक 21–3–24.
2. उक्त, दिनांक 26–4–24.
3. वही, दिनांक 14–3–28.

अतिरिक्त समय नहीं है। उनके आंतरिक झगड़ों के साथ उन्हें जाने दो। उनके पास पुरुषों पर शासन की कितनी क्षमता है? मुसलमानों ने शासन किया, और मुसलमान ही शासन करेंगे।"

हिंदुओं की आज्ञा का पालन करना तो दूर, मुसलमान फिर से हिंदुओं के साथ समझौता करने के लिए तैयार दिख रहे हैं। 1926 में इस बात पर विवाद खड़ा हो गया कि 1761 में लड़ी गई पानीपत की तीसरी लड़ाई वास्तव में किसने जीती। मुसलमानों के लिए यह तर्क दिया गया कि यह उनके लिए एक बड़ी जीत थी क्योंकि अहमद शा अब्दाली के पास 1 लाख सैनिक थे, जबकि मराठों के पास 4 से 6 लाख सैनिक थे। हिंदुओं ने उत्तर दिया कि यह उनकी जीत है, पराजितों की जीत, क्योंकि इसने मुस्लिम आक्रमणों के ज्वार को रोक दिया। मुसलमान हिंदुओं के हाथों हार मानने को तैयार नहीं थे और उनका दावा था कि वे हमेशा हिंदुओं से श्रेष्ठ साबित होंगे। हिंदुओं पर मुसलमानों की शाश्वत श्रेष्ठता को साबित करने के लिए नजीबाबाद के एक मौलाना अकबर शाह खान ने पूरी गंभीरता से प्रस्ताव दिया था कि हिंदुओं और मुसलमानों को, परीक्षण स्थितियों के तहत, पानीपत के उसी घातक मैदान पर चौथी लड़ाई लड़नी चाहिए। मौलाना ने तदनुसार[1] पंडित मदन मोहन मालवीय को निम्नलिखित शब्दों में चुनौती दी–

"यदि आप, मालवीयजी, पानीपत के परिणाम को गलत साबित करने का प्रयास कर रहे हैं, तो मैं आपको इसका परीक्षण करने का एक आसान और उत्कृष्ट तरीका दिखाऊँगा। अपने प्रसिद्ध प्रभाव का उपयोग करें और ब्रिटिश सरकार को पानीपत की चौथी लड़ाई की अनुमति देने के लिए प्रेरित करें। जो अधिकारियों की बाधा के बिना लड़ी जाएगी। मैं हिंदुओं और मुसलमानों की वीरता और लड़ाई की भावना का एक तुलनात्मक परीक्षण प्रदान करने के लिए तैयार हूँ... क्योंकि भारत में 7 करोड़ मुसलमान हैं, मैं भारत में 7 करोड़ मुसलमानों का प्रतिनिधित्व करने वाले 700 मुसलमानों के

---

1. "कोटेड थ्रू इंडियन आइज" में उद्धृत, टाइम्स ऑफ इंडिया, दिनांक 20–6–26.

साथ एक निश्चित तिथि पर पानीपत के मैदान पर पहुँचूँगा और चूँकि वहां 22 करोड़ हिंदू हैं, इसलिए मैं आपको 2,200 हिंदुओं के साथ आने की अनुमति देता हूँ। उचित बात यह है कि तोप, मशीन गन, बम या बंदूक का उपयोग न करें। केवल तलवारें और भाले, धनुष और तीर और खंजर का उपयोग किया जाना चाहिए। यदि आप हिंदू मेजबान के जनरलसिमो का पद स्वीकार नहीं कर सकते हैं, तो आप इसे सदाशिवावत या विश्वास रावत[1] के किसी भी वंशज को दे सकते हैं ताकि उनके वंशजों को 1761 में अपने पूर्वजों की हार का बदला लेने के लिए अवसर मिल सके। लेकिन किसी भी तरह एक दर्शक के रूप में आएँ क्योंकि इस युद्ध का परिणाम देखने के बाद तुम्हें अपने विचार बदलने पड़ेंगे और मुझे आशा है कि तभी इसका देश में वर्तमान कलह और मार काट का अंत होगा।"

मैं प्रार्थना करता हूँ कि मैं उसे उन 700 व्यक्तियों को शामिल कर लूँ जिन्हें मैं लाऊँगा। वहाँ कोई पठान या अफगान नहीं होंगे क्योंकि तुम उनसे घातक रूप से डरते हो। इसलिए मैं अपने साथ केवल अच्छे परिवार के भारतीय मुसलमानों को लाऊँगा जो शरीयत के कट्टर अनुयायी हैं।"

IV

हिंदुओं और मुसलमानों की धार्मिक मान्यताएँ, सामाजिक दृष्टिकोण और अंतिम नियति और उनकी सांप्रदायिक और राजनीतिक अभिव्यक्तियाँ ऐसी ही हैं। अंतिम नियति के संबंध में ये धार्मिक विश्वास, सामाजिक दृष्टिकोण और विचार प्रेरक शक्ति का निर्माण करते हैं जो उनके कार्यों की दिशा निर्धारित करते हैं, चाहे वे सहयोगी होंगे या परस्पर विरोधी। पिछले अनुभव से पता चलता है कि वे इतने संगत और असंगत हैं कि वे हिंदुओं और मुसलमानों को कभी भी एक ही राष्ट्र या यहाँ तक कि एक पूरे के दो सामंजस्यपूर्ण हिस्से बनाने की अनुमति नहीं दे सकते।

1. वे तीसरे पानीपत की लड़ाई में हिंदुओं की ओर से सैन्य कमांडर थे।

इन मतभेदों का न केवल उन्हें अलग–थलग रखने, बल्कि उन्हें युद्ध में रखने पर भी निश्चित प्रभाव पड़ता है। मतभेद स्थायी हैं और हिंदू–मुस्लिम समस्या शाश्वत बनी हुई है। इसे इस आधार पर हल करने का प्रयास करना कि हिंदू और मुस्लिम एक हैं या यदि वे अब एक नहीं हैं तो भविष्य में एक होंगे, एक बंजर व्यवसाय होगा, जैसा कि यह चेकोस्लोवाकिया के मामले में साबित हुआ था। इसके विपरीत, अब समय आ गया है जब कुछ तथ्यों को विवाद से परे स्वीकार किया जाना चाहिए, चाहे ऐसी स्वीकृति कितनी भी अप्रिय क्यों न हो।

सबसे पहले, यह स्वीकार किया जाना चाहिए कि हिंदुओं और मुसलमानों के बीच एकता लाने के हर संभव प्रयास किए गए हैं और वे सभी विफल रहे हैं।

इन प्रयासों का इतिहास वर्ष 1909 से शुरू माना जा सकता है। मुस्लिम प्रतिनिधिमंडल की माँगों को, यदि अंग्रेजों ने स्वीकार कर लिया, तो हिंदुओं ने भी सहमति व्यक्त की, जिनमें श्री गोखले प्रमुख थे। पृथक् निर्वाचिका के सिद्धांत को अपनी सहमति देने के लिए कई हिंदुओं द्वारा उन्हें दोषी ठहराया गया है। उनके आलोचक यह भूल जाते हैं कि सहमति को रोकना बुद्धिमत्ता का हिस्सा नहीं होता। क्योंकि, जैसा कि श्री मोहम्मद अली ने ठीक ही कहा है–

> "यह असत्यवत लग सकता है, लेकिन अलग निर्वाचन क्षेत्रों का निर्माण हिंदू–मुस्लिम एकता के आगमन को तेज कर रहा था। पहली बार कोई वास्तविक मताधिकार, चाहे वह कितना भी प्रतिबंधित क्यों न हो, लागू किया जा रहा था। भारतीयों को पेशकश की गई, और यदि हिंदू और मुसलमान न्यायसंगत बने रहे तो वे उतने ही विभाजित हैं जितने प्रारंभ से अब तक ब्रिटिश शासन के दौरान थे, और अक्सर एक–दूसरे के प्रति शत्रु, मिश्रित मतदाता अंतर–सांप्रदायिक संघर्ष के लिए सबसे अच्छा युद्धक्षेत्र प्रदान करते, और दोनों समुदायों को अलग करने वाली खाई को और भी चौड़ा कर देते। चुनाव के लिए प्रत्येक उम्मीदवार ने वोट के लिए अपने समुदाय से अपील की होगी और प्रतिद्वंद्वी समुदाय के प्रति अपनी

दुर्भावना की तीव्रता के आधार पर वरीयता के लिए अपने दावे किए होंगे, भले ही यह उनके समुदाय की रक्षा के हित जैसे किसी सूत्र के तहत छिपा हुआ हो। यह जितना बुरा होता, उस चुनाव के नतीजे और भी बुरे होते, जिसमें दोनों समुदाय समान रूप से मेल नहीं खाते थे, क्योंकि जो समुदाय अपने प्रतिनिधि को निर्वाचित कराने में विफल रहा, उसने अनिवार्य रूप से अपने सफल प्रतिद्वंद्वी के प्रति और भी गहरी शिकायत पैदा की होगी। दोनों समुदायों के विभाजित होने के कारण, चुनावों के दौरान किसी भी राजनीतिक सिद्धांत के प्रमुखता में आने से कोई बदलाव नहीं हुआ। अलग–अलग निर्वाचन क्षेत्रों के निर्माण ने इस अंतर–सांप्रदायिक युद्ध को रोकने में बहुत मदद की, हालाँकि मैं इस तथ्य से बहुत दूर हूँ कि जब अंतर–सांप्रदायिक ईर्ष्या तीव्र होती है तो जिन लोगों के सांप्रदायिक निर्वाचन क्षेत्रों से भी वापस लौटने की संभावना अधिक होती है, वे ही होते हैं जो प्रतिद्वंद्वी समुदाय के प्रति दुर्भावना के लिए जाने जाते हैं।"

लेकिन 1909 में हिंदुओं द्वारा अलग निर्वाचन क्षेत्रों के पक्ष में दी गई रियायत के परिणामस्वरूप हिंदू–मुस्लिम एकता नहीं हो पाई। फिर 1916 में लखनऊ समझौता हुआ। इसके तहत हिंदुओं ने मुसलमानों को हर मामले में संतुष्टि दी। फिर भी, इससे दोनों के बीच कोई समझौता नहीं हुआ। 6 साल बाद, हिंदू–मुस्लिम एकता लाने का एक और प्रयास किया गया।[1] मार्च 1923 में लखनऊ में आयोजित अपने वार्षिक सत्र में अखिल भारतीय मुस्लिम लीग ने एक प्रस्ताव पारित किया जिसमें भारत में विभिन्न समुदायों और संप्रदायों के बीच एकता और सद्भाव सुनिश्चित करने के लिए एक राष्ट्रीय संधि स्थापित करने का आग्रह किया गया और सहयोग के लिए एक समिति अन्य संगठनों द्वारा नियुक्त की जाने वाली समितियों के साथ की गई। भारतीय राष्ट्रीय कांग्रेस ने सितंबर

1. लीग के संकल्प के पूर्ण पाठ के लिए, भारतीय वार्षिक पंजीकरण देखें, 1923. खंड–प्रथम, आई. पी. 395–96.

1923 में मौलाना अबुल कलाम आजाद की अध्यक्षता में दिल्ली में आयोजित अपने विशेष सत्र में लीग द्वारा व्यक्त की गई भावनाओं का समर्थन करते हुए एक प्रस्ताव पारित किया। कांग्रेस ने दो समितियाँ नियुक्त करने का संकल्प लिया। (1) संविधान को संशोधित करने के लिए (2) और एक राष्ट्रीय संधि का प्रारूप तैयार करना।

भारतीय राष्ट्रीय संधि पर समिति की रिपोर्ट पर डॉ. अंसारी और लाला लाजपत राय[1] द्वारा हस्ताक्षर किए गए थे और इसे 1923 में कोकोनाडा में आयोजित कांग्रेस के सत्र में प्रस्तुत किया गया था।

1923 में कोकोनाडा में कांग्रेस का अधिवेशन हुआ। भारतीय राष्ट्रीय समझौते की शर्तों के साथ–साथ श्री सी. आर. दास की प्रेरणा से बंगाल प्रांतीय कांग्रेस कमेटी ने बंगाल के मुसलमानों के साथ मिलकर बंगाल समझौता किया।[2] भारतीय राष्ट्रीय संधि और बंगाल संधि दोनों पर कांग्रेस की विषय समिति में चर्चा हुई।[3] बंगाल संधि को 458 के मुकाबले 678 मतों से खारिज कर दिया गया। भारतीय राष्ट्रीय संधि के संबंध में, कांग्रेस ने संकल्प लिया कि समिति[4] उनके द्वारा तैयार संधि के मसौदे पर आगे की राय माँगे और 31 मार्च 1924 तक ए.आई.सी. सी. को अपनी विवरण सौंपे। इसके विचार हेतु हालांकि, समिति इस मामले में आगे नहीं बढ़ी। इसका कारण यह था कि बंगाल संधि के विरुद्ध हिंदुओं में भावना इतनी प्रबल थी कि लाला लाजपत राय[5] के अनुसार समिति के कार्यों को आगे बढ़ाना उचित नहीं समझा गया। इसके अलावा, श्री गांधी को तब जेल से रिहा कर दिया गया था और

---

1. बंगाल संधि की शर्तों के लिए, उपरोक्त, पृ. 127 देखें।
2. रिपोर्ट और संधि की मसौदा शर्तों के लिए, भारतीय वार्षिक रजिस्टर, 1923, खंड – द्वितीय, पृ. 104–108 देखें।
3. इन दो संधियों पर बहस के लिए, उपर्युक्त, पृ. 121–127 देखें।
4. समाधान के लिए, पूर्वोक्त, पृ. 122 देखें।
5. 1925 में भारत में हुए सर्वदलीय सम्मेलन पर उनका वक्तव्य देखें, त्रैमासिक रजिस्टर, 1925, खंड– प्रथम, पृ. 70 देखें।

यह सोचा गया था कि वह इस सवाल को उठाएंगे। इसलिए, डॉ. अंसारी ने अपने द्वारा एकत्र की गई सामग्री ए.आई.सी.सी. को सौंपकर खुद को संतुष्ट किया।

जेल से बाहर आते ही श्री गांधी ने धागे उठा लिये। नवंबर 1924 में बम्बई में अनौपचारिक चर्चा हुई। इन चर्चाओं के परिणामस्वरूप, एक सर्वदलीय सम्मेलन का गठन किया गया और एकता लाने के प्रश्न से निपटने के लिए एक समिति नियुक्त की गई। यह सम्मेलन वास्तव में एक सर्वदलीय सम्मेलन था क्योंकि इसमें कांग्रेस, हिंदू महासभा, न्याय पार्टी, उदार महासंघ, भारतीय ईसाई, मुस्लिम लीग आदि से प्रतिनिधि शामिल थे। 23 जनवरी 1925 को दिल्ली के वेस्टर्न होटल में सर्वदलीय सम्मेलन[1] द्वारा नियुक्त समिति की बैठक हुई। अध्यक्षता श्री गांधी ने की और 24 जनवरी को समिति ने एक प्रतिनिधि उप–समिति नियुक्त की इसमें 40 सदस्य शामिल हैं (अ) ऐसी सिफारिशें तैयार करना जिससे सभी दल कांग्रेस में शामिल हो सकें, (ब) स्वराज के तहत विधायी और अन्य निर्वाचित निकायों में सभी समुदायों, नस्लों और उप–विभागों के प्रतिनिधित्व के लिए एक योजना तैयार करना और कार्यकुशलता को नुकसान पहुँचाए बिना सेवाओं में समुदायों का उचित और उचित प्रतिनिधित्व सुनिश्चित करने की सर्वोत्तम विधि की सिफारिश की गई, और (स) स्वराज की एक योजना तैयार करने की सिफारिश की गई जो देश की वर्तमान जरूरतों को पूरा करेगी। समिति को 15 फरवरी या उससे पहले विवरण देने का निर्देश दिया गया था। काम में तेजी लाने के हित में कुछ सदस्यों ने स्वराज की योजना तैयार करने के लिए खुद को एक छोटी समिति में शामिल कर लिया और सांप्रदायिक प्रतिनिधित्व की योजना तैयार करने का काम मुख्य समिति पर छोड़ दिया।

श्रीमती बेसेंट की अध्यक्षता में स्वराज उप–समिति संविधान पर अपना विवरण तैयार करने में सफल रही और उसे सर्वदलीय सम्मेलन

---

1. समिति की कार्यवाही के लिए, भारतीय त्रैमासिक रजिस्टर, 1925, खंड– प्रथम, पृ. 66–77 देखें।

की सामान्य समिति को सौंप दिया। लेकिन सांप्रदायिक प्रतिनिधित्व की योजना तैयार करने के लिए नियुक्त उप–समिति की 1 मार्च को दिल्ली में बैठक हुई और बिना किसी निष्कर्ष पर पहुँचे अनिश्चित काल के लिए स्थगित कर दी गई। इसका कारण यह था कि लाला लाजपत राय और हिंदुओं के अन्य प्रतिनिधि उप–समिति की बैठक में भाग नहीं लेंगे। श्री गांधी और पंडित मोतीलाल नेहरू ने निम्नलिखित बयान जारी किया[1]–

> "लाला लाजपत राय ने मेसर्स जयकर, श्रीनिवास अयंगर और जय राम दास की उपस्थिति में असमर्थता के कारण स्थगन की माँग की थी। हम अपनी जिम्मेदारी पर बैठक स्थगित करने में असमर्थ थे। इसलिए हमने लाला लाजपत राय को सूचित किया कि स्थगन का प्रश्न बैठक के समक्ष रखा जाए। परिणामस्वरूप ऐसा किया गया लेकिन लाला लाजपत राय और उनके द्वारा नामित सज्जनों की अनुपस्थिति के अलावा उपस्थिति किसी भी निर्णय पर पहुँचने के लिए बहुत कम थी। हमारी राय में किसी निश्चित निष्कर्ष पर पहुँचने के लिए न तो कोई सामग्री थी और न ही निकट भविष्य में किसी नतीजे पर पहुँचने की संभावना है..."

इसमें कोई संदेह नहीं है कि यह बयान वास्तव में संबंधित पक्षों की मनः स्थिति का सार प्रस्तुत करता है। समिति में हिंदुओं के प्रवक्ता स्वर्गीय लाला लाजपत राय ने इलाहाबाद के नेता में एक लेख में पहले ही कहा था कि नए समझौते के लिए तत्काल कोई जल्दी नहीं थी और उन्होंने इस विचार को स्वीकार करने से इनकार कर दिया कि कुछ में हिंदू बहुसंख्यक हैं।

यह विचार कि कुछ प्रांतों में हिंदू बहुमत और अन्य में मुस्लिम बहुमत ही हिंदू–मुस्लिम एकता का एकमात्र रास्ता था। 1927 में हिंदू–मुस्लिम एकता का प्रश्न फिर से उठाया गया। यह प्रयास साइमन

1. समिति की कार्यवाही के लिए, भारतीय त्रैमासिक रजिस्टर, 1925, खंड– प्रथम, पृ. 77 देखें।

कमीशन की जाँच से ठीक पहले किया गया था, इस उम्मीद से कि यह 1916 में मोंटागु–चेम्सफोर्ड जांच से पहले किए गए प्रयास के समान सफल होगा और जो लखनऊ समझौते[1] में फलित हुआ था। प्रारंभिक तौर पर, 20 मार्च 1927 को दिल्ली में प्रमुख मुसलमानों का एक सम्मेलन आयोजित किया गया, जिसमें मुसलमानों के हितों की रक्षा के लिए कुछ प्रस्तावों पर विचार किया गया। इन प्रस्तावों को, जिन्हें दिल्ली प्रस्तावों के रूप में जाना जाता था, दिसंबर 1927 में मद्रास में आयोजित अपने सत्र में कांग्रेस द्वारा विचार किया गया था। साथ ही, कांग्रेस ने एक प्रस्ताव[2] पारित किया जिसने अपनी कार्य समिति को समान समितियों को सम्मानित करने के लिए अधिकृत किया। भारत के लिए स्वराज संविधान का मसौदा तैयार करने के लिए अन्य संगठनों द्वारा नियुक्त किया गया। उदार महासंघ और मुस्लिम लीग ने विचार–विमर्श में शामिल होने के लिए अपने प्रतिनिधियों को नियुक्त करते हुए समान प्रस्ताव पारित किए। कांग्रेस कार्यसमिति द्वारा अन्य संगठनों को भी अपने प्रवक्ता भेजने के लिए आमंत्रित किया गया। सर्वदलीय सम्मेलन[3], जिसे कि समिति कहा जाता है, 12 फरवरी 1928 को हुई और एक संविधान बनाने के लिए एक उप–समिति नियुक्त की गई। समिति ने संविधान के मसौदे के साथ एक रिपोर्ट तैयार की जिसे नेहरू रिपोर्ट के नाम से जाना जाता है। यह विवरण सर्वदलीय सम्मेलन के समक्ष रखी गई, जो कांग्रेस अधिवेशन से ठीक पहले 22 दिसंबर 1928 को कलकत्ता में डॉ. अंसारी की अध्यक्षता में हुई थी। 1 जनवरी 1929 को सम्मेलन किसी भी प्रश्न पर, यहाँ तक कि सांप्रदायिक प्रश्न पर भी, किसी भी समझौते पर पहुँचे बिना अनिश्चित काल के लिए स्थगित कर दिया गया।

---

1. ये प्रस्ताव भारतीय त्रैमासिक रजिस्टर, 1927, खंड–प्रथम, में पृ. 33. पर मिलेंगे। यही प्रस्ताव आगे चलकर श्री जिन्ना के 14 बिन्दुओं का आधार बने।
2. इन प्रस्तावों पर कांग्रेस के प्रस्ताव के लिए, उपर्युक्त वही 1927, खंड –द्वितीय, देखें पृ. 397–98.
3. सर्वदलीय सम्मेलन की उत्पत्ति, इतिहास और संरचना के लिए और इसके लिए रिपोर्ट का पाठ, पूर्वोक्त, 1928, खंड–प्रथम, पृ. 1–142.

यह काफी आश्चर्यजनक है क्योंकि मुस्लिम प्रस्तावों और नेहरू समिति के प्रतिवेदन में दिए गए प्रस्तावों के बीच अंतर के बिंदु पर्याप्त नहीं थे।[1]

सर्वदलीय सम्मेलन में अपने संशोधनों के समर्थन में श्री जिन्ना के भाषण से यह स्पष्टता काफी है। श्री जिन्ना नेहरू समिति की रिपोर्ट में चार संशोधन करवाना चाहते थे। $33\frac{1}{2}$ प्रतिशत की मुस्लिम माँग से संबंधित अपने पहले संशोधन पर बोलते हुए। केन्द्रीय विधानमंडल में प्रतिनिधित्व, श्री जिन्ना ने कहा–

"नेहरू प्रतिवेदन में कहा गया है कि जो योजना उन्होंने प्रस्तावित की है उसके अनुसार मुसलमानों को केंद्रीय विधानमंडल में एक तिहाई और शायद उससे भी अधिक मिलने की संभावना है, और यह तर्क दिया गया है कि पंजाब और बंगाल को उनकी जनसंख्या के अनुपात से कहीं अधिक मिलेगा। हम जो महसूस करते हैं वह यही है कि यदि एक तिहाई मुसलमानों को प्राप्त होने वाला है, तो आपने जो तरीका अपनाया है वह उन प्रांतों के लिए बिल्कुल उचित नहीं है जहाँ मुसलमान अल्पसंख्यक हैं क्योंकि पंजाब और बंगाल केंद्रीय विधानमंडल में अपनी जनसंख्या के आधार से अधिक प्राप्त करेंगे। आप अमीरों को अधिक देंगे और आबादी के हिसाब से गरीबों को बनाये रखेंगे। यह उचित तर्क हो सकता है लेकिन यह बुद्धिमत्ता नहीं है।"

"इसलिए, यदि मुसलमानों को, जैसा कि नेहरू रिपोर्ट सुझाव देती है, एक तिहाई या अधिक प्राप्त करना है, तो वे पंजाब या बंगाल को अधिक नहीं दे सकते हैं, लेकिन छह या सात अतिरिक्त सीटें उन प्रांतों के बीच वितरित करने दें जो पहले से ही बहुत में हैं। छोटे अल्पसंख्यक, जैसे मद्रास और बंबई, क्योंकि, याद रखें, यदि सिंध को अलग कर दिया गया, तो बम्बई प्रांत लगभग 8 प्रतिशत तक कम हो जाएगा। ऐसे अन्य प्रांत भी हैं जहाँ हमारे

---

1. भारतीय त्रैमासिक रजिस्टर 128 देखें। खंड–1, पृ. 123–24.

छोटे अल्पसंख्यक हैं। यही कारण है कि हम कहते हैं, एक तिहाई हिस्सा तय कर लो और इसे मुसलमानों में अपने हिसाब से बाँट दो।''

यही कारण है कि हम कहते हैं, एक तिहाई तय करो और इसे मुसलमानों के बीच अपने हिसाब से बांट दो।''

उनका दूसरा संशोधन पंजाब और बंगाल में जनसंख्या के आधार पर सीटों के आरक्षण, यानी वैधानिक बहुमत के दावे से संबंधित था। इस पर श्री जिन्ना ने कहा–

"आपको याद होगा कि मूल रूप से मार्च 1927 में कुछ मुस्लिम नेताओं की ओर से प्रस्ताव आये थे जिन्हें दिल्ली प्रस्ताव के नाम से जाना जाता था। बम्बई में ए.आई.सी.सी. द्वारा उनसे निपटा गया और पिछले साल कलकत्ता में मद्रास कांग्रेस और मुस्लिम लीग ने प्रस्ताव के कम से कम इस हिस्से का पर्याप्त समर्थन किया। मैं विस्तृत तर्कों में नहीं जा रहा हूँ। यह वास्तव में खुद को एक प्रस्ताव में बदल देता है, कि पंजाब और बंगाल में मुसलमानों की मतदान शक्ति, हालांकि वे बहुमत में हैं, उनकी आबादी के अनुपात में नहीं है। यही एक कारण था। नेहरू रिपोर्ट ने अब एक विकल्प ढूँढ लिया है और उनका कहना है कि यदि वयस्क मताधिकार स्थापित हो जाता है तो आरक्षण की कोई आवश्यकता नहीं है, लेकिन इसके स्थापित नहीं होने की स्थिति में हम इसमें कोई संदेह नहीं रखना चाहते हैं कि उस स्थिति में मुसलमानों के लिए आरक्षण होना चाहिए पंजाब और बंगाल में, उनकी आबादी के लिए, लेकिन वे अतिरिक्त के हकदार नहीं होंगे।"

उनका तीसरा संशोधन अवशिष्ट शक्तियों के संबंध में था जो नेहरू समिति ने केंद्र सरकार में निहित कर दी थी। अपना संशोधन पेश करते हुए कि उन्हें प्रांतीय सरकारों में रखा जाना चाहिए, श्री जिन्ना ने निवेदन किया–

"सज्जनो, यह पूरी तरह से एक संवैधानिक प्रश्न है और इसका

सांप्रदायिक पहलू से कोई लेना–देना नहीं है। हम दृढ़ता से मानते हैं। मुझे पता है कि हिंदू कहेंगे कि मुसलमान सांप्रदायिक विचार से बहक जाते हैं। हमारा दृढ़ता से मानना है कि, यदि आप इस प्रश्न की सावधानीपूर्वक जांच करते हैं, हमारा निवेदन है कि अवशिष्ट शक्तियां प्रांतों के पास रहनी चाहिए।"

उनका चौथा संशोधन सिंध को अलग करने से संबंधित था। नेहरू समिति सिंध को अलग करने पर सहमत हो गई थी, लेकिन उसने इसे एक प्रावधान के अधीन कर दिया था, अर्थात्, अलगाव "केवल प्रतिवेदन में उल्लिखित सरकार की प्रणाली की स्थापना पर" होना चाहिए। श्री जिन्ना ने परंतु को हटाने की माँग करते हुए कहा–

"हम इस कठिनाई को महसूस करते हैं.... मान लीजिए कि सरकार इस संविधान के तहत सरकार की स्थापना से पहले अगले छह महीने, या एक साल या दो साल के भीतर सिंध को अलग करने का विकल्प चुनती है, तो क्या मुसलमान कहेंगे, हम यह नहीं चाहते हैं'....... जब तक यह धारा कायम है, इसका अर्थ यह है कि मुसलमानों को इसके अलग होने का विरोध करना चाहिए, जब तक कि इस संविधान के तहत एक सरकार स्थापित नहीं हो जाती। हम कहते हैं कि इन शब्दों को हटा दें और मैं इस तथ्य से अपने तर्क का समर्थन कर रहा हूँ कि आप ऐसा नहीं करते हैं एन.डब्ल्यू.एफ. प्रांत के बारे में ऐसी टिप्पणी करें। समिति का कहना है कि वह इसे स्वीकार नहीं कर सकती क्योंकि प्रस्ताव में उन पक्षों द्वारा किए गए समझौते को दर्ज किया गया है जिन्होंने लखनऊ में हस्ताक्षर किए थे। समिति के सदस्यों के प्रति अत्यंत सम्मान के साथ मैं साहस करता हूँ यह कहना कि यह वैध आधार नहीं है, क्या हम इस सम्मेलन में बाध्य हैं, क्योंकि एक विशेष प्रस्ताव कुछ व्यक्तियों के बीच एक समझौते द्वारा पारित किया गया था?"

ये संशोधन दर्शाते हैं कि हिंदुओं और मुसलमानों के बीच की खाई किसी भी तरह से अधिक चौड़ी नहीं थी। फिर भी, वैसा बनाने की कोई इच्छा नहीं थी। यह ब्रिटिश सरकार पर छोड़ दिया गया था कि वह वो

करे जो हिंदू और मुसलमान करने में विफल रहे और उसने सांप्रदायिक पुरस्कार द्वारा यह किया।

हिंदुओं और दलित वर्गों के बीच पूना समझौते ने एकता लाने के प्रयासों को एक और गति दी।[1]

नवंबर और दिसंबर 1932 के महीनों के दौरान मुसलमानों और हिंदुओं ने किसी समझौते पर पहुँचने की पूरी कोशिश की। मुसलमान अपने सर्वदलीय सम्मेलनों में मिले, हिंदू, मुस्लिम और सिख एकता सम्मेलनों में मिले। प्रस्ताव और प्रति–प्रस्ताव किए गए लेकिन समझौते द्वारा पुरस्कार को प्रतिस्थापित करने के लिए इन वार्ताओं से कुछ भी नहीं निकला और समिति की 23 बैठकें आयोजित होने के बाद अंततः उन्हें छोड़ दिया गया।

जिस प्रकार राजनीतिक प्रश्नों पर एकता लाने का प्रयास किया गया, उसी प्रकार सामाजिक और धार्मिक प्रश्नों पर भी एकता लाने का प्रयास किया गया जैसे–

(1) गौहत्या, (2) मस्जिदों के सामने संगीत और (3) रूपांतरण जिन पर मतभेद थे। इस दिशा में पहला प्रयास 1923 में किया गया जब भारतीय राष्ट्रीय संधि का प्रस्ताव रखा गया। यह असफल हो गया। श्री गांधी उस समय जेल में थे। श्री गांधी को 5 फरवरी 1924 को जेल से रिहा कर दिया गया। हिंदू–मुस्लिम एकता के लिए अपने काम के नष्ट होने से स्तब्ध श्री गांधी ने उन हिंदू और मुसलमानों के बीच जानलेवा दंगों के लिए खुद को नैतिक रूप से जिम्मेदार मानते हुए इक्कीस दिनों के उपवास पर जाने का फैसला किया। एकता सम्मेलन में सभी समुदायों के प्रमुख भारतीयों को इकट्ठा करने के लिए उपवास का लाभ उठाया गया, जिसमें कलकत्ता महानगर[2] ने भी भाग लिया। सम्मेलन में 26 सितंबर से 2 अक्टूबर, 1924 तक लंबी बैठकें हुईं। सम्मेलन के

---

1. इन प्रयासों के विवरण के लिए, भारतीय त्रैमासिक रजिस्टर 1932 देखें। खंड–द्वितीय, पृ. 296 देखें।
2. पट्टाभि सीतारमैया–कांग्रेस का इतिहास, पृ. 532.

सदस्यों ने अंतरात्मा और धर्म की स्वतंत्रता के सिद्धांतों को लागू करने के लिए अपने अधिकतम प्रयासों का उपयोग करने और उकसावे के तहत भी उनसे किसी भी विचलन की निंदा करने की प्रतिज्ञा की। श्री गांधी की अध्यक्षता में एक केंद्रीय राष्ट्रीय पंचायत की नियुक्ति की गई। सम्मेलन ने धार्मिक विश्वासों को रखने और व्यक्त करने और धार्मिक प्रथाओं का पालन करने, पूजा स्थलों की पवित्रता, गौहत्या और मस्जिदों के सामने संगीत की स्वतंत्रता से संबंधित कुछ मौलिक अधिकारों को उन सीमाओं के एक बयान के साथ निर्धारित किया, जिनके अधीन उन्हें होना चाहिए। इस एकता सम्मेलन से दोनों समुदायों के बीच शांति नहीं बनी। इसने केवल दंगों में शांति पैदा की जो कि दिन का क्रम बन गया था। 1925 और 1926 के बीच, दंगे इतनी तीव्रता और दुर्भावना के साथ फिर से शुरू हो गए जो पहले अज्ञात थे। इस दंगों से आहत होकर भारत के तत्कालीन वायसराय लॉर्ड इरविन ने केंद्रीय विधानमंडल को अपने संबोधन में 29 अगस्त 1927 को दोनों समुदायों से दंगे रोकने और मेल–जोल स्थापित करने की अपील की। मैत्री स्थापित करने के लिए लॉर्ड इरविन के उपदेश के बाद एक और एकता सम्मेलन हुआ जिसे शिमला एकता[1] सम्मेलन के नाम से जाना गया। इस एकता सम्मेलन की बैठक 30 अगस्त 1927 को हुई और एक मुनादी जारी कर दोनों समुदायों से संतोषजनक समाधान पर पहुँचने के प्रयासों में नेताओं का समर्थन करने का अनुरोध किया गया। सम्मेलन ने एक एकता समिति नियुक्त की जो श्री जिन्ना की अध्यक्षता में 16 से 22 सितंबर तक शिमला में बैठी। गाय और संगीत के प्रश्नों में शामिल किसी भी प्रमुख बिंदु पर कोई निष्कर्ष नहीं निकाला गया और समिति के समक्ष लंबित अन्य मुद्दों को छुआ तक नहीं गया। कुछ सदस्यों को लगा कि समिति टूट सकती है। हिंदू सदस्यों ने दबाव डाला कि समिति को भविष्य में किसी सुविधाजनक तारीख पर फिर से बैठक करनी चाहिए। समिति के मुस्लिम सदस्य पहले अपनी राय में विभाजित

1. इस सम्मेलन की कार्यवाही के लिए, भारतीय त्रैमासिक रजिस्टर, खंड–द्वितीय, पृ. 39–50 देखें।

थे, लेकिन अंत में समिति को तोड़ने पर सहमत हुए और राष्ट्रपति से अनुरोध किया गया कि यदि उन्हें ग्यारह निर्दिष्ट सदस्यों से छह सप्ताह के भीतर एक माँग प्राप्त हो तो एक बैठक बुलाएँ। ऐसी माँग कभी नहीं आई और समिति की दोबारा कभी बैठक नहीं हुई।

शिमला सम्मेलन विफल होने पर, कांग्रेस के तत्कालीन अध्यक्ष श्री श्रीनिवास अयंगर ने हिंदुओं और मुसलमानों का एक विशेष सम्मेलन बुलाया, जो 27 और 28 अक्टूबर 1927 को कलकत्ता में हुआ। इसे कलकत्ता एकता सम्मेलन के रूप में जाना गया।[1] सम्मेलन ने तीन ज्वलंत प्रश्नों पर कुछ प्रस्ताव पारित किये। लेकिन प्रस्ताव के पीछे कोई समर्थन नहीं था क्योंकि सम्मेलन में न तो हिंदू महासभा और न ही मुस्लिम लीग का कोई प्रतिनिधित्व था।

एक समय यह कहना संभव था कि हिंदू–मुस्लिम एकता एक आदर्श था जिसे न केवल साकार किया जाना चाहिए बल्कि साकार भी किया जा सकता था और इसे साकार करने के लिए पर्याप्त प्रयास न करने के लिए नेताओं को दोषी ठहराया जाता था। ऐसा ही विचार 1911 में मौलाना मोहम्मद अली ने भी व्यक्त किया था, जिन्होंने तब हिंदू–मुस्लिम एकता हासिल करने के लिए कोई विशेष प्रयास नहीं किया था। 14 जनवरी 1911 के कॉमरेड में लिखते हुए श्री मोहम्मद अली ने कहा–[2]

> "हमें इस नारे पर कोई भरोसा नहीं है कि भारत एकजुट हैं। अगर भारत एकजुट होता तो इस साल के आदरणीय अध्यक्ष को दूर के घर से घसीटने की जरूरत कहाँ थी? एक दावत की कोरी कल्पना भूख की धार को कम नहीं कर देगी। हमें अभी भी उस पवित्रता पर कम विश्वास है जो अपनी सूक्ष्म कीमिया में लोलुप एकाधिकार को उत्कृट देशभक्ति में बदल देती है, जिस व्यक्ति को हम सबसे अधिक प्यार करते हैं, सबसे अधिक डरते हैं और जिस पर सबसे कम भरोसा करते हैं वह अधीर आदर्शवादी है। गोएथे ने बायरन के बारे में कहा कि वह एक विलक्षण कवि थे, लेकिन जब

1. सम्मेलन की कार्यवाही के लिए, उपर्युक्त, पृ. 50–58 देखें।
2. कांग्रेस के कोकोनाडा सत्र, 1923 में उनके अध्यक्षीय भाषण में उद्धृत।

उसने प्रतिबिंबित किया कि वह एक बच्चा था। ठीक है, हम उस व्यक्ति के बारे में बेहतर और बुरा नहीं सोचते हैं जो महान आदर्शों और अधिक अधीरता को जोड़ता है। इतने सारे प्रयास, अच्छे अर्थ के साथ–साथ बुरे अर्थ वाले, एकता लाने में विफल रहे हैं इस विचलित भूमि को, जिसे हम सस्ते और गंधहीन भी नहीं छोड़ सकते। एक और गलत निर्णय वाले प्रयास की कब्र के लिए भावनाओं के फूल। हम टूटे हुए काँच के टुकड़ों को एक साथ जोड़ने और फिर असफल परिणाम पर रोने की गलती नहीं करेंगे। या दुर्दम्य सामग्री को दोष दें। दूसरे शब्दों में, हम स्थिति का साहसपूर्वक सामना करने का प्रयास करेंगे, और तथ्यों का सम्मान करेंगे, चाहे वे कितने भी बदसूरत और प्रतिकूल क्यों न हों। असुविधाजनक वास्तविकताओं को नजरअंदाज करना खराब राजनीतिक कौशल है, और एकता हासिल करने में सबसे महत्त्वपूर्ण सफलता उन गहरे पूर्वाग्रहों की ईमानदार और स्पष्ट पहचान है जो इसमें बाधा डालते हैं और विभाजनकारी मतभेद हैं।

इन 30 वर्षों के इतिहास पर नजर डालें तो कोई भी पूछ सकता है कि क्या हिंदू–मुस्लिम एकता साकार हो पाई है? क्या इसे साकार करने के प्रयास नहीं किये गये? और क्या कोई प्रयास किया जाना बाकी है? पिछले 30 वर्षों का इतिहास बताता है कि हिंदू–मुस्लिम एकता साकार नहीं हो पाई है। इसके विपरीत, अब उनके बीच सबसे बड़ी असमानता मौजूद है, इसे प्राप्त करने के लिए प्रयास ईमानदार और निरंतर किए गए हैं और अब इसे प्राप्त करने के लिए एक पक्ष द्वारा दूसरे पक्ष के सामने आत्मसमर्पण करने के अलावा कुछ भी नहीं किया जाना बाकी है। यदि कोई व्यक्ति, जिसे ऐसे आशावाद को विकसित करने की आदत नहीं है, जहाँ इसके लिए कोई औचित्य नहीं है, कहता है कि हिंदू–मुस्लिम एकता की खोज एक मृगतृष्णा की तरह है और अब इस विचार को छोड़ देना चाहिए, तो कोई भी ऐसा करने का साहस नहीं कर सकता है। उसे निराशावादी कहें या अधीर आदर्शवादी। यह तो हिंदुओं को ही कहना है कि सभी के दुःखद अंत

के बावजूद वे इस व्यर्थ कार्य में लगे रहेंगे या नहीं। अपने पिछले प्रयासों को छोड़ दें या एकता की खोज करें और इसके किसी अन्य आधार पर समझौता के लिए प्रयास करें।

दूसरे स्थान पर, यह स्वीकार करना होगा कि मुसलमान दृष्टिकोण में संपूर्ण क्रांति आ गई है। क्रांति कितनी संपूर्ण है, इसे उन कुछ लोगों की पिछली घोषणाओं के संदर्भ में देखा जा सकता है जो द्वि–राष्ट्र सिद्धांत पर जोर देते हैं और मानते हैं कि पाकिस्तान ही हिंदू–मुस्लिम समस्या का एकमात्र समाधान है। इनमें निःसंदेह श्री जिन्ना को सर्वप्रमुख स्वीकार किया जाना चाहिए। हिंदू–मुस्लिम प्रश्न पर उनके विचारों में क्रांति चौंका देने वाली नहीं तो चौंकने वाली जरूर है। इस क्रांति की प्रकृति, चरित्र और विशालता को समझने के लिए इस विषय से संबंधित अतीत में उनकी घोषणाओं को जानना आवश्यक है ताकि उनकी तुलना उन घोषणाओं से की जा सके जो वह अब कर रहे हैं।

उनकी पिछली घोषणाओं का अध्ययन वर्ष 1906 से शुरू हो सकता है जब मुस्लिम समुदाय के नेताओं ने लॉर्ड मिंटो की प्रतीक्षा की और मुसली मुसलमान समुदाय के लिए अलग निर्वाचन क्षेत्रों की माँग की। यह ध्यान दिया जाना चाहिए कि श्री जिन्ना प्रतिनियुक्ति के सदस्य नहीं थे। क्या उन्हें प्रति नियुक्ति में शामिल होने के लिए आमंत्रित नहीं किया गया था या क्या उन्हें शामिल होने के लिए आमंत्रित किया गया था और उन्होंने अस्वीकार कर दिया था, यह ज्ञात नहीं है। लेकिन तथ्य यह है कि उन्होंने 1906 में मुसलमानों के पृथक् प्रतिनिधित्व के दावे को अपना समर्थन नहीं दिया था।

1918 में श्री जिन्ना ने रोलेट बिल के विरोध में शाही विधान परिषद् की सदस्यता से इस्तीफा दे दिया। अपना इस्तीफा देते हुए श्री जिन्ना ने कहा–

> "मुझे लगता है कि मौजूदा परिस्थितियों में, मैं परिषद् में अपने लोगों के लिए किसी काम का नहीं रह सकता और न ही किसी के स्वाभिमान के साथ लगातार ऐसी सरकार के साथ सहयोग करना संभव है जो लोगों के प्रतिनिधियों की राय के प्रति इतनी घोर

उपेक्षा परिषद्–सदन में और बाहर के लोगों की भावनाएँ और विचार करती है।"

1919 में श्री जिन्ना ने भारत सरकार सुधार विधेयक पर संसद द्वारा नियुक्त संयुक्त चयन समिति के समक्ष साक्ष्य दिया। सदस्यों द्वारा पूछे गए हिंदू–मुस्लिम प्रश्न पर समिति प्रश्नों के उत्तर में उन्होंने निम्नलिखित विचार व्यक्त किये –

मेजर ऑर्म्सबे गोरे द्वारा जांच की गई।

प्रश्न– 3806 आप मुस्लिम लीग की ओर से यानी भारत में एकमात्र व्यापक रूप से विस्तारित मुस्लिम संगठन की ओर से उपस्थित होते हैं? – हाँ।

परिषद् के भारतीय सदस्यों के विरोध के बावजूद विधेयक कानून में पारित हो गया और 1919 का अधिनियम अराजक और क्रांतिकारी अपराध अधिनियम बन गया।

प्रश्न– 3807 मैं इस तथ्य से बहुत प्रभावित हुआ कि न तो प्रश्नों के उत्तर में और न ही आज सुबह अपने प्रारंभिक भाषण में आपने भारत में मुसलमानों के विशेष हित का कोई उल्लेख किया। क्या ऐसा इसलिए है क्योंकि आप ऐसा नहीं चाहते थे कुछ भी कहें? –नहीं, लेकिन क्योंकि मैं इसे मानता हूँ तो साउथबरो समिति ने इसे स्वीकार कर लिया है, और मैंने इसे समिति के सदस्यों पर छोड़ दिया है कि वे जो भी प्रश्न पूछना चाहते हैं वे पूछ सकते हैं। लखनऊ को बसाने में मैंने बहुत प्रमुख भूमिका निभाई। मैं उस अवसर पर मुसलमानों का प्रतिनिधित्व कर रहा था।

प्रश्न– 3809 अखिल भारतीय मुस्लिम लीग की ओर से, आप इस समिति से भारत सरकार के प्रस्ताव को अस्वीकार करने के लिए कहते हैं? मैं यह कहने के लिए अधिकृत हूँ–मैं आपसे भारत सरकार के प्रस्ताव को अस्वीकार करने के लिए कहता हूँ बंगाल के संबंध में अर्थात बंगाल के मुसलमानों को लखनऊ संधि द्वारा दिए गए प्रतिनिधित्व से अधिक प्रतिनिधित्व देना।

प्रश्न– 3810–आपने कहा कि आपने भारत के दृष्टिकोण से बात की। आप वास्तव में एक भारतीय राष्ट्रवादी के रूप में बोलते हैं? –मैं बोलता हूँ।

प्रश्न– 3811–उस दृष्टिकोण को ध्यान में रखते हुए, क्या आप मुस्लिम समुदाय के अलग सांप्रदायिक प्रतिनिधित्व के शीघ्र लुप्त होने पर विचार करते हैं?–मुझे ऐसा लगता है।

प्रश्न– 3812–कहने का तात्पर्य यह है कि आप यथाशीघ्र राजनीतिक जीवन में मुसलमानों और हिंदुओं के बीच किसी भी प्रकार के भेदभाव को दूर करना चाहते हैं? – हाँ। जब वह दिन आयेगा तो इससे अधिक प्रसन्नता कुछ भी नहीं होगी मुझे।

प्रश्न– 3813–आपको नहीं लगता कि यह कहना सही है कि भारत के मुसलमानों के न केवल भारत में बल्कि भारत के बाहर भी कई विशेष राजनीतिक हित हैं, जिन्हें वे एक विशिष्ट मुसलमान समुदाय के रूप में दबाने के लिए हमेशा विशेष रूप से उत्सुक रहते हैं? दो चीजें हैं –भारत में मुसलमानों के पास वास्तव में बहुत कम चीजें हैं जिन्हें आप उनके लिए विशेष रुचि का मामला कह सकते हैं – मेरा मतलब धर्मनिरपेक्ष चीजों से है।

प्रश्न– 3814–निःसंदेह, मैं केवल उनका ही उल्लेख कर रहा हूँ? और इसीलिए मैं वास्तव में आशा करता हूँ और उम्मीद करता हूँ कि वह दिन बहुत दूर नहीं है जब ये पृथक् निर्वाचिकाएँ लुप्त हो जाएँगी।

प्रश्न– 3815–साथ ही यह भी सत्य है कि मुस्लिम लोग भारत की विदेश नीति में विशेष रुचि लेते हैं ? जी हाँ, लेते है पर बहुत ज्यादा नहीं, क्योंकि आप जो करने का प्रस्ताव करते हैं वह बहुत गहरी रुचि और बड़े पैमाने पर उनमें से अधिकांश बहुत मजबूत भावनाएँ रखते हैं और बहुत मजबूत हैं।

प्रश्न 3816–क्या यही एक कारण है कि आप, मुस्लिम समुदाय की ओर से बोलते हुए, भारत सरकार को मतदाताओं के प्रति अधिक जिम्मेदार बनाने के लिए इतने उत्सुक हैं?–नहीं।

प्रश्न 3817—क्या आपको लगता है कि ब्रिटिश साम्राज्य में बने रहने के साथ, नीति और महामहिम के लिए, जैसा कि लंदन में उनके मंत्रियों ने सलाह दी थी, एक और? —मैं इसे स्पष्ट कर दूँ। यह विदेश नीति का सवाल ही नहीं है। भारत के मुसलमानों को लगता है कि यह उनके लिए बहुत कठिन स्थिति है। आध्यात्मिक दृष्टि से सुल्तान या खलीफा उनका मुखिया होता है।

प्रश्न 3818—एक समुदाय का? सुन्नी संप्रदाय का, लेकिन वह सबसे बड़ा है; यह पूरे भारत में भारी बहुमत में है। हमारे विचार के अनुसार खलीफा ही पवित्र स्थानों का एकमात्र वास्तविक संरक्षक है, और किसी अन्य को इसका अधिकार नहीं है। मुसलमान बहुत उत्सुकता से यह महसूस करते हैं कि पवित्र स्थानों को ओटोमन साम्राज्य से अलग नहीं किया जाना चाहिए – कि उन्हें सुल्तान के अधीन ओटोमन साम्राज्य के साथ रहना चाहिए।

प्रश्न 3819—मैं सुधार विधेयक से दूर विदेश नीति पर नहीं जाना चाहता। मैं कहता हूँ कि इसका विदेश नीति से कोई लेना—देना नहीं है। आपका कहना यह है कि क्या भारत में मुसलमान दुनिया भर के मुसलमानों से संबंधित मामलों में विदेश नीति के संबंध में एक निश्चित रवैया अपनाएँगे।

प्रश्न 3820—मेरा कहना यह है कि क्या वे भारत सरकार पर विदेश नीति पर अपने विचारों को प्रभावित करने के लिए केंद्र सरकार पर कुछ नियंत्रण की माँग कर रहे हैं? – नहीं।

श्री बेनेट द्वारा जाँच की गई।

प्रश्न 3853—क्या उस प्रकार की घटना के मामले में यह एक फायदा नहीं होगा अर्थात्? एक सांप्रदायिक दंगा, यदि कानून और व्यवस्था बनाए रखना सरकार के कार्यकारी पक्ष पर छोड़ दिया गया था? – अगर आप मुझसे पूछें तो मुझे ऐसा नहीं लगता, लेकिन मैं अप्रिय मामलों में नहीं जाना चाहता, जैसा कि आप कहते हैं।

प्रश्न 3854—पुरानी परेशानियों को सामने लाने की कोई इच्छा नहीं होने के कारण मैं यह प्रश्न पूछता हूँ मैं उन्हें भूलना चाहूँगा? यदि आप

मुझसे पूछें, तो अक्सर ये दंगे किसी गलतफहमी पर आधारित होते हैं, और ऐसा इसलिए होता है क्योंकि पुलिस ने किसी न किसी पक्ष को पकड़ लिया होता है, और इससे एक पक्ष या दूसरे पक्ष को गुस्सा आ जाता है। मैं अच्छी तरह से जानता हूँ कि भारतीय राज्यों में आपने शायद ही कभी किसी हिंदू–मुसलमान दंगे के बारे में सुना होगा, और मुझे नाम का उल्लेख किए बिना समिति को यह बताने में कोई आपत्ति नहीं है कि मैंने एक शासक राजकुमार से पूछा, आप इसका हिसाब कैसे लगाते हैं?" और उन्होंने मुझसे कहा, "जैसे ही कोई परेशानी होती है हम हमेशा पुलिस के पास उसका पता लगाते हैं, पुलिस एक पक्ष या दूसरा पक्ष लेती है, और हमने जो एकमात्र उपाय खोजा है वह यह है कि जैसे ही हमें पता चलता है हम चले जाते हैं वह पुलिस अधिकारी उस जगह से, और वहां से इसका अंत है।"

प्रश्न 3855–यह एक उपयोगी जानकारी है, लेकिन तथ्य यह है कि ये दंगे अंतरजातीय, हिंदू मूल के एक तरफ रहे हैं और मुस्लिम दूसरी तरफ। क्या यह एक ऐसे समय में फायदा होगा जैसे यह है कि मंत्री, एक समुदाय या दूसरे समुदाय को कानून और व्यवस्था बनाए रखने का प्रभारी होना चाहिए? – निश्चित रूप से।

प्रश्न 3856–यह होगा? यदि मैंने अन्यथा सोचा है तो मुझे स्वयं पर विचार करना चाहिए। यदि मैं मंत्री होता, तो यह कहने का साहस करता कि न्याय और जो सही है, उसके अलावा मेरे लिए कोई मायने नहीं रखता।

प्रश्न 3857–मैं समझ सकता हूँ कि आप दूसरे पक्ष के साथ न्याय करने के अलावा और भी बहुत कुछ करेंगे लेकिन फिर भी, ऐसा कुछ है जिसे व्यक्तिपरक पक्ष कहा जा सकता है। बात केवल यह नहीं है कि वहाँ निष्पक्षता है, बल्कि वह दृष्टिकोण भी है जिसका जनता मनोरंजन कर सकती है, जिसके मन में कुछ संदेह की भावना हो सकती है? एक वर्ग या दूसरे वर्ग के संबंध में, आपका मतलब है कि उन्हें लगेगा कि उनके साथ अन्याय हुआ है, या न्याय नहीं मिलेगा।

प्रश्न 3858–हाँ यह इसके वस्तुनिष्ठ भाग से बिल्कुल अलग है? मेरा उत्तर यह है कि ये कठिनाइयां तेजी से दूर हो रही हैं। हाल ही में, बम्बई के पूरे थाना जिले में, हर अधिकारी ऊपर से नीचे तक एक भारतीय अधिकारी था, और मुझे नहीं लगता कि वहां एक भी मुसलमान था – वे सभी हिंदू थे – और मैंने कभी कोई शिकायत नहीं सुनी। हाल ही में ऐसा ही हुआ है। मैं आपसे पूरी तरह सहमत हूँ कि दस साल पहले भी यही भावना थी जो अब आप मुझे सुझा रहे हैं, लेकिन यह तेजी से गायब हो रही है।

लॉर्ड इस्लिंगटन द्वारा जांच की गई।

प्रश्न 3892–.................... आपने अभी सांप्रदायिक प्रतिनिधित्व के बारे में कहा, मुझे लगता है कि मेजर ऑर्म्सबे–गोरे के जवाब में, आपको उम्मीद है कि बहुत कम वर्षों में आप सांप्रदायिक प्रतिनिधित्व को खत्म करने में सक्षम होंगे, जो वर्तमान में स्थापित करने का प्रस्ताव था और इसलिए स्थापित किया गया है ताकि मुसलमान ऐसा कर सकें। उनका प्रतिनिधित्व हिंदुओं के साथ है। आपने कहा कि आप उसे देखना चाहते हैं। आपको क्या लगता है कि इस सुखद स्थिति कितनी जल्दी साकार होने की संभावना है? मैं आपको केवल कुछ तथ्य दे सकता हूँ मैं इससे अधिक कुछ नहीं कह सकता, मैं आपको यह दे सकता हूँ, जिससे आपको कुछ अंदाजा हो जाएगा कि 1913 में, आगरा में अखिल भारतीय मुस्लिम लीग सत्र में, हमने इस मामले का परीक्षण किया था मुसलमानों को पृथक् निर्वाचिका पर जोर देना चाहिए या नहीं, और हमें एक विभाजन मिला, और वह विभाजन प्रांतों पर आधारित है; केवल एक निश्चित संख्या में वोट ही प्रत्येक प्रांत का प्रतिनिधित्व करते हैं, और विभाजन अलग निर्वाचन क्षेत्र को खत्म करने के पक्ष में 40 पर आया, और मुझे याद नहीं है कि अलग निर्वाचन क्षेत्र को बनाए रखने के लिए सटीक संख्या 80 थी। वह 1913 की बात है। तब से मुझे विभिन्न मुसलमान नेताओं के साथ इस विषय पर चर्चा करने के कई अवसर मिले हैं और वे इस संबंध में अपना दृष्टिकोण बदल रहे हैं। मैं आपको अवधि नहीं बता सकता, लेकिन मुझे लगता है कि यह लंबे समय तक

नहीं चल सकती। शायद अगली पूछताछ में इस बारे में कुछ सुनने को मिले।

प्रश्न 3893--आपको लगता है कि अगली पूछताछ में मुसलमान समग्रता में समाहित होने के लिए कहेंगे?--हाँ। मुझे लगता है कि अगली पूछताछ में शायद इसके बारे में कुछ सुनने को मिलेगा।

हालाँकि श्री जिन्ना मुस्लिम लीग की ओर से एक गवाह के रूप में पेश हुए, लेकिन उन्होंने लीग की अपनी सदस्यता को देश के अन्य राजनीतिक संगठनों के प्रति अपनी वफादारी के रास्ते में नहीं आने दिया। मुस्लिम लीग के सदस्य होने के अलावा, श्री जिन्ना होम रूल लीग और कांग्रेस के भी सदस्य थे। जैसा कि उन्होंने संयुक्त संसदीय समिति के समक्ष अपने साक्ष्य में कहा था, वह तीनों निकायों के सदस्य थे, हालाँकि वह खुले तौर पर कांग्रेस, मुस्लिम लीग से असहमत थे और होम रूल लीग के कुछ विचार थे जो वह नहीं रखते थे। शेयर करना। वह एक स्वतंत्र लेकिन राष्ट्रवादी थे, यह खिलाफतवादी मुसलमानों के साथ उनके संबंधों से पता चलता है। 1920 में मुसलमानों ने खिलाफत सम्मेलन का आयोजन किया। यह इतना शक्तिशाली संगठन बन गया कि मुस्लिम लीग इसके अधीन हो गई और 1924 तक निलंबित अवस्था में रही। इन वर्षों के दौरान कोई भी मुस्लिम नेता मुस्लिम मंच से मुस्लिम जनता से बात नहीं कर सकता था जब तक कि वह खिलाफत सम्मेलन का सदस्य न हो। मुसलमानों के लिए मुसलमानों से मिलने का वह एकमात्र मंच था। फिर भी श्री जिन्ना ने खिलाफत सम्मेलन में शामिल होने से इनकार कर दिया। इस बात में कोई संदेह नहीं था क्योंकि तब वह केवल एक वैधानिक मुसलमान थे, उनमें रूढ़िवादी धार्मिक आग नहीं थी, जिसके बारे में वे अब कहते हैं कि वह उनके भीतर जल रही थी। लेकिन उनके खिलाफत में शामिल न होने का असली कारण यह था कि वह भारतीय मुसलमानों के भारत के बाहर मुसलमानों से संबंधित अतिरिक्त--क्षेत्रीय मामलों में शामिल होने के विरोध में थे।

कांग्रेस द्वारा असहयोग, सविनय अवज्ञा और परिषदों के बहिष्कार को स्वीकार करने के बाद, श्री जिन्ना ने कांग्रेस छोड़ दी। वह इसके

आलोचक बने लेकिन उन्होंने कभी भी इस पर हिंदू संस्था होने का आरोप नहीं लगाया। जब उनके विरोधियों ने इस तरह के बयान का श्रेय उन्हें दिया तो उन्होंने इसका विरोध किया। टाइम्स ऑफ इण्डिया के संपादक को श्री जिन्ना का एक पत्र है।

टाइम्स ऑफ इंडिया ने उस समय के बारे में लिखा जो अजीब स्थिति पैदा करता है। कांग्रेस के बारे में श्री जिन्ना की वर्तमान राय की तुलना करें और अतीत में उनकी राय से पत्र[1] इस प्रकार है–

"द टाइम्स ऑफ इंडिया के संपादक को"

> महोदय, मैं एक बार फिर उस बयान को सही करना चाहता हूँ जो मेरे हवाले से दिया गया है और जिसे आपने एक से अधिक बार दोहराया है और अब आपके संवाददाता बैंकर ने 1 अक्टूबर के आपके अंक के दूसरे कॉलम में दोहराया है कि मैंने कांग्रेस की निंदा की थी एक हिंदू संस्था मैंने अपने भाषण की इस भ्रामक रिपोर्ट को आपके कॉलम में प्रकाशित होने के तुरंत बाद सार्वजनिक रूप से सही किया लेकिन इसे आपके अखबार के कॉलम में जगह नहीं मिली और इसलिए अब मैं आपसे इसे प्रकाशित करने और उपकृत करने का अनुरोध करता हूँ।"

खिलाफत तूफान थमने के बाद और मुसलमानों ने भारत की आंतरिक राजनीति में लौटने की इच्छा दिखाई, मुस्लिम लीग को पुनर्जीवित किया गया। 30 दिसम्बर 1924 को श्री रजा अली की अध्यक्षता में बम्बई में आयोजित लीग का अधिवेशन जीवंत था। श्री जिन्ना और श्री मोहम्मद अली दोनों ने इसमें भाग लिया।[2]

---

1. 3–10–25 के टाइम्स ऑफ इंडिया में प्रकाशित।
2. ''श्री मोहम्मद अली ने कोकोनाडा में कांग्रेस के अपने अध्यक्षीय भाषण में विनोदपूर्वक कहा श्रीमान जिन्ना जल्द ही हमारे पास वापस आएँगे (जयकार)। मैं उल्लेख कर सकता हूँ कि एक नास्तिक काफिर बन जाता है और एक काफिर नास्तिक इसी तरह, जब श्री जिन्ना कांग्रेस में थे, मैं उन दिनों उनके साथ नहीं था, और जब मैं कांग्रेस में था और मुस्लिम लीग में था तो वह मुझसे दूर थे। मुझे उम्मीद है कि किसी दिन हम सुलह कर लेंगे (हँसी)।"

"लीग के इस सत्र में, एक प्रस्ताव पेश किया गया था जिसमें भारत के विभिन्न मुस्लिम संघों के प्रतिनिधियों की राजनीतिक विचार के विभिन्न रंगों का प्रतिनिधित्व करने की वांछनीयता की पुष्टि की गई थी ताकि वे जल्द से जल्द दिल्ली या किसी अन्य केंद्रीय स्थान पर एक सम्मेलन में बैठक कर सकें। मुस्लिम समुदाय की जरूरतों को पूरा करने के लिए "एकजुट और ठोस व्यावहारिक गतिविधि विकसित करें।" श्री जिन्ना ने प्रस्ताव की व्याख्या करते हुए कहा–[1]

> "उद्देश्य मुस्लिम समुदाय को संगठित करना था, हिंदू समुदाय के साथ झगड़ा करने के उद्देश्य से नहीं, बल्कि अपनी मातृभूमि के लिए एकजुट होने और सहयोग करने के उद्देश्य से। उन्हें यकीन था कि एक बार जब वे खुद को संगठित कर लेंगे तो वे एकजुट हो जाएँगे। हिंदू महासभा और दुनिया के सामने घोषणा करें कि हिंदू और मुसलमान भाई–भाई हैं।"

लीग ने मुस्लिम समुदाय की राजनीतिक माँगों को तैयार करने के लिए 33 प्रमुख मुसलमानों की एक समिति नियुक्त करने के लिए उसी सत्र में एक और प्रस्ताव भी पारित किया। यह प्रस्ताव श्री जिन्ना द्वारा पेश किया गया था। प्रस्ताव को आगे बढ़ाते हुए श्री जिन्ना–[2]

"इस आरोप को खारिज कर दिया कि वह लीग के मंच पर एक सांप्रदायिक के रूप में खड़े थे। उन्होंने उन्हें आश्वासन किया कि वह हमेशा की तरह एक राष्ट्रवादी थे। व्यक्तिगत रूप से उन्हें कोई हिचकिचाहट नहीं थी। वह चाहते थे कि सबसे अच्छे और योग्य व्यक्ति उनका प्रतिनिधित्व करें (सुनो, सुनो और तालियाँ बजाओ)। लेकिन दुर्भाग्य से उनके मुसलमान हमवतन उनके पास तक जाने के लिए तैयार नहीं थे। वह स्थिति से अनभिज्ञ नहीं रह सकते थे। सच तो यह था कि वहां बड़ी संख्या में लोग मौजूद थे मुसलमान जो विधानमंडलों और देश की सेवाओं में अलग से प्रतिनिधित्व चाहते थे। वे सांप्रदायिक

---

1. टाइम्स ऑफ इंडिया की रिपोर्ट से, 1 जनवरी 1925.
2. भारतीय त्रैमासिक रजिस्टर 1924, खंड–द्वितीय, पृ. 481.

एकता की बात कर रहे थे, लेकिन एकता कहाँ थी? इसे किसी उपयुक्त समझौते पर पहुँचकर हासिल किया जाना था। उन्होंने गगनभेदी जयकारों के बीच कहा, वह जानते थे कि उनके साथी– धर्मवादी स्वराज के लिए लड़ने के लिए तैयार थे, लेकिन कुछ सुरक्षा उपाय चाहते थे। उनका विचार जो भी हो, और वे जानते थे कि एक व्यावहारिक राजनेता के रूप में उन्हें स्थिति का जायजा लेना होगा, एकता में वास्तविक बाधा स्वयं समुदाय नहीं था, बल्कि स्वयं कुछ शरारती लोग दोनों तरफ थे।"

और उन्होंने शरारती तत्त्वों को कड़ी से कड़ी भाषा में दोषी ठहराने में संकोच नहीं किया, जो केवल एक गंभीर राष्ट्रवादी से ही निकल सकती थी। 24 मई 1924 को लाहौर में आयोजित लीग के अधिवेशन के अध्यक्ष के रूप में उन्होंने कहा–[1]

"यदि हम स्वतंत्र व्यक्ति बने रहना चाहते हैं, तो आइए एकजुट हों, लेकिन यदि हम नौकरशाही के गुलाम बने रहना चाहते हैं, तो आइए हम आपस में लड़ें और छोटी–छोटी बातों पर क्षुद्र घमंड को संतुष्ट करें, अंग्रेज हमारे मध्यस्थ हों।"

दो सर्वदलीय सम्मेलनों में, एक 1925 में आयोजित किया गया और दूसरा 1928 में, श्री जिन्ना हिंदुओं को बसाने के लिए तैयार थे। संयुक्त निर्वाचन क्षेत्र के आधार पर मुस्लिम प्रश्न 1927 में उन्होंने लीग के मंच से खुले तौर[2] पर कहा गया–

> "मैं पृथक् निर्वाचिका के पक्ष में नहीं हूँ, हालाँकि मुझे कहना होगा कि मुसलमानों का भारी बहुमत दृढ़तापूर्वक और ईमानदारी से मानता है कि यह एकमात्र तरीका है जिसके द्वारा वे आश्वस्त हो सकते हैं।"

1928 में श्री जिन्ना कांग्रेस साइमन कमीशन के बहिष्कार में शामिल हो गये। उन्होंने ऐसा हिंदू और मुसलमान समझौता विफल होते हुए भी किया और उन्होंने ऐसा लीग को दो भागों में विभाजित करने की कीमत पर किया।

---

1. भारतीय त्रैमासिक समीक्षा, 1924, खंड–प्रथम, पृ. 658 देखें।
2. भारतीय त्रैमासिक रजिस्टर, 1927, खंड–प्रथम, पृ. 37 देखें।

तब भी जब गोलमेज सम्मेलन का जहाज साम्प्रदायिक चट्टान तोड़ने के करीब था, श्री जिन्ना ने परिणाम के लिए जिम्मेदार सांप्रदायिकतावादी के रूप में नामित होने पर नाराजगी व्यक्त की और कहा कि उन्होंने ब्रिटिश सरकार की मध्यस्थता के बजाय सांप्रदायिक समस्या के सर्वसम्मत समाधान को प्राथमिकता दी। 8 अगस्त 1931 को इलाहाबाद में आयोजित[1] उ० प्र० मुस्लिम सम्मेलन को संबोधित करते हुए श्री जिन्ना ने कहा–

"पहली बात जो मैं आपको बताना चाहता हूँ वह यह है कि यह अब बिल्कुल आवश्यक और महत्त्वपूर्ण है कि मुसलमानों को एकजुट होना चाहिए। भगवान के लिए अपने सभी रैंकों और फाइलों को बंद करें और इस आंतरिक युद्ध को रोकें। मैंने इस पर अत्यंत पुरजोर आग्रह किया और अपनी पूरी क्षमता से डॉ. अंसारी, श्री टी.ए.के. शेरवानी, मौलाना अबुल कलाम आजाद और डॉ. सैयद महमूद के समक्ष निवेदन किया। मुझे उम्मीद है कि भारत के तटों को छोड़ने से पहले मैं यह अच्छी खबर सुनूंगा कि हमारे बीच जो भी मतभेद हों, हमारे बीच जो भी धारणाएं हों, यह समय आपस में झगड़ने का नहीं है।"

"एक और बात जो मैं आपको बताना चाहता हूँ वह यह है। प्रेस का एक निश्चित वर्ग है, हिंदुओं का एक निश्चित वर्ग है, जो लगातार विभिन्न तरीकों से मुझे गलत तरीके से पेश करता है। मैं आज सुबह ही श्री गांधी का भाषण पढ़ रहा था और श्री गांधी ने कहा कि वह हिंदुओं और मुसलमानों को समान रूप से प्यार करते हैं। मैं यहाँ इस मंच पर खड़े होकर फिर से कहता हूँ कि हालांकि मैं यह दावा नहीं कर सकता लेकिन मैं निष्ठापूर्वक और ईमानदारी से यह बात सामने रखता हूँ कि मैं दोनों समुदायों के बीच निष्पक्ष व्यवहार चाहता हूँ।"

आगे जारी रखते हुए श्री जिन्ना ने कहा जहाँ तक सबसे महत्त्वपूर्ण सवाल है, जो मेरे विचार में हिंदू–मुस्लिम समझौते का

---

1. भारतीय वार्षिक लेखा, 1931, खंड–द्वितीय, पृ. 230–231.

सवाल है, मैं आपसे केवल इतना ही कह सकता हूँ कि मैं ईमानदारी से मानता हूँ कि हिंदुओं को मुसलमानों को बहुमत देना चाहिए। "पंजाब और बंगाल में और यदि इसे स्वीकार कर लिया जाता है, तो मुझे लगता है कि बहुत कम समय में एक समझौता हो सकता है।

"अगला प्रश्न जो उठता है वह अलग बनाम संयुक्त निर्वाचन क्षेत्र का है। जैसा कि आप में से अधिकांश जानते हैं, यदि पंजाब और बंगाल में बहुमत मिल जाता है, तो मैं व्यक्तिगत रूप से संयुक्त निर्वाचन क्षेत्र के आधार पर समाधान को प्राथमिकता दूँगा। (तालियाँ।) लेकिन मैं यह भी जानता हूँ कि मुसलमानों का एक बड़ा समूह है और मुझे विश्वास है कि बहुसंख्यक मुसलमान अलग निर्वाचन क्षेत्र पर कायम हैं। मेरी स्थिति यह है कि मैं अलग निर्वाचन क्षेत्र के स्तर पर भी समझौता करना चाहूंगा, आशा और विश्वास करते हुए कि जब हम अपना नया संविधान लागू करेंगे और जब हिंदू और मुस्लिम दोनों अविश्वास, संदेह और भय से छुटकारा पा लेंगे और जब उन्हें अपनी आजादी मिल जाएगी, तो हम इस अवसर पर आगे बढ़ेंगे और संभवतः अलग निर्वाचन क्षेत्र हममें से अधिकांश लोगों की सोच से भी जल्दी समाप्त हो जाएगा।

इसलिए मैं पहले मुसलमानों के बीच समझौते और शांति के पक्ष में हूँ। मैं हिंदुओं और मुसलमानों के बीच समझौते और शांति के पक्ष में हूँ।

यह बहस का समय नहीं है, यह प्रचार कार्य का समय नहीं है और न ही दोनों समुदायों के बीच कटु भावनाओं का समय है, क्योंकि दुश्मन हम दोनों के दरवाजे पर है और मैं बिना किसी हिचकिचाहट के कहता हूँ कि यदि हिंदू–मुस्लिम प्रश्न हल नहीं हुआ है, मुझे इसमें कोई संदेह नहीं है कि अंग्रेजों को मध्यस्थता करनी होगी और जो मध्यस्थता करेगा वह शक्ति और अधिकार का सार अपने पास रखेगा। इसलिए, मुझे आशा है कि वे मेरी निंदा नहीं करेंगे। आखिरकार, श्री गांधी स्वयं कहते हैं कि वह मुसलमानों

को वह सब कुछ देने को तैयार हैं जो वे चाहते हैं, और मेरा एकमात्र पाप यह है कि मैं हिंदुओं से कहता हूँ कि मुसलमानों को केवल 14 अंक दो, जो श्रीमान के खाली चेक से बहुत कम है। गांधी देने को तैयार हैं मुझे खाली चेक नहीं चाहिए, 14 बिंदु क्यों नहीं स्वीकार कर लेते? जब पंडित जवाहरलाल नेहरू कहते हैं: 'हमें एक खाली चेक दो' जब श्री पटेल कहते हैं 'हमें एक खाली चेक दो और हम उस पर स्वदेशी कागज पर स्वदेशी पेन से हस्ताक्षर करेंगे वे सांप्रदायिक नहीं हैं और मैं सांप्रदायिक हूँ! मैं हिंदुओं से कहता हूँ कि हर किसी को गलत तरीके से पेश न करें।' मुझे आशा और विश्वास है कि हम अभी भी उस प्रश्न का समाधान करने की स्थिति में होंगे जिससे हमारे देश के लाखों लोगों को शांति और खुशी मिलेगी।

"एक और बात जो मैं आपको बताना चाहता हूँ और मैंने कर दी है, गोलमेज सम्मेलन के दौरान – यह अब एक खुली किताब है और जो कोई भी इसे पढ़ना चाहता है वह अपने लिए सीख सकता है– मैंने स्वयं केवल एक का अवलोकन किया और एकमात्र सिद्धांत यह था कि जब मैंने बम्बई के तटों को छोड़ा तो मैंने लोगों से कहा कि मैं भारत के हितों को पवित्र रखूँगा, और मेरा विश्वास करो यदि आप सम्मेलन की कार्यवाही पढ़ना चाहते हैं, तो मैं डींगें नहीं हाँक रहा हूँ क्योंकि मैंने अपना काम कर दिया है यह कर्तव्य है कि मैंने अपना वादा पूरी निष्ठा और ईमानदारी से पूरा किया है और मैं यह कहने का साहस करता हूँ कि अगर कांग्रेस या श्री गांधी मेरे द्वारा लड़े गए संघर्ष से अधिक कुछ हासिल कर सकें, तो मैं उन्हें बधाई दूँगा।"

"समापन करते हुए श्री जिन्ना ने कहा कि उन्हें अवश्य ही समझौता करना चाहिए, अंततः उन्हें मित्र बनना ही चाहिए और इसलिए उन्होंने मुसलमानों से अपील कि यदि संभव हो तो होने वाले विचार–विमर्श और जो प्रस्ताव सम्मेलन में पारित किया जा सकता है और समाधान में संयम, बुद्धिमत्ता और सुलह का परिचय दें।"

मुस्लिम विचारधारा में परिवर्तन के एक अतिरिक्त उदाहरण के रूप में, मैं श्री बरकत अली के विचारों को दर्ज करने का प्रस्ताव करता हूँ जो अब श्री जिन्ना के अनुयायी और पाकिस्तान के कट्टर समर्थक हैं।

जब साइमन कमीशन के साथ सहयोग के सवाल पर मुस्लिम लीग दो भागों में विभाजित हो गई, तो सर मोहम्मद शफी के नेतृत्व में एक वर्ग सहयोग के पक्ष में था और श्री जिन्ना के नेतृत्व में दूसरा वर्ग कांग्रेस के बहिष्कार की योजना का समर्थन कर रहा था, जिसमें श्री बरकत अली लीग के जिन्ना खंड के लिए शामिल थे। लीग की दोनों शाखाओं ने 1928 में अपने वार्षिक सत्र दो अलग–अलग जगह आयोजित किये। शफी विंग की बैठक लाहौर में हुई और जिन्ना विंग की बैठक कलकत्ता में हुई। श्री बरकत अली, जो पंजाब मुस्लिम लीग के सचिव थे, ने लीग के जिन्ना विंग के कलकत्ता सत्र में भाग लिया और सांप्रदायिक समझौते से संबंधित प्रस्ताव पेश किया। समझौते का आधार संयुक्त निर्वाचन क्षेत्र था। प्रस्ताव पेश करते हुए श्री बरकत अली ने कहा–[1]

> "लीग के इतिहास में पहली बार इसके दृष्टिकोण में परिवर्तन हुआ। हम इस परिवर्तन के माध्यम से अपने उन हिंदू देशवासियों के प्रति ईमानदारी से सहयोग की पेशकश कर रहे हैं जिन्होंने पृथक् निर्वाचन क्षेत्रों के सिद्धांत पर आपत्ति जताई है।"

1928 में डॉ. अंसारी[2] के नेतृत्व में एक राष्ट्रवादी मुस्लिम पार्टी का गठन किया गया। राष्ट्रवादी मुस्लिम पार्टी मुस्लिम लीग के जिन्ना विंग से एक कदम आगे थी और नेहरू रिपोर्ट को बिना किसी संशोधन के स्वीकार करने के लिए तैयार थी– वे भी नहीं जिन पर श्री जिन्ना जोर दे रहे थे। श्री बरकत अली, जो 1927 में लीग के जिन्ना विंग के साथ थे, पर्याप्त राष्ट्रवादी न होने के कारण लीग को छोड़कर डॉ. अंसारी की राष्ट्रवादी मुस्लिम पार्टी में शामिल हो गए। श्री बरकत अली उस समय कितने महान राष्ट्रवादी थे, इसका अंदाजा इस बात से लगाया जा सकता है कि उन्होंने 1930[3] में इलाहाबाद में आयोजित अखिल भारतीय

---

1. भारतीय त्रैमासिक लेखा, 1927, खंड–द्वितीय, पृ. 448.
2. भारतीय त्रैमासिक लेखा, 1929, खंड–द्वितीय, पृ. 350.
3. उनके भाषण के लिए भारतीय वार्षिक रजिस्टर, 1930, खंड–द्वितीय, पृ. 334–345.

मुस्लिम लीग के वार्षिक सत्र में अपने अध्यक्षीय भाषण में एक योजना पेश करने के लिए सर मुहम्मद इकबाल पर भारत के विभाजन के लिए तीखा और जोरदार हमला किया था जिसे अब श्री जिन्ना और श्री बरकत अली ने उठाया[1] है और जिसे पाकिस्तान के नाम से जाना जाता है। 1931 में लाहौर में पंजाब राष्ट्रवादी मुस्लिम सम्मेलन हुआ और श्री बरकत अली स्वागत समिति के अध्यक्ष थे। तब उन्होंने पाकिस्तान पर जो विचार व्यक्त किए, वे याद रखने योग्य हैं। सम्मेलन की स्वागत समिति के अध्यक्ष मलिक बरकत अली ने अपनी पार्टी के दृढ़ विश्वास और राजनीतिक विश्वास को दोहराते हुए कहा--

> "हम मानते हैं, सबसे पहले और सबसे महत्त्वपूर्ण भारत स्वतंत्रता में भारत का सम्मान भारत, हमारा जन्म स्थान और देश। जिसके साथ हमारे सभी सबसे मूल्यवान और प्रिय संबंध बुने हुए हैं, पहला दावा हमारे स्नेह में और हमारे अरमान हैं। हम उस भयावह प्रकार के प्रचार में भागीदार बनने से इनकार करते हैं जो पहले मुस्लिम और बाद में भारतीय होने का दावा करके अज्ञानी भावनाओं को आकर्षित करने का प्रयास करेगा। हमारे लिए इस तरह का नारा न केवल कोरा, निरर्थक है, बल्कि पूरी तरह से शरारतपूर्ण है। हम इस्लाम को उसके सर्वोत्तम और अंतिम हितों के रूप में किसी भी तरह से भारत के सर्वोत्तम और स्थायी हितों के प्रतिकूल या विरोध नहीं मान सकते। भारत और भारत में इस्लाम एक समान हैं, और जो कुछ भी भारत के लिए हानिकारक है, वह अपनी प्रकृति से, इस्लाम के लिए हानिकारक होना चाहिए, चाहे आर्थिक रूप से, राजनीतिक रूप से, सामाजिक रूप से या यहाँ तक कि नैतिक रूप से भी। इसलिए, वे राजनेता झूठे भविष्यवक्ताओं के एक वर्ग हैं और मूल रूप से इस्लाम के दुश्मन हैं, जो इस्लाम और भारत के कल्याण के बीच किसी अंतर्निहित संघर्ष की बात करते हैं। इसके अलावा, भारत के बाहर हमारे मुस्लिम भाइयों, यानी तुर्क और मिस्र

1. भारतीय त्रैमासिक रजिस्टर 1931 देखें। खंड–द्वितीय, पृ. 234–235.

या अरबों के प्रति हमारी कितनी भी सहानुभूति क्यों न हो, और यह एक भावना है जो एक ही समय में नेक और स्वस्थ है, हम उस सहानुभूति को कभी भी नुकसान पहुँचाने की अनुमति नहीं दे सकते। भारत के आवश्यक हित वास्तव में, उन देशों के साथ हमारी सहानुभूति केवल उनके लिए मूल्यवान हो सकती है, यदि उस सहानुभूति के स्रोत, नर्सरी और स्रोत के रूप में भारत वास्तव में महान हो। और अगर कभी समय आता है, भगवान न करे, जब सीमा पार से कोई मुस्लिम शक्ति भारत को गुलाम बनाने और यहाँ के लोगों की स्वतंत्रता को छीनने का विकल्प चुनती है, तो कोई भी अखिल–इस्लामी भावना, चाहे उसका जो भी अर्थ हो, उसके रास्ते में नहीं आ सकती। मुस्लिम भारत अपनी स्वतंत्रता की रक्षा के लिए गैर–मुस्लिम भारत के साथ कंधे से कंधा मिलाकर लड़ रहा है।

"इसलिए, किसी भी गैर–मुस्लिम वर्ग में इस संबंध में किसी भी प्रकार की कोई गलतफहमी न हो। मुझे पता है कि संकीर्ण सोच वाले हिंदू राजनेताओं का एक निश्चित वर्ग लगातार भारत के बाहर से भारत के लिए इस्लामी खतरे का राग अलाप रहा है। एन. डब्ल्यू. फ्रंटियर गुजरता है लेकिन मैं दोहराना चाहता हूँ कि ऐसे बयान और ऐसे डर मौलिक रूप से गलत और निराधार हैं। मुस्लिम भारत गैर–मुस्लिम भारत की तरह ही भारत की स्वतंत्रता की रक्षा करेगा, भले ही आक्रमणकारी इस्लाम के अनुयायी हों।

"अशोक और चंद्रगुप्त के दिनों में भारत एक था और तब भी भारत एक रहा जब शाही शासन की राजदंड और छड़ी हिंदू से मुगल या मुस्लिम हाथों में चली गई। और भारत तब भी एक रहेगा जब हम अपनी इच्छाओं की वस्तु को प्राप्त कर लेंगे और उस तक पहुँच जाएँगे। आजादी की वे ऊँची भूमियाँ, जहाँ हमें रोशन करने वाली सारी रोशनी महिमा को प्रतिबिंबित नहीं करेगी, बल्कि सीधे हमारे चेहरों से आती हुई रोशनी होगी।

विभाजित भारत की संकल्पना, जिसे सर मुहम्मद इकबाल ने हाल ही में लीग के मंच से अपने अध्यक्षीय भाषण के दौरान उस

समय सामने रखा था जब वह संस्था लगभग विलुप्त हो गई थी और स्वतंत्र इस्लाम का प्रतिनिधित्व करना बंद कर दिया था – मुझे खुशी है यह कहने में सक्षम हो कि सर मुहम्मद इकबाल ने इसे त्याग दिया है, इसलिए किसी को यह सोचने में भ्रमित नहीं होना चाहिए कि यह भारत के बारे में इस्लाम की अवधारणा है। भले ही डॉ. सर मुहम्मद इकबाल ने इसे ऐसी चीज के रूप में अस्वीकार नहीं किया था जिसे किसी भी समझदार व्यक्ति द्वारा सामने नहीं रखा जा सकता था, मुझे इसे इस्लाम की उभरती पीढ़ी की प्रतिभा और भावना के लिए विदेशी चीज के रूप में जोरदार और निःसंकोच रूप से अस्वीकार करना चाहिए था। और मैं आज इस बात की पुष्टि करना वास्तव में अपना गौरवान्वित कर्तव्य समझता हूँ कि न केवल भारत का सांप्रदायिक प्रांतों में विभाजन होना चाहिए, बल्कि इस्लाम और हिंदू धर्म दोनों को भारत की सीमाओं के साथ--साथ चलना चाहिए और उन्हें बंधन में नहीं बाँधा जाना चाहिए। कोई भी छोटी सीमा. डॉ. इकबाल की मुस्लिम भारत और हिंदू भारत की अवधारणा उसी श्रेणी में आती है, जिसमें पंजाब को विभाजित करने और कुछ सिख संप्रदायवादियों को विभाजित करने के भयावह प्रस्ताव शामिल हैं।

"इतने व्यापक पंथ के साथ, अर्थात् एक स्वतंत्र और एकजुट भारत, जिसके सभी लोग समान रूप से और किसी भी प्रकार के भेदभाव और अक्षमताओं के बिना, एक सच्चे लोकतंत्र के व्यापक संभव आधार पर लोगों के चुने हुए प्रतिनिधियों द्वारा बनाए गए कानूनों की सुरक्षा का आनंद ले रहे हैं, अर्थात्, वयस्क मताधिकार, और संयुक्त निर्वाचन क्षेत्रों के माध्यम से और एक प्रशासन जिस पर कानूनों के निष्पक्ष कार्यान्वयन का कर्तव्य है, जो अपने कार्यों के लिए पूरी तरह से जवाबदेह है, विदेशियों की किसी दूर या सुदूर संसद के प्रति नहीं बल्कि चुने हुए प्रतिनिधियों के प्रति। भूमि, आप मुझसे यह अपेक्षा नहीं करेंगे कि मैं विवरण में प्रवेश करूँ और अपनी तस्वीर के सभी रंग आपके सामने रख सकूँ। और मुझे

वास्तव में राष्ट्रवादी मुस्लिम पार्टी के लक्ष्यों और उद्देश्यों पर अपनी सामान्य टिप्पणियों को यहीं समाप्त करना पसंद करना चाहिए था, क्या ऐसा नहीं था कि संयुक्त या अलग निर्वाचन क्षेत्र का बहुचर्चित प्रश्न आज मान लिया गया है–

एक अनुपात जहाँ कोई भी सार्वजनिक व्यक्ति संभवतः इसे अनदेखा नहीं कर सकता है। अलग का मूल्य या उपयोगिता जो भी रही हो ऐसे समय में मतदाता जब कृत्रिम रूप से हेरफेर किया गया उच्च–समर्थक–गुण में बहुमत मताधिकार को परिवर्तित करने का प्रभाव था। किसी प्रांत की जनसंख्या में लोगों को अल्पसंख्यक में बदलना। मतदाता सूची, और जब साम्प्रदायिक भावनाएँ भड़कीं विशेष रूप से उच्च, सार्वभौमिक अविश्वास पूरे वातावरण को विषाक्त कर रहा है–एक सामान्य और सर्वव्यापी की तरह क्षेत्र, हम इसे महसूस करते हैं। आज की परिस्थितियों में और भविष्य के भारत में पृथक् निर्वाचन क्षेत्रों के लिए कोई स्थान नहीं होना चाहिए।"

श्री जिन्ना और श्री बरकत अली के विचार ऐसे ही थे राष्ट्रवाद, पृथक् निर्वाचिका और पाकिस्तान पर विचार किया गया। इन्हीं समस्याओं पर अब उनके विचार कितने विरोधाभासी हैं?

अब तक मैंने दो बातें इंगित करने का प्रयास किया है, हिंदू–मुस्लिम एकता लाने के प्रयासों की पूर्ण विफलता और मुस्लिम नेताओं के दिमाग में एक नई विचारधारा का उदय। एक तीसरी बात भी है जिस पर मुझे वर्तमान संदर्भ में इसकी प्रासंगिकता के साथ–साथ विचाराधीन बिंदु पर इसके प्रभाव से उत्पन्न होने वाले कारणों से चर्चा करनी चाहिए, अर्थात् क्या इस मुसलमान विचारधारा के पीछे कोई औचित्य है जो राजनीतिक दार्शनिकों स्वीकार कर सकते हैं।

कई हिंदू यह मानते हैं कि पाकिस्तान का कोई औचित्य नहीं है। अगर हम खुद को पाकिस्तान के सिद्धांत तक ही सीमित रखें तो इसमें कोई संदेह नहीं है कि यह एक बहुत ही गलत दृष्टिकोण है। पाकिस्तान का दार्शनिक औचित्य एक समुदाय और एक राष्ट्र के बीच अंतर पर

आधारित है। सबसे पहले, इसे तुलनात्मक रूप से हाल ही में मान्यता मिली है। लंबे समय से राजनीतिक दार्शनिक चिंतित थे, मुख्य्र रूप से, दो प्रश्नों में संक्षेपित विवाद के साथ, अल्पसंख्यक पर शासन करने के लिए मात्र बहुमत के अधिकार को सरकार के लिए तर्कसंगत आधार के रूप में कितना स्वीकार किया जाना चाहिए और इसकी वैधता कहाँ तक है। ऐसा कहा जाता है कि सरकार शासितों की सहमति पर निर्भर होती है। यहाँ तक कि जिन लोगों ने इस बात पर जोर दिया कि सरकार की वैधता शासितों की सहमति पर निर्भर करती है, वे भी अपने प्रस्ताव की जीत से संतुष्ट रहे और मामले की आगे जाँच करने की परवाह नहीं की। उन्हें शासित की श्रेणी में कोई भेद करने की आवश्यकता महसूस नहीं हुई। जाहिर तौर पर यह सोचा गया कि यह कोई क्षण की बात नहीं है कि जो लोग शासित श्रेणी में शामिल थे वे एक समुदाय या राष्ट्र का गठन करेंगे या नहीं। हालांकि, परिस्थितियों की ताकत ने राजनीतिक दार्शनिकों को इस अंतर को स्वीकार करने के लिए मजबूर किया है। दूसरे स्थान पर, यह बिना किसी अंतर के केवल एक भेद नहीं है। यह एक ऐसा अंतर है जो पर्याप्त है और अंतर परिणामी रूप से मौलिक है। एक समुदाय और एक राष्ट्र के बीच यह अंतर मौलिक है, यह इससे स्पष्ट है। उन राजनीतिक अधिकारों में अंतर जो राजनीतिक दार्शनिक किसी समुदाय को देने के लिए तैयार हैं और वे कानून द्वारा स्थापित सरकार के विरुद्ध किसी राष्ट्र को देने के लिए तैयार हैं। वे किसी समुदाय को केवल विद्रोह का अधिकार देने के लिए तैयार हैं। लेकिन एक राष्ट्र के लिए वे व्यवधान का अधिकार स्वीकार करने को तैयार हैं। दोनों के बीच का अंतर उतना ही स्पष्ट है जितना कि यह मौलिक है। विद्रोह का अधिकार केवल सरकार के तौर–तरीकों में बदलाव पर जोर देने तक ही सीमित है। व्यवधान का अधिकार विद्रोह के अधिकार से बड़ा है और राज्य के कब्जे वाले क्षेत्र के हिस्से को अलग करने के साथ राज्य के सदस्यों के एक समूह के अलगाव तक फैला हुआ है। आश्चर्य होता है कि इस अंतर का आधार क्या होगा। राजनीतिक दर्शन के लेखक, जिन्होंने इस विषय पर चर्चा की है, एक समुदाय के विद्रोह के

अधिकार और एक राष्ट्र के व्यवधान की[1] माँग करने के अधिकार के औचित्य के लिए अपने कारण बताए हैं।[2] फर्क आ जाता है।

व्यवधान के अधिकार पर सिडगविक का यही कहना हैं....उनमें से कुछ जो मानते हैं कि सरकार वैध है, उसे शासितों की सहमति पर निर्भर रहना चाहिए, ऐसा प्रतीत होता है कि वे इस निष्कर्ष को

---

1. 'सिडगविक इसे इन शब्दों में उचित ठहराता है विद्रोह की बुराइयों को उचित रूप से समर्पण की बुराइयों से अधिक माना जा सकता है, जब मुद्दा महत्त्वपूर्ण महत्त्व का हो। यह मुद्दा अत्यंत महत्त्वपूर्ण है। एक विद्रोह कभी–कभी शिकायतों के निवारण के लिए प्रेरित कर सकता है, तब भी जब विद्रोही शारीरिक बल में स्पष्ट रूप से कमजोर हों चूँकि यह बहुसंख्यकों के मन में उनके कार्यों से उत्पन्न चोट की भावना की तीव्रता को घर कर सकता है। समान कारणों से, फिर से एक समझौते से संभावित संघर्ष की आशंका हो सकती है; संक्षेप में, अव्यवस्था भड़काने का डर सरकार के अन्य रूपों की तरह लोकतांत्रिक के तहत सर्वोच्च शक्ति के साथ संवैधानिक रूप से निवेशित व्यक्तियों पर एक लाभकारी जाँच हो सकती हैं, मेरा मानना है कि सबसे लोकप्रिय रूप से शासित समुदाय में विद्रोह का नैतिक अधिकार अवश्य होना चाहिए।''............... राजनीति के तत्त्व (1929), पृ. 646–47.
2. व्यवधान के अधिकार पर सिडगविक का यही कहना है उनमें से कुछ जो मानते हैं कि सरकार वैध है, उसे षासितों की सहमति पर निर्भर रहना चाहिए, ऐसा प्रतीत होता है कि वे इस निष्कर्ष को निकालने से पीछे नहीं हट रहे हैं वे ऐसा प्रतीत होता है कि किसी राज्य के बहुसंख्यक सदस्यों के शासन करने के अधिकार को एक अल्पसंख्यक के दावे की अनुमति देकर, जो अलग होने और एक नया राज्य बनाने के इस अधिकार के प्रयोग से पीड़ित है, तब योग्य बनता है, जब वह अपने निरंतर हिस्से में बहुमत में हो। पुराने राज्य का क्षेत्र और मैं मानता हूं कि ऐसे मामले हैं जिनमें संपूर्ण के वास्तविक हितों को व्यवधान द्वारा बढ़ावा दिया जा सकता है। उदाहरण के लिए, जहां किसी राज्य के क्षेत्र के दो हिस्से समुद्र या अन्य के लंबे अंतराल से अलग हो जाते हैं भौतिक बाधाएं, किसी भी बहुत सक्रिय अंतर–संचार से, और जब, जाति या धर्म, पिछले इतिहास, या वर्तमान सामाजिक परिस्थितियों के मतभेदों से, उनके संबंधित निवासियों की अलग–अलग जरूरतें और मांगें होती हैं। कानून और अन्य सरकारी हस्तक्षेप के संबंध में, यह आसानी से हो सकता है। इस बात पर ध्यान दें कि आंतरिक मामलों के लिए उनकी एक साझा सरकार होनी चाहिए। जबकि यदि, साथ ही, उनके मिलन के अलावा उनके बाहरी संबंध भी बहुत अच्छे होंगे।

निकालने से पीछे नहीं हट रहे हैं, वे ऐसा प्रतीत होता है कि किसी राज्य के बहुसंख्यक सदस्यों के शासन करने के अधिकार को एक अल्पसंख्यक के दावे की अनुमति देकर, जो अलग होने और एक नया राज्य बनाने के इस अधिकार के प्रयोग से पीड़ित है, तब योग्य बनाता है, जब वह अपने निरंतर हिस्से में बहुमत में हो। पुराने राज्य का क्षेत्र और मैं मानता हूँ कि ऐसे मामले हैं जिनमें संपूर्ण के वास्तविक हितों को व्यवधान द्वारा बढ़ावा दिया जा सकता है। उदाहरण के लिए, जहाँ किसी राज्य के क्षेत्र के दो हिस्से समुद्र या अन्य लंबे अंतराल से अलग हो जाते हैं भौतिक बाधाएँ, किसी भी बहुत सक्रिय अंतर–संचार से, और जब, जाति या धर्म, पिछले इतिहास, या वर्तमान सामाजिक परिस्थितियों के मतभेदों से, उनके संबंधित निवासियों की अलग–अलग जरूरतें और माँगें होती हैं। कानून और अन्य सरकारी हस्तक्षेप के संबंध में, यह आसानी से हो सकता है। – इस बात पर ध्यान दें कि आंतरिक मामलों के लिए उनकी एक साझा सरकार होनी चाहिए जबकि यदि, साथ ही, उनके मिलन के अलावा उनके बाहरी संबंध भी बहुत अच्छे होंगे। अलग–अलग, यह बहुत संभव है कि प्रत्येक भाग जोखिम के माध्यम से अधिक खो सकता है। दूसरे के झगड़ों में निहितार्थ, सैन्य बल उसकी सहायता से लाभ प्राप्त करने की संभावना है। ऐसी परिस्थितियों में, इसकी कोई भी इच्छा नहीं की जानी चाहिए। यह एक समुदाय को सुरक्षा उपायों का अधिकार है, एक राष्ट्र को अलगाव की माँग करने का अधिकार है। अंतर एक साथ स्पष्ट और महत्त्वपूर्ण है। लेकिन उन्होंने कोई कारण नहीं बताया कि क्यों एक का अधिकार विद्रोह तक सीमित है और दूसरे का अधिकार व्यवधान तक क्यों है। उन्होंने तो ऐसा कोई

अलग–अलग, यह बहुत संभव है कि प्रत्येक भाग जोखिम के माध्यम से अधिक खो सकता है, दूसरे के झगड़ों में निहितार्थ, सैन्य बल उसकी सहायता से लाभ प्राप्त करने की संभावना है। ऐसी परिस्थितियों में, इसकी कोई भी इच्छा नहीं की जानी चाहिए की कोई ऐतिहासिक देशभक्ति की भावना, या एक व्यापक क्षेत्र के राष्ट्रीय स्वामित्व में किसी भी गर्व को स्थायी रूप से असंगत संपूर्ण के प्राकृतिक भागों में शांतिपूर्ण विघटन को रोकना चाहिए।" राजनीति के तत्व (1929), पृष्ठ 648–49.

सवाल ही नहीं उठाया हैं न ही कारण सामने से स्पष्ट होते हैं। लेकिन यह अंतर क्यों किया जाता है, यह जानना दिलचस्प भी है और शिक्षाप्रद भी। मेरे विचार से इस अंतर का कारण अंतिम नियति के प्रश्नों से संबंधित है। एक राज्य में या तो समुदायों की एक शृंखला होती है या इसमें राष्ट्रों की एक शृंखला होती है। एक राज्य में, जो समुदायों की एक शृंखला से बना है, एक समुदाय दूसरे समुदाय के विरुद्ध खड़ा हो सकता है और दोनों एक–दूसरे के विरोधी हो सकते हैं। लेकिन अपने अंतिम भाग्य के मामले में उन्हें लगता है कि वे एक हैं। लेकिन एक राज्य में, जो राष्ट्रों की एक शृंखला से बना है, जब एक राष्ट्र दूसरे के खिलाफ खड़ा होता है, तो संघर्ष अंतिम नियति के मतभेदों के समान होता है। समुदायों और राष्ट्रों के बीच यही अंतर है और यही अंतर उनके राजनीतिक अधिकारों में अंतर को स्पष्ट करता है। इस व्याख्या में कुछ भी नया या मौलिक नहीं है। यह बताने का एक और तरीका है कि क्यों समुदाय को एक तरह का अधिकार है और राष्ट्र को बिल्कुल अलग तरह का एक समुदाय को विद्रोह का अधिकार है क्योंकि वह इससे संतुष्ट है। वह बस सरकार के तौर–तरीके और स्वरूप में बदलाव चाहती है। इसका झगड़ा अंतिम नियति के किसी भेद को लेकर नहीं है। किसी राष्ट्र को विघटन का अधिकार देना होगा क्योंकि वह केवल सरकार के स्वरूप में परिवर्तन से संतुष्ट नहीं होगा। इसका झगड़ा अंतिम नियति के प्रश्न पर है। यदि यह तब तक संतुष्ट नहीं होगा जब तक कि उन्हें बंधने वाला अप्राकृतिक बंधन भंग न हो जाए, तो विवेक और यहाँ तक कि नैतिकता की माँग है कि बंधन को भंग कर दिया जाए और उनमें से प्रत्येक को अपने भाग्य का पीछा करने के लिए मुक्त कर दिया जाए।

यद्यपि यह स्वीकार करना आवश्यक है कि हिंदू–मुस्लिम एकता विफल हो गई है और मुस्लिम विचारधारा कि कोई ऐतिहासिक देशभक्ति की भावना, या एक व्यापक क्षेत्र के राष्ट्रीय स्वामित्व में किसी भी गर्व को स्थायी रूप से असंगत संपूर्ण के प्राकृतिक भागों में शांतिपूर्ण विघटन को रोकना चाहिए।" राजनीति के तत्त्व (1929), पृ. 648–49.

एक संपूर्ण क्रांति से गुजरने के बाद, उन सटीक कारणों को जानना भी उतना ही आवश्यक है जिन्होंने इन प्रभावों को उत्पन्न किया है। हिंदुओं का कहना है कि अंग्रेजों की फूट डालो और राज करो की नीति ही इस विफलता और इस वैचारिक क्रांति का असली कारण है। इसमें आश्चर्य की कोई बात नहीं है। हमेशा सरकार के खिलाफ रहने के अलावा कोई अन्य राजनीति न करने की आयरिश मानसिकता विकसित करने वाले हिंदू, खराब मौसम सहित हर चीज के लिए सरकार को दोषी ठहराने के लिए तैयार हैं। लेकिन अब समय आ गया है कि हिंदुओं को इतनी प्रिय इस आसान व्याख्या को त्याग दिया जाए। क्योंकि यह दो अत्यंत महत्त्वपूर्ण परिस्थितियों को ध्यान में रखने में विफल रहता है। सबसे पहले, यह इस तथ्य को नजरअंदाज करता है कि फूट डालो और राज करो की नीति, जिसके लिए अंग्रेज इसका सहारा लेते हैं, तब तक सफल नहीं हो सकती जब तक कि ऐसे तत्त्व न हों जो विभाजन को संभव बनाते हों, और इसके अलावा, यदि यह नीति इतने लंबे समय तक सफल रहती है, इसका मतलब यह है कि जो तत्त्व विभाजित होते हैं वे कमोबेश स्थायी और असंगत होते हैं और क्षणभंगुर या सतही नहीं होते हैं। दूसरे, यह भूल जाता है कि श्री जिन्ना, जो इस वैचारिक परिवर्तन का प्रतिनिधित्व करते हैं, पर कभी भी उनके सबसे बुरे दुश्मनों द्वारा भी अंग्रेजों के हाथों का उपकरण होने का संदेह नहीं किया जा सकता है। वह अत्यधिक आत्म–विचारशील हो सकता है, बिना मुखौटे वाला अहंकारी हो सकता है और शायद उसमें कुछ हद तक अहंकार हो, जिसकी भरपाई किसी असाधारण बुद्धि या उपकरण से नहीं होती। हो सकता है कि इसी वजह से वह खुद को दूसरे स्थान पर स्वीकार करने और सार्वजनिक हित के लिए उस क्षमता में दूसरों के साथ काम करने में असमर्थ हो। हो सकता है कि वह विचारों से ओत–प्रोत न हो, हालांकि ऐसा नहीं है, जैसा कि उसके आलोचक उसे बताते हैं। वह दूसरों के विचारों पर जीने वाला एक खाली दिमाग वाला बाँका व्यक्ति है। हो सकता है कि उनकी प्रसिद्धि कला पर अधिक और पदार्थ पर कम बनी हो। साथ ही, यह संदिग्ध है

कि क्या भारत में कोई ऐसा राजनेता है जिसके लिए अविनाशी विशेषण अधिक उपयुक्त रूप से लागू किया जा सके। जो कोई भी जानता है कि ब्रिटिश सरकार के साथ उनके संबंध क्या रहे हैं, वह स्वीकार करेगा कि वह हमेशा उनके आलोचक रहे हैं, यदि वास्तव में, वह उनके विरोधी नहीं रहे हैं। उसे कोई खरीद नहीं सकता। क्योंकि यह उसके श्रेय के लिए कहा जाना चाहिए कि वह कभी भी भाग्य का सैनिक नहीं रहा। परंपरागत हिंदू व्याख्या श्री जिन्ना के वैचारिक परिवर्तन का हिसाब देने में विफल रहती है।

तो फिर इन दुःखद घटनाओं की वास्तविक व्याख्या क्या है? एकता के प्रयासों की यह विफलता, यह परिवर्तन मुस्लिम विचारधारा?

हिंदू–मुस्लिम एकता की इस विफलता की वास्तविक व्याख्या इस बात को समझने में विफलता में निहित है कि हिंदू और मुस्लिमों के बीच जो कुछ है वह केवल अंतर का मामला नहीं है, और यह कि इस दुश्मनी के लिए भौतिक कारण जिम्मेदार नहीं हैं। यह अपने चरित्र में आध्यात्मिक है। यह उन कारणों से बनता है जिनकी उत्पत्ति ऐतिहासिक, धार्मिक, सांस्कृतिक और सामाजिक विरोध में होती है, जिनमें से राजनीतिक विरोध केवल एक प्रतिबिंब है। ये असंतोष की एक गहरी नदी का निर्माण करते हैं, जो इन स्रोतों से नियमित रूप से पोषित होने के कारण अपने चरम पर बढ़ती रहती है और अपने सामान्य चैनलों से उफनती रहती है। किसी अन्य स्रोत से बहने वाली पानी की कोई भी धारा चाहे कितनी भी शुद्ध क्यों न हो, जब वह उसमें मिलती है, तो रंग बदलने या उसकी ताकत कम होने के बजाय मुख्य धारा में खो जाती है। इस विरोध की जो गाद इस धारा ने जमा कर दी है, वह स्थायी और गहरी हो गई है। जब तक यह गाद जमा होती रहेगी और जब तक यह विरोध कायम रहेगा, तब तक यह आशा करना अस्वाभाविक है कि हिंदुओं और मुसलमानों के बीच यह विरोध एकता का स्थान ले लेगा।

तुर्की साम्राज्य में ईसाइयों और मुसलमानों की तरह, भारत के हिंदू और मुसलमान कई क्षेत्रों में दुश्मन के रूप में मिले हैं, और संघर्ष के परिणाम ने अक्सर उन्हें विजेता और विजित के रिश्ते में ला दिया है।

जो भी पार्टी विजयी हुई है, दोनों के बीच एक बड़ी खाई बनी हुई है और मुगलों या अंग्रेजों के तहत उनके लागू राजनीतिक संघ ने, कई अन्य मामलों की तरह, जैविक एकता में बदलने के बजाय, केवल उनकी पारस्परिक शत्रुता को बढ़ाया है। न तो धर्म और न ही सामाजिक संहिता इस खाई को पाट सकती है। दोनों आस्थाएँ परस्पर अनन्य हैं और अच्छे सामाजिक व्यवहार के हित में जो भी सामंजस्य बनाया जा सकता है, उनके मूल और केंद्र में वे असंगत हैं। ऐसा लगता है कि दोनों के बीच एक अंतर्निहित विरोध है जिसे सदियों से खत्म नहीं किया जा सका है। अकबर और कबीर जैसे सुधारकों द्वारा पंथों को एक साथ लाने के लिए किए गए प्रयासों के बावजूद, गणितीय वाक्यांश का उपयोग करने के लिए प्रत्येक के पीछे नैतिक वास्तविकताएं अभी भी बनी हुई हैं, जिसे कोई भी बदल नहीं सकता है या पूर्णांकों को एक सामान्य भाजक बनाने में सक्षम नहीं बना सकता है। एक हिंदू बिना कोई हंगामा या सदमा पहुँचाए हिंदू धर्म से ईसाई धर्म में जा सकता है।

लेकिन वह बिना किसी सांप्रदायिक दंगा भड़काए बिना हिंदू धर्म से इस्लाम में प्रवेश नहीं कर सकता निश्चित रूप से चिंता पैदा किए बिना नहीं। वह यह उस विरोध की गहराई को दर्शाता है जो हिंदुओं को मुसलमानों से अलग करता है।

यदि इस्लाम और हिंदू धर्म मुसलमानों और हिंदुओं को उनकी आस्था के मामले में अलग रखते हैं, तो वे उनकी सामाजिक एकता को भी रोकते हैं। यह सर्वविदित है कि हिंदू धर्म हिंदुओं और मुसलमानों के बीच अंतर्विवाह पर रोक लगाता है। यह संकीर्णता केवल हिंदू धर्म का दोष नहीं है। इस्लाम अपनी सामाजिक संहिता में भी उतना ही संकीर्ण है। यह मुसलमानों और हिंदुओं के बीच अंतर्विवाह पर भी प्रतिबंध लगाता है। इन सामाजिक कानूनों के साथ कोई सामाजिक आत्मसात नहीं हो सकता है और परिणामस्वरूप तरीकों, तौर–तरीकों और दृष्टिकोणों का कोई समाजीकरण नहीं हो सकता है, किनारों को कुंद नहीं किया जा सकता है और सदियों पुरानी कोणीयताओं का कोई उतार–चढ़ाव नहीं किया जा सकता है।

हिंदू धर्म और इस्लाम में और भी दोष हैं जो हिंदू और मुसलमानों के बीच की खटास को खुला और चालू रखने के लिए जिम्मेदार हैं। कहा जाता है कि हिंदू धर्म लोगों को बांटता है और इसके विपरीत इस्लाम लोगों को एक साथ बाँधता है। यह सिर्फ आधा सच है क्योंकि इस्लाम जितना जोड़ता है उतना ही बाँटता भी है। इस्लाम एक घनिष्ठ निगम है और यह मुसलमानों और गैर–मुसलमानों के बीच जो भेद करता है वह बहुत वास्तविक, बहुत सकारात्मक और बहुत अलग–थलग करने वाला अंतर है। इस्लाम का भाईचारा मनुष्य का सार्वभौमिक भाईचारा नहीं है। यह मुसलमानों का मुसलमानों के लिए ही भाईचारा है। एक बिरादरी है लेकिन इसका लाभ उस निगम के भीतर के लोगों तक ही सीमित है। जो लोग निगम से बाहर हैं, उनके लिए अवमानना और शत्रुता के अलावा कुछ नहीं है। इस्लाम का दूसरा दोष यह है कि यह सामाजिक स्वशासन की प्रणाली है और स्थानीय स्वशासन के साथ असंगत है, क्योंकि एक मुसलमान की निष्ठा उस देश में उसके अधिवास पर नहीं बल्कि उसके विश्वास पर निर्भर करती है। जिसका वह हिस्सा है मुस्लिमों के लिए इबी बेने इबी पाट्रिया अकल्पनीय है। जहाँ इस्लाम का शासन है, वहां उनका अपना देश है। दूसरे शब्दों में, इस्लाम कभी भी एक सच्चे मुसलमान को भारत को अपनी मातृभूमि के रूप में अपनाने और एक हिंदू को अपने रिश्तेदारों के रूप में मानने की अनुमति नहीं दे सकता। शायद यही कारण है कि मौलाना मोहम्मद अली, जो एक महान भारतीय लेकिन सच्चे मुसलमान थे, ने भारत के बजाय यरूशलेम में दफन होना पसंद किया।

मुस्लिम नेताओं के वैचारिक परिवर्तन की वास्तविक व्याख्या को उनकी राय में किसी भी बेईमान बहाव के लिए जिम्मेदार नहीं ठहराया जाना चाहिए। ऐसा प्रतीत होता है कि यह एक नई दृष्टि की सुबह है जो एक नए नाम, पाकिस्तान के प्रतीक नई नियति की ओर इशारा करती है। ऐसा प्रतीत होता है कि मुसलमानों ने पहली बार एक नई नियति की नई पूजा शुरू की है। वास्तव में ऐसा नहीं है, पूजा नई है। क्योंकि उनके नए भाग्य का सूरज जो अब तक बादलों में छिपा हुआ

था, अब पूरी चमक के साथ प्रकट हुआ है। इस नई नियति का चुंबकत्व मुसलमानों को अपनी ओर खींचे बिना नहीं रह सकता। खिंचाव इतना जबरदस्त है कि श्रीमान जिन्ना जैसे लोग भी बुरी तरह हिल गए हैं और इसके बल का विरोध करने में सक्षम नहीं हैं। यह नियति भारत के मानचित्र पर मूर्त रूप में फैली हुई है। कोई भी, जो केवल मानचित्र को देखता है, इसे भूल नहीं सकता। यह वहाँ ऐसे पड़ा हुआ है मानो इसे जानबूझकर मुसलमानों के लिए एक अलग राष्ट्रीय राज्य के रूप में पेश किया गया हो। यह नई नियति न केवल आसानी से तैयार होने और ठोस आकार देने में सक्षम है, बल्कि यह आकर्षक भी है क्योंकि यह सभी मुस्लिम बंधुओं[1] को एक इस्लामिक राज्य में जोड़ने के मुस्लिम विचार को साकार करने की संभावनाओं को खोलती है और इस तरह खतरे को टालती है। विभिन्न देशों में मुसलमान उस देश की राष्ट्रीयता को अपना रहे हैं जहाँ वे हैं और इस तरह इस्लामी भाईचारे का विघटन हो रहा है। हिंदुस्तान से पाकिस्तान के अलग होने के साथ, ईरान, इराक, अरब, तुर्की और मिस्र मुस्लिम देशों का एक संघ बना रहे हैं। कॉन्स्टेंटिनोपल से लेकर लाहौर तक फैले एक इस्लामिक राज्य का गठन। एक मुसलमान वास्तव में बहुत मूर्ख होगा यदि वह इस नई नियति के आकर्षण से आकर्षित नहीं है और भारतीय ब्रह्मांड में मुसलमानों के स्थान के बारे में उसके दृष्टिकोण में पूरी तरह से बदलाव नहीं आया है।

नियति इतनी स्पष्ट है कि यह कुछ हद तक आश्चर्यजनक है कि मुसलमानों को इसे सँभालने में इतना समय लग गया। इस बात के सबूत हैं कि उनमें से कुछ लोग 1923 से ही जानते थे कि यह मुसलमानों की अंतिम नियति है। इसके समर्थन में, खान साहब सरदार एम. गुल खान के साक्ष्य का संदर्भ दिया जा सकता है जो उत्तर के सामने गवाह के रूप में पेश हुए थे। उस वर्ष भारत सरकार द्वारा सर डेनिस ब्रे की अध्यक्षता में वेस्ट फ्रंटियर कमेटी की नियुक्ति की गई,

1. सर मुहम्मद इकबाल ने भारतीय मुसलमानों सहित किसी भी गैर–मुस्लिम देश के मुसलमानों में मातृभूमि के प्रति लगाव के अर्थ में राष्ट्रवाद की कड़ी निंदा की।

ताकि बसे हुए जिलों के बीच प्रशासनिक संबंधों पर प्रतिवेदन दिया जा सके।

एन.डब्ल्यू.एफ. प्रांत और जनजातीय क्षेत्र और पंजाब के साथ बसे जिलों के एकीकरण पर उनके साक्ष्य के महत्त्व को श्री एन.एम. समर्थ को छोड़कर समिति के किसी भी सदस्य को एहसास नहीं हुआ, जो एक सदस्य थे जिन्होंने अपनी अल्पसंख्यक रिपोर्ट में इस ओर ध्यान आकर्षित किया था। उनकी रिपोर्ट के निम्नलिखित अंश इस नई नियति के विकास के इतिहास के एक अँधेरे कोने को उजागर करते हैं।[1] श्री समर्थ कहते हैं–

"समिति के समक्ष कोई अन्य गवाह नहीं था जो न केवल उत्तर–पश्चिम सीमांत प्रांत और स्वतंत्र क्षेत्र बल्कि बलूचिस्तान, फारस और अफगानिस्तान के व्यक्तिगत ज्ञान और अनुभव के अधिकार के साथ बात करने का दावा कर सके, जिस पर यह गवाह उचित रूप से दावा कर सके। यह उल्लेखनीय है कि वह इस्लामिक अंजुमन, डेरा इस्माइल खान के अध्यक्ष के रूप में अपनी क्षमता में गवाह के रूप में समिति के समक्ष उपस्थित हुए।' इस गवाह (खान साहब सरदार मुहम्मद गुल खान) से मेरे द्वारा पूछा गया था अब मान लीजिए कि सीमांत प्रांत की नागरिक सरकार सिंध के समान आधार पर बनाई गई है, तो यह प्रांत पंजाब का हिस्सा और पार्सल होगा जैसा कि सिंध बॉम्बे अध्यक्ष पद का है। आपको इससे क्या कहना है?' उन्होंने अपने उत्तर के दौरान मुझे निम्नलिखित सीधा उत्तर दिया जहाँ तक इस्लाम का सवाल है और राष्ट्र संघ के मुस्लिम विचार का संबंध है, मैं इसके खिलाफ हूँ।' इस उत्तर पर, मैंने उनसे कुछ और प्रश्न पूछे। जिसका उन्होंने मुझे बिना किसी मुद्दे को छेड़े स्पष्ट उत्तर दिए। मैं नीचे प्रासंगिक अंश प्रस्तुत कर रहा हूँ–

प्रश्न–आपकी अंजुमन का विचार पैन–इस्लामिक विचार है जो यह है कि इस्लाम राष्ट्रों का एक संघ है और इस तरह इस प्रांत को पंजाब के साथ मिलाना उस विचार के लिए हानिकारक होगा, प्रतिकूल होगा।

1. उत्तर–पश्चिम सीमा जाँच समिति की विवरण, 1924, पृ. 122–23.

जो लोग आपके साथ सोचते हैं उनके पीछे यही प्रमुख विचार है? क्या ऐसा है?

उत्तर–ऐसा तो है, लेकिन मुझे कुछ जोड़ना होगा। उनका विचार है कि हिंदू–मुस्लिम एकता कभी हकीकत नहीं बनेगी, बन जाएगी वे कभी भी सफल नहीं होते, और वे सोचते हैं कि यह प्रांत इस्लाम और ब्रिटानिक के बीच राष्ट्रमंडल की अलग और एक कड़ी बनी रहनी चाहिए। दरअसल, जब मुझसे पूछा जाता है कि मेरी क्या राय हैं–मैं अंजुमन के सदस्य के रूप में यह राय व्यक्त कर रहा हूँ–हम हिंदुओं को अलग होते देखना ज्यादा पसंद करेंगे और मुसलमान, दक्षिण में 23 करोड़ हिंदू और 8 उत्तर में करोड़ों मुसलमान से पूरा भाग दीजिये। हिंदुओं के लिए रासकुमारी आगरा[1] से और आगरा से पेशावर तक मुस्लिम मेरा तात्पर्य एक स्थान से दूसरे स्थान पर स्थानांतरण से है। यह आदान–प्रदान का विचार है। यह विनाश का विचार नहीं है। बोल्शेविज़्म वर्तमान में निजी संपत्ति के कब्जे को खत्म करता है। यह पूरी चीज का राष्ट्रीयकरण करता है और यह एक ऐसा विचार है जो निश्चित रूप से केवल आदान–प्रदान से संबंधित है। यह निःसंदेह अव्यवहारिक है। लेकिन यदि यह व्यावहारिक होता, तो हम दूसरे के बजाय यह चाहते।

प्रश्न–वह प्रमुख विचार है जो आपको पंजाब के साथ विलय न करने के लिए बाध्य करता है?

उत्तर– बिलकुल।

प्रश्न–जब आपने इस्लामिक लीग ऑफ नेशंस का जिक्र किया, तो मेरा मानना है कि आपके दिमाग में राजनीतिक पक्ष की तुलना में इसका धार्मिक पक्ष अधिक प्रमुखता से था?

उत्तर–बेशक, राजनीतिक। अंजुमन एक राजनीतिक चीज है। प्रारंभ में, निश्चित रूप से, कोई भी मुस्लिम धार्मिक है, लेकिन निश्चित रूप से अंजुमन एक राजनीतिक संघ है।

---

1. यह मूल जैसा ही है। संभवतः यह कन्याकुमारी के लिए गलत है।

'क्यूँ। मैं आपकी अंजुमन की बात नहीं कर रहा हूँ बल्कि मुसलमानों की बात कर रहा हूँ। मैं जानना चाहता हूँ कि मुसलमान इस इस्लामिक लीग ऑफ नेशंस के बारे में क्या सोचते हैं, उनके मन में सबसे प्रमुखता से क्या है, क्या यह धार्मिक पक्ष है या राजनीतिक पक्ष?

उत्तर–इस्लाम, जैसा कि आप जानते हैं, धार्मिक और राजनीतिक दोनों है।

क्यूँ–इसलिए राजनीति और धर्म आपस में जुड़े हुए हैं?

उत्तर–हाँ, निश्चित रूप से।'

श्री समर्थ ने इस साक्ष्य का उपयोग यह दिखाने के सीमित उद्देश्य के लिए किया कि एन.डब्ल्यू.एफ.पी. को मिलाने से इनकार करके एक अलग पठान प्रांत को कायम रखा जाए। अफगानिस्तान और भारत के बाहर अन्य मुस्लिम देशों के साथ पठानों के जुड़ाव को देखते हुए पंजाब के साथ संबंध खतरनाक था। लेकिन इन साक्ष्यों से यह भी पता चलता है कि पाकिस्तान की योजना के पीछे का विचार 1923 से कुछ समय पहले ही जन्म ले चुका था।

1924 में श्री मोहम्मद अली ने मोंटागु–चेम्सफोर्ड सुधारों को उत्तर–पश्चिम तक विस्तारित करने के प्रस्ताव पर बोलते हुए कहा है कि एफ. प्रांत, जिसे उस वर्ष बम्बई में आयोजित मुस्लिम लीग[1] के सत्र में स्थानांतरित किया गया था, ने सुझाव दिया था कि सीमांत प्रांत के मुसलमानों को उन्हें भारत या काबुल के साथ संबंध के बीच चयन करने का आत्मनिर्णय का अधिकार है। उन्होंने एक अंग्रेज को भी उद्धृत किया, जिसने कहा था कि यदि कॉन्स्टेंटिनोपल से दिल्ली तक एक सीधी रेखा खींची जाए, तो यह सहारनपुर तक एक मुसलमान गलियारे का खुलासा करेगी। यह संभव है कि श्री मोहम्मद अली पाकिस्तान की पूरी योजना को जानते थे जो श्री समर्थ द्वारा उल्लिखित गवाह के

1. संदर्भ के लिए देखें लाला लाजपतराय का हिंदू महासभा को दिया गया अध्यक्षीय भाषण भारतीय त्रैमासिक रजिस्टर 1925, खंड–प्रथम, पृ. 379 में 11 अप्रैल 1925 को कलकत्ता में सत्र आयोजित किया गया।

साक्ष्य में सामने आई थी और एक अज्ञात क्षण में वह सब कुछ बता दिया जो गवाह प्रकट करने में विफल रहा था, अर्थात्, अंतिम संबंध पाकिस्तान से अफगानिस्तान।

प्रतीत होता है 1924 और 1930 के बीच इस योजना के बारे में मुसलमानों द्वारा कुछ भी नहीं कहा या किया गया। ऐसा प्रतीत होता है कि मुसलमानों ने इसे दफन कर दिया और पारंपरिक एक–राष्ट्र सिद्धांत के आधार पर, विभाजन से अलग, सुरक्षा उपायों के लिए हिंदुओं के साथ बातचीत की। लेकिन 1930 में जब गोलमेज सम्मेलन चल रहा था, तो कुछ मुसलमानों ने आर.टी.सी. को पाकिस्तान की परियोजना पर विचार करने के उद्देश्य से लंदन में मुख्यालय वाली एक समिति बना ली थी। समिति द्वारा पत्रक और परिपत्र जारी किए गए और पाकिस्तान के समर्थन में आर.टी.सी. के सदस्यों को भेजे गए। फिर भी किसी ने इसमें कोई दिलचस्पी नहीं ली और आर.टी.सी. के मुस्लिम सदस्यों ने किसी भी तरह से इसका समर्थन नहीं किया।[1]

यह संभव है कि मुसलमानों ने शुरू में सोचा हो कि यह नियति महज एक सपना है जो साकार नहीं हो सकता। जब बाद में जब उन्हें लगा कि यह वास्तविकता हो सकती है तो उन्होंने इसके बारे में कोई मुद्दा नहीं उठाया क्योंकि वे अंग्रेजों के साथ–साथ हिंदुओं को भी इस पर सहमत होने के लिए मजबूर करने के लिए पर्याप्त रूप से संगठित नहीं थे। यह समझाना मुश्किल है कि मुसलमानों ने आर.टी.सी. में

---

1. यदि एक आम केंद्रीय सरकार के विरोध को पाकिस्तान की योजना की प्रमुख विशेषता के रूप में लिया जाए, तो आर.टी.सी. के एकमात्र सदस्य जिनके बारे में कहा जा सकता है कि उन्होंने बिना नाम बताए इसका समर्थन किया था, वह सर मुहम्मद इकबाल थे जिन्होंने इस पर विचार व्यक्त किया था। आर.टी.सी. का तीसरा सत्र कि कोई केन्द्रीय भारत के लिए सरकार नहीं होना चाहिए, लंदन में राज्य सचिव से सीधे संबंध में प्रभुत्व में प्रांत स्वायत्त और स्वतंत्र होने चाहिए।2. ऐसा कहा जाता है कि इस बारे में ब्रिटिश अधिकारियों से निजी तौर पर चर्चा की गई थी। इसके पक्ष में संभव नहीं है कि मुसलमानों ने डर के मारे इस पर जोर न दिया हो उसे उनकी नाराजगी झेलनी पड़ रही है।

पाकिस्तान के लिए दबाव क्यों नहीं डाला। शायद वे जानते थे कि यह योजना अंग्रेजों को नाराज[1] कर देगी और जैसा कि उन्हें करना पड़ा।

उनके और हिंदुओं, मुसलमानों, आदर्श राज्य पुरुषों के बीच विवाद के 14 बिंदुओं पर निर्णय के लिए अंग्रेजों पर निर्भर रहें और यह अच्छी तरह से जानते हुए भी कि राजनीति, जैसा कि बिस्मार्क ने कहा, हमेशा संभव का खेल था। उन्होंने तब तक इंतजार करना और अपने दाँत नहीं दिखाना पसंद किया जब तक कि उन्हें विवाद के 14 बिंदुओं पर अंग्रेजों से उनके पक्ष में निर्णय नहीं मिल गया।

पाकिस्तान की योजना को आगे बढ़ाने में हो रही इस देरी की एक और वजह भी है। यह कहीं अधिक संभव है कि हाल तक मुस्लिम नेताओं को पाकिस्तान के दार्शनिक औचित्य के बारे में पता नहीं था। आखिरकार, भारतीय राजनीतिक शतरंज की बिसात पर पाकिस्तान कोई छोटी चाल नहीं है। यह अब तक उठाया गया सबसे बड़ा कदम है, क्योंकि इसमें राज्य का विघटन शामिल है। कोई भी मुसलमान, अगर उसने इसकी वकालत करने के लिए आगे आने का साहस किया होता, तो निश्चित रूप से उससे पूछा जाता कि इतनी हिंसक परियोजना के समर्थन में उसके पास क्या नैतिक और दार्शनिक औचित्य है। यह कारण भी समान रूप से समझ में आता है कि वे अब तक यह पता नहीं लगा सके कि पाकिस्तान के लिए दार्शनिक औचित्य क्या है। इसलिए, मुस्लिम नेता भारत के मुसलमानों को एक समुदाय या अल्पसंख्यक के रूप में बोल रहे थे। उन्होंने कभी भी मुसलमानों को एक राष्ट्र के रूप में नहीं बताया। एक समुदाय और एक राष्ट्र के बीच अंतर बहुत कम है, और भले ही यह अन्यथा हो, यह सभी मामलों में इतना स्पष्ट नहीं है। प्रत्येक राज्य कमोबेश एक समग्र राज्य है और उनमें से अधिकांश में, अलग–अलग भाषाओं, धार्मिक संहिताओं और सामाजिक परंपराओं के साथ आबादी की एक बड़ी विविधता है, जो शिथिल रूप से जुड़े

---

1. ऐसा कहा जाता है कि इस बारे में ब्रिटिश अधिकारियों से निजी तौर पर चर्चा की गई थी। यह संभव है कि मुसलमान अपनी नाराजगी के डर से इस पर जोर न दे।

समूहों का एक समूह बनाती है। कोई भी राज्य कभी भी एक एकल समाज, विचार और कार्य का एक समावेशी और व्यापक निकाय नहीं होता है। ऐसी स्थिति में, एक समूह गलती से स्वयं को एक समुदाय कह सकता है, भले ही उसमें एक राष्ट्र होने के तत्त्व मौजूद हों। दूसरे, जैसा कि पहले बताया गया है, लोगों में राष्ट्रीय चेतना नहीं हो सकती है, हालाँकि उनमें वे सभी तत्त्व मौजूद हो सकते हैं जो एक राष्ट्र का निर्माण करते हैं।

पुनः अल्पसंख्यक अधिकारों एवं सुरक्षा की दृष्टि से इस अंतर की रक्षा करना महत्त्वहीन है। चाहे अल्पसंख्यक हो एक समुदाय या एक राष्ट्र है, यह अल्पसंख्यक है और सुरक्षा उपाय एक छोटे राष्ट्र की सुरक्षा के लिए बहुत कुछ नहीं किया जा सकता अलग नाबालिग की सुरक्षा के लिए आवश्यक समुदाय। माँगी गई सुरक्षा अत्याचार के खिलाफ बहुमत, और एक बार इस तरह के अत्याचार की संभावना अल्पसंख्यक पर बहुमत स्थापित हो गया है, तो यह बहुत कम मायने रखता है कि सुरक्षा उपाय माँगने के लिए प्रेरित अल्पसंख्यक एक समुदाय है या एक राष्ट्र है। ऐसा नहीं है कि एक समुदाय और एक राष्ट्र के बीच कोई अंतर नहीं है। अंतर सचमुच बहुत बड़ा है। इसे यह कहकर संक्षेप में कहा जा सकता है कि एक समुदाय, चाहे वह अन्य समुदायों से कितना भी भिन्न और कितना ही विरोधी हो, चाहे वह बड़ा हो या छोटा, सभी की अंतिम नियति के मामले में वह बाकी समुदायों के साथ एक है। दूसरी ओर, एक राष्ट्र न केवल राज्य के अन्य घटकों से अलग है, बल्कि वह एक अलग नियति में विश्वास करता है और उसे संजोता है, जो राज्य के अन्य घटक तत्त्वों की नियति के बिल्कुल विपरीत है। यह अंतर मुझे इतना गहरा लगता है कि अपनी बात करूँ तो मैं इसे एक समुदाय को एक राष्ट्र से अलग करने के परीक्षण के रूप में अपनाने में संकोच नहीं करूँगा। वे लोग जो अपने मतभेदों के बावजूद अपने लिए और अपने विरोधियों के लिए एक समान नियति स्वीकार करते हैं, एक समुदाय हैं। वे लोग जो न केवल बाकी लोगों से अलग हैं बल्कि जो दूसरों की नियति को स्वीकार करने से इनकार

करते हैं, वे एक राष्ट्र हैं। यह सामान्य नियति की स्वीकृति या अस्वीकृति ही है जो यह बता सकती है कि अछूत, ईसाई और पारसी केवल हिंदुओं के समुदाय क्यों हैं और मुसलमान एक राष्ट्र क्यों हैं। इस प्रकार, राजनीतिक ढांचे में सामंजस्य के दृष्टिकोण से अंतर सबसे महत्त्वपूर्ण चरित्र का है क्योंकि अंतर अंतिम नियति में से एक है। इस अंतर का गतिशील चरित्र निर्विवाद है। यदि यह जारी रहता है, तो इसका प्रभाव राज्य को टुकड़ों में विभाजित करने जैसा हो सकता है। लेकिन जहाँ तक सुरक्षा उपायों का सवाल है, एक राष्ट्र और एक समुदाय के बीच कोई अंतर नहीं हो सकता। एक समुदाय एक राष्ट्र की तरह समान अधिकारों और सुरक्षा उपायों का दावा करने का हकदार है।

पाकिस्तान के लिए दार्शनिक औचित्य की खोज में देरी इस तथ्य के कारण है कि मुस्लिम नेताओं को मुसलमानों को एक समुदाय और अल्पसंख्यक के रूप में बोलने की आदत हो गई थीं। इस शब्दावली का प्रयोग उन्हें गलत दिशा में ले गया और अंत की ओर ले गया। चूँकि उन्होंने खुद को अल्पसंख्यक समुदाय के रूप में स्वीकार कर लिया था, इसलिए उन्हें लगा कि सुरक्षा उपायों की माँग करने के अलावा उनके लिए और कुछ भी खुला नहीं है, जो उन्होंने किया और जिसके साथ वे लगभग आधी सदी तक चिंतित रहे। यदि उन्हें ऐसा लगता कि उन्हें स्वयं को अल्पसंख्यक स्वीकार करने से नहीं रुकना चाहिए, लेकिन वे एक अल्पसंख्यक जो कि एक समुदाय है और एक अल्पसंख्यक जो एक राष्ट्र है, को अलग करने के लिए आगे बढ़ सकते हैं, उन्हें पाकिस्तान के लिए इस दार्शनिक औचित्य की खोज के रास्ते पर ले जाया जा सकता है। उस स्थिति में, पाकिस्तान, पूरी संभावना है, उससे कहीं पहले ही आ गया होता।

जो भी हो, तथ्य तो यही है कि मुसलमानों में पूर्ण परिवर्तन आ चुका है और यह परिवर्तन किसी आपराधिक प्रलोभन से नहीं बल्कि इस बात की खोज से हुआ है कि उनकी सच्ची और अंतिम नियति क्या है। कुछ लोगों के लिए, परिवर्तन की यह अचानकता झटका दे सकती है।

लेकिन जिन लोगों ने पिछले बीस वर्षों से हिंदू–मुस्लिम राजनीति के पाठ्यक्रम का अध्ययन किया है, वे यह महसूस किए बिना नहीं रह सकते कि यह परिवर्तन, यह दोनों का अलगाव, रास्ते में था। हिंदू–मुस्लिम राजनीति के पाठ्यक्रम को एक दुःखद और अशुभ समानता द्वारा चिह्नित किया गया है। हिंदू और मुसलमान समानांतर रास्ते पर चले हैं। निस्संदेह, वे उसी दिशा में गए। लेकिन उन्होंने कभी भी एक ही रास्ते पर यात्रा नहीं की। 1885 में, अंग्रेजों के विरुद्ध भारतीयों के राजनीतिक अधिकारों की पुष्टि के लिए हिंदुओं ने कांग्रेस की शुरुआत की। मुसलमानों ने कांग्रेस में शामिल होने के लिए हिंदुओं के प्रलोभन से इनकार कर दिया। 1885 से 1906 के बीच मुसलमान हिंदू राजनीति की इस धारा से दूर रहे। 1906 में उन्हें मुस्लिम समुदाय की राजनीतिक गतिविधियों में भाग लेने की आवश्यकता महसूस हुई। फिर भी उन्होंने मुस्लिम राजनीतिक जीवन के प्रवाह के लिए अपना अलग चैनल खोज लिया। इस प्रवाह को मुस्लिम लीग नामक एक अलग राजनीतिक संगठन द्वारा नियंत्रित किया जाना था। मुस्लिम लीग के गठन के बाद से मुस्लिम राजनीति का पानी इस अलग प्रणाली में बह गया है। दुर्लभ अवसरों को छोड़कर, कांग्रेस और लीग अलग–अलग रहे हैं और अलग–अलग काम किया है। उनके लक्ष्य और उद्देश्य हमेशा एक जैसे नहीं रहे हैं। उन्होंने अपने वार्षिक सत्र भी एक ही स्थान पर आयोजित करने से परहेज किया है, क्योंकि कहीं एक की छाया दूसरे पर न पड़ जाए। ऐसा नहीं है कि लीग और कांग्रेस की मुलाकात नहीं हुई है। दो मुलाकातें हुई हैं लेकिन केवल बातचीत के लिए, एक बार सफलता मिली और एक बार सफलता नहीं मिली। वे 1916 में लखनऊ में मिले और उनके प्रयासों को सफलता मिली। 1925 में उनकी मुलाकात हुई लेकिन बिना सफलता के 1928 में मुसलमानों का एक वर्ग तैयार हुआ कांग्रेस से मिलने के लिए दूसरे वर्ग ने मिलने से इनकार कर दिया। यह बल्कि अंग्रेजों पर निर्भर रहना पसंद किया। मुद्दा यह है कि, वे मिले लेकिन कभी विलीन नहीं हुए केवल खिलाफत आंदोलन के दौरान ही दोनों चैनलों का पानी अपने निर्धारित मार्ग को छोड़कर एक धारा के

रूप में बहता था। ऐसा माना जाता था कि जिस जल को जोड़ने से भगवान प्रसन्न होते हैं उसे कोई भी चीज अलग नहीं कर सकती। लेकिन वह आशा झूठी निकली। यह पाया गया कि दोनों जल की संरचना में कुछ ऐसा था जो उन्हें अलग होने के लिए मजबूर कर देगा। उनके संगम के कुछ वर्षों के भीतर और जैसे ही खिलाफत का सार गायब हो गया – एक धारा के पानी ने दूसरे की उपस्थिति पर हिंसक प्रतिक्रिया की, जैसे कोई किसी विदेशी पदार्थ के शरीर में प्रवेश करने पर करता है। प्रत्येक ने एक–दूसरे को बाहर फेंकने और अलग होने की प्रवृत्ति दिखानी शुरू कर दी। परिणाम यह हुआ कि जब पानी अलग हुए, तो उन्होंने इतने अधीर वेग और दृढ़ हिंसा के साथ किया – यदि कोई पानी के बारे में बात करते समय एक–दूसरे के खिलाफ ऐसी भाषा का उपयोग कर सकता है कि उसके बाद वे एक–दूसरे से कहीं अधिक गहरे और कहीं अधिक दूर के चैनलों में बह रहे हैं पहले से मौजूद लोगों के अलावा। वास्तव में, जिस वेग और हिंसा के साथ दोनों पानी उस तालाब से बाहर निकले हैं जिसमें वे अस्थायी रूप से एकत्र हुए थे, उससे उनके बहने की दिशा बदल गई है। एक समय उनकी दिशा समानान्तर थी। अब वे विपरीत हैं। एक पहले की तरह पूर्व की ओर बह रही है। दूसरा विपरीत दिशा में, पश्चिम की ओर बहना शुरू हो गयी है। मुझे यकीन है कि भाषण के विशेष रूप पर किसी भी संभावित आपत्ति के अलावा, यह नहीं कहा जा सकता है कि यह हिंदू–मुस्लिम राजनीति के इतिहास की गलत व्याख्या है। यदि कोई इस समानता को ध्यान में रखता है, तो उसे पता चलेगा कि परिवर्तन के बारे में कुछ भी अचानक नहीं है। यदि परिवर्तन एक क्रांति है, तो हिंदू–मुस्लिम राजनीति में समानता उस क्रांति के विकास को चिह्नित करती है। मुस्लिम राजनीति को समानांतर रूप से चलना चाहिए था और राजनीति की हिंदू धारा में उसका कभी विलय नहीं होना चाहिए था, यह आधुनिक भारतीय इतिहास का एक अजीब तथ्य है। खुद को इस तरह अलग करने में मुसलमान किसी रहस्यमय भावना से प्रभावित थे, जिसके स्रोत को वे परिभाषित नहीं कर सकते थे और एक छिपे हुए

हाथ से मार्गदर्शन कर रहे थे, जिसे वे देख नहीं सकते थे, लेकिन जो उन्हें हिंदुओं से अलग रहने के लिए निर्देशित कर रहा था। यह रहस्यमय अनुभूति और यह छिपा हुआ हाथ कोई और नहीं बल्कि उनकी पूर्व–निर्धारित नियति थी, पाकिस्तान का प्रतीक, जो उनके लिए अज्ञात था, उनके भीतर काम कर रहा था। इस प्रकार देखा जाए तो पाकिस्तान के विचार में कुछ भी नया या अचानक नहीं है। एकमात्र चीज जो घटित हुई है वह यह है कि जो अस्पष्ट था वह अब पूर्ण चमक में दिखाई देता है, और जो अनाम था उसने एक नाम ले लिया है।

VI

पूरी चर्चा को सारांशित करते हुए, ऐसा प्रतीत होता है कि एक अभिन्न भारत एक स्वतंत्र भारत या यहाँ तक कि एक प्रभुत्व के रूप में भारत के साथ असंगत है। इस बात को ध्यान में रखते हुए कि भारत एक अभिन्न अंग है, स्वतंत्रता की उसकी सभी उम्मीदें उसके भविष्य पर भारी पड़ रही हैं। यदि राष्ट्रीय नियति की कल्पना स्वतंत्रता के संदर्भ में की जाती है तो निराशा होती है, क्योंकि हिंदू उस रास्ते पर नहीं चलेंगे। उनके पास इसका पालन न करने का कारण है। उन्हें डर है कि इस तरह से हिंदुओं पर मुसलमानों का वर्चस्व स्थापित हो जाएगा। हिंदू देखते हैं कि स्वतंत्रता के लिए मुसलमानों का कदम निर्दोष नहीं है। इसका उपयोग केवल हिंदुओं को ब्रिटिश साम्राज्य की रक्षा कवच से बाहर लाने और फिर पड़ोसी मुस्लिम देशों के साथ गठबंधन करके और उनकी सहायता से उन्हें अपने अधीन करने के लिए किया जाना है। मुसलमानों के लिए आजादी अंत नहीं है। यह मुस्लिम राज स्थापित करने का एक साधन मात्र है। यदि अधिराज्य पद के संदर्भ में राष्ट्रीय नियति की कल्पना की जाती है तो निराशा होती है क्योंकि मुसलमान इसका पालन करने के लिए सहमत नहीं होंगे। उन्हें डर है कि अधिराज्य पद के तहत, हिंदू एक व्यक्ति एक वोट और एक वोट एक मूल्य के सिद्धांत का लाभ उठाकर उन पर हिंदू राज स्थापित करेंगे,

और मुसलमानों को महत्त्व देकर सिद्धांत का लाभ कितना भी कम कर दिया जाए, इसका परिणाम हम हिंदुओं की, हिंदुओं द्वारा और इसलिए हिंदुओं के लिए सरकार बनने से चूक नहीं सकते। इसलिए, यदि इस बात पर जोर दिया जाता है कि भारत एक अभिन्न अंग के रूप में रहेगा, तो उसकी नियति के प्रति पूर्ण निराशा ही भारत की नियति प्रतीत होती है।

यह विचारणीय प्रश्न है कि क्या अखंड भारत संघर्ष करने लायक आदर्श है? सबसे पहले, भले ही भारत एक अभिन्न समग्र बना रहे, यह कभी भी एक जैविक संपूर्ण नहीं होगा। भारत भले ही नाम से एक देश के रूप में जाना जाता रहेगा, लेकिन वास्तव में यह दो अलग–अलग देश होंगे – पाकिस्तान और हिंदुस्तान – एक मजबूर और कृत्रिम संघ द्वारा एक साथ जुड़ा हुआ।

ऐसा विशेषकर द्विराष्ट्र सिद्धांत के दबाव में होगा। वैसे भी, एकता के विचार की तथ्य और वास्तविकता की भारतीय दुनिया पर बहुत कम पकड़ रही है, आम भारतीय, हिंदू या मुस्लिम, जिनकी दृष्टि उस घाटी से बँधी है जिसमें वह रहता है, के लिए बहुत कम आकर्षण है। लेकिन इसने दोनों पक्षों के कल्पनाशील और अपरिष्कृत दिमागों को आकर्षित किया। द्वि–राष्ट्र सिद्धांत एकता की उस भावनात्मक इच्छा के विकास के लिए भी जगह नहीं छोड़ेगा। राजनीति में द्वैतवाद के उस वायरस के फैलने से किसी दिन एक ऐसी मानसिकता का निर्माण होना चाहिए जो निश्चित रूप से इस मजबूर संघ के विघटन के लिए जीवन और मृत्यु के संघर्ष का आह्वान करेगी। यदि किसी श्रेष्ठ शक्ति के कारण विघटन नहीं होता है, तो भारत के साथ एक बात निश्चित रूप से घटित होगी – वह यह कि यह निरंतर मिलन अपने लोगों की जीवन शक्ति को नष्ट कर देगा, उसकी एकजुटता को ढीला कर देगा, प्रेम और विश्वास पर उसकी पकड़ को कमजोर कर देगा की और इसके नैतिक और यदि विकास को बाधित नहीं करना है तब भी भौतिक संसाधनों के उपयोग को रोकना है। भौतिक सामग्री के उपयोग से लाभ भारत एक रक्तहीन और रुग्ण राज्य होगा, अप्रभावी, एक जीवित लाश, भले ही दफनाया न गया हो।

इस जबरन मिलन का दूसरा नुकसान हिंदू–मुस्लिम समझौते के लिए आधार खोजने की आवश्यकता होगी। किसी समझौते पर पहुँचना कितना मुश्किल है, यह किसी को बताने की जरूरत नहीं है। भारत को पाकिस्तान और हिंदुस्तान में विभाजित करने के अलावा, देश में अन्य हितों को नुकसान पहुँचाए बिना और क्या पेशकश की जा सकती है, जो समझौता करने की दृष्टि से पहले ही स्वीकार कर लिया गया है, उसकी कल्पना करना मुश्किल है। लेकिन जो भी कठिनाइयाँ हों, यह नहीं कहा जा सकता कि यदि यह जबरन संघ जारी रहता है, तो भारत के लिए कोई राजनीतिक प्रगति नहीं हो सकती जब तक कि इसके साथ सांप्रदायिक समझौता न हो। वास्तव में, एक सांप्रदायिक समझौता बल्कि अभी के लिए एक अंतरराष्ट्रीय समझौता और इसके बाद हिंदुओं और मुसलमानों को दो राष्ट्रों के रूप में माना जाना चाहिए–जबरन संघ की इस योजना के तहत राजनीतिक प्रगति के हर इंच के लिए एक शर्त बनी रहेगी।

इस मजबूर राजनीतिक गठबंधन का तीसरा नुकसान होगा। यह किसी तीसरे पक्ष की उपस्थिति को खत्म नहीं कर सकता। प्रथम स्थान पर संविधान, यदि कोई अस्तित्त्व में आता है, तो पारस्परिक रूप से संदिग्ध और अमित्र राज्यों का संघ एक होगा। वे अपनी इच्छा से किसी तीसरे पक्ष की उपस्थिति चाहते हैं विवाद के मामलों में अपील करें। उनके शक्की और अमित्रता के प्रति रिश्ते एक–दूसरे के आड़े आएँगे।

दो राष्ट्र बातचीत के रास्ते संतुष्टि तक पहुँच रहे हैं। भविष्य में भारत में अंग्रेजों के प्रति विरोध की वह एकता भी नहीं रहेगी जो अतीत में अनेक लोगों के हृदयों को प्रसन्न करती थी। दोनों राष्ट्र अंग्रेजों के खिलाफ एकजुट होने के लिए पहले से कहीं अधिक एक–दूसरे के विरोधी होंगे। दूसरे, संविधान का आधार हिंदुओं और मुसलमानों के बीच समझौता होगा, और ऐसे संविधान के सफल संचालन के लिए पर्याप्त सशस्त्र बल के साथ तीसरे पक्ष की उपस्थिति आवश्यक होगी। यह देखने के लिए कि समझौता न टूटे।

निःसंदेह, यह सब राजनीतिक नियति की हताशा को दर्शाता है, जिसे हिंदू और मुस्लिम दोनों ही सँजोने का दावा करते हैं और जिसके शीघ्र पूरा होने की वे पूरी निष्ठा से कामना करते हैं। हालांकि, यदि दो युद्धरत राष्ट्र एक देश और एक संविधान के दायरे में बंद हो जाएँ तो और क्या उम्मीद की जा सकती है?

इस अँधेरे दृश्य से तुलना करें, वह दृश्य जो खुलता है यदि भारत पाकिस्तान और हिंदुस्तान में बँट गया है। विभाजन उस नियति की पूर्ति का रास्ता खोलता है जिसे प्रत्येक व्यक्ति अपने लिए तय कर सकता है। मुसलमान अपने लिए पाकिस्तान की आजादी या प्रभुत्व का दर्जा, जो भी वे अपने लिए अच्छा समझते हों, चुनने के लिए स्वतंत्र होंगे। हिंदू अपने हिंदुस्तान की स्वतंत्रता या प्रभुत्व की स्थिति, जो भी वे अपनी स्थिति के लिए उचित समझें, चुनने के लिए स्वतंत्र होंगे। मुसलमान हिंदू राज के दुःस्वप्न से मुक्त हो जाएँगे और हिंदू खुद को मुस्लिम राज के खतरे से बचा लेंगे। इस प्रकार दोनों के लिए राजनीतिक प्रगति का मार्ग सुगम हो जाता है। वस्तु के निराश होने का भय पूर्ति की आशा को स्थान देता है। यदि भारत, एक अभिन्न अंग के रूप में, कोई राजनीतिक प्रगति करना चाहता है, तो सांप्रदायिक समझौता एक आवश्यक शर्त बनी रहनी चाहिए। लेकिन पाकिस्तान और हिंदुस्तान ऐसी पूर्व शर्त के कठोर आघात से मुक्त हैं और यदि अल्पसंख्यकों के साथ सांप्रदायिक समझौता एक पूर्व शर्त बनी रहेगी तो भी इसे पूरा करना मुश्किल नहीं होगा। प्रत्येक का मार्ग इस बाधा से मुक्त हो जाता है। पाकिस्तान की एक और खूबी है जिसका जिक्र जरूर किया जाना चाहिए। यह आम तौर पर स्वीकार किया जाता है कि हिंदुओं और मुसलमानों के बीच एक प्रकार का विरोध मौजूद है, जिसे यदि समाप्त नहीं किया गया तो भारत की शांति और प्रगति के लिए विनाशकारी साबित होगा। लेकिन यह एहसास नहीं हुआ कि शरारत इतनी ज्यादा नहीं हुई है।

इसके प्रदर्शन के लिए एक साझा नाटकशाला के अस्तित्त्व के रूप में आपसी विरोध का अस्तित्त्व है। यह आम रंगमंच है जो इस विरोध

को क्रियान्वित करता है। ऐसा तो हो ही नहीं सकता जब दोनों को सामान्य चिंता के कार्यों में भाग लेने के लिए बुलाया जाता है तो उस विरोध के प्रदर्शन के अलावा और क्या हो सकता है जो उनमें अंतर्निहित है। अब पाकिस्तान की योजना का यह फायदा है कि वह उस सामाजिक वैमनस्य के खेल के लिए कोई रास्ता नहीं छोड़ती जो हिंदुओं और मुसलमानों के बीच असंतोष का कारण है। हिंदुस्तान और पाकिस्तान को शांति और शांति की उस अशांति से पीड़ित होने का कोई डर नहीं है, जिसने भारत को इतने सालों तक तोड़ दिया है और नोच दिया है। अंतिम, लेकिन किसी भी तरह से कम महत्त्वपूर्ण नहीं, शांति बनाए रखने के लिए तीसरे पक्ष की आवश्यकता को समाप्त करना है। इस जबरदस्ती एकीकरण के कारण एक दूसरे पर थोपे गए बंधनों से मुक्त होकर, पाकिस्तान और हिंदुस्तान एक मजबूत स्थिर राज्य के रूप में विकसित हो सकते हैं, जिसमें भीतर से व्यवधान का कोई डर नहीं होगा। दो अलग–अलग संस्थाओं के रूप में, वे अपनी–अपनी नियति तक पहुँच सकते हैं जो कि एक पूरे के हिस्से के रूप में वे कभी नहीं पहुँच सकते।

जो लोग अखंड भारत चाहते हैं उन्हें 1923 में कांग्रेस के अध्यक्ष के रूप में श्री मोहम्मद अली ने क्या कहा था, इस पर ध्यान देना चाहिए। भारतीयों के बीच एकता के बारे में बोलते हुए श्री मोहम्मद अली ने कहा–

> "जब तक विपक्ष की भ्रामक एकता के अलावा कोई नई ताकत भारत के इस विशाल महाद्वीप को एकजुट नहीं करती, यह एक भौगोलिक मिथ्या नाम ही रहेगा।"

क्या कोई नई ताकत है जिसका दोहन किया जाना बाकी है? अन्य सभी ताकतों के विफल होने के बाद, तत्कालीन सरकार बनने के बाद, कांग्रेस को जन संपर्क की योजना में एक नई ताकत दिखाई दी। इसका उद्देश्य मुसलमानों के नेताओं की अनदेखी या उन्हें दरकिनार करके हिंदुओं और मुस्लिम जनता के बीच राजनीतिक एकता पैदा करना था। संक्षेप में, यह टोरी गोल्ड के साथ लेबर को खरीदने की

ब्रिटिश कंजर्वेटिव पार्टी की योजना थी। योजना जितनी शरारतपूर्ण थी उतनी ही निरर्थक भी। कांग्रेस यह भूल गई कि चीजें इतनी कीमती हैं कि कोई भी मालिक, जो उनका मूल्य जानता है, उसे अलग नहीं करेगा और उन्हें धोखा देने के किसी भी प्रयास से नाराजगी और कड़वाहट पैदा होना तय है।

किसी भी व्यक्ति के जीवन में राजनीतिक शक्ति सबसे कीमती चीज होती है। विशेषकर तब जब इसकी स्थिति को लगातार चुनौती दी जा रही हो और समुदाय को इसे पूरा करके इसे चुनौती बनाए रखने की अवश्यकता है।

राजनीतिक शक्ति ही एकमात्र साधन है जिसके द्वारा वह अपनी स्थिति बरकरार रख सकता है। झूठे प्रचार द्वारा, गलतबयानी करके या पद या सोने का लालच देकर इसे अपने साथ अलग करने का प्रयास करना समुदाय को निहत्था करने, उसकी बंदूकों को चुप कराने और उसे अप्रभावी और गुलाम बनाने के बराबर है। यह एकता पैदा करने का एक तरीका हो सकता है। लेकिन यह तरीका घृणित है क्योंकि इसका मतलब है झूठे और अनुचित तरीके से विरोध को दबाना। यह कोई एकता उत्पन्न नहीं कर सकता। यह केवल चिड़चिड़ापन, कड़वाहट और शत्रुता ही पैदा कर सकता है।[1] कांग्रेस की जन संपर्क योजना ने ठीक यही किया। क्योंकि इसमें कोई संदेह नहीं है कि जन संपर्क की इस पागल योजना का पाकिस्तान के उद्‌भव से बहुत बड़ा संबंध रहा है।

---

1. 30 दिसंबर 1925 को अलीगढ़ में आयोजित मुस्लिम लीग के सत्र में अपने अध्यक्षीय भाषण में सर अब्दुर रहीम जैसे शांत व्यक्ति ने हिंदू रणनीति के कारण उत्पन्न इस कड़वाहट को व्यक्त किया, जिसमें उन्होंने मुस्लिम समुदाय पर हमलों की निंदा की लाला लाजपत राय और स्वामी श्रद्धानंद जैसे राजनेताओं के नेतृत्व में शुद्धि, संगठन और हिंदू महासभा आंदोलनों और गतिविधियों का स्वरूप और कहा कुछ हिंदू नेताओं ने सार्वजनिक रूप से मुसलमानों को भारत से बाहर निकालने की बात की थी जैसे स्पेनियों ने स्पेन से मूरों को निष्कासित कर दिया था। यह उनके हिंदू दोस्तों के लिए निगलने के लिए बहुत बड़ा कौर होगा। कृत्रिम परिस्थितियों के लिए धन्यवाद। जिसके तहत वे रहते थे, उन्हें यह स्वीकार करना पड़ा कि हिंदू बहुत लाभ की स्थिति में थे और यहाँ तक कि अंग्रेजों ने भी उनके जहरीले प्रचार से डरना सीख लिया था।

यह कहा जा सकता है कि यह दुर्भाग्यपूर्ण था कि जन संपर्क की कल्पना की गई और इसे एक राजनीतिक लीवर के रूप में नियोजित किया गया और इसका उपयोग अधिक सफलता के साथ सामाजिक एकता के लिए एक ताकत के रूप में किया जा सकता था। लेकिन क्या यह उस सामाजिक दीवार को तोड़ने में सफल हो सका जो हिंदुओं और मुसलमानों को विभाजित करती है? यह हर भारतीय के लिए सबसे गहरे अफसोस की बात है कि उन्हें एक साथ लाने के लिए कोई सामाजिक बंधन नहीं है। दोनों के बीच न तो खान–पान होता है और न ही आपस में विवाह होता है। क्या उनका परिचय कराया जा सकता है? उनके त्यौहार अलग–अलग हैं। क्या हिंदुओं को इन्हें अपनाने या इनमें शामिल होने के लिए प्रेरित किया जा सकता है? उनकी धार्मिक धारणाएं न केवल भिन्न हैं, बल्कि एक–दूसरे के प्रति प्रतिकूल भी हैं, इसलिए एक धार्मिक मंच पर, एक के प्रवेश का मतलब दूसरे का बाहर जाना है। उनकी संस्कृतियां भिन्न हैं; उनके साहित्य और उनके इतिहास अलग है। वे न केवल भिन्न हैं, बल्कि एक–दूसरे के प्रति इतने अरुचिकर हैं कि वे निश्चित रूप से घृणा और उबकाई पैदा करेंगे। क्या कोई उन्हें जीवन के इन शाश्वत स्रोतों के एक ही स्रोत से पानी पिला सकता है? कोई सामान्य बैठक स्थल मौजूद नहीं है। किसी की भी खेती नहीं की जा सकती। यहाँ तक कि पर्याप्त शारीरिक संपर्क भी नहीं है, साझा सांस्कृतिक और भावनात्मक जीवन साझा करना तो दूर की बात है। वे एक साथ नहीं रहते हिंदू और मुसलमान अपनी अलग दुनिया में रहते हैं। उन प्रांतों में जहाँ हिंदू बहुसंख्यक हैं, हिंदू गांवों में और मुसलमान शहरों में रहते हैं। उन प्रांतों में जहाँ मुसलमान बहुसंख्यक हैं, मुसलमान गाँवों में और हिंदू

हिंदू थे वे सार्वजनिक पदों पर बैठे सर्वश्रेष्ठ मुसलमानों को हर संभव तरीके से नीचा दिखाने की कला में समान रूप से निपुण थे, केवल उन लोगों को छोड़कर जिन्होंने हिंदू राजनीतिक पंथ की सदस्यता ली थी। उन्होंने वास्तव में अपने उत्तेजक और आक्रामक आचरण से मुसलमानों को पहले से कहीं अधिक स्पष्ट कर दिया था कि बाद वाले भी ऐसा कर सकते हैं। अपना भाग्य हिंदुओं को न सौंपें और उन्हें आत्मरक्षा के हर संभव उपाय अपनाने चाहिए।"–ऑल–इंडिया रजिस्टर, 1925, खंड–द्वितीय, ,पृ. 356.

शहरों में रहते हैं। वे जहाँ भी रहते हैं, अलग–अलग रहते हैं। हर शहर, हर गाँव के अपने हिंदू मोहल्ले और मुस्लिम मोहल्ले होते हैं, जो एक–दूसरे से काफी अलग होते हैं। भागीदारी का कोई सामान्य सतत चक्र नहीं है। वे व्यापार करने के लिए मिलते हैं या वे हत्या करने के लिए मिलते हैं। वे एक–दूसरे से दोस्ती करने के लिए नहीं मिलते हैं। जब व्यापार के लिए कोई बुलावा नहीं आता या जब हत्या के लिए कोई बुलावा नहीं आता, तो वे मिलना बंद कर देते हैं। जब शांति होती है तो हिंदू मोहल्ले और मुस्लिम मोहल्ले दो विदेशी बस्तियों की तरह दिखाई देते हैं। जैसे ही युद्ध की घोषणा होती है, बस्तियाँ सशस्त्र शिविर बन जाती हैं। शांति की अवधि और युद्ध की अवधि संक्षिप्त हैं। लेकिन अंतराल निरंतर तनाव में से एक है। ऐसी बाधाओं के विरुद्ध सामूहिक संपर्क क्या कर सकता है? यह बाधा के दूसरी ओर भी नहीं जा सकता, जैविक एकता तो पैदा ही नहीं कर सकता।

भाग–5

पाकिस्तान के प्रश्न पर पिछले पृष्ठों में जो कुछ कहा गया है, उसके बारे में अलग–अलग लोगों ने अलग–अलग तरीके से सोचा है। लोगों के एक समूह ने आरोप लगाया है कि मैंने केवल मुद्दे के दो पक्षों और उससे उत्पन्न होने वाली समस्याओं के बारे में बताया है, लेकिन उनमें से किसी पर भी अपने व्यक्तिगत विचार व्यक्त नहीं किए हैं। यह सही नहीं है। जिस किसी ने भी पिछले हिस्से पढ़े हैं, उसे यह स्वीकार करना होगा कि मैंने अपने विचार काफी सकारात्मक शब्दों में व्यक्त किए हैं, यदि सभी पर नहीं, तो निश्चित रूप से कई प्रश्नों पर विशेष रूप से मैं इस विवाद में दो सबसे महत्त्वपूर्ण बातों का उल्लेख कर सकता हूँ, अर्थात्, क्या मुसलमान एक राष्ट्र हैं, और क्या वे पाकिस्तान के लिए एक मामला हैं। कुछ अन्य लोग भी हैं जिनकी आलोचना की शैली अलग तरह की है। उन्हें यह शिकायत नहीं है कि मैं अपने व्यक्तिगत विचार व्यक्त करने में असफल रहा हूँ। वे जो शिकायत करते हैं वह यह है कि अपने निष्कर्षों पर पहुँचने में मैंने प्रस्तावों पर भरोसा किया है जैसे कि वे अपने आवेदन में पूर्ण थे और उन्होंने कोई अपवाद स्वीकार नहीं किया है। मुझे बताया गया है, क्या आपने अपने निष्कर्ष बहुत सामान्य शब्दों में नहीं बताए हैं? क्या एक सामान्य प्रस्ताव शर्तों और सीमाओं के अधीन नहीं है? क्या आपने कुछ जटिल समस्याओं को संक्षिप्त और साहसी तरीके से नहीं निपटाया है? क्या आपने दिखाया है कि पाकिस्तान कैसे न्यायसंगत और शांतिपूर्ण तरीके से अस्तित्त्व में लाया जा सकता है? यह आलोचना भी पूरी तरह सही नहीं है यह कहना सही नहीं है कि मैंने इन बिंदुओं पर विचार करना छोड़

दिया है। हो सकता है कि उनके प्रति मेरा व्यवहार संक्षिप्त और बिखरा हुआ हो। हालाँकि, मैं यह स्वीकार करने के लिए तैयार हूँ कि इस आलोचना में बहुत ताकत है और मैं अभाव को सुधारने के लिए बाध्य हूँ। इसलिए यह भाग निम्नलिखित विषयों पर विचार करने के लिए अभिप्रेत और समर्पित है–

1. *वे कौन से सीमित विचार हैं जो पाकिस्तान के लिए मुस्लिम मामले को प्रभावित करते हैं?*
2. *पाकिस्तान की समस्याएं क्या हैं? और उनका समाधान क्या है?*
3. *पाकिस्तान के मुद्दे पर निर्णय लेने का अधिकार किसके पास है?*

अध्याय–13

क्या वहाँ पाकिस्तान होना चाहिए?

I

पहले जो कुछ भी हुआ है, उसे देखते हुए संशयवादी, राष्ट्रवादी, रुढ़िवादी और पुरानी दुनिया के भारतीय यह पूछने से नहीं चूकेंगे कि "क्या पाकिस्तान होना चाहिए?" ऐसे रवैये को कोई भी उजागर नहीं कर सकता। पाकिस्तान की समस्या वास्तव में बहुत गंभीर है और यह स्वीकार किया जाना चाहिए कि यह प्रश्न न केवल मुसलमानों और उनके समर्थकों के सामने प्रासंगिक और निष्पक्ष है, बल्कि महत्त्वपूर्ण भी है। इसका महत्त्व इस तथ्य में निहित है कि पाकिस्तान के मामले में उसकी ताकत की सीमाएं इतनी अधिक हैं कि उन्हें आसानी से नजरअंदाज नहीं किया जा सकता है। इन सीमाओं का केवल एक बयान ही किसी को उनकी ताकत का एहसास कराने के लिए पर्याप्त होना चाहिए। यह उनके चेहरे पर ही न्यायादेश लिखा हुआ है। ऐसा होने पर, पाकिस्तान के पक्ष में एक अनिवार्य आवश्यकता स्थापित करने के लिए मुसलमानों पर सबूत का बोझ बहुत भारी है। वास्तव में पाकिस्तान का मुद्दा या स्पष्ट रूप से कहें तो भारत के विभाजन का मुद्दा यह इतने गंभीर चरित्र का है कि मुसलमानों को न केवल सबूत के इस बोझ का निर्वहन करना होगा बल्कि उन्हें ऐसे चरित्र के सबूत पेश करने होंगे जो अंतरराष्ट्रीय न्यायाधिकरण की अंतरात्मा को संतुष्ट कर सकें, इससे पहले कि वे अपना मामला जीत सकें।

II

क्या पाकिस्तान होना ही चाहिए क्योंकि भारत की मुस्लिम आबादी का एक बड़ा हिस्सा कुछ निश्चित क्षेत्रों में केंद्रित है जिन्हें शेष भारत से आसानी से अलग किया जा सकता है? माना जाता है कि मुस्लिम आबादी कुछ सुपरिभाषित क्षेत्रों में केंद्रित है और हो सकता है कि ये क्षेत्र अलग–अलग हों। लेकिन उससे क्या? इस प्रश्न पर विचार करते समय किसी को इस मूलभूत तथ्य को नजरअंदाज नहीं करना चाहिए कि प्रकृति ने भारत को एक अकेला भौगोलिक इकाई बनाया है। भारतीय बेशक झगड़ रहे हैं और कोई भविष्यवाणी नहीं कर सकता कि वे कब झगड़ना बंद करेंगे। लेकिन इस तथ्य को स्वीकार करने से क्या स्थापित होता है? बस इतना कि भारतीय झगड़ालू लोग होते हैं। यह इस तथ्य को नष्ट नहीं करता कि भारत एक भौगोलिक इकाई है। उसकी एकता प्रकृति जितनी प्राचीन है। इस भौगोलिक इकाई के भीतर और इसके संपूर्ण क्षेत्र में अनादि काल से एक सांस्कृतिक एकता रही है। इस सांस्कृतिक एकता ने राजनीतिक और नस्लीय विभाजन को चुनौती दी है। और किसी भी दर पर, पिछले सौ पचास वर्षों से सभी संस्थाएँ–सांस्कृतिक, राजनीतिक, आर्थिक, कानूनी और प्रशासनिक–कार्य के एक समान स्रोत पर काम कर रही हैं। पाकिस्तान की किसी भी चर्चा में इस तथ्य को नजरअंदाज नहीं किया जा सकता, अर्थात् शुरुआती बिंदु, यदि शासक कारक नहीं, तो भारत की मौलिक एकता है। इस तथ्य को समझना आवश्यक है कि वास्तव में विभाजन के दो मामले हैं जिन्हें स्पष्ट रूप से अलग किया जाना चाहिए। एक ऐसा मामला है जिसमें शुरुआती बिंदु अलगाव की पूर्व–मौजूदा स्थिति है, इसलिए विभाजन केवल उन हिस्सों का विघटन है जो एक बार अलग हो गए थे और जो बाद में एक साथ जुड़ गए थे। यह मामला दूसरे से काफी अलग है जिसमें हर समय शुरुआती बिंदु एकता की स्थिति है। नतीजतन, ऐसे मामले में विभाजन एक ऐसे क्षेत्र का विच्छेद है जो एक ही संपूर्ण भाग रहा है। जहाँ शुरुआती बिंदु क्षेत्र की एकता नहीं है, यानी, जहाँ एकता होने से पहले असहमति थी, विभाजन – जो केवल

मूल की ओर वापसी है, मानसिक झटका नहीं दे सकता है। लेकिन भारत में शुरुआती बिंदु एकता है। अब इसकी एकता को क्यों नष्ट करें, सिर्फ इसलिए कि कुछ मुसलमान असंतुष्ट हैं? जब इकाई ऐतिहासिक काल से एक ही इकाई है तो इसे क्यों तोड़ें?

III

क्या वहाँ पाकिस्तान होना चाहिए क्योंकि वहाँ हिंदुओं और मुसलमानों के बीच सांप्रदायिक विरोध है? इस बात से कोई इनकार नहीं कर सकता कि सांप्रदायिक विरोध मौजूद है। लेकिन सवाल यह है कि क्या दुश्मनी ऐसी है कि एक देश और एक संविधान के तहत एक साथ रहने की इच्छाशक्ति नहीं बची है? निश्चित रूप से एक साथ रहने की इच्छा 1937 तक अनुपस्थित नहीं थी। भारत सरकार अधिनियम, 1935 के प्रावधानों के निर्माण के दौरान, हिंदू और मुसलमान दोनों ने इस विचार को स्वीकार किया कि उन्हें एक साथ रहना चाहिए।

एक संविधान के तहत रहना चाहिए और एक देश में और अधिनियम के पारित होने से पहले हुई चर्चाओं में भाग लेना और 1920 और 1935 के बीच भारत में सांप्रदायिक भावना की स्थिति क्या थी? जैसा कि पिछले पृष्ठों में दर्ज किया गया है, 1920 से 1935 तक भारत का इतिहास सांप्रदायिक संघर्ष की एक लंबी कहानी है जिसमें जीवन की हानि और संपत्ति की हानि सबसे शर्मनाक सीमा तक पहुँच गई थी। सांप्रदायिक स्थिति कभी भी इतनी गंभीर नहीं थी, जितनी भारत सरकार अधिनियम, 1935 के पारित होने से पहले 15 वर्षों की अवधि के बीच थी, और फिर भी दुश्मनी की इस लंबी कहानी ने हिंदुओं और मुसलमानों को एक साथ रहने के लिए एक ही देश और एक ही संविधान के तहत सहमत होने से नहीं रोका। अब इतना सांप्रदायिक प्रतिरोध क्यों फैलाया जाए?

क्या भारत एकमात्र ऐसा देश है जहाँ सांप्रदायिक विद्वेष है? कनाडा के बारे में क्या?[1] विचार करें कि कनाडा में अंग्रेजों और फ्रांसीसियों के बीच संबंधों पर श्री अलेक्जेंडर ब्रैडी का क्या कहना है—

1. कनाडा—अध्याय 1

"चार मूल प्रांतों में से तीन, नोवा स्कोटिया, न्यू ब्रंसविक और ओंटारियो में काफी हद तक समान एंग्लो–सैक्सन स्टॉक और परंपराओं की आबादी थी। मूल रूप से अमेरिकी क्रांति के उप–उत्पाद, इन उपनिवेशों की स्थापना 50,000 संयुक्त साम्राज्य के वफादारों द्वारा की गई थी, जिन्होंने उत्पीड़न से बचने के लिए उत्तर की ओर चले गए और अपनी बस्तियों को जंगल से बाहर कर दिया। अमेरिकी क्रांति से पहले, नोवा स्कोटिया को अच्छी संख्या में स्कॉच और अमेरिकी निवासी मिले थे, और क्रांति के बाद सभी उपनिवेशों में ग्रेट ब्रिटेन और आयरलैंड के अप्रवासियों द्वारा वफादार बस्तियों को मजबूत किया गया था।

"क्यूबेक प्रांत बहुत अलग था। 1867 में फ्रांसीसी कनाडा अपने आप में एक सांस्कृतिक इकाई था, जो नस्ल, भाषा और धर्म की बाधाओं से ब्रिटिश समुदायों से अलग था। इसका जीवन एक अलग साँचे में चलता था। मध्यकालीन कैथोलिक आस्था की तीव्रता से प्रेरित होकर, इसने बड़े पैमाने पर कैल्विनवादी प्रोटेस्टेंटवाद के मिश्रित शुद्धतावाद और अन्य–सांसारिकता को बहुत कम सहानुभूति के साथ देखा। दोनों लोगों की धार्मिक आस्थाएँ वास्तव में बहुत अलग थीं। सामाजिक रूप से, यदि हमेशा धार्मिक दृष्टिकोण में नहीं, तो अंग्रेजी प्रोटेस्टेंटवाद लोकतंत्र की ओर प्रवृत्त हुआ, यथार्थवाद और आधुनिकतावादः फ्रांसीसियों का कैथोलिकवाद पितृवाद, आदर्शवाद और अतीत के प्रति श्रद्धा की ओर झुक गया।

फ्रांसीसी कनाडा 1867 में जो था, वह अब भी काफी हद तक बना हुआ है। इसने अभी भी उन मान्यताओं, रीति–रिवाजों और संस्थाओं को संजोया है जिनमें अंग्रेजी प्रांतों में थोड़ी कमियां हैं। इसकी विशिष्ट सोच और उत्साह है और इसके अपने महत्त्वपूर्ण मूल्य हैं। उदाहरण के लिए, विवाह और तलाक पर इसका रवैया न केवल कनाडा के बाकी हिस्सों के, बल्कि शेष एंग्लो–सैक्सन उत्तरी अमेरिका के प्रमुख दृष्टिकोण के साथ संघर्ष में है।

कनाडा के सबसे बड़े शहर, मॉन्ट्रियल में दो लोगों के बीच संभोग की कम आवृत्ति को दर्शाया गया है। लगभग 63 प्रतिशत आबादी फ्रांसीसी है और 24 प्रतिशत ब्रिटिश है। यहाँ, अगर कहीं है, तो जुड़ाव की पर्याप्त गुंजाइश है, लेकिन वास्तव में वे अलग और पृथक् रहें, सिवाय इसके कि जहाँ व्यवसाय और राजनीति उन्हें एक साथ आने के लिए मजबूर करती है। उनके अपने आवासीय खंड हैं उनके अपने खरीदारी केंद्र हैं, और यदि कोई नस्लीय आरक्षितता के लिए अधिक उल्लेखनीय है, तो वह अंग्रेज हैं।

मॉन्ट्रियल के अंग्रेजी–भाषी निवासियों ने, समग्र रूप से, अपने फ्रेंच--भाषी साथी नागरिकों को जानने, उनकी भाषा सीखने, उनकी परंपराओं और उनकी आकांक्षाओं को समझने, गहरी नजर और सहानुभूतिपूर्वक देखने का कोई प्रयास नहीं किया है। उनके गुणों और उनके दोषों पर ध्यान दें। दो लोगों के अलगाव को भाषा की बाधा से प्रोत्साहित किया जाता है। 1921 की जनगणना से पता चला तथ्य बहुत महत्त्व रखता है। यानी, लगभग 50 प्रतिशत कनाडाई फ्रांसीसी मूल के लोग अंग्रेजी बोलने में असमर्थ थे और ब्रिटिश मूल के 95 प्रतिशत लोग फ्रेंच बोलने में असमर्थ थे। यहाँ तक कि मॉन्ट्रियल में भी, 70 प्रतिशत ब्रिटिश फ्रेंच नहीं बोल सकते थे और 34 प्रतिशत फ्रांसीसी अंग्रेजी नहीं बोल सकते थे। एक आम भाषा का अभाव दो राष्ट्रीयताओं के बीच खाई बनाए रखता है और विलय को रोकता है।

''परिसंघ का महत्त्व यह है कि इसने सरकार को एक साधन प्रदान किया, जिसने फ्रांसीसियों को अपने विशिष्ट राष्ट्रीय जीवन को बनाए रखते हुए, ब्रिटिशों के साथ खुश भागीदार बनने और एक कनाडाई उत्तम राष्ट्रीयता प्राप्त करने में सक्षम बनाया, जो अपने स्वयं के समूह से परे वफादारी को अपनाते थे संपूर्ण अधिराज्य के लिए।''

''जबकि संघीय प्रणाली ने कनाडा में व्यापक राष्ट्रीयता के लिए सफलतापूर्वक रास्ता खोल दिया, इसके द्वारा प्रायोजित सहयोग

को कई बार फ्रांसीसी और ब्रिटिशों के बीच विचारों के हिंसक टकराव के क़ारण गंभीर तनाव का सामना करना पड़ा। उत्तम–राष्ट्रीयता वास्तव में अक्सर छाया में सिमट कर रह गई है।"

दक्षिण अफ्रीका के बारे में क्या? जो लोग बोअर्स और ब्रिटिश के बीच संबंधों को नहीं जानते हैं, उन्हें श्री ई. एच. ब्रुक्स'[1] के बारे में क्या कहना है, इस पर विचार करने दें–

"दक्षिण अफ्रीका का राष्ट्रवाद दक्षिण अफ्रीका की दोनों श्वेत जातियों में किस हद तक समान है? निःसंदेह, एक बहुत ही वास्तविक और गहन अफ्रीकी राष्ट्रवाद है; लेकिन आम तौर पर कहें तो, यह एक श्वेत जाति तक ही सीमित भावना है, और इसकी विशेषता काफी हद तक अफ्रीकी भाषा के प्रति प्रेम है, जो हॉलैंड के शुरुआती निवासियों की भाषा है, जैसा कि ह्यूजेनॉट और जर्मन प्रभाव से थोड़ा संशोधित हुआ है, और समय बीतने से बहुत कुछ अफ्रीकी राष्ट्रवाद में विशिष्ट होने की प्रवृत्ति है, और इसमें उस व्यक्ति के लिए बहुत कम जगह है, जो हर तरह से दक्षिण अफ्रीका का एक समर्पित पुत्र है, पूरी तरह या मुख्य रूप से अंग्रेजी बोलता है।"

क्या आज कोई दक्षिण अफ्रीकी राष्ट्र है?

''दक्षिण अफ्रीकी जीवन में कुछ ऐसे कारक हैं जो सकारात्मक उत्तर के विरुद्ध हैं।''

अंग्रेजी बोलने वाले दक्षिण अफ्रीकी लोगों में राष्ट्रीय एकता के उद्देश्य में बाधा डालने वाली कई प्रवृत्तियां पाई जाती हैं। जाति के सभी महान गुणों के साथ उनमें एक प्रमुख दोष है कल्पना की कमी, स्वयं को दूसरे व्यक्ति में डालने में कठिनाई। यह भाषा के प्रश्न से अधिक स्पष्ट रूप से कहीं भी सामने नहीं आता है। हाल तक तुलनात्मक रूप से कुछ अंग्रेजी बोलने वाले दक्षिण अफ्रीकी लोगों ने व्यावसायिक प्रस्ताव के अलावा या (सिविल सेवा में)

1. दक्षिण अफ्रीका का राजनीतिक भविष्य, 1927.

कमोबेश मजबूरी के तहत अफ्रीका का अध्ययन किया है; और अभी भी बहुत कम लोगों ने किया है इसका इस्तेमाल बातचीत के तौर पर किया जाता है। कई लोगों ने इसके बारे में अपने ज्ञान के विपरीत अनुपात में खुली अवमानना–अवमानना के साथ व्यवहार किया है और बहुमत ने केवल सहनशीलता के साथ, स्वभाव के अनुसार क्रोधित या खुश होकर।

इसी मुद्दे पर एक और गवाह को सुना जा सकता है। वह मिस्टर मैनफ्रेड नाथन हैं।[1] दक्षिण अफ्रीका में बोअर्स और अंग्रेजों के बीच संबंधों पर उनका यही कहना है–

"वे भी, मुख्य रूप से, दोनों प्रतिवाद करने वाले लोग हैं– हालांकि आजकल इसका बहुत अधिक महत्त्व नहीं है, जब धर्म के मतभेदों को ज्यादा महत्त्व नहीं दिया जाता है। वे एक–दूसरे के साथ वाणिज्यिक लेन देन में स्वतंत्र रूप से संलग्न होते हैं।

फिर भी यह सच्चाई के साथ नहीं कहा जा सकता है कि अब तक श्वेत आबादी के इन दो बड़े वर्गों के बीच पूरी तरह से मुक्त सामाजिक संपर्क रहा है। यह सुझाव दिया गया है कि यह आंशिक रूप से इस तथ्य के कारण है कि बड़े शहरी केंद्रों में जनसंख्या मुख्य रूप से अंग्रेजी, और शहरवासी देश के लोगों और उनके जीवन के तरीकों के बारे में बहुत कम जानते हैं।

"यहाँ तक कि ग्रामीण कस्बों में भी, एक नियम के रूप में, बोअर्स द्वारा आगंतुकों के लिए बहुत अधिक मित्रता और बहुत अधिक आतिथ्य दिखाया जाता है, लेकिन दोनों वर्गों के बीच आवश्यक व्यावसायिक या पेशेवर संबंध और इस तरह के सामाजिक संबंध के अलावा बहुत अधिक सामाजिक मेलजोल नहीं है। कार्य, धर्मार्थ या सार्वजनिक, सहयोग की आवश्यकता के अनुसार।"

जाहिर तौर पर भारत एकमात्र जगह नहीं है जहाँ सांप्रदायिक विरोध है। यदि साम्प्रदायिक शत्रुता कनाडा में फ्रांसीसियों के अँग्रेजों के

1. दक्षिण अफ्रीकी राष्ट्रमंडल, पृ. 365.

साथ राजनीतिक एकता में रहने के आड़े नहीं आती, यदि यह दक्षिण अफ्रीका में अँग्रेजों के डचों के साथ राजनीतिक एकता में रहने के आड़े नहीं आती, यदि यह साम्प्रदायिक शत्रुता आड़े नहीं आती। स्विट्‌जरलैंड में फ्रांसीसी और इटालियंस जिस तरह से जर्मनों के साथ राजनीतिक एकता में रह रहे थे, तो फिर भारत में हिंदुओं और मुसलमानों के लिए एक संविधान के तहत एक साथ रहने के लिए सहमत होना असंभव क्यों होना चाहिए?

IV

क्या पाकिस्तान होना चाहिए क्योंकि मुसलमानों का कांग्रेस के बहुमत पर से विश्वास उठ गया है? विश्वास की हानि के कारणों के रूप में मुसलमान कांग्रेस के दो साल और तीन महीने के कार्यकाल के दौरान हिंदुओं द्वारा किए गए अत्याचार और उत्पीड़न के कुछ उदाहरणों और कांग्रेस मंत्रालयों की मिलीभगत का हवाला देते हैं। दुर्भाग्य से श्री जिन्ना इन शिकायतों की जाँच के लिए रॉयल कमीशन की माँग पर कायम नहीं रहे। यदि उन्होंने ऐसा किया होता तो हमें पता चल जाता कि इन शिकायतों में कितनी सच्चाई है। इन उदाहरणों का अवलोकन, जैसा कि मुस्लिम लीग समितियों[1] की रिपोर्टों में दिया गया है, पाठक पर यह प्रभाव छोड़ता है कि यद्यपि आरोपों में कुछ सच्चाई हो सकती है, लेकिन बहुत कुछ ऐसा है जो शुद्ध अतिशयोक्ति है। संबंधित कांग्रेस मंत्रालयों ने आरोपों को खारिज करते हुए बयान जारी किए हैं। हो सकता है कि कांग्रेस ने दो साल और तीन महीने के कार्यकाल के दौरान राजनीति कौशल नहीं दिखाया, अल्पसंख्यकों में विश्वास नहीं जगाया, उन्हें दबाने की कोशिश नहीं की। लेकिन क्या यह भारत

1. इस बिंदु पर अखिल भारतीय मुस्लिम लीग द्वारा नियुक्त जाँच समिति का विवरण देखें। मुस्लिम लीग कांग्रेस प्रांतों में मुस्लिम शिकायतों की जाँच करेगी जिसे पीरपुर विवरण के नाम से जाना जाता है। इसके अलावा बिहार में मुसलमानों की कुछ शिकायतों की जाँच के लिए बिहार प्रांतीय मुस्लिम लीग की रिपोर्ट और 13–3–39 की अमृत बाजार पत्रिका में प्रकाशित इन विवरण में शामिल कुछ आरोपों का जवाब देते हुए बिहार सरकार के सूचना अधिकारी द्वारा जारी प्रेस नोट।

बँटवारे का एक कारण हो सकता है? क्या यह आशा करना संभव नहीं है कि जिन मतदाताओं ने पिछली बार कांग्रेस का समर्थन किया था, वे समझदार हो जायेंगे और कांग्रेस का समर्थन नहीं करेंगे? या क्या ऐसा नहीं है कि यदि कांग्रेस सत्ता में लौटती है तो वह अपनी गलतियों से लाभ उठाएगी, अपनी शरारती नीति को संशोधित करेगी और इस तरह अपने पिछले आचरण से पैदा हुए भय को दूर करेगी?

V

क्या पाकिस्तान होना चाहिए क्योंकि मुसलमान एक राष्ट्र हैं? यह अफसोस की बात है कि श्री जिन्ना को ऐसे समय में मुस्लिम राष्ट्रवाद का समर्थक और पक्षपाती बनना चाहिए था जब पूरी दुनिया राष्ट्रवाद की बुराइयों के खिलाफ चिल्ला रही है और किसी तरह के अंतरराष्ट्रीय संगठन में शरण माँग रही है। श्री जिन्ना मुस्लिम राष्ट्रवाद में अपने नव–स्थापित विश्वास से इतने अधिक प्रभावित हैं कि वह यह देखने के लिए तैयार नहीं हैं कि एक ऐसे समाज के बीच कोई अंतर है, जिसके कुछ हिस्से विघटित हो गए हैं, और एक ऐसे समाज के बीच, जिसके कुछ हिस्से केवल ढीले हो गए हैं, जिसे कोई भी समझदार आदमी नजरअंदाज नहीं कर सकता। जब कोई समाज विघटित हो रहा हो – और द्वि–राष्ट्र सिद्धांत समाज और देश का एक सकारात्मक विघटन है– तो यह इस तथ्य का प्रमाण है कि कार्लाइल जिसे जैविक तंतु कहते हैं, उसका अस्तित्त्व नहीं है – यानी, महत्त्वपूर्ण शक्तियाँ जो एक साथ बाँधने का काम करती हैं वे हिस्से जो अलग–अलग कटे हुए हैं। ऐसे मामलों में विघटन पर केवल पछतावा ही किया जा सकता है। इसे रोका नहीं जा सकता हालांकि, जहाँ भी, ऐसे जैविक तंतु मौजूद हैं, उन्हें नजरअंदाज करना और जानबूझकर समाज और देश के विघटन को मजबूर करना एक अपराध है, जैसा कि मुसलमान करते दिख रहे हैं। यदि मुसलमान एक अलग राष्ट्र बनना चाहते हैं तो इसलिए नहीं कि वे अलग राष्ट्र रहे है, बल्कि इसलिए कि वे ऐसा बनना चाहते हैं। मुसलमानों में बहुत कुछ है, जो वे चाहें तो उन्हें एक राष्ट्र बना सकते हैं। लेकिन क्या हिंदू और मुसलमान दोनों में इतनी समानता नहीं है,

जो अगर विकसित हो, तो उन्हें एक व्यक्ति में ढालने में सक्षम हो? इस बात से कोई इनकार नहीं कर सकता कि ऐसे कई तौर–तरीके, शिष्टाचार, संस्कार और रीति–रिवाज हैं जो दोनों में समान हैं। इस बात से कोई इनकार नहीं कर सकता कि धर्म पर आधारित कुछ संस्कार, रीति–रिवाज और प्रथाएँ हैं जो हिंदुओं और मुसलमानों को विभाजित करती हैं। सवाल है, इनमें से किस पर जोर दिया जाना चाहिए। अगर उन चीजों पर जोर दिया जाए जो समान हैं, तो भारत में दो राष्ट्र होने की जरूरत नहीं है। यदि मतभेद के बिंदुओं पर जोर दिया गया तो इसमें कोई संदेह नहीं कि इससे दो राष्ट्रों को जन्म मिलेगा।

श्री जिन्ना का मार्गदर्शन करने वाला दृष्टिकोण यह है कि भारतीय केवल एक लोग हैं और वे कभी भी एक राष्ट्र नहीं हो सकते। यह ब्रिटिश लेखकों की पंक्ति का अनुसरण करता है जो भारतीयों को भारत के लोगों के रूप में बोलने का मुद्दा बनाते हैं और भारतीय राष्ट्र के बारे में बोलने से बचते हैं। माना कि भारतीय कोई राष्ट्र नहीं हैं, कि वे केवल एक लोग हैं। उसका क्या? इतिहास दर्ज करता है कि महान कॉरपोरेट व्यक्तित्त्वों के रूप में राष्ट्रों के उदय से पहले, केवल लोग ही थे। इसमें शर्म की कोई बात नहीं है यदि भारतीय एक व्यक्ति से अधिक कुछ नहीं हैं। न ही निराशा का कोई कारण है कि भारत के लोग यदि चाहें तो एक राष्ट्र नहीं बन सकेंगे। जैसा कि डिजरायली ने कहा, एक राष्ट्र कला का एक काम और समय का एक काम है। यदि हिंदू और मुसलमान उन चीजों पर जोर देने के लिए सहमत हैं जो उन्हें बांधती हैं और उन चीजों को भूल जाते हैं जो उन्हें अलग करती हैं तो कोई कारण नहीं है कि समय के साथ वे एक राष्ट्र के रूप में विकसित न हो जाएँ। ऐसा हो सकता है कि उनका राष्ट्रवाद फ्रेंच या जर्मनों जितना एकीकृत न हो। लेकिन वे सामान्य प्रश्नों पर आसानी से एक सामान्य मनःस्थिति उत्पन्न कर सकते हैं, जिसका कुल योग राष्ट्रवाद की भावना पैदा करने में मदद करती है और जिसके लिए यह बहुत मूल्यवान है। क्या मुस्लिम लीग के लिए केवल मतभेदों पर जोर देना

और बांधने वाली ताकतों को पूरी तरह से नजरअंदाज करना सही है? यह नहीं भूलना चाहिए कि यदि दो राष्ट्र अस्तित्त्व में आते हैं तो ऐसा इसलिए नहीं होगा क्योंकि यह पूर्वनिर्धारित है। यह सुविचारित रचना का परिणाम होगा।

जैसा कि मैंने कहा है, भारत के मुसलमान अभी तक कानूनी या वास्तविक अर्थ में एक राष्ट्र नहीं हैं और केवल इतना ही कहा जा सकता है कि उनमें एक राष्ट्र बनाने के लिए आवश्यक तत्त्व मौजूद हैं। लेकिन यह मानते हुए कि भारत के मुसलमान एक राष्ट्र हैं, क्या भारत एकमात्र ऐसा देश है जहाँ दो राष्ट्र बनने जा रहे हैं? कनाडा के बारे में क्या? हर कोई जानता है कि कनाडा में दो राष्ट्र हैं, अंग्रेज और फ्रांसीसी। क्या दक्षिण अफ्रीका में दो राष्ट्र नहीं हैं, अंग्रेज और डच? स्विट्जरलैंड के बारे में क्या? कौन नहीं जानता कि स्विट्जरलैंड में तीन राष्ट्र रहते हैं, जर्मन, फ्रेंच और इटालियंस? कनाडा में फ्रांसीसियों की माँग है--उन्होंने विभाजन इसलिए किया क्योंकि वे एक अलग राष्ट्र हैं? क्या अंग्रेज दक्षिण अफ्रीका के विभाजन का दावा करें क्योंकि वे बोअर्स से राष्ट्र अलग हैं, क्या कभी किसी ने सुना है कि जर्मन, फ्रेंच और इटालियंस ने कभी भी स्विट्जरलैंड का विखंडन के लिए आंदोलन किया है। क्योंकि वे सभी अलग–अलग राष्ट्र हैं? क्या जर्मनों, फ्रांसीसी और इटालियंस को कभी लगा कि अगर वे एक देश के नागरिक और एक संविधान के तहत रहेंगे तो वे अपनी विशिष्ट संस्कृतियां खो देंगे? इसके विपरीत, ये सभी विशिष्ट राष्ट्र अपनी राष्ट्रीयता और अपनी विशिष्ट संस्कृतियों को खोने के डर के बिना एक संविधान के तहत एक देश में एक साथ रहने के लिए संतुष्ट हैं। न तो कनाडा में अंग्रेजों के साथ रहने से फ्रांसीसी फ्रांस नहीं रहे, और न ही दक्षिण अफ्रीका में बोअर्स के साथ रहने से अंग्रेज अंग्रेज रहे। एक समान देश और एक समान संविधान के प्रति अपनी समान निष्ठा के बावजूद जर्मन, फ्रांसीसी और इटालियन अलग–अलग राष्ट्र बने हुए हैं। स्विट्जरलैंड का मामला गौर करने लायक है। यह उन देशों से घिरा हुआ है, जिनकी राष्ट्रीयताओं का स्विट्जरलैंड की राष्ट्रीयताओं के साथ घनिष्ठ धार्मिक

और नस्लीय संबंध है। इन समानताओं के बावजूद स्विट्जरलैंड में राष्ट्रीयताएँ पहले स्विस और उसके बाद जर्मन, इटालियन और फ्रेंच रही हैं।

कनाडा में फ्रांसीसी, दक्षिण अफ्रीका में अंग्रेज और स्विट्जरलैंड में फ्रांसीसी और इटालियंस के अनुभव को देखते हुए, यह प्रश्न उठता है कि भारत में ऐसा क्यों होना चाहिए? यह मानते हुए कि हिंदू और मुसलमान दो राष्ट्रों में विभाजित हो गए, वे एक देश और एक संविधान के तहत क्यों नहीं रह सकते? द्वि–राष्ट्र सिद्धांत के उद्भव के कारण विभाजन आवश्यक क्यों होना चाहिए? मुसलमानों को हिंदुओं के साथ रहकर अपनी राष्ट्रीयता और राष्ट्रीय संस्कृति खोने का डर क्यों होना चाहिए? यदि मुसलमान अलग होने पर जोर देते हैं, तो निंदक यह निष्कर्ष निकल सकता है कि हिंदुओं और मुसलमानों के बीच इतना कुछ समान है कि मुस्लिम नेताओं को डर है कि जब तक विभाजन नहीं होगा, मुसलमानों के पास जो भी थोड़ी विशिष्ट इस्लामी संस्कृति बची है, वह खत्म हो जाएगी। हिंदुओं के साथ निरंतर सामाजिक संपर्क से अंततः वे लुप्त हो जाएँगे, जिसका परिणाम यह होगा कि अंत में भारत में दो राष्ट्रों के बजाय एक राष्ट्र विकसित हो जाएगा। यदि मुस्लिम राष्ट्रवाद इतना पतला है तो विभाजन का मकसद कृत्रिम है और पाकिस्तान का मामला अपना आधार खो देता है।

VI

अवश्य ही पाकिस्तान होना चाहिए क्योंकि अन्यथा स्वराज एक हिंदू राज होगा? मुसलमान इस चिल्लाहट में इतनी आसानी से बहक जाते हैं कि इसमें अंतर्निहित भ्रांतियों को उजागर करना आवश्यक है।

सबसे पहले, क्या हिंदू राज पर मुस्लिम आपत्ति एक कर्तव्यनिष्ठ आपत्ति है या यह एक राजनीतिक आपत्ति है? यदि यह अंतरात्मा की आपत्ति है तो कोई इतना ही कह सकता है कि यह एक बहुत ही अजीब प्रकार की अंतरात्मा की आपत्ति है। वास्तव में भारत में लाखों मुसलमान हैं जो हिंदू राजाओं के बेलगाम और अनियंत्रित हिंदू राज के अधीन रह रहे हैं और मुसलमानों या मुस्लिम लीग द्वारा इस पर कोई आपत्ति नहीं

उठाई गई है। मुसलमानों को एक समय ब्रिटिश राज पर गहरी आपत्ति थी। आज न केवल उन्हें इस पर कोई आपत्ति है बल्कि वे इसके सबसे बड़े समर्थक हैं। ब्रिटिश राज या किसी हिंदू राजकुमार के अखंड हिंदू राज पर कोई आपत्ति नहीं होनी चाहिए, लेकिन ब्रिटिश भारत के लिए स्वराज पर इस आधार पर आपत्ति होनी चाहिए कि यह हिंदू राज है जैसे कि यह जाँच और संतुलन के अधीन नहीं था। उस तर्क का अध्ययन करें जिसका पालन करना कठिन हो।

हिंदू राज पर राजनीतिक आपत्तियां विभिन्न आधारों पर हैं। पहला आधार यह है कि हिंदू समाज एक लोकतांत्रिक समाज नहीं है। सच है, ऐसा नहीं है। यह पूछना सही नहीं होगा कि क्या मुसलमानों ने हिंदू समाज में सुधार के लिए धर्मांतरण से अलग विभिन्न आंदोलनों में कोई हिस्सा लिया है। लेकिन यह पूछना सही है कि क्या केवल मुसलमान ही उन बुराइयों से पीड़ित हैं जो निश्चित रूप से हिंदू समाज के अलोकतांत्रिक चरित्र के कारण उत्पन्न होती हैं। क्या लाखों शूद्र और गैर–ब्राह्मण या लाखों अछूत हिंदू समाज के अलोकतांत्रिक चरित्र के सबसे बुरे परिणाम नहीं भुगत रहे हैं? शिक्षा से, सार्वजनिक सेवा से और राजनीतिक सुधारों से किसे लाभ होता है सिवाय हिंदू शासक वर्ग के – जो हिंदुओं की उच्च जातियों से बना है कुल हिंदू जनसंख्या का जो कि 10 प्रतिशत भी नहीं है? क्या हिंदुओं का शासक वर्ग, जो हिंदू राजनीति को नियंत्रित करता है, ने शूद्रों और अछूतों के अधिकारों और हितों की रक्षा की तुलना में मुसलमानों के अधिकारों और हितों की रक्षा के लिए अधिक सम्मान नहीं दिखाया है?क्या श्री गांधी, जो अछूतों को किसी भी राजनीतिक रियायत का विरोध करने के लिए दृढ़ हैं, मुसलमानों के पक्ष में एक खाली चेक पर हस्ताक्षर करने के लिए तैयार नहीं हैं? वास्तव में, ऐसा लगता है कि हिंदू शासक वर्ग शूद्रों और अछूतों के साथ सत्ता साझा करने की तुलना में मुसलमानों के साथ सत्ता साझा करने के लिए कहीं अधिक तैयार है। निश्चित रूप से, मुसलमानों के पास हिंदू समाज के अलोकतांत्रिक चरित्र के बारे में शिकायत करने का सबसे कम आधार है।

एक अन्य आधार जिस पर हिंदू राज पर मुसलमानों की आपत्ति टिकी हुई है वह यह है कि हिंदू बहुसंख्यक समुदाय हैं और मुसलमान अल्पसंख्यक समुदाय हैं। सत्य। लेकिन क्या भारत ही एकमात्र ऐसा देश है जहाँ ऐसी स्थिति मौजूद है? आइए हम भारत की स्थितियों की तुलना कनाडा, दक्षिण अफ्रीका और स्विट्जरलैंड की स्थितियों से करें। सबसे पहले, जनसंख्या का वितरण लें।'[1] कनाडा में कुल जनसंख्या 1,03,76,786 में से केवल 29,27,990 फ्रांसीसी हैं।[2] दक्षिण अफ्रीका में डचों की संख्या 11,20,770 और अंग्रेजों की संख्या केवल 7,83,071 है।[3] स्विट्जरलैंड की कुल जनसंख्या 40,66,400 में से जर्मन 29,24,313, फ्रांसीसी 8,31,097 और इटालियंस 2,42,034 हैं।

इससे पता चलता है कि छोटी राष्ट्रीयताओं को किसी बड़े समुदाय के राज में रखे जाने का कोई डर नहीं है। ऐसी धारणा उन्हें बिल्कुल विदेशी लगती है। ऐसा क्यों है? क्या ऐसा इसलिए है क्योंकि प्रमुख राष्ट्रीयता के सत्ता और स्वायत्त सत्ता के केंद्रों, अर्थात् विधायिका और कार्यपालिका में अपना वर्चस्व स्थापित करने की कोई संभावना नहीं है? बिल्कुल ही विपरीत दुर्भाग्य से स्विट्जरलैंड, कनाडा और दक्षिण अफ्रीका में विभिन्न प्रमुख और छोटी राष्ट्रीयताओं के प्रतिनिधित्व की वास्तविक सीमा दिखाने के लिए कोई आँकड़े उपलब्ध नहीं हैं। ऐसा इसलिए है क्योंकि भारत में सीटों का कोई सांप्रदायिक आरक्षण नहीं है जैसा कि भारत में पाया जाता है। प्रत्येक समुदाय को सामान्य मुकाबले में यह छोड़ दिया जाता है कि वह कितनी सीटें जीत सकता है। लेकिन सीटों की संभावित संख्या की गणना करना काफी आसान है जो प्रत्येक राष्ट्रीयता विधानमंडल में उसकी जनसंख्या और कुल सीटों के अनुपात के आधार पर प्राप्त कर सकती है। इस आधार पर आगे बढ़ते हुए हम क्या पाते हैं? स्विट्जरलैंड में निचले सदन में कुल प्रतिनिधियों की संख्या 187 है। इनमें से जर्मन आबादी के 138, फ्रांसीसियों के 42 और

1. कनाडा वर्ष पुस्तिका, 1936.
2. दक्षिण अफ्रीका वर्ष पुस्तिका, 1941.
3. स्टेट्समैन्स वर्ष पुस्तिका, 1941.

इटालियंस के केवल 7 सीटें जीतने की संभावना है। कुल 153 में से दक्षिण अफ्रीका की संभावना में अंग्रेजों को 62 और डचों को 94 सीटों का लाभ हुआ। कनाडा में कुल सीटों की संख्या 245 है। इनमें से फ्रांसीसियों के पास केवल 65 हैं।[1] इस आधार पर यह बिल्कुल स्पष्ट है कि इन सभी देशों में प्रमुख राष्ट्रीयताओं द्वारा छोटी राष्ट्रीयताओं पर अपना वर्चस्व स्थापित करने की संभावना है। वास्तव में, कोई यहाँ तक कह सकता है कि कानूनी तौर पर और औपचारिक रूप से कनाडा में फ्रांसीसी ब्रिटिश राज के तहत रह रहे हैं। डच राज के तहत दक्षिण अफ्रीका में अंग्रेज, और जर्मन राज के तहत स्विट्जरलैंड में इटालियंस और फ्रांसीसी। लेकिन वास्तव में स्थिति क्या है? क्या कनाडा में फ्रांसीसी लोगों ने यह रोना रोया है कि वे ब्रिटिश राज के अधीन नहीं रहेंगे? क्या दक्षिण अफ्रीका में अंग्रेजों ने चिल्लाकर कहा है कि वे डच राज के अधीन नहीं रहेंगे? क्या स्विट्जरलैंड में फ्रांसीसी और इटालियंस को जर्मन राज के तहत रहने में कोई आपत्ति है? फिर मुसलमानों को हिंदू राज का नारा क्यों लगाना चाहिए?

क्या यह प्रस्तावित है कि हिंदू राज नग्न सांप्रदायिक बहुमत का शासन होना चाहिए? क्या मुसलमानों को हिंदू बहुसंख्यकों के संभावित अत्याचार के विरुद्ध सुरक्षा प्रदान नहीं की गई है? क्या भारत के मुसलमानों को दी गई सुरक्षा उन सुरक्षा उपायों से अधिक व्यापक और बेहतर नहीं है जो कनाडा में फ्रांसीसियों को, दक्षिण अफ्रीका में अंग्रेजों को और स्विट्जरलैंड में फ्रांसीसी और इटालियंस को दी गई हैं? सुरक्षा उपायों की सूची से केवल एक वस्तु लेना। क्या मुसलमानों को विधायिका में प्रतिनिधित्व में भारी महत्त्व नहीं मिला है? क्या वेटेज कनाडा, दक्षिण अफ्रीका या स्विट्जरलैंड में जाना जाता है? और इस महत्त्व का मुसलमानों पर क्या असर होगा? क्या यह विधानमंडल में हिंदू बहुमत को कम करना नहीं है? कमी की मात्रा क्या है? खुद को ब्रिटिश भारत तक ही सीमित रखने और भारत सरकार अधिनियम, 1935 के तहत केंद्रीय विधानमंडल के निचले सदन में क्षेत्रीय निर्वाचन

1. यह क्यूबेक प्रांत के लिए है।

क्षेत्रों, हिंदू और मुस्लिम, को दिए गए प्रतिनिधित्व को ध्यान में रखते हुए, यह स्पष्ट है कि कुल 187 में से, हिंदुओं के पास 105 सीटें हैं और मुसलमानों के पास 82 सीटें हैं। इन आँकड़ों को देखते हुए कोई भी यह पूछने पर मजबूर हो जाता है कि हिंदू राज का डर कहाँ है?

यदि हिंदू राज एक तथ्य बन जाता है, तो इसमें कोई संदेह नहीं है इस देश के लिए सबसे बड़ी आपदा होती हैं, चाहे हिंदू कोई भी हो कहते हैं, हिंदू धर्म, स्वतंत्रता, समानता और भाईचारे के लिए खतरा है। पर यह खाता लोकतंत्र के साथ असंगत है। हिंदू राज को किसी भी कीमत पर रोका जाना चाहिए। लेकिन क्या पाकिस्तान इसका असली इलाज है? जो चीज सांप्रदायिक राज को संभव बनाती है, वह किसी देश में रहने वाले विभिन्न समुदायों की सापेक्ष ताकत में उल्लेखनीय असमानता है। जैसा कि ऊपर बताया गया है, यह असमानता भारत में कनाडा, दक्षिण अफ्रीका और स्विट्जरलैंड की तुलना में अधिक चिह्नित नहीं है। बहरहाल, कनाडा में कोई ब्रिटिश राज नहीं है, दक्षिण अफ्रीका में कोई डच राज नहीं है, और स्विट्जरलैंड में कोई जर्मन राज नहीं है। फ्रांसीसी, अंग्रेज और इटालियंस अपने देश में बहुसंख्यक समुदाय के राज को स्थापित होने से रोकने में कैसे सफल हुए हैं? निश्चित रूप से विभाजन से नहीं उनकी पद्धति क्या है? उनका तरीका राजनीति में सांप्रदायिक पार्टियों पर प्रतिबंध लगाना है। कनाडा, दक्षिण अफ्रीका या स्विट्जरलैंड में कोई भी समुदाय कभी भी एक अलग सांप्रदायिक पार्टी शुरू करने के बारे में नहीं सोचता। ध्यान देने योग्य बात यह है कि यह अल्पसंख्यक राष्ट्र ही हैं जिन्होंने सांप्रदायिक पार्टी के गठन का विरोध करने का बीड़ा उठाया है। क्योंकि वे जानते हैं कि यदि वे एक सांप्रदायिक राजनीतिक दल बनाते हैं तो प्रमुख समुदाय भी एक सांप्रदायिक पार्टी बना लेगा और इससे बहुसंख्यक समुदाय को अपना सांप्रदायिक राज स्थापित करना आसान हो जाएगा। यह आत्मरक्षा का एक क्रूर तरीका है। ऐसा इसलिए है क्योंकि अल्पसंख्यक राष्ट्र पूरी तरह से जानते हैं कि उन्हें अपने ही आधार पर कैसे फहराया जाएगा, इसलिए उन्होंने सांप्रदायिक राजनीतिक दलों के गठन का विरोध किया है।

क्या मुसलमानों ने हिंदू राज से बचने का यह तरीका सोचा है? क्या उन्होंने सोचा है कि इससे बचना कितना आसान है? क्या उन्होंने विचार किया है कि लीग की वर्तमान नीति कितनी निरर्थक और हानिकारक है? मुसलमान हिंदू महासभा और उसके हिंदुत्व और हिंदू राज के नारे के खिलाफ चिल्ला रहे हैं। लेकिन इसके लिए जिम्मेदार कौन है? हिंदू महासभा और हिंदू राज अपरिहार्य शत्रुताएँ हैं जिन्हें मुसलमानों ने मुस्लिम लीग बनाकर अपने ऊपर ला लिया है। यह क्रिया और प्रतिक्रिया है। जो एक दूसरे को जन्म देता है विभाजन नहीं, बल्कि मुस्लिम लीग का उन्मूलन और हिंदुओं और मुसलमानों की मिश्रित पार्टी का गठन हिंदू राज के भूत को दफनाने का एकमात्र प्रभावी तरीका है। निःसंदेह, यह संभव नहीं है मुसलमानों और अन्य अल्पसंख्यक दलों को कांग्रेस में शामिल होने के लिए या हिंदू महासभा में जब तक प्रश्नों पर असहमति है–संवैधानिक सुरक्षा उपाय जारी है। लेकिन ये सवाल निपट जायेगा, सुलझ जायेगा और पूरी उम्मीद है। इस समझौते के परिणामस्वरूप मुसलमानों और अन्य अल्पसंख्यकों को वे सुरक्षा उपाय प्राप्त होंगे जिनकी उन्हें आवश्यकता है। एक बार जब यह परिणति, जिसकी हम पूरी निष्ठा से कामना करते हैं, हो जाती है, तो पार्टी के पुनर्गठन, कांग्रेस और महासभा के टूटने और एक सहमत कार्यक्रम के आधार पर हिंदुओं और मुसलमानों के मिश्रित राजनीतिक दल बनाने के रास्ते में कुछ भी नहीं खड़ा हो सकता है। सामाजिक और आर्थिक पुनरुत्थान, और इस प्रकार हिंदू राज या मुस्लिम राज दोनों के एक तथ्य बनने के खतरे से बचा जा सकता है। न ही भारत में हिंदू–मुसलमानों की मिली–जुली पार्टी का गठन मुश्किल होना चाहिए। हिंदू समाज में ऐसे कई निचले वर्ग हैं जिनकी आर्थिक, राजनीतिक और सामाजिक जरूरतें बहुसंख्यक मुसलमानों के समान हैं और वे आम लक्ष्यों को प्राप्त करने के लिए मुसलमानों के साथ साझा उद्देश्य बनाने के लिए कहीं अधिक तैयार होंगे। हिंदुओं की उच्च जाति जिन्होंने सदियों से उन्हें सामान्य मानवाधिकारों से वंचित रखा है। इस तरह का कोर्स करना कोई साहसिक कार्य नहीं कहा जा सकता। उस रेखा के साथ का रास्ता एक

अच्छी तरह से कुचला हुआ रास्ता है। क्या यह सच नहीं है कि मोंटागु--चेम्सफोर्ड सुधारों के तहत अधिकांश प्रांतों में, यदि सभी में नहीं, तो मुस्लिम, गैर–ब्राह्मण और दलित वर्ग एक साथ एकजुट हुए और 1920 से 1937 तक एक समूह के सदस्यों के रूप में सुधारों पर काम किया? इसमें हिंदुओं और मुसलमानों के बीच सांप्रदायिक सद्भाव हासिल करने और हिंदू राज के खतरे को नष्ट करने का सबसे उपयोगी तरीका निहित है। श्री जिन्ना आसानी से इस रेखा का अनुसरण कर सकते थे। न ही श्री जिन्ना के लिए इसमें सफल होना कठिन था। वास्तव में श्री जिन्ना ही वह व्यक्ति हैं जिनके सफल होने की पूरी संभावना थी। यदि उन्होंने ऐसी एकजुट गैर–सांप्रदायिक पार्टी बनाने का प्रयास किया होता। इन में संगठन करने की क्षमता रहती है। उनकी ख्याति एक राष्ट्रवादी की थी। यहाँ तक कि कांग्रेस के विरोधी कई हिंदू भी उनके पास आते, अगर उन्होंने समान विचारधारा वाले हिंदुओं और मुसलमानों की एकजुट पार्टी का आह्वान किया होता। श्रीमान जिन्ना ने क्या किया? 1937 में श्रीमान जिन्ना ने मुस्लिम राजनीति में प्रवेश किया और आश्चर्य की बात है कि उन्होंने मुस्लिम लीग को पुनर्जीवित किया जो मर रही थी और क्षय हो रही थी और जिसके कुछ साल पहले ही उन्हें अंतिम संस्कार देखकर खुशी हुई होगी। ऐसे सांप्रदायिक राजनीतिक दल की शुरुआत चाहे जितनी भी अफसोसजनक रही हो, उसमें एक राहत देने वाली विशेषता थी। वह श्री जिन्ना का नेतृत्व था।

श्री जिन्ना लीग कभी भी मात्र सांप्रदायिक पार्टी नहीं बन सकी। अपने नए कैरियर के पहले दो वर्षों के दौरान लीग द्वारा पारित प्रस्तावों ने संकेत दिया कि यह हिंदुओं और मुसलमानों की मिश्रित राजनीतिक पार्टी के रूप में विकसित होगी। अक्टूबर 1937 में लखनऊ में आयोजित मुस्लिम लीग के वार्षिक अधिवेशन में कुल मिलाकर 15 प्रस्ताव पारित किये गये। इस संबंध में निम्नलिखित दो विशेष रुचि के हैं।

1. संकल्प संख्या 7[1]

"अखिल भारतीय मुस्लिम लीग की यह बैठक कांग्रेस पार्टियों द्वारा भारत सरकार अधिनियम, 1935 और निर्देशों के पत्र और भावना के घोर उल्लंघन में कुछ प्रांतों में मंत्रालयों के गठन की निंदा और विरोध करती है और मुसलमानों और अन्य महत्त्वपूर्ण अल्पसंख्यकों के हितों की सुरक्षा के लिए उन्हें सौंपी गई विशेष शक्तियों को लागू करने में विफलता के लिए राज्यपालों की निंदा करती है।"

2. संकल्प संख्या 8[1]

यह संकल्प लिया गया कि अखिल भारतीय मुस्लिम लीग का उद्देश्य भारत में स्वतंत्र लोकतांत्रिक राज्यों के संघ के रूप में पूर्ण स्वतंत्रता की स्थापना करना होगा जिसमें मुसलमानों और अन्य अल्पसंख्यकों के अधिकारों और हितों को संविधान में पर्याप्त और प्रभावी ढंग से सुरक्षित किया जाएगा।

दिसंबर 1938 में पटना में आयोजित लीग के अगले वार्षिक सत्र में समान संख्या में प्रस्ताव पारित किए गए।

संकल्प क्रमांक 10[1] उल्लेखनीय है। इसे इस प्रकार पढ़ा जाता है–

ऑल इंडिया मुस्लिम लीग ने अपना दृष्टिकोण दोहराया है कि भारत सरकार अधिनियम, 1935 में सन्निहित महासंघ की योजना स्वीकार्य नहीं है, लेकिन समय–समय पर होने वाले या होने वाले आगे के विकास को देखते हुए यह इसके द्वारा अधिकृत करती है अखिल भारतीय मुस्लिम लीग के अध्यक्ष को एक उपयुक्त विकल्प की संभावना तलाशने के लिए ऐसा रास्ता अपनाने के लिए कहा

---

1. इटैलिक मूल में नहीं है।

गया है जो भारत में मुसलमानों और अन्य अल्पसंख्यकों के हितों की रक्षा करेगा।

इन प्रस्तावों के द्वारा श्री जिन्ना ने दिखाया कि वह मुसलमानों और अन्य गैर–मुस्लिम अल्पसंख्यकों के बीच एक साझा मोर्चे के पक्ष में थे। दुर्भाग्य से इन संकल्पों के पीछे जो उदारता और नीति–कौशल है वह लंबे समय तक नहीं टिक सका। 1939 में श्री जिन्ना ने पलटवार किया और पाकिस्तान के पक्ष में कुख्यात प्रस्ताव पारित करके मुसलमानों को अलग–थलग करने की खतरनाक और विनाशकारी नीति की रूपरेखा तैयार की। कारण क्या है–

इस अलगाव के लिए? इस दृष्टिकोण में बदलाव के अलावा और कुछ नहीं कि मुसलमान एक राष्ट्र थे, समुदाय नहीं!! इस प्रश्न पर किसी को झगड़ने की जरूरत नहीं है कि मुसलमान एक राष्ट्र हैं या एक समुदाय। लेकिन किसी के लिए यह समझना बेहद मुश्किल है कि केवल यह तथ्य कि मुसलमान एक राष्ट्र हैं, राजनीतिक अलगाव को एक सुरक्षित और सुदृढ़ नीति कैसे बना देता है? दुर्भाग्य से मुसलमानों को यह एहसास नहीं है कि श्री जिन्ना ने इस नीति से उनका कितना अहित किया है। लेकिन मुसलमानों को विचार करना चाहिए कि मुस्लिम लीग को मुसलमानों का एकमात्र संगठन बनाकर श्री जिन्ना ने क्या हासिल किया है। हो सकता है कि इससे उन्हें दूसरी बेला खेलने की संभावना से बचने में मदद मिली हो। क्योंकि मुस्लिम खेमे के अंदर वह हमेशा अपने लिए प्रथम स्थान को लेकर आश्वस्त रह सकता है। लेकिन लीग मुसलमानों को हिंदू राज से अलग करने की इस योजना से कैसे बचने की उम्मीद करती है? क्या पाकिस्तान उन प्रांतों में हिंदू राज की स्थापना करना बंद कर देगा जहाँ मुसलमान अल्पसंख्यक हैं? जाहिर है ऐसा नहीं हो सकता। यदि पाकिस्तान आया तो मुस्लिम–अल्पसंख्यक प्रांतों में यही होगा। अखिल भारतीय दृष्टि से देखें। क्या पाकिस्तान हिंदुस्तान में बचे मुस्लिम अल्पसंख्यकों पर केंद्र में हिंदू राज की स्थापना को रोक सकता है? यह स्पष्ट है कि ऐसा नहीं हो सकता। फिर पाकिस्तान किस काम का? केवल उन प्रांतों में हिंदू

राज को रोकने के लिए जहाँ मुसलमान बहुसंख्यक हैं और जहाँ कभी हिंदू राज नहीं हो सकता!! दूसरे शब्दों में कहें तो पाकिस्तान मुसलमानों के लिए अनावश्यक है जहाँ वे बहुमत में हैं क्योंकि वहाँ हिंदू राज का कोई डर नहीं है। यह मुसलमानों के लिए बद से भी बदतर है जहाँ वे अल्पसंख्यक हैं, क्योंकि पाकिस्तान या पाकिस्तान नहीं होने पर उन्हें हिंदू राज का सामना करना पड़ेगा। क्या राजनीति मुस्लिम लीग की राजनीति से भी अधिक निरर्थक हो सकती है? मुस्लिम लीग ने अल्पसंख्यक मुसलमानों की मदद करना शुरू किया और बहुसंख्यक मुसलमानों के हितों का समर्थन करते हुए इसका समापन किया। मुस्लिम लीग के मूल उद्देश्य में कितनी विकृति! उदात्त से हास्यास्पद की ओर कितना पतन! हिंदू राज के विरुद्ध उपाय के रूप में विभाजन बेकार से भी बदतर है।

VI

पाकिस्तान के लिए मुस्लिम मामले में ये कुछ कमजोरियाँ हैं जो मेरे मन में आई हैं। ऐसे अन्य भी हो सकते हैं। जिसने मुझे प्रभावित नहीं किया हो। लेकिन यह सूची जैसी भी है, काफी बड़ी है। मुसलमान उनसे मिलने का प्रस्ताव कैसे रखते हैं? यह मुसलमानों के लिए सवाल है, मेरे लिए नहीं। विषय के एक छात्र के रूप में मेरा कर्तव्य इन कमजोरियों को उजागर करने तक फैला हुआ है। वो मैंने किया है। मेरे पास उत्तर देने के लिए और कुछ नहीं है।

हालाँकि, दो अन्य प्रश्न इतने महत्त्वपूर्ण हैं कि उनके संदर्भ के बिना इस चर्चा को पूर्णता के साथ समाप्त नहीं किया जा सकता है। इन प्रश्नों का उद्देश्य मेरे और मेरे आलोचकों के बीच की स्थिति को साफ करना है। इन सवालों में से एक मैं आलोचकों से पूछने का हकदार हूँ, दूसरा आलोचक मुझसे पूछने का हकदार हैं।

पहले सवाल से शुरुआत करते हुए, मैं आलोचकों से यह पूछना चाहता हूँ कि वे इन कमजोरियों के बयान से क्या अच्छाई की उम्मीद करते हैं? क्या वे उम्मीद करते हैं कि अगर पाकिस्तान की खूबियों पर विवाद में वे हार गए तो मुसलमान पाकिस्तान छोड़ देंगे? निःसंदेह यह इस बात पर निर्भर करता है कि इस विवाद को सुलझाने के लिए कौन

सा तरीका अपनाया जाता है। हिंदू और मुसलमान उस प्रक्रिया का पालन कर सकते हैं जो ईसाई मिशनरियों ने हिंदुओं के बीच से विद्रोह हासिल करने के लिए शुरुआती समय में स्थापित की थी। इस प्रक्रिया के अनुसार एक ईसाई मिशनरी और एक ब्राह्मण के बीच विवाद के लिए एक दिन नियुक्त किया गया था, जो जनता के लिए खुला था, पूर्व ईसाई धर्म का प्रतिनिधित्व करता था और बाद वाला खुद को इस शर्त के साथ हिंदू धर्म के नायक के रूप में पेश करता था कि जो कोई भी अपने धर्म के खिलाफ मामले को पूरा करने में विफल रहा, वह दूसरे के धर्म को स्वीकार करने के लिए बाध्य था। यदि पाकिस्तान के मुद्दे पर हिंदुओं और मुसलमानों के बीच विवाद को हल करने की ऐसी पद्धति पर सहमति हो जाती तो कमजोरियों की इस श्रृंखला को स्थापित करने में कुछ फायदा हो सकता है। लेकिन यह नहीं भूलना चाहिए कि किसी विवाद को निपटाने का एक और तरीका है जिसे डॉ. जॉनसन ने बिशप बर्कले के तर्कों से निपटने में अपनाए गए तरीके के बाद जॉन्सोनियन कहा जा सकता है। बोसवेल द्वारा दर्ज किया गया है कि जब उन्होंने डॉ. जॉनसन को बताया कि बिशप बर्कले का सिद्धांत कि पदार्थ अस्तित्वहीन है और ब्रह्मांड में सब कुछ केवल आदर्श है, केवल एक सरल कुतर्क था। लेकिन इसका खंडन करना असंभव था। डॉ. जॉनसन ने बड़ी तत्परता से अपना प्रहार करते हुए उत्तर दिया। एक बड़े पत्थर पर जोरदार ताकत से पैर रखा, जब तक कि वह पलट नहीं गया। इसमें कहा गया है, मैं इस प्रकार इसका खंडन करता हूँ।" हो सकता है कि मुसलमान हों अधिकांश तर्कसंगत लोगों की तरह, इस बात पर सहमत होंगे कि पाकिस्तान के मामले में उनका निर्णय तर्क और वितर्क की कसौटी पर होगा। लेकिन मुझे आश्चर्य नहीं होना चाहिए अगर मुसलमानों ने डॉ. जॉनसन की पद्धति को अपनाने का फैसला किया और कहा, "तुम्हारे तर्कों को धिक्कार है! हमें पाकिस्तान चाहिए।" उस स्थिति में आलोचक को यह एहसास होना चाहिए कि पाकिस्तान के मामले को नष्ट करने के लिए सीमाओं पर रखी गई किसी भी निर्भरता का कोई फायदा नहीं होगा। इसलिए पाकिस्तान की इन आपत्तियों के तर्क पर खुश होने का कोई मतलब नहीं है।

अब मैं दूसरे प्रश्न पर आता हूँ जिसके बारे में मैंने कहा कि आलोचक मुझसे पूछने का हकदार है। मैंने जो आपत्तियाँ रखी हैं, उनके आलोक में पाकिस्तान के मुद्दे पर मेरी क्या स्थिति है? मुझे अपनी स्थिति के बारे में कोई संदेह नहीं है। मेरा दृढ़ मत है कि, कुछ शर्तों के अधीन, जिनका विवरण आगे के अध्यायों में दिया गया है, यदि मुसलमान पाकिस्तान पाने पर आमादा हैं तो उन्हें यह स्वीकार कर लेना चाहिए। मैं जानता हूँ कि मेरे आलोचक तुरंत मुझ पर असंगतता का आरोप लगाएँगे और इस अध्याय के पहले भाग में मेरे द्वारा व्यक्त किए गए विचार के कारण इतने असाधारण निष्कर्ष–असाधारण के लिए कारण माँगेंगे कि पाकिस्तान के लिए मुस्लिम मामले में कुछ भी नहीं है। जिसके बारे में कहा जा सकता है कि वह सम्मोहक शक्ति को वहन करता है, जिसके बारे में कहा जा सकता है कि इसमें कठोर नियति का आदेश होता है। पाकिस्तान के लिए मुस्लिम मामले में कमजोरियों के बारे में मैंने जो कुछ भी कहा है, उससे मैं पीछे नहीं हटता। फिर भी मेरा मानना है कि यदि मुसलमानों को पाकिस्तान मिलना ही चाहिए तो उन्हें इसे देने से कोई बच नहीं सकता। जहाँ तक उन कारणों का सवाल है, जिन्होंने मुझे इस निष्कर्ष पर पहुँचाया है तो मुझे यह कहने में कोई संकोच नहीं होगा कि पाकिस्तान के तर्क की ताकत या कमजोरी उनमें से एक नहीं है। मेरे निर्णय में दो नियामक कारक हैं जो इस मुद्दे का निर्धारण करेंगे। पहला है भारत की रक्षा और दूसरा है मुसलमानों की भावना। मैं बताऊँगा कि मैं उन्हें निर्णायक क्यों मानता हूँ और मेरी राय में वे पाकिस्तान के पक्ष में कैसे कहते हैं।

सबसे पहले से शुरू करें। कोई इस बात को नजरअंदाज नहीं कर सकता कि जो महत्त्वपूर्ण है वह आजादी हासिल करना नहीं है बल्कि उसे बनाए रखने के निश्चित साधन होना है। किसी देश की स्वतंत्रता की अंतिम आधार एक सुरक्षित सेना है– एक ऐसी सेना जिस पर आप हर समय और किसी भी स्थिति में देश के लिए लड़ने के लिए भरोसा कर सकते हैं। भारत में सेना आवश्यक रूप से हिंदुओं और मुसलमानों से बनी एक मिश्रित सेना होनी चाहिए। यदि भारत पर किसी विदेशी

शक्ति द्वारा आक्रमण किया जाता है, तो क्या सेना में मुसलमानों पर भारत की रक्षा करने का भरोसा किया जा सकता है? मान लीजिए आक्रमणकारी उनके सह–धर्मवादी हैं। क्या मुस्लिम आक्रमणकारियों का साथ देंगे या वे उनके खिलाफ खड़े होंगे और भारत को बचाएँगे? यह एक बहुत ही महत्त्वपूर्ण प्रश्न है। जाहिर है, इस सवाल का जवाब इस बात पर निर्भर होना चाहिए कि सेना में मुसलमानों को किस हद तक द्वि–राष्ट्र सिद्धांत का संक्रमण हो गया है, जो पाकिस्तान की नींव है। अगर वे संक्रमित हैं तो भारत में सेना सुरक्षित नहीं रह सकती। यह भारत की स्वतंत्रता का संरक्षक बनने के बजाय इसकी स्वतंत्रता के लिए खतरा और संभावित खतरा बना रहेगा। मैं स्वीकार करता हूँ कि जब मैं कुछ अंग्रेजों को यह तर्क देते हुए सुनता हूँ कि भारत की रक्षा के लिए उन्हें पाकिस्तान को अस्वीकार करना होगा तो मुझे आश्चर्य होता है। कुछ हिंदू भी यही धुन गाते हैं। मुझे निश्चित लगता है कि या तो वे इस बात से अनभिज्ञ हैं कि भारत की स्वतंत्रता में निर्णायक कारक क्या है या वे भारत की रक्षा की बात एक स्वतंत्र देश के रूप में नहीं बल्कि अपनी रक्षा के लिए जिम्मेदार एक ब्रिटिश कब्जे के रूप में कर रहे है या उनके द्वारा एक घुसपैठिये के विरुद्ध। यह दृष्टि का एक निराशाजनक रूप से गलत कोण है। प्रश्न यह नहीं है कि यदि भारत का विभाजन न हुआ तो क्या अंग्रेज भारत की बेहतर रक्षा कर सकेंगे। सवाल यह है कि क्या भारतीय स्वतंत्र भारत की रक्षा कर पाएँगे? इसके लिए, मैं दोहराता हूँ, एकमात्र उत्तर यह है कि भारतीय केवल एक और एक शर्त पर स्वतंत्र भारत की रक्षा करने में सक्षम होंगे – अर्थात्, यदि भारत में सेना गैर–राजनीतिक रहेगी, पाकिस्तान के जहर से अप्रभावित रहेगी। मैं भारतीयों को सेना के सवाल का हवाला दिए बिना स्वराज के सवाल पर चर्चा करने की इस देश में विकसित हुई सबसे मूर्खतापूर्ण आदत के खिलाफ चेतावनी देना चाहता हूँ। यह समझने में विफलता से अधिक घातक कुछ भी नहीं हो सकता कि एक राजनीतिक सेना भारत की स्वतंत्रता के लिए सबसे बड़ा खतरा है। यह सेना न होने से भी बदतर है।

यह तथ्य भी उतना ही महत्त्वपूर्ण है कि सेना ही वह अंतिम शक्ति है जो सरकार को देश के अंदर अपने अधिकार का प्रयोग करने में सहायता करती है, जब उसे किसी विद्रोही या अड़ियल तत्त्व द्वारा चुनौती दी जाती है। मान लीजिए कि उस समय की सरकार एक ऐसी नीति बनाती है जिसका मुसलमानों का एक वर्ग पुरजोर विरोध करता है। मान लीजिए कि तत्कालीन सरकार को अपनी नीति लागू करने के लिए अपनी सेना का उपयोग करना आवश्यक है। क्या तत्कालीन सरकार अपने आदेशों का पालन करने और मुस्लिम विद्रोहियों को मार गिराने के लिए सेना में मुसलमानों पर निर्भर रह सकती है? यह फिर से इस बात पर निर्भर करता है कि सेना में मुसलमानों को किस हद तक दो–राष्ट्र सिद्धांत का संक्रमण हुआ है। यदि उन्होंने इसे पकड़ लिया, तो भारत में एक सुरक्षित सरकार नहीं हो सकती।

दूसरे शासक कारक की ओर देखें तो ऐसा प्रतीत होता है कि हिंदू राजनीति में एक शक्ति के रूप में भावनाओं को कोई महत्त्व नहीं देते हैं। ऐसा प्रतीत होता है कि हिंदू मुसलमानों के विरुद्ध जीतने के लिए दो आधारों पर भरोसा करते हैं। पहला यह कि भले ही हिंदू और मुसलमान दो राष्ट्र हों, वे एक राज्य के अंतर्गत रह सकते हैं। दूसरी बात यह है कि पाकिस्तान के लिए मुस्लिम मामला स्पष्ट तर्क के बजाय मजबूत भावना पर आधारित है। मैं नहीं जानता कि हिंदू कब तक ऐसे तर्कों से खुद को मूर्ख बनाते रहेंगे। यह सच है कि पहला तर्क बिना मिसाल के नहीं है। साथ ही यह देखने के लिए अधिक बुद्धिमत्ता की आवश्यकता नहीं है कि इसका मूल्य अत्यंत सीमित है। दो राष्ट्र और एक राज्य एक सुंदर दलील है। इसमें वही आकर्षण है जो एक धर्मोपदेश में होता है और इसके परिणामस्वरूप मुस्लिम नेताओं का धर्म परिवर्तन हो सकता है। लेकिन एक उपदेश के रूप में कहे जाने के बजाय यदि इसे मुसलमानों के लिए इसे मानने के लिए एक अध्यादेश के रूप में जारी करने का इरादा है तो यह एक पागलपन भरी परियोजना होगी जिससे कोई भी समझदार व्यक्ति सहमत नहीं होगा। मुझे यकीन है कि यह स्वराज के मूल उद्देश्य को विफल कर देगा।

दूसरा तर्क भी उतना ही मूर्खतापूर्ण है। पाकिस्तान के लिए मुस्लिम मामला भावनाओं पर आधारित है, यह कमजोरी की बात नहीं है; यह वास्तव में इसका मजबूत बिंदु है। यह जानने के लिए राजनीति की गहरी समझ की आवश्यकता नहीं है कि संविधान की व्यावहारिकता सिद्धांत का विषय नहीं है। यह भावना का मामला है, कपड़ों की तरह एक संविधान भी सूट करना चाहिए और कृपा भी। यदि कोई संविधान पसंद नहीं आता तो वह कितना भी उत्तम क्यों न हो, काम नहीं करेगा। एक ऐसा संविधान बनाना जो एक निर्धारित वर्ग की मजबूत भावनाओं के विपरीत चलता है, यदि विद्रोह को आमंत्रित करना नहीं है तो विनाश को जन्म देना है।

हिंदुओं को यह एहसास नहीं है कि, यह मानते हुए कि एक सुरक्षित सेना है, सशस्त्र बलों द्वारा शासन करना लोगों पर शासन करने का सामान्य तरीका नहीं है। इस बात से इनकार नहीं किया जा सकता कि बल राजनीतिक शरीर की दवा है और जब राजनीतिक शरीर बीमार हो जाए तो इसका प्रयोग किया जाना चाहिए। लेकिन सिर्फ इसलिए कि बल राजनीतिक शरीर की औषधि है, इसे इसकी दैनिक रोटी नहीं बनने दिया जा सकता। एक राजनीतिक निकाय को स्वाभाविक रूप से कार्रवाई के स्रोतों के माध्यम से काम करना चाहिए। यह तभी हो सकता है जब राजनीतिक निकाय बनाने वाले विभिन्न तत्त्वों में एक साथ काम करने और विधिवत गठित प्राधिकरण द्वारा पारित कानूनों और आदेशों का पालन करने की इच्छा हो। मान लीजिए कि नए संविधान में अखंड भारत का प्रावधान शामिल है। इसमें मुसलमानों के हितों की रक्षा के लिए आवश्यक सभी प्रावधान हैं।

लेकिन मान लीजिए कि मुसलमानों ने कहा, आपके सुरक्षा उपायों के लिए धन्यवाद, हम आपके द्वारा शासित नहीं होना चाहते और मान लीजिए कि वे विधानमंडलों का बहिष्कार करते हैं, कानूनों का पालन करने से इनकार करते हैं, करों के भुगतान का विरोध करते हैं क्या होना है? क्या हिंदू, हिंदू संगीनों के इस्तेमाल से मुसलमानों से आज्ञाकारिता हासिल करने के लिए तैयार हैं? क्या स्वराज लोगों की सेवा करने का

एक अवसर है या यह हिंदुओं के लिए मुसलमानों पर विजय पाने का और मुसलमानों के लिए हिंदुओं पर विजय पाने का एक अवसर है? स्वराज को जनता की जनता द्वारा और जनता के लिए सरकार होना चाहिए। यही स्वराज का कारण और स्वराज का एकमात्र औचित्य है। यदि स्वराज को एक ऐसे युग की शुरुआत करनी है जिसमें हिंदू और मुसलमान एक–दूसरे के खिलाफ साजिश रचने में लगे होंगे, जो अपने प्रतिद्वंद्वी को जीतने की योजना बना रहे होंगे, तो हमें स्वराज क्यों मिलना चाहिए और लोकतांत्रिक राष्ट्रों को ऐसे स्वराज की अनुमति क्यों देनी चाहिए जो अस्तित्त्व आयें? यह एक जाल, एक भ्रम और एक विकृति होगी।

ऐसा प्रतीत होता है कि गैर–मुसलमानों को इस बात की जानकारी नहीं है कि उनके सामने ऐसी स्थिति आ गई है जिसमें उन्हें विभिन्न विकल्पों में से किसी एक को चुनने के लिए मजबूर होना पड़ेगा। मुझे उन्हें बताने दीजिए। सबसे पहले उन्हें भारत की स्वतंत्रता और भारत की एकता के बीच चयन करना होगा। यदि गैर–मुस्लिम भारत की एकता पर जोर देंगे तो वे भारत की स्वतंत्रता की त्वरित प्राप्ति को खतरे में डाल देंगे। दूसरा विकल्प भारत की रक्षा के अचूक तरीके से संबंधित है, क्या वे गैर–मुसलमानों के साथ–साथ दोनों की सामान्य स्वतंत्रता की रक्षा के लिए आवश्यक इच्छाशक्ति विकसित करने और बनाए रखने के लिए स्वतंत्र और एकजुट भारत में मुसलमानों पर निर्भर रह सकते हैं या क्या यह है बेहतर होगा कि भारत का विभाजन कर दिया जाए और इस तरह मुस्लिम भारत की सुरक्षा मुसलमानों पर छोड़ कर और गैर–मुस्लिम भारत की सुरक्षा गैर–मुसलमानों पर छोड़ कर सुनिश्चित की जाए।

पहले के रूप में, मैं भारत की एकता के बजाय भारत की स्वतंत्रता को प्राथमिकता देता हूँ। सिन फेनर्स, जो दुनिया में कहीं भी पाए जाने वाले सबसे कट्टर राष्ट्रवादी थे और जिनके सामने भारतीयों की तरह समान विकल्प मौजूद थे, ने आयरलैंड की एकता के बजाय आयरलैंड की स्वतंत्रता को चुना। गैर–मुसलमान जो विभाजन का विरोध कर रहे

हैं, उन्हें आयरलैंड के विभाजन के मुद्दे पर आयरिश राष्ट्रवादियों को एक समय फीन्न्स के उपराष्ट्रपति रेव्ह माइकल ओश्फलानगन द्वारा दी गई सलाह से लाभ हो सकता है। रेव्ह फादर ने कहा–

आयरलैंड के विभाजन के मुद्दे पर फिन्न्स ने आयरिश राष्ट्रवादियों को संबोधित किया।[1] रेव्ह फादर ने कहा–

"यदि हम अल्स्टर के संघवादी हिस्सों के बहिष्कार पर सहमत होने के बजाय स्वराज्य को अस्वीकार करते हैं, तो हमें दुनिया के सामने क्या मामला रखना है? हम बता सकते हैं कि आयरलैंड एक निश्चित भौगोलिक सीमा वाला एक द्वीप है। यह तर्क सभी के लिए हो सकता है ठीक है अगर हम कई द्वीपीय राष्ट्रीयताओं से अपील कर रहे थे जिनकी अपनी निश्चित भौगोलिक सीमाएँ थी। बदलती सीमाओं वाले महाद्वीपीय देशों से अपील करते हुए, उस तर्क में कोई दम नहीं होगा। राष्ट्रीय और भौगोलिक सीमाएँ शायद ही कभी मेल खाती हैं। भूगोल स्पेन और पुर्तगाल को एक राष्ट्र बनाएगा इतिहास ने उनमें से दो को बनाया है। भूगोल ने नॉर्वे और स्वीडन को एक राष्ट्र बनाने की पूरी कोशिश की है; इतिहास उनमें से दो को बनाने में सफल रहा है। भूगोल के पास इनकी संख्या के बारे में शायद ही कुछ कहने को है उत्तरी अमेरिकी महाद्वीप पर राष्ट्रीय इतिहास ने सब कुछ किया है। यदि कोई व्यक्ति यूरोप के भौतिक मानचित्र से उसका राजनीतिक मानचित्र बनाने का प्रयास करेगा, तो वह खुद को अंधेरे में टटोलता हुआ पाएगा। भूगोल ने इसे बनाने में कड़ी मेहनत की है आयरलैंड से बाहर एक राष्ट्रीय इतिहास ने इसके विरुद्ध काम किया है। आयरलैंड द्वीप और आयरलैंड की राष्ट्रीय इकाई बिल्कुल मेल नहीं खाते। अंतिम विश्लेषण में राष्ट्रीयता की कसौटी लोगों की इच्छा है।"

ये शब्द यथार्थवाद की गहन भावना से निकले हैं जिसका हमारे भारत में बहुत अभाव है।

---

1. सर जेम्स ओश्कॉनर द्वारा उद्धृत–आयरलैंड का इतिहास, खंड–द्वितीय, पृ. 257.

दूसरे मुद्दे पर मैं भारत को मुस्लिम भारत और गैर–मुस्लिम भारत में विभाजित करने को दोनों की रक्षा के लिए सबसे पक्का और सुरक्षित तरीका मानता हूँ। यह निश्चित रूप से दोनों विकल्पों में से अधिक सुरक्षित है। मैं जानता हूँ कि यह तर्क दिया जाएगा कि द्वि–राष्ट्र सिद्धांत के संक्रमण से उत्पन्न स्वतंत्र और संयुक्त भारत के प्रति सेना में मुसलमानों की वफादारी के बारे में मेरा डर केवल एक काल्पनिक डर है। इसमें कोई संदेह नहीं कि यह सच है। यह मेरे द्वारा चुने गए चुनाव की सुदृढ़ता के विरुद्ध नहीं है। शायद मैं गलत हो सकता हूँ। लेकिन मैं बिना किसी विरोधाभास के डर के निश्चित रूप से कह सकता हूँ कि, बर्क के शब्दों में कहें तो, सुरक्षा की बहुत अधिक आश्वस्त भावना के कारण बर्बाद होने की तुलना में बहुत अधिक विश्वसनीयता के लिए उपहास किया जाना बेहतर है। मैं मौके लिए चीजों को छोड़ना नहीं चाहता बचाव जैसे महत्त्वपूर्ण मुद्दे को छोड़ देना भारत, संयोग से सबसे बड़े अपराध का दोषी है।

मुसलमानों की पाकिस्तान की माँग पर कोई भी सहमति नहीं देगा। जब तक कि उसे ऐसा करने के लिए मजबूर न किया जाए। साथ ही, यह एक होगा जो अपरिहार्य है उसका सामना न करना और साहस और सामान्य ज्ञान के साथ उसका सामना करना मूर्खता होगी। समान रूप से समग्र को संरक्षित करने के व्यर्थ प्रयास में उस हिस्से को खोना भी मूर्खता होगी जिसे कोई बचा सकता है।

यही कारण है कि मेरा मानना है कि यदि मुसलमान पाकिस्तान के मुद्दे पर नहीं झुकेंगे तो पाकिस्तान को आना ही होगा। जहाँ तक मेरा सवाल है, एकमात्र महत्त्वपूर्ण प्रश्न यह है क्या मुसलमान पाकिस्तान पाने के लिए कृतसंकल्प हैं? या फिर पाकिस्तान एक रोना मात्र है? क्या यह केवल एक गुजरती हुई मनोदशा है? या क्या यह उनकी स्थायी आकांक्षा का प्रतिनिधित्व करता है? इस पर मतभेद हो सकता है। एक बार जब यह निश्चित हो जाए कि मुसलमान पाकिस्तान चाहते हैं तो इसमें कोई संदेह नहीं रह जाएगा कि इस सिद्धांत को स्वीकार करना ही बुद्धिमानी होगी।

अध्याय–14

पाकिस्तान की समस्याएँ

I

भारत का पाकिस्तान और हिंदुस्तान में विभाजन जिन अनेक समस्याओं को जन्म देगा, उनमें निम्नलिखित तीन समस्याएं होंगी–

(1) वर्तमान भारत सरकार की वित्तीय संपत्तियों और देनदारियों के विनियोजिन की समस्या।

(2) क्षेत्रों के सीमांकन की समस्या, तथा

(3) पाकिस्तान से हिंदुस्तान और इसके विपरीत जनसंख्या के स्थानांतरण की समस्या।

इन समस्याओं में से पहली समस्या इस अर्थ में परिणामी है कि इस पर तभी विचार करना उचित होगा जब संबंधित पक्षों द्वारा भारत के विभाजन पर सहमति व्यक्त की गई हो। दो अन्य समस्याएँ अलग–अलग स्तर पर खड़ी हैं। वे इस अर्थ में पाकिस्तान के लिए पूर्ववर्ती स्थितियाँ हैं कि ऐसे बहुत से लोग हैं जो पाकिस्तान पर तब तक अपना मन नहीं बनाएँगे जब तक वे संतुष्ट नहीं हो जाते कि उनका कुछ उचित और न्यायी समाधान संभव है। इसलिए, मैं स्वयं को केवल पाकिस्तान की अंतिम दो समस्याओं पर विचार करने तक ही सीमित रखूँगा।

II

पाकिस्तान की सीमाओं के प्रश्न पर मुस्लिम लीग की ओर से अभी तक कोई स्पष्ट और आधिकारिक बयान नहीं आया है। वास्तव में यह

हिंदुओं द्वारा की गई शिकायतों में से एक है कि जहाँ श्री जिन्ना पाकिस्तान के पक्ष में तूफानी अभियान चला रहे हैं, जिसके परिणामस्वरूप देश में राजनीतिक माहौल खराब हो गया है, वहीं श्री जिन्ना ने इसे उचित नहीं समझा। अपने आलोचकों को अपने प्रस्तावित पाकिस्तान की सीमाओं के बारे में विवरण से अवगत कराना। श्री जिन्ना का तर्क हमेशा से यह रहा है कि पाकिस्तान की सीमाओं के संबंध में कोई भी चर्चा समय से पहले है और जब पाकिस्तान के सिद्धांत को स्वीकार कर लिया गया है तो पाकिस्तान की सीमाएं चर्चा का विषय होंगी। यह एक अच्छा आलंकारिक उत्तर हो सकता है, लेकिन यह निश्चित रूप से उन लोगों की मदद नहीं करता है जो इस समस्या का शांतिपूर्ण समाधान लाने के लिए जो भी मदद कर सकते हैं, उसका पक्ष लिये बिना अपना दिमाग लगाना चाहते हैं। ऐसा प्रतीत होता है कि श्री जिन्ना की यह धारणा है कि यदि कोई व्यक्ति पाकिस्तान के सिद्धांत के प्रति प्रतिबद्ध है तो वह श्री जिन्ना की पाकिस्तान योजना को स्वीकार करने के लिए बाध्य होगा। इससे बड़ी गलती कोई नहीं हो सकती। कोई व्यक्ति पाकिस्तान के सिद्धांत को स्वीकार कर सकता है, जिसका अर्थ केवल भारत का विभाजन है। लेकिन यह समझना कठिन है कि इस सिद्धांत की स्वीकृति उन्हें श्री जिन्ना की पाकिस्तान योजना के प्रति कैसे प्रतिबद्ध कर सकती है। वास्तव में यदि पाकिस्तान की कोई भी योजना उसके लिए संतोषजनक नहीं है तो वह पाकिस्तान के किसी भी रूप का विरोध करने के लिए स्वतंत्र होगा, भले ही वह पाकिस्तान के सिद्धांत के पक्ष में हो। इसलिए पाकिस्तान की योजना और पाकिस्तान का सिद्धांत दो बिल्कुल अलग–अलग प्रस्ताव हैं। इस दृष्टिकोण में कुछ भी गलत नहीं है। उदाहरण के तौर पर कहा जा सकता है कि आत्मनिर्णय का सिद्धांत एक विस्फोटक पदार्थ की तरह है। अवसर की आवश्यकता और तात्कालिकता सिद्ध होने पर कोई भी इसके उपयोग के लिए सैद्धांतिक रूप से सहमत हो सकता है। लेकिन जिस क्षेत्र को उड़ाने का इरादा है उसे जाने बिना कोई भी डायनामाइट के इस्तेमाल पर सहमति नहीं दे सकता। यदि डायनामाइट पूरी संरचना को उड़ाने

जा रहा है या यदि किसी विशेष हिस्से में इसके अनुप्रयोग को स्थानीयकृत करना संभव नहीं है, तो वह डायनामाइट लगाने से इनकार कर सकता है और समस्या को हल करने के लिए किसी अन्य साधन का उपयोग करना पसंद कर सकता है। इसलिए पाकिस्तान के सिद्धांत को ठोस रूप देने के लिए सीमा रेखाओं की विशिष्टताएँ एक आवश्यक प्रारंभिक प्रतीत होती हैं। पाकिस्तान के प्रामाणिक नायक के लिए यह भी उतना ही आवश्यक है कि वह पाकिस्तान की योजना के आवश्यक विवरणों को जनता से न छिपाए। श्री जिन्ना द्वारा अपने पाकिस्तान की सीमाओं की घोषणा करने से इनकार करने में दिखाई गई ऐसी जिद एक राजनेता के लिए अक्षम्य है। फिर भी जो लोग पाकिस्तान के प्रश्न को हल करने में रुचि रखते हैं, उन्हें पाकिस्तान की समस्याओं को हल करने के लिए तब तक इंतजार करने की जरूरत नहीं है जब तक कि श्री जिन्ना पूरी जानकारी देने के लिए तैयार न हो जाएँ। केवल किसी को कुछ निश्चित धारणाओं के आधार पर तर्क जारी रखना होता है। इस चर्चा में मैं यह मानूंगा कि मुस्लिम लीग की इच्छा यह है कि पश्चिमी पाकिस्तान की सीमाएँ उत्तर–पश्चिम सीमा, पंजाब, सिंध और बलूचिस्तान के प्रांतों की वर्तमान सीमाएँ होनी चाहिए, और पूर्वी पाकिस्तान की सीमाएँ असम के कुछ जिलों के साथ वर्तमान बंगाल प्रांत की सीमाएं शामिल होनी चाहिए।

III

इसलिए विचारणीय प्रश्न यह है क्या यह उचित दावा है? ऐसा कहा जाता है कि यह दावा आत्मनिर्णय के सिद्धांत पर आधारित है। इस दावे की न्यायसंगतता का आकलन करने में सक्षम होने के लिए आत्मनिर्णय के सिद्धांत के दायरे और सीमाओं की स्पष्ट समझ होना आवश्यक है। दुर्भाग्य से, ऐसी समझ का पूर्णतः अभाव प्रतीत होता है। इसलिए इस प्रश्न से शुरुआत करना आवश्यक है आत्मनिर्णय के इस सिद्धांत का वास्तविक और कानूनी अर्थ क्या है? आत्मनिर्णय शब्द पिछले कुछ वर्षों से प्रचलित हो गया है। लेकिन यह किसी ऐसी चीज का वर्णन करता है जो बहुत पुरानी है। आत्मनिर्णय में अंतर्निहित विचार

दो अलग–अलग दिशाओं में विकसित हुआ है। 19वीं शताब्दी के दौरान आत्म–निर्णय का अर्थ लोगों की इच्छाओं के अनुरूप सरकार स्थापित करने का अधिकार था। दूसरे, आत्मनिर्णय का अर्थ सरकार के स्वरूप की परवाह किए बिना किसी विदेशी जाति से राष्ट्रीय स्वतंत्रता प्राप्त करने का अधिकार है। पाकिस्तान के लिए आंदोलन के दूसरे पहलू में आत्मनिर्णय का संदर्भ है।

चर्चा को पाकिस्तान के इस पहलू तक सीमित रखते हुए मुझे यह आवश्यक लगता है कि आत्मनिर्णय के मुद्दे के संबंध में निम्नलिखित बिंदुओं को ध्यान में रखा जाना चाहिए। सबसे पहले, आत्मनिर्णय लोगों द्वारा होना चाहिए। यह बिंदु इतना सरल है कि इसका उल्लेख करना भी आवश्यक नहीं है। लेकिन इस पर जोर देना जरूरी हो गया है। ऐसा प्रतीत होता है कि मुस्लिम लीग और हिंदू महासभा दोनों ही आत्मनिर्णय के विचार के साथ तेजी से खेल रहे हैं। मुस्लिम लीग द्वारा एक क्षेत्र को पाकिस्तान में शामिल करने का दावा किया जाता है क्योंकि उस क्षेत्र के लोग मुस्लिम हैं। एक क्षेत्र को पाकिस्तान में शामिल करने का दावा इसलिए भी किया जाता है क्योंकि उस क्षेत्र का शासक एक मुस्लिम है, हालाँकि उस क्षेत्र के अधिकांश लोग गैर–मुस्लिम हैं। मुस्लिम लीग भारत में आत्मनिर्णय के लाभ का दावा कर रही है। साथ ही लीग फिलिस्तीन पर लागू किए जा रहे आत्मनिर्णय का विरोध करती है। लीग कश्मीर को एक मुस्लिम राज्य के रूप में दावा किया जाता है क्योंकि वहाँ की बहुसंख्यक जनता मुस्लिम है और हैदराबाद पर भी क्योंकि वहाँ का शासक मुस्लिम है। इसी तरह हिंदू महासभा एक क्षेत्र को हिंदुस्तान में शामिल करने का दावा करती है क्योंकि उस क्षेत्र के लोग गैर–मुस्लिम हैं। यह एक क्षेत्र को हिंदुस्तान का हिस्सा होने का दावा करने के लिए भी आगे आता है क्योंकि शासक एक हिंदू है, हालाँकि अधिकांश लोग मुस्लिम हैं। इस तरह के अजीब और विरोधाभासी दावे पूरी तरह से इस तथ्य के कारण हैं कि या तो पाकिस्तान के पक्ष, अर्थात् हिंदू और मुस्लिम, यह नहीं समझते हैं कि आत्मनिर्णय का क्या मतलब है या वे आत्मनिर्णय के सिद्धांत को विकृ

त करने में लगे हुए हैं ताकि वे ऐसा कर सकें। संगठित क्षेत्रीय लूट को अंजाम देने में खुद को न्यायोचित ठहराएँ जिसमें वे अब लगे हुए प्रतीत होते हैं। जब भी इसके क्षेत्रों के पुनर्गठन का सवाल विचार के लिए आएगा, तो भारत पूरी तरह से भ्रम की स्थिति में आ जाएगा यदि लोगों को इस बारे में कोई सटीक धारणा नहीं है कि आत्मनिर्णय में क्या शामिल है और सिद्धांत पर खड़े रहने की ईमानदारी नहीं है और परिणाम चाहे कुछ भी हो भुगतो इसलिए, इस बात पर जोर देना अच्छा होगा कि जिसे उल्लेख की आवश्यकता के लिए बहुत सरल माना जा सकता है, वह यह कि आत्मनिर्णय लोगों द्वारा किया गया निर्णय है, किसी और के द्वारा नहीं।

ध्यान देने योग्य दूसरी बात अनिवार्य चरित्र की मात्रा है जिसके साथ आत्मनिर्णय के सिद्धांत को निवेशित कहा जा सकता है। जैसा कि श्री ओश्कॉनर' ने कहा है–[1]

> आत्मनिर्णय का सिद्धांत बिल्कुल भी सार्वभौमिक सिद्धांत नहीं है। इसके बारे में सबसे अधिक यही कहा जा सकता है कि आम तौर पर कहें तो, यह न्याय पर आधारित, सद्भाव और शांति तथा विकास के लिए स्थापित एक अच्छा कार्यशील नियम है। लोगों को अपने–अपने तरीके से, जो फिर से आम तौर पर कहें तो, सबसे अच्छा प्रचलन है। लेकिन इसे परिस्थितियों के अनुरूप होना चाहिए, जिनमें से आकार और भौगोलिक स्थिति सबसे महत्त्वपूर्ण हैं। क्या नियम परिस्थितियों के विरुद्ध प्रबल होना चाहिए। नियम केवल किसी के सामान्य ज्ञान या न्याय की भावना के प्रयोग से निर्धारित किया जा सकता है, या, जैसा कि एक बेंथमाइट इसे रखना पसंद करेगा, सबसे बड़ी संख्या में से सबसे बड़ी भलाई के संदर्भ में, इन तीनों को, अगर ठीक से समझा जाए, तो एक ही बात को व्यक्त करने के वास्तव में अलग–अलग तरीके हैं। किसी विशेष मामले को सुलझाने में बहुत बड़ी कठिनाइयां उत्पन्न हो सकती हैं। तथ्य एक तरह से हैं और तथ्य दूसरी तरह से। एक प्रकार के तथ्य

---

1. "आयरलैंड का इतिहास, खंड–द्वितीय

कुछ लोगों के मन में विशेष अपील कर सकते हैं, दूसरों के लिए बहुत कम या बिल्कुल नहीं। समस्या उस प्रकार की हो सकती है जिसे असाध्य कहा जाता है, अर्थात ऐसा कोई निश्चित निष्कर्ष संभव नहीं हो सकता है जिसे मानव जाति की व्यापकता द्वारा स्वीकार किया जा सके। ऐसे मामले हैं जिनमें यह कहना अधिक संभव नहीं है कि एक राष्ट्र दूसरे राष्ट्र के आत्मनिर्णय में हस्तक्षेप करने के अपने दावे में सही है, बजाय इसके कि यह कहना कि यह गलत है। यह एक राय का विषय है, जिस पर ईमानदार और निष्पक्ष दिमाग भिन्न हो सकते हैं।"

ऐसा क्यों होना चाहिए इसके दो कारण हैं। सबसे पहले, राष्ट्रीयता इतना पवित्र और पूर्ण सिद्धांत नहीं है कि इसे अन्य सभी विचारों पर हावी होकर एक स्पष्ट अनिवार्यता का चरित्र दिया जाए। दूसरे, किसी विशिष्ट राष्ट्रीयता के रखरखाव और संरक्षण के लिए अलगाव इतना आवश्यक नहीं है।

आत्मनिर्णय के मुद्दे के संबंध में एक तीसरी बात ध्यान में रखनी होगी। राष्ट्रीयता के लिए आत्मनिर्णय सांस्कृतिक स्वतंत्रता का रूप ले सकता है या क्षेत्रीय स्वतंत्रता का रूप ले सकता है। यह कौन सा रूप ले सकता है यह जनसंख्या के क्षेत्रीय अभिन्यास विवरण पर निर्भर होना चाहिए। यदि कोई राष्ट्रीयता आसानी से अलग होने वाले और सन्निहित क्षेत्रों में रहती है, अन्य चीजें समान हैं, तो क्षेत्रीय स्वतंत्रता का मामला बनाया जा सकता है। लेकिन जहाँ अविभाज्य अंतर्संबंध के कारण राष्ट्रीयताएँ इतनी घुल–मिल गई हैं कि जिन क्षेत्रों पर उनका कब्जा है उन्हें आसानी से अलग नहीं किया जा सकता है, वहाँ वे केवल सांस्कृतिक स्वतंत्रता के हकदार हो सकते हैं। इस तरह के मामले में क्षेत्रीय पृथक्करण असंभव है। वे एक साथ रहने के लिए अभिशप्त हैं। उनके पास पलायन ही एकमात्र विकल्प है।

IV

आत्मनिर्णय के विचार के दायरे और सीमाओं को परिभाषित करने के बाद अब हम पाकिस्तान की सीमाओं के प्रश्न से निपटने के लिए

आगे बढ़ सकते हैं। इन विचारों के आलोक में मुस्लिम लीग का वर्तमान सीमा को पाकिस्तान की सीमा ही रहने का दावा कैसे सही बैठता है? इस प्रश्न का उत्तर मुझे बिल्कुल स्पष्ट लगता है। ऐसा लगता है कि भौगोलिक अभिन्यास ही मुद्दे का निर्णय करता है। किसी भी प्रकार की विशेष दलील की आवश्यकता नहीं है। उत्तर–पश्चिम सीमांत प्रांत, बलूचिस्तान और सिंध के मामले में, हिंदू और मुसलमान आपस में मिश्रित हैं। इन प्रांतों में हिंदुओं के लिए क्षेत्रीय पृथक्करण का मामला असंभव प्रतीत होता है। उन्हें सांस्कृतिक स्वतंत्रता और यथासंभव राजनीतिक सुरक्षा उपायों से संतुष्ट जैसा कि उनकी सुरक्षा के लिए तैयार किया जा सकता है। पंजाब और बंगाल का मामला एक अलग स्तर पर खड़ा है। मानचित्र पर एक नजर डालने से पता चलता है कि इन दोनों प्रांतों में हिंदुओं और मुसलमानों की आबादी का अभिन्यास विवरण अन्य तीन प्रांतों से बिल्कुल अलग है। पंजाब और बंगाल में गैर–मुसलमान पूरी सतह पर फैली विशाल मुस्लिम आबादी के बीच में छोटे द्वीपों में रहते नहीं पाए जाते हैं, जैसा कि उत्तर–पश्चिम सीमांत प्रांत, बलूचिस्तान और सिंध में होता है। बंगाल और पंजाब में हिंदू निकटवर्ती और दो अलग–अलग क्षेत्रों पर कब्जा करते हैं। इन परिस्थितियों में, मुस्लिम लीग की माँग को मानने का कोई कारण नहीं है, अर्थात् पंजाब और बंगाल की वर्तमान सीमाएँ पश्चिमी पाकिस्तान और पूर्वी पाकिस्तान की सीमाएँ बनी रहेंगी।

उपर्युक्त चर्चा से आवश्यक रूप से दो निष्कर्ष निकलते हैं। एक यह है कि पंजाब और बंगाल के गैर–मुसलमानों के पास उनके कब्जे वाले क्षेत्रों को क्षेत्रीय रूप से अलग करके पाकिस्तान से बाहर करने का मामला है। दूसरा यह है कि उत्तर–पश्चिम सीमांत प्रांत, बलूचिस्तान और सिंध के गैर–मुसलमानों के लिए बहिष्कार का कोई मामला नहीं है और वे केवल सांस्कृतिक स्वतंत्रता और राजनीतिक सुरक्षा उपायों के हकदार हैं। इसी बात को दूसरे तरीके से कहें तो कहा जा सकता है कि मुस्लिम लीग के इस दावे का विरोध नहीं किया जा सकता कि सिंध, उत्तर–पश्चिम सीमा और बलूचिस्तान की सीमाएँ ज्यों की त्यों

रहेंगी। लेकिन पंजाब और बंगाल के मामले में ऐसा दावा असमर्थनीय है और इन प्रांतों के गैर–मुस्लिम, यदि वे चाहें, तो यह दावा कर सकते हैं कि जिस क्षेत्र पर उनका कब्जा है, उसे इन दोनों प्रांतों की सीमाओं का पुनर्निर्धारण करके बाहर रखा जाना चाहिए।

V

किसी को यह सोचना चाहिए था कि पंजाब और बंगाल के गैर–मुस्लिम अल्पसंख्यकों द्वारा सीमाओं के पुनर्निर्धारण के इस तरह के दावे को मुस्लिम लीग द्वारा उचित और न्यायोचित दावा माना जाएगा। मार्च 1940 में पारित मुस्लिम लीग के लाहौर प्रस्ताव में सीमाओं के पुनर्निर्धारण की संभावना को स्वीकार किया गया था। प्रस्ताव में कहा गया था[1]–

"भौगोलिक रूप से सन्निहित इकाइयों को क्षेत्रों में विभाजित करके गठित पूर्णतः स्वतंत्र राज्यों की स्थापना की जाएगी, जो आवश्यक क्षेत्रीय समायोजन के साथ इस प्रकार गठित किए जाएँगे कि जिन क्षेत्रों में मुसलमान संख्यात्मक रूप से बहुमत में हैं, जैसे कि उत्तर–पश्चिमी और भारत के पूर्वी क्षेत्रों को मुस्लिम मुक्त राष्ट्रीय मातृभूमि के रूप में स्वतंत्र राज्यों का गठन करने के लिए एक साथ समूहीकृत किया जाएगा, जिसमें घटक इकाइयाँ स्वायत्त और संप्रभु होंगी।

क्रिप्स प्रस्तावों पर मुस्लिम लीग द्वारा पारित प्रस्ताव से यह स्पष्ट है कि मुस्लिम लीग की स्थिति यही बनी रहेगी क्योंकि जो कोई भी इसे पढ़ना चाहेगा उसे पता चल जाएगा। लेकिन ऐसे संकेत हैं कि श्री जिन्ना ने अपना विचार बदल दिया है। बताया जाता है कि 16 नवंबर 1942 को जालंधर में आयोजित एक सार्वजनिक बैठक में श्री जिन्ना ने खुद को निम्नलिखित शब्दों में व्यक्त किया था–

नवीनतम चाल–मैं इसे जानबूझकर अज्ञानी जनता को खिझाने और भ्रमित करने की एक चाल के अलावा और कुछ नहीं कहता हूँ,

1. इटैलिक मेरे हैं।

और जो लोग यह खेल खेल रहे हैं वे इसे समझते हैं, वह यह है कि आत्मनिर्णय का अधिकार केवल मुसलमानों तक ही सीमित क्यों रखा जाना चाहिए और इसका विस्तार अन्य समुदायों के लिए क्यों नहीं किया जाना चाहिए? यह कहते हुए कि सभी को आत्मनिर्णय का अधिकार है, वे कहते हैं कि पंजाब को कई टुकड़ों में विभाजित किया जाना चाहिए। इस तरह उत्तर–पश्चिम सीमांत प्रांत और सिंध को भी। इस प्रकार सैकड़ों पाकिस्तान होंगे।

उप–राष्ट्रीय समूह

"इस नए सूत्र के लेखक कौन हैं कि पूरे भारत में हर समुदाय को आत्मनिर्णय का अधिकार है? या तो यह भारी अज्ञानता है या शरारत और चाल है। मैं उन्हें उत्तर देता हूँ, कि मुसलमान आत्मनिर्णय का दावा करते हैं क्योंकि वे किसी दिए गए क्षेत्र पर एक राष्ट्रीय समूह हैं जो उनकी मातृभूमि है और उन क्षेत्रों में जहाँ वे बहुमत में हैं। क्या आप इतिहास में कहीं भी जानते हैं कि हर जगह बिखरे हुए राष्ट्रीय समूहों को एक राज्य दिया गया है? आप कहाँ हैं उनके लिए एक राज्य बनाने जा रहे हैं? उस स्थिति में आपको 14 प्रतिशत मिला है। संयुक्त प्रांत में मुसलमान। उनके लिए एक राज्य क्यों नहीं है? संयुक्त प्रांत में मुसलमान एक राष्ट्रीय समूह नहीं हैं वे बिखरे हुए हैं। इसलिए संवैधानिक रूप से भाषा में उन्हें एक उप–राष्ट्रीय समूह के रूप में चित्रित किया गया है, जो किसी भी सभ्य सरकार से अल्पसंख्यक के लिए देय राशि से अधिक कुछ भी उम्मीद नहीं कर सकता है। मुझे आशा है कि मैंने स्थिति स्पष्ट कर दी है। मुसलमान एक उप–राष्ट्रीय समूह नहीं हैं आत्मनिर्णय के अधिकार का दावा करना और उसका प्रयोग करना उनका जन्मसिद्ध अधिकार है।"

श्री जिन्ना बात से पूरी तरह चूक गए हैं। उनके आलोचकों द्वारा उठाया गया मुद्दा गैर–मुस्लिम सामान्यतः अल्पसंख्यक के संबंध में नहीं

1. ईस्टर्न टाइम्स (लाहौर) 17 नवंबर 1942.

था। इसमें पंजाब और बंगाल में गैर–मुस्लिम अल्पसंख्यकों का संदर्भ था। क्या श्री जिन्ना एक उप–राष्ट्र के अपने सिद्धांत द्वारा एक सघन और आसानी से अलग किये जा सकने वाले क्षेत्र पर कब्जा करने वाले गैर–मुस्लिम अल्पसंख्यकों के मामले को निपटाने का प्रस्ताव रखते हैं? यदि ऐसा है, तो कोई यह कहने के लिए बाध्य है कि उनसे अधिक कच्चा प्रस्ताव किसी भी राजनीतिक साहित्य में खोजना मुश्किल होगा। उप–राष्ट्र की अवधारणा अनसुनी है। यह न केवल एक सरल अवधारणा है बल्कि यह एक बेतुकी अवधारणा भी है। उप–राष्ट्र का सिद्धांत क्या दर्शाता है? यदि मैं इसके निहितार्थों को सही ढंग से समझता हूँ, तो इसका मतलब है कि एक उप–राष्ट्र को उस राष्ट्र से अलग नहीं किया जाना चाहिए जिससे वह संबंध रखता है, भले ही विच्छेद संभव हो इसका मतलब है कि एक राष्ट्र और एक उप–राष्ट्र के बीच संबंध उन संबंधों से अधिक नहीं हैं जो एक आदमी और उसकी संपत्ति के बीच, या संपत्ति और उसकी घटनाओं के बीच अस्तित्त्व में है। संपत्ति मालिक के साथ जाती है, घटनाएं संपत्ति के साथ जाती हैं, इसलिए एक उप–राष्ट्र एक राष्ट्र के साथ जाता है। श्री जिन्ना के तर्क में तर्क की शृंखला ऐसी ही है। लेकिन क्या श्री जिन्ना गंभीरता से यह तर्क देना चाहते हैं कि पंजाब और बंगाल के हिंदू केवल जागीरदार हैं, इसलिए उन्हें हमेशा वहीं जाना चाहिए जहाँ पंजाब के मुसलमान और बंगाल के मुसलमान उन्हें ले जाना चाहें? ऐसा तर्क इतना बेतुका होगा कि किसी भी समझदार व्यक्ति द्वारा इस पर विचार नहीं किया जा सकेगा। यह सबसे अतार्किक तर्क भी है और निश्चित रूप से श्री जिन्ना जैसे परिपक्व वकील के लिए इसकी अतार्किकता को समझना मुश्किल नहीं होना चाहिए। यदि संख्यात्मक रूप से छोटा राष्ट्र संख्यात्मक रूप से बड़े राष्ट्र के संबंध में केवल एक उप–राष्ट्र है और उसे क्षेत्रीय पृथक्करण का कोई अधिकार नहीं है, तो यह क्यों नहीं कहा जा सकता कि भारत को समग्र रूप से लेते हुए हिंदू एक राष्ट्र हैं और मुसलमान एक उप–राष्ट्र हैं और एक उप–राष्ट्र के रूप में उन्हें आत्मनिर्णय या क्षेत्रीय अलगाव का कोई अधिकार नहीं है?

पाकिस्तान की प्रामाणिकता के संबंध में पहले से ही कुछ हद तक संदेह मौजूद है। सही हो या गलत, ज्यादातर लोगों को संदेह है कि पाकिस्तान शरारतों से भरा हुआ है। वे सोचते हैं कि इसके दो उद्देश्य हैं, एक तात्कालिक, दूसरा अंतिम। ऐसा कहा जाता है कि इसका तात्कालिक मकसद पड़ोसी मुस्लिम देशों के साथ मिलकर एक मुस्लिम महासंघ बनाना है। मुस्लिम महासंघ का अंतिम उद्देश्य हिंदुस्तान पर आक्रमण करना और हिंदुओं पर विजय प्राप्त करना या यूँ कहें कि पुनः कब्जा करना और भारत में मुस्लिम साम्राज्य को फिर से स्थापित करना है। अन्य लोग सोचते हैं कि पाकिस्तान बंधकों की योजना की परिणति है जो श्री जिन्ना द्वारा अपने चौदह बिंदुओं में अलग मुस्लिम प्रांतों के निर्माण की माँग के पीछे छिपी हुई है। कोई भी मुसलमानों के मन की थाह नहीं ले सकता और न ही उनकी पाकिस्तान की माँग के पीछे छिपे असली मकसद तक पहुँच सकता है। पाकिस्तान के हिंदू विरोधियों को यदि संदेह है कि मुसलमानों के वास्तविक उद्देश्य स्पष्ट उद्देश्यों से भिन्न हैं, तो उन्हें इस पर ध्यान देना चाहिए और तदनुसार योजना बनानी चाहिए। वे पाकिस्तान का विरोध नहीं कर सकते क्योंकि इसके पीछे के इरादे खराब हैं। लेकिन उन्हें श्री जिन्ना से यह पूछने का अधिकार है कि वह पाकिस्तान के भीतर सांप्रदायिक समस्या क्यों पैदा करना चाहते हैं? पाकिस्तान के पीछे के इरादे कितने भी बुरे क्यों न हों, उसमें कम से कम एक खूबी तो होनी ही चाहिए। पाकिस्तान का आदर्श यह होना चाहिए कि उसके अंदर सांप्रदायिक समस्या न हो पाकिस्तान से यह सबसे कम गुण की उम्मीद की जा सकती है। यदि पाकिस्तान को भारत की तरह ही सांप्रदायिक समस्या से त्रस्त होना है, तो फिर पाकिस्तान को क्यों होना चाहिए? इसका स्वागत तभी किया जा सकता है जब यह सांप्रदायिक समस्या से मुक्ति दिलाये। इससे बचने का तरीका यह है कि सीमाओं को इस तरह से व्यवस्थित किया जाए कि यह एक जातीय राज्य हो जिसमें अल्पसंख्यक और बहुसंख्यक एक–दूसरे के खिलाफ न हों। सौभाग्य से इसे एक जातीय राज्य बनाया जा सकता है, बशर्ते श्री जिन्ना इसकी अनुमति दें। दुर्भाग्य से श्री जिन्ना को इस पर आपत्ति

है। इसमें संदेह का मुख्य कारण निहित है और श्री जिन्ना इसे दूर करने के बजाय, राष्ट्रों और उप–राष्ट्रों जैसे बेतुके, अतार्किक और कृत्रिम भेदों से इसे और गहरा कर रहे हैं।

ऐसे बेतुके और अतार्किक प्रस्तावों का सहारा लेने और जो बचाव योग्य नहीं है उसका बचाव करने और जो उचित है उसका विरोध करने के बजाय, क्या श्री जिन्ना के लिए यह बेहतर नहीं होगा कि वह वही करें जो सर एडवर्ड कार्सन ने अल्स्टर की सीमाओं के परिसीमन के मामले में किया था? जैसा कि वे सभी लोग जानते हैं, जिनके माध्यम से आयरिश होम रूल प्रश्न पारित हुआ, वे जानते हैं कि 23 सितंबर 1911 को आयोजित क्रेगवॉन बैठक में सर एडवर्ड कार्सन ने अपनी नीति बनाई थी कि अल्स्टर में राजाधिराज–संबंधी संसद की सरकार होगी या सरकार की सरकार होगी। अलस्टा लेकिन कभी भी होम रूल सरकार नहीं। चूँकि इंपीरियल संसद अपनी सरकार को वापस लेने का प्रस्ताव कर रही थी, इस नीति का मतलब अलस्टा के लिए एक अंतिम सरकार की स्थापना थी। यह नीति 25 सितंबर 1911 को बेलफास्ट में आयोजित अलस्टा यूनियनिस्ट काउंसिल, काउंटी ग्रैंड ऑरेंज लॉज और यूनियनिस्ट क्लबों का प्रतिनिधित्व करने वाले प्रतिनिधियों की एक संयुक्त बैठक में पारित एक प्रस्ताव में शामिल की गई थी। अलस्टा की अंतिम सरकार आनी थी। स्वराज्य विधेयक के पारित होने के दिन। इस नीति की एक महत्त्वपूर्ण विशेषता अंतरिम सरकार को "इन सभी जिलों पर अधिकार क्षेत्र के साथ निवेश करना था, जिन्हें वे (अल्स्टराइट्स) नियंत्रित कर सकते थे।"

वाक्यांश "वे जिले जिन पर वे नियंत्रण कर सकते थे निस्संदेह अलस्टा के पूरे प्रशासनिक प्रभाग को शामिल करने के लिए था। अब अलस्टा के इस प्रशासनिक प्रभाग में नौ काउंटी शामिल हैं। इनमें से तीन भारी संख्या में कैथोलिक थे। इसका मतलब था अलस्टा के अधीन तीन कैथोलिक प्रबंध–मंडल को उनकी इच्छा के विरुद्ध अनिवार्य रूप से बनाए रखना। लेकिन आखिरकार सर एडवर्ड कार्सन ने क्या किया? सर एडवर्ड कार्सन को यह पता चलने में देर नहीं लगी कि तीन

अत्यधिक कैथोलिक जिलों के साथ अलस्टा एक दायित्व होगा, और एक सच्चे नेता के पूरे साहस के साथ वह एक घोषणा के साथ सामने आए कि उन्होंने अपने घाटे को कम करने और बनाने का प्रस्ताव रखा है। अलस्टा सुरक्षित 18 मई, 1920 को हाउस ऑफ कॉमन्स में अपने भाषण में उन्होंने घोषणा की कि वे केवल छह प्रबंध–मंडल से ही संतुष्ट हैं। उस अवसर पर उन्होंने जो भाषण दिया और अपने कारण बताए कि क्यों वे केवल छह प्रबंध–मंडल से संतुष्ट थे, वह उद्धृत करने योग्य है। उन्होंने यही कहा[1]–

> "सच्चाई यह है कि हम इस पूरे मामले पर विचार करने के कई चिंताजनक घंटों और चिंताजनक दिनों के बाद इस निष्कर्ष पर पहुँचे, लगभग पैरिश और टाउनलैंड द्वारा टाउनलैंड, कि हमारे पास बेलफास्ट में संसद को सफलतापूर्वक शुरू करने का कोई मौका नहीं होगा जो डोनेगल, कैवेन और मोनाघन की सरकार के लिए जिम्मेदार होगा। हमारे लिए यहाँ आना और यह दिखावा करना बिल्कुल बेकार होगा कि हमें ऐसा करने की स्थिति में होना चाहिए। हमें स्वाभाविक रूप से सबसे बड़े क्षेत्रों को संभव बनाना चाहिए। यह एक प्रणाली है विभिन्न सरकारों के अधिकार क्षेत्र को बढ़ाने के लिए सभी देशों में भूमि हड़पने का चलन है; लेकिन ऐसी सरकार बनाने का कोई फायदा नहीं है जिसके बारे में हम जानते हैं कि अगर हम इन तीन देशों में बंधे रहे तो वह विफल हो जाएगी।"

ये बुद्धिमान, दूरंदेश और सबसे साहसी शब्द हैं। जिस स्थिति में उन्हें बोला गया था, वह उस स्थिति से काफी मिलती–जुलती है, जो पाकिस्तान के सिद्धांत को लागू करने से पंजाब और बंगाल में पैदा होने की संभावना है। मुस्लिम लीग और श्री जिन्ना यदि शांतिपूर्ण पाकिस्तान चाहते हैं, तब उन पर ध्यान देना नहीं भूलना चाहिए। पंजाब और बंगाल में गैर–मुस्लिम अल्पसंख्यकों को सुरक्षा उपायों से संतुष्ट होने

---

1. हैनसार्ड (हाउस ऑफ कॉमन्स), 1920, खंड–129, पृ. 1315. इटैलिक मेरे हैं।

के लिए कहने का कोई फायदा नहीं है। यदि मुसलमान हिंदू बहुमत के अत्याचार के खिलाफ सुरक्षा उपायों से संतुष्ट होने के लिए तैयार नहीं हैं तो हिंदू अल्पसंख्यकों को मुस्लिम बहुमत के अत्याचार के खिलाफ सुरक्षा उपायों से संतुष्ट होने के लिए क्यों कहा जाना चाहिए? यदि मुसलमान हिंदुओं से कह सकते हैं, तुम्हारे सुरक्षा उपायों को धिक्कार है, हम तुम्हारे द्वारा शासित नहीं होना चाहते – एक तर्क जो कार्सन ने रेडमंड के खिलाफ इस्तेमाल किया था – वही तर्क पंजाब और बंगाल के हिंदू मुसलमानों के खिलाफ दोहरा सकते हैं सुरक्षा उपायों से संतुष्ट रहने की पेशकश करें।

मुद्दा यह है कि इस रवैये से पाकिस्तान की समस्या का शांतिपूर्ण समाधान संभव नहीं है। कृपाण चलाने या बल का प्रदर्शन करने से काम नहीं चलेगा। सबसे पहले, यह एक ऐसा खेल है जिसे दो लोग खेल सकते हैं। दूसरे स्थान पर, हथियार शक्ति का एक तत्त्व हो सकते हैं। लेकिन हथियार होना ही काफी नहीं जैसा कि रूसो ने कहा सबसे शक्तिशाली कभी भी इतना मजबूत नहीं होता कि वह हमेशा स्वामी बना रहे, जब तक कि वह अपनी ताकत को अधिकार में और आज्ञाकारिता को कर्तव्य में नहीं बदल देता।" केवल नैतिकता ही शक्ति को अधिकार में और आज्ञाकारिता को कर्तव्य में बदल सकती है। लीग को यह अवश्य देखना चाहिए कि पाकिस्तान के लिए उसका दावा नैतिकता पर आधारित है।

VI

सीमाओं की समस्या के लिए बहुत कुछ है। अब मैं अल्पसंख्यकों की समस्या पर बात करूँगा, जिन्हें सीमाएँ दोबारा बनाए जाने के बाद भी पाकिस्तान के भीतर ही रहना होगा। उनके हितों की रक्षा के दो तरीके हैं।

सबसे पहले अल्पसंख्यकों के राजनीतिक और सांस्कृतिक अधिकारों की सुरक्षा के लिए संविधान में सुरक्षा उपाय प्रदान करना है। भारतीयों के लिए यह एक परिचित मामला है और इसे विस्तार देना अनावश्यक है।

दूसरा पाकिस्तान से हिंदुस्तान में उनके स्थानांतरण का प्रावधान करना है। बहुत से लोग इस समाधान को पसंद करते हैं और पाकिस्तान के साथ सहमति देने के लिए तैयार और इच्छुक होंगे यदि यह दिखाया जा सके कि जनसंख्या का आदान–प्रदान संभव है। लेकिन वे इसे एक चौंका देने वाली और हैरान कर देने वाली समस्या मानते हैं। इसमें कोई संदेह नहीं कि यह घबराए हुए मन का लक्षण है। यदि इस मामले पर ठंडे दिमाग से विचार किया जाए तो पता चलेगा कि समस्या न तो चौंकाने वाली है और न ही विस्मयकारी वाली।

सबसे पहले समस्या के आयामों पर विचार करें। ये स्थानांतरण किस पैमाने पर होने वाला है? पैमाने का निर्धारण करते समय व्यक्ति को तीन बातों को ध्यान में रखना आवश्यक है। सबसे पहले, यदि पंजाब और बंगाल की सीमाएं फिर से खींची जाती हैं तो जहाँ तक इन दोनों प्रांतों का संबंध है, जनसंख्या के स्थानांतरण का कोई सवाल ही नहीं होगा। दूसरे, हिंदुस्तान में रहने वाले मुसलमान पाकिस्तान में स्थानांतरित होने का प्रस्ताव नहीं रखते हैं और न ही लीग उनका स्थानांतरण चाहती है। तीसरे स्थान पर, उत्तर–पश्चिम सीमा प्रांत, सिंध और बलूचिस्तान में हिंदू पलायन नहीं करना चाहते हैं। यदि ये धारणाएं सही हैं, तो जनसंख्या स्थानांतरण की समस्या एक चौंका देने वाली समस्या होने से बहुत दूर है। दरअसल यह इतना छोटा है कि इसे कोई समस्या मानने की जरूरत ही नहीं है।

मान लें कि यह एक समस्या बन जाती है, तो क्या यह एक चकरा देने वाली समस्या होगी? अनुभव बताता है कि यह कोई ऐसी समस्या नहीं है जिसका समाधान असंभव हो। ऐसी समस्या का समाधान निकालने के लिए सबसे पहले यह पूछना अच्छा होगा कि राजनीतिक परिवर्तनों के कारण किसी व्यक्ति के एक क्षेत्र से दूसरे क्षेत्र में प्रवास करने के रास्ते में कौन सी संभावित कठिनाइयां उत्पन्न होने की संभावना है। निम्नलिखित काफी स्पष्ट हैं (1) जनसंख्या के स्थानांतरण को प्रभावित करने और सुविधाजनक बनाने वाली यंत्रसमूह (2) प्रवासन के विरुद्ध सरकार द्वारा निषेध। (3) प्रवासी परिवार द्वारा माल के

हस्तांतरण पर सरकार द्वारा भारी कराधान लगाना। (4) एक प्रवासी परिवार के लिए अपने नए घर में अपनी अचल संपत्ति ले जाना असंभव है। (5) प्रवासी परिवार की संपत्ति के मूल्य को अनावश्यक रूप से कम करने की दृष्टि से अनुचित प्रथाओं का सहारा लेने से बचने में कठिनाई। (6) बाजार में संपत्ति की बिक्री से उसकी पूरी कीमत न वसूल पाने से होने वाले नुकसान की भरपाई करने का डर। (7) प्रस्थान के देश से पलायन करने वाले परिवार के कारण वृत्ति और अन्य शुल्कों की वसूली में कठिनाई। (8) जिस मुद्रा में भुगतान किया जाना है उसे तय करने में कठिनाई। यदि ये कठिनाइयाँ दूर हो जाएँ तो जनसंख्या के स्थानांतरण का रास्ता साफ हो जाता है।

पहली तीन कठिनाइयों को आसानी पाकिस्तान और हिंदुस्तान के दो राज्य एक संधि पर सहमति से दूर किया जा सकता है। किसी लेख को कुछ इस प्रकार शब्दों में बाँटना–

''पाकिस्तान और हिंदुस्तान की सरकारें सहमत हो कि एक आयोग नियुक्त किया जाए जिसमें समान संख्या में प्रतिनिधि हों और उसकी अध्यक्षता एक ऐसा व्यक्ति करे जो दोनों द्वारा अनुमोदित हो।

"इसके रखरखाव और संचालन के लिए आयोग और इसकी समितियों का खर्च दोनों सरकारों द्वारा समान अनुपात में वहन किया जाएगा।"

"पाकिस्तान सरकार और हिंदुस्तान सरकार अपने क्षेत्रों के भीतर जातीय अल्पसंख्यकों से संबंधित अपने सभी नागरिकों को प्रवास की इच्छा व्यक्त करने का अधिकार देने पर सहमत हैं।"

"उपर्युक्त राज्यों की सरकारें इस अधिकार के प्रयोग को हर तरह से सुविधाजनक बनाने और उत्प्रवास की स्वतंत्रता में प्रत्यक्ष या अप्रत्यक्ष रूप से कोई बाधा नहीं डालने का वचन देती हैं। सभी कानून और नियम जो उत्प्रवास की स्वतंत्रता के साथ टकराव करते हों, उन्हें अमान्य और शून्य माना जाएगा।"

संपत्ति के हस्तांतरण से संबंधित चौथी और पाँचवीं कठिनाइयों को संधि लेखों में निम्नलिखित शर्तों को शामिल करके प्रभावी ढंग से पूरा किया जा सकता है–

"जो लोग, इन अनुच्छेदों के अनुसरण में, प्रवास के अधिकार का लाभ उठाने का निर्णय लेते हैं, उन्हें इस खाता पर कोई शुल्क लगाए बिना अपनी किसी भी प्रकार की चल संपत्ति को अपने साथ ले जाने या परिवहन करने का अधिकार होगा।"

"जहाँ तक अचल संपत्ति का सवाल है, इसे आयोग द्वारा निम्नलिखित प्रावधानों के अनुसार नष्ट किया जाएगा–

(1) आयोग उत्प्रवासी की अचल संपत्ति के मूल्य का अनुमान लगाने के लिए विशेषज्ञों की एक समिति नियुक्त करेगा। इच्छुक प्रवासी के पास समिति में उसके द्वारा चुना गया एक प्रतिनिधि होगा।

(2) आयोग प्रवासी की अचल संपत्ति की बिक्री की दृष्टि से आवश्यक उपाय करेगा।"

हानि की प्रतिपूर्ति, वृत्ति के भुगतान और उस मुद्रा को निर्दिष्ट करने के लिए शुल्क जिसमें भुगतान किया जाना है, से संबंधित बाकी कठिनाइयों के लिए संधि में निम्नलिखित लेख उन्हें पूरा करने के लिए पर्याप्त होने चाहिए–

"(1) उत्प्रवासी की अचल संपत्ति के अनुमानित मूल्य और बिक्री मूल्य में अंतर का भुगतान प्रस्थान के देश की सरकार द्वारा आयोग को किया जाएगा, जैसे ही प्रवासी ने परिणामी कमी के बारे में सूचित किया हो। इस भुगतान का एक–चौथाई भुगतान प्रस्थान के देश के पैसे में और तीन–चौथाई सोने या अल्पकालिक सोने के अनुबंध में किया जा सकता है।

"(2) आयोग प्रवासियों को उनकी अचल संपत्ति का मूल्य ऊपर बताए अनुसार अग्रिम रूप से देगा।

"(3) वर्तमान संधि पर हस्ताक्षर की तिथि पर एक प्रवासी द्वारा अर्जित सभी नागरिक या सैन्य वृत्ति को देनदार सरकार के प्रभार पर पूँजीकृत किया जाएगा, जिसे अपने मालिकों के खाते के लिए आयोग को राशि का भुगतान करना होगा।

"(4) उत्प्रवास की सुविधा के लिए आवश्यक धनराशि आयोग में रुचि रखने वाले राज्यों द्वारा उन्नत की जाएगी।"

क्या ये प्रावधान जनसंख्या स्थानांतरण संबंधी कठिनाइयों को दूर करने के लिए पर्याप्त नहीं हैं? निःसंदेह अन्य कठिनाइयां भी हैं। परंतु वे भी अप्राप्य नहीं हैं। उनमें नीति के प्रश्न शामिल हैं। पहला सवाल यह है कि क्या जनसंख्या का स्थानांतरण अनिवार्य होगा या स्वैच्छिक होगा? दूसरा यह है क्या राज्य सहायता प्राप्त स्थानांतरण का यह अधिकार सभी के लिए खुला है या यह किसी विशेष वर्ग के व्यक्तियों तक ही सीमित है? तीसरा है सरकार कब तक इन प्रावधानों, विशेषकर अचल संपत्ति की बिक्री पर होने वाले नुकसान की भरपाई के प्रावधान से बँधी रहेगी? क्या प्रावधानों को एक समय सीमा के अधीन किया जाना चाहिए या दायित्व अनिश्चित काल तक जारी रखा जाना चाहिए?

पहले बिंदु के संबंध में, दोनों संभव हैं और ऐसे उदाहरण हैं कि दोनों को लागू किया गया है। ग्रीस और बुल्गारिया के बीच जनसंख्या का स्थानांतरण स्वैच्छिक आधार पर था जबकि ग्रीस और तुर्की के बीच अनिवार्य आधार पर था। अनिवार्य स्थानांतरण प्रथम दृष्टया गलत लगता है। यदि कोई व्यक्ति नहीं चाहता है तो उसे अपना पैतृक निवास स्थान बदलने के लिए बाध्य करना उचित नहीं होगा, जब तक कि उसके वहीं रहने से राज्य की शांति खतरे में न पड़ जाए या ऐसा स्थानांतरण उसका अपना हित आवश्यक न हो जाए। आवश्यक यह है कि जो लोग स्थानांतरण करना चाहते हैं वे बिना किसी बाधा और हानि के ऐसा करने में सक्षम हों। इसलिए मेरी राय है कि स्थानांतरण को मजबूर नहीं किया जाना चाहिए बल्कि उन लोगों के लिए खुला छोड़ दिया जाना चाहिए जो स्थानांतरण का इरादा घोषित करते हैं।

दूसरे बिंदु के संबंध में, यह स्पष्ट है कि केवल अल्पसंख्यक वर्ग के सदस्यों को ही राज्य सहायता प्राप्त स्थानांतरण योजना का लाभ उठाने की अनुमति दी जा सकती है। लेकिन यह प्रतिबंध भी उन सभी को बाहर करने के लिए पर्याप्त नहीं हो सकता है जिन्हें योजना का लाभ नहीं मिलना चाहिए।

इसे कुछ अच्छी तरह से परिभाषित अल्पसंख्यकों तक ही सीमित रखा जाना चाहिए, जो जातीय या धार्मिक मतभेदों के कारण निश्चित रूप से भेदभाव या उत्पीड़न का शिकार होंगे।

तीसरा बिंदु महत्त्वपूर्ण है और इससे गंभीर मतभेद पैदा होने की संभावना है। मामले को निष्पक्ष रूप से देखने पर यह कहा जा सकता है कि किसी सरकार को सरकारी लागत पर प्रवासन के विकल्प को अनिश्चित काल तक खुला रखने के लिए मजबूर करना काफी अनुचित है। किसी व्यक्ति को यह बताने में कुछ भी अनुचित नहीं है कि यदि वह उपर्युक्त लेखों में निहित राज्य–सहायता प्राप्त प्रवासन योजना के प्रावधानों का लाभ उठाना चाहता है, उसे एक निश्चित अवधि के भीतर प्रवास करने के अपने विकल्प का उपयोग करना होगा और यदि वह अवधि समाप्त होने के बाद प्रवास करने का निर्णय लेता है तो वह प्रवास करने के लिए स्वतंत्र होगा, लेकिन यह उसे अपनी लागत पर और राज्य की सहायता के बिना करना होगा। इस प्रकार राज्य–सहायता के अधिकार को सीमित करने में कोई असमानता नहीं है। राज्य सहायता योजना का एक आवश्यक हिस्सा बन जाती है क्योंकि प्रवासन राजनीतिक परिवर्तनों का परिणाम है जिस पर व्यक्तिगत नागरिकों का कोई नियंत्रण नहीं होता है। लेकिन प्रवासन राजनीतिक परिवर्तन का परिणाम नहीं हो सकता है। यह अन्य कारणों से हो सकता है, और जब यह अन्य कारणों से हो, तो प्रवासी को सहायता राज्य पर दायित्व नहीं हो सकती है। यह निर्धारित करने का एकमात्र तरीका है कि प्रवासन राजनीतिक कारणों से है या निजी कारणों से, इसे एक निश्चित समय बिंदु से जोड़ना है। जब यह किसी राजनीतिक परिवर्तन के घटित होने की एक निश्चित अवधि के भीतर होता है तो इसे राजनीतिक माना जा

सकता है। जब यह अवधि के बाद होता है तो यह माना जा सकता है कि यह निजी कारणों से हुआ है। इसमें कुछ भी अनुचित नहीं है। अनुमान का यही नियम नागरिक सेवकों के मामलों को नियंत्रित करता है, जो राजनीतिक परिवर्तन होने पर, आनुपातिक पेंशन पर सेवानिवृत्त होने की अनुमति देते हैं यदि वे एक निश्चित अवधि के भीतर सेवानिवृत्त होते हैं, लेकिन यदि वे इसके समाप्त होने के बाद सेवानिवृत्त होते हैं तो नहीं।

यदि इन मामलों में नीति वैसी है जैसी मैं सुझाव देता हूँ कि यह होनी चाहिए, तो संधि में निम्नलिखित लेखों को शामिल करके इसे प्रभावी बनाया जा सकता है–

> "स्वैच्छिक प्रवासन के अधिकार का प्रयोग इस संधि के तहत जातीय अल्पसंख्यक से संबंधित कोई भी व्यक्ति, जिसकी आयु 18 वर्ष से अधिक है, द्वारा किया जा सकता है।"
>
> "आयोग के समक्ष की गई घोषणा अधिकार का प्रयोग करने के इरादे का पर्याप्त सबूत होगा।"
>
> "पति की पसंद के साथ पत्नी की पसंद, माता–पिता या अभिभावकों के विकल्प के साथ उनके 18 वर्ष से कम उम्र के बच्चों या अभिभावकर्ता का विकल्प शामिल होगा।"
>
> "यदि संधि पर हस्ताक्षर करने की तारीख से 5 साल की अवधि के भीतर प्रवासन के विकल्प का प्रयोग नहीं किया जाता है, तो इस संधि द्वारा प्रदान किए गए लाभ का अधिकार समाप्त हो जाएगा।
>
> "आयोग के कामकाज शुरू होने की तारीख से पाँच साल की अवधि समाप्त होने के छह महीने के भीतर आयोग के कर्तव्यों को समाप्त कर दिया जाएगा।"

लागत के बारे में क्या? लागत का प्रश्न तभी महत्त्वपूर्ण होगा जब स्थानांतरण अनिवार्य होगा। स्वैच्छिक स्थानांतरण की योजना राज्य पर बहुत बड़ा वित्तीय बोझ नहीं डाल सकती। पुरुषों को स्वतंत्रता से अधिक सम्पत्ति प्रिय होती है। बहुत से लोग अपने मूल निवास स्थान

को बदलने के बजाय अपने राजनीतिक आकाओं के हाथों अत्याचार सहना पसंद करेंगे जहाँ वे जड़ें जमा चुके हैं। जैसा कि एडम स्मिथ ने कहा था, सभी चीजों में मनुष्य परिवहन के लिए सबसे कठिन माल है। इसलिए लागत से किसी को डरने की जरूरत नहीं है।

इसकी व्यावहारिकता के बारे में क्या? योजना नई नहीं है। इसका परीक्षण किया गया है और इसे कार्यशील पाया गया है। इसे पिछले यूरोपीय युद्ध के बाद ग्रीस और बुल्गारिया तथा तुर्की और ग्रीस के बीच जनसंख्या[1] का स्थानांतरण करने के लिए लागू किया गया था। कोई भी इस बात से इनकार नहीं कर सकता कि यह काम कर चुका है, इसे आजमाया जा चुका है और इसे व्यावहारिक पाया गया है। मैंने जो योजना बताई है वह उसी योजना की नकल है। इसका प्रभाव ग्रीस और बुल्गारिया तथा तुर्की और ग्रीस के बीच जनसंख्या[1] के स्थानांतरण के रूप में पड़ा। इस बात से कोई इनकार नहीं कर सकता कि इस पर सिग्नल सफलता के साथ काम किया गया। और क्या सफल हुआ – भारत में कहाँ सफल होने की उम्मीद की जा सकती है।

पाकिस्तान का मसला बहुत सरल नहीं है। लेकिन यह उतना कठिन नहीं है जितना कि इसे बना दिया गया है, बशर्ते इसके सिद्धांत और नैतिकता पर सहमति हो। यदि यह कठिन है तो केवल इसलिए क्योंकि यह हृदय विदारक है और कोई भी इसकी समस्याओं और उनके समाधानों के बारे में सोचना नहीं चाहता क्योंकि इसका विचार ही इतना दर्दनाक है। लेकिन एक बार जब भावना खत्म हो जाती है और यह तय हो जाता है कि पाकिस्तान होगा, तो इससे उत्पन्न होने वाली समस्याएं न तो चौंका देने वाली होती हैं और न ही चौंकाने वाली।

---

1. 'जो लोग जनसंख्या स्थानांतरण के प्रश्न पर अधिक जानकारी चाहते हैं महान लाभ के साथ परामर्श कर सकते हैं। अल्पसंख्यकों का आदान–प्रदान, बुल्गारिया, ग्रीस और स्टीफन पी. लाडास (मैक) द्वारा तुर्की, 1932, जहाँ योजना के स्थानांतरण हेतु जनसंख्या ग्रीस और बुल्गारिया और ग्रीस और तुर्की के बीच पूरी तरह से सेवा प्रदान की जाती है।

अध्याय–15

कौन निर्णय ले सकता है?

पाकिस्तान के प्रश्न के दो पक्ष हैं, हिंदू पक्ष और मुस्लिम पक्ष। इसे टाला नहीं जा सकता हालाँकि दुर्भाग्य से दोनों का रवैया तर्कसंगत नहीं है। दोनों ही भावनाओं से गहराई से जुड़े हुए हैं। इस भावना की परतें इतनी मोटी हैं कि वर्तमान में इसका पता लगाना बेहद मुश्किल हो गया है। ये विरोधी भावनाएँ खत्म होंगी या घनीभूत होंगी, यह तो समय और परिस्थितियाँ ही बता सकती हैं। भारतीयों को बर्फ पिघलने के लिए कितना इंतजार करना पड़ेगा, कोई भविष्यवाणी नहीं कर सकता। लेकिन एक बात तो तय है कि जब तक यह बर्फ नहीं पिघलती आजादी को ठंडे बस्ते में डालना होगा। मुझे यकीन है कि ऐसे लाखों विचारशील भारतीय होंगे जो पाकिस्तान का एक आदर्श और स्थायी समाधान मिलने तक भारतीय स्वतंत्रता के अनिश्चितकालीन स्थगन के बिल्कुल खिलाफ हैं। मैं उनमें से एक हूँ। मैं उन लोगों में से एक हूँ जो मानते हैं कि अगर पाकिस्तान एक समस्या है, न कि कोई भंगिमा, तो इससे बच निकलने का कोई रास्ता नहीं है और इसका समाधान अवश्य खोजा जाना चाहिए। मैं उन लोगों में से हूँ जो मानते हैं कि जो अपरिहार्य है उसका सामना करना ही होगा। किसी के सिर को रेत में दफनाने और आसपास क्या हो रहा है उस पर ध्यान देने से इनकार करने का कोई मतलब नहीं है क्योंकि इसकी आवाज किसी की भावनाओं को आहत करती है। मैं भी उन लोगों में से एक हूँ जो मानते

हैं कि यदि संभव हो तो निर्णय की घड़ी आने से बहुत पहले ही समाधान के साथ तैयार रहना चाहिए। अगर कोई जानता है कि उसे नदी पार करने के लिए मजबूर होना पड़ेगा तो पुल बनाना बुद्धिमानी है।

पाकिस्तान की प्रमुख समस्या यह है कि पाकिस्तान रहेगा या नहीं, इसका निर्णय कौन कर सकता है? मैंने पिछले तीन वर्षों से इस विषय पर विचार किया है, और मैं इस प्रश्न के उचित उत्तर के रूप में कुछ निष्कर्षों पर पहुँचा हूँ। इन निष्कर्षों को मैं समस्या के समाधान में रुचि रखने वाले अन्य लोगों के साथ साझा करना चाहूँगा ताकि उन्हें और अधिक खोजा जा सके। अपने निष्कर्षों को स्पष्टता देने के लिए, मैंने सोचा है कि यदि मैं उन्हें संसद के अधिनियम के रूप में रखूँ तो यह उद्देश्य बेहतर ढंग से पूरा होगा। निम्नलिखित अधिनियम का प्रारूप है जो मेरे निष्कर्षों का प्रतीक है:

भारत सरकार (प्रारंभिक प्रावधान) अधिनियम

इसे राजा के सबसे उत्कृष्ट महामहिम द्वारा, लॉर्ड्स स्पिरिचुअल एंड टेम्पोरल और कॉमन्स की सलाह और सहमति से, इस वर्तमान संसद में, और उसी के अधिकार से निम्नानुसार अधिनियमित किया जाए–

I. *(1)* *यदि इस संबंध में नियुक्त तिथि से छह महीने के भीतर उत्तर–पश्चिम सीमांत, पंजाब, सिंध और बंगाल प्रांतों के विधानमंडलों के अधिकांश मुस्लिम सदस्य एक प्रस्ताव पारित करते हैं कि मुख्य रूप से मुस्लिम क्षेत्रों को ब्रिटिश भारत से अलग कर दिया जाए, महामहिम इस अधिनियम के प्रावधानों के अनुसार इन प्रांतों और बलूचिस्तान के मुस्लिम और गैर–मुस्लिम मतदाताओं के प्रश्न पर मतदान कराएँगे।*

(2) *प्रश्न निर्वाचकों को प्रस्तुत किया जाएगा। इन प्रांतों में निम्नलिखित रूप में–*

(i) क्या आप ब्रिटिश भारत से अलग होने के पक्ष में हैं?

(ii) क्या आप अलगाव के खिलाफ हैं?

(3) मुस्लिम और गैर–मुस्लिम मतदाताओं का मतदान अलग–अलग लिया जाएगा।

II. (1) यदि मतदान के परिणाम पर, मुस्लिम मतदाताओं का बहुमत अलगाव के पक्ष में पाया जाता है और गैर–मुस्लिम मतदाताओं का बहुमत अलगाव के खिलाफ पाया जाता है, तो महामहिम उद्घोषणा द्वारा इस उद्देश्य के लिए एक सीमा आयोग नियुक्त करेंगे। इन प्रांतों में ऐसे जिलों और क्षेत्रों की सूची तैयार करना जिनमें बहुसंख्यक निवासी मुस्लिम हैं। ऐसे जिलों और क्षेत्रों को अनुसूचित जिले कहा जाएगा।

(2) अनुसूचित जिलों को सामूहिक रूप से पाकिस्तान और शेष ब्रिटिश भारत को हिंदुस्तान के रूप में नामित किया जाएगा। पश्चिम में स्थित अनुसूचित जिले पश्चिमी पाकिस्तान राज्य कहलाएंगे और उत्तर–पूर्व में स्थित अनुसूचित जिले पूर्वी पाकिस्तान कहलाएंगे।

III. (1) सीमा आयोग के निष्कर्ष समझौते या मध्यस्थ के पुरस्कार द्वारा अंतिम हो जाने के बाद महामहिम अनुसूचित जिलों के मतदाताओं का एक और मतदान कराएँगे।

(2) निर्वाचकों को प्रस्तुत किये गये प्रश्नों का स्वरूप निम्नलिखित होगा–

(i) क्या आप तुरंत अलग होने के पक्ष में हैं?

(ii) क्या आप तुरंत अलग होने के खिलाफ हैं?

IV. (1) यदि बहुमत तुरंत अलग होने के पक्ष में है तो महामहिम के लिए दो अलग–अलग संविधान बनाने की व्यवस्था करना वैध होगा, एक पाकिस्तान के लिए और दूसरा हिंदुस्तान के लिए।

(2) पाकिस्तान और हिंदुस्तान के नए राज्य महामहिम द्वारा इस संबंध में जारी उद्घोषणा द्वारा नियुक्त दिन पर अलग–अलग राज्यों के रूप में कार्य करना शुरू कर देंगे।

(3) यदि बहुसंख्यक लोग पृथक्करण के खिलाफ हैं तो महारानी को समग्र रूप से ब्रिटिश भारत के लिए एक संविधान बनाने की अपनी व्यवस्था को वैध बनाना होगा।

V. पाकिस्तान को अलग करने के लिए कोई प्रस्ताव तब तक स्वीकार नहीं किया जाएगा जब तक कि अंतिम पूर्ववर्ती धारा के तहत मतदान तुरंत अलग होने के खिलाफ हो और यदि अंतिम पूर्ववर्ती धारा के तहत मतदान तुरंत अलग होने के पक्ष में हो तो पाकिस्तान को हिंदुस्तान में शामिल करने के लिए किसी भी प्रस्ताव पर विचार नहीं किया जाएगा। ब्रिटिश भारत के लिए नए संविधान या पाकिस्तान और हिंदुस्तान के लिए दो अलग–अलग संविधानों को लागू करने के लिए महामहिम द्वारा नियुक्त की गई तारीख से दस साल बीत चुके हैं।

VI. (1) धारा चार के तहत दो अलग–अलग संविधानों के अस्तित्त्व में आने की स्थिति में, महामहिम के लिए यह वैध होगा कि वे नियुक्त दिन के बाद जितनी जल्दी हो सके, संपूर्ण भारत के लिए एक संविधान की स्थापना की दृष्टि से एक भारतीय परिषद् की स्थापना करें। ब्रिटिश भारत, और पाकिस्तान तथा हिंदुस्तान की विधायिकाओं और सरकारों के बीच सामंजस्यपूर्ण कार्रवाई लाने के लिए, और पूरे ब्रिटिश भारत को प्रभावित करने वाले मामलों के संबंध में आपसी मेलजोल और एकरूपता को बढ़ावा देना, और उन सेवाओं के प्रशासन के लिए प्रावधान करना, जिन पर दोनों संसद परस्पर सहमत

हैं, उन्हें पूरे ब्रिटिश भारत में समान रूप से प्रशासित किया जाना चाहिए, या जो इस अधिनियम के आधार पर इस प्रकार प्रशासित किये जाने हैं।

(2) *जैसा कि इसके बाद प्रदान किया गया है, भारत की परिषद् में महामहिम के निर्देशों के अनुसार नामित एक अध्यक्ष और चालीस अन्य व्यक्ति शामिल होंगे, जिनमें से बीस सदस्य पाकिस्तान का प्रतिनिधित्व करेंगे और बीस सदस्य हिंदुस्तान का प्रतिनिधित्व करेंगे।*

(3) *भारतीय परिषद् के सदस्यों का चुनाव प्रत्येक मामले में पाकिस्तान या हिंदुस्तान की संसद के निचले सदनों के सदस्यों द्वारा किया जाएगा।*

(4) *भारत की परिषद् के सदस्यों का चुनाव पाकिस्तान और हिंदुस्तान के विधानमंडलों का पहला कार्य होगा।*

(5) *परिषद् का एक सदस्य, पाकिस्तान या हिंदुस्तान के विधानमंडल के उस सदन का सदस्य नहीं रहने पर, जिसके द्वारा वह परिषद् का सदस्य चुना गया था, परिषद् का सदस्य नहीं रहेगा बशर्ते कि, पाकिस्तान या हिंदुस्तान के विधानमंडल के विघटन के बाद, जो व्यक्ति परिषद् के सदस्य हैं, वे नए चुनाव होने तक परिषद् के सदस्यों के रूप में पद पर बने रहेंगे और फिर से निर्वाचित होने तक सेवानिवृत्त हो जाएँगे।*

(6) *परिषद् का अध्यक्ष परिषद् की प्रत्येक बैठक की अध्यक्षता करेगा जिसमें वह उपस्थित होंगे और वोट बराबर होने की स्थिति में वोट देने के हकदार होंगे, लेकिन अन्यथा नहीं।*

(7) *परिषद् की पहली बैठक ऐसे समय और स्थान पर होगी जो राष्ट्रपति द्वारा नियुक्त किया जा सकता है।*

(8) *परिषद् उनकी संख्या में कमी के बावजूद कार्य कर*

सकती है, और परिषद् का कार्यसाधक संख्या पंद्रह होगी।

(9) *जैसा कि ऊपर कहा गया है, परिषद् समितियों को शक्तियों के प्रत्यायोजन सहित अपनी स्वयं की प्रक्रिया को विनियमित कर सकती है।*

(10) *भारत की परिषद् का संविधान समय–समय पर पाकिस्तान के विधानमंडल और हिंदुस्तान के विधानमंडल द्वारा पारित समान अधिनियमों द्वारा भिन्न हो सकता है, और अधिनियम भारत की परिषद् के सभी या किसी भी सदस्य के लिए प्रावधान कर सकते हैं। संसदीय निर्वाचकों द्वारा चुने जाते हैं, और उन निर्वाचन क्षेत्रों का निर्धारण करते हैं जिनके द्वारा कई निर्वाचित सदस्यों को लौटाया जाना है और कई निर्वाचन क्षेत्रों द्वारा लौटाए जाने वाले सदस्यों की संख्या और चुनाव की विधि निर्धारित की जाती है।*

VII. (1) *पाकिस्तान और हिंदुस्तान के विधानमंडल, समान अधिनियमों द्वारा, पाकिस्तान और हिंदुस्तान के विधानमंडलों और सरकारों की किसी भी शक्ति को भारत की परिषद् को सौंप सकते हैं, और ऐसे अधिनियम उस तरीके को निर्धारित कर सकते हैं जिसमें परिषद् द्वारा इस प्रकार प्रत्यायोजित शक्तियों का प्रयोग किया जाना है।*

(2) *रेलवे और जलमार्गों के संबंध में कानून बनाने की शक्तियाँ, नए संविधान के संचालन के लिए नियुक्त दिन से, भारत की परिषद् की शक्तियाँ बन जाएँगी, न कि पाकिस्तान या हिंदुस्तान की, बशर्ते कि इस उप–धारा में कुछ भी बाधा न बने। पाकिस्तान या हिंदुस्तान की विधायिका रेलवे और जलमार्गों के निर्माण, विस्तार या सुधार को अधिकृत करने वाले कानून बना रही जहाँ*

निर्माण कार्य पूरी तरह से पाकिस्तान या हिंदुस्तान में स्थित हैं, जैसा भी मामला हो।

(3) *परिषद् ऐसे किसी भी प्रश्न पर विचार कर सकती है जो किसी भी तरह से पाकिस्तान और हिंदुस्तान दोनों के कल्याण पर असर डालता हो, और संकल्प द्वारा, उसके संबंध में सुझाव दें जैसा वे उचित समझें, लेकिन इस प्रकार दिए गए सुझावों का कोई विधायी प्रभाव नहीं होगा।*

(4) *भारत की परिषद् के लिए यह वैध होगा कि वह पाकिस्तान और हिंदुस्तान के विधानमंडलों को सभी अखिल भारतीय विषयों का प्रशासन भारत की परिषद् को सौंपने के लिए समान अधिनियम पारित करने की उपयुक्तता के बारे में सिफारिशों की आवश्यकता से बचने की दृष्टि से पाकिस्तान और हिंदुस्तान में उन्हें अलग–अलग प्रशासित करे।*

(5) *किसी भी विधानमंडल के लिए अधिनियम द्वारा किसी भी समय भारतीय परिषद् के प्रतिनिधिमंडल को किसी भी शक्ति से वंचित करना वैध होगा जो उपर्युक्त समान अधिनियमों के अनुसरण में परिषद् को कुछ समय के लिए सौंपा गया है और उसके बाद शक्तियाँ यह प्रश्न भारत की परिषद् द्वारा प्रयोग योग्य नहीं रहेगा और ब्रिटिश भारत के कुछ हिस्सों में पाकिस्तान और हिंदुस्तान की विधायिकाओं और सरकारों द्वारा उनके संबंधित अधिकार क्षेत्र में प्रयोग योग्य हो जाएगा और परिषद् ऐसे कदम उठाएगी जो स्थानांतरण को पूरा करने के लिए आवश्यक हो सकते हैं, जिसमें उनके हाथ में या उनके निपटान में किसी भी निधि का समायोजन शामिल है।*

VIII. (1) यदि धारा IV- (3) द्वारा निर्धारित ब्रिटिश भारत के लिए संविधान के लागू होने के दस साल के अंत में प्रांतीय और अनुसूचित जिलों का प्रतिनिधित्व करने वाले अधिकांश मुस्लिम सदस्यों द्वारा महामहिम को एक याचिका प्रस्तुत की जाती है की केंद्रीय विधानमंडल पाकिस्तान हिंदुस्तान से अलग होने के संबंध में मतदान कराने की माँग कर रहे हैं, महामहिम जनमत संग्रह कराएँगे।

(2) निर्वाचकों को प्रस्तुत किये गये प्रश्नों का स्वरूप निम्नलिखित होगा–

(i) क्या आप पाकिस्तान को हिंदुस्तान से अलग करने के पक्ष में हैं?

(ii) क्या आप पाकिस्तान को हिंदुस्तान से अलग करने के खिलाफ हैं?

IX. यदि मतदान का परिणाम अलगाव के पक्ष में है, तो महामहिम के लिए परिषद् के आदेश द्वारा यह घोषणा करना वैध होगा कि उस दिन से पाकिस्तान ब्रिटिश भारत का हिस्सा नहीं रहेगा, और भारत परिषद् को भंग कर देगा।

X. (1) जहाँ धारा IV में उल्लिखित परिस्थितियों के तहत दो संविधान अस्तित्त्व में आए हैं, वहाँ महामहिम के लिए परिषदादेश द्वारा यह घोषणा करना वैध होगा कि पाकिस्तान एक अलग राज्य नहीं रहेगा और हिंदुस्तान का हिस्सा बनेगा। बशर्ते कि पाकिस्तान के लिए अलग संविधान के प्रारंभ होने के दस वर्ष बीत जाने तक ऐसा कोई आदेश नहीं दिया जाएगा। बशर्ते कि ऐसी कोई घोषणा तब तक नहीं की जाएगी जब तक कि पाकिस्तान और हिंदुस्तान की लोकप्रिय विधानमंडल धारा (2) में दिए गए संविधान अधिनियम पारित नहीं कर देते।

(2) पाकिस्तान और हिंदुस्तान के लोकप्रिय विधानमंडल, तीसरे वाचन में सदस्यों के पूर्ण बहुमत द्वारा सहमत समान अधिनियमों द्वारा (बाद में संविधान अधिनियम के रूप में संदर्भित), भारत की परिषद् के स्थान पर, संयुक्त भारत के लिए एक विधानमंडल की स्थापना कर सकते हैं, और उसके सदस्यों की संख्या और उस तरीके को निर्धारित कर सकता है जिसमें सदस्यों को नियुक्त या निर्वाचित किया जाना है और वे निर्वाचन क्षेत्र जिनके लिए कई निर्वाचित सदस्यों को वापस किया जाना है, और कई निर्वाचन क्षेत्रों द्वारा लौटाए जाने वाले सदस्यों की संख्या, और नियुक्ति या चुनाव की विधि, और दोनों सदनों के संबंध, यदि एक दूसरे के लिए प्रदान किए गए हों।

XI. (1) पाकिस्तान और हिंदुस्तान के मिलन की तारीख पर भारत की परिषद् का अस्तित्त्व समाप्त हो जाएगा और भारत की परिषद् द्वारा प्रयोग की जाने वाली सभी शक्तियाँ भारत की विधानमंडल और सरकार को हस्तांतरित कर दी जाएँगी।

(2) पाकिस्तान और हिंदुस्तान के विधानमंडलों और सरकारों की सभी शक्तियां और कर्तव्य ब्रिटिश भारत के विधानमंडल और सरकार को हस्तांतरित कर दिए जाएँगे, जिसमें कराधान के संबंध में सभी शक्तियां भी शामिल हैं, और उन विधानमंडलों और सरकारों का अस्तित्त्व समाप्त हो जाएगा।

XII. (1) इस अधिनियम के तहत मतदान उसी तरह से मतपत्र द्वारा किया जाएगा जहाँ तक संभव हो विधानमंडल में सेवा करने के लिए किसी सदस्य के चुनाव के लिए मतदाताओं का मतदान होता है, और महामहिम चुनाव को अपनाने के लिए मतदान कराने के उद्देश्य से कानून बना सकते हैं।

(2) एक निर्वाचक मतदान में एक से अधिक बार मतदान नहीं करेगा, भले ही वह एक से अधिक स्थानों पर पंजीकृत हो।

(3) निर्वाचक का अर्थ उत्तर–पश्चिम सीमा, पंजाब, सिंध और बंगाल और बलूचिस्तान प्रांतों में रहने वाले प्रत्येक वयस्क पुरुष और महिला से है।

XIII. इस अधिनियम को भारतीय संविधान (प्रारंभिक प्रावधान) अधिनियम, 194 कहा जा सकता है।

मुझे नहीं लगता कि पाठक को उन निष्कर्षों का पालन करने और समझने के लिए कोई विस्तृत स्पष्टीकरण आवश्यक है जिन्हें मैंने इस कंकाल अधिनियम में शामिल करने का प्रयास किया है। शायद यह फायदेमंद हो सकता है अगर मैं उन प्रस्तावों की कुछ मुख्य विशेषताओं को सामने लाऊँ जिन्हें संसद के अनुमानित कानून को क्रिप्स प्रस्तावों के साथ तुलना करके प्रभावी बनाने का इरादा है।

मेरी राय में भारतीयों के लिए यह पूछना बेकार है और ब्रिटिश संसद पाकिस्तान के मुद्दे को निपटाए बिना अधिराज्य पद या स्वतंत्रता प्रदान करने वाला एक अधिनियम पारित करने के लिए तुरंत आगे बढ़ने के लिए सहमत हो। पाकिस्तान मुद्दे को एक प्रारंभिक मुद्दा माना जाना चाहिए और इसे किसी न किसी तरह से निपटाया जाना चाहिए। इसीलिए मैंने प्रस्तावित अधिनियम को भारत सरकार (प्रारंभिक प्रावधान) अधिनियम कहा है। पाकिस्तान के आत्मनिर्णय का मुद्दा लोगों की इच्छा से तय किया जाना चाहिए। इसके लिए मैं मुख्य रूप से मुस्लिम प्रांतों में मुसलमानों और गैर–मुसलमानों का सर्वेक्षण कराने का प्रस्ताव करता हूँ। यदि मुसलमानों का बहुमत अलगाव के पक्ष में है और गैर–मुस्लिमों का बहुमत अलगाव के खिलाफ है, तो जहाँ भी संभव हो, जातीय और सांस्कृतिक आधार पर प्रांतीय सीमाओं को अलग करके क्षेत्रों का परिसीमन करने के लिए कदम उठाए जाने चाहिए। मुस्लिम बहुमत जिले उन जिलों से हैं जिनमें बहुसंख्यक गैर–मुस्लिम हैं। इस उद्देश्य के लिए एक सीमा आयोग आवश्यक है। इसलिए अधिनियम में एक

सीमा आयोग का प्रावधान किया गया है। यह बेहतर होगा यदि सीमा आयोग अपनी संरचना में अंतर्राष्ट्रीय हो सके।

मुसलमानों और गैर–मुसलमानों के अलग–अलग जनमत संग्रह की योजना दो सिद्धांतों पर आधारित है जिन्हें मैं मौलिक मानता हूँ। पहला यह है कि अल्पसंख्यक बहुमत के अत्याचार के खिलाफ अपनी सुरक्षा के लिए सुरक्षा उपायों की माँग कर सकता है। यह उन्हें एक शर्त मिसाल के रूप में माँग सकता है। लेकिन किसी अल्पसंख्यक को अंतिम नियति के प्रश्नों पर निर्णय लेने के बहुमत के अधिकार पर वीटो लगाने का कोई अधिकार नहीं है। यही कारण है कि मैंने पाकिस्तान की स्थापना पर जनमत संग्रह को केवल मुसलमानों तक ही सीमित रखा है। दूसरा यह है कि एक सांप्रदायिक बहुसंख्यक किसी सांप्रदायिक अल्पसंख्यक पर यह दावा नहीं कर सकता कि वह स्वयं को उसके आदेशों के अधीन प्रस्तुत करेगा। केवल राजनीतिक बहुमत को ही राजनीतिक अल्पसंख्यक पर शासन करने की अनुमति दी जा सकती है। इस सिद्धांत को भारत में संशोधित किया गया है जहाँ एक सांप्रदायिक अल्पसंख्यक को कुछ सुरक्षा उपायों के अधीन सांप्रदायिक बहुमत के तहत रखा गया है। लेकिन यह सामाजिक, आर्थिक और राजनीतिक महत्त्व का सामान्य प्रश्न है। यह कभी भी स्वीकार नहीं किया गया है और न ही कभी स्वीकार किया जा सकता है कि एक सांप्रदायिक बहुमत को संवैधानिक चरित्र वाले किसी मुद्दे पर सांप्रदायिक अल्पसंख्यक पर हुक्म चलाने का अधिकार है। यही कारण है कि मैंने केवल गैर–मुसलमानों का एक अलग जनमत संग्रह प्रदान किया है, यह तय करने के लिए कि वे पाकिस्तान जाना पसंद करेंगे या हिंदुस्तान में आना पसंद करेंगे। सीमा आयोग द्वारा क्षेत्रों के परिसीमन का काम पूरा करने के बाद विभिन्न संभावनाएँ पैदा हो सकती हैं। पाकिस्तान की सीमाओं के परिसीमन से मुसलमान रुक सकते हैं। वे इस बात से संतुष्ट हो सकते हैं कि आखिरकार पाकिस्तान के सिद्धांत को स्वीकार कर लिया गया है – सीमांकन का यही मतलब है। यह मानते हुए कि मुसलमान केवल सीमांकन से ही संतुष्ट नहीं हैं वहाँ

पाकिस्तान की स्थापना की दिशा में आगे बढ़ना चाहते हैं। उनके लिए दो पाठ्यक्रम खुले हैं। वे शायद पाकिस्तान की स्थापना करना चाहते हैं–हो सकता है कि वे तुरंत पाकिस्तान की स्थापना करना चाहते हों या वे दस साल की अवधि के लिए एक आम केंद्र सरकार के अधीन रहने और हिंदुओं पर मुकदमा चलाने के लिए सहमत हो सकते हैं। हिंदुओं को यह दिखाने का अवसर मिलेगा कि अल्पसंख्यक उन पर भरोसा कर सकते हैं। मुसलमान अनुभव से सीखेंगे कि हिंदू राज के प्रति उनका डर कितना उचित है। एक और संभावना भी है। पाकिस्तान के मुसलमानों ने तुरंत अलग होने का फैसला कर लिया है, कुछ समय के बाद उन्हें पाकिस्तान से इतनी नफरत हो सकती है कि वे वापस आकर हिंदुस्तान में शामिल होने और एक ही संविधान के अधीन एक व्यक्ति बनने की इच्छा कर सकते हैं।

ये कुछ संभावनाएँ हैं जो मैं देखता हूँ। मेरे विचार से इन संभावनाओं को समय और परिस्थितियों के प्रभाव के लिए खुला रखा जाना चाहिए। मुझे मुसलमानों से यह कहना गलत लगता है कि यदि आप भारत का हिस्सा बने रहना चाहते हैं तो कभी बाहर नहीं जा सकते या यदि आप जाना चाहते हैं तो कभी वापस नहीं आ सकते। मैंने अपनी योजना में दरवाजा खुला रखा है और अधिनियम में दोनों संभावनाओं के लिए प्रावधान किया है (1) दस साल के अलगाव के बाद मिलन के लिए, (2) दस साल के लिए अलग होने और उसके बाद मिलन के लिए। मैं व्यक्तिगत रूप से दूसरा विकल्प पसंद करता हूँ, हालांकि मेरे पास किसी भी तरह से कोई मजबूत विचार नहीं है। यह कहीं बेहतर होगा कि मुसलमानों को पाकिस्तान का अनुभव हो। पाकिस्तान के अनुभव के बाद एक संघ स्थिर और स्थायी होना तय है। यदि पाकिस्तान तुरंत अस्तित्त्व में आता है, तो मुझे यह आवश्यक लगता है कि अलगाव पूरी तरह से विच्छेद, तीव्र और पूर्ण नहीं होना चाहिए। पाकिस्तान और हिंदुस्तान के बीच जीवंत संपर्क बनाए रखना आवश्यक है ताकि किसी भी तरह के मनमुटाव को बढ़ने से रोका जा सके और पुनर्मिलन की संभावना को रोका जा सके।

अधिनियम में तद्नुसार एक भारतीय परिषद् का प्रावधान किया गया है। इसे एक महासंघ समझने की भूल नहीं की जा सकती। यह कोई परिसंघ भी नहीं है। इसका उद्देश्य पाकिस्तान को हिंदुस्तान से जोड़ने के लिए एक जोड़े के रूप में काम करने के अलावा और कुछ नहीं करना है जब तक कि वे एक ही संविधान के तहत एकजुट न हो जाएँ।

ऐसी ही मेरी योजना है। यह समुदायवार लोक–मत–संग्रह पर आधारित है। जनमत संग्रह योजना लचीली है। यह तथ्य का ध्यान रखता है कि हिंदू भावना इसके खिलाफ है। यह भी पहचानता है सच तो यह है कि मुस्लिमों की पाकिस्तान की माँग महज एक तात्कालिक मनोदशा हो सकती है। यह योजना तलाक नहीं है। यह केवल न्यायिक जुदाई है। यह हिंदुओं को एक शब्द देता है। वे इसका उपयोग ये दिखाने के लिए कर सकते हैं कि न्यायपूर्वक शासन करने के अधिकार के साथ उन पर भरोसा किया जा सकता है। यह मुसलमानों को पाकिस्तान को आजमाने का मौका देता है।

मेरे प्रस्तावों की तुलना सर स्टैफोर्ड क्रिप्स के प्रस्तावों से करना वांछनीय हो सकता है। प्रस्तावों को भागों में एक धारावाहिक कहानी के रूप में दिया गया है। 29 मार्च 1943 को जारी मसौदा घोषणा में केवल निम्नलिखित शामिल थे–

"महामहिम की सरकार इसलिए निम्नलिखित शर्तें बनाती है–

(क) शत्रुता समाप्त होने पर तुरंत भारत में वर्णित तरीके से एक निर्वाचित निकाय स्थापित करने के लिए कदम उठाए जाएँगे, जिसे भारत के लिए एक नया संविधान बनाने का काम सौंपा जाएगा।

(ख) संविधान निर्माण निकाय में भारतीय राज्यों की भागीदारी के लिए नीचे बताए अनुसार प्रावधान किया जाएगा।

(ग) महामहिम की सरकार इस प्रकार बनाए गए संविधान को केवल निम्नलिखित शर्तों के अधीन स्वीकार करने और लागू करने का वचन देती है।

(i) ब्रिटिश भारत के किसी भी प्रांत का अधिकार जो अपनी वर्तमान संवैधानिक स्थिति को बनाए रखने के लिए नए संविधान को स्वीकार करने के लिए तैयार नहीं है, यदि वह ऐसा निर्णय लेता है तो इसके बाद के परिग्रहण के लिए प्रावधान किया जा रहा है।

ऐसे गैर–सम्मिलित प्रांतों के साथ, यदि वे चाहें, तो महामहिम की सरकार एक नए संविधान पर सहमत होने के लिए तैयार होगी, जो उन्हें भारतीय संघ के समान पूर्ण दर्जा देगा और यहाँ निर्धारित प्रक्रिया के अनुरूप प्रक्रिया अपनाई जाएगी।''

उनके प्रसारण में परिग्रहण और पृथक्करण का विवरण दिया गया था। वे निम्नलिखित शब्दों में थे–

"उस संविधान–निर्माता निकाय का उद्देश्य पूरे भारत के लिए, यानी ब्रिटिश भारत के लिए, उन सभी भारतीय राज्यों के लिए, जो इसमें शामिल होने का निर्णय ले सकते हैं, एक संविधान तैयार करना होगा।"

"लेकिन हम इस बहुत ही सरल तथ्य को समझते हैं। यदि आप बहुत से लोगों को, जो विरोधी होने के इच्छुक हैं, एक ही कमरे में प्रवेश करने के लिए मनाना चाहते हैं, तो उन्हें यह बताना मूर्खतापूर्ण है कि एक बार वे अंदर चले गए तो बाहर निकलने का कोई रास्ता नहीं है, वे हमेशा के लिए एक साथ बंद हो जाएँगे।"

"उन्हें यह बताना अधिक बुद्धिमानी है कि वे अंदर जा सकते हैं और यदि उन्हें लगता है कि वे एक आम निर्णय पर नहीं पहुँच सकते हैं, तो जो लोग चाहते हैं उन्हें दूसरे दरवाजे से फिर से जाने से कोई नहीं रोक सकता है। उनके अंदर जाने की बहुत अधिक संभावना है अगर उन्हें पता है कि वे अपनी स्वतंत्र इच्छा से ऐसा कर सकते हैं तो अंदर जाएँ और अगर वे सहमत नहीं हो सकते तो फिर से बाहर जा सकते हैं।"

"ठीक है, हम भारत के प्रांतों से यही कहते हैं। एक सामान्य संविधान बनाने के लिए एक साथ आएँ, यदि आपकी सभी चर्चाओं

और संविधान निर्माण सभा के सभी लेन–देन के बाद आपको लगता है कि आप अपने मतभेदों को दूर नहीं कर सकते हैं और कुछ प्रांतों यदि वे अभी भी संविधान से संतुष्ट नहीं हैं, तो ऐसे प्रांत यदि चाहें तो बाहर जा सकते हैं और बाहर रह सकते हैं और उनके लिए स्वशासन और स्वतंत्रता की उतनी ही परिमाण उपलब्ध होगी जितनी संघ के लिए, अर्थात् पूर्ण स्वशासन।"

तस्वीर को पूरा करने के लिए पत्रकार सम्मेलन में और विवरण जोड़े गए। प्रांतों के विलय या पृथक्करण की योजना को स्पष्ट करते हुए सर स्टैफोर्ड क्रिप्स ने कहा–

""यदि संविधान सभा की कार्यवाही के अंत में, कोई प्रांत या प्रांतों में से नए संविधान को स्वीकार नहीं करना चाहता और संघ में शामिल नहीं होना चाहता, तो वह बाहर रहने के लिए स्वतंत्र था – बशर्ते उस प्रांत की प्रांतीय विधानसभा पर्याप्त वोट से ऐसा कहे 60 प्रतिशत से कम नहीं, परिग्रहण के विरुद्ध निर्णय लिया गया। यदि यह 60 प्रतिशत से कम था, तो अल्पसंख्यक लोगों की इच्छा सुनिश्चित करने के लिए पूरे प्रांत के जनमत संग्रह का दावा कर सकते थे। जनमत संग्रह के मामले में, एक नंगा बहुमत पर्याप्त होगा। सर स्टैफोर्ड ने समझाया कि परिग्रहण को पूरा करने के लिए संबंधित प्रांतीय विधानसभा से एक सकारात्मक वोट प्राप्त करना होगा। गैर–विलय प्रांत, यदि वे चाहें, तो एक अलग संविधान के माध्यम से एक अलग संघ में एकजुट हो सकते हैं, लेकिन ऐसे संघ को व्यावहारिक बनाने के लिए वे भौगोलिक रूप से सन्निहित होना चाहिए।

मेरी योजना और सर स्टैफोर्ड क्रिप्स की योजना में मुख्य अंतर बिल्कुल स्पष्ट है। परिग्रहण या पृथक्करण के मुद्दे पर निर्णय लेने के लिए जो कहने का एक और तरीका है, पाकिस्तान होगा या नहीं होगा, सर स्टैफोर्ड क्रिप्स ने प्रांत को निर्णायक इकाई के रूप में लिया। मैंने समुदाय को निर्णायक इकाई के रूप में लिया है। मुझे इसमें कोई संदेह नहीं है कि सर स्टैफोर्ड ने गलत आधार अपनाया। यदि विवाद के बिंदु

अंतर–प्रांतीय हों तो प्रांत एक उचित इकाई हो सकता है। उदाहरण के लिए, यदि विवाद के बिंदु कराधान, पानी के वितरण आदि जैसे प्रश्नों से संबंधित हैं, तो कोई यह समझ सकता है कि प्रांत संपूर्ण है या उस प्रांत में एक विशेष बहुमत को निर्णय लेने का अधिकार है। लेकिन पाकिस्तान से संबंधित विवाद एक अंतर–सांप्रदायिक समस्या है जिसमें एक ही प्रांत के दो समुदाय शामिल हैं। इसके अलावा विवाद में मुद्दा यह नहीं है कि दोनों समुदाय किन शर्तों पर एक साझा राजनीतिक जीवन में शामिल होने के लिए सहमत होंगे। विवाद और गहराता जाता है और सवाल उठता है कि क्या समुदाय साझा राजनीतिक जीवन में जुड़ने के लिए बिल्कुल भी तैयार हैं। यह अपने सार में एक सांप्रदायिक अंतर है और इसका निर्णय केवल समुदाय के अनुसार जनमत संग्रह द्वारा ही किया जा सकता है।

IV

मैंने जो समाधान प्रस्तावित किया है, उसके लिए मैं किसी मौलिकता का दावा नहीं करता। इसके मूल विचार तीन स्रोतों से लिए गए हैं, आयरिश एकता सम्मेलन से, जिसकी अध्यक्षता होरेस प्लंकेट ने की थी, श्री एस्क्विथ के होमरूल संशोधन विधेयक से और आयरलैंड सरकार अधिनियम 1920 से। यह देखा जाएगा कि मेरा समाधान पाकिस्तान समस्या एकत्रित ज्ञान का परिणाम है। क्या इसे स्वीकार किया जायेगा? पाकिस्तान के सवाल पर जो संघर्ष छिड़ा हुआ है, उसे सुलझाने के चार तरीके हैं। पहला यह कि ब्रिटिश सरकार को निर्णायक प्राधिकारी के रूप में कार्य करना चाहिए। दूसरा यह कि हिंदू और मुसलमान सहमत हों। तीसरा है मुद्दे को अंतराष्ट्रीय मध्यस्थता बोर्ड के समक्ष प्रस्तुत करना और चौथा है गृहयुद्ध द्वारा इसका समाधान करना।

हालांकि भारत आज एक राजनीतिक पागलखाना है, लेकिन मुझे उम्मीद है कि देश में पर्याप्त समझदार लोग होंगे जो मामलों को गृहयुद्ध के स्तर तक नहीं पहुँचने देंगे। निकट भविष्य में राजनीतिक नेताओं के बीच समझौते की कोई संभावना नहीं है। ए.आई.सी.सी.

भारतीय राष्ट्रीय कांग्रेस की एक बैठक में श्री जगत नारायण लाल[1] के प्रस्ताव पर अप्रैल 1942 में इलाहाबाद बैठक में पाकिस्तान के प्रस्ताव पर विचार न करने का संकल्प लिया। समस्या के समाधान के लिए दो अन्य रास्ते बचे हैं। एक संबंधित लोगों द्वारा है दूसरा अंतरराष्ट्रीय मध्यस्थता द्वारा है। मैंने यही तरीका सुझाया है। मैं पहले वाले को पसंद करता हूँ। विभिन्न कारणों से मुझे यही एकमात्र सही रास्ता लगता है। विवाद को सुलझाने में विफल रहे नेताओं के लिए अब समय आ गया है कि फैसले के लिए इसे जनता के पास ले जाया जाए। वास्तव में, यह समझ से परे है कि क्षेत्र के विभाजन और लोगों की निष्ठा को एक सरकार से दूसरी सरकार में स्थानांतरित करने जैसे मुद्दे का निर्णय राजनीतिक नेताओं द्वारा कैसे किया जा सकता है। इसमें कोई संदेह नहीं है कि ऐसी चीजें विजेताओं द्वारा की जाती हैं जिनके लिए युद्ध में जीत विजित लोगों के साथ जो चाहें करने के लिए पर्याप्त अधिकार है। लेकिन हम ऐसी अराजक स्थिति में काम नहीं कर रहे हैं। सामान्य समय में जब संवैधानिक प्रक्रिया स्थगित नहीं होती है तो राजनीतिक नेताओं के विचारों का वह प्रभाव नहीं हो सकता है जो तानाशाहों के आदेशों का होता है। यह लोकतंत्र के नियम के विपरीत होगा। नेताओं के विचारों को सबसे अधिक महत्त्व देना है कि उन्हें कार्यावली में शामिल करने के योग्य माना जाए। वे लोगों द्वारा मामले का निर्णय कराने की आवश्यकता को प्रतिस्थापित या समाप्त नहीं कर सकते। यह वह पद है जो सर स्टैफोर्ड क्रिप्स ने लिया था। मुस्लिम लीग का रुख यह था कि पाकिस्तान तो बनने दो, क्योंकि मुस्लिम लीग ने इसे लेने का फैसला कर लिया है। क्रिप्स प्रस्तावों द्वारा उस स्थिति को नकारात्मक कर दिया गया है और यह बिल्कुल सही भी है। मुस्लिम लीग को क्रिप्स

1. संकल्प का पाठ इस प्रकार है–

"ए.आई.सी.सी. की राय है कि कोई भी प्रस्ताव देकर भारत को विघटित किया जा सकता है किसी भी घटक राज्य या क्षेत्रीय इकाई को भारतीय संघ से अलग होने की स्वतंत्रता या संघ वहाँ के लोगों के सर्वोत्तम हितों के लिए अत्यधिक हानिकारक होगा इसलिए, राज्य और प्रांत और पूरा देश और कांग्रेस ऐसे किसी भी प्रस्ताव पर सहमत हो ऐसा नहीं कर सकते।

प्रस्तावों द्वारा केवल इस हद तक मान्यता प्राप्त है कि उसे यह प्रस्ताव देने का अधिकार है कि पाकिस्तान को एक प्रस्ताव के रूप में माना जाए। इसे निर्णय लेने का अधिकार नहीं दिया गया है। फिर भी इस बात का एहसास नहीं हुआ कि कांग्रेस जैसी अखिल भारतीय संस्था का निर्णय, जो अपने साथ पाकिस्तान के मुद्दे से तुरंत प्रभावित होने वाले बहुसंख्यक लोगों की सक्रिय सहमति नहीं रखती,समाधान की बात पर आगे नहीं बढ़ सकती। अगर श्री गांधी या श्री राजगोपालाचार्य सहमत हो जाएं या अखिल भारतीय कांग्रेस समिति पाकिस्तान को स्वीकार करने का संकल्प कर ले, तो इससे क्या फायदा हो सकता है, अगर इसका पंजाब या बंगाल के हिंदुओं ने विरोध किया हो?

"वास्तव में यह कहना बम्बई या मद्रास के लोगों का काम नहीं है कि वे कहें, पाकिस्तान रहने दो, इसका निर्णय उन लोगों पर छोड़ दिया जाना चाहिए जो उन क्षेत्रों में रह रहे हैं और जिन्हें इसके परिणाम भुगतने होंगे। राजनीतिक और आर्थिक व्यवस्था में इतना हिंसक, इतना क्रांतिकारी और इतना मौलिक परिवर्तन जिसके साथ उनका जीवन और भाग्य इतने वर्षों से निकटता से जुड़ा हुआ है। पाकिस्तानी प्रांतों के लोगों द्वारा जनमत संग्रह मुझे पाकिस्तान की समस्या को हल करने का सबसे सुरक्षित और सबसे संवैधानिक तरीका लगता है।"

लेकिन मुझे डर है कि जनता के जनमत संग्रह द्वारा पाकिस्तान के सवाल का समाधान चाहे कितना भी आकर्षक क्यों न हो, गिनती करने वालों को ज्यादा पसंद नहीं आएगा। यहाँ तक कि मुस्लिम लीग भी इसे लेकर बहुत उत्साहित नहीं होगी। ऐसा इसलिए नहीं है क्योंकि प्रस्ताव निराधार बिल्कुल ही विपरीत है। सच तो यह है कि एक और समाधान है जिसके अपने आकर्षण हैं। यह ब्रिटिश सरकार से अपने संप्रभु अधिकार का प्रयोग करके पाकिस्तान की स्थापना करने का आह्वान करता है। लोगों की सहमति पर आधारित इस समाधान को प्राथमिकता देने का कारण यह है कि यह सरल है और इसमें लोगों के लिए जनमत संग्रह जैसी कोई विस्तृत प्रक्रिया शामिल नहीं है और जनमत संग्रह में कोई भी अनिश्चितता शामिल नहीं है। लेकिन एक और कारण है कि

इसे क्यों प्राथमिकता दी जाती है, अर्थात् इसके लिए एक मिसाल है। मिसाल आयरिश मिसाल है और तर्क यह है कि यदि ब्रिटिश सरकार ने अपनी संप्रभु सत्ता के आधार पर आयरलैंड को विभाजित किया और अल्स्टर बनाया तो ब्रिटिश सरकार भारत को विभाजित करके पाकिस्तान क्यों नहीं बना सकती?

ब्रिटिश संसद दुनिया की सबसे संप्रभु विधायी संस्था है। अंग्रेजी संविधान पर एक फ्रांसीसी लेखक डी एलश्होम ने कहा कि ब्रिटिश संसद पुरुष को महिला और महिला को पुरुष बनाने के अलावा कुछ नहीं कर सकती। और यद्यपि अधिराज्य के मामलों पर ब्रिटिश संसद की संप्रभुता पश्चिम मंत्री के कानून द्वारा सीमित है, लेकिन जहाँ तक भारत का संबंध है, यह अभी भी असीमित है। यह ब्रिटिश संसद को भारत को विभाजित करने के लिए आगे बढ़ने से रोकने के लिए कोई कानून नहीं है जैसा कि उसने आयरलैंड के मामले में किया था। यह ऐसा कर सकता है, लेकिन क्या यह ऐसा करेगा? प्रश्न शक्ति का नहीं, इच्छाशक्ति का है। जो ब्रिटिश सरकार से इसका पालन करने का आग्रह करते हैं उन्हें पूछना चाहिए कि किस कारण से ब्रिटिश सरकार ने आयरलैंड का विभाजन किया। क्या यह ब्रिटिश सरकार की अंतरात्मा थी जिसने उन्हें उनके द्वारा अपनाए गए रास्ते को मंजूरी देने के लिए प्रेरित किया या यह उन पर परिस्थितियों के कारण थोपा गया था जिसके आगे उन्हें झुकना पड़ा? आयरिश स्वराज्य नियम के इतिहास के एक छात्र को यह स्वीकार करना होगा कि आयरलैंड का विभाजन विवेक द्वारा नहीं बल्कि परिस्थितियों के बल पर किया गया था। अक्सर यह स्पष्ट रूप से महसूस नहीं किया जाता है कि आयरिश विवाद में कोई भी पक्ष आयरलैंड का विभाजन नहीं चाहता था। अलस्टा के नेता कार्सन भी नहीं। कार्सन स्वराज्य के विरोधी थे लेकिन वे विभाजन के पक्ष में नहीं थे। उनकी प्राथमिक स्थिति स्वराज्य का विरोध करना और आयरलैंड की अखंडता को बनाए रखना था। स्वराज्य लागू होने के खिलाफ रक्षा की दूसरी पंक्ति के रूप में ही उन्होंने विभाजन पर जोर दिया। हाउस ऑफ कॉमन्स के अंदर और बाहर उनके भाषणों से यह

बिल्कुल स्पष्ट हो जाएगा। दूसरी ओर एस्क्विथ की सरकार भी विभाजन का समान रूप से विरोध कर रही थी। इसे 1912 के आयरिश स्वराज्य विधेयक पर हाउस ऑफ कॉमन्स की कार्यवाही से देखा जा सकता है। विधेयक के प्रावधानों से अलस्टा को बाहर करने के लिए दो बार संशोधन पेश किए गए, एक बार समिति चरण में श्री एगर–रॉबर्ट्स द्वारा और फिर से कार्सन द्वारा स्वयं तीसरी पठान पर। दोनों बार सरकार ने विरोध किया और संशोधन हार गये।

आयरलैंड का स्थायी विभाजन 1920 में श्री लॉयड जॉर्ज द्वारा अपने आयरलैंड सरकार अधिनियम में किया गया था। बहुत से लोग सोचते हैं कि यह पहली बार था जब आयरलैंड के विभाजन के बारे में सोचा गया था और यह गठबंधन सरकार में कंजर्वेटिव–संघवादियों के आदेश के कारण था, जिसमें श्री लॉयड जॉर्ज नाममात्र प्रमुख थे। यह सच हो सकता है कि श्री लॉयड जॉर्ज अपने गठबंधन में प्रमुख पार्टी के प्रभाव के आगे झुक गये। लेकिन यह सच नहीं है कि विभाजन के बारे में पहली बार 1920 में सोचा गया था। न ही यह सच है कि लिबरल पार्टी में कोई बदलाव नहीं आया था और उसने संभावित समाधान के रूप में विभाजन के पक्ष में अपनी तत्परता नहीं दिखाई थी। तथ्य की बात यह है कि समाधान के रूप में विभाजन श्री लॉयड जॉर्ज के अधिनियम से छह साल पहले 1914 में हुआ था जब एस्क्विथ सरकार, एक विशुद्ध रूप से उदार सरकार, कार्यालय में थी। आयरलैंड के विभाजन का वास्तविक कारण केवल कारकों की जाँच करके ही समझा जा सकता है जिसने श्री एस्क्विथ की उदार सरकार को विचार परिवर्तन करने पर मजबूर कर दिया। मुझे पूरा यकीन है कि जिस कारक के कारण यह बदलाव आया। उदारवादी सरकार के दृष्टिकोण में सैन्य संकट था जो मार्च 1914 में हुआ था और जिसे आम तौर पर कर्राघ घटना के रूप में जाना जाता है। कुछ तथ्य यह समझाने के लिए पर्याप्त होंगे कि "कर्राघ घटना" क्या थी और एस्क्विथ सरकार की नीति में बदलाव लाने में यह कितनी निर्णायक थी।

एक सुविधाजनक बिंदु पर शुरू करने के लिए आयरिश स्वराज्य विधेयक 1913 के अंत तक अपने सभी चरणों से गुजर चुका था। श्री एस्क्विथ को चुनौती दी गई थी कि वह मतदाताओं के आदेश के बिना आगे बढ़ रहे थे, उन्होंने हालाँकि एक वचन दिया था कि यह अधिनियम ऐसा नहीं करेगा। अगले आम चुनाव होने तक इसे प्रभावी रखा जाएगा। यदि युद्ध की निगरानी नहीं होती तो सामान्य प्रक्रिया में 1915 में आम चुनाव होता। लेकिन उल्स्टरमेन आम चुनाव में अपना मौका लेने के लिए तैयार नहीं थे और उन्होंने स्वराज्य का विरोध करने के लिए सक्रिय कदम उठाना शुरू कर दिया। वे हमेशा अपने साधनों और तरीकों को चुनने में बहुत ईमानदार नहीं थे और इस मोहक मुद्रा के तहत कि वे सरकार के खिलाफ लड़ रहे थे जो उन्हें राजा की वफादार प्रजा बने रहने से रोक रही थी, उन्होंने ऐसे तरीकों का सहारा लिया जिन्हें बेशर्म और नापाक कहने में कोई भी संकोच नहीं करेगा। एक मैजिनॉट लाइन थी जिस पर उल्स्टरमेन होम रूल को हराने के लिए हमेशा निर्भर रहते थे। वह हाउस ऑफ लॉर्ड्स था। लेकिन 1911 के संसद अधिनियम द्वारा हाउस ऑफ लॉर्ड्स एक रोती हुई दीवार बन गया था जो न तो मजबूत थी और न ही ऊँची। यह उस पर भरोसा करने के लिए रक्षा की एक पंक्ति नहीं रह गई थी। यह जानते हुए कि विधेयक हाउस ऑफ लॉर्ड्स द्वारा अस्वीकार किए जाने के बावजूद पारित हो सकता है, यह महसूस करते हुए कि अगले चुनाव में एस्क्विथ जीत सकता है, उल्स्टरमेन हताश हो गए थे और रक्षा की एक और पंक्ति की तलाश कर रहे थे। उन्होंने इसे सेना में पाया। योजना दोहरी थी। इसमें हाउस ऑफ लॉर्ड्स को वार्षिक सेना अधिनियम को बनाए रखने की परियोजना शामिल थी ताकि यह सुनिश्चित किया जा सके कि अलस्टा के खिलाफ इस्तेमाल की जाने वाली कोई सेना अस्तित्त्व में नहीं होगी। दूसरी परियोजना उनके प्रचार को फैलाने के लिए थी – कि स्वराज्य स्वराज्य होगा – सेना में सरकार की अवज्ञा के लिए सेना को तैयार करने की दृष्टि से, यदि सरकार ने आयरलैंड पर स्वराज्य को लागू करने के लिए सेना का उपयोग करने का निर्णय लिया। पहला

अनावश्यक हो गया क्योंकि वे दूसरे को लाने में आसानी से सफल हो गए। यह मार्च 1914 में स्पष्ट हो गया जब कुर्राघ हादसा हुआ। सरकार के पास संदेह करने के कारण थे कि आयरलैंड में कुछ सेना केन्द्रस्थान पर संघवादी स्वयंसेवकों द्वारा छापा मारे जाने की संभावना थी। 20 मार्च को, आयरलैंड में सेना के कमांडर–इन–चीफ सर आर्थर पेजेट को इन केन्द्रस्थान की सुरक्षा के लिए कदम उठाने के आदेश भेजे गए थे। उनका उत्तर इस आशय का एक तार था कि अधिकारी मानने के लिए तैयार नहीं थे और अपने कमीशन से इस्तीफा दे रहे थे और यह डर था कि लोग आगे बढ़ने से इनकार कर देंगे। जनरल सर ह्यूबर्ट गफ ने अलस्टा संघवादी के खिलाफ सेवा करने से इनकार कर दिया था और उनके उदाहरण का दूसरों ने अनुसरण किया था। सरकार को एहसास हुआ कि सेना राजनीतिक, बल्कि पक्षपातपूर्ण हो गई है। इससे डर कर और सुप्रसिद्ध कहावत पर अमल करते हुए विभाजन[1] के पक्ष में निर्णय लिया गया कि बुद्धि वीरता का बेहतर हिस्सा है। जिस चीज ने एस्क्विथ को अपनी स्थिति बदलने के लिए मजबूर किया वह अंतरात्मा नहीं बल्कि सेना के विद्रोह का डर था। भय इतना अधिक था कि उसके बाद किसी ने भी सेना को चुनौती देने और विभाजन के बिना स्वराज्य लागू करने के साहस नहीं किया।

क्या महामहिम सरकार पर इस बात पर निर्भर किया जा सकता है कि उसने जो आयरलैंड में किया, उसे भारत में भी दोहराएगी? मैं प्रश्न का उत्तर देने में असमर्थ हूँ। लेकिन दो बातें मैं कहूँगा। पहली बात तो यह कि महामहिम सरकार भली–भाँति जानती है कि आयरलैंड के इस

---

1. 'इस बिंदु पर मेजर जनरल सर सी.ई. कॉलवेल द्वारा लिखित लाइफ ऑफ फील्ड–मार्शल सर हेनरी विल्सन, खंड–प्रथम, अध्याय IX संसदीय बहसें (हाउस ऑफ लॉर्ड्स), 1914, बर्ड–15, पृ. 998–1017, अलस्टा और सेना इससे पता चलता है कि सेना कुर्राघ घटना से बहुत पहले अल्स्टराइट्स ने इसे जीत लिया था। यह संभव है श्री एस्क्विथ ने 1913 में अलस्टा को बाहर करने के लिए एक संशोधन विधेयक छह साल तक स्वराज्य लाने का निर्णय लिया क्योंकि उन्हें पता चल गया था कि सेना खत्म हो गई है। अलस्टा को और यह कि इसका उपयोग स्वराज्य लागू करने के लिए नहीं किया जा सकता है।

विभाजन के क्या परिणाम हुए हैं। आयरिश मुक्त राज्य ग्रेट ब्रिटेन का सबसे बड़ा दुश्मन बन गया है। दुश्मनी की कोई सीमा नहीं होती। विभाजन से लगा घाव तब तक नहीं भरेगा जब तक विभाजन एक स्थापित तथ्य बना रहेगा। आयरलैंड का विभाजन नैतिक रूप से अक्षम्य नहीं कहा जा सकता क्योंकि यह लोगों की सहमति का नहीं बल्कि श्रेष्ठ शक्ति का परिणाम था। यह मैकबेथ द्वारा डंकन की हत्या जितना ही बुरा था। महामहिम की सरकार पर लगे खून के धब्बे उतने ही गहरे हैं जितने लेडी मैकबेथ पर थे और जिसके बारे में लेडी मैकबेथ ने कहा था कि "अरब के सभी इत्र" इसकी दुर्गंध को दूर करने में विफल रहे हैं कि महामहिम की सरकार किसी अन्य कार्य के निष्पादन के लिए जिम्मेदार होना पसंद नहीं करती।

फिलिस्तीन में यहूदी–अरब समस्या के संबंध में इसकी नीति से विभाजन बिल्कुल स्पष्ट है। इसने जाँच के लिए पील कमीशन नियुक्त किया। आयोग ने फिलिस्तीन के विभाजन की सिफारिश की। सरकार ने इसे सैद्धांतिक तौर पर गतिरोध सुलझाने की सबसे आशावादी दिशा के रूप में स्वीकार किया। अचानक सरकार को अरबों पर इस तरह के समाधान को लागू करने की गंभीरता का एहसास हुआ और उसने वुडहेड आयोग नामक एक और रॉयल आयोग नियुक्त किया, जिसने विभाजन की निंदा की और एक ऐसी सरकार के लिए एक आसान रास्ता खोल दिया जो खुद को एक भयानक स्थिति से बाहर निकालने के लिए उत्सुक थी। आयरलैंड का विभाजन अनुकरण योग्य उदाहरण नहीं है। यह एक घिनौनी घटना है जिससे बचना जरूरी है। यह एक चेतावनी है, उदाहरण है, मुझे बहुत संदेह है कि क्या महामहिम की सरकार मुस्लिम लीग के आदेश पर अपने अधिकार से भारत का विभाजन करेगी।

और महामहिम सरकार को मुस्लिम लीग को क्यों अनुगृहीत करना चाहिए? अलस्टा के मामले में खून का रिश्ता था जिसने ब्रिटिश राजनेताओं के एक शक्तिशाली वर्ग को अलस्टा का पक्ष लेने पर

---

1. संसदीय बहसें (कॉमन्स), 1938–39, खंड देखें। 341, पृ. 1987–2107 (लॉर्ड्स भी) 1936–37, खंड–106, पृ. 599–674.

मजबूर कर दिया। यह खून का रिश्ता था जिसने लॉर्ड कर्जन को यह कहने पर मजबूर कर दिया कि आप अलस्टा को अपने वर्तमान पति को तलाक देने के लिए मजबूर कर रहे हैं, जिसके साथ वह बेवफा नहीं है और आप उसे किसी और से शादी करने के लिए मजबूर कर रहे हैं जिसे वह नापसंद करती है, जिसके साथ वह रहना नहीं चाहती है।" महामहिम की सरकार और मुस्लिम लीग के बीच ऐसी कोई रिश्तेदारी नहीं है और लीग के लिए यह उम्मीद करना व्यर्थ होगा कि वह महामहिम की सरकार से अपना पक्ष लेगी।

दूसरी बात जो मैं कहना चाहूँगा वह यह है कि भारत का विभाजन करने के लिए महामहिम सरकार के अधिकार का इस्तेमाल करके अपना उद्देश्य हासिल करना मुस्लिम लीग के हित में नहीं होगा। मेरे विचार में पाकिस्तान को पाने से अधिक महत्त्वपूर्ण यह है कि पाकिस्तान को बनाने में अपनाई जाने वाली प्रक्रिया क्या है, यदि उद्देश्य यह है कि विभाजन के बाद पाकिस्तान और हिंदुस्तान सद्भावना के साथ दो मित्र राष्ट्र बने रहें और एक–दूसरे के प्रति कोई द्वेष न हो।

वह कौन सी प्रक्रिया है जो इस उद्देश्य की प्राप्ति के लिए सबसे उपयुक्त है? हर कोई इस बात से सहमत होगा कि प्रक्रिया ऐसी होनी चाहिए कि इसमें किसी एक समुदाय की जीत शामिल और दूसरे का अपमान न हो। तरीका दोनों पक्षों के सम्मान के साथ शांति का होना चाहिए। मैं नहीं जानता कि इस लक्ष्य को प्राप्त करने के लिए लोगों के जनमत संग्रह के निर्णय से बेहतर कोई अन्य समाधान है या नहीं। मैंने अपना सुझाव दिया है कि सबसे अच्छी कार्यप्रणाली कौन सी है। दूसरे भी अपने साथ सामने आएँगे। मैं यह नहीं कह सकता कि मेरा सबसे अच्छा है। लेकिन सुझाव जो भी हो, जब तक इस प्रश्न के समाधान के लिए अच्छी समझ के साथ–साथ जिम्मेदारी की भावना नहीं लाई जाती, यह एक नासूर बना रहेगा।

उपसंहार

यहाँ मैं रुकने का प्रस्ताव करता हूँ। क्योंकि मुझे लगता है कि मैंने इस विषय के बारे में वह सब कुछ कह दिया है जो मैं कह सकता था। कानूनी भाषा का उपयोग करने के लिए मैंने दलीलें तैयार की हैं। मैं यह दावा कर सकता हूँ कि मैंने पर्याप्त समय तक ऐसा किया है। ऐसा करने में, मैंने उस प्रोलिक्स शैली को अपनाया है जो विक्टोरियन वकीलों को बहुत प्रिय थी, जिसके तहत दोनों पक्ष दलील और प्रतिकृति, प्रत्युत्तर और खंडन, प्रति–पुनरुत्तरवाद और आखिरी जवाबदावा आदि के साथ एक–दूसरे से प्रार्थना करते थे। मैंने यह जानबूझकर इस उद्देश्य से किया है कि पाकिस्तान के पक्ष और विपक्ष में मामले का पूरा विवरण दिया जा सके। पिछले पृष्ठों में दलीलें हैं। इसमें शामिल तथ्य मेरी सर्वोत्तम जानकारी और विश्वास के अनुसार सत्य हैं। मैंने अपने निष्कर्ष भी दिये हैं। अब यह हिंदुओं और मुसलमानों पर निर्भर है कि वे अपना योगदान दें।

उनके कार्य में मदद करने के लिए मुद्दों को निर्धारित करना अच्छा हो सकता है। अभिवचनों पर निम्नलिखित मुद्दे आवश्यक प्रतीत होते हैं

(1) क्या भारत की राजनीतिक उन्नति के लिए हिंदू–मुस्लिम एकता आवश्यक है? यदि आवश्यक हो, तो क्या हिंदुओं और मुसलमानों के दो अलग–अलग राष्ट्र होने की नई विचारधारा के बावजूद इसका एहसास संभव है?

(2) यदि हिंदू–मुस्लिम एकता संभव है, तो क्या इसे तुष्टिकरण से या समझौते से हासिल किया जाना चाहिए?

(3) यदि इसे तुष्टिकरण द्वारा प्राप्त किया जाना है, तो मुसलमानों को अन्य हितों पर प्रतिकूल प्रभाव डाले बिना, उनका इच्छुक सहयोग प्राप्त करने के लिए कौन–सी नई रियायतें दी जा सकती हैं?

(4) यदि इसे किसी समझौते द्वारा हासिल किया जाना है, तो उस समझौते की शर्तें क्या हैं? यदि केवल दो विकल्प हैं, (i) भारत का पाकिस्तान और हिंदुस्तान में विभाजन, या (ii) विधायिका, कार्यपालिका और सेवाओं में पचास–पचास हिस्सेदारी, तो कौन सा विकल्प बेहतर है?

(5) क्या भारत, यदि वह एक अभिन्न अंग बना रहा, अपनी स्वतंत्रता की रक्षा के लिए हिंदुओं और मुसलमानों दोनों पर भरोसा कर सकता है, यह मानते हुए कि यह अंग्रेजों से जीता गया है?

(6) हिंदुओं और मुसलमानों के बीच प्रचलित विरोध को ध्यान में रखते हुए और उन्हें दो अलग राष्ट्रों के रूप में सीमांकित करने वाली नई विचारधारा को ध्यान में रखते हुए और अपनी अंतिम नियति में विरोध का अनुमान लगाना, क्या इन दोनों देशों के लिए एक ही संविधान इस उम्मीद में बनाया जा सकता है कि वे इसे काम करने का इरादा दिखाएँगे और ना कि रोकने का?

(7) इस धारणा पर कि द्वि–राष्ट्र सिद्धांत कायम हो गया है, क्या भारत एक एकल इकाई के रूप में जैविक एकता के बिना एक असंगत निकाय नहीं बन जाएगा, जो एक समान नियति में एक समान विश्वास से बँधे एक मजबूत एकजुट राष्ट्र के रूप में विकसित होने में असमर्थ होगा और इसलिए एक कमजोर और बीमार देश बने रहने की संभावना है, जिसे ब्रिटिश या किसी अन्य विदेशी शक्ति के अधीन हमेशा के लिए रखा जाना आसान होगा?

(8) यदि भारत एक अखंड देश नहीं हो सकता, तो क्या यह बेहतर नहीं है कि भारतीयों को इस असंगत संपूर्णता को उसके प्राकृतिक भागों, अर्थात् पाकिस्तान और हिंदुस्तान में शांतिपूर्ण विघटन में भारत की मदद करनी चाहिए?

(9) क्या झूठी आशा में भारत को एक अविभाजित देश बनाए रखने के व्यर्थ प्रयास की तुलना में दो स्वतंत्र और अलग राष्ट्रों, पाकिस्तान में रहने वाले एक मुस्लिम राष्ट्र और हिंदुस्तान में रहने वाले एक हिंदू राष्ट्र के विकास की व्यवस्था करना बेहतर नहीं है? क्या किसी दिन हिंदू और मुसलमान एक राष्ट्र के सदस्य और एक मातृभूमि के पुत्र के रूप में इस पर कब्जा कर लेंगे?

एक भारतीय के इन मुद्दों को समझने और पिछले पृष्ठों में मौजूद सामग्री की मदद से अपने निष्कर्ष पर पहुँचने में तीन चीजों के अलावा कोई बाधा नहीं आ सकती (1) ऐतिहासिक देशभक्ति की झूठी भावना, (2) झूठी क्षेत्र के विशेष स्वामित्व की अवधारणा और (3) स्वयं के बारे में सोचने की इच्छा का अभाव। इन बाधाओं में से, आखिरी बाधा से पार पाना सबसे कठिन है। दुर्भाग्य से भारत में विचार दुर्लभ है और स्वतंत्र विचार तो और भी दुर्लभ है। यह विशेष रूप से हिंदुओं के लिए सच है। इसीलिए इस पुस्तक के तर्क का एक बड़ा हिस्सा उन्हें संबोधित किया गया है। इसके कारण स्पष्ट हैं। हिंदू बहुसंख्यक हैं। बहुमत में होने के नाते, उनका दृष्टिकोण मायने रखना चाहिए। यदि उनकी आपत्तियों को तर्कसंगत या भावनात्मक रूप से पूरा करने का प्रयास नहीं किया गया तो शांतिपूर्ण समाधान की अधिक संभावना नहीं है। लेकिन ऐसे विशेष कारण हैं जिनकी वजह से मुझे तर्क का इतना बड़ा हिस्सा उन्हें संबोधित करना पड़ा और जो दूसरों के लिए इतना स्पष्ट नहीं हो सकता है। मुझे लगता है कि जो हिंदू अपने साथियों के भाग्य का मार्गदर्शन कर रहे हैं, उन्होंने वह खो दिया है जिसे कार्लाइल "देखने वाली आँख" कहते हैं और कुछ व्यर्थ भ्रमों के आकर्षण में चल रहे हैं, जिसके परिणाम, मुझे डर है, हिंदुओं के लिए भयानक होंगे। हिंदू

कांग्रेस के कब्जे में हैं और कांग्रेस श्री गांधी के कब्जे में है। यह कहा नहीं जा सकता, श्री गांधी ने कांग्रेस को सही नेतृत्व दिया है। श्री गांधी ने सबसे पहले दो बातों का सहारा लेकर इस मुद्दे का सामना करने से बचना चाहा। उन्होंने यह कहकर शुरुआत की कि भारत का विभाजन करना एक नैतिक गलती और पाप है जिसमें वह कभी भी पक्ष नहीं बनेंगे। यह अजीब तर्क है, भारत एकमात्र ऐसा देश नहीं है जिसे प्राकृतिक और ऐतिहासिक कारकों के आधार पर विभाजन या सीमाओं को राष्ट्रीय कारकों के आधार पर स्थानांतरित करने के मुद्दे का सामना करना पड़ा है। पोलैंड का तीन बार विभाजन हो चुका है और कोई भी निश्चित नहीं हो सकता कि पोलैंड का अब और विभाजन नहीं होगा। यूरोप में ऐसे बहुत कम देश हैं जिनका पिछले 150 वर्षों में विभाजन न हुआ हो। इससे पता चलता है कि किसी देश का विभाजन न तो नैतिक है और न ही अनैतिक। यह अनैतिक है। यह एक सामाजिक, राजनीतिक या सैन्य प्रश्न है। इसमें पाप का कोई स्थान नहीं है।

दूसरे आश्रय के रूप में श्री गांधी ने यह विरोध करना शुरू किया कि मुस्लिम लीग मुसलमानों का प्रतिनिधित्व नहीं करती है और पाकिस्तान केवल श्री जिन्ना की कल्पना मात्र था यह समझना मुश्किल है कि श्री गांधी इतने अंधे कैसे हो सकते हैं कि यह नहीं देख सके कि मुस्लिम जनता पर श्री जिन्ना का प्रभाव दिन–ब–दिन कैसे बढ़ रहा है और कैसे वह युद्ध के लिए अपनी सारी ताकतें जुटाने में लगे हुए हैं। श्री जिन्ना पहले कभी भी जनता के लिए व्यक्ति नहीं थे।[1] उसने उन पर अविश्वास किया। उन्हें राजनीतिक सत्ता से बाहर करने के लिए वह सदैव उच्च मताधिकार के पक्ष में थे। श्री जिन्ना को कभी भी बहुत धर्मनिष्ठ, धर्मपरायण या खुद को मुस्लिम मानने वाला नहीं माना गया। जब उन्होंने विधायक के रूप में शपथ ली तो पवित्र कुरान को चूमने के अलावा, उन्होंने इसकी सामग्री या इसके विशेष सिद्धांतों के बारे में ज्यादा चिंता नहीं की। यह संदेहास्पद है कि वह जिज्ञासा या धार्मिक

1. पंडित जवाहरलाल नेहरू अपनी आत्मकथा में कहते हैं कि श्री जिन्ना चाहते थे कांग्रेस ने अपनी सदस्यता को मैट्रिक पास तक सीमित रखा।

उत्साह के कारण किसी मस्जिद में जाता था। श्री जिन्ना कभी भी धार्मिक या राजनीतिक मुस्लिम जनसमूहों के बीच नहीं पाए गए। आज श्री जिन्ना में पूर्ण परिवर्तन देखने को मिलता है। वह जनता का आदमी बन गया है। वह अब उनसे ऊपर नहीं है। वह उनमें से है। अब उन्होंने उसे अपने से ऊपर उठा लिया है और उसे अपना कैद–ए–आजम कहते हैं। वह न केवल इस्लाम को मानने वाला बन गया है, बल्कि इस्लाम के लिए मरने मिटने को भी तैयार है। आज वह महज कलमा से ज्यादा इस्लाम के बारे में जानता है। आज, वह खुतबा सुनने के लिए मस्जिद जाता है और ईद मण्डली में धार्मिक शासन प्रबन्धवाद का आनंद लेता है। डोंगरी और नल बाजार एक समय श्री जिन्ना को नाम से जानते थे। आज वे उन्हें उनकी उपस्थिति से जानते हैं। कोई मुसलमान बैठक बम्बई में अल्लाह–हो–अकबर और कायद–ए–आजम जिंदाबाद के बिना शुरू या खत्म नहीं होती है। इसमें श्री जिन्ना ने केवल फ्रांस के राजा हेनरी चतुर्थ अंग्रेजी राजा चार्ल्स प्रथम के नाखुश ससुर का अनुसरण किया है। हेनरी चतुर्थ आस्था से ह्यूजेनॉट थे। लेकिन उन्हें पेरिस के एक कैथोलिक चर्च में सामूहिक प्रार्थना सभा में भाग लेने में कोई झिझक नहीं हुई। उनका मानना था कि अपने हुगुएनोट विश्वास को बदलना और सामूहिक रूप से जाना पेरिस के शक्तिशाली समर्थन के लिए भुगतान करने की एक आसान कीमत थी। जैसे हेनरी चतुर्थ के लिए पेरिस एक भीड़ के लायक बन गया वैसे ही डोंगरी और नल बाजार भी श्री जिन्ना के लिए एक भीड़ के लायक बन गए और इसी कारण से यह रणनीति है यह संग्रहण है, लेकिन भले ही इसे श्री जिन्ना के तर्क से अंधविश्वास की ओर डूबने के रूप में देखा जाए, वह अपनी विचारधारा के साथ डूब रहे हैं जो उनके डूबने से मुस्लिम समाज के सभी अलग–अलग वर्गों में फैल रही है और इसके मानसिक गठन का ऊपर अभिन्न अंग बन रही है। यह उतना ही स्पष्ट है जितना कुछ भी हो सकता है। श्री गांधी की असाधारणता का एकमात्र आधार कोई भी विचार उन लोगों का अस्तित्त्व नहीं है जिन्हें राष्ट्रवादी मुसलमान कहा जाता है। मुस्लिम लीग बनाने वाले सांप्रदायिक

मुसलमानों और राष्ट्रवादी मुसलमानों के बीच कोई वास्तविक अंतर देखना मुश्किल है। यह बेहद संदिग्ध है कि क्या राष्ट्रवादी मुसलमानों की भावना, उद्देश्य और नीति का कोई वास्तविक समुदाय कांग्रेस के साथ है जो उन्हें मुस्लिम लीग से अलग करता है। वास्तव में कई कांग्रेसियों का यह मानना है कि दोनों के बीच कोई अंतर नहीं है और कांग्रेस के अंदर के राष्ट्रवादी मुसलमान केवल सांप्रदायिक मुसलमानों की एक चौकी हैं। जब कोई याद करता है कि राष्ट्रवादी मुसलमानों के नेता स्वर्गीय डॉ. अंसारी ने सांप्रदायिक पुरस्कार का विरोध करने से इनकार कर दिया था, तब यह दृष्टिकोण पूरी तरह से सत्य से रहित नहीं लगता था, हालाँकि इसने कांग्रेस द्वारा पारित प्रस्ताव के तहत मुसलमानों को अलग निर्वाचन क्षेत्र और राष्ट्रवादी मुसलमान दिया था। नहीं, मुसलमानों के बीच लीग का प्रभाव इतना बढ़ गया है कि कई मुसलमान जो लीग के विरोधी थे, वे लीग के साथ शांति स्थापित करने के लिए उसमें जगह तलाशने के लिए मजबूर हो गए। कोई भी या जो स्वर्गीय सर सिकंदर हयात खान और बंगाल के दिवंगत प्रधान मंत्री श्री फजलुल हक के उतार--चढ़ाव का हिसाब लेता है, उसे इस तथ्य की सच्चाई को स्वीकार करना होगा। सर सिकंदर और श्रीमान दोनों फजलुल हक की शाखाएं बनाये जाने के विरोधी थे। जब श्री जिन्ना ने अपने प्रांतों में मुस्लिम लीग को पुनर्जीवित करने का प्रयास किया 1937 में हुआ। उनके विरोध के बावजूद, जब शाखाओं और पंजाब में लीग का गठन किया गया और एक वर्ष के भीतर बंगाल में दोनों को इसमें शामिल होने के लिए मजबूर किया गया। यह प्रार्थना करने के लिए बचे रहने वालों का उपहास करने का मामला है। लीग की जीत को साबित करने के लिए किसी और ठोस सबूत की आवश्यकता नहीं लगती।

इसके बावजूद श्री गांधी ने श्री जिन्ना और मुस्लिम लीग के साथ समझौते की दृष्टि से बातचीत करने के बजाय एक अलग मोड़ ले लिया। उन्होंने 8 अगस्त 1942 को कांग्रेस से प्रसिद्ध भारत छोड़ो आंदोलन का प्रस्ताव पारित करवाया। यह भारत छोड़ो आंदोलन का प्रस्ताव मुख्य रूप से ब्रिटिश सरकार के लिए एक चुनौती थी। लेकिन

यह अल्पसंख्यक प्रश्न की चर्चा में ब्रिटिश सरकार के हस्तक्षेप को खत्म करने का भी एक प्रयास था और इस तरह कांग्रेस को इसे अपनी शर्तों पर और अपने हिसाब से निपटाने की खुली छूट मिल गई। यह वास्तव में, यदि इरादे में नहीं, तो मुसलमानों और अन्य अल्पसंख्यकों को दरकिनार करके स्वतंत्रता हासिल करने का एक प्रयास था। भारत छोड़ो अभियान पूरी तरह विफल रहा। यह एक पागलपन भरा उपक्रम था और इसने सबसे शैतानी रूप ले लिया। यह एक झुलसा देने वाला अभियान था जिसमें लूटपाट, आगजनी और हत्या के शिकार भारतीय थे और अपराधी कांग्रेसी थे। पिटाई के बाद, उन्होंने इससे बाहर निकलने के उद्देश्य से मार्च 1943 में इक्कीस दिनों का अनशन शुरू कर दिया, जब वह जेल में थे। वह असफल रहा। इसके बाद वह बीमार पड़ गये। जैसे ही उनके डूबने की सूचना मिली, ब्रिटिश सरकार ने उन्हें इस डर से रिहा कर दिया कि कहीं वह उनके हाथों मर न जाएं और उन्हें बदनाम न कर दें। जेल से बाहर आने पर उन्हें पता चला कि वह और कांग्रेस न केवल बस से चूक गए थे, बल्कि रास्ता भी भूल गए थे। पद को पुनः प्राप्त करने और कांग्रेस को देश में एक प्रमुख पार्टी के रूप में ब्रिटिश सरकार का सम्मान दिलाने के लिए, जिसे उसने भारत छोड़ो प्रस्ताव के बाद चलाए गए अभियान की विफलता और उसके साथ हुई हिंसा के कारण खो दिया था, वे वायसराय से बातचीत करने लगे। उस प्रयास में विफल होने पर, श्री गांधी ने श्री जिन्ना की ओर रुख किया। 17 जुलाई, 1944 को श्री गांधी ने श्री जिन्ना को पत्र लिखकर उनसे मिलने और सांप्रदायिक प्रश्न पर चर्चा करने की इच्छा व्यक्त की। श्री जिन्ना बम्बई में अपने घर में श्री गांधी का स्वागत करने के लिए सहमत हुए। उनकी मुलाकात 9 सितंबर, 1944 को हुई। यह अच्छा था कि अंततः श्री गांधी को सद्बुद्धि आई और वह उस रोशनी को देखने के लिए सहमत हो गए जो उनके चेहरे पर घूर रही थी और जिसे उन्होंने अब तक देखने से इनकार कर दिया था।

उनकी बातचीत का आधार अप्रैल 1944 में श्री राजगोपालाचार्य द्वारा श्री जिन्ना को दिया गया प्रस्ताव था, जिस पर श्री राजगोपालाचार्य

द्वारा बताई गई कुछ अविश्वसनीय कहानी[1] के अनुसार, उन्होंने मार्च 1943 में श्री गांधी के साथ चर्चा की थी जब वह (श्री गांधी) जेल में उपवास कर रहे थे और श्री गांधी ने इसे अपनी पूर्ण स्वीकृति दे दी थी। श्री राजगोपाला–चार्य के सूत्र का पाठ निम्नलिखित है जिसे लोकप्रिय रूप से सी.आर. सूत्र कहा जाता है–

(1) स्वतंत्र भारत के संविधान के संबंध में नीचे निर्धारित शर्तों के अधीन, मुस्लिम लीग स्वतंत्रता की भारतीय माँग का समर्थन करती है और संक्रमणकालीन अवधि के लिए एक अनंतिम अंतरिम सरकार के गठन में कांग्रेस के साथ सहयोग करेगी।

(2) युद्ध की समाप्ति के बाद, भारत के उत्तर--पश्चिम और पूर्व में निकटवर्ती जिलों का सीमांकन करने के लिए एक आयोग नियुक्त किया जाएगा, जिसमें मुस्लिम आबादी पूर्ण बहुमत में है। इस प्रकार सीमांकित क्षेत्रों में, वयस्क मताधिकार या अन्य व्यावहारिक मताधिकार के आधार पर आयोजित सभी निवासियों का जनमत संग्रह अंततः हिंदुस्तान से अलग होने के मुद्दे का फैसला करेगा। यदि बहुमत हिंदुस्तान से अलग एक संप्रभु राज्य बनाने के पक्ष में निर्णय लेता है, तो सीमा पर जिलों के किसी भी राज्य में शामिल होने के अधिकार पर प्रतिकूल प्रभाव डाले बिना, ऐसे निर्णय को प्रभावी किया जाएगा।

(3) जनमत संग्रह होने से पहले यह सभी पक्षों के लिए अपने दृष्टिकोण की वकालत करने के लिए खुला होगा।

(4) अलगाव की स्थिति में, रक्षा, वाणिज्य और संचार की सुरक्षा और अन्य आवश्यक उद्देश्यों के लिए आपसी समझौते किए जाएँगे।

(5) जनसंख्या का कोई भी स्थानांतरण पूर्णतः स्वैच्छिक आधार पर होगा।

---

1. मार्च 1943 में श्री गांधी के साथ इन सूत्रों पर चर्चा हुई लेकिन अप्रैल 1944 तक श्री जिन्ना को सूचित नहीं किया गया।

(6) *ये शर्तें केवल ब्रिटेन द्वारा भारत के शासन के लिए पूर्ण शक्ति और जिम्मेदारी के हस्तांतरण के मामले में बाध्यकारी होंगी।*

9 सितंबर को शुरू हुई वार्ता 18 दिनों की अवधि में 27 सितंबर तक चली जब यह घोषणा की गई कि वार्ता विफल हो गई है। वार्ता की विफलता पर विभिन्न लोगों के मन में अलग–अलग प्रतिक्रियाएँ उत्पन्न हुई। कुछ लोग खुश थे, कुछ लोग दुःखी थे। लेकिन जैसा कि वार्ता से ठीक पहले, दोनों को वर्चस्व के संघर्ष में अपने विरोधियों द्वारा, अंग्रेजों द्वारा, गांधी द्वारा और पंजाब में संघवादी पार्टी द्वारा जिन्ना द्वारा बहुत नुकसान पहुँचाया गया था, और अधिकांश लोगों द्वारा अपेक्षित अपना श्रेय खो दिया था। वे समाधान लाने के लिए कुछ रचनात्मक प्रयास करेंगे। असफलता शायद व्यक्तित्त्व के दोषों के कारण हुई होगी। लेकिन फिर भी यह अवश्य कहा जाना चाहिए कि सी.आर. सूत्र में कुछ मूलभूत दोषों को ध्यान में रखते हुए विफलता अपरिहार्य थी। सी. आर. सूत्र में अनेक दोष हैं। सबसे पहले, इसने सांप्रदायिक प्रश्न को राजनीतिक प्रश्न के साथ एक अविभाज्य गाँठ में बाँध दिया। कोई राजनीतिक समझौता नहीं, कोई सांप्रदायिक समझौता नहीं, वह रणनीति है जिस पर सूत्र आगे बढ़ता है। सूत्र ने कोई समाधान नहीं दिया। इसने श्री जिन्ना को एक समझौते में प्रवेश करने के लिए आमंत्रित किया। यह एक सौदा था– "यदि आप हमें आजादी दिलाने में मदद करेंगे तो हमें पाकिस्तान के लिए आपके प्रस्ताव पर विचार करने में खुशी होगी।" मुझे नहीं पता कि श्री राजगोपालाचार्य को यह विचार कहाँ से आया कि स्वतंत्रता प्राप्ति का यही सर्वोत्तम साधन है। यह संभव है कि उन्होंने इसे भारत के पुराने हिंदू राजाओं से उधार लिया था जिन्होंने अपनी बेटियों को पड़ोसी राजकुमारों को देकर विदेशी दुश्मनों के खिलाफ अपनी स्वतंत्रता की रक्षा के लिए गठबंधन बनाया था। श्री राजगोपालाचार्य यह भूल गए कि ऐसे गठबंधनों से न तो कोई अच्छा पति मिलता है और न ही कोई स्थायी सहयोगी। स्वतंत्रता प्राप्त करने में दी गई सहायता पर सांप्रदायिक समझौता करना इस प्रकार के

मामले में आगे बढ़ने का एक बहुत ही मूर्खतापूर्ण तरीका है। यह एक दल को चित्रित करने का एक तरीका है। साम्प्रदायिक विशेषाधिकारों को प्रलोभन देकर एक अन्य पार्टी को अपने जाल में फँसाना। सी. आर. सूत्र ने सांप्रदायिक निपटान को बिक्री के लिए एक वस्तु बना दिया।

सी.आर. सूत्र में दूसरा दोष किसी भी समझौते को प्रभावी बनाने के तन्त्र से संबंधित है। सी. आर. सूत्र में सुझाई गई संस्था अस्थायी सरकार है। यह सुझाव देते समय श्री राजगोपालाचार्य ने स्पष्ट रूप से दो कठिनाइयों को नजरअंदाज कर दिया। सबसे पहली चीज जिसे उन्होंने नजरअंदाज किया वह है। एक बार जब अस्थायी सरकार स्थापित हो गई अनुबंध करने वाले दलों के वादे, कानूनी शब्दावली का उपयोग करने के लिए, समवर्ती वादे नहीं रहे। मामला निष्पादक वादे के विरुद्ध निष्पादित वादे का बन गया। एक अनंतिम सरकार की स्थापना के लिए सहमति देकर, लीग ने कांग्रेस को स्वतंत्रता दिलाने में मदद करने के अपने वादे को पूरा किया होगा। लेकिन पाकिस्तान बनाने का कांग्रेस का वादा अमल में ही रहेगा। श्री जिन्ना, जो इस बात पर जोर देते हैं, और बिल्कुल सही भी, कि वादे समवर्ती होने चाहिए, उनसे कभी भी ऐसी स्थिति में खुद को रखने के लिए सहमत होने की उम्मीद नहीं की जा सकती। दूसरी कठिनाई जिसे श्री राजगोपालाचार्य ने नजरअंदाज कर दिया है वह यह है कि यदि अनंतिम सरकार कांग्रेस के समझौते के हिस्से को लागू करने में विफल रही तो क्या होगा। इसे लागू करने वाला कौन है? अनंतिम सरकार संप्रभु सरकार होगी, किसी वरिष्ठ प्राधिकारी के अधीन नहीं होगी। यदि वह समझौते को क्रियान्वित करने के लिए तैयार नहीं होता, तो मुसलमानों के लिए एकमात्र विकल्प विद्रोह होता। पाकिस्तान में नया संविधान बनाने के लिए, अस्थायी सरकार को अभिकर्तृत्व बनाना, कोई भी स्वीकार नहीं करेगा। यह एक जाल है, कोई समाधान नहीं। संवैधानिक परिवर्तन लाने का एकमात्र तरीका संसद के एक अधिनियम के माध्यम से होगा जिसमें ब्रिटिश भारत के राष्ट्रीय जीवन के महत्त्वपूर्ण तत्त्वों द्वारा सहमत प्रावधानों को शामिल किया जाएगा और कोई रास्ता नहीं है।

सी. आर. सूत्रो में तीसरी गलती है। यह रक्षा, विदेशी मामले, सीमा शुल्क इत्यादि जैसे आम हितों के मामलों की सुरक्षा के लिए पाकिस्तान और हिंदुस्तान के बीच एक संधि के प्रावधान से संबंधित है। यहाँ फिर से श्री राजगोपालाचार्य को स्पष्ट कठिनाइयों के बारे में पता नहीं लगता है। सामान्य हित के मामलों की सुरक्षा कैसे की जाए? मैं केवल दो ही रास्ते देखता हूँ। इनमें से एक है इन मामलों के संबंध में कार्यकारी और विधायी अधिकार केंद्र सरकार को सौंपना। इसका मतलब यह है कि पाकिस्तान और हिंदुस्तान संप्रभु राज्य नहीं होंगे। क्या श्री जिन्ना इस बात से सहमत होंगे? जाहिर है वह नहीं करते हैं। दूसरा रास्ता यह है कि पाकिस्तान और हिंदुस्तान को संप्रभु राज्य बना दिया जाए और उन्हें साझा हितों से संबंधित संधि से बाँध दिया जाए। लेकिन यह सुनिश्चित करने के लिए क्या है कि संधि की शर्तों का पालन किया जाएगा? एक संप्रभु राज्य के रूप में पाकिस्तान हमेशा इसे अस्वीकार कर सकता है, भले ही वह एक डोमिनियन ही क्यों न हो। श्री राजगोपालाचार्य ने स्पष्ट रूप से इस खंड को तैयार करने में अपनी प्रेरणा 1922 की एंग्लो–आयरिश संधि से ली थी। लेकिन वह इस तथ्य को भूल गए कि यह संधि तब तक चली जब तक आयरलैंड एक अधिराज्य नहीं था और जैसे ही यह एक अधिराज्य बन गया, उसने संधि को अस्वीकार कर दिया। और ब्रिटिश संसद चुप खड़ी रही और मुस्कुराती रही, क्योंकि वह जानती थी कि वह कुछ नहीं कर सकती।

किसी को इस बात से कोई खास फर्क नहीं पड़ता कि बातचीत विफल रही। किसी को इस बात का दुःख है कि वार्ता हमें उन कुछ प्रश्नों के बारे में स्पष्ट जानकारी दिए बिना विफल हो गई, जिनके बारे में श्री जिन्ना अपने सार्वजनिक बयानों में विवेकपूर्ण चुप्पी साधे हुए हैं, हालाँकि वह अपनी निजी बातचीत में उनके बारे में काफी मुखर रहे हैं। ये प्रश्न हैं (1) क्या मुस्लिम लीग के प्रस्ताव के कारण पाकिस्तान को स्वीकार कर लिया जाएगा? (2) क्या मुस्लिम लीग से अलग मुसलमानों को इस मामले में कोई अधिकार नहीं है? (3) पाकिस्तान की सीमाएँ

क्या होंगी? क्या सीमाएँ पंजाब और बंगाल की वर्तमान प्रशासनिक सीमाएँ होंगी या क्या पाकिस्तान की सीमाएँ जातीय सीमाएँ होंगी? (4) लाहौर प्रस्ताव में आए शब्दों ऐसे क्षेत्रीय समायोजनों के अधीन जो आवश्यक हो सकते हैं का क्या अर्थ है? लीग ने किन क्षेत्रीय समायोजनों को ध्यान में रखा था? (5) लाहौर प्रस्ताव के अंतिम भाग में आये अंततः शब्द का क्या अर्थ है? क्या लीग ने ऐसे संक्रमण काल पर विचार किया था जिसमें पाकिस्तान एक स्वतंत्र और संप्रभु राज्य नहीं होगा? (6) यदि श्री जिन्ना का प्रस्ताव यह है कि पूर्वी और पश्चिमी पाकिस्तान की सीमाएँ वर्तमान प्रशासनिक सीमाएँ होंगी, तो क्या वह पंजाब और बंगाल में अनुसूचित जातियों, या, अगर मैं ऐसा कहूँ, पंजाब और बंगाल में गैर–मुसलमानों को जनमत संग्रह द्वारा यह निर्धारित करना होगा कि क्या वे श्री जिन्ना के पाकिस्तान में शामिल होना चाहते हैं और क्या श्री जिन्ना पंजाब और बंगाल में गैर–मुस्लिम तत्त्वों के जनमत संग्रह के परिणामों का पालन करने के लिए तैयार होंगे? (7) क्या श्री जिन्ना पूर्वी पाकिस्तान को पश्चिमी पाकिस्तान से जोड़ने के लिए उत्तर–प्रदेश और बिहार से होकर गुजरने वाला एक गलियारा चाहते हैं? यदि श्री जिन्ना से सीधे प्रश्न पूछे जाते और स्पष्ट उत्तर प्राप्त किये जाते तो यह बहुत बड़ा लाभ होता। लेकिन इन सवालों पर श्री जिन्ना से संपर्क करने के बजाय, श्री गांधी ने अपना पूरा समय यह साबित करने में बिताया कि सी.आर. सूत्र काफी हद तक लीग के लाहौर प्रस्ताव के समान है – जो कि यदि निरर्थक नहीं तो सरल था और इस तरह सबसे अच्छा अवसर खो दिया। उन्हें इन सवालों का स्पष्टीकरण देना पड़ा।

इन वार्ताओं के बाद श्री गांधी और श्री जिन्ना अपने–अपने तंबू में चले गये जैसे कि क्रिकेट मैच में खिलाड़ी खेल खत्म होने के बाद करते हैं, जैसे कि अब और कुछ करने को नहीं है। इस बात का कोई संकेत नहीं है कि वे दोबारा मिलेंगे या नहीं और यदि हां तो कब मिलेंगे। आगे क्या? यह कोई ऐसा प्रश्न नहीं है जो उन्हें चिंतित करता हो। फिर भी यह देखना कठिन है कि पाकिस्तान के प्रश्न के समाधान के बिना भारत कोई राजनीतिक प्रगति कैसे कर सकता है। पाकिस्तान का प्रश्न कोई

शैक्षणिक प्रश्न नहीं है जिस पर कोई चर्चा करने से इनकार कर सकता है। यह प्रश्नों के उस वर्ग से संबंधित नहीं है जिसके बारे में लोग भिन्न होने पर सहमत हो सकते हैं। यह एक ऐसा प्रश्न है जिसका समाधान ढूंढना होगा। कैसे? यह समझौते या मध्यस्थता द्वारा होना चाहिए। यदि इसे समझौते से होना है, तो यह लेन–देन की बातचीत का परिणाम होना चाहिए, न कि एक पक्ष द्वारा दूसरे पक्ष के प्रति समर्पण का। वह सहमति नहीं है। यह श्रुतलेख है अंत में अच्छी समझ की जीत हो सकती है और पार्टियाँ एक समझौते पर आ सकती हैं। लेकिन समझौता बहुत ही विलंबित तरीका साबित हो सकता है। अच्छी समझ आने में काफी समय लग सकता है। कब तक कोई कह नहीं सकता। भारत की राजनीतिक स्वतंत्रता एक अत्यंत आवश्यक आवश्यकता है। इसे स्थगित नहीं किया जा सकता और सांप्रदायिक समस्या के समाधान के बिना इसमें तेजी भी नहीं लाई जा सकती। इसे समझौते पर निर्भर बनाना इसके समाधान को अनिश्चित काल के लिए स्थगित करना है। कोई अन्य समीचीन तरीका खोजा जाना चाहिए। मुझे ऐसा लगता है कि किसी अंतर्राष्ट्रीय समिति द्वारा मध्यस्थता ही सबसे अच्छा रास्ता है। पाकिस्तान सहित अल्पसंख्यकों की समस्या के विवादित बिंदुओं को एक समिति को भेजा जाना चाहिए। समिति का गठन ब्रिटिश साम्राज्य के बाहर के देशों से आये व्यक्तियों से किया जाना चाहिए। भारत में प्रत्येक वैधानिक अल्पसंख्यक मुस्लिम, अनुसूचित जाति, सिख, भारतीय ईसाइयों को इस मध्यस्थता समिति के लिए अपना नामांकित व्यक्ति चुनने के लिए कहा जाना चाहिए। इन अल्पसंख्यकों और हिंदुओं को भी अपनी माँगों के समर्थन में समिति के समक्ष उपस्थित होना चाहिए और बोर्ड द्वारा दिए गए निर्णय का पालन करने के लिए सहमत होना चाहिए। अंग्रेजों को निम्नलिखित वचन देने चाहिए–

(1) उनका साम्प्रदायिकता समझौते से कोई लेना–देना नहीं होगा। इसे सहमति या मध्यस्थता समिति पर छोड़ दिया जाएगा।

(2) साम्प्रदायिक प्रश्न पर मध्यस्थता समिति के निर्णय को वे भारत सरकार अधिनियम में शामिल कर लागू करेंगे।

(3) वह अंतर्राष्ट्रीय मध्यस्थता समिति के फैसले को वे भारत में अल्पसंख्यकों के प्रति अपने दायित्वों का पर्याप्त निर्वहन मानेंगे और भारत को अधिराज्य स्थिति देने पर सहमत होंगे।

इस प्रक्रिया के कई फायदे हैं। यह सांप्रदायिक समाधान में ब्रिटिश हस्तक्षेप के डर को समाप्त करता है जिसे कांग्रेस ने सांप्रदायिक समस्या को हल करने में सक्षम नहीं होने के बहाने के रूप में पेश किया है। यह आरोप लगाया जाता है कि चूँकि अल्पसंख्यकों को अंग्रेजों से कांग्रेस जो देना उचित समझती है उससे कुछ अधिक मिलने की संभावना हमेशा बनी रहती है, इसलिए अल्पसंख्यक कांग्रेस के साथ समझौता नहीं करना चाहते हैं। प्रस्ताव का दूसरा फायदा भी है। यह कांग्रेस की इस आपत्ति को दूर करता है कि संविधान को अल्पसंख्यकों की सहमति का विषय बनाकर ब्रिटिश सरकार ने भारत की संवैधानिक प्रगति पर अल्पसंख्यकों के हाथ में वीटो दे दिया है। यह शिकायत की जाती है कि अल्पसंख्यक अनुचित रूप से अपनी सहमति रोक सकते हैं या ब्रिटिश सरकार उन पर अपनी सहमति रोकने के लिए दबाव डाल सकती है क्योंकि कांग्रेस को संदेह है कि अल्पसंख्यक ब्रिटिश सरकार के हाथों में मात्र उपकरण हैं। अंतर्राष्ट्रीय मध्यस्थता इस संबंध में शिकायत के हर आधार को पूरी तरह से हटा देती है। अल्पसंख्यकों की ओर से कोई आपत्ति नहीं होनी चाहिए। यदि उनकी माँगें उचित और निष्पक्ष हैं तो किसी भी अल्पसंख्यक को अंतर्राष्ट्रीय मध्यस्थता समिति से डरने की आवश्यकता नहीं है। मध्यस्थता के लिए प्रस्तुत होने की आवश्यकता में कुछ भी अनुचित नहीं है। यह कानून के प्रसिद्ध नियम का पालन करता है, अर्थात् किसी भी व्यक्ति को अपने मामले में न्यायाधीश बनने की अनुमति नहीं दी जानी चाहिए। अल्पसंख्यक के मामले में अपवाद करने का कोई कारण नहीं है। एक व्यक्ति की तरह यह अपने ही मामले पर निर्णय देने का दावा नहीं कर सकता। ब्रिटिश सरकार के बारे में क्या? मुझे कोई कारण समझ में नहीं आता कि

ब्रिटिश सरकार को इस योजना के किसी भी भाग पर आपत्ति क्यों करनी चाहिए। साम्प्रदायिक पुरस्कार ने अंग्रेजों को बहुत परेशान किया। यह एक कृतघ्न कार्य रहा है और अंग्रेजों को इससे राहत पाकर प्रसन्न होना चाहिए। सुरक्षा के पर्याप्त प्रावधान करने हेतु अपने उत्तरदायित्वों के निर्वहन के प्रश्न पर एवं कुछ समुदायों की सुरक्षा जिसके संबंध में उनके पास है अपनी संप्रभुता त्यागने से पहले खुद को संरक्षक मानते हैं, ऐसे समुदाय अंतरराष्ट्रीय मध्यस्थता समिति के फैसले के संदर्भ में संविधान में सुरक्षा उपाय लागू करने के अलावा और क्या माँग सकते हैं? केवल एक आकस्मिकता है जो मध्यस्थता समिति के फैसले को लागू करने के मामले में ब्रिटिश सरकार के लिए कुछ कठिनाई पैदा कर सकती है। ऐसी आकस्मिक स्थिति उत्पन्न हो सकती है यदि विवाद का कोई भी पक्ष मध्यस्थता के लिए अपना मामला प्रस्तुत करने के लिए तैयार नहीं है। उस स्थिति में सवाल यह होगा क्या ऐसे दल के खिलाफ पुरस्कार लागू करना ब्रिटिश सरकार के लिए उचित होगा? मुझे यह कहने में कोई कठिनाई नहीं दिखती कि ब्रिटिश सरकार पूर्ण न्याय के साथ ऐसे दल के खिलाफ पुरस्कार लागू करने के लिए आगे बढ़ सकती है। आखिर उस पक्ष की क्या हैसियत है जो अपना मामला मध्यस्थता के लिए प्रस्तुत करने से इनकार कर देता है? इसका उत्तर यह है कि ऐसे दल आक्रामक होते हैं। एक हमलावर से कैसे निपटा जाता है? उसे प्रतिबंधों के अधीन करके। संविधान में मध्यस्थता समिति के फैसले को उस पक्ष के खिलाफ लागू करना जो मध्यस्थता में जाने से इनकार करता है, एक हमलावर के खिलाफ प्रतिबंध लागू करने की प्रक्रिया का दूसरा नाम है। यदि आकस्मिक स्थिति उत्पन्न हो तो ब्रिटिश सरकार को इस प्रक्रिया का पालन करने में शर्मिंदगी महसूस करने की आवश्यकता नहीं है। क्योंकि यह ऐसे मामलों से निपटने की एक अच्छी तरह से मान्यता प्राप्त प्रक्रिया है और इसमें राष्ट्र संघ की अनुमति है जिसने इस सूत्र को तब विकसित किया था जब मुसोलिनी ने एबिसिनिया के साथ अपने विवाद को मध्यस्थता के लिए प्रस्तुत करने से इनकार कर दिया था। मैंने जो

प्रस्तावित किया है वह इस प्रश्न का उत्तर नहीं हो सकता है आगे क्या? मुझे नहीं पता कि और क्या हो सकता है मैं केवल इतना जानता हूँ कि उत्तर के बिना भारत को आजादी नहीं मिलेगी। यह निर्णायक होना चाहिए, यह त्वरित होना चाहिए और यह संबंधित पक्षों के लिए संतोषजनक होना चाहिए।

परिशिष्ट अनुक्रम

परिशिष्ट 1
समुदायों द्वारा भारत की जनसंख्या

समुदाय	ब्रिटिश भारत	भारतीय राज्य और एजेन्सियाँ	कुल
1. हिन्दू....	150,890,146	55,227,180	206,117,326
2. मुसलमान...	79,398,503	12,659,593	92,058,096
3. अनुसूचित जाति....	39,920,807	8,892,373	48,813,180
4. आदिवासी....	16,713,256	8,728,233	25,441,489
5. सिख...	4,165,097	1,526,350	5,691,447
6. ईसाई....	1,655,982	1,413,808	3,069,790
(i) भारतीय ईसाई...			
(ii) एंग्लो–इंडियन..	113,936	26,486	140,422
(iii) दूसरों में......	75,751	7,708	83,459
7. जैन	578,372	870,914	1,449,286
8. बौद्ध	167,413	64,590	232,003
9. पारसी	101,968	12,922	114,890
10. यहूदी	19,327	3,153	22,480
11. अन्य	371,403	38,474	409,877
कुल	**294,171,961**	**89,471,784**	**383,643,745**

1. यह भारत सरकार अधिनियम अनुच्छेद 1935, द्वारा अछूतों को दिया गया एक वैधानिक पदनाम है।

टिप्पणी– ब्रिटिश भारत और भारतीय राज्यों दोनों के लिए अनुसूचित जातियों के आँकड़े सही योग नहीं देते हैं। ब्रिटिश भारत में अजमेर–मेरवाड़ा और ग्वालियर राज्य के आँकड़े कुल में शामिल नही हैं। 1940 की जनगणना रिपोर्ट ये आँकड़े देने में विफल रही।

परिशिष्ट–2

यह भारत सरकार अधिनियम द्वारा अछूतों को दिया गया एक वैधानिक पदनाम है।

प्रांत	कुल जनसंख्या	मुसलमानों		अनुसूचित जाति		भारतीय ईसाई		सिखों	
		जनसंख्या	प्रतिशत	जनसंख्या	प्रतिशत	जनसंख्या	प्रतिशत	जनसंख्या	प्रतिशत
1. अजमेर–मेरवाड़ा	583,693	89,899	15.4	शून्य(?)	....	3,895	0.8	867	0.15
2. अंडमान निकोबार	33,768	8,005	23.7	शून्य	.....	779	2.3	744	2.2
3. असम	10,204,733	3,442,479	33.7	676,291	6.6	37,750	0.4	3,464	0.03
4. ब्रिटिश बलूचिस्तान	501,631	438,930	87.5	5,102	1.0	2,633	0.5	11,918	2.3
5. बंगाल	60,306,525	33,005,434	54.7	7,878,970	13.0	110,923	0.2	16,281	0.03
6. बिबार	36,340,151	4,716,314	12.9	4,840,379	13.3	24,693	0.07	13,213	0.04
7. बम्बई	20,849,840	1,920,368	9.2	1,855,148	8.9	338,812	1.6	8,011	0.04
8. मध्यप्रांत और बेरार्ट	16,813,584	783,697	4.7	3,051,413	18.1	48,260	0.3	14,996	0.09
9. कूर्ग	168,726	14,780	8.8	25,740	15.3	3,309	2.0	शून्य	......
10. दिल्ली	917,939	304,971	33.2	121,693	13.3	10,494	1.1	16,157	1.8
11. मद्रास	49,341,810	3,896,452	7.9	8,068,492	16.4	2,001,082	4.06	418	0.001
12. एन.डब्ल्यू.एफ.पी.	3,038,067	2,788,797	91.8	शून्य	......	5,426	0.2	57,989	1.9
13. उड़ीसा	8,728,544	146,301	1.7	1,238,171	14.2	26,584	0.3	232	0.003
14. पंजाब	28,418,819	16,217,242	57.0	1,248,635	4.4	486,038	1.7	3,757,401	13.2
15. लैंथ पिपलौदा	5,267	251	4.8	918	17.4	216	4.1	शून्य	......
16. सिंध	4,229,221	3,054,635	72.2	191,634	4.5	13,232	0.3	31,011	0.7
17. संयुक्त प्रांत	55,020,617	8,416,308	15.3	11,717,158	21.3	131,327	0.2	232,445	0.4
कुल	**295,502,935**	**79,344,863**	**26.9**	**40,919,744**	**13.9**	**3,245,453**	**1.0**	**4,155,147**	**1.0**

● बिहार	28,823,802	4,168,470	14.4	3,919,619	13.6	12,651	0.04	3,204	.01
छोटा नागपुर	7,516,349	547,844	7.3	420,760	5.6	12,042	.2	10,009	.1
+ सी पी	13,208,718	448,528	3.4	2,359,836	17.9	42,135	.3	12,766	.1
बरार	3,604,866	335,169	9.3	691,577	19.2	6,125	.2	2,230	.05
@ आगरा	40,903,147	6,231,062	15.2	8,018,803	19.6	120,549	.3	226,096	.5
अवध	14,114,470	2,185,246	15.5	3,698,355	26.2	10,778	.08	6,349	.05

परिशिष्ट–3

भारतीय राज्यों में अल्पसंख्यकों द्वारा जनसंख्या का साम्प्रदायिक वितरण

राज्य और एजेंसियाँ	कुल जनसंख्या	मुसलमानों		अनुसूचित जाति		भारतीय ईसाई		सिखों	
		जनसंख्या	प्रतिशत	जनसंख्या	प्रतिशत	जनसंख्या	प्रतिशत	जनसंख्या	प्रतिशत
1. असम	725,655	31,662	4.4	265	0.04	25,913	3.6	381	0.05
2. बलूचिस्तान	356,204	346,251	97.2	65	0.02	40	.01	126	0.04
3. बड़ौदा	2,855,010	223,610	7.8	230,794	8.1	9,182	0.3	566	0.02
4. बंगाल	2,144,829	372,113	17.3	269,729	12.6	564	0.03	28	0.001
5. मध्य भारत	7,506,427	439,850	5.9	1,027,009	13.7	7,582	0.1	2,731	0.04
6. छत्तीसगढ़	4,050,000	28,773	0.7	483,132	11.9	11,820	0.3	507	0.01
7. कोचीन	1,422,875	109,188	7.7	141,154	9.9	399,394	28.1	9	.....
8. डेक्कन और कोल्हापुर	2,785,428	182,036	6.5	306,898	11.0	17,236	0.6	22	0.001
9. गुजरात	1,458,702	58,000	3.9	55,204	3.8	4,215	0.3	182	0.01
10. ग्वालियर	4,006,159	240,903	6.0	....	....	1,352	0.03	2,342	0.06
11. हैदराबाद	16,338,534	2,097,475	12.8	2,928,048	17.9	215,989	1.3	5,330	0.03
12. कश्मीर और सामंत	4,021,616	3,073,540	76.4	113,464	2.8	3,079	0.08	65,903	1.6
13. मद्रास	498,754	30,263	6.0	83,734	16.8	20,806	4.2	5	.....
14. मैसूर	7,329,140	485,230	6.6	1,405,067	19.2	98,580	1.3	269	.004
15. एन.डब्ल्यू.एफ.पी.	46,267	22,263	47.7	शून्य	...	571,	1.2	4,472	9.1
16. उड़ीसा	3,023,731	14,355	0.47	352,088	11.6	2,249	0.07	151	0.005
17. पंजाब	5,503,554	2,251,459	40.9	349,962	6.4	6,952	0.1	1,342,685	24.4

18. पंजाब पहाड़ी	1,090,644	46,678	4.3	238,774	21.9	188	0.02	17,739	1.6
19. राजपूताना	13,670,208	1,297,841	9.5	....	......	4,349	0.03	81,896	0.6
20. सिक्किम	121,520	83	0.07	76	.06	34	0.03	1	....
21. त्रावणकोर	6,070,018	434,150	7.2	395,952	6.5	1,958,491	32.3	31	....
22. यू0पी0	928,470	273,625	29.5	152,927	16.5	1,281	0.1	731	0.08
23. पश्चिम भारत	4,904,956	600,440	12.2	358,038	7.3	3,105	0.06	239	0.005
कुल	**91,810,571**	**15,733,131**	**16.59**	**8,892,373**	**9.7**	**2,794,959**	**3.1**	**4,155,147**	**1.7**

परिशिष्ट 4
पंजाब में जनसंख्या का संप्रदायवार और जिलावार वितरण

जिले	कुल जनसंख्या	मुस्लिम		अनुसूचित जातियां		भारतीय ईसाई		सिख		हिन्दू	
		जनसंख्या	प्रतिशत	जनसंख्या	प्रतिशत	जनसंख्या	प्रतिशत	जनसंख्या	प्रतिशत	जनसंख्या	प्रतिशत
1. हिसार	1,006,709	285,208	28.3	128,240	12.7	1,235	.1	60,731	6.0	524,602	52.1
2. रोहतक	9,56,399	166,569	17.4	135,103	14.1	1,026	.1	1,466	.2	645,371	57.5
3. गुड़गांव	851,458	285,992	33.6	119,250	14.0	1,457	.2	637	.07	441,287	51,8
4. करनाल	994,575	304,346	30.6	136,713	13.7	1,223	.1	19,887	2.0	529,588	53.2
5. अम्बाला	847,745	268,999	31.7	124,006	14.6	4,892	.6	153,543	18.1	288,652	34.0
6. शिमला	38,576	7,022	18.2	7,092	18.4	508	1.3	1,032	2.7	22,374	58.0
7. कांगड़ा	899,377	43,249	4.8	121,622	13.5	590	.07	4,809	.5	725,909	80.7
8. होशियारपुर	1,170,323	380,759	32.5	170,855	14.6	6,060	.5	198,194	16.9	413,837	35.4
9. जालंधर	1,127,190	509,804	45.2	154,431	13.7	5,971	.5	298,744	26.5	156,579	13.9
10. लुधियाना	818,615	302,482	36.9	68,469	8.7	1,632	.2	341,175	41.7	106,246	12.9
11. फिरोजपुर	1,423,076	641,448	45.1	73,504	5.1	11,031	.8	479,486	33.7	216,229	15.2
12. लाहौर	1,695,375	1,027,772	60.6	32,735	1.9	67,686	4.0	310,648	18.3	252,004	14.9
13. अमृतसर	1,413,876	657,695	46.5	22,750	1.6	25,330	1.8	510,845	36.1	194,727	13.8
14. गुरदासपुर	1,153,511	589,923	51.1	45,839	4.0	40,262	4.4	221,251	19.2	244,935	21.2
15. सियालकोट	1,190,497	739,218	62.1	65,354	5.5	73,846	6.2	139,409	11.7	165,965	13.9
16. गुजरांवाला	912,235	642,706	70.5	7,845	.8	60,380	6.6	99,139	10.9	100,630	11.0
17. शेखुपुरा	852,508	542,344	63.6	22,438	2.6	59,985	7.0	160,706	18.9	66,744	7.8
18. गुजरात	1,104,952	945,609	85.6	4,621	.4	4,391	.4	70,233	6.3	80,022	7.2
19. शाहपुर	998,921	835,918	83.7	9,693	1.0	12,690	1.3	48,046	4.8	92,479	9.2
20. झेलम	629,658	563,033	89.4	771	.1	730	.1	24,680	3.9	40,117	6.4
21. रावलपिंडी	785,231	628,193	80.0	4,233	.5	4,212	.5	64,127	8.2	78,245	10.0
22. अटक	675,875	611,128	90.4	1,015	.1	504	.09	20,102	3.0	42,194	6.2
23. मियांवाली	506,321	436,260	86.2	1,008	.2	324	0.6	6,865	1.3	61,806	12.2
24. माउंटगुमरी	1,329,103	918,564	69.1	43,456	3.2	24,101	1.9	175,064	13.2	167,510	12.6

25. लायलपुर	1,396,305	877,518	62.8	68,222	4.9	51,694	3.7	262,737	18.8	135,637	9.7
26. झंग	821,631	678,736	82.6	1,943	.2	744	.1	12,238	1.5	127,946	15.6
27. मुल्तान	1,484,333	1,157,911	78.0	24,530	1.7	13,270	.9	61,628	4.1	225,342	15.2
28. मुज्जफरगढ़	712,849	616,074	86.4	2,691	.4	218	.03	5,882	.8	87,952	12.3
29. डेरा गाजीखां	581,350	512,678	88.1	1,059	.2	46	.1	1,072	.2	66,348	11.4
30. सीमा पार प्रदेश	40,246	40,084	99.6	शून्य	...	शून्य	...	2	...	160	.4
योग	28,418,820	16,217,242	57.1	1,592,320	5.6	486,038	1.7	3,757,401	13.2	6,301,737	22.2

परिशिष्ट–5

बंगाल में वितरण द्वारा जनसंख्या का सांप्रदायिक वितरण

जिले	कुल जनसंख्या	मुसलमानों		अनुसूचित जाति		हिन्दुओं		भारतीय ईसाई	
		जनसंख्या	प्रतिशत	जनसंख्या	प्रतिशत	जनसंख्या	प्रतिशत	जनसंख्या	प्रतिशत
बर्दवान	1,890,732	336,665	17.8	430,300	22.8	963,520	51.0	3,280	0.2
वीरभूम	1,048,317	287,310	27.4	280,254	26.7	406,182	38.8	344	0.03
बंकुरा	1,289,640	55,564	4.3	355,290	27.5	723,269	56.1	1,216	0.1
मिदनापो	3,190,647	246,559	7.7	339,066	10.6	2,342,897	73.4	3,834	0.1
हुगली	1,377,729	207,077	15.0	245,810	17.8	853,734	61.9	543	0.04
हावड़ा	1,490,304	296,325	19.9	184,318	12.4	1,000,548	67.1	994	0.06
24–परगना	3,536,386	1,148,180	32.5	743,397	21.0	1,566,599	44.3	20,823	0.6
कलकत्ता	2,108,891	497,535	23.6	55,228	2.6	1,476,284	70.0	16,431	0.8
नादिया	1,759,846	1,078,007	61.3	143,682	8.2	514,268	29.2	10,749	0.6
मुर्शिदाबाद	1,640,530	927,747	56.6	167,184	10.2	517,803	31.6	394	0.02
खुलना	1,943,218	959,172	49.4	470,550	24.2	507,143	26.1	3,538	0.2
राजाशाही	1,571,750	1,173,285	74.6	75,650	4.8	253,580	16.1	1,166	0.07
दिनाजपुर	1,926,833	967,246	50.2	399,410	20.7	375,212	19.5	1,448	0.07
जलपाईगुड़ी	1,089,513	251,460	23.1	325,504	29.9	226,143	20.8	2,589	0.2
दार्जिलिंग	376,369	9,125	2.4	28,922	7.7	149,574	39.7	2,599	0.7
रंगपुर	2,877,847	2,055,186	71.4	495,462	17.2	307,387	10.7	389	0.01
बेगरा	1,260,463	1,057,902	83.9	61,303	4.9	126,229	10.0	286	0.02
पबना	1,705,072	1,313,968	77.1	114,738	6.7	269,017	15.8	285	0.02

माल्दा	1,232,618	699,945	56.7	75,535	6.1	390,143	31.6	466	0.04
डक्का	4,222,143	2,841,261	67.3	409,905	9.7	950,227	22.5	15,846	0.4
मैमेनसिंह	6,023,758	4,664,548	77.4	340,676	5.7	955,962	15.9	2,322	0.04
फरीदपुर	2,888,803	1,871,336	64.4	527,496	18.3	478,742	16.6	9,549	0.3
बाकरगंज	3,549,010	2,567,027	72.3	427,667	12.1	480,962	13.6	9,357	0.2
टिपेरा	3,860,139	2,975,901	77.1	227,643	5.9	652,318	16.9	428	0.01
नाओखाली	2,217,402	1,803,937	81.3	81,817	3.7	330,494	14.9	535	0.02
चटगाँव	2,153,296	1,605,183	74.5	57,024	2.6	401,050	18.6	395	0.02
चटगाँव पहाड़ीक्षेत्र	247,053	7,270	2.9	283	0.1	4,598	1.9	60	0.02
जेसोर	1,828,216	1,100,713	60.2	314,856	17.2	406,223	22.2	1,057	0.06
कुल	60,306,525	33,005,434	54.7	7,378,970	12.2	17,630,054	29.3	110,923	0.2

परिशिष्ट–6

असम के जिलों द्वारा जनसंख्या का सांप्रदायिक विवरण

जिले	कुल जनसंख्या	मुसलमानों		अनुसूचित जाति		भारतीय ईसाई		सिख		हिन्दुओं	
		जनसंख्या	%	जनसंख्या	%	जनसंख्या	%	जनसंख्या	%	जनसंख्या	%
सूर्मा घाटी											
1.कछार	641,181	232,950	36.3	51,961	8.1	3,744	.6	–	–	173,855	27.1
2.सिलहट	3,116,602	1,892,117	60.7	364,510	11.7	2,590	.08	–	–	785,004	25.2
3.खासी जन्तिया पहाड़ियाँ	118,665	1,555	1.3	63	.05	120	.1	–	–	12,676	10.7
4. नागा पहाड़ियाँ	189,641	531	0.2	45	.02	9	–	–	–	4,153	2.2
5.लुशाई पहाड़ियाँ	152,786	101	0.06	22	.01	–	–	–	–	2,425	1.6
असम घाटी											
6.गोलपारा	1,014,285	468,924	66.2	23,434	2.3	269	.03	–	–	282,789	27.9
7.कामरूप	1,264,200	361,522	39.1	59,092	4.7	1,038	.08	–.	–.	637,457	50.4
8.दारंग	736,791	120,995	16.4	19,475	2.6	6,967	.8	–	–	328,283	44.6
9.नौगांग	710,800	250,113	35.2	59,214	8.3	4,049	0.6	–	–	229,137	32.2
10.शिवसागर	1,074,741	51,769	4.8	50,184	4.7	15,268	1.4	–	–	593,007	55.2
11.लक्ष्मीपुर	894,842	44,579	5.0	43,527	4.9	3,786	0.4	–	–	457,506	51.1
12.गारो पहाड़ियाँ	233,569	10,398	4.5	789	0.3	1	–	–	–	13,518	5.8
13.सादिया फ्रन्टियर प्रणाली	60,118	864	1.4	3,991	6.6	486	0.8	–	–	14,605	24.3
14.बालीपारा सीमा क्षेत्र	6,512	61	.9	74	1.1	23	.4	–	–	2,514	38.6
कुल	**10,204,733**	**3,442,479**	**33.7**	**676,291**	**6.6**	**37,750**	**.4**	**3,464**	**.03**	**3,536,932**	**34.6**

परिशिष्ट–7

एन.डब्ल्यू.एफ.प्रांत

जिलों द्वारा मुस्लिम जनसंख्या का अनुपात

जिले	कुल जनसंख्या	कुल मुस्लिम जनसंख्या	कुल मुस्लिम जनसंख्या का पी.सी.	कुल गैर–मुस्लिम जनसंख्या	कुल गैर–मुस्लिम जनसंख्या का पी.सी.
हजारा	796,230	756,004	94.9	40,226	5.1
मरदान	506,539	483,575	96.5	22,964	4.5
पेशावर	851,833	769,589	90.4	82,244	9.6
कोहाट	289,404	266,224	92.0	23,180	8.0
बन्नू	295,930	257,648	87.1	38,282	12.9
डी.वाई.खान	298,131	255,757	85.8	42,374	14.2

परिशिष्ट 8
एन.डब्ल्यू.एफ.प्रांत
कस्बों में मुस्लिम बनाम गैर–मुस्लिम जनसंख्या का अनुपात
सी–छावनी, एम–नगर पालिका, एन.ए.–अधिसूचित क्षेत्र

जिलों के अनुसार कस्बे	कुल जनसंख्या	कुल मुस्लिम जनसंख्या	कुल मिलाकर मुसलमानों का प्रतिशत	कुल गैर–मुस्लिम जनसंख्या	कुल गैर–मुसलमानों का प्रतिशत
1	2	3	4	5	
हजारा					
1.एबटाबाद .....सी	13,866	3,331	24	10,535	7.6
2.एबटाबाद .....एम	13,558	8,861	66.1	4,697	33.9
3.हरीपुर ......एम	9,322	5,174	55.5	4,148	44.5
4.बफा .....एन.ए	7,988	7,166	89.7	822	10.3
5.नवांशहर .....एन.ए	6,414	5,075	79.1	1,399	20.9
6.कोट नजीबुल्ला	5,315	4,228	79.5	2,087	20.5
7.मनसेहरा	10,217	8,141	79.7	1,076	20.3
मरदान					
8.मरदान ... एम	39,200	28,994	73.9	10,206	26.1
9.मरदान ......सी	3,294	1,307	39.7	1,987	60.3
पेशावर					
10.पेशावर ....एम	1,30,967	1,04,650	79.9	26,317	20.1
11.पेशावर .....सी	42,453	18,322	43.2	24,131	56.8
12.नौशेरा ....को	17,491	16,976	97	515	3
13.नौशेरा .....सी	26,531	11,256	42.4	15,275	57.6
14.रिसालपुर ....सी	9,009	3,506	38.9	5,503	61.1
15.चेरात ...सी.	337	270	80.1	67	19.9
16.चरसदा	16,945	15,747	92.9	1,198	7.1
17.उतामनजई	10,129	9,768	96.4	361	3.6
18.तन्गी	12,906	12,456	96.5	450	3.5
19.परांग	13,496	13,494	99.9	2	–
कोहट					
20.कोहट ....एम	34,316	27,868	81.2	6,448	18.8
21.कोहट ......सी	10,661	4,243	39.8	6,418	60.2
बन्नू					
22.बन्नू ... एम	33,210	8,507	25.6	24,703	74.4
23.बन्नू ... सी	5,294	2,189	41.4	3,105	58.6
24.लक्की ... एन.ए	10,141	5,883	58	4,258	42
डेरा इस्माईल खान					
25.डेरा इस्माईल खान.....एम	49,238	25,443	51.7	23,795	48.3
26.डेरा इस्माईल खान.....सी	2,068	981	47.4	1,087	52.6
27.कुलाची ...एन.ए	8,840	6,610	74.8	2,230	25.2
28.टौक ...एन.ए	9,089	5,531	60.8	3,558	39.2

परिशिष्ट 9
सिंध
जिलों द्वारा मुस्लिम जनसंख्या का वितरण

जिले	कुल जनसंख्या	कुल मुस्लिम जनसंख्या	कुल मुस्लिम जनसंख्या का पी.सी.	कुल गैर–मुस्लिम जनसंख्या	कुल गैर–मुस्लिम जनसंख्या का पी.सी.
1	2	3	4	5	6
1.पासा	389,380	329,991	84.7	59,389	15.3
2.हैदराबाद	758,748	507,620	68.9	251,128	33.1
3.कराची	713,900	457,035	64.0	256,865	36.0
4.लरकना	511,208	418,543	81.9	92,665	18.1
5.नवाबशाह	584,178	436,414	74.7	147,764	25.3
6.सुक्कुर	692,556	491,634	71.0	200,922	29.0
7.थारपारकर	581,004	292,025	50.3	288,971	49.7
8.ऊपरी सिंध भाग फ्रंट–टियर है	304,034	275,063	90.5	28,971	9.5
कुल[1]	**4,553,008**	**3,208,325**	**70.7**	**1,326,683**	**29.3**

1. यह खैरपुर राज्य की जनसंख्या से अलग है।

परिशिष्ट–10

सिंध

नगरो में मुस्लिम बनाम गैर–मुस्लिम जनसंख्या का अनुपात;

एम–नगर पालिका; सी.एल.सी.–सिविल छावनी; माइली.सी.– सैन्य छावनी

जिलों के अनुसार कस्बे	कुल जनसंख्या	कुल मुस्लिम जनसंख्या	कुल मिलाकर मुसलमानों का प्रतिशत	कुल गैर–मुस्लिम जनसंख्या	कुल गैर–मुसलमानों का प्रतिशत
1	2	3	4	5	
दादू					
1.दादू ... एम	10,998	5,279	48	5.717	52.0
2.कोटरी ... एम	9,979	5,137	51.5	4.842	48.5
3.मनझंड ... एम	3,025	1,053	34.8	1,972	65.2
4.सेहवान ... एम	4,354	2,218	50.8	2,146	49.2
हैदराबाद					
5.हाला ... एम	7,960	5,042	63.3	2,918	36.7
6.हैदराबाद ... एम	1,27,521	31,983	25.1	95,538	74.9
7.हैदराबाद.......सी.आई.सी.	5,255	2,667	50.7	2,588	49.3
8.हैदराबाद ....मिली.सी.	1,917	1,419	74	498	26
9.मटियारी ... एम	5,910	4,339	73.4	1,571	26.6
10.नसरपुर ... एम	3,810	2,331	61.2	1,479	38.8
11.टाण्डो अल्लायार ... एम	8,406	1,690	20.1	6,716	79.9
12.टाण्डो मोहम्म्द खान ... एम	8,718	2,902	33.3	5,916	66.7
कराची					
13.करावी ... एम	3,58,492	1,52,365	42.5	2,06,127	57.5
14.कराची ..सी.आई.सी.	5,854	895	15.3	4,959	84.7
15.डेघ रोड ..सी.एल.सी.	2,881	1,172	40.7	1,709	59.3
16.जागीर ..सी.आई.सी.	2,533	932	36.8	1,601	63.2
17.कराची ...मिली.सी...	15,895	7,063	44.4	8,832	डंल.56
18.आज ... एम	8,262	4,198	50.8	4,064	49.2
लारकाना					
19.कंबर ... एम	11,681	6,297	53.1	5,384	46.9
20.लारकाना ... एम	20,390	7,934	38.4	12,556	61.6
21.रेटेडेरो ... एम	9,925	2,393	24.1	7,532	75.9
नवाबशाह					
22.नवाबशाह ... एम	17,509	4,420	25.3	13,089	74.7
23.शाहाबादपुर ... एम	11,786	1,898	16.1	9,888	83.9
24.टांडो एडम ... एम	17,233	2,994	17.4	14,239	82.6
चीनी					
25.गरी यासीन ... एम	8,397	2,895	34.5	5,502	65.5
26.घोटकी ... एम	5,236	1,533	29.3	3,703	70.7
27.रोहरी ... एम	14,721	4,132	28.7	10,589	71.9
28.शिकारपुर ... एम	67,746	21,775	32.1	45,971	67.9
29.चीनी ... एम	66,466	18,152	27.8	48,314	72.7
थार पारकर					
30.मीरपुर खास ... एम	19,591	5,086	25.9	14,505	74.1
31.उमरकोट ... एम	4,275	986	22.9	3,289	77.1
अपर सिंध फ्रंटियर					
32.जैकोबाबाद ... एम	21,588	9,774	45.3	11,814	54.7

परिशिष्ट 11

महत्त्व के क्रम में मुसलमानों द्वारा भारत में उपयोग की जाने वाली भाषाएँ (1921 की जनगणना के अनुसार)

उर्दू (पश्चिमी हिन्दी)	.....	.....	.....	20,791,000
बंगाली	.....	.....	.....	23,995,000
पंजाबी	.....	.....	.....	7,700,000
सिंधी	.....	.....	.....	2,912,000
कश्मीरी (और सम्बद्ध भाषाएँ)	.....	.....	.....	1,500,000
पश्तो	.....	.....	.....	1,460,000
गुजराती	.....	.....	.....	1,400,000
तमिल	.....	.....	.....	1,250,000
मलयालम	.....	.....	.....	1,107,000
तेंलुगु	.....	.....	.....	750,000
उड़ीया	.....	.....	.....	400,000
बलूची	.....	.....	.....	224,000
ब्राहुई	.....	.....	.....	122,000
अरबी	.....	.....	.....	42,000
फारसी	.....	.....	.....	22,000
अन्य भाषाएँ	.....	.....	.....	5,060,000
		कुल	.....	68,735,000

परिशिष्ट–12

भारत[1] के वाइसराय और गवर्नर जनरल महामहिम लॉर्ड मिंटो को दिया गया संबोधन

1 अक्टूबर 1906 को शिमला में भारतीय मुस्लिम समुदाय एक प्रतिनिधिमंडल के द्वारा

पता

भारत के वाइसराय और गवर्नर जनरल महामहिम लॉर्ड मिंटो को दिया गया संबोधन 1 अक्टूबर 1906 को शिमला में भारतीय मुस्लिम समुदाय एक प्रतिनिधि मंडल के द्वारा "महामहिम की कृपा हो–हमें दी

---

1. इस दस्तावेज का भारत के इतिहास में बहुत महत्त्व और वैशिष्ट्य है। यह भारत के प्रशासन में मुसलमानों को अनुकूल उपचार देने की ब्रिटिश सरकार की नीति की शुरुआत का प्रतीक है, जिसका आरोप है कि इसका उद्देश्य उन्हें कांग्रेस से दूर करना और हिंदुओं तथा मुसलमानों के बीच दरार और फूट पैदा करना था। दिवंगत मौलाना मोहम्मद अली द्वारा कांग्रेस के अध्यक्ष के रूप में अपने संबोधन में दिए गए बयान के मद्देनजर इसने भारतीयों के मन में एक निश्चित मात्रा में कुप्रसिद्धि हासिल की है, जिसमें कहा गया है कि यह एक कमांड प्रदर्शन था, जिसका अर्थ यह है कि यह संबोधन की व्यवस्था ब्रिटिश सरकार द्वारा की गई थी। इस संबंध में कई भारतीयों में संबोधन का पाठ और लॉर्ड मिंटो द्वारा दिए गए उत्तर को जानने की काफी उत्सुकता रही है। मैंने इसे प्राप्त करने के लिए एक लंबी खोज की थी। मैंने एक प्रति के लिए उन दिनों के प्रमुख बुजुर्ग मुस्लिम राजनेताओं से भी संपर्क किया था, लेकिन उनमें से किसी के पास भी यह नहीं थी या यह नहीं पता था कि यह कहाँ उपलब्ध है। ऐसा प्रतीत होता है कि उस दिन के समाचार पत्रों में संबोधन और उत्तर का पाठ प्रकाशित नहीं हुआ था। हालांकि, मैं भाग्यशाली था कि मुझे इसकी एक प्रति मेरे मित्र सर रजा अली, एम. एल.ए. से मिली। (सेंट्रल), जिसने इंडियन डेली टेलीग्राफ की एक कटिंग रखी थी जो उस समय लखनऊ से प्रकाशित होता था, लेकिन बहुत पहले ही बंद हो गया था, जिसमें संबोधन का पूरा पाठ और साथ ही उत्तर भी छपा हुआ था। मैं ऋण के कटाव के लिए सर रजा अली का आभारी हूँ। चूँकि दस्तावेज भारत में ब्रिटिश प्रशासन के राजनीतिक इतिहास में एक ऐतिहासिक घटना को चिह्नित करता है, इसलिए उस समारोह के बारे में विवरणों को पुन प्रस्तुत करना कुछ दिलचस्प हो सकता है जिसे इंडियन डेली टेलीग्राफ के शिमला संवाददाता ने 3 अक्टूबर, 1906 के अपने अंक में प्रकाशित किया था। संवाददाता–

गई अनुमति का लाभ उठाते हुए, हम, अधोहस्ताक्षरित रईस, जागीरदार, तालुकदार, वकील, जमींदार, व्यापारी और अन्य लोग महामहिम

"महोमेदन समुदाय के प्रतिनिधि, जिन्हें आज सुबह वाइसरीगल लॉज में महामहिम वायसराय को संबोधन प्रस्तुत करना था, सुबह 11 बजे बॉलरूम में एकत्र हुए। उनकी संख्या पैंतीस थी और वे महामहिम की कुर्सी के सामने घोड़े की नाल पहने बैठे थे। ठीक उसी समय 11 बजे लॉर्ड मिंटो, अपने कर्मचारियों के साथ, कमरे में दाखिल हुए, सभी उनका स्वागत करने के लिए खड़े थे। महामहिम को आगा खान द्वारा घुमाया गया और प्रत्येक सदस्य से व्यक्तिगत रूप से परिचित कराया गया। इसके बाद पटियाला के खलीता ने प्रस्तुति के लिए अनुमति माँगी। इसके बाद आगा खान आगे बढ़े और सभी प्रतिनिधियों ने महामहिम का सामना करते हुए नीचे दी गई याचिका पढ़ी।

प्रति नियुक्ति का गठन करने वाले थे महामहिम आगा सर सुल्तान महोमेद शाह आगा खान। जी.सी.आई.ई. (बॉम्बे)। शहजादा बख्तियार शाह, ओ.आई.ई. मैसूर परिवार के मुखिया, कलकत्ता माननीय मलिक उमर हयात खान, सी.आई.ई., लेफ्टिनेंट 17वें प्रिंस ऑफ वेल्स तिवाना लांसर्स, तिवाना, शाहपुर (पंजाब) माननीय खान बहादुर मियां मोहम्मद शाह दीन, बार–एट–लॉ, लाहौर माननीय मौलवी शर्फुद्दीन, बार–एट–लॉ, पटना खान बहादुर सैयद नवाब अली चौधरी, मैमनसिंह (पूर्वी बंगाल) नवाब बहादुर सैयद अमीर हसन खान, सी.आई.ई., कलकत्ता नसीर हुसैन खान ख्याल, कलकत्ता खान बहादुर मिर्जा शुजात अली बेगरू फारसी महावाणिज्यदूत, मुर्शिदाबाद, कलकत्ता (बंगाल) सैयद अली इमाम, बार–एट–लॉ, पटना (बिहार) नवाब सरफराज। हुसैन खान, पटना (बिहार) खान बहादुर अहमद मोहिउद्दीन खान, कर्नाटक परिवार (मद्रास) के वजीफादार मौलवी रफीउद्दीन अहमद बार–एट–लॉ (बॉम्बे) इब्राहिमभोय एडमजी पीरभोय। जनरल मर्चेंट (बॉम्बे) श्री अब्दुर रहीम, बार–एट–लॉ, कलकत्ता सैयद अल्लाह–दादा शाह, विशेष मजिस्ट्रेट और उपाध्यक्ष, जमींदार एसोसिएशन, खैरपोर (सिंध) मौलाना एच. एम. मलक, मेहदी बाज के प्रमुख बोहरा, नागपुर (मध्य प्रांत) मुशीर–उद–दौला मुमताजल–उल–मुल्क खान बहादुर खलीफा सैयद मोहम्मद हुसैन, स्टेट काउंसिल ऑफ पटियाला (पंजाब) के सदस्य खान बहादुर कर्नल अब्दुल मजीद खान, विदेश मंत्री। पटियाला (पंजाब) खान बहादुर ख्वाजा कुसुफ शाह, माननीय। मजिस्ट्रेट, अमृतसर (पंजाब) मियां महोमेद शफी, बार–एट–लॉ, लाहौर (पंजाब) शेख गुलाम सादिक। अमृतसर (पंजाब) हकीम मोहम्मद अजमुल खान, दिल्ली (पंजाब) मुंशी इहतिशाम अली, जमींदार और रईस, काकोरी (अवध) सैयद नबी उल्लालि, बार–एट–लॉ, रईस कारा, जिला। इलाहाबाद मौलवी सैयद करामत हुसैन, बार–एट–लॉ, इलाहाबाद सैयद अब्दुलरावॉफ, बार–एट–लॉ,

राजा–सम्राट के मुस्लिम विषयों के एक बड़े समूह का प्रतिनिधित्व करते हैं भारत के विभिन्न हिस्सों से, कृपया अपने अनुकूल विचार के लिए निम्नलिखित पते पर महामहिम से संपर्क करने का आदरपूर्वक अनुरोध करें।

इलाहाबाद मुंशी अब्दुर सलाम खान, सेवानिवृत्त उप–न्यायाधीश, रामपुर खान बहादुर मोहम्मद मुजम्मिल उल्लाह खान. जमींदार, सचिव जमींदार एसोसिएशन, संयुक्त प्रांत और संयुक्त भारत में ब्रिटिश नीति की सबसे महत्त्वपूर्ण विशेषताओं में से एक यह है कि जहाँ तक संभव हो सके देश के लोगों के हितों को प्रभावित करने वाले मामलों में उनके विचारों और इच्छाओं के प्रति हमेशा विविधता को ध्यान में रखते हुए सम्मान दिया गया है। नस्ल और धर्म जो समस्त भारतीय प्रगति की एक महत्त्वपूर्ण विशेषता है।

देश के विभिन्न हिस्सों में महत्त्वपूर्ण समुदायों के प्रभावशाली सदस्यों से परामर्श करने की गोपनीय और विनीत पद्धति से शुरुआत करते हुए, इस सिद्धांत को धीरे–धीरे मान्यता प्राप्त राजनीतिक सचिव, एम.ए.ओ. कॉलेज ट्रस्टी, अलीगढ़ हाजी मोहम्मद इस्माइल खान, जमींदार, अलीगढ़ साहबजादा आफताब अहमद खान, बार.–एट–लॉ, अलीगढ़ मौलवी मुश्ताक हुसैन, रईस। अमरोहा, संयुक्त प्रांत मौलवी हबीबुल रहमान खान, जमींदार, भीखनपुर, संयुक्त प्रांत नवाब सैयद सिरदार अली खान, दिवंगत नवाब सरदार दिलेर–उल–मुल्क बहादुर के पुत्र, सी. आई.ई., हैदराबाद (डेक्कन) मौलवी सैयद महदी अली खान (मुहसिन) –उल–मुल्क), माननीय। सचिव। एम. ए. ओ. कॉलेज, अलीगढ, इटावा, संयुक्त प्रांत।

निम्नलिखित सज्जनों का इरादा वायसराय को संबोधन की प्रस्तुति में भाग लेने का था, लेकिन बीमारी या अन्य कारणों से उन्हें रोका गया माननीय नवाब ख्वाजा सलीमुल्ला, ढाका के नवाब, माननीय नवाब हाजी मोहम्मद फतेह अली खान, काजेल–बाश। लाहौर माननीय सैयद जैनुल–एड्रोस। सूरत, भड़ौच के खान बहादुर कासिम मीर ग्यास–उद्दीन पीरजादा, हजारा के खान बहादुर राजा जहांदाद और लखनऊ के शेख शाहिद हुसैन।

तारप्रेषण के संवाददाता कहते हैं–

लेडी मिंटो, लेडीज इलियट और माननीय श्रीमती हेवेट समारोह में उपस्थित थीं।

आज संबोधन की प्रस्तुति में अधिकांश प्रतिनिधियों ने विशिष्ट हेड–ड्रेस के रूप में फेज के साथ सामान्य यूरोपीय पोशाक पहनी थी, लेकिन पटियाला के प्रतिनिधि, ले. माननीय. मलिक उमर हयात खान, खान बहादुर अली चौधरी, खान बहादुर अहमद मोहिउद्दीन खान भारतीय पोशाक में थे और कुछ अन्य सोने के फीते वाली वर्दी पहने हुए थे। महामहिम वायसराय अपने फ्रॉक कोट पर ऑर्डर ऑफ द स्टार ऑफ इंडिया के साथ सुबह की पोशाक में थे।

हम पूरी तरह से महसूस करते हैं और ब्रिटिश शासन द्वारा विविध जातियों और विविध धर्मों को मानने वाले लाखों लोगों को, जो भारत के विशाल महाद्वीप की आबादी बनाते हैं, दिए गए अनगिनत लाभों की सराहना करते हैं, और हमारे पास शांति, सुरक्षा के लिए आभारी होने का हर कारण है। व्यक्तिगत स्वतंत्रता और पूजा की स्वतंत्रता जिसका हम अब आनंद लेते हैं। इसके अलावा, सरकार के बुद्धिमान और प्रबुद्ध चरित्र से, हमारे पास यह अनुमान लगाने के लिए हर उचित आधार है कि ये लाभ प्रगतिशील होंगे, और भविष्य में भारत राष्ट्रों के समुदाय में तेजी से महत्त्वपूर्ण स्थान हासिल करेगा।

या वाणिज्यिक संगठनों के अधिकारियों को उनकी आलोचनाओं और उपायों पर विचारों को संप्रेषित करने के अधिकार को मान्यता द्वारा बढ़ाया गया। सार्वजनिक महत्त्व, और अंत में नगर पालिकाओं, जिला बोर्डों और सबसे बढ़कर देश के विधान मंडलों में लोगों के प्रत्यक्ष प्रतिनिधियों के नामांकन और चुनाव द्वारा। हम समझते हैं कि यह अंतिम तत्त्व, इसे और विस्तार देने की दृष्टि से महामहिम द्वारा नियुक्त समिति द्वारा निपटाया जाने वाला है, और यह मुख्य रूप से इस तरह के विस्तारित प्रतिनिधित्व और कुछ अन्य मामलों में उचित हिस्सेदारी के हमारे दावे के संदर्भ में है। हमारे समुदाय के हितों को प्रभावित करने वाले महत्त्व के कारण, हमने वर्तमान अवसर पर महामहिम से संपर्क करने का साहस किया है।

विगत परंपराएँ

वर्ष 1901 में हुई जनगणना के अनुसार, भारत के मुसलमानों की

विसेरेगल लॉज में गार्डन पार्टी

आज दोपहर को वाइसरीगल लॉज मैदान में एक गार्डन पार्टी का आयोजन किया गया था, जब मुस्लिम प्रतिनिधियों का वायसराय ने स्वागत किया, जिन्होंने प्रत्येक डिप्टी से व्यक्तिगत रूप से बात की।

माननीय मिस्टर बेकर वित्तीय सचिव ने निम्नलिखित बंगाल मुस्लिम प्रतिनिधिमंडल के सज्जनो को कल दोपहर के भोजन पर आमंत्रित किया है।

नवाब अमीर हुसैन, मिर्जा शुजात अली, नवाब नसर होसेन, माननीय। शरफुद्दीन और अली इमाम।

संख्या बासठ करोड़ से अधिक या महामहिम के भारतीय प्रभुत्व की कुल जनसंख्या का एक–पाँचवाँ हिस्सा और एक–चौथाई के बीच है, और यदि असभ्य भागों के लिए कटौती की जाए पशु–पक्षियों और अन्य छोटे धर्मों के प्रमुखों के अंतर्गत आने वाले समुदाय के साथ–साथ उन वर्गों के लिए जिन्हें आम तौर पर हिंदू के रूप में वर्गीकृत किया जाता है, लेकिन ठीक से कहें तो वे बिल्कुल भी हिंदू नहीं हैं, हिंदू बहुमत में मुसलमानों का अनुपात बहुत बड़ा हो जाता है। इसलिए हम यह प्रस्तुत करना चाहते हैं कि प्रतिनिधित्व की किसी भी प्रणाली के तहत रूस को छोड़कर किसी भी प्रथम श्रेणी की यूरोपीय शक्ति की पूरी आबादी की तुलना में अधिक विस्तारित या सीमित समुदाय राज्य में एक महत्त्वपूर्ण कारक के रूप में पर्याप्त मान्यता का दावा कर सकता है।

हम कार्य, वास्तव में, महामहिम की अनुमति से एक कदम आगे जाने का साहस करते हैं, और आग्रह करते हैं कि किसी भी प्रकार के प्रतिनिधित्व में, प्रत्यक्ष या अप्रत्यक्ष रूप से और उनकी स्थिति और प्रभाव को प्रभावित करने वाले अन्य सभी तरीकों से मुस्लिम समुदाय को दी गई स्थिति अनुरूप होनी चाहिए, न कि केवल उनकी संख्यात्मक ताकत के साथ, बल्कि उनके राजनीतिक महत्त्व और साम्राज्य की रक्षा में उनके योगदान के मूल्य के साथ, और हम यह भी आशा करते हैं कि महामहिम इस संबंध में उनकी स्थिति पर उचित ध्यान देने में प्रसन्न होंगे।

सौ वर्ष से कुछ अधिक समय पहले भारत में उनका निवास था और उनकी परंपराएँ स्वाभाविक रूप से उनके मन से धूमिल नहीं हुई हैं।

भारत के मुसलमानों ने हमेशा न्याय की भावना और निष्पक्ष व्यवहार के प्रेम पर अंतर्निहित निर्भरता रखी है, जो उनके शासकों की विशेषता रही है, और परिणामस्वरूप उन्होंने अपने दावों को उन तरीकों से दबाने से परहेज किया है जो शायद शर्मनाक साबित हो सकते हैं, लेकिन ईमानदारी से जैसा कि हम चाहते हैं कि भारत के मुसलमानों को भविष्य में उस उत्कृष्ट और समय सम्मानित परंपरा से पीछे नहीं हटना चाहिए, हाल की घटनाओं ने विशेष रूप से मुसलमानों की युवा पीढ़ी

के बीच भावनाओं को भड़काया है, जो कुछ परिस्थितियों में और कुछ आकस्मिकताओं के तहत आसानी से संयमित लोगों के सलाह और संयमित मार्गदर्शन के नियंत्रण से परे हो सकती हैं।

इसलिए हम प्रार्थना करते हैं कि भारत के सभी हिस्सों में बड़ी संख्या में हमारे सह धर्मवादियों के विचारों और इच्छाओं पर सावधानीपूर्वक विचार करने के बाद हम जो अभ्यावेदन प्रस्तुत करने का साहस कर रहे हैं, उसे महामहिम का गंभीरता से ध्यान दिया जा सकता है।

यूरोपीय प्रतिनिधि संस्थाएँ

हमें आशा है कि महामहिम प्रारंभ में ही हमारे इस कथन को क्षमा कर देंगे कि यूरोपीय प्रकार की प्रतिनिधि संस्थाएँ भारतीय लोगों के लिए नई हैं हमारे समुदाय के बहुत से विचारशील सदस्य वास्तव में मानते हैं कि यदि उन्हें भारत में प्राप्त होने वाली सामाजिक, धार्मिक और राजनीतिक परिस्थितियों में सफलतापूर्वक अनुकूलित होना है तो सबसे बड़ी देखभाल, दूरदर्शिता और सावधानी आवश्यक होगी और ऐसी देखभाल के अभाव में और सावधान करते हुए कहा कि इन्हें अपनाने से अन्य बुराइयों के अलावा, हमारे राष्ट्रीय हितों को सहानुभूतिहीन बहुमत की दया पर निर्भर होने की संभावना है। चूँकि, हालांकि, हमारे शासकों ने, प्राचीन प्रवृत्ति और परंपराओं के अनुसरण में, इन संस्थानों को देश की सरकार में एक महत्त्वपूर्ण स्थान देना उचित समझा है, हम मुसलमान, अब अपने राष्ट्रीय हितों के साथ न्याय में अलग नहीं रह सकते हैं उन स्थितियों में भाग लेने से, जिन्हें उनकी नीति ने जन्म दिया है। हालांकि, हम कृतज्ञतापूर्वक यह स्वीकार करने के लिए बाध्य हैं कि भारत के मुसलमानों को अब तक जो प्रतिनिधित्व मिला है, वह महामहिम और कार्यालय में आपके प्रतिष्ठित पूर्ववर्ती और स्थानीय सरकारों के प्रमुखों की न्याय और निष्पक्षता की भावना के कारण है। जिनके द्वारा विधान मंडलों के मुस्लिम सदस्यों को लगभग बिना किसी अपवाद के नामांकित किया गया है, हम यह देखने में मदद नहीं कर सकते हैं कि इस प्रकार हमें दिया गया प्रतिनिधित्व आवश्यक रूप से हमारी आवश्यकताओं के लिए अपर्याप्त है, और इसमें हमेशा उन लोगों

का अनुमोदन शामिल नहीं है जिनका प्रतिनिधित्व करने के लिए नामांकित व्यक्तियों को चुना गया था। मौजूदा परिस्थितियों में यह स्थिति शायद अपरिहार्य थी, क्योंकि एक ओर जहाँ वायसराय और स्थानीय सरकारों के लिए आरक्षित नामांकनों की संख्या सख्ती से सीमित कर दी गई है, वहीं दूसरी ओर वास्तव में निष्पक्ष पुरुषों का चयन किया गया है। लोकप्रिय पसंद की दिशा सुनिश्चित करने की किसी विश्वसनीय विधि के अभाव में, यह आसान नहीं था।

चुनाव के नतीजे

जहाँ तक चुनाव के नतीजों की बात है, इसकी बहुत कम संभावना है कि किसी भी मुस्लिम उम्मीदवार का नाम अब गठित चुनावी निकायों द्वारा सरकार की मंजूरी के लिए प्रस्तुत किया जाएगा, जब तक कि वह सभी महत्त्वपूर्ण मामलों में बहुमत के साथ सहानुभूति न रखता हो। न ही हम निष्पक्षता से अपने गैर–मुस्लिम साथी–प्रजा की अपनी ताकत का पूरा फायदा उठाने और केवल अपने समुदाय के सदस्यों के लिए वोट करने की इच्छा में दोष ढूंढ सकते हैं, या ऐसे व्यक्तियों के लिए, जिनसे, यदि हिंदू नहीं, तो उनके साथ वोट करने की उम्मीद की जाती है। हिंदू बहुसंख्यक जिनकी सद्भावना पर उन्हें अपने भविष्य के पुनरू चुनाव के लिए निर्भर रहना होगा। यह सच है कि हमारे हिंदू साथी देशवासियों के साथ हमारे कई और महत्त्वपूर्ण हित समान हैं और हमारे विधान मंडलों में इनके सक्षम समर्थकों की उपस्थिति से इन हितों की रक्षा होते देखना हमारे लिए हमेशा अत्यंत संतुष्टि की बात होगी चाहे उनकी राष्ट्रीयता कुछ भी हो।

एक विशिष्ट समुदाय

फिर भी, इस बात से इनकार नहीं किया जा सकता है कि हम मुसलमान एक विशिष्ट समुदाय हैं जिनके अपने अतिरिक्त हित हैं जो अन्य समुदायों द्वारा साझा नहीं किए जाते हैं, और ये अब तक इस तथ्य से पीड़ित हैं कि उन्हें पर्याप्त प्रतिनिधित्व नहीं मिला है। यहाँ तक कि उन प्रांतों में भी जहाँ मुसलमानों की आबादी का स्पष्ट बहुमत है।

उनके साथ अक्सर ऐसा व्यवहार किया जाता है मानो वे अत्यंत छोटे राजनीतिक कारक हों जिन्हें बिना किसी अनुचितता के उपेक्षित किया जा सकता है। पंजाब में कुछ हद तक यही स्थिति रही है, लेकिन कुछ चिह्नित मात्रा में प्रतिनिधियों के चुनाव के संबंध में अपने विचार तैयार करने से पहले, हम यह देखना चाहते हैं कि राज्य की सेवा में उस समुदाय के सदस्यों की स्थिति के अनुसार किसी समुदाय का राजनीतिक महत्त्व काफी हद तक बढ़ जाता है या नुकसान झेलता है। यदि, जैसा कि दुर्भाग्य से मुसलमानों के मामले में है, उन्हें इस तरीके से पर्याप्त प्रतिनिधित्व नहीं मिलता है, तो वे उस प्रतिष्ठा और प्रभाव को खो देते हैं जो उनका उचित अधिकार है।

सरकारी सेवा में रोजगार

इसलिए हम प्रार्थना करते हैं कि सरकार यह प्रदान करने में प्रसन्न होगी कि सभी भारतीय प्रांतों की राजपत्रित और अधीनस्थ और मंत्रिस्तरीय सेवाओं में मुसलमानों का उचित अनुपात हमेशा रहेगा। कुछ प्रांतों में स्थानीय सरकारों द्वारा समय–समय पर समान आयात के आदेश जारी किए गए हैं, लेकिन दुर्भाग्य से, सभी मामलों में इस आधार पर सख्ती से पालन नहीं किया गया है कि योग्य मुसलमान आगे नहीं आ रहे थे। हमारा मानना है कि यह आरोप, एक समय में चाहे कितना भी अच्छा क्यों न हो, अब मान्य नहीं है, और जहाँ भी उन्हें नियोजित करने की इच्छा योग्य मुसलमानों की आपूर्ति की कमी है, हम महामहिम को आश्वस्त करने में सक्षम होने में प्रसन्न हैं, माँग के बराबर है।

प्रतिस्पर्धी तत्त्व

चूँकि, योग्य मुसलमानों की संख्या में वृद्धि हुई है, दुर्भाग्य से अपेक्षाकृत बेहतर योग्यताओं को प्राथमिकता दिए जाने के आधार पर उन्हें अस्वीकार करने की प्रवृत्ति देखी जा रही है। यह प्रतिस्पर्धी तत्त्व को उसके सबसे खराब रूप में प्रस्तुत करता है, और हमें एक वर्ग द्वारा सभी आधिकारिक प्रभाव के एकाधिकार के राजनीतिक महत्त्व पर महामहिम का ध्यान आकर्षित करने की अनुमति दी जा सकती है। हम

इस संबंध में यह भी बता सकते हैं कि मुस्लिम शिक्षाविदों के प्रयास उनके बीच शैक्षिक आंदोलन की शुरुआत से ही चरित्र के विकास की ओर निर्देशित रहे हैं, और हम यह सोचने का साहस करते हैं कि यह केवल अच्छे लोक सेवकों के निर्माण में मानसिक सतर्कता से अधिक महत्त्वपूर्ण है।

पद पर मुसलमान

हम मुसलमानों की व्यापकता को प्रस्तुत करने का साहस करते हैं भारत के सभी हिस्सों में व्यथित महसूस करते हैं कि मुसलमान न्यायाधीशों को उच्च न्यायालयों और प्रमुखों के लिए अधिक बार नियुक्त नहीं किया जाता। न्यायपालिका के न्यायालय के इन न्यायालयों के निर्माण के बाद से ही तीन मुस्लिम वकीलों ने ये सम्मानजनक नियुक्तियाँ हासिल की हैं, जिनमें से सभी ने ओहदे में अपनी पदोन्नति को पूरी तरह से उचित ठहराया है। वर्तमान समय में इनमें से किसी भी न्यायालय की खंडपीठ में एक भी मुस्लिम न्यायाधीश नहीं है, जबकि कलकत्ता उच्च न्यायालय में तीन हिंदू न्यायाधीश हैं, जहाँ जनसंख्या में मुसलमानों का अनुपात बहुत बड़ा है, और दो मुख्य न्यायाधीश हैं। पंजाब का न्यायालय, जहाँ मुसलमानों की आबादी बहुसंख्यक है। इसलिए, हमारी ओर से यह कोई असाधारण अनुरोध नहीं है कि प्रत्येक उच्च न्यायालय और मुख्य न्यायाधीश न्यायालयों की खंडपीठ में एक मुसलमान को सीट दी जानी चाहिए। इन नियुक्तियों के लिए योग्य पात्र मुस्लिम वकील हमेशा मिल सकते हैं, यदि एक प्रांत में नहीं तो कहीं और। हम आगे यह प्रस्तुत करने की अनुमति चाहते हैं कि इन न्यायालयों की खंडपीठ में मुस्लिम कानून में विद्वान न्यायाधीश की उपस्थिति न्याय प्रशासन के लिए काफी ताकत का स्रोत होगी। नगरपालिका प्रतिनिधित्व चूँकि नगरपालिका और जिला समितियो को महत्त्वपूर्ण स्थानीय हितों से निपटना होता है जो काफी हद तक निवासियों के स्वास्थ्य, आराम, शैक्षिक आवश्यकताओं और यहाँ तक कि धार्मिक चिंताओं को प्रभावित करते हैं, हम आशा करते हैं कि यदि हम इसके लिए आग्रह करते हैं तो हमें माफ कर दिया जाएगा। उच्च

चिंताओं पर जाने से पहले महामहिम का ध्यान मुसलमानों की स्थिति पर केंद्रित करें। ये संस्थाएँ, मानो स्वशासन की सीढ़ी के प्रारंभिक पायदान हैं, और यहीं पर प्रतिनिधित्व के सिद्धांत को लोगों की बुद्धि में गहराई से लाया जाता है, फिर भी इन समितियो पर मुसलमानों की स्थिति अलग है। वर्तमान में सामान्य अनुप्रयोग में सक्षम किसी भी मार्गदर्शक सिद्धांत द्वारा विनियमित नहीं है, और अभ्यास विभिन्न इलाकों में भिन्न होता है। उदाहरण के लिए, अलीगढ़ नगर पालिका को छह वार्डों में विभाजित किया गया है और प्रत्येक वार्ड में एक हिंदू और एक मुस्लिम आयुक्त होता है, और जैसा कि हम समझते हैं, वही सिद्धांत पंजाब और अन्य जगहों पर कई नगर पालिकाओं में अपनाया जाता है, लेकिन कई स्थानों पर मुस्लिम आयुक्त होते हैं। करदाता पर्याप्त रूप से नहीं हैं।

प्रतिनिधित्व नहीं किया जाता है। इसलिए, हम सम्मानपूर्वक सुझाव देंगे कि स्थानीय प्राधिकारी को हर मामले में घोषणा करनी चाहिए।

नगरपालिका और जिला बोर्डों में सीटों के हकदार हिंदुओं और मुसलमानों की संख्या, ऐसा अनुपात किसी भी समुदाय की संख्यात्मक ताकत, सामाजिक स्थिति, स्थानीय प्रभाव और विशेष आवश्यकताओं के अनुसार निर्धारित किया जाना चाहिए। एक बार जब उनका सापेक्ष अनुपात आधिकारिक रूप से निर्धारित हो जाता है, तो हम सुझाव देंगे कि किसी भी समुदाय को अलग–अलग अपने प्रतिनिधियों को वापस करने की अनुमति दी जानी चाहिए जैसा कि पंजाब के कई शहरों में प्रथा है।

विश्वविद्यालयों के अध्येता

हम यह भी सुझाव देंगे कि भारतीय विश्वविद्यालयों के सीनेट और व्यवसाय संघ के साथ भी इसी तरह व्यवहार किया जा सकता है, यानी जहाँ तक संभव हो, उस अनुपात की एक आधिकारिक घोषणा होनी चाहिए जिसमें मुसलमान किसी भी निकाय में प्रतिनिधित्व के हकदार हैं।

प्रांतीय परिषदों में नामांकन

अब हम देश के विधान मंडलों में हमारे प्रतिनिधित्व के प्रश्न पर विचार करने के लिए आगे बढ़ते हैं। प्रांतीय परिषदों से शुरुआत करते हुए, हम अत्यंत सम्मानपूर्वक सुझाव देंगे कि नगर पालिकाओं और जिला बोर्डों के मामले में सीटों के हकदार मुस्लिम प्रतिनिधियों का अनुपात उन महत्त्वपूर्ण विचारों को ध्यान में रखते हुए निर्धारित और घोषित किया जाना चाहिए जिन्हें हमने उठाने का साहस किया है।" इस पते के अनुच्छेद–5 में और यह कि महत्त्वपूर्ण मुसलमान जमींदार, वकील, व्यापारी और अन्य महत्त्वपूर्ण हितों के प्रतिनिधि, जिला बोर्डों और नगर पालिकाओं के महोमेदान सदस्य और एक निश्चित स्थिति के विश्वविद्यालयों के महोमेदान स्नातक, मान लीजिए पाँच वर्ष, निर्वाचन मंडलों का गठन किया जाना चाहिए और प्रक्रिया के ऐसे नियमों के अनुसार, जिन्हें महामहिम सरकार इस संबंध में निर्धारित करने की कृपा कर सकती है, पात्र घोषित किए जाने वाले सदस्यों की संख्या वापस करने के लिए अधिकृत किया जाना चाहिए।

वायसराय की परिषद्

शाही विधान परिषद् के संबंध में जहाँ मुसलमानों के हितों का उचित प्रतिनिधित्व अत्यंत महत्त्वपूर्ण है, हम सुझाव देना चाहते हैं (1) कि परिषद् के कैडर में मुसलमानों के प्रतिनिधियों का अनुपात इस आधार पर समुदाय की संख्यात्मक ताकत निर्धारित नहीं किया जाना चाहिए और यह कि किसी भी मामले में मुस्लिम प्रतिनिधि कभी भी अप्रभावी अल्पसंख्यक नहीं होने चाहिए (2) जहाँ तक संभव हो, नामांकन पर चुनाव द्वारा नियुक्ति को प्राथमिकता दी जानी चाहिए (3) कि महामहिम सरकार द्वारा बाद में निर्धारित की जाने वाली स्थिति के मुसलमान सदस्यों, मुसलमान जमींदारों, वकीलों, व्यापारियों और अन्य महत्त्वपूर्ण हितों के प्रतिनिधियों को चुनने के प्रयोजनों के लिए, प्रांतीय परिषदों के मुसलमान सदस्यों और विश्वविद्यालयों के मुसलमान अध्येताओं को निवेश किया जाना चाहिए चुनावी शक्तियों का प्रयोग ऐसी प्रक्रिया के अनुसार किया जाना चाहिए। इस संबंध में महामहिम सरकार द्वारा निर्धारित किया जाएगा।

कार्यकारी परिषद्

हाल ही में यह धारणा जोर पकड़ रही है कि वायसराय की कार्यकारी परिषद् में एक या अधिक भारतीय सदस्यों को नियुक्त थी की जा सकती है। ऐसी नियुक्ति की स्थिति में हम प्रार्थना करते हैं कि उस संबंध में मुसलमानों के दावों को नजरअंदाज न किया जाए। हम यह कहने का साहस कर रहे हैं कि देश में एक से अधिक मुसलमान उस प्रतिष्ठित सदन में विशिष्टता के साथ सेवा करने के लिए उपयुक्त मिलेंगे।

एक मुस्लिम विश्वविद्यालय

हम एक ऐसे विषय पर महामहिम से संपर्क करने का अनुरोध करते हैं जिसका हमारे राष्ट्रीय कल्याण पर गहरा प्रभाव पड़ना चाहिए। हम आश्वस्त हैं कि एक समुदाय के रूप में हमारी आकांक्षाएँ और हमारी भविष्य की प्रगति काफी हद तक एक मुस्लिम विश्वविद्यालय की नींव पर निर्भर है जो हमारे धार्मिक और बौद्धिक जीवन का केंद्र होगा। इसलिए हम आदरपूर्वक प्रार्थना करते हैं कि महामहिम उस उपक्रम में हमारी मदद करने के लिए कदम उठाएँगे जिसमें हमारे समुदाय की गहरी रुचि है।

अंत में, हम महामहिम को आश्वस्त करना चाहते हैं कि वर्तमान संबोधन में बताए गए निर्देशों के अनुसार भारतीय मामलों के विकास में इस स्तर पर महामहिम की मुस्लिम प्रजा की सहायता करने में, महामहिम सिंहासन के प्रति उनकी अटूट निष्ठा के आधार को मजबूत करेंगे और उनकी राजनीतिक उन्नति और राष्ट्रीय समृद्धि की नींव रख रहे हैं, और आने वाली पीढ़ियों के लिए महामहिम का नाम उनकी भावी पीढ़ियों द्वारा कृतज्ञता के साथ याद किया जाएगा, और हमें विश्वास है कि महामहिम हमारी प्रार्थनाओं पर उचित ध्यान देने के लिए अत्यधिक दयालु होंगे। हमें स्वयं, महामहिम के सबसे आज्ञाकारी और विनम्र सेवकों की सदस्यता लेने का सम्मान प्राप्त है।

लॉर्ड मिंटो का उत्तर

मुसलमानों की आकांक्षाओं की सराहना

संबोधन के बाद, महामहिम उठे और अत्यंत सहानुभूतिपूर्ण उत्तर दिया, जिसे बार–बार प्रतिनिधिमंडल के सदस्यों के जयकारे और "सुनो, सुनो" के नारे के साथ जोड़ा गया, खासकर जब महामहिम ने घोषणा की कि वह पूरी तरह से उनके विचारों से सहमत हैं। प्रतिनियुक्ति है कि किसी भी चुनावी प्रणाली को इस महान साम्राज्य की विभिन्न धार्मिक मान्यताओं का संज्ञान लेना चाहिए और ब्रिटिश सरकार अतीत की तरह भविष्य में भी अपने प्रभार में सौंपे गए विभिन्न समुदायों के राजनीतिक अधिकारों की रक्षा करेगी। वायसराय ने इतने सारे प्रतिनिधि व्यक्तियों से मिलने का अनूठा अवसर प्रदान करने के लिए प्रतिनिधिमंडल को धन्यवाद देते हुए अपनी बात समाप्त की।

वायसराय ने कहा–

महामहिम और सज्जनो, इससे पहले कि मैं आपके संबोधन में निहित अनेक विचारों का उत्तर देने का प्रयास करूँ, मुझे शिमला में आपका हार्दिक स्वागत करने की अनुमति दें। आज यहाँ आपकी उपस्थिति बहुत अर्थपूर्ण है। जो दस्तावेज आपने मुझे प्रस्तुत किया है, उसमें रईसों, विभिन्न राज्यों के मंत्रियों, बड़े जमींदारों, वकीलों, व्यापारियों और महामहिम की प्रजा के कई अन्य लोगों के हस्ताक्षर संलग्न हैं। मैं भारत के प्रबुद्ध मुस्लिम समुदाय के विचारों और आकांक्षाओं को व्यक्त करने वाले आपके प्रतिनिधिमंडल के प्रतिनिधि चरित्र का स्वागत करता हूँ। मुझे लगता है कि आपने जो कुछ भी कहा है वह भारत की मौजूदा राजनीतिक स्थितियों के परिपक्व विचार पर आधारित एक प्रतिनिधि निकाय से निकला है, जो कि बिखरे हुए इलाकों की छोटी व्यक्तिगत या राजनीतिक सहानुभूति और नापसंद से पूरी तरह से अलग है, और मैं इसके लिए आपका आभारी हूँ आप मुझे इस्लाम के अनुयायियों के उचित उद्देश्यों और हमारे साम्राज्य के राजनीतिक इतिहास में साझा करने के उनके दृढ़ संकल्प की सराहना व्यक्त करने का अवसर दे रहे हैं।

आपके वायसराय के रूप में, की विविध जातियों को ब्रिटिश शासन द्वारा प्रदान किए गए लाभों के प्रति आपके द्वारा व्यक्त की गई मान्यता पर मुझे गर्व है।

अनेक पंथ जो इस विशाल महाद्वीप की जनसंख्या का निर्माण करते हैं। आप स्वयं, एक विजेता और शासक जाति के वंशज, ने आज मुझे व्यक्तिगत स्वतंत्रता, पूजा की स्वतंत्रता, सामान्य शांति और ब्रिटिश प्रशासन द्वारा भारत के लिए सुरक्षित किए गए आशापूर्ण भविष्य के लिए अपनी कृतज्ञता के बारे में बताया है।

अतीत में मदद

मुस्लिम आबादी को सार्वजनिक सेवा के लिए खुद को योग्य बनाने में सहायता करने के शुरुआती ब्रिटिश प्रयासों को देखना दिलचस्प है। 1782 में वॉरेन हेस्टिंग्स ने अपने छात्रों को सरकार के तहत रोजगार के लिए हिंदुओं के साथ अधिक समान शर्तों पर प्रतिस्पर्धा करने में सक्षम बनाने के इरादे से कलकत्ता मदरसा की स्थापना की। 1811 में मेरे पूर्वज, लॉर्ड मिंटो ने मदरसा में सुधार और पूरे भारत में अन्य स्थानों पर मुस्लिम कॉलेजों की स्थापना की वकालत की थी। बाद के वर्षों में महोमेदान एसोसिएशन के प्रयासों से 1885 में मुस्लिम समुदाय की शैक्षणिक स्थिति और सार्वजनिक सेवा में उनके रोजगार से संबंधित सरकारी प्रस्ताव पारित हुआ, जबकि मुसलमानों के शैक्षिक प्रयास की परिणति अलीगढ़ कॉलेज के रूप में हुई, जो एक महान संस्थान था। और व्यापक विचारधारा वाले सर सैयद अहमद खान सह धर्मवादी उनके प्रति समर्पित रहे हैं।

अलीगढ़ कॉलेज

जुलाई 1877 में लॉर्ड लिटन ने इसकी नींव रखी थी। अलीगढ़ का पत्थर, जब सर सैयद अहमद खान ने वायसराय को ये यादगार शब्द संबोधित किए आपने मुझे जो व्यक्तिगत सम्मान दिया है, वह मुझे एक महान तथ्य का आश्वासन देता है और मुझे केवल व्यक्तिगत कृतज्ञता से कहीं अधिक उच्च प्रकृति की भावनाओं से भर देता है। मुझे विश्वास

है आप, जो इस अवसर पर ब्रिटिश शासन का प्रतिनिधित्व करते हैं, हमारे मजदूरों के प्रति सहानुभूति रखते हैं और यह आश्वासन बहुत मूल्यवान है और बहुत खुशी का स्रोत है। मेरे जीवन के समय में यह महसूस करना मेरे लिए एक सांत्वना है कि जो उपक्रम कई वर्षों तक किया गया है और अब मेरे जीवन का एकमात्र उद्देश्य है एक ओर मेरे अपने देशवासियों की ऊर्जा को जगाना है, और दूसरी ओर हमारे ब्रिटिश साथी–प्रजा की सहानुभूति और हमारे शासकों का समर्थन जीतना है, ताकि जब मेरे बचे हुए कुछ वर्ष पूरे हो जायेंगे, और जब मैं नहीं रहूँगा।

आपके बीच लंबे समय तक, कॉलेज अभी भी समृद्ध होगा और मेरे देशवासियों को अपने देश के प्रति वही स्नेह, ब्रिटिश शासन के प्रति वही वफादारी की भावना, उसके आशीर्वाद की वही सराहना, हमारे साथ मित्रता की वही ईमानदारी की शिक्षा देने में सफल होगा। ब्रिटिश साथी–विषय मेरे जीवन की शासक भावनाएँ रहे हैं।"

सर सैयद का प्रभाव

अलीगढ़ ने परचम लहराया है। इसके छात्र अपने धर्म के सिद्धांतों, निष्ठा और देशभक्ति के सिद्धांतों में मजबूत होकर जीवन की लड़ाई लड़ने के लिए आगे बढ़े हैं, और अब जब भारत के राजनीतिक भविष्य में बहुत कुछ महत्त्वपूर्ण है तो सर सैयद अहमद खान की प्रेरणा और अलीगढ़ की शिक्षाएँ मुसलमानों के इतिहास के गौरव, आपके संबोधन में इतनी स्पष्टता से व्यक्त की गई निष्ठा, सामान्य ज्ञान और ठोस तर्क में शानदार ढंग से चमकती हैं। लेकिन, सज्जनो, आप मुझे यह बताने जा रहे हैं कि आपका विश्वास अपने शासकों के न्याय और निष्पक्ष व्यवहार में कितना ईमानदार है, आप इस बात से अवगत हुए बिना नहीं रह सकते कि "हाल की घटनाओं" ने मुसलमानों की युवा पीढ़ी के बीच भावनाओं को भड़काया है जो हो सकता है ''संयमी सलाह और संयमित मार्गदर्शन के नियंत्रण से परे जाएँ।"

पूर्वी बंगाल में नीति

अब पूर्वी बंगाल और असम के मामलों पर किसी भी चर्चा में शामिल होने का मेरा कोई इरादा नहीं है, फिर भी मुझे उम्मीद है कि किसी को नाराज किए बिना मैं नए प्रांत के मुस्लिम समुदाय को उनके द्वारा दिखाए गए संयम और आत्म संयम के लिए धन्यवाद दे सकता हूँ। ऐसी स्थितियां जो उनके लिए नई थीं, और जिनके बारे में अनिवार्य रूप से बहुत सी गलतफहमियां रही हैं, और साथ ही मैं उन सभी के प्रति सहानुभूति रख सकता हूँ जो बंगाली भावनाओं में ईमानदार हैं। लेकिन सबसे बढ़कर, मैं आपसे यह विश्वास करने के लिए कहूँगा कि वायसराय और भारत सरकार ने नए प्रांत के मामलों के संबंध में जो रास्ता अपनाया है, जिसका भविष्य अब मुझे आशा है कि निश्चित है, वह पूरी तरह से तय किया गया है। समग्र रूप से इसकी वर्तमान और भविष्य की आबादी के लिए जो सबसे अच्छा प्रतीत होता है, उसके प्रति सम्मान के आधार पर नस्ल या पंथ, और वह पूर्वी का मुसलमान समुदाय बंगाल और असम ब्रिटिश न्याय पर पहले की तरह दृढ़ता से भरोसा और इसकी वफादारी की सराहना और इसके हितों की सुरक्षा के लिए निष्पक्षता कर सकते हैं।

भारत में अशांति

सज्जनो, आपने मुझे ऐसे समय संबोधित किया है जब राजनीतिक माहौल परिवर्तन से भरा है। हम सभी महसूस करते हैं कि इसके अस्तित्त्व को नकारने का प्रयास करना मूर्खता होगी, भारत में नई आशाएँ और महत्त्वाकांक्षाएँ स्वयं महसूस हो रही हैं। हम उन्हें नजरअंदाज नहीं कर सकते, हमारा ऐसा करना गलत है लेकिन इस सारी अशांति का कारण क्या है? कुशासन वाले लाखों लोगों के असंतोष के लिए नहीं – मैं किसी को भी ईमानदारी से इस बात पर जोर देने के लिए मना करता हूँ कि असंतुष्ट लोगों के विद्रोह के लिए नहीं।

पश्चिमी शिक्षा का फल

यह उस शैक्षिक विकास के कारण है जिसमें अभी तक आबादी का

केवल एक बहुत छोटा सा हिस्सा ही शामिल हुआ है, जिसका बीज सबसे पहले ब्रिटिश शासन ने बोया था और जिसका फल ब्रिटिश शासन ने अब पाया है और जिसे बढ़ावा देने और निर्देशित करने की पूरी कोशिश कर रहा है। अभी हम जो फसल काट रहे हैं उसमें बहुत अधिक धान हो सकता है। हमने जो पश्चिमी अनाज बोया है, वह भारत के लोगों की आवश्यकताओं के लिए पूरी तरह से उपयुक्त नहीं हो सकता है, लेकिन जैसे–जैसे साल गुजरेंगे, शैक्षिक फसल में वृद्धि होगी, और इसके द्वारा दिए जाने वाले पोषण की स्वास्थ्यवर्धकता सावधानीपूर्वक प्रशासन और वितरण पर इसके उत्पादों का योगदान निर्भर करेगा। सज्जनो, आपको मुझसे यह कहने के लिए क्षमा माँगने की आवश्यकता नहीं है कि "यूरोपीय प्रकार की प्रतिनिधि संस्थाएँ भारत के लोगों के लिए बिल्कुल नई हैं" या कि यहाँ उनके परिचय के लिए सबसे गंभीर विचार और देखभाल की आवश्यकता है। मुझे पूर्वी जातियों की वंशानुगत प्रवृत्तियों और परंपराओं के बीच पश्चिमी दुनिया की सभी राजनीतिक मशीनरी का स्वागत करने से बहुत दूर रहना चाहिए। पश्चिमी विचार की व्यापकता, पश्चिमी सभ्यता की शिक्षाएँ, ब्रिटिश व्यक्तित्त्व की स्वतंत्रता भारत के लोगों के लिए बहुत कुछ कर सकती हैं। लेकिन मैं आपसे यह मानता हूँ कि उन्हें अपने साथ राजनीतिक तरीकों को स्वीकार करने का अव्यवहारिक आग्रह नहीं रखना चाहिए।

मुसलमानों का राजनीतिक भविष्य

और अब, सज्जनो, मैं राजनीतिक भविष्य के संबंध में आपकी स्थिति पर आता हूँ आप जिस मुसलमान समुदाय के लिए बोल रहे हैं उसकी स्थिति क्या है? मुझे यकीन है कि आप यह मानेंगे कि सार्वजनिक मामलों के प्रशासन में समुदाय के पास जो शर्तें और हिस्सेदारी का दावा करने का अधिकार है, उस पर किसी भी विस्तृत विचार के माध्यम से आपका अनुसरण करना मेरे लिए असंभव है। मैं फिलहाल केवल सामान्यताओं से ही निपट सकता हूँ। आपने जो मुद्दे उठाए हैं वे समिति के समक्ष हैं, जिसे, जैसा कि आप जानते हैं, मैंने हाल ही में प्रस्तुति (? प्रतिनिधित्व) के प्रश्न पर विचार करने के लिए नियुक्त किया है, और

मैं इस बात का ध्यान रखूँगा कि आपका पता उन्हें प्रस्तुत किया जाए, लेकिन साथ ही मुझे आशा है कि मैं समिति के प्रतिवेदन को किसी भी तरह से बाधित किए बिना आपकी टिप्पणियों के सामान्य आशय का उत्तर देने में सक्षम हो सकता हूँ।

प्रतिनिधित्व का प्रश्न

आपके संबोधन का सार, जैसा कि मैं समझता हूँ, यह दावा है कि प्रतिनिधित्व की किसी भी प्रणाली में चाहे वह नगर पालिका, जिला समिति या विधान परिषद् को प्रभावित करती हो, जिसमें एक चुनावी संगठन को शुरू करने या बढ़ाने का प्रस्ताव है, महोमेदान समुदाय को एक समुदाय के रूप में प्रतिनिधित्व किया जाना चाहिए। आप बताते हैं कि कई मामलों में, जैसा कि अब गठित किया गया है, चुनावी निकायों से किसी मुस्लिम उम्मीदवार को वापस करने की उम्मीद नहीं की जा सकती है, और यदि संयोग से उन्होंने ऐसा किया तो यह केवल ऐसे उम्मीदवार के विरोध में बहुमत के विचारों का बलिदान हो सकता है। उसका अपना समुदाय जिसका वह किसी भी तरह से प्रतिनिधित्व नहीं करेगा, और आप उचित रूप से दावा करते हैं कि आपके समुदाय के राजनीतिक महत्त्व और साम्राज्य को प्रदान की गई सेवा के संबंध में आपकी संख्यात्मक ताकत आपको विचार करने का अधिकार देती है। मैं पूरी तरह आपके साथ हूँ कृपया मुझे गलत न समझें। मैं यह इंगित करने का कोई प्रयास नहीं करता कि किस माध्यम से समुदायों का प्रतिनिधित्व प्राप्त किया जा सकता है, लेकिन मैं उतना ही आश्वस्त हूँ जितना आप मानते हैं कि भारत में कोई भी चुनावी प्रतिनिधित्व शरारतपूर्ण विफलता के लिए अभिशप्त होगा जिसका उद्देश्य व्यक्तिगत मताधिकार प्रदान करना है। इस महाद्वीप की जनसंख्या को बनाने वाले समुदायों की मान्यताओं और परंपराओं की परवाह किए बिना। भारत की बड़ी जनता को प्रतिनिधि संस्थाओं का ज्ञान है। सज्जनो, मैं आपसे सहमत हूँ कि स्वशासन की सीढ़ी में प्रारंभिक पायदान नगरपालिका और जिला समितियों में पाए जाते हैं और इसी दिशा में हमें लोगों की क्रमिक राजनीतिक शिक्षा की ओर ध्यान देना चाहिए।

एक आश्वासन

इस बीच, मैं आपसे केवल इतना कह सकता हूँ कि मुसलमान समुदाय आश्वस्त रह सकता है कि एक समुदाय के रूप में उनके राजनीतिक अधिकारों और हितों को किसी भी प्रशासनिक पुनर्गठन में सुरक्षित रखा जाएगा, जिससे मैं चिंतित हूँ और जिस पर आप और भारत के लोग भरोसा कर सकते हैं। ब्रिटिश राज को महामहिम भारतीय साम्राज्य की आबादी बनाने वाले असंख्य लोगों की धार्मिक मान्यताओं और राष्ट्रीय परंपराओं का सम्मान करना चाहिए, जैसा कि ऐसा करना उसका गौरव रहा है।

महामहिम और सज्जनो, आपके प्रतिनिधिमंडल ने मुझे इतने सारे प्रतिष्ठित और प्रतिनिधि मुसलमानों से मिलने का जो अनूठा अवसर दिया है, उसके लिए मैं आपको हृदय से धन्यवाद देता हूँ। मैं सार्वजनिक मामलों में आपकी ऊर्जा और रुचि की गहराई से सराहना करता हूँ जो आपको इतनी दूर से यहाँ लेकर आई है, और मुझे केवल इस बात का अफसोस है कि शिमला की आपकी यात्रा अनिवार्य रूप से इतनी छोटी है।

परिशिष्ट–13

निचले सदन के लिए भारत सरकार अधिनियम,1935 के तहत सीटों का आबंटन

प्रांत	प्रत्येक प्रांतीय					विधान मण्डल में												
	सामान्य सीटें													महिलाओं के लिए सीटें				
	कुल सीटें	सामान्य सीटों की कुल संख्या	जनरल सीटें अनुसूचित जाति के लिए आरक्षित	पिछड़े क्षेत्रों और जनजातियों के प्रतिनिधियों के लिए सीटें	सिख सीटें	मुस्लिम सीटें	एंग्लो—इंडियन सीटें	यूरोपियन सीटें	भारतीय ईसाई सीटें	वाणिज्य, खनन, उद्योग और पौध–रोपण के प्रतिनिधियों के लिए सीटें	भूमि धारकों की सीटें	यूनीवर्सिटी सीटें	श्रमिकों के प्रतिनिधियों के लिए सीटें	सामान्य	सिख	मुस्लिम	एंग्लो—इंडियन	भारतीय ईसाई
1	2	3	4	5	6	7	8	9	10	11	12	13	14	15	16	17	18	19
मद्रास	215	146	30	1	–	28	2	3	8	6	6	1	6	6	–	1	–	1
बम्बई	175	114	15	1	–	29	2	3	3	7	2	1	7	5	–	1	–	–
बंगाल	250	78	30	–	–	117	3	11	2	19	5	2	8	2	–	2	1	–
संयुक्त प्रांत	225	140	20	–	–	64	1	2	2	3	6	1	3	4	–	2	–	–
पंजाब	175	42	8	–	31	84	1	1	2	1	5	1	3	1	1	2	–	–
बिहार	152	86	15	7	–	39	1	2	1	4	4	1	3	3	–	1	–	–
मध्य प्रांत और बरार	112	84	20	1	–	14	1	1	–	2	3	1	2	3	–	–	–	–

असम	108	47	7	9	–	34	–	1	1	11	–	–	4	1	–	–	–	–
उत्तर–पश्चिम सीमांत प्रांत	60	9	–	–	3	36	–	–	–	–	2	–	–	–	–	–	–	–
ओडिशा	60	44	6	5	–	4	–	–	1	1	2	–	1	2	–	–	–	–
सिंध	60	18	–	–	–	33	–	2	–	2	2	–	1	1	–	1	–	–

बम्बई में सामान्य सीटों में से सात सीटें मराठों के लिए आरक्षित रहेंगी।

पंजाब में भूमि–धारकों की सीटों में से एक सीट तुमन्दर द्वारा भरी जाएगी।

असम और उड़ीसा में महिलाओं के लिए आरक्षित सीटें गैर–सांप्रदायिक सीटें होंगी।

परिशिष्ट–14

प्रत्येक प्रांतीय विधानमण्डल में उच्च सदन के लिए भारत सरकार अधिनियम,1935 के तहत सीटों का आबंटन

प्रांत या समुदाय	कुल सीटें	सामान्य सीटें		यूरोपियन सीटें	भारतीय ईसाई सीटें	विधान सभा में भरी जाने वाली सीटें	सरकार द्वारा भरी जाने वाली सीटें
		सामान्य सीटें	मुस्लिम सीटें				
1	2	3	4	5	6	7	8
मद्रास	54 से कम नहीं 56 से ज्यादा नहीं	35	7	1	3	–	8 से कम नहीं 10 से ज्यादा नहीं
बम्बई	29 से कम नहीं 30 से ज्यादा नहीं	20	5	1	–	–	3 से कम नहीं 4 से ज्यादा नहीं
बंगाल	63 से कम नहीं 65 से ज्यादा नहीं	10	17	3	–	27	6 से कम नहीं 8 से ज्यादा नहीं
संयुक्त प्रांत	58 से कम नहीं 60से ज्यादा नहीं	34	17	1	–	–	6 से कम नहीं 8 से ज्यादा नहीं
बिहार	29 से कम नहीं 30 से ज्यादा नहीं	9	4	1	–	12	3 से कम नहीं 4 से ज्यादा नहीं
असम	21 से कम नहीं 22 से ज्यादा नहीं	10	6	2	–	–	3 से कम नहीं 4 से ज्यादा नहीं

परिशिष्ट–15

ब्रिटिश भारत के लिए संघीय विधानमण्डल के ऊपरी सदन के लिए भारत सरकार अधिनियम, 1935 के तहत सीटों का आबंटन

प्रांत या समुदाय	कुल सीटें	सामान्य सीटें		सिख सीटें	महोमेदान संत	आंग्ल भारतीय सीटें	यूरोपियन सीटें	भारतीय ईसाई सीटें	वाणिज्य और उद्योग के लिए सीट्स।	भूमिधारक के लिए सीटें	प्रतिनिधित्व के लिए	महिला
		सामान्य सीटों की कुल संख्या	अनुसूचित जाति के लिए सामान्य सीटें आरक्षित। दुबली जातियाँ									
1	2	3	4	5	6	7	8	9	10	11	12	13
मद्रास	37	19	4	–	8	1	1	2	2	1	1	2
बम्बई	30	13	2	–	6	1	1	1	3	1	2	2
बंगाल	37	10	3	–	17	1	1	1	3	1	2	1
संयुक्त प्रांत	37	19	3	–	12	1	1	1	–	1	1	1
पंजाब	30	6	1	6	14	–	1	1	–	1	–	1
बिहार	30	16	2	–	9	–	1	1	–	1	1	1
मध्य प्रांत और बरार	15	–	2	–	3	–	–	–	–	1	1	1
असम	10	4	1	–	3	–	1	1	–	–	1	–
उत्तर पश्चिम सीमांत प्रांत	5	1	–	–	4	–	–	–	–	–	–	–
ओडिशा	5	4	1	–	1	–	–	–	–	–	–	–
सिंध	5	1	–	–	3	–	1	–	–	–	–	–

ब्रिटिश बलूचिस्तान	1	–	–	–	1	–	–	–	–	–	–	–
दिल्ली	2	1	–	–	1	–	–	–	–	–	–	–
अजमेर–मेरवाड़	1	1	–	–	–	–	–	–	–	–	–	–
कुर्ग	1	1	–	–	–	–	–	–	–	–	–	–
गैर–प्रांतीय सीटें	4	–	–	–	–	–	–	–	3	–	1	–
कुल	**250**	**105**	**19**	**6**	**82**	**4**	**8**	**8**	**11**	**7**	**10**	**9**

परिशिष्ट–16

ब्रिटिश भारत के लिए संघीय विधानमण्डल के ऊपरी सदन के लिए भारत सरकार अधिनियम, 1935 के तहत सीटों का आबंटन

प्रांत या समुदाय	कुल साटें	सामान्य सीटें	अनुसूचित जाति के लिए सीटें	सिख सीटें	महोमेदान संत	महिला सीटें
1	2	3	4	5	6	7
मद्रास	20	14	1	–	4	1
बम्बई	16	10	1	–	4	1
बंगाल	20	4	1	–	10	1
संयुक्त प्रांत	20	11	1	–	7	1
पंजाब	16	3	–	4	–	1
बिहार	16	10	1	–	4	1
मध्य प्रांत और बरार	8	6	1	–	1	–
असम	5	3	–	–	2	–
उत्तर पश्चिम सीमांत प्रांत	5	1	–	–	4	–
ओडिशा	5	4	–	–	1	–
सिंध	5	2	–	–	3	–
ब्रिटिश बलूचिस्तान	1	–	–	–	1	–
दिल्ली	1	1	–	–	–	–
अजमेर–मेरवाड़	1	1	–	–	–	–
कुर्ग	1	1	–	–	–	–
एंग्लो–इंडियन	1	–	–	–	–	–
यूरोपियन	7	–	–	–	–	–
भारतीय ईसाई	2	–	–	–	–	–
कुल	**150**	**75**	**6**	**4**	**49**	**6**

परिशिष्ट–17

भारतीय राज्यों के लिए संघीय विधानमण्डल के निचले और उच्च सदन के लिए भारत सरकार अधिनियम, 1935 के तहत सीटों का आबंटन

राज्य और राज्यों के समूह	राज्य परिषद् में सीटों की संख्या	राज्य और राज्यों के समूह	संघीय विधानसभा में सीटों की संख्या	यूरोपियन सीटें
1	2	3	4	5
प्रभाग 1		प्रभाग 1		
हैदराबाद	5	हैदराबाद	16	14,486,142
प्रभाग 2		प्रभाग 2		
मैसूर	3	मुवोगे	7	6,557,802
प्रभाग 3		प्रभाग 3		
कश्मीर	3	कश्मीर	4	3,646,248
प्रभाग 4		प्रभाग 4		
ग्वालियर	3	ग्वालियर	4	3,523,070
प्रभाग 5		प्रभाग 5		
बड़ौदा	3	बड़ौदा	3	2,443,007
प्रभाग 6		प्रभाग 6		
अव्यवस्था	2	अव्यवस्था	1	342,101
प्रभाग 7		प्रभाग 7		
सिक्किम	1	सिक्किम	–	109,808
प्रभाग 8		प्रभाग 8		
1. रामपुर	1	1. रामपुर	1	465,225
2. बनारस	1	2. बनारस	1	391,272
प्रभाग 9		प्रभाग 9		
1. त्रावणकोर	2	1. त्रावणकोर	2	5,095,973
2. कोचीन	2	2. कोचीन	2	1,205,016
3. पुदुक्कोट्टल		3. पुदुक्कोट्टल		400,694
बंगनपल्ले	1	बंगनपल्ले	1	39,218
संदुर		संदुर		13,583
प्रभाग 10		प्रभाग 10		
1. उदयपुर	2	1. उदयपुर	2	1,566,910
2. जयपुर	2	2. जयपुर	2	2,631,775
3. जोधपुर	2	3. जोधपुर	2	2,125,982
4. बीकानेर	2	4. बीकानेर	2	9,36,218
5. अलवर	1	5. अलवर	1	7,49,751
6. कोटा	1	6. कोटा	1	6,85,804
7. भरतपुर	1	7. भरतपुर	1	4,86,954
8. टोंक	1	8. टोंक	1	8,17,800

परिशिष्ट–17 (जारी)
प्रत्येक प्रांतीय विधानमण्डल में उच्च सदन के लिए भारत सरकार अधिनियम, 1935 के तहत सीटों का आबंटन

राज्य और राज्यों के समूह	राज्य परिषद् में सीटों की संख्या	राज्य और राज्यों के समूह	संघीय विधानसभा में सीटों की संख्या	यूरोपियन सीटें
1	2	3	4	5
प्रभाग 10–(जारी)		प्रभाग 10–(जारी)		
9. धोलपुर	1	9. धोलपुर	1	254,986
10. करौली	1	करौली		140,525
11. बूँन्दी	1	10. बूँन्दी	1	216,722
12. सिरोही	1	सिरोही		216,528
13. डूँगरपुर	1	11. डूँगरपुर	1	227,644
14. बंगवारा	1	बंगवारा		260,670
15. प्रतापगढ़	1	12. प्रतापगढ़	1	76,539
झालावार		झालावार		107,890
16. जैसलमेर	1	13. जैसलमेर	1	76,255
किशनगढ़		किशनगढ़		85,744
प्रभाग 11		प्रभाग 11		
1. इंदौर	2	1. इंदौर	2	1,325,080
2. भोपाल	2	2. भोपाल	1	729,955
3. रेवा	2	3. रेवा	2	1,587,445
4. दतिया	1	4. दतिया	1	158,934
5. ओरछा	1	5. ओरछा		314,661
6. धार	1	6. धार		243,430
7. देवास (वरिष्ठ)	1	7. देवास (वरिष्ठ)	1	83,321
देवास (कनिष्ठ)		देवास (कनिष्ठ)		70,513
8. जओरा	1	8. जओरा	1	100,166
रतलाम		रतलाम		107,321
9. पन्ना		9. पन्ना		212,130
समथर	1	समथर	1	33,307
अजयगढ़		अजयगढ़		85,895
10. बीजावार		10. बीजावार		115,852
चरखारी	1	चरखारी	1	120,351
छतरपुर		छतरपुर		161,267

परिशिष्ट–17 (जारी)
प्रत्येक प्रांतीय विधानमण्डल में उच्च सदन के लिए भारत सरकार अधिनियम, 1935 के तहत सीटों का आबंटन

राज्य और राज्यों के समूह	राज्य परिषद् में सीटों की संख्या	राज्य और राज्यों के समूह	संघीय विधानसभा में सीटों की संख्या	यूरोपियन सीटें
1	2	3	4	5
प्रभाग 11–(जारी)		प्रभाग 11–(जारी)		
11. बाओनी	1	11. बाओनी	1	19,132
नागोर		नागोर		74,589
मल्हार		मल्हार		68,991
बरौंधा		बरौंधा		16,071
12. बरवानी	1	12. बरवानी	1	141,110
अलीराजपुर		अलीराजपुर		101,963
शाहपुरा		शाहपुरा		54,233
13. झबुआ	1	13. झबुआ	1	145,522
सैलाना		सैलाना		85,228
सीतामऊ		सीतामऊ		28,422
14. राजगड़	1	14. राजगड़	1	184,891
नरायनगढ़		नरायनगढ़		113,873
खिलेहीपुर		खिलेहीपुर		45,583
प्रभाग 12		प्रभाग 12		
कच्छ	1	1. कच्छ	1	514,307
इदू	1	2. इदू	1	262,660
नवानगर	1	3. नवानगर	1	400,192
भावनगर	1	4. भावनगर	1	500,274
जूनागढ़	1	5. जूनागढ़	1	545,152
राजपिपला	1	6. राजपिपला	1	206,114
पालनपुर		पालनपुर		264,179
धारगगढ़हा	1	7. धारगगढ़हा	1	88,961
गोण्डल		गोण्डल		205,546
पोरबंदर	1	8. पोरबंदर	1	115,678
मोरवी		मोरवी		113,023
राधनपुर		9. राधनपुर		70,530
वांकानेर	1	वांकानेर	1	44,259
पटियाला		पटियाला		624,150
काम्बे		10.काम्बे		87,701
धरमपुर	1	धरमपुर	1	112,031
बिलासपुर		बलासपुर		62,527

परिशिष्ट–17 (जारी)
प्रत्येक प्रांतीय विधानमण्डल में उच्च सदन के लिए भारत सरकार अधिनियम, 1935 के तहत सीटों का आबंटन

राज्य और राज्यों के समूह	राज्य परिषद् में सीटों की संख्या	राज्य और राज्यों के समूह	संघीय विधानसभा में सीटों की संख्या	यूरोपियन सीटें
1	2	3	4	5
प्रभाग 12–(जारी)		प्रभाग 12–(जारी)		
बारिया		11.बारिया		159,429
छोटा उदयपुर	1	छोटा उदयपुर	1	144,640
संत		संत		83,531
लुनावला		लुनावला		95,162
बंसड़ा		12.बंसड़ा		48,839
सचिन	1	सचिन		22,107
जवाहर		जवाहर		57,261
दंता		दंता	1	26,196
ध्रोल		ध्रोल		27,639
लम्बिडी	1	लम्बिडी		40,088
वाधवा		वाधवा		42,602
राजकोट		राजकोट		75,540
प्रभाग 13		प्रभाग 13		
कूल्हापुर	2	1. कूल्हापुर		957,137
संगली	1	2. संगली		258,442
सावंतवादी		सावंतवादी		230,589
जंजीरा		3. जंजीरा		110,379
मुधोल	1	मुधोल		62,832
भोत		भोत		141,546
जमखंडी		4. जमखंडी		114,270
मिराज (वरिष्ठ)		मिराज (वरिष्ठ)		93,938
मिराज (घनिष्ठ)	1	मिराज (घनिष्ठ)		40,684
कुरूंदवाड (वरिष्ठ)		कुरूंदवाड (वरिष्ठ)		44,204
कुरूंदवाड (घनिष्ठ)		कुरूंदवाड (घनिष्ठ)		75,540
अकालकोट	1	5. अकालकोट	1	92,605
फल्टन		फल्टन		68,761
जाट		जाट		91,090
औंध		औंध		76,507
रणदुर्ग		रणदुर्ग		35,454
प्रभाग 14		प्रभाग 14		
1. पटियाला	2	1. पटियाला	2	1,625,620
2. भावलपुर	2	2. भावलपुर	1	984,612
3. खैरपुर	2	3. खैरपुर	1	227,183
4. कपूरथला	1	4. कपूरथला	1	316,757
5. हिन्द	1	5. हिन्द	1	324,676
6. नालिहा	1	6. नालिहा	1	287,574

परिशिष्ट–17 (जारी)
प्रत्येक प्रांतीय विधानमण्डल में उच्च सदन के लिए भारत सरकार अधिनियम, 1935 के तहत सीटों का आबंटन

राज्य और राज्यों के समूह	राज्य परिषद् में कुल सीटों की संख्या	राज्य और राज्यों के समूह	संघीय विधानसभा में सीटों की संख्या	जनसंख्या
1	2	3	4	5
प्रभाग 14–(जारी)		प्रभाग 14–(जारी)		
		7. टेहरी		
		गरवाल	1	349,523
7. मुंडी		8. मुंडी		207,465
बिलासपुर	1	बिलासपुर	1	100,994
सुकेट		सुकेट		58,408
8. टेहरी गरवाल				
सिरूवर	1	सिरूवर	1	148,568
चमिम		चमिम		146,870
9. फरीदकोट		9. फरीदकोट		164,364
मालेरकोटिया	1	मालेरकोटिया	1	83,072
लोहा		लोहा		23,338
प्रभाग 15		**प्रभाग 15**		
1. कोंच बेहर	1	1. कोंच बेहर	1	590,886
2. त्रिपुरा	1	2. त्रिपुरा	1	382,450
मणिपुर		मणिपुर	1	445,006
प्रभाग 16		**प्रभाग 16**		
1. मयूरभंज	1	1. मयूरभंज	1	889,603
सोनपुर		2. सोनपुर	1	237,920
2. पटना	1	3. पटना	1	566,924
कालाहांडी		4. कालाहांडी	1	513,716
3. कियोनझार		5. कियोनझार	1	460,609
धेनकानल		6. गंगपुर	1	356,674
नयागण	1	7. बस्तर	1	524,721
तलचेर		8. सुरगुजा	1	501,939
नीलगिरी				
4. गंगपुर	1	9. धेनकेनाल	3	284,326
बमरा		नयागड़		142,406
सेरालकोला		सेरालकोला		143,525
बौड़		बौड़		135,248
बेनल		तालचेर		69,702
		बोनल		80,186

परिशिष्ट–17 (जारी)
प्रत्येक प्रांतीय विधानमण्डल में उच्च सदन के लिए भारत सरकार अधिनियम, 1935 के तहत सीटों का आबंटन

राज्य और राज्यों के समूह	राज्य परिषद् में कुल सीटों की संख्या	राज्य और राज्यों के समूह	संघीय विधानसभा में सीटों की संख्या	जनसंख्या
1	2	3	4	5
प्रभाग 16–(जारी)		प्रभाग 16–(जारी)		
5. बस्तर	1	नीलगिरि		68,594
सुरगुजा		बामरा		151,047
रायगढ़				
नन्दगांव		10. बालगढ़	3	277,569
		खैरागढ़		157,400
6. खैरागण	1	जैशपुर		193,698
जैशपुर		कांकेर		136,101
कांकेर		सारंगगण		128,987
कोरना		कोरना		90,888
सारंगगण		नन्दगांव		182,380
प्रभाग 17		प्रभाग 17		
पूर्ववर्ती प्रभागों में से किसी राज्यों का उल्लेख नहीं किया गया है,लेकिन टाइल अनुसूची के इस भाग के अनुच्छेद 12 में उनका उल्लेख किया गया है।	2	पूर्ववर्ती प्रभागों में से किसी राज्यों का उल्लेख नहीं किया गया है, लेकिन माड्यून के इस भाग के अनुच्छेद 12 में उनका वर्णन किया गया है।	5	8,047,129
राज्यों की इस सारिणी में कुल जनसंख्या				78,996,844

परिशिष्ट–18

महामहिम सरकार द्वारा सांप्रदायिक पुरस्कार–1932

1. गोलमेज सम्मेलन के दूसरे सत्र की समाप्ति पर महामहिम सरकार की ओर से प्रधानमंत्री द्वारा पिछले 1 दिसंबर को दिए गए बयान में, जिसे तुरंत बाद संसद के दोनों सदनों द्वारा अनुमोदित किया गया था, इसे स्पष्ट कर दिया गया था यदि भारत में समुदाय सांप्रदायिक प्रश्नों पर सभी पक्षों के लिए स्वीकार्य समाधान तक पहुँचने में असमर्थ थे, जिसे सम्मेलन महामहिम की सरकार को हल करने में विफल रहा था, तो उन्होंने निर्धारित किया था कि उस कारण से भारत की संवैधानिक प्रगति निराश नहीं होनी चाहिए, और वे ऐसा करेंगे। स्वयं एक अनंतिम योजना तैयार करके और लागू करके इस बाधा को दूर करें।

2. पिछले 19 मार्च को महामहिम की सरकार को सूचित किया गया था कि समुदायों की सहमति तक पहुँचने में लगातार विफलता एक नए संविधान के निर्माण की योजनाओं की प्रगति को अवरुद्ध कर रही है, उन्होंने कहा कि वे सावधानीपूर्वक पुर्नपरीक्षण में लगे हुए थे। जो कठिन और विवादास्पद प्रश्न उठते हैं। वे अब इस बात से संतुष्ट हैं कि नए संविधान के तहत अल्पसंख्यकों की स्थिति से जुड़ी समस्याओं के कम से कम कुछ पहलुओं के निर्णय के बिना, संविधान के निर्माण में आगे कोई प्रगति नहीं हो सकती है।

3. महामहिम की सरकार ने तदनुसार निर्णय लिया है कि वे संसद के समक्ष उचित समय पर रखे जाने वाले भारतीय संविधान से संबंधित प्रस्तावों में नीचे दी गई योजना को प्रभावी बनाने के प्रावधान शामिल करेंगे। इस योजना का दायरा जानबूझकर प्रांतीय विधानमंडलों में ब्रिटिश भारतीय समुदायों के प्रतिनिधित्व के लिए की जाने वाली व्यवस्था तक ही सीमित है, केंद्र में विधानमंडल में प्रतिनिधित्व पर विचार नीचे अनुच्छेद 20 में दिए गए कारण से स्थगित कर दिया गया

1. 1932 का संसदीय पत्र (कमांड 4147)। आधिकारिक तौर पर इसे सांप्रदायिक निर्णय कहा जाता है।

है। योजना के दायरे को सीमित करने का निर्णय यह महसूस करने में कोई विफलता नहीं है कि संविधान के निर्माण के लिए अल्पसंख्यकों के लिए बहुत महत्त्व की कई समस्याओं के निर्णय की आवश्यकता होगी, लेकिन इस उम्मीद में लिया गया है कि एक बार घोषणा की जा चुकी है प्रतिनिधित्व की पद्धति और अनुपात के बुनियादी सवालों पर समुदायों को अन्य सांप्रदायिक समस्याओं पर एक कार्यप्रणाली पर पहुँचना संभव हो सकता है, जिनकी अभी तक अपेक्षित परीक्षा नहीं हुई है।

4. महामहिम की सरकार चाहती है कि यह स्पष्ट रूप से समझा जाए कि वे स्वयं अपने निर्णय में संशोधन की दृष्टि से शुरू की जाने वाली किसी भी वार्ता में कोई पक्ष नहीं हो सकते हैं, और संशोधन को सुरक्षित करने के उद्देश्य से किसी भी प्रतिनिधित्व पर विचार करने के लिए तैयार नहीं होंगे। जिसका सभी प्रभावित दलों ने समर्थन नहीं किया है। लेकिन वे चाहते हैं कि किसी सहमति वाले समझौते के लिए कोई दरवाजा बंद न किया जाए, ऐसा खुशी–खुशी हो सकता है। इसलिए, यदि भारत सरकार का नया अधिनियम कानून में पारित होने से पहले, वे संतुष्ट हैं कि जो समुदाय संबंधित हैं, वे किसी एक या अधिक राज्यपालों के प्रांतों के संबंध में या किसी व्यावहारिक वैकल्पिक योजना पर पारस्परिक रूप से सहमत हैं। संपूर्ण ब्रिटिश भारत में, वे संसद को यह सिफारिश करने के लिए तैयार होंगे कि अब उल्लिखित प्रावधानों के लिए वह विकल्प प्रस्तुत किया जाना चाहिए।

5. राज्यपालों के प्रांतों में विधान परिषदों में, या यदि ऊपरी सदन है तो निचले सदन में सीटें संलग्न तालिका में दिखाए अनुसार आबंटित की जाएँगी।'[1]

6. मुस्लिम यूरोपीय और सिख निर्वाचन क्षेत्रों के लिए आवंटित सीटों पर चुनाव अलग–अलग सांप्रदायिक निर्वाचन क्षेत्रों में मतदान करने वाले मतदाताओं द्वारा किया जाएगा, जो प्रांत के पूरे क्षेत्र को कवर करेंगे (किसी भी हिस्से को छोड़कर, जिसे विशेष मामलों में चुनावी क्षेत्र से बाहर रखा जा सकता है 'पिछड़े' के रूप में)।

1. पृष्ठ 370 देखें।

प्रभावित समुदायों की सहमति से 10 वर्षों के बाद इस चुनावी व्यवस्था (और नीचे उल्लिखित अन्य समान व्यवस्था) के पुनरीक्षण को सशक्त बनाने के लिए संविधान में ही प्रावधान किया जाएगा, जिसके निर्धारण के लिए उपयुक्त साधन तैयार किए जाएँगे।

7. सभी योग्य मतदाता, जो मतदाता नहीं हैं सिख, मुस्लिम, भारतीय ईसाई (नीचे अनुच्छेद 10 देखें)

एंग्लो–इंडियन (नीचे अनुच्छेद 11 देखें) या यूरोपीय निर्वाचन क्षेत्र, सामान्य निर्वाचन क्षेत्र में मतदान करने के हकदार होंगे।

8. बम्बई में कुछ चयनित बहुवचन सदस्य सामान्य निर्वाचन क्षेत्रों में मराठों के लिए सात सीटें आरक्षित की जाएँगी।

9. वोट देने के योग्य 'दलित वर्ग' के सदस्य एक सामान्य निर्वाचन क्षेत्र में मतदान करेंगे। इस तथ्य को ध्यान में रखते हुए कि काफी समय तक इन वर्गों के लिए, केवल इस माध्यम से, विधानमंडल में पर्याप्त प्रतिनिधित्व हासिल करना संभव नहीं होगा, जैसा कि तालिका में दिखाया गया है, उन्हें कई विशेष सीटें सौंपी जाएंगी। ये सीटें विशेष निर्वाचन क्षेत्रों से चुनाव द्वारा भरी जाएँगी जिनमें केवल चुनावी रूप से योग्य दलित वर्गों के सदस्य ही वोट देने के हकदार होंगे। ऐसे विशेष निर्वाचन क्षेत्र में मतदान करने वाला कोई भी व्यक्ति, जैसा कि ऊपर कहा गया है, सामान्य निर्वाचन क्षेत्र में मतदान करने का भी हकदार होगा। इरादा यह है कि इन निर्वाचन क्षेत्रों का गठन उन चयनित क्षेत्रों में किया जाना चाहिए जहाँ दलित वर्ग सबसे अधिक संख्या में हैं, और मद्रास को छोड़कर, उन्हे प्रांत के पूरे क्षेत्र को ढकना नहीं चाहिए।

बंगाल में यह संभव लगता है कि कुछ सामान्य निर्वाचन क्षेत्रों में अधिकांश मतदाता दलित वर्गों के होंगे। तदनुसार, आगे की जाँच लंबित रहने तक, उस प्रांत में विशेष दलित वर्ग निर्वाचन क्षेत्रों से लौटने वाले सदस्यों के लिए कोई संख्या तय नहीं की गई है। इसका उद्देश्य यह सुनिश्चित करना है कि दलित वर्गों को बंगाल विधानमंडल में कम से कम 10 सीटें प्राप्त हों।

प्रत्येक प्रांत में उन लोगों की सटीक परिभाषा जो (यदि चुनावी रूप से योग्य हैं) विशेष दलित वर्ग के निर्वाचन क्षेत्रों में मतदान करने के हकदार होंगे, अभी तक अंतिम रूप से निर्धारित नहीं किया गया है। यह एक नियम के रूप में फ्रेंचाइज समिति के प्रतिवेदन में बताए गए सामान्य सिद्धांतों पर आधारित होगा। हालांकि, उत्तरी भारत के कुछ प्रांतों में संशोधन आवश्यक पाया जा सकता है, जहाँ अस्पृश्यता के सामान्य मानदंडों के आवेदन के परिणामस्वरूप कुछ मामलों में प्रांत की विशेष परिस्थितियों के लिए अनुपयुक्त परिभाषा हो सकती है।

महामहिम सरकार यह नहीं मानती कि इन विशेष दलित वर्ग के निर्वाचन क्षेत्रों की एक सीमित समय से अधिक आवश्यकता होगी। उनका इरादा है कि संविधान यह प्रावधान करेगा कि वे 20 वर्षों के बाद समाप्त हो जाएँगे यदि वे ऐसा नहीं करते हैं तो पहले अनुच्छेद 6 में निर्दिष्ट चुनावी पुनरीक्षण की सामान्य शक्तियों के तहत समाप्त कर दिया गया था।

10. भारतीय ईसाइयों को आबंटित सीटों पर चुनाव पृथक् सांप्रदायिक निर्वाचन क्षेत्रों में मतदान करने वाले मतदाताओं द्वारा होगा। यह लगभग निश्चित प्रतीत होता है कि व्यावहारिक कठिनाइयाँ, संभवतः मद्रास को छोड़कर, प्रांत के पूरे क्षेत्र को कवर करने वाले भारतीय ईसाई निर्वाचन क्षेत्रों के गठन को रोक देंगी, और तदनुसार विशेष भारतीय ईसाई निर्वाचन क्षेत्रों को केवल एक या दो चयनित क्षेत्रों में ही बनाना होगा। प्रांत इन क्षेत्रों में भारतीय ईसाई मतदाता किसी सामान्य निर्वाचन क्षेत्र में मतदान नहीं करेंगे। इन क्षेत्रों के बाहर भारतीय ईसाई मतदाता एक सामान्य निर्वाचन क्षेत्र में मतदान करेंगे। बिहार और उड़ीसा में विशेष व्यवस्था की आवश्यकता हो सकती है, जहाँ भारतीय ईसाई समुदाय का एक बड़ा हिस्सा आदिवासी जनजातियों से है।

11. एंग्लो–इंडियनों को आवंटित सीटों पर चुनाव पृथक् सांप्रदायिक निर्वाचन क्षेत्रों में मतदान करने वाले मतदाताओं द्वारा होगा। वर्तमान में यह इरादा है कि किसी भी व्यावहारिक कठिनाइयों की जाँच के अधीन, जो एंग्लो–इंडियन निर्वाचन क्षेत्र प्रत्येक प्रांत के पूरे क्षेत्र को कवर

करेंगे, एक डाक मतपत्र नियोजित किया जाएगा लेकिन अभी तक कोई अंतिम निर्णय नहीं हुआ है।

12. पिछड़े क्षेत्रों के प्रतिनिधियों के लिए आबंटित सीटों को भरने की विधि अभी भी जांच के अधीन है, और आबंटित सीटों की संख्या को ऐसे क्षेत्रों के संबंध में की जाने वाली संवैधानिक व्यवस्था के बारे में अंतिम निर्णय होने तक अनंतिम माना जाना चाहिए।

13. महामहिम की सरकार यह सुनिश्चित करने को बहुत महत्त्व देती है कि नई विधानमंडलों में कम से कम महिला सदस्य हों। उनका मानना है कि शुरुआत में महिलाओं के लिए विशेष रूप से आबंटित सीटों की एक निश्चित संख्या बनाए बिना इस उद्देश्य को हासिल नहीं किया जा सकता था। उनका यह भी मानना है कि यह आवश्यक है कि महिला सदस्यों को एक ही समुदाय से असंगत रूप से नहीं खींचा जाना चाहिए। वे ऐसी कोई प्रणाली ढूँढने में असमर्थ रहे हैं जो इस जोखिम से बच सके, और प्रतिनिधित्व के लिए बाकी योजना के अनुरूप हो, जिसे अपनाना उन्होंने जरूरी समझा[1] है, सिवाय इसके कि प्रत्येक विशेष महिला सीट के लिए मतदाताओं को समुदाय तक सीमित कर दिया जाए। विशेष महिलाओं की सीटों को तदनुसार विभिन्न समुदायों के बीच विशेष रूप से विभाजित किया गया है।

जैसा कि तालिका में दिखाया गया है। इन विशेष निर्वाचन क्षेत्रों में नियोजित की जाने वाली सटीक चुनावी मशीनरी अभी भी विचाराधीन है।

14. "लेबर" को आबंटित सीटें गैर सांप्रदायिक निर्वाचन क्षेत्रों से भरी जाएँगी। चुनावी व्यवस्था अभी भी निर्धारित की जानी है, लेकिन यह संभावना है कि अधिकांश प्रांतों में श्रमिक निर्वाचन क्षेत्र आंशिक रूप से ट्रेड यूनियन और आंशिक रूप से विशेष निर्वाचन क्षेत्र होंगे, जैसा कि फ्रेंचाइज समिति द्वारा अनुशंसित है।

15. वाणिज्य और उद्योग, खनन और रोपण के लिए आबंटित विशेष सीटें चौंबर्स ऑफ कॉमर्स और विभिन्न संघों के माध्यम से चुनाव द्वारा

1. एक अपवाद के अधीन, तालिका, परिशिष्ट XVI में नोट (ई) देखें।

भरी जाएंगी। इन सीटों के लिए चुनावी व्यवस्था के विवरण को आगे की जाँच का इंतजार करना चाहिए।

16. भूमि–धारकों को आबंटित विशेष सीटें विशेष भूमि–धारकों के निर्वाचन क्षेत्रों द्वारा चुनाव द्वारा भरी जाएँगी।

17. विश्वविद्यालय सीटों पर चुनाव के लिए अपनाई जाने वाली विधि अभी भी विचाराधीन है।

18. महामहिम सरकार ने प्रांतीय विधानमंडलों में प्रतिनिधित्व के इन प्रश्नों को निर्धारित करने में काफी विस्तार से बचने के लिए इसे असंभव पाया है। फिर भी, निर्वाचन क्षेत्रों का निर्धारण अभी बाकी है। उनका इरादा है कि यह कार्य भारत में यथाशीघ्र किया जाना चाहिए।

यह संभव है कि कुछ मामलों में अब दी गई सीटों की संख्या से मामूली बदलाव करके निर्वाचन क्षेत्रों के परिसीमन में भौतिक रूप से सुधार किया जा सकता है। महामहिम की सरकार ऐसे उद्देश्यों के लिए ऐसे मामूली बदलाव करने का अधिकार सुरक्षित रखती है, बशर्ते कि वे समुदायों के बीच आवश्यक संतुलन को भौतिक रूप से प्रभावित न करें। हालाँकि, बंगाल और पंजाब के मामले में ऐसा कोई बदलाव नहीं किया जाएगा।

19. प्रांतों में दूसरे सदनों की संरचना के प्रश्न पर अब तक संवैधानिक चर्चाओं में अपेक्षाकृत कम ध्यान दिया गया है और इस निर्णय पर पहुँचने से पहले इस पर और विचार करने की आवश्यकता है कि किन प्रांतों में दूसरा सदन होगा या उनके लिए एक संघटन योजना तैयार की जाएगी।

महामहिम सरकार का विचार है कि किसी प्रांत में उच्च सदन की संरचना ऐसी होनी चाहिए कि निचले सदन की संरचना के परिणामस्वरूप समुदायों के बीच संतुलन किसी भी तरह से बाधित न हो।

20. महामहिम सरकार का वर्तमान में केंद्र में विधानमंडल के आकार और संरचना के प्रश्न पर विचार करने का कोई प्रस्ताव नहीं है, क्योंकि इसमें अन्य प्रश्नों के साथ–साथ भारतीय राज्यों के प्रतिनिधित्व का

प्रश्न भी शामिल है जिस पर अभी और चर्चा की आवश्यकता है। निःसंदेह, वे संरचना पर विचार करते समय उसमें पर्याप्त प्रतिनिधित्व के लिए सभी समुदायों के दावों पर पूरा ध्यान देंगे।

21. महामहिम की सरकार ने पहले ही इस सिद्धांत को स्वीकार कर लिया है कि सिंध को एक अलग प्रांत बनाया जाना चाहिए, यदि वित्तपोषण के संतोषजनक साधन मिल सकें। चूँकि इसमें शामिल वित्तीय समस्याओं की अभी भी संघीय वित्त की अन्य समस्याओं के संबंध में समीक्षा की जानी है, महामहिम की सरकार ने इस स्तर पर, अलग–अलग योजनाओं के अलावा, बॉम्बे प्रेसीडेंसी और सिंध के लिए अलग विधानमंडलों की योजनाओं के अलावा, मौजूदा बॉम्बे प्रांत के लिए एक विधानमंडल के लिए आँकड़े।

22. बिहार और उड़ीसा के लिए दिए गए आँकड़ें मौजूदा प्रांत से संबंधित हैं। उड़ीसा को एक अलग प्रांत बनाने का प्रश्न अभी भी जाँच के अधीन है।

23. बरार सहित मध्य प्रांतों के विधानमंडल से संबंधित आँकड़ों की तालिका में शामिल होने का मतलब यह नहीं है कि बरार की भविष्य की संवैधानिक स्थिति के संबंध में अभी तक कोई निर्णय नहीं हुआ है।

लंदन
4 अगस्त, 1932.

परिशिष्ट-18 (जारी) प्रान्तीय विधान-मण्डलों (केवल लोअर हाउस) में स्थानों का आवंटन

प्रान्त	सामान्य	दलित वर्ग	पिछड़े क्षेत्रों से प्रतिनिधि	सिख	मुसलमान	ईसाई भारतीय	आंगल भारतीय	यूरोपियन	वाणिज्य और उद्योग खान और बागान विशेष (क)	भूमिधारी विशेष	विश्वविद्यालय विशेष	श्रमिक	योग
मद्रास	134 (6 महिलाओं सहित)	18	1	0	21 (1 महिला सहित)	1 (1 महिला सहित)	2	3	6	6	1	6	215
बम्बई (सिंध सहित)	97 (ख) (5 महिलाओं सहित)	10	1	0	63 (1 महिला सहित)	3	2	4	8	3	1	8	200
बंगाल	80 (ग) (2 महिलाओं सहित)	(ग)	0	0	119 (2 महिलाओं सहित)	2	4	11	19	5	2	8	250
संयुक्त प्रांत	132 (4 महिलाओं सहित)	12	0	0	66 (2 महिलाओं सहित)	2	1	2	3	5	1	3	228
पंजाब	43 (1 महिला सहित)	0	0	32 (1 महिला सहित)	86 (2 महिलाओं सहित)	2	1	1	1	5 (घ)	1	3	175
बिहार और उड़ीसा	99 (3 महिला सहित)	7	8	0	42 (1 महिला सहित)	2	1	2	4	4	1	4	175
मध्य प्रान्त (बेरार सहित)	77 (3 महिला सहित)	10	1	0	14	0	1	1	2	2	1	2	112
असम	44 (1 महिला सहित)(ङ)	4	0	0	34	1	0	1	11		0	4	108
उत्तर-पश्चिम फ्रंटियर प्रांत	9	0	0	3	36	6	0	6	0	2	0	0	50
बम्बई (सिंध रहित)	109 (ख) (5 महिलाओं सहित)	10	1	0	30 (1 महिला सहित)	3	2	3	7	2	1	7	175
सिंध	19 (1 महिला सहित)	0	0	0	34 (1 महिला सहित)	0	0	2	2	2	0	1	60

(क) उन निकायों, जिनके माध्यम से इन स्थानों के लिए चुनाव कराया जाएगा, का गठन सांविधिक रूप से निर्धारित नहीं किया जाएगा, यद्यपि उनमें अधिकांश मामलों में न तो यूरोपियनों की अथवा न ही भारतीयों की प्रधानता होगी। तदनुसार, प्रत्येक प्रांत के मामले में निश्चयपूर्वक यह कहना संभव नहीं है कि कितने यूरोपियन अथवा भारतीय जीत पाएंगे। तथापि, यह आशा की जाती है कि आरम्भ में इनकी संख्या लगभग इस प्रकार होगी– मद्रास-4, यूरोपियन-2, भारतीय; बम्बई (सिंध सहित)-5 यूरोपियन, 3 भारतीय; बंगाल-14 यूरोपियन, 5 भारतीय; संयुक्त प्रांत-2 यूरोपियन, 1 भारतीय, पंजाब-1 भारतीय; बिहार और उड़ीसा-2 यूरोपियन, 2 भारतीय; मध्य प्रांत बेरार सहित-1 यूरोपियन, 1 भारतीय; असम-8 यूरोपियन, 3 भारतीय; बम्बई (सिंध रहित)-4 यूरोपियन, 3 भारतीय; सिंध-1 यूरोपियन, 1 भारतीय।

(ख) इनमें से सात स्थान मराठों के लिए आरक्षित होंगे?

(ग) जैसा विवरण के पैरा 9 में दिया गया है, बंगाल में दलित वर्गों के लिए विशेष स्थानों की संख्या जो 10 से अधिक नहीं होगी – अभी तक निर्धारित नहीं की गई है। सामान्य स्थानों की संख्या 80 होगी, जिनमें दलित वर्गों के स्थान सम्मिलित नहीं होंगे।

(घ) इनमें से एक स्थान तालुकदारों का होगा। भूमिधारियों के चार स्थान संयुक्त मतदाताओं वाले विशेष निर्वाचित क्षेत्रों से भरे जाएंगे। मतदाताओं के बंटवारे से यह संभव है कि जीतने वाले सदस्यों में से एक हिन्दू, एक सिख, और दो मुसलमान हों।

(ङ) यह महिला स्थान शिलांग से गैर-साम्प्रदायिक निर्वाचन से भरा जाएगा।

परिशिष्ट–19

न्यूनतापूर्वक सांप्रदायिक पुरस्कार[1]

"तब केंद्र में समुदायों के प्रतिनिधित्व का सवाल था, विशेष रूप से मुस्लिम समुदाय का वहाँ, मुझे लगता है, मैं निश्चित रूप से कह सकता हूँ – मुझे लगता है कि मैंने इसे पहले भी कई बार सीधे तौर पर कहा है कि सरकार इस पर विचार करती है संघीय केंद्र में मुस्लिम समुदाय का प्रतिनिधित्व 33 ⅓ प्रतिशत होना चाहिए। जहाँ तक भारत का सवाल है, यह प्रभावित समुदायों और राजाओं के बीच व्यवस्था का मामला होना चाहिए, लेकिन, जहाँ तक ब्रिटिश सरकार की इसमें कोई भूमिका है प्रश्न यह है कि हम किसी भी समय, सीटों के भविष्य के नियतन के संबंध में उन पार्टियों के बीच व्यवस्था को यथासंभव आसान बनाने के लिए अपना पूरा ध्यान देंगे।"

---

1. महामहिम सरकार के सांप्रदायिक पुरस्कार (परिशिष्ट XVII) ने 33 ⅓ प्रतिशत के मुस्लिम दावे के संबंध में कोई निर्णय नहीं दिया। केंद्र सरकार में प्रतिनिधित्व के इस पद पर महामहिम सरकार के निर्णय की घोषणा भारत के राज्य सचिव ने 24 दिसंबर, 1932 को तीसरे गोलमेज सम्मेलन में अपने वक्तव्य के दौरान की थी।

परिशिष्ट–20

पूना पैक्ट[1]

1. प्रांतीय विधानमंडलों में सामान्य मतदाता सीटों में से दलित वर्गों के लिए सीटें निम्नानुसार आरक्षित होंगी–

मद्रास 30 सिंध 15 के साथ बम्बई; पंजाब 8; बिहार और उड़ीसा 18; मध्य प्रांत 20; असम 7; बंगाल 30 संयुक्त प्रांत 20; कुल 148।

ये आंकड़े प्रांत की कुल संख्या प्रधानमंत्री के फैसले में घोषित की गई राजनीतिक परिषदों पर आधारित हैं–

2. हालाँकि, इन सीटों पर चुनाव संयुक्त निर्वाचन मंडल द्वारा होगा, जो निम्नलिखित प्रक्रिया के अधीन होगा–

एक निर्वाचन क्षेत्र में सामान्य मतदाता सूची में पंजीकृत दलित वर्ग के सभी सदस्य एक निर्वाचक मंडल बनाएँगे, जो एकल वोट की विधि से ऐसी प्रत्येक आरक्षित सीट के लिए दलित वर्ग से संबंधित चार उम्मीदवारों के एक नामिका का चुनाव करेगा ऐसे प्राथमिक चुनाव में सबसे अधिक वोट पाने वाले चार व्यक्ति सामान्य मतदाता द्वारा चुनाव के लिए उम्मीदवार होंगे।

3. केंद्रीय विधानमंडल में दलित वर्गों का प्रतिनिधित्व इसी तरह संयुक्त निर्वाचन के सिद्धांत पर होगा और प्रांतीय विधानमंडलों में उनके प्रतिनिधित्व के लिए उपर्युक्त खंड दो में दिए गए तरीके से प्राथमिक चुनाव की विधि द्वारा आरक्षित सीटें होंगी।

4. केन्द्रीय विधानमंडल में 18 प्रतिशत उक्त विधानमंडल में ब्रिटिश भारत के लिए सामान्य मतदाताओं को आबंटित सीटें दलित वर्गों के लिए आरक्षित होंगी।

5. केंद्रीय और प्रांतीय विधानमंडलों के चुनाव के लिए उम्मीदवारों के एक पैनल के लिए प्राथमिक चुनाव की प्रणाली, जैसा कि यहाँ पहले उल्लेख किया गया है, पहले 10 वर्षों के बाद समाप्त हो जाएगी, जब

---

1. 25 सितंबर 1932 को हस्ताक्षरित।

तक कि नीचे खंड 6 के प्रावधान के तहत आपसी समझौते से जल्द ही समाप्त न हो जाए।

6. खंड 1 और 4 में प्रावधानित प्रांतीय और केंद्रीय विधानमंडलों में आरक्षित सीटों द्वारा दलित वर्गों के प्रतिनिधित्व की प्रणाली तब तक जारी रहेगी जब तक कि समझौते में संबंधित समुदायों के बीच आपसी समझौते से निर्धारित नहीं हो जाता।

7. दलित वर्गों के लिए केंद्रीय और प्रांतीय विधानमंडलों के लिए मताधिकार लोथियन समिति की प्रतिवेदन में बताए अनुसार होगा।

8. स्थानीय निकायों के किसी भी चुनाव या सार्वजनिक सेवाओं में नियुक्ति के संबंध में दलित वर्ग का सदस्य होने के आधार पर किसी को कोई विकलांगता नहीं होगी। सार्वजनिक सेवाओं में नियुक्ति के लिए निर्धारित शैक्षणिक योग्यताओं के अधीन, इस संबंध में दलित वर्गों के उचित प्रतिनिधित्व को सुरक्षित करने के लिए हर प्रयास किया जाएगा।

9. प्रत्येक प्रांत में, शैक्षिक अनुदान में से दलित वर्गों के सदस्यों को शैक्षिक सुविधाएँ प्रदान करने के लिए पर्याप्त राशि निर्धारित की जाएगी।

परिशिष्ट 21

प्रांतीय विधानमण्डलों में भारत सरकार अधिनियम 1935 के तहत अल्पसंख्यक प्रतिनिधित्व

1. निचला सदन

प्रांत	कुल सीटें	मुसलमानों			अनुसूचित जाति			भारतीय ईसाई			सिखों		
		अधि-नियम के तहत आवंटित सीटें	जन संख्या के अनुसार आवंटित सीटें	अधिकता + कमी	सीटों का आबंटन नीचे ई.एक्ट	जनसंख्या के अनुसार सीटें	अधिकता +कमी	आवंटित सीटें	जनसंख्या के अनुसार सीटें	अधिकता +कमी	अधिनियम के तहत आवंटित सीटें	जनसंख्या के अनुसार सीटें	अधिकता +कमी
मद्रास	215	29	17	+12	30	35	−5	9	9	–	शून्य	शून्य	–
बम्बई	175	30	[illegible]	+14	15	16	−1	3	3	–	शून्य	शून्य	–
बंगाल	250	119		−18	30	33	−3	3	शून्य	+3	शून्य	शून्य	–
ऊपर	228	66		+31	20	49	−29	2	शून्य	+2	शून्य	1	−1
पंजाब	175	86		−14	8	8	–	2	3	−1	32	23	+9
बिहार	152	40		+20	15	20	−5	1	शून्य	+1	शून्य	शून्य	–
सी.पी. और बरार	112	14		+9	20	20	–	शून्य	शून्य	–	शून्य	शून्य	–
असम	108	34		−2	7	7	–	1	शून्य	+1	शून्य	शून्य	–
एन.डब्ल्यू. एफ.पी.	50	36		−10	शून्य	–	–	शून्य	शून्य	–	3	1	+2
ओडिशा	60	4		+3	6	9	−3	1	शून्य	+1	शून्य	शून्य	–
सिंध	60	34		−9	शून्य	3	−3	शून्य	शून्य	–	शून्य	शून्य	–
योग	**1585**	**492**	**456**	**+36**	**151**	**200**	**−49**	**22**	**15**	**−7**	**35**	**25**	**+10**

						2.ऊपरी सदन							
मद्रास	56	7	4	+3	शून्य	9	−9	3	2	+1	शून्य	शून्य	–
बम्बई	30	5	3	+2	शून्य	3	−3	शून्य	शून्य	–	शून्य	शून्य	–
संयुक्त प्रांत	65	17	36	−19	शून्य	8	−8	शून्य	शून्य	–	शून्य	शून्य	–
बिहार	60	17	9	+8	शून्य	13	−13	शून्य	शून्य	–	शून्य	शून्य	–
असम	30	7	4	–	शून्य	4	−4	शून्य	शून्य	–	शून्य	शून्य	–
	22	10	7	−3	शून्य	1	−1	शून्य	शून्य	–	शून्य	शून्य	–
योग	**263**	**60**	**63**	**−3**	**शून्य**	**38**	**−38**	**3**	**2**	**+1**	**शून्य**	**शून्य**	**–**

परिशिष्ट–22

केन्द्रीय विधानमण्डल में भारत सरकार अधिनियम 1935 के तहत अल्पसंख्यक प्रतिनिधित्व

	ब्रिटिश भारत की कुल सीटें	मुसलमान			अनुसूचित जाति			भारतीय ईसाई			सिख		
		अधिनियम के तहत आबंटित सीटें	आबादी के हिसाब से सीटें मिलनी चाहिए	अधिकता या कमी	अधिनियम के तहत आबंटित सीटें	आबादी के हिसाब से सीटें मिलनी चाहिए	अधिकता या कमी	अधिनियम के तहत आबंटित सीटें	आबादी के हिसाब से सीटें मिलनी चाहिए	अधिकता या कमी	अधिनियम के तहत आबंटित सीटें	जनसंख्या के अनुसार सीटें देय है	अधिकता या कमी
1. निचला सदन	250	2	67	15	9	35	16	8	3	5	6	3	+3
2. ऊपरी सदन	150	हा	40	9	6	21	15	एन	2	2	4	2	+2

परिशिष्ट–23

सेवाओं में सांप्रदायिक प्रतिनिधित्व[1]

भारत सरकार संकल्प

स्थापना 4 जुलाई 1934

खंड I–सामान्य

क्रमांक एक 14/17–बी./33. विधानसभा में दिए गए वचनों के अनुसार भारत सरकार ने सांप्रदायिक असमानताओं के निवारण के लिए सरकारी सेवा में सीधी नियुक्तियों का एक निश्चित प्रतिशत आरक्षित करने की 1925 से अपनाई गई नीति के परिणामों की सावधानीपूर्वक समीक्षा की है। यह दर्शाया गया है कि यद्यपि यह नीति मुख्य रूप से सार्वजनिक सेवाओं में मुसलमानों के लिए बढ़े हुए प्रतिनिधित्व को सुरक्षित करने के उद्देश्य से अपनाई गई थी, लेकिन यह उनके लिए नियुक्तियों में उचित हिस्सेदारी सुनिश्चित करने में विफल रही है और यह तर्क दिया गया है कि इस स्थिति को तब तक सुधारा नहीं जा सकता जब तक कि रिक्तियों का निश्चित प्रतिशत मुसलमानों के लिए आरक्षित है। विशेष रूप से, रेलवे सेवाओं में मुसलमानों की कम संख्या पर ध्यान आकर्षित किया गया है, यहाँ तक कि उन रेलवे पर भी जो उन क्षेत्रों से होकर गुजरती हैं जिनमें मुसलमानों की कुल आबादी का प्रतिशत अधिक है।

1. स्थिति की समीक्षा से पता चला है कि ये शिकायतें उचित हैं, और भारत सरकार उनसे की गई पूछताछ से संतुष्ट है कि सेवाओं में मुसलमानों की स्थिति में सुधार की दृष्टि से भर्ती के संबंध में निर्देशों को संशोधित किया जाना चाहिए।

2. इस सामान्य प्रश्न पर विचार करते समय भारत सरकार को एंग्लो–इंडियन और अधिवासित यूरोपीय और दलित वर्गों के दावों को भी ध्यान में रखना होगा। सार्वजनिक सेवा की कुछ शाखाओं में नियुक्तियों में एंग्लो–इंडियनों का हमेशा बड़ा

---

1. 'भारत का राजपत्र, भाग–प्रथम, 7 (जुलाई 1934)

प्रतिशत रहा है और यह माना गया है कि, जिस हद तक यह समुदाय इस रोजगार पर निर्भर रहा है, उसे देखते हुए नए रोजगार को रोकने के लिए कदम उठाए जाने चाहिए। एंग्लो–इंडियनों का उनकी मौजूदा स्थिति से तेजी से विस्थापन जैसी कोई भी स्थिति उत्पन्न हो सकती है, जिससे समुदाय की आर्थिक संरचना में हिंसक अव्यवस्था हो सकती है। कुछ विभागों में एंग्लो–इंडियन और अधिवासित यूरोपीय लोगों के रोजगार के संबंध में जो निर्देश दिए गए हैं, वे इस नीति को प्रभावी बनाने के लिए अभिकल्पना किए गए हैं।

3. दलित वर्गों के संबंध में यह सामान्य आधार है कि सार्वजनिक सेवाओं में उनके लिए उचित प्रतिनिधित्व सुनिश्चित करने के लिए सभी उचित कदम उठाए जाने चाहिए। इस संबंध में जातीय हिंदुओं का इरादा औपचारिक रूप से 1932 के पूना समझौते में बताया गया था और उस समझौते को स्वीकार करते समय महामहिम की सरकार ने इस बिंदु पर उचित ध्यान दिया था। इन कक्षाओं में सामान्य शिक्षा की वर्तमान स्थिति में भारत सरकार का मानना है कि कुल मिलाकर हिंदुओं के लिए उपलब्ध संख्या में से उनके लिए रिक्तियों का एक निश्चित प्रतिशत आरक्षित करने से कोई उपयोगी उद्देश्य पूरा नहीं होगा, लेकिन उन्हें यह सुनिश्चित करने की उम्मीद है की दलित वर्गों के विधिवत योग्य उम्मीदवारों को नियुक्ति के उचित अवसरों से केवल इसलिए वंचित नहीं किया जाना चाहिए क्योंकि वे खुली प्रतियोगिता में सफल नहीं हो सकते हैं।

4. भारत सरकार ने ऊपर उल्लिखित अल्पसंख्यक समुदायों के अलावा अन्य अल्पसंख्यक समुदायों की स्थिति पर भी सावधानीपूर्वक विचार किया है और संतुष्ट हैं कि नए नियम उनके लिए, वर्तमान की तरह, उचित स्तर तक सेवाओं में उचित स्तर का प्रतिनिधित्व प्रावधान करना जारी रखेंगे।

खंड II– नियमों का दायरा

5. भारत सरकार नीचे दिए गए नियमों के पालन की निगरानी करने में सक्षम बनाने के लिए वार्षिक वापसी निर्धारित करने का प्रस्ताव करती है।

6. इन वस्तुओं को सुरक्षित करने के उद्देश्य से भारत सरकार ने राज्य सचिव के अनुमोदन से जो सामान्य नियम अपनाए हैं, उन्हें नीचे समझाया गया है। वे केवल सीधी भर्ती से संबंधित हैं, न कि पदोन्नति द्वारा भर्ती से, जो वर्तमान में केवल योग्यता के आधार पर की जाती रहेगी। वे कुछ सेवाओं और पदों को छोड़कर, जिनके लिए उच्च तकनीकी या विशेष योग्यता की आवश्यकता होती है, भारत सरकार के प्रशासनिक नियंत्रण के तहत भारतीय नागरिक सेवा, केंद्रीय सेवाओं, कक्षा I और कक्षा II और अधीनस्थ सेवाओं पर लागू होते हैं। लेकिन बर्मा प्रांत में इन सेवाओं के लिए भर्ती के लिए आवेदन न करें।

रेलवे के संबंध में, वे चार राज्य–प्रबंधित रेलवे पर अवर सेवकों या मजदूरों के अलावा अन्य सभी पदों पर लागू होते हैं, और कंपनी–प्रबंधित रेलवे के प्रशासन को इन रेलवे पर सेवाओं के लिए समान नियम अपनाने के लिए कहा जाएगा।

धारा III–अखिल भारतीय आधार पर भर्ती की जाने वाली सेवाओं के लिए नियम

7. (1) भारतीय नागरिक सेवा और केंद्रीय और अधीनस्थ सेवाओं के लिए, जिनमें अखिल भारतीय आधार पर भर्ती की जाती है, निम्नलिखित नियमों का पालन किया जाएगा–

(i) भारतीयों की सीधी भर्ती से भरी जाने वाली सभी रिक्तियों में से 25 प्रतिशत मुसलमानों के लिए और $8\frac{1}{3}$ प्रतिशत अन्य अल्पसंख्यक समुदायों के लिए आरक्षित होंगी।

(ii) जब भर्ती खुली प्रतियोगिता द्वारा की जाती है, यदि मुस्लिम या अन्य अल्पसंख्यक समुदाय इन प्रतिशत से कम प्राप्त करते हैं, तो ये प्रतिशत नामांकन के माध्यम से उन्हें सुरक्षित कर दिए जाएँगे, हालांकि, मुस्लिम खुली प्रतियोगिता में अपने आरक्षित प्रतिशत से अधिक प्राप्त करते हैं। अन्य अल्पसंख्यकों के लिए आरक्षित प्रतिशत में कोई कटौती नहीं की जाएगी, जबकि यदि अन्य अल्पसंख्यक खुली प्रतिस्पर्धा में अपने आरक्षित प्रतिशत से अधिक प्राप्त करते हैं, तो मुसलमानों के लिए आरक्षित प्रतिशत में कोई कटौती नहीं की जाएगी।

(iii) यदि अन्य अल्पसंख्यक समुदायों के सदस्य खुली प्रतियोगिता में अपने आरक्षित प्रतिशत से कम प्राप्त करते हैं और यदि नामांकन के लिए विधिवत योग्य उम्मीदवार उपलब्ध नहीं हैं, तो शेष $8\frac{1}{3}$ प्रतिशत मुसलमानों के लिए उपलब्ध होगा.

(iv) अन्य अल्पसंख्यकों के लिए आरक्षित $8\frac{1}{3}$ का प्रतिशत उनके बीच किसी निश्चित अनुपात में वितरित नहीं किया जाएगा।

(v) सभी मामलों में योग्यता का न्यूनतम मानक लागू किया जाएगा और आरक्षण इस शर्त के अधीन है।

(vi) दलित वर्गों के लिए उचित प्रतिनिधित्व सुनिश्चित करने के लिए इन वर्गों के योग्य सदस्यों को सार्वजनिक सेवा में नामांकित किया जा सकता है, भले ही उस सेवा में भर्ती प्रतिस्पर्धा द्वारा की जा रही हो। इन वर्गों के सदस्य, यदि नामांकन द्वारा नियुक्त किए जाते हैं, तो आरक्षित प्रतिशत में गिनती नहीं की जाएगी उपर्युक्त खंड (i) के अनुसार।

(2) इस संकल्प के अनुच्छेद 2 में दिए गए कारणों से, भारत सरकार ने रेलवे में राजपत्रित पदों पर एंग्लो–इंडियन और अधिवासित यूरोपीय लोगों के सवाल पर विशेष ध्यान दिया है, जिसके लिए अखिल भारतीय स्तर पर भर्ती की जाती है। इन पदों पर अपना वर्तमान प्रतिनिधित्व बनाए रखने के लिए एंग्लो–इंडियन और अधिवासित यूरोपीय समुदाय को लगभग 9 प्रतिशत प्राप्त करने की आवश्यकता होगी। भारतीय समुदायों के सदस्यों के लिए उपलब्ध कुल रिक्तियों में से भारत सरकार ने स्वयं को संतुष्ट कर लिया है कि वर्तमान में समुदाय इन राजपत्रित पदों पर पदोन्नति और सीधी भर्ती के माध्यम से इन रिक्तियों में से 9 प्रतिशत से अधिक प्राप्त कर रहा है। इन परिस्थितियों में यह निर्णय लिया गया है कि वर्तमान में किसी विशेष आरक्षण की आवश्यकता नहीं है। यदि और जब समुदाय को 9 प्रतिशत से कम प्राप्त होता दिखाया गया हो। रिक्तियों के संबंध में, इस बात पर विचार किया जाएगा कि उनके वैध हितों की रक्षा के लिए सीधी भर्ती के संबंध में क्या समायोजन की आवश्यकता हो सकती है।

धारा IV–स्थानीय स्तर पर भर्ती की गई सेवाओं के लिए नियम

(3) उन सभी सेवाओं के मामले में जिनमें भर्ती स्थानीय क्षेत्रों द्वारा की जाती है न कि अखिल भारतीय आधार पर, उदाहरण के लिए, रेलवे, डाक और तार विभाग सीमा शुल्क सेवा, आयकर विभाग आदि में अधीनस्थ पद। ऊपर निर्धारित सामान्य नियम निम्नलिखित संशोधनों के अधीन लागू होंगे–

(1) पूरे भारत के लिए कुल आरक्षण 25 प्रतिशत। मुसलमानों के लिए और $8\frac{1}{3}$ प्रतिशत। अन्य अल्पसंख्यकों के लिए क्षेत्र में मुसलमानों और अन्य अल्पसंख्यक समुदायों

के जनसंख्या अनुपात और संबंधित क्षेत्र की स्थानीय सरकार द्वारा अपनाई गई भर्ती के नियमों को ध्यान में रखते हुए प्रत्येक रेलवे या स्थानीय क्षेत्र या सर्कल के लिए प्रतिशत तय करके प्राप्त किया जाएगा।

(2) रेलवे और डाक–तार विभाग और सीमा शुल्क सेवा के मामले में, जिसमें वर्तमान में एंग्लो–इंडियन और अधिवासित यूरोपीय समुदाय मुख्य रूप से कार्यरत है, बताई गई नीति को प्रभावी बनाने के लिए उपर्युक्त अनुच्छेद (2) में बताई गई नीति को प्रभावी बनाने के लिए आवश्यक हैं।

9. (1) (ए) वर्तमान में एंग्लो–इंडियन और डोमिसाइल्ड यूरो समुदाय की हिस्सेदारी 8.8 प्रतिशत है। रेलवे पर अधीनस्थ पी.ई. उनकी स्थिति को सुरक्षित रखने के लिए सीधी भर्ती द्वारा भरी जाने वाली सभी रिक्तियों में से 8 प्रतिशत इस समुदाय के सदस्यों के लिए आरक्षित की जाएँगी। यह कुल प्रतिशत एक अलग प्रतिशत तय करके प्राप्त किया जाएगा। वर्तमान में कार्यरत इस समुदाय के सदस्यों की संख्या को ध्यान में रखते हुए प्रत्येक रेलवे के लिए, (ii) रेलवे सेवा की प्रत्येक शाखा या विभाग के लिए, ताकि यह सुनिश्चित किया जा सके कि एंग्लो–इंडियन उन शाखाओं में कार्यरत रहें जिनमें वे कार्यरत हैं वर्तमान में मुख्य रूप से कार्यरत हैं,उदाहरण के लिए, मैकेनिकल इंजीनियरिंग, सिविल इंजीनियरिंग और यातायात विभाग। अधीनस्थ पदों के उच्च श्रेणी में कोई पद आरक्षित नहीं किया जाएगा, और इन श्रेणी पर पदोन्नति, वर्तमान की तरह, केवल योग्यता के आधार पर की जाएगी।

(बी) 25 प्रतिशत का आरक्षण मुसलमानों के लिए और एंग्लो–इंडियनों के लिए 8 प्रतिशत, मुसलमानों और एंग्लो–इंडियनों के अलावा अन्य अल्पसंख्यकों के हितों की रक्षा के लिए, अब तक सभी अल्पसंख्यक समुदायों के लिए

अपनाए गए $33\frac{1}{3}$ प्रतिशत आरक्षण को बढ़ाना आवश्यक हो गया है। इसलिए, सीधी भर्ती द्वारा भरी जाने वाली रिक्तियों में से 6 प्रतिशत उनके लिए आरक्षित करने का निर्णय लिया गया है, जो वर्तमान में इन समुदायों के सदस्यों द्वारा रखे गए पदों का लगभग प्रतिशत है। यह कुल आरक्षण इस संकल्प के 8 (1) में अनुच्छेद निर्धारित तरीके से प्राप्त किया जाएगा और इसे अल्पसंख्यक समुदायों के बीच आगे उप–विभाजित नहीं किया जाएगा।

(2) डाक और तार विभाग में एंग्लो–इंडियन और अधिवासित यूरोपीय समुदाय के हितों की रक्षा के लिए रेलवे के मामले में समान सिद्धांतों का पालन किया जाएगा, जिनकी वर्तमान में लगभग 2.2 प्रतिशत हिस्सेदारी है। सभी अधीनस्थ पदों के लिए यह सुनिश्चित किया गया है कि यदि इस समुदाय के लिए 5 प्रतिशत का आरक्षण किया जाता है। शाखाओं, विभागों या श्रेणियों में जिन रिक्तियों में इस समुदाय के सदस्यों को प्रवेश करने की उम्मीद की जा सकती है, इसके परिणामस्वरूप उनके लिए अधीनस्थ पदों के प्रतिशत से थोड़ा कम के बराबर प्रतिशत सुरक्षित हो जाएगा, जो वर्तमान में उनके पास है। जिन विभागों या शाखाओं में एंग्लो–इंडियनों के लिए विशेष आरक्षण किया जाता है, वहाँ अन्य अल्पसंख्यकों के लिए रिक्तियों का आरक्षण इस प्रकार तय किया जाएगा कि यह वर्तमान में उनके पास मौजूद अधीनस्थ पदों के प्रतिशत के बराबर होगा। मुसलमानों के अलावा एंग्लो–इंडियन और अन्य अल्पसंख्यक समुदायों के लिए कुल आरक्षण किसी भी स्थिति में $8\frac{1}{3}$ प्रतिशत से कम नहीं होगा।

(3) वर्तमान में एंग्लो–इंडियन बड़े पैमाने पर मूल्यांकन विभाग और प्रमुख बंदरगाहों पर बेहतर निवारक सेवा में अधीनस्थ पदों पर कार्यरत हैं। पूर्व विभाग के लिए विशेष

तकनीकी योग्यता की आवश्यकता है, और इस संकल्प के अनुच्छेद 6 में इंगित सामान्य सिद्धांतों के अनुसार इसे इन नियमों के संचालन से बाहर रखा जाएगा।

निवारक सेवा में विशेष योग्यता की आवश्यकता होती है, भर्ती की वर्तमान प्रणाली जिसके तहत पद एंग्लो–इंडियनों के लिए आरक्षित हैं, को बनाए रखा जाएगा।

आदेश–आदेश दिया गया है कि इस संकल्प को सभी स्थानीय सरकारों और प्रशासनों और भारत सरकार के कई विभागों को सूचना (और मार्गदर्शन) के लिए सूचित किया जाएगा और इसे भारत के राजपत्र में भी प्रकाशित किया जाएगा।

एम. जी. हैलेट,

भारत सरकार के सचिव

परिशिष्ट–24

सेवाओं में अनुसूचित जातियों के सांप्रदायिक प्रतिनिधित्व पर भारत सरकार का 1943 का संकल्प

गृह विभाग

संकल्प

(नई दिल्ली, 11 अगस्त 1943)

क्रमांक 23/5/42–स्था(एस)। 1942 में केंद्रीय विधान सभा में दिए गए वचन के अनुसरण में, भारत सरकार ने उस नीति की सावधानीपूर्वक समीक्षा की है जिसका उन्होंने 1934 से दलित वर्गों के प्रतिनिधित्व के संबंध में पालन किया है, जैसा कि उनके प्रशासनिक नियंत्रण के तहत सेवाओं में अनुसूचित जाति के रूप में भारत सरकार अधिनियम, 1935 में वर्णित है। अपने संकल्प संख्या एफ. 14/17–बी/33, दिनांक 4 जुलाई 1934 में, भारत सरकार ने कहा कि इन वर्गों के बीच सामान्य शिक्षा की तत्कालीन स्थिति में उन्होंने यह नहीं सोचा था कि उनके लिए रिक्तियों का एक निश्चित प्रतिशत आरक्षित करके कोई उपयोगी उद्देश्य पूरा किया जा सकेगा। हालांकि, अनुसूचित जातियों के लिए उचित प्रतिनिधित्व सुनिश्चित करने के लिए उन्होंने निर्देश दिया कि इन वर्गों के विधिवत योग्य सदस्यों को सार्वजनिक सेवा में नामांकित किया जा सकता है, भले ही उस सेवा में भर्ती प्रतिस्पर्धा द्वारा की जा रही हो। तब से सार्वजनिक सेवाओं में अनुसूचित जातियों के बढ़े हुए प्रतिनिधित्व को सुरक्षित करने के लिए कई उपाय किए गए हैं। हालांकि, अब तक प्राप्त परिणाम पर्याप्त नहीं रहे हैं। जबकि भारत सरकार मानती है कि यह मुख्य रूप से उपयुक्त योग्य उम्मीदवारों को प्राप्त करने में कठिनाई के कारण है, अब वे मानते हैं कि रिक्तियों के एक निश्चित प्रतिशत का आरक्षण इन जातियों के उम्मीदवारों को बेहतर योग्यता प्राप्त करने के लिए आवश्यक प्रोत्साहन प्रदान कर सकता है। और इस प्रकार वे स्वयं को विभिन्न सरकारी पदों और सेवाओं के लिए पात्र बनाते हैं। ऐसा माना जाता है कि आयु में छूट देने और निर्धारित शुल्क में कमी करने से अनुसूचित जाति के सदस्यों में से

योग्य उम्मीदवारों को सुरक्षित करने में भी मदद मिल सकती है। भारत सरकार ने तदनुसार नीचे अनुच्छेद 4 में उल्लिखित नियमों को निर्धारित करने का निर्णय लिया है।

2. वर्तमान अनारक्षित रिक्तियों में हिस्सेदारी के हकदार अनुसूचित जाति की जनसंख्या अन्य समुदायों की जनसंख्या के अनुपात के आधार पर, ऐसी रिक्तियों की कुल संख्या में से अनुसूचित जाति 12.75 प्रतिशत की हकदार होगी। हालाँकि, यह संभावना नहीं है कि अनुसूचित जाति के उम्मीदवार पर्याप्त संख्या में रिक्तियों को भरने के लिए आगे आएंगे, जिनके लिए वे जनसंख्या के आधार पर हकदार हैं। इसलिए, भारत सरकार इस निष्कर्ष पर पहुँची है कि वर्तमान के लिए $8\frac{1}{3}$ जैसे कुछ छोटे प्रतिशत को आरक्षित करना पर्याप्त होगा। वे इन वर्गों से पर्याप्त संख्या में योग्य उम्मीदवार उपलब्ध होते ही इस प्रतिशत को बढ़ाने के सवाल पर विचार करने का प्रस्ताव करते हैं।

3. नीचे उल्लिखित नियम केवल सीधी भर्ती पर लागू होंगे, पदोन्नति द्वारा भर्ती पर नहीं, जो कि सांप्रदायिक विचारों के संदर्भ के बिना वर्तमान की तरह ही जारी रहेंगे। वे कुछ सेवाओं और पदों को छोड़कर, जिनके लिए अत्यधिक तकनीकी या विशेष योग्यताओं की आवश्यकता होती है और जिन्हें भारत सारकार के प्रशासनिक नियंत्रण के तहत केंद्रीय सेवाओं (श्रेणी I और श्रेणी II) और अधीनस्थ सेवाओं पर लागू किया जाएगा। उनके संकल्प संख्या एफ. 14/17–3/33, दिनांक 4 जुलाई 1934 में निहित सांप्रदायिक प्रतिनिधित्व आदेशों के दायरे से बाहर रखा गया है। रेलवे के संबंध में, नियम निम्न सेवकों और मजदूरों के अलावा अन्य सभी पदों पर लागू होंगे। कंपनी–प्रबंधित रेलवे के प्रशासनों को उन रेलवे पर सेवाओं के लिए समान नियम अपनाने के लिए कहा जाएगा।

4. सार्वजनिक सेवाओं में अनुसूचित जातियों का बेहतर प्रतिनिधित्व सुनिश्चित करने के लिए भविष्य में निम्नलिखित नियमों का पालन किया जाएगा–

(1) 8⅓ प्रतिशत केंद्रीय और अधीनस्थ सेवाओं में भारतीयों की सीधी भर्ती से भरी जाने वाली सभी रिक्तियाँ, जिनमें अखिल भारतीय आधार पर भर्ती की जाती है, अनुसूचित जाति के उम्मीदवारों के लिए आरक्षित होंगी।

(2) उन सेवाओं के मामले में जिनमें भर्ती स्थानीय क्षेत्रों या मंडलों द्वारा की जाती है, न कि अखिल भारतीय आधार पर, उदाहरण के लिए, रेलवे, डाक और तार विभाग, सीमा शुल्क सेवाओं, आयकर में अधीनस्थ पद विभाग, आदि, कुल पूरे भारत में अनुसूचित जाति के उम्मीदवारों के लिए रिक्तियों का $8\frac{1}{3}$ प्रतिशत आरक्षण प्रत्येक स्थानीय क्षेत्र या घेरा के लिए संबंधित क्षेत्र या घेरा में अनुसूचित जातियों की आबादी और नियमों को ध्यान में रखते हुए 1 प्रतिशत तय करके प्राप्त किया जाएगा। संबंधित क्षेत्र या घेरा की प्रांतीय सरकार द्वारा अपनाई गई भर्ती।

(3) जब भर्ती खुली प्रतियोगिता द्वारा की जाती है और अनुसूचित जाति के उम्मीदवारों को उनके लिए आरक्षित रिक्तियों की तुलना में कम रिक्तियाँ मिलती हैं, तो अंतर, यदि संभव हो तो, उन जातियों के विधिवत योग्य उम्मीदवारों के नामांकन द्वारा पूरा किया जाएगा।

(4) यदि अनुसूचित जाति के उम्मीदवार खुली प्रतियोगिता में उनके लिए आरक्षित रिक्तियों की संख्या से कम प्राप्त करते हैं और नामांकन के लिए इन जातियों के विधिवत योग्य उम्मीदवार उपलब्ध नहीं हैं, या पर्याप्त संख्या में उपलब्ध नहीं हैं, तो ऐसे उम्मीदवारों के लिए आरक्षित शेष रिक्तियों को अनारक्षित माना जाएगा; लेकिन उपर्युक्त खंड (1) या खंड (2) के तहत उस वर्ष उनके लिए समान संख्या में रिक्तियाँ आरक्षित की जाएँगी।

(5) यदि खंड (4) के तहत पिछले वर्ष से आगे बढ़ाई गई रिक्तियों को भरने के लिए अनुसूचित जाति के विधिवत योग्य उम्मीदवार फिर से उपलब्ध नहीं हैं, तो उनके द्वारा नहीं भरी गई रिक्तियाँ अनारक्षित मानी जाएंगी।

(6) सभी मामलों में, योग्यता का न्यूनतम मानक निर्धारित किया जाएगा और आरक्षण इस शर्त के अधीन होगा।

(7) अनुसूचित जाति के उम्मीदवारों के मामले में किसी सेवा या पद पर नियुक्ति के लिए निर्धारित अधिकतम आयु सीमा में 3 वर्ष की वृद्धि की जाएगी।

(8) अनुसूचित जाति के अभ्यर्थियों के मामले में किसी भी परीक्षा में प्रवेश या चयन के लिए निर्धारित शुल्क घटाकर एक–चौथाई कर दिया जाएगा।

(9) पूर्वगामी नियमों में निहित आदेश तीन महीने या उससे अधिक समय तक चलने वाली अस्थायी रिक्तियों पर भी लागू होंगे, जिनमें सरकारी सेवा में स्थायी रूप से नियोजित नहीं होने वाले व्यक्तियों द्वारा अस्थायी रूप से भरे गए स्थायी पदों की रिक्तियाँ भी शामिल हैं।

(10) इन नियमों के प्रयोजनों के लिए एक व्यक्ति को अनुसूचित जाति का सदस्य माना जाएगा यदि वह उस जाति से संबंधित है जो भारत सरकार के अधीन है (अनुसूचित जातियाँ) आदेश, 1936 में उस क्षेत्र के लिए अनुसूचित जाति घोषित किया गया है जिसमें वह और उसका परिवार सामान्यतः निवास करते हैं।

आदेश–आदेश दिया गया कि इस संकल्प की एक प्रति सभी मुख्य आयुक्तों, भारत सरकार के कई विभागों, निदेशक, बुद्धिमत्ता विभाग और संघीय लोक सेवा आयोग को सूचना और मार्गदर्शन के लिए भेजी जाए राजनीतिक विभाग, ताज वित्त विभाग, गवर्नर – जनरल के सचिव (सार्वजनिक), गवर्नर–जनरल के सचिव (सुधार), गवर्नर–जनरल के

सचिव (पर्सनल), विधान सभा विभाग, संघीय कोर्ट, महामहिम वायसराय के सैन्य सचिव और सभी प्रांतीय सरकारों को जानकारी के लिए, और यह भी कि संकल्प को भारत के राजपत्र में प्रकाशित किया जाए।

ई. कॉनरैन–स्मिथ, सचिव।

परिशिष्ट–25

क्रिप्स प्रस्ताव

29 मार्च, 1941 को प्रकाशित

भारतीय नेताओं के साथ चर्चा के लिए मसौदा घोषणा

महामहिम की सरकार ने भारत के भविष्य के संबंध में किए गए वादों को पूरा करने के संबंध में इस देश और भारत में व्यक्त की गई चिंताओं पर विचार करने के बाद, उनके द्वारा प्रस्तावित कदमों को सटीक और स्पष्ट शब्दों में निर्धारित करने का निर्णय लिया है, जिन्हें जल्द से जल्द उठाया जाएगा। भारत में स्वशासन की प्राप्ति होगी। इसका उद्देश्य एक नए भारतीय संघ का निर्माण करना है जो यूनाइटेड किंगडम और अन्य उपनिवेश से जुड़े एक अधिराज्य का गठन करेगा, जो ताज के प्रति समान निष्ठा रखेगा, लेकिन हर मामले में उनके बराबर होगा, किसी भी तरह से अपने घरेलू या बाहरी मामले पहलू में अधीनस्थ नहीं होगा।

इसलिए, महामहिम की सरकार निम्नलिखित घोषणा करती है–

(ए) शत्रुता समाप्त होने पर तुरंत भारत में वर्णित तरीके से एक निर्वाचित निकाय स्थापित करने के लिए कदम उठाए जाएँगे, जिसे भारत के लिए एक नया संविधान बनाने का काम सौंपा जाएगा।

(बी) संविधान निर्माण निकाय में भारतीय राज्यों की भागीदारी के लिए नीचे बताए अनुसार प्रावधान किया जाएगा।

(सी) महामहिम की सरकार इस प्रकार बनाए गए संविधान को केवल निम्नलिखित शर्तों के अधीन स्वीकार करने और लागू करने का वचन देती है–

(i) ब्रिटिश भारत के किसी भी प्रांत का अधिकार जो अपनी वर्तमान संवैधानिक स्थिति को बनाए रखने के लिए नए संविधान को स्वीकार करने के लिए तैयार नहीं है, यदि वह ऐसा निर्णय लेता है तो इसके बाद के परिग्रहण के लिए प्रावधान किया जा रहा है।

ऐसे गैर–सम्मिलित प्रांतों के साथ, यदि वे चाहें, तो महामहिम की सरकार एक नए संविधान पर सहमत होने के लिए तैयार होगी, जिसमें उन्हें भारतीय संघ के समान पूर्ण दर्जा दिया जाएगा और यहाँ निर्धारित प्रक्रिया के अनुरूप प्रक्रिया अपनाई जाएगी।

(ii) एक संधि पर हस्ताक्षर जिस पर महामहिम की सरकार और संविधान बनाने वाली संस्था के बीच बातचीत की जाएगी। यह संधि ब्रिटिशों से भारतीय हाथों में जिम्मेदारी के पूर्ण हस्तांतरण से उत्पन्न होने वाले सभी आवश्यक मामलों का आवरण करेगा यह नस्लीय और धार्मिक अल्पसंख्यकों की सुरक्षा के लिए, महामहिम सरकार द्वारा दिए गए वचनों के अनुसार प्रावधान करेगा लेकिन भविष्य में ब्रिटिश राष्ट्रमंडल के अन्य सदस्य राज्यों के साथ अपने संबंधों पर निर्णय लेने की भारतीय संघ की शक्ति पर कोई प्रतिबंध नहीं लगाएगा।

चाहे कोई भारतीय राज्य संविधान का पालन करने का चुनाव करे या नहीं, उसे अपनी संधि व्यवस्थाओं में संशोधन पर बातचीत करना आवश्यक होगा जहाँ तक नई स्थिति में इसकी आवश्यकता हो सकती है।

(डी) जब तक प्रमुख समुदायों में भारतीय मत के नेता शत्रुता समाप्त होने से पहले किसी अन्य रूप पर सहमत नहीं हो जाते तब तक संविधान–निर्माता निकाय की रचना इस प्रकार की जाएगी–

प्रांतीय चुनावों के परिणाम ज्ञात होने पर तुरंत, जो शत्रुता के अंत में आवश्यक होंगे, प्रांतीय विधानमंडलों के निचले सदनों की पूरी सदस्यता एक एकल कलेक्टोरियल कॉलेज के रूप में प्रांतीय प्रतिनिधित्व प्रणाली द्वारा संविधान बनाने वाली संस्था के चुनाव के लिए आगे बढ़ेगी। यह नया निकाय

निर्वाचक मंडल की संख्या का लगभग $\frac{1}{10}$ वाँ हिस्सा होगा। भारतीय राज्यों को अपनी कुल जनसंख्या के समान अनुपात में और ब्रिटिश भारतीय सदस्यों के समान शक्तियों के साथ ब्रिटिश भारत के प्रतिनिधियों के मामले में प्रतिनिधियों को नियुक्त करने के लिए आमंत्रित किया जाएगा।

(ई) भारत के सामने मौजूद संकटपूर्ण समय में और जब तक नया संविधान नहीं बन जाता तब तक महामहिम की सरकार को अनिवार्य रूप से अपने विश्व युद्ध के प्रयासों के हिस्से के रूप में भारत की रक्षा के नियंत्रण और निर्देशन की जिम्मेदारी उठानी होगी, लेकिन संगठित करने का कार्य भारत के सैन्य, नैतिक और भौतिक संसाधनों की पूर्ण जिम्मेदारी भारत के लोगों के सहयोग से भारत सरकार की होनी चाहिए। महामहिम की सरकार अपने देश, राष्ट्रमंडल और संयुक्त राष्ट्र की परिषदों में भारतीय लोगों के प्रमुख वर्गों के नेताओं की तत्काल और प्रभावी भागीदारी की इच्छा रखती है और उन्हें आमंत्रित करती है। इस प्रकार वे उस कार्य के निर्वहन में अपनी सक्रिय और रचनात्मक सहायता देने में सक्षम होंगे जो भारत के भविष्य की स्वतंत्रता के लिए महत्त्वपूर्ण और आवश्यक है।